《广东法院案例精选》编委会

广东法院案例精选

GUANGDONG FAYUAN ANLI JINGXUAN

主　编　郑　鄂
副主编　陈华杰　赵　军

暨南大學出版社
JINAN UNIVERSITY PRESS
中国·广州

图书在版编目（CIP）数据

广东法院案例精选/ 郑鄂主编；陈华杰，赵军副主编. —广州：暨南大学出版社，2010. 11（2010. 12 重印）
ISBN 978 - 7 - 81135 - 671 - 7

Ⅰ. ①广… Ⅱ. ①郑…②陈…③赵… Ⅲ. ①案例—汇编—广东省 Ⅳ. ①D927. 650. 05

中国版本图书馆 CIP 数据核字（2010）第 202707 号

出版发行：暨南大学出版社

地　址：中国广州暨南大学
电　话：总编室（8620）85221601
营销部（8620）85225284　85228291　85228292（邮购）
传　真：（8620）85221583（办公室）　85223774（营销部）
邮　编：510630
网　址：http：//www. jnupress. com　http：//press. jnu. edu. cn

排　版：暨南大学出版社照排中心
印　刷：佛山市浩文彩色印刷有限公司

开　本：787mm × 1092mm　1/16
印　张：33. 125
字　数：826 千
版　次：2010 年 11 月第 1 版
印　次：2010 年 12 月第 2 次
印　数：4001—7000 册

定　价：72. 90 元

序

法律的生命不在于逻辑，而在于经验。在历史发展的特定阶段，有限和确定的法律总是无法穷尽无限而复杂的社会，从某种意义上说，法律在制定公布之日即与社会生活渐行渐远。法官的职责要求我们直面纷繁复杂、日新月异的社会，需要我们在审判实践中回答层出不穷的疑难问题，使法律条文适应社会生活的现实与要求，使“纸上的法律”真正变成社会中“活的法律”。而案例正是这有生命的法律，它回应了现实社会的变化，融合了法官的思考和智慧。

建立和完善案例指导制度是人民法院强化审判业务管理的重要形式，是《人民法院第二个五年改革纲要》提出的明确任务。近年来，随着司法改革的不断深入，加强案例指导的重要作用已越来越被各级法院所重视，也得到了社会各界的广泛关注和认同。案例指导对于统一理解和把握各项法律制度和法律政策，正确适用法律，统一裁判尺度，平衡裁量标准，实现同案同判；对于确保裁判公正，稳定裁判质量，维持裁判权威和国家法制的统一；对于传承审判智慧和经验，提高法官调处矛盾、化解纷争、驾驭案件的实际司法能力，提高办案效率，都具有十分重要的作用。而且，加强案例指导，深化对典型案例的研究，以活生生的实例诠释法律和司法解释所蕴涵的立法本意，促进理论和实务、公众与司法的沟通，能够增强社会对司法裁判公正性的认同，推动司法与时代的融合和共同发展。

广东地处我国改革开放前沿，毗邻港澳，经济总量大，人员流动频繁，社会情况比较复杂。受此影响，全省法院受理的案件数量大，类型多，特别是重大疑难案件多，新情况、新问题不断涌现。这既给法院工作提出了严峻的挑战，又为法院的案例指导工作提供了得天独厚的土壤。广东高院一直以来重视典型案例对审判工作的指导作用，构建了覆盖全省的典型案例报送网络，制定下发了加强案例指导工作的意见，对指导性案例的收集、遴选、发布等事项作出了规范。全省各地法院也自主创制了不同形式的案例载体，为同级、同类案件的裁判起到了指导作用。本书所遴选的案例涵盖刑事、民事、行政、立案执行等各项审判执行业务，每个案例都有案情和评析，从中归纳了案件的审理规律和裁判原则。这些宝贵的经验，可供法官们学习借鉴，对于规范法官自由裁量权，统一裁量标准，保证裁判质量，提高裁判公信力将会发挥其应有的作用。

“纸上的法律”真正变成社会中“活的法律”，有赖于一个强大的法官团体，法官对国家的法制建设，对各项法律的成长、发展和进步，担负着重要的任务。法官是一项高尚而神圣的职业，社会公平正义的实现，不仅有赖于国家法制建设的不断进步和发展，更有赖于法官群体高尚的人格与非凡的政治、法律和人生智慧。值此书出版之际，希望全省法院广大法官树立终身学习的观念，在自己的职业生涯中，不断磨炼人格，锻造智慧，以自己的高尚人格和高超智慧成就社会的和谐和时代的辉煌！

广东省高级人民法院院长　郑　鄂

二〇一〇年九月

目 录

序 …………………………………………………………………………… 郑　鄂（001）

刑事案例

如何认定盗取出口配额并转卖牟利的行为性质 …………………………… 李焱辉（002）
关于非法证据与瑕疵证据、自救行为与犯罪的区分和认定 ……… 李宏建　陈光昶（007）
在被告人不认罪的情况下，如何正确适用证据规则认定内幕交易和
　泄漏内幕信息行为 ………………………………… 甘正培　丁卫红　梁夏生（013）
如何认定在食品添加剂中掺入“苏丹红一号”行为的性质 ……………… 罗　桦（020）
如何认定利用银行柜员机的故障恶意取款的行为性质 …………………… 刘锦平（027）
对罪责划分存在不确定因素的共同犯罪应慎用死刑 ……………………… 罗　桦（034）
事后帮助能否按主犯涉及的罪名定罪量刑 ………………………………… 马建兵（040）
因吸毒导致精神障碍的犯罪应如何适用刑罚 ……………………………… 王竹青（044）
关于刑事证据关联性与事实认定的关系 …………………………………… 龚格致（050）
对聚众斗殴罪转化原因及其法律适用的分析 ……………………………… 郑岳龙（055）
审理精神病被告人案件应当注意的几个问题 ……………………………… 郑岳龙（062）
非法行医罪的法律界定 ……………………………………………………… 张　鹏（067）
公安特情实施犯罪是否应当追究刑事责任 ………………………………… 杨才清（072）
如何认定被告人作案后受伤为自救求人代报警行为的性质及处理
　检方发回重审的建议 …………………………………………… 王在魁　孙玟生（076）
履行合同中调包取走货款的行为构成盗窃罪 ……………………………… 袁南利（081）
骗取银行卡和密码后盗取卡内资金的行为如何定性 ……………………… 李晓琦（084）
知情不举不构成包庇罪 …………………………………………… 田　强　宋文凯（087）
对未能缴获毒品的贩毒案件如何定罪量刑 ……………………… 俞　宙　张　鹏（092）
铁路运输法院刑事自诉案件管辖的确定 …………………………………… 杨才清（097）
雇凶伤害者、受雇伤害者的罪责认定及死刑适用问题 …………………… 吴海涛（101）

民事案例

从一尸两命案看公序良俗原理的运用 ……………………… 赖昌仁　黄义涛　罗锡芳（109）

如何适用法律解决《公证法》施行前作出的公证行为导致的纠纷 …………………………………… 罗越明　刘　浚（114）
仅对拆迁安置的具体标准有异议而提起的诉讼适用何种诉讼程序 ……………………………… 郑楚镐　黄耀平　杨泽涛（119）
合同履行过程中变更合同条款应遵循正当法律程序 ……………… 陆　璋　雷桂森（127）
货运合同中的托运人告知义务的履行及赔偿责任之承担 ………… 杜新春　邓鹤飞（132）
储蓄合同中银行责任义务的承担 ………………………………………… 宁建文（138）
购房认购书的效力应如何认定 …………………………………………… 王　平（145）
房屋买卖中存在两份买卖合同的情况下如何认定合同的效力 ………… 高晓鸣（149）
虚假售楼广告不构成要约情形下的责任承担 …………………………… 王志钊（154）
产权登记不明建筑或者违章建筑是否影响租赁合同的效力 …………… 夏　科（160）
无偿委托合同的注意义务及其责任承担 ……………………… 胡绍安　谭志华（167）
婚介服务合同中婚介中心对客户资料的审查义务 ……………………… 李群英（172）
电信服务合同中消费者的权益保护问题 ………………………………… 陈小丽（176）
保险人解除失权的司法衡量 ……………………………………… 梁展欣　邢　曼（181）
保险案件中不真正连带债务的承担 ……………………………… 何庆宜　谭伟明（188）
车损险的权利人有权选择索赔方式 ……………………………………… 李统才（192）
车辆转让过户后变更保险手续前保险公司的责任认定问题 …………… 李　灵（197）
同一事故中交强险和商业第三者责任保险并存时如何处理 ……………………………………… 陆汉杰　邱国辉　蒋世民（203）
物权确认纠纷案件中确认物权归属的规则以及是否适用诉讼时效问题 ……………………………………………………………… 苏代平（208）
物业公共区域的使用和处分问题 ………………………………………… 曾梅麟（215）
房屋交付后办理权属转移登记的时效问题 ……………………………… 佘琼圣（220）
劳动关系、雇佣关系与承揽关系的界定及公平原则的适用 …………… 谢学炎（226）
劳动关系协商一致解除的判定标准 ……………………………………… 邢蓓华（231）
劳务派遣关系中用工单位和派遣单位的劳动报酬支付责任认定 ……………………………………………………… 陈　丹　崔理纲（237）
劳务派遣中三方当事人法律关系的界定 ………………………………… 崔利平（242）
工伤待遇和交通事故人身损害赔偿竞合时的处理 ……………………… 袁南利（247）
公款私存被人民法院执行划扣，引发损失应由谁承担 ……………………………………… 陈小丽　任建新　罗静芳（251）
案件中存在违约之诉和侵权之诉竞合情况下的问题处理 ……………… 冯秀珠（257）
“齐二药”产品质量损害赔偿系列案件审理的思考 …………………… 汪　翔（262）
贞操权应给予民法保护 …………………………………………… 段　勇　冯鼎臣（269）
冒用商品条码的法律保护问题 …………………………………… 苏代平　周　方（273）
会员卡作为遗产继承的性质分析 ………………………………………… 赵明升（279）
股东在自己的利益受损时如何追究公司董事及高级管理人员的责任 …… 肖庆浪（282）
一人有限责任公司中如何认定股东个人财产是否独立于公司财产 ……… 莫松坚（286）

公司派生分立中违约之诉的当事人资格 …………………………………… 胡　夏（292）
个别股东绕过股东会直接起诉请求分配利润应否支持 ……………………… 陈　颖（297）
股权转让“天价”违约之诉的利益衡量 …………………… 徐干忠　罗锡芳（303）
审理公司股东知情权纠纷应当注意的问题 ………………………………… 李　髻（307）
隐名股东的法律地位 ………………………………………………………… 王丽娜（312）
破产企业清算组织在《中华人民共和国企业破产法》施行后追收对外债权工作的衔接 ………………………………………………………………… 李震东（317）
P2P（点对点）网络服务提供者侵权责任的认定 …………… 林广海　张学军（322）
“原有范围”在先用权抗辩案件中的适用 ………………………………… 张学军（330）
外观设计专利“叠加”式侵权分析 ……………………… 林广海　邓燕辉（336）
销售区域及数量对认定知名商品的影响 …………………………………… 邓燕辉（345）
知名商品特有名称权与商标权的冲突与保护 ……………………………… 潘奇志（351）
基于同一事实的确认不侵犯专利权诉讼与侵犯专利权诉讼的处理 ………… 潘奇志（357）
在专利侵权诉讼中如何解释权利要求 ………………… 林广海　邱永清（363）
侵犯商标权纠纷中的商标近似问题研究 …………………………………… 张学军（370）
从“荣华月饼”案看未注册驰名商标与知名商品特有名称之别 ………… 高　静（376）
知识产权侵权诉讼中合同抗辩的审查 ……………………………………… 岳利浩（383）
反垄断法在知识产权纠纷中的适用 ………………………………………… 祝建军（390）
关于对没有被人民法院认可的台湾地区有关法院及检察署的判决和不起诉处分书的审查和认定 ……………………………………………………… 张良开（397）
股东优先购买权的行使条件 ………………………………………………… 贺晓翊（402）
有限责任公司个别股东的公司解散请求权的行使条件 ………… 李叶华　孙　杰（407）
沿海货物运输合同诉讼时效的起算 ………………………………………… 辜恩臻（411）
FOB 贸易合同下海上货物运输合同当事人的识别 ………………………… 李　继（416）
诉讼担保纠纷不同于债的担保纠纷 ………………………………………… 倪学伟（423）
保险代位求偿诉讼不应审理保险合同关系 …………………… 倪学伟　杨优升（428）
传真件签订运输合同的法律效力 ……………………………… 倪学伟　杨优升（433）
未经审批的对外连带保证案件的诉讼时效问题 …………………………… 叶　丹（437）
未经审批的外商投资企业股权转让合同的效力审查和审理要点 ………… 饶　清（442）

行政案例

行为人在维护国家利益、公共利益活动中受到伤害事故的定性问题 ……… 杨克成（448）
职工退休后被聘用也可享受工伤保险待遇 …………………………………… 徐　珍（453）
“行政处罚不成立”的含义与确认判决的运用 ………… 林文谦　何灿文　瞿　栋（457）
正确认定土地权属争议的政府先行处理程序 ……………………………… 刘德敏（464）
能否给储备的土地登记发证 ………………………………………………… 林俊盛（469）
涉外定牌加工中的商标侵权 ………………………………………………… 祝建军（475）
行政机关履行政务公开职责行为的认定和审查 …………………………… 李　琦（480）

劳动监察行政案件的审理思路 …………………………………………………… 刘晓霞（484）
征地补偿行政案件中原告资格的认定 ……………………………………………… 刘　峰（490）

立案执行案例

与保险代位求偿权相关的管辖问题 …………………………………………………… 周兰英（494）
债权转让后原仲裁条款的效力如何认定 ……………………………………………… 万晓庚（498）
两法院重复拍卖同一房产的效力 ……………………………………………………… 杨明哲（504）
部分不予执行仲裁裁决体现公正与效率的统一 ……………………………………… 刘　茹（509）
上级人民法院在执行复议审查中发现下级法院遗漏审查当事人提出的
　异议申请事项应如何处理 ……………………………………………………………… 陈小虎（514）
迟延履行期间债务利息的计算问题 …………………………………………………… 李昙静（517）
执行申请书未列明的连带债务人执行法院不得推定为被执行人 …………………… 蒋先华（521）

刑事案例

如何认定盗取出口配额并转卖牟利的行为性质

李焱辉

【问题提示】

利用网络盗取出口配额并转卖牟利的行为在现实中比较少见。如何看待出口配额的属性？它作为看不见、摸不着的无形物是否具有财产属性？这种行为侵犯的客体是什么？

【要点提示】

纺织品出口配额虽然看不见、摸不着，但在特定的历史条件下具有财产属性，被告人通过互联网盗取配额并转卖牟利的行为构成盗窃罪。

【案例索引】

一审：广东省深圳市中级人民法院［2006］深中法刑二初字第90号刑事判决

【案情】

被告人：詹伟东，男，1978年1月8日出生，汉族，初中文化，无业。2006年10月26日被刑事拘留，同年12月1日被逮捕。

被告人：詹伟京，男，1981年10月16日出生，汉族，初中文化，无业。2006年10月26日被刑事拘留，同年12月1日被逮捕。

被害人：深圳市隆科兴进出口有限公司（以下简称隆科兴公司）。

广东省深圳市人民检察院指控被告人詹伟东、詹伟京以非法占有为目的，秘密窃取他人纺织品出口配额，数额特别巨大，其行为已构成盗窃罪，应依法追究刑事责任。

被告人詹伟东、詹伟京的辩护人均认为：一、根据政策规定，纺织品出口配额是临时性政策措施，出口配额用不完的，商务部要收回再分配。由此可见，配额是以零对价方式取得的。这说明配额既不是商品，也不是财物，不属于刑法规定的公私财物的范畴，因而不能成为盗窃罪的犯罪对象。二、被告人没有以秘密窃取的方式取得隆科兴公司的配额，该公司也并非配额的所有人。综上，应认定二被告人无罪。

深圳市中级人民法院经审理查明，被告人詹伟东、詹伟京是兄弟关系。2006年7月，同案人刘江怀（另案处理）与詹伟东商议，决定盗窃隆科兴公司的纺织品出口配额，倒卖后从中牟取利益。刘江怀负责在互联网上查得隆科兴公司的资料以及在网上盗窃配额并联系购买配额的客户。在具体操作上，先由詹伟东冒充隆科兴公司员工填写了一份“进出口许可证企业电子钥匙申请表”，再由刘江怀冒充该市贸易工业局工作人员徐某的签名，然后盖上私自刻制的“贸易工业局进出口业务专用章”和隆科兴公司的印章。2006

年7月，詹伟东以传真方式将上述伪造的“进出口许可证企业电子钥匙申请表”发送到商务部设立的某电子商务安全认证有限公司，以隆科兴公司的名义申请到了进出口许可证企业电子钥匙。詹伟东将骗领的电子钥匙交给刘江怀，刘江怀即利用该电子钥匙在互联网上将隆科兴公司的纺织品出口配额偷出。与此同时，詹伟京准备了数个用假资料开户的银行账户，而刘江怀向詹伟东提供了若干中介公司的联系方式，通过这些中介联系到需要配额的其他贸易公司。詹伟东即以隆科兴公司的名义与中介或买家联系，商谈价格。在达成意向后，买方将钱款汇至詹伟京开设的银行账户上，刘江怀则将纺织品出口配额通过网上交易平台转至对方公司名下。以这种手段，三人将出口配额转卖给24家企业，获得赃款人民币60余万元。后来，隆科兴公司发现有人以他们公司的名义盗卖配额，随即报案，詹氏兄弟被抓获。物价鉴定机构根据侦查机关的委托，对涉案的出口配额进行了物价鉴定，认定涉案配额价值人民币105万余元。

【审判】

深圳市中级人民法院经审理认为，被告人詹伟东、詹伟京以非法占有为目的，秘密窃取他人纺织品出口配额，数额特别巨大，已构成盗窃罪。公诉机关指控的罪名成立。盗窃罪中作为犯罪对象的公私财物是指属于动产范围，具有经济价值和使用价值，能够为人们掌握和控制的事物，包括有形物和无形物。而根据国家对外贸的管理制度，涉案的纺织品出口数量配额是纺织品企业对外出口所必需的，在该行业中具有特殊使用价值。出口配额的原始取得有业绩分配和有偿招标两种方式。配额还可以通过买卖转让继受取得，价格由买卖双方根据市场供求协商自定，具有经济价值。根据现行管理制度，所有权人取得的配额是以电磁记录的形式储存于商业部所设定的网络数据库中，所有权人对配额享有占有、使用、收益和处分的全部财产权利，并通过电子钥匙的设置来排除任意第三人对其行使所有权的干预，是一种可以由人力支配和管理的动产财产，完全符合公私财产的基本特征，能够成为盗窃罪的犯罪对象。因此，应认定被告人詹伟东、詹伟京的行为构成盗窃罪，辩护人的辩护意见于法无据，不予采纳。本案属于共同犯罪，被告人詹伟东并未直接盗窃纺织品出口配额，而是在同案人刘江怀的指使下填写表格、传真文件、签收材料、联系客户。被告人詹伟京在詹伟东的指使下负责开设银行账户以及到银行收取赃款。二被告人在共同犯罪中起到的是次要和帮助的作用，应当认定为从犯，依法应当从轻或减轻处罚。依照《中华人民共和国刑法》第二百六十四条、第二十五条第一款、第二十七条、第六十四条之规定，判决：一、被告人詹伟东犯盗窃罪，判处有期徒刑5年，并处罚金人民币20 000元。被告人詹伟京犯盗窃罪，判处有期徒刑3年，并处罚金人民币20 000元。二、赃款予以收缴，发还被害人隆科兴公司。三、继续追缴赃款，返还被害人。

一审判决后，被告人詹伟东、詹伟京均未提出上诉，判决已经生效。

【评析】

法院在审理过程中，对本案的定性存在较大分歧。一种意见认为，出口配额是在特定领域流通的公私财物，其价格是由买卖时的市场供求关系决定的。被告人以非法占有为目的，秘密窃取他人纺织品出口配额，数额特别巨大，已构成盗窃罪。另一种意见认为，依据现有法律无法认定被盗配额具有财产属性，无法作为财物予以法律上的认定，故盗窃罪的罪名不成立，应判决被告人无罪。第三种意见认为被告人虚拟身份，隐瞒事实真相，采用欺骗的手段获取财物，其行为构成诈骗罪。

被告人的行为无疑是不正当的，争议的焦点就在于出口配额是否具有财产属性以及被告人的行为所侵犯的客体是什么。

一、纺织品出口配额的产生背景和取得途径

要想明确纺织品出口配额是否具有财产属性，我们需要了解它产生的背景。所谓的商品出口配额，其实质是一种外贸管制，对于出口商而言，产品出口是受到数量限制的，不是自由贸易概念下无须限制数量的自由出口。我国于2001年11月正式加入世界贸易组织，按照WTO的时间表，全球纺织品出口配额体系结束于2004年12月31日。2005年1月1日起，作为纺织品第一大国，我国的纺织品出口随即猛增，引发了中欧、中美纺织品贸易争端。经过谈判，中欧于当年6月10日签署纺织品贸易问题“备忘录”，我国同意自动减少对欧盟的纺织品出口量，对10种纺织品设立年度配额，时限至2007年年底为止。当年11月，中美两国也签署了双边纺织品协议，对21种纺织品服装实施配额管理，期限到2008年年底。中国纺织品出口重回配额时代。由此可见，配额制是在现行全球一体化自由贸易体制下为解决贸易争端的一项临时性措施，本身不具有长远性。

但在现实条件下，具有外贸经营权的企业，如果要对欧盟、美国出口纺织品，无疑要取得出口数量的许可额度。根据商业部《纺织品出口管理办法》的规定，纺织品出口许可数量中有一定比例实行有偿招标，剩余部分按业绩分配，出口数量（即配额）允许转让。这就意味着，经营者获得配额的渠道有三种：招标、分配和相互间的转让，其中招标及转让是有偿的。

在具体操作上，企业如果要通过招标方式取得配额，它要先申请电子钥匙。这个过程其实就是一个身份确认的过程，申请人需要提供营业执照复印件、进出口企业资格证书复印件、海关自理报关证书复印件、材料申报人身份证复印件等六份材料，这些材料均需加盖企业公章并已经当地商业主管部门审核。在取得身份认证后，出口商可以安装电子投标软件，通过互联网参加商业部主办的出口许可数量的招标。如果中标需要交纳中标保证金，在交纳完保证金后，中标者可以将中标出口数量转让。

本案的被告人就是采用虚假和欺骗的手段，按照上述程序，取得了纺织品出口的配额，然后通过电子交易平台，将配额转让给其他企业，从中牟取利益。

二、出口数量具有财产属性

本案的焦点集中在商品的出口配额是否具有财产属性。辩护人认为，许可数量以电子数据的形式存在，而非实物形式存在。这个数量是对外贸易经营者的出口交易机会，而出口交易机会显而易见不是“财物”。作为“电子数据”形式而存在的出口数量，能否成为犯罪对象，目前法律没有明文规定。根据“法无明文规定不为罪”的原则，不应将“电子数据”作为“公私财物”来看待。

辩护人的观点很明确，就是将“财产”定性为看得见、摸得着的有形物，而将无形物排除在“财产”之外。我们认为这种观点站不住脚，在特定的经济、法律环境下，商品的出口数量（即配额）具有财产属性，理由主要有三个：

第一，它的获取需要申请人支付一定的金钱。根据前面介绍的纺织品配额招投标程序可以看出，投标人为获取出口数量，必须支付中标保证金，而且无论经营者是否使用该出口配额或者将配额上交、转让，这个保证金都是不退还的。换言之，经营者为了获取出口数量是付出了财物的，虽然保证金并不是获取配额的对价，但无疑为商品的出口数量赋予了物质的内容。

第二，财产权是人身权的对称，它包括物权与债权两大类。所谓物权，就是直接支配物的权利，而“物”既包括那些能看得见、摸得着的有形物，也包括那些“无形物”，即那些法律拟制的“物”，也就是权利，最典型的无形财产当属知识产权。此外，随着社会、经济的发展，又出现了“虚拟财产”这种新事物。例如，目前在网络游戏中的财物，包括游戏账号的等级、游戏货币、游戏人物拥有的各种装备等，它们虽然不是现实生活中的财产，但它们的所有者既可以从游戏开发商处直接购买，也可以从虚拟的货币交易市场上获得，因而虚拟财产已经具有了一般商品的属性，其真实价值不言而喻。可见，“无形物”在一定条件下可以转换成现实中的财产，当然具有财产的属性。

第三，出口配额具有财产权的一个重要特性——可以转让，并且在转让时双方可以约定价格，受让人要支付对价才能获取。

除了上述这三点理由外，我们认为，出口配额的内在含义还很复杂，只有获得了配额，才有出口资格或者说满足出口的条件。因此，出口配额不仅仅代表出口数量的多少，还直接关系到经营者是否有出口的权限。而获得了出口配额，就意味着能够通过出口商品给经营者带来物质利益。当然，通过转让配额直接获取利益也是一种获取物质利益的途径，这些理由意味着出口配额还不单纯地类似于我们所提到的游戏货币等“无形物”，它还有实用价值，拥有财产权的属性。至于这种权属是否以有形物的形式表现出来并不重要。现时，配额也不是以电子数据的形式存在，因为它本来就是无形物，不以任何形式存在。电子数据只是一种交易记录，证明交易的发生经过，其本身不具有任何权利的属性。因此，辩护人所提出的以电子数据形式存在的出口数量不属于“财产”的主张并不正确。当然，出口配额的这种财产属性是基于特定的时期、特定的政策而产生的。如前所述，在自由贸易体制下，配额制终究是暂时的。另外，即便采用配额制，如果国家法律或者政策规定出口配额无偿取得、不能转让，我们就认为它不具有财产的属性。由此可见，它的财产属性是被法律附加的，也是特殊条件下的产物。

三、本案被告人行为侵犯的客体以及行为定性

出口商品的配额具有财产属性。本案被告人是将隆科兴公司业已合法取得的配额盗走，显然被告人的行为侵犯了该公司的财产权。除此之外，被告人的行为还违反了国家进出口管理秩序，侵犯了配额的管理制度。虽然配额制度有它产生的原因和时代背景，但只要配额制度存在一天，它就应当得到遵守和执行，不应受到侵犯和破坏。本案被告人不具备外贸经营权，无权获取出口配额，但为了获取不当利益，采用造假等非法手段获取配额并转卖牟利，被告人的行为是对这种管理体制的一种侵犯。因此，被告人的行为侵犯的是双重客体，一是公私财产的所有权，二是国家的进出口管理秩序。对于前一个客体而言，被告人的行为无疑构成盗窃罪。对于后一个客体而言，刑法所给予的保护主要是体现在《刑法》第二百二十五条非法经营罪当中。根据该条第（二）项规定，买卖进出口许可

证、进出口原产地证明以及其他法律、行政法规规定的许可证或者批准文件，情节严重的行为构成非法经营罪。那么被告人的行为是否同时构成非法经营罪呢？

我们认为，根据纺织品出口数量的相关管理规定以及本案的案情，被告人的行为不构成非法经营罪。首先，《刑法》第二百二十五条关于非法经营罪所规定的是“买卖进出口许可证”的行为，而非“进出口配额”。进出口配额与进出口许可证是两个有联系但并不完全相同的概念。就纺织品出口而言，出口企业先要取得出口配额，然后才由各地的对外经贸行政管理部门根据这些企业的配额数，负责对外签发纺织品出口许可证书。由此可以看出，取得出口许可证的企业必须是已经取得了配额的企业，两者有先后。其次，即便可以忽略进出口许可证与进出口配额的这个差别，将进出口配额也列为犯罪对象，但是本案被告人所实施的犯罪行为与非法经营罪的犯罪构成还是有所区别的。非法经营罪强调的是禁止买卖进出口许可证，这表明进出口许可证是不允许买卖的。行为人如构成此罪，在行为上体现为本来没有经营国家限制买卖物品的资格，无法获取有关经营许可证件或者批准文件，便从他人处购买，或者是原本合法获取了进出口许可证，为了牟取利益，将许可证卖给他人。而在本案当中，纺织品出口配额是允许转让的，这是和非法经营行为的一个重要区别。单就配额转让的行为来看，是不能构成非法经营行为的。

因此，本案被告人虽然侵犯的是双重客体，但在犯罪构成上，仍然只定一个罪名，即被告人的行为构成盗窃罪。至于为什么不构成诈骗罪，从案情可知，被告人虽然采用欺骗的手段获取了电子钥匙，但这只是他们盗取配额的手段，并没有“用欺骗的手段让对方自愿交出财物”的行为。故本案不构成诈骗罪。

随着科技的进步、生活环境的改变，刑事案件也不断呈现出新的特点。作为成文法的国家，立法总是滞后于现实的发展变化，用它来解决新问题确实会遇到较多的困难，但这不能成为审判实践裹足不前的理由，也不能成为“法无明文规定”的说辞。刑法永远也不可能涵盖所有的犯罪手段和犯罪对象，成文法的抽象性更注重于把握问题的实质和理解立法的精神。

一审合议庭成员：魏国儿　许瑞韩　涂平一

作者单位：广东省高级人民法院

关于非法证据与瑕疵证据、自救行为与犯罪的区分和认定

——刘尧、李志光、李东明故意毁坏财物案

李宏建　陈光昶

【问题提示】

在刑事证据的审查判断中，如何区分非法证据和瑕疵证据，从而以更加务实的态度解决司法实践中的“问题证据”？在刑事实体审查中，如何把握自救行为与犯罪行为的界限，从而正确区分罪与非罪？

【要点提示】

在刑事证据审查过程中，我们可能会遇到一些“问题证据”，如被告人口供可能是被逼供或诱供的；扣押的物证路径不清；作出鉴定结论的主体、程序存在一定问题或者鉴定结论明显依据不足；证据的内涵信息尚未得到合法和权威的解读（如现场的血迹未做DNA鉴定）等情况。实践中，对“问题证据”的审查和采信，应当区分“非法证据”和“瑕疵证据”。另外，对于欠缺实施自救行为前提条件的行为，不能构成刑法意义的自救行为。

【案例索引】

一审：广东省河源市东源县人民法院［2008］东刑初字第93号刑事判决

二审：广东省河源市中级人民法院［2008］河中法刑二终字第12号刑事判决

【案情】

被告人：刘尧，男，1962年2月18日出生，汉族，广东省东源县人，大专文化，律师，户籍地广东省惠东县大岭镇洪湖村。

被告人：李志光，男，1965年2月20日出生，汉族，广东省东源县人，初中文化，农民，户籍地广东省东源县蓝口镇派头村委会白坭塘小组34号。

被告人：李东明，男，1966年9月13日出生，汉族，广东省东源县人，初中文化，司机，户籍地广东省东源县蓝口镇派头村委会白坭塘小组2号。

东源县人民检察院指控被告人刘尧、李志光、李东明纠集村民到河源市富源水电有限公司（以下简称富源公司）开发的富源蓝口电站工地（以下简称蓝口电站）阻挠施工，故意毁坏财物价值50 615元，数额巨大，其行为已构成故意毁坏财物罪，应依法追究刑事责任。

东源县人民法院经审理查明：2007 年 12 月 11 日，被告人刘尧带领被告人李志光、李东明等二三十名白坭塘村民来到蓝口电站船闸施工现场，指挥村民推倒已安装好的模板，拆开已用铁丝固定好的钢筋。刘尧又带领村民到山坡上撬动石头滚落工地。2007 年 12 月 17 日，刘尧又带领李志光、李东明等二三十名村民到蓝口电站船闸施工现场，刘尧用铁棍砸坏工地的配电箱，点燃塑料袋焚烧工地模板、方木条，一些村民也跟着拆卸模板、方木条并烧毁。刘尧又指挥村民到山坡上撬动石头滚落工地。三被告人的行为，造成施工方已安装好的模板被推倒 287 平方米，已固定好的钢筋被拆开 685 平方米，模板被烧毁 100 平方米，方木条被烧毁 75 条，漏电断路器被砸坏 4 只。经东源县物价局价格认证中心鉴定，安装模板工费 17 415 元，安装钢筋工费 23 975 元，烧毁模板损失价值 3 500 元，烧毁方木条损失价值 900 元，漏电断路器损失价值 380 元，合计 46 170 元。案发后，东源县公安局于 2007 年 12 月 18 日将刘尧、李东明抓获归案，李志光于次日主动到东源县公安局投案。

【审 判】

东源县人民法院经审理认为，被告人刘尧、李志光、李东明故意毁坏财物数额达 46 170 元，其行为均已构成故意毁坏财物罪。刘尧起组织、指挥作用，是主犯；李志光、李东明受纠集参与作案，属从犯；李志光作案后主动投案，并能如实供述自己的罪行，属自首。依照《中华人民共和国刑法》第二百七十五条、第二十五条第一款、第二十六条、第二十七条、第六十七条之规定，判决：一、被告人刘尧犯故意毁坏财物罪，判处有期徒刑二年。二、被告人李志光犯故意毁坏财物罪，判处有期徒刑十个月。三、被告人李东明犯故意毁坏财物罪，判处有期徒刑九个月。

被告人刘尧不服一审判决，提出上诉。

上诉人刘尧上诉提出：一、东源县价格认证中心两份鉴定结论书不真实、不合法。本案的关键证据被毁财物的价格鉴定结论依据的鉴定材料的来源不合法；没有任何证据显示东源县物价局价格认证中心及鉴定人曾某有从事司法鉴定活动的资格；东源县物价局价格认证中心价格鉴定结论书，没有二名以上司法鉴定人共同进行鉴定，也没有盖司法鉴定机构的司法鉴定专用章。二、阻止施工行为没有造成富源公司 5 000 元以上的损失。被推倒的模板和被拆开的钢筋是可多次使用的建筑工具和材料，并无损坏；安装模板、钢筋人工费不是财物，不属于故意毁坏财物罪调整的范围。三、白坭塘村民在寻求公力救济无效及损失无可挽回的情况下，与上诉人一起到电站施工现场阻止非法施工的行为是自力救济，属正当防卫。四、上诉人带领村民阻止非法占地和施工的行为不是故意毁坏财物罪的严重情节。请求改判无罪。

二审期间，河源市中级人民法院从东源县物价局价格认证中心调取了该中心工作人员在 2007 年 11 月 12 日、11 月 17 日对毁坏财物的两份实物（现场）勘察表，并委托河源市物价局价格认证中心对毁坏财物价值进行重新鉴定。

河源市中级人民法院经审理查明：2006 年 9 月，东源县蓝口镇派头村白坭塘小组村民李东明等人向蓝口镇政府反映蓝口电站大坝下游有一块土地被冲毁，要求水电站建设方富源公司补偿。在与富源公司协商补偿未果后，村民聘请刘尧作为代理人，约定刘尧按获得赔偿额的 20% 收取代理费。刘尧随后即与富源公司商谈赔偿问题，但商谈未果。

2007年12月10日晚，刘尧主持召开村民会议，提出通过阻止富源公司施工，拆除电站工地的模板、钢筋，毁坏工地的设施，迫使富源公司停工谈判，待拿到赔偿款后才可开工。次日上午10时许，刘尧带领李志光、李东明等20余人来到水电站工地，要求工人停工未果，即指挥村民推倒已安装好的工程模板，拆开已固定好的钢筋，又带领村民到山坡上撬动石头滚落工地。同月17日14时许，刘尧再次带领李志光、李东明等20余人到水电站工地。刘尧持铁棍砸烂工地的配电箱，用打火机点燃塑料袋燃烧工地模板、方木条，部分村民跟着拆卸模板、方木条扔进火堆中烧毁。刘尧又指挥村民到山坡上撬动石头滚落工地。经河源市物价局价格认证中心鉴定，蓝口水电站建筑工程损失和建筑材料损失合计人民币23 798元。

河源市中级人民法院经审理认为：上诉人刘尧接受白坭塘村民的委托，以代理律师的身份与富源公司商谈补偿款无法达成协议时，组织、带领原审被告人李志光、李东明等白坭塘村民推倒工程模板，拆卸已安装好的钢筋，撬动石头滚落工地，并持铁棍砸坏配电箱，燃烧工地模板、方木条，造成富源公司财物损失价值23 798元，其行为均已构成故意毁坏财物罪。刘尧起组织、指挥作用，是主犯；鉴于本案发生的起因及刘尧的犯罪情节，对其可酌情从轻处罚并适用缓刑。李志光、李东明受刘尧指使参与毁坏财物，属从犯，且情节轻微及李志光有自首情节，依法均可从轻、减轻或免除处罚。原判认定毁坏财物数额有误，导致量刑不当，应予纠正。依照《中华人民共和国刑事诉讼法》第一百八十九条第（一）项、第（二）项和《中华人民共和国刑法》第二百七十五条、第二十五条第一款、第二十六条第一款、第二十七条、第三十七条、第六十七条第一款、第七十二条第一款及第七十三条第二、三款之规定，判决：一、维持广东省东源县人民法院［2008］东刑初字第93号刑事判决对上诉人刘尧及原审被告人李志光、李东明的定罪部分；二、撤销广东省东源县人民法院［2008］东刑初字第93号刑事判决对上诉人刘尧及原审被告人李志光、李东明的量刑部分；三、上诉人刘尧犯故意毁坏财物罪，判处有期徒刑一年六个月，缓刑二年；四、原审被告人李志光犯故意毁坏财物罪，免予刑事处罚；五、原审被告人李东明犯故意毁坏财物罪，免予刑事处罚。

【评析】

本案争议的焦点在于东源县价格认证中心作出的两份被毁财物的价格鉴定结论书能否作为本案的证据及刘尧等人的行为是否属于自救行为，是否具有排除犯罪的事由。这就涉及非法证据与瑕疵证据、自救行为与犯罪行为的区分。笔者结合本案事实对上述问题进行分析评述。

一、非法证据与瑕疵证据的区分

本案一审宣判后，刘尧及其辩护人、深圳市律师协会、广东省律师协会均向河源市中级人民法院提出，本案的关键证据即被毁财物的价格鉴定结论存在问题，对两份价格鉴定结论书能否作为本案的证据提出质疑。主要理由是：（1）鉴定材料的来源不合法。根据《司法鉴定程序规则》第十三条的规定，委托人应当向司法鉴定机构提供真实、完整、充分的鉴定材料，并对鉴定材料的真实性、合法性负责。本案的鉴定材料必须是公安机关现场勘查清点后提交司法鉴定机构。作为司法鉴定机构，既不能代表公安机关行使侦查权，并且事后清点的记录也不能代替公安机关的现场勘查材料。（2）没有任何证据显示东源县物价局价格认证中心及鉴定人曾某有从事司法鉴定活动的资格，违反了《司法鉴定机构登记管理办法》第二十二条及《司法鉴定人登记管理办法》第十七条的规定，即鉴定机构必须取得司法鉴定许可证，鉴定人必须取得司法鉴定人员执业证。（3）东源县物价局价格认证中心的［2007］第98、99号价格鉴定结论书（以下简称98号和99号鉴定），没有二名以上司法鉴定人共同进行鉴定，也没有盖司法鉴定机构的司法鉴定专用章。

1. 关于本案鉴定材料的来源是否合法的问题

2007年12月11日10时发生工地设施被毁事件后，东源县公安局刑警大队于当日10时30分接到报案，随即赶到现场进行勘查。勘查记载：2号闸室西南部模板、钢筋被毁坏，3～5号闸室四面的模板、钢筋被毁坏，6～7号闸室的模板被拆。但该现场勘查笔录比较笼统，没有详细记载被毁坏、被拆模板的具体数量。

东源县物价局价格认证中心于2007年12月12日接受东源县公安局的委托，对该次事件被毁坏财物进行了现场勘察，并当场作了记录。该记录有详细的被毁坏模板、钢筋的数据。

2007年12月17日下午2时，毁坏工地设施事件再次发生，东源县公安局接到报案后，即对刘尧等人当日进行打砸的现场进行了勘查。勘查笔录记载：4号闸室的东边配电箱内有四台DZ15LE－40/4901型漏电断路器遭毁坏；3～6号闸室北面模板被石头砸中，移位或侧倒；6号闸室西面、西北角模板及方条（木质）被烧毁，模板规格1.825m×0.91m，共计$100m^2$，木质方条长2.4m。现场勘查笔录记载了被烧毁模板的数量，但没有体现被烧毁木条的数量。同日，东源县物价局价格认证中心接受委托后，对现场被毁实物进行了勘察，记载了被毁坏实物的情况与数量。

虽然本案侦查机关的现场勘查笔录的记载不够详尽，如12月11日现场勘查未体现被毁坏、被拆模板的具体数量，12月17日现场勘查未记载被烧毁木条的数量，但都有鉴定机关对现场被毁实物进行勘察的原始记录。

综合本案的证据：（1）本案相关的证人证言、录像证实了刘尧和李志光、李东明等毁坏财物的事实；（2）刘尧本人及李志光、李东明对毁坏财物事实的供认；（3）侦查机关的现场勘查笔录尽管比较粗，但也基本反映了被毁坏财物的概况；（4）鉴定机构现场勘察具有及时性，也符合鉴定程序。1997年1月1日施行的《价格评估管理办法》（国家计委）第十八条规定，价格评估人员实施估价，应当对评估标的物进行现场勘估，调查评估标的物的现实状况，核实有关数据和资料。属不动产项目的，还应进行实地勘丈测估和周围环境调查。现场勘估应当做好详细记录。因此，二审法院认为鉴定材料的来源是真实的。

2. 关于鉴定主体问题

（1）关于鉴定机构。全国人大常委会《关于司法鉴定管理问题的决定》第二条明确规定，国家对从事法医类鉴定、物证类鉴定、声像类鉴定以及根据诉讼需要由国务院司法行政部门商最高人民法院、最高人民检察院确定的其他应当对鉴定人和鉴定机构实行登记管理的鉴定事项的鉴定人和鉴定机构实行登记管理的制度。因此我省目前的司法鉴定机构、鉴定人名册只包括法医类、物证类和声像类。对价格鉴定，目前仍实行行业管理制度，由国家发展和改革委员会负责确定其鉴定资格。东源县物价局价格认证中心取得了国家发展和改革委员会的价格鉴证机构资质证，有从事价格鉴定的资质。相关部门提出在广东省司法鉴定机构名册中没有东源县物价局价格认证中心，认为其无鉴定资格的质疑是一种误解。

（2）关于鉴定人。相关部门及辩护人提出曾某是助理鉴定师，不具有鉴定资格证据不足。曾某有广东省人事厅、广东省物价局颁发的助理价格鉴证师的资格证和广东省物价局颁发的助理价格鉴证师执业资格注册证。同时，根据广东省人事厅、广东省物价局于2002年11月19日发布的《广东省助理价格鉴证师专业技术资格管理暂行规定》第十四条的规定，助理价格鉴证师具有在价格鉴证、价格认证、价格评估和价格工作报告上签字的权力，并对其报告的合法性负责。

但曾某不是东源县价格认证中心的工作人员，根据全国人大常委会《关于司法鉴定管理问题的决定》第八条第二款的规定，鉴定人应当在一个鉴定机构从事司法鉴定业务。因此，该案在鉴定人员的组成上存在一定问题。

3. 关于签字和盖章问题

（1）关于签字。相关部门提出鉴定结论没有两个以上鉴定人员签字。这一质疑是以曾某的鉴定资格问题为基础的，在此不再赘述。

（2）关于盖章。本案一审时99号鉴定结论因工作疏忽没有加盖鉴定机构的章，但已由鉴定机构出具证明文件予以确认。此为证据瑕疵，可以通过补正确认其证据效力。

为此，二审法院认为，东源县物价局价格认证中心作出的鉴定结论在鉴定主体、鉴定程序等方面虽存在瑕疵，鉴定结论的依据不足，但进行重新鉴定的基础事实存在，因此调取了东源县物价局价格认证中心的现场勘察记录、侦查机关的现场勘查笔录和相关的材料，委托河源市物价局价格认证中心对被毁坏财物的价值进行重新鉴定，并对重新作出的鉴定结论和用于鉴定的基础材料在二审庭审中进行质证，经查证属实，确认其证明力。

实践中，对"问题证据"一律采取排除的态度是不正确的。对"问题证据"必须明确区分到底是非法证据还是瑕疵证据，其法律意义在于二者产生的原因及法律后果不同。非法证据往往是由于故意违反法律程序所致，而瑕疵证据则更多的是取证主体的疏忽所致。因此，非法证据原则上被排除于程序之外且不得再次使用，而瑕疵证据将得到补正的机会而被允许继续使用。既然确立非法证据排除规则的目的是为了确保公民基本权利不受侵犯，那么，只有当一项证据的取得方式严重侵犯了公民的基本权利（即所谓"重大违法"）时，该证据才是非法证据，才应当从程序上予以排除。其他所谓不符合"合法性"要求的证据，并非一定就是"非法证据"，而仅仅只是"瑕疵证据"，对于"瑕疵证据"，进行"补正"后，可以通过转化而作为证据继续使用。

二、自救行为与犯罪行为的区分

刘尧及其辩护人在一、二审庭审时均提出，白垠塘村民在寻求公力救济无效及损失无可挽回的情况下，与其他上诉人一起到电站施工现场阻止非法施工，其行为是自力救济行为，不构成犯罪。

有些行为虽然在客观上造成或者可能造成一定的损害结果，客观上与某些犯罪的客观方面相似，但由于具有特别的理由、根据，并未被刑法禁止，因此并不符合刑法规定的犯罪构成，进而排除犯罪的成立。这便是排除犯罪的事由。这一概念来源于大陆法系国家刑法理论上的违法阻却事由概念。我国刑法明文规定了正当防卫与紧急避险两种排除犯罪事由，但从刑法的相关规定看，事实上还存在自救行为、法令行为等其他排除犯罪的事由。

自救行为，是指法益受到侵害的人，通过法律程序、依靠国家机关不可能或者明显难以恢复的情况下，依靠自己的力量救济法益的行为。自救行为必须符合以下条件：（1）法益已经受到了违法侵害，不问该侵害是刚刚结束还是经过了一定时间。这是自救行为和正当防卫的关键区别。（2）通过法律程序、依靠国家机关可能或者明显难以恢复受侵害的法益。这表明通过自救行为可能恢复受侵害的法益；如果不可能恢复，则不能实施自救行为。（3）救济行为的手段具有适当性，所造成的侵害与救济的法益具有相当性。

从本案看，富源公司经与当地政府协商，独资开发经营东源县境内的蓝口电站。该电站右岸船闸工程位于蓝口镇派头村白坭塘小组内，工程建设征用了该村的土地 52.576 亩，涉及农户 15 户，按照《关于印发东源县蓝口、柳城电站征地工作方案的通知》规定的征地补偿标准，耕地 12 654 元/亩，由蓝口镇政府将补偿款全部发放给村民。2006 年 7 月 25 日，广东省国土资源厅发布征地补偿最低保护标准后，村民要求提高补偿标准。电站建设方按照规定（耕地 18 200 元/亩、山地 5 600 元/亩、鱼塘 18 900 元/亩）补足差价，其中 14 户领取了差额款。2006 年 9 月，李东明等白坭塘小组部分村民向蓝口镇政府反映，电站大坝下游有 200 亩土地被水冲毁。同年 11 月 23 日，在镇政府的协调下，富源公司又支付了 4 万元的补偿款。李永生等村民认为补偿太少，便委托刘尧代理解决补偿问题。刘尧多次与富源公司协商，但未能达成协议，之后便发生阻挠施工及毁坏财物的情况。刘尧等人只是找富源公司协商和向有关部门反映，并未诉诸法律。本案并非属于通过法律程序、依靠国家机关不能或者明显难以恢复受侵害的法益的情况。由此可见，该纠纷欠缺实施自力救济的前提条件。因此，刘尧等人采用毁损富源公司财物的手段，以迫使富源公司停工谈判，达到索取补偿款的行为，不符合刑法自救行为的构成要件，而构成故意毁坏财物罪。

当然，对因维权引发的刑事案件，应树立刑罚谦抑的思想，能不追究刑事责任的就不追究，能轻判的就轻判，重在讲求社会效果，化解矛盾。本案系当地村民为获得更多的土地补偿款而引发的刑事案件。尽管刘尧等被告人采用的方法触犯了刑律，但也存在着电站的施工许可证不完整的情况。对此类案件的处理，是否一定要采用刑罚的方式，确实值得思考。

一审合议庭成员：阮志刚　李艺华　陈国良

二审合议庭成员：袁永鸣　陈俊常　罗碧生

作者单位：广东省高级人民法院

在被告人不认罪的情况下，如何正确适用证据规则认定内幕交易和泄漏内幕信息行为

——董正青等内幕交易、泄漏内幕信息案

甘正培　丁卫红　梁夏生

【问题提示】

在被告人不认罪的情况下，如何正确适用证据规则认定内幕交易和泄漏内幕信息行为?

【要点提示】

内幕交易、泄露内幕信息罪的定罪关键是要准确界定内幕交易知情人员，认定内幕信息的内容、形成时间、内幕交易的具体表现行为及其之间的关联。此类案件审查难度大，在缺乏被告人供述或被告人翻供的情况下，必须正确把握证据之间的关联。只要客观证据之间能形成证据链条，即应定罪处罚。

【案例索引】

一审：广东省广州市天河区人民法院［2008］天法刑初字第689号刑事判决

二审：广东省广州市中级人民法院［2009］穗中法刑二终字第115号刑事判决

【案情】

公诉机关：广州市天河区人民检察院。

被告人：董正青，男，1963年11月7日出生于湖北省潜江市，汉族，文化程度博士研究生，原系广发证券股份有限公司（以下简称广发证券公司）总裁，因本案于2007年7月19日被逮捕。

被告人：董德伟，男，1973年1月9日出生于湖北省潜江市，汉族，文化程度中专，因本案于2007年7月19日被逮捕。

被告人：赵书亚，男，1964年8月15日出生于湖北省潜江市，汉族，文化程度硕士研究生，因本案于2007年7月19日被逮捕。

广州市天河区人民法院经公开审理查明：广发证券公司成立于1993年5月21日，公司股东包括辽宁成大及吉林敖东等公司。延边公路公司成立于1999年3月31日，系上市股份有限公司，公司股东包括吉林敖东等公司。

2006年2月，广发证券公司决定采取借壳方式上市，由时任广发证券公司总裁的被告人董正青主持开展借壳工作。同年4月17日，被告人董正青在其家中召开会议，提出

了具体的选壳标准和要求。同年5月7日，广发证券公司员工肖雪生根据董正青的要求制作了《目标公司建议》，初步分析、比较包括延边公路公司在内的六家公司的情况及借壳可能性。同年5月8日，被告人董正青等广发证券公司高级管理人员与辽宁成大公司法定代表人尚书志在广州商讨，确定以辽宁时代公司、延边公路公司为备选壳。同年5月10日，广发证券公司员工周伟根据讨论结果制作了《广发证券股份有限公司借壳上市》方案。广发证券公司确定了以延边公路公司和辽宁时代公司为备选壳的借壳上市方案。次日，因股票价格异常波动，延边公路公司发布公告，澄清该公司未与广发证券公司就借壳上市事项有任何接触。其后，被告人董正青指派肖雪生、周伟先后前往吉林敖东公司和辽宁成大公司，向李秀林（吉林敖东公司法定代表人）和尚书志汇报广发证券公司借壳延边公路公司和辽宁时代公司的方案。同年5月底，被告人董正青与李秀林、尚书志在长春讨论，确定广发证券公司借壳的目标公司以辽宁时代公司为主、延边公路公司候补的方案。同年6月2日，广发证券公司确定借壳延边公路公司。同年6月5日，延边公路公司、吉林敖东公司同时发布公告，称吉林敖东公司正与广发证券公司就借壳延边公路公司事项进行协商。同日，延边公路公司股票停牌。

经中国证券监督管理委员会（以下简称中国证监会）认定，“广发证券公司借壳延边公路公司”为本案内幕信息，信息形成日为2006年5月10日，价格敏感期为2006年5月10日至2006年6月5日。

从2006年2月开始，被告人董正青多次要求被告人董德伟买入延边公路股票。董德伟于当月23日开始通过其控制的多个账户陆续买入延边公路股票。其中，2月份买入252 159股，3月份买入3 905 050股，4月份买入9 788 057股（4月6日持股比例超过5%，4月17日持股比例超过10%）。同年5月10日，广发证券借壳延边公路信息形成后，董正青向董德伟泄露该内幕信息，建议董德伟买入延边公路股票。董德伟于5月份买入5 386 732股，最高峰值持有延边公路股票14 573 888股，占流通股比重15.639%。董德伟利用该内幕信息，在2006年5月10日至同年6月5日期间，通过其控制的多个账户买入、卖出延边公路股票，账面盈利人民币22 846 712.42元。

2006年5月11日，被告人赵书亚向被告人董正青求证广发证券公司是否会借壳延边公路公司，董正青遂将广发证券公司借壳延边公路公司的内幕信息泄露给赵书亚。被告人赵书亚利用该内幕信息，在2006年5月11日至6月5日期间，利用其控制的“黄祥婷”账户买入、卖出延边公路股票，账面盈利约人民币100万元。

为应付中国证监会调查，被告人董正青、董德伟、赵书亚经密谋，由被告人董德伟、赵书亚伙同他人向中国证监会作伪证。期间，被告人董德伟指使多人迅速提取买卖延边公路股票的全部资金。

2007年6月1日，被告人董正青向广发证券公司辞职。2007年6月11日，被告人董德伟到广东省公安厅投案，交代违规持仓问题。同年6月22日，被告人董正青在广州市被公安机关抓获归案。同年6月30日，被告人赵书亚在深圳市被公安机关抓获归案。

【审判】

广州市天河区人民法院认为：被告人董正青作为广发证券公司借壳延边公路公司内幕信息的知情人员，在该内幕信息公开之前，向被告人董德伟、赵书亚泄露内幕信息，情节严重，其行为已构成泄露内幕信息罪。被告人董德伟、赵书亚非法获取广发证券公司借壳延边公路公司的内幕信息后，在该内幕信息公开前，买入、卖出延边公路股票，情节严重，其行为均已构成内幕交易罪。公诉机关指控被告人董正青犯泄露内幕信息罪，被告人董德伟、赵书亚犯内幕交易罪的罪名成立；唯指控被告人董正青犯内幕交易罪证据不足，不予支持。依照《中华人民共和国刑法》第一百八十条、第五十二条、第五十三条、第六十四条的规定，判决：一、被告人董正青犯泄露内幕信息罪，判处有期徒刑四年，并处罚金人民币300万元。二、被告人董德伟犯内幕交易罪，判处有期徒刑四年，并处罚金人民币2 500万元。三、被告人赵书亚犯内幕交易罪，判处有期徒刑一年零九个月，并处罚金人民币100万元。四、追缴被告人董德伟、赵书亚的违法所得，上缴国库。

一审宣判后，三名被告人不服判决，均提出上诉。

董正青上诉称：一、原判认定其泄露内幕信息事实不清、证据不足。二、原判认定价格敏感期从2006年5月10日起算不符合内幕信息的确定性原则。三、本案缺失核心证据通话记录。四、原判认定内幕信息形成日就是董德伟内幕交易的起始日并计算非法获得有误。

董正青的辩护人辩护称：一、原判认定董正青泄露内幕信息未达到法律规定的证明标准，属于事实不清、证据不足。二、原判在未查明董正青向董德伟泄露内幕信息具体日期和内容的情况下，错误认定董德伟买卖延边公路股票获利为内幕交易，进而对董正青错误定罪量刑。三、原判认为电话通信记录并非核心证据错误。

董德伟上诉称：一、原判没有证据证明其非法获取了内幕信息。二、原判不能排除其是依据市场公开信息进行交易之合理性的情况下认定其有罪，是“客观归罪”和“有罪推定”。三、原判认定其利用内幕信息非法获利事实不清且计算错误。

董德伟的辩护人辩护称：原判认定董德伟利用内幕信息进行内幕交易非法获利的事实不清且计算存在重大错误，董德伟买卖延边公路股票是利用市场公开信息进行的。

赵书亚上诉称：一、原判对内幕信息及形成时间的认定错误。二、通话记录是本案的关键性证据，如不存在完全可以排除获取内幕信息行为的成立。三、其买卖延边公路股票并非利用内幕信息，完全是依据市场的公开信息和自身判断。

赵书亚的辩护人的辩护意见与赵书亚的上诉意见一致。

广州市中级人民法院经审理认为：原审判决认定的事实清楚，证据确实、充分，定罪准确，量刑适当，审判程序合法。各上诉人及辩护人所提意见均不能成立。依照《中华人民共和国刑事诉讼法》第一百八十九条第（一）项的规定，裁定驳回上诉，维持原判。

【评析】

内幕交易、泄露内幕信息罪的定罪关键是要准确界定内幕交易知情人员，认定内幕信息的内容、形成时间，内幕交易的具体表现行为及其之间的关联。在缺乏被告人供述或被告人翻供的情况下，必须正确把握证据之间的关联，只要客观证据之间能形成证据链条，应定罪处罚。下面就本案争议的主要焦点逐一分析：

一、关于内幕信息内容的认定

《刑法》第一百八十条第三款规定，内幕信息的范围，依照法律、行政法规的规定确定。《证券法》第七十五条规定，证券交易活动中，涉及公司的经营、财务或者对该公司证券的市场价格有重大影响的尚未公开的信息，为内幕信息。《证券法》第六十七条第二款、第七十五条第二款分别列举了内幕信息的范围，其中包括上市公司的经营方针、经营范围和股权结构的重大变化，上市公司收购的有关方案，以及国务院证券监督管理机构认定的对证券交易价格有显著影响的其他重要信息。

从《证券法》对内幕信息的定义来看，内幕信息具有两个基本特征，一是重要性，该信息公布后会对证券、期货的交易价格产生重大影响；二是秘密性，即这些重要信息是尚未公开的信息。

根据上述规定，本案“广发证券公司借壳延边公路公司”属于内幕信息。理由是：

（1）从该信息内容来看，广发证券公司借壳延边公路公司是广发证券的重大投资行为，是对延边公路上市公司的收购方案。从该信息的影响来看，该信息关系到广发证券、延边公路、吉林敖东、辽宁成大四家公司生产经营状况，直接结果是导致广发证券、延边公路的公司股权结构发生重大变化，势必影响延边公路股票市场价格的走势。而且事实上，延边公路股票从该信息形成后直至公告停牌、复牌后，其市场价格不断持续上涨，也足以证明该信息对延边公路股票价格有明显影响。因此，该信息属于对证券交易价格有显著影响的重要信息，符合内幕信息的重要性特征。

（2）该信息在2006年6月5日之前尚未公开，具有秘密性。《证券法》第七十条规定，依法必须披露的信息，应当在国务院证券监督管理机构指定的媒体发布，同时将其置备于公司住所、证券交易所，供社会公众查阅。《股票发行与交易管理暂行条例》第六十三条规定，上市公司应当将要求公布的信息刊登在证监会指定的全国性报刊上。上市公司在依照前款规定公布信息的同时，可以在证券交易场所指定的地方报刊上公布有关信息。该条例第八十一条第（九）项规定，“公开”是指将本条例规定应当予以披露的文件备置于发行人及其证券承销机构的营业地和证监会，供投资人查阅的行为。显然，我国法律、法规对于证券二级市场信息公开的标准采取的是形式公开的标准，即信息公开的标准是从在报刊或其他形式的公报上公布之日起算。未经合法途径向公众披露仅为内幕人员知悉的信息，均为内幕信息。

本案事实表明，在2006年6月5日延边公路发布公告之前，延边公路、广发证券、吉林敖东、辽宁成大等公司从未在媒体公开披露该信息，该信息显然具有秘密性。因此，广发证券公司借壳延边公路公司的信息在2006年6月5日前具有秘密性。

（3）中国证监会作为证券监督管理机构，依法具有认定内幕信息的内容和范围的权力，该会认定“广发证券公司借壳延边公路公司”为内幕信息，认定主体符合法律规定。

综上，广发证券公司借壳延边公路公司这一信息在一定时间内具备重要性和未公开性两个特征，且由证券监督管理机构依法认定，属于本案的内幕信息。

二、内幕信息形成时间的认定

2006年5月10日，广发证券公司出台《广发证券股份有限公司借壳上市》方案，该方案确定以辽宁时代公司和延边公路公司为备选壳，不仅详细比较了两者的借壳成本，还对借壳这两家公司的方法、步骤等工作进行了深入的分析。由于该方案中借壳目标公司明确，有具体的借壳工作安排，且是根据被告人董正青等广发证券高管人员与大股东董事长尚书志在5月8日开会充分讨论的结果制作，该消息一经公布将对辽宁时代公司和延边公路公司的证券价格造成重大的实质性影响，因此，2006年5月10日应认定为内幕信息开始形成之日。其后，被告人董正青根据该方案指派公司员工先后向公司股东吉林敖东和辽宁成大汇报借壳延边公路公司或辽宁时代公司的上市方案，亦印证了该内幕信息已经形成。

由于延边公路公司、吉林敖东公司于同年6月5日发布借壳公告，所以当天应认定为内幕信息公开时间。

综上，本案内幕交易时间界定在2006年5月10日至6月5日，只要内幕信息知情人员在此期间交易股票，其交易金额就应当计算为内幕交易金额。

在认定内幕信息形成时间上，需要特别注意两个问题：第一是证券市场经常出现的针对某个个股的分析预测文章和传闻并不属于内幕信息。《禁止证券欺诈行为暂行办法》第五条第三款规定，内幕信息不包括运用公开的信息和资料，对证券市场作出的预测和分析。在内幕信息公开前，证券分析人员利用公开的信息资料对股票进行的分析预测，不论其是否准确，也改变不了其只是一种预测的性质，其所得出的结论，不符合内幕信息的特征。第二是关于内幕信息的形成是否应该具有确定性。就本案而言，是指“广发证券公司借壳上市”这一内幕信息的形成是否以吉林敖东公司或延边公路公司一方接受或同意为前提的问题。根据相关法律、法规的规定，内幕信息具备重要性和秘密性两个法律特征，至于内幕信息是否确定并非内幕信息形成的必要条件。以本案为例，“广发证券公司借壳上市”是一个动态的过程，包括广发证券公司内部有关部门基本确定壳资源、与被借壳公司协商、董事会决定借壳公司、与被借壳公司签订合同等多个阶段，每个阶段的信息一旦公开均会对被借壳上市公司的股票价格产生重大的实质性的影响。只要广发证券内部基本确定借壳延边公路公司，即应认定内幕信息已经形成。至于吉林敖东公司或延边公路公司最终是否同意该方案，只是借壳方案能否成功的问题，不影响该内幕信息的形成。

三、如何界定内幕信息的知情人员

《刑法》第一百八十条规定的犯罪主体既包括内幕信息的知情人员，也包括非法获取内幕信息的人员。《刑法》第一百八十条第三款规定，知情人员的范围依照法律、行政法规的规定确定。《中华人民共和国证券法》第七十四条规定，证券交易内幕信息的知情人包括：（一）发行人的董事、监事、高级管理人员；（二）持有公司百分之五以上股份的股东及其董事、监事、高级管理人员，公司的实际控制人及其董事、监事、高级管理人员；（三）发行人控股的公司及其董事、监事、高级管理人员；（四）由于所任公司职务可以获取公司有关内幕信息的人员；（五）证券监督管理机构工作人员以及由于法定职责对证券的发行、交易进行管理的其他人员；（六）保荐人、承销的证券公司、证券交易所、证券登记结算机构、证券服务机构的有关人员；（七）国务院证券监督管理机构规定的其他人。

在本案中，董正青一直担任广发证券公司的总裁，主持公司日常经营管理工作，有权决策、主持、领导该公司任何重大工作。经广发证券公司董事会授权，董正青主持借壳上市工作，参与了“广发证券借壳延边公路”从酝酿、商讨、研究到确定的全部过程。董正青由始至终掌握着广发证券公司借壳延边公路公司的信息，符合《证券法》第七十四条第（四）项的规定，应认定为本案内幕信息的知情人员。

四、内幕信息的知情人员泄露内幕信息并建议他人买卖该证券的行为应如何定性

《刑法》第一百八十条规定的内幕交易罪、泄露内幕信息罪是选择性罪名，行为人如同时有内幕交易和泄露内幕信息的行为，应以内幕交易、泄露内幕信息罪定罪，不实行数罪并罚。实践中，对行为人向他人泄露内幕信息并建议他人买卖该证券，该行为是构成泄露内幕信息罪，还是构成内幕交易罪，抑或是构成内幕交易、泄露内幕信息罪存在不同观点。

一种观点认为，根据《禁止证券欺诈行为暂行办法》第四条规定，内幕交易行为包括内幕人员利用内幕信息买卖证券或者根据内幕信息建议他人买卖证券的行为，据此，不论行为人是否有获利目的，只要泄露内幕信息并建议他人买卖证券即构成内幕交易行为。

另一种观点认为，泄露内幕信息并不必然参与内幕交易，区别两者的关键在于内幕信息的知情人员建议他人买卖证券时有无从中获取非法利益的主观故意。如果行为人以获取非法利益为目的，泄露内幕信息后建议他人进行证券交易的，根据主、客观一致的原则，应该认定其有内幕交易行为和泄露内幕信息行为，构成内幕交易、泄露内幕信息罪。反之，如果行为人没有非法获利目的，仅泄露内幕信息，没有从事内幕交易且没有从中获利的，则不构成内幕交易罪，只构成泄露内幕信息罪。

法院采用第二种观点，认定董正青只构成泄露内幕信息罪。理由：第一，《禁止证券欺诈行为暂行办法》是行政规定，虽然具有一定的参考意义，但《刑法》第一百八十条第三款明确规定，依照法律、行政法规的规定确定的只有内幕信息、知情人员的范围，并不包括内幕交易行为的认定。如果依据行政法规对某种行为推定为犯罪则有悖于罪刑法定原则。第二，认定某种行为构成犯罪必须符合犯罪的四个构成要件，必须依据主、客观一致的原则。虽然法条没有明确规定内幕交易行为的主观故意，但不可否认的是从事内幕交易行为的目的就是追求利益。如果没有此目的，认定其内幕交易显然有违主、客观一致的原则。

在本案中，董正青向董德伟泄露内幕信息，并建议董德伟买卖股票，由于现有证据既不能证实董正青泄露内幕信息具有谋取个人利益的目的，不能证实董正青与董德伟之间有内幕交易的共同主观故意及客观行为，亦不能证实董正青从中获利，故不能认定其有内幕交易行为。

五、泄露内幕信息、内幕交易案件的证据采信规则

司法实践中，对泄露内幕信息、内幕交易罪的认定涉及证券知识和证券法规，同时行为人又往往将其犯罪行为与合法的证券交易行为相混合、交叉或以合法的证券交易行为加以掩盖。因此，泄露内幕信息、内幕交易罪具有极大的隐蔽性和复杂性。与此同时，由于证券交易本身又具有较高的专业性和复杂性，要证明如何泄露内幕信息以及因获取内幕信息而交易二者之间的关系绝非易事。尤其是在被告人之间攻守同盟、缺乏口供的情况下，如何准确把握证据之间的关联认定客观事实是定罪的关键。

我国刑事诉讼的举证责任，除个别罪名（如巨额财产来源不明罪）适用“举证责任倒置原则”，由被告人负责举证外，绝大多数罪名均适用“无罪推定原则”，举证责任由公诉机关承担。

我们认为，在现有的法律框架下，基于严格遵循刑事诉讼的基本原则，泄露内幕信息、内幕交易犯罪案件举证责任仍由公诉机关承担，被告无须自证其罪。但法院在审查证据时可以采用“客观事实推定”原则，即根据已经查明的事实和证据，分析客观事实之间的合理关联及逻辑关系，从而得出客观的既符合逻辑又符合常理的事实认定，从客观事实印证主观故意，进而依据主、客观一致的原则，依法定罪处罚。

在本案中，三名被告人以公诉机关缺乏三人之间的电话通话记录、本案缺乏核心证据为由否认泄露内幕信息及内幕交易，辩称董德伟、赵书亚只是根据市场公开信息及其多年证券交易的经验而自主买卖延边公路股票。因此，如何认定内幕信息是由董正青泄露给董德伟及赵书亚是证据采信规则上必须要突破的难点，是本案定罪的关键。

法院认为，在本案中，关于董正青向董德伟泄露内幕信息，董德伟利用该内幕信息买卖股票的主要证据包括：（1）董正青和赵书亚在侦查阶段均供认董正青向董德伟泄露内幕信息，并要求董德伟购入延边公路股票；（2）董德伟的账户交易资料，证实董德伟买入或卖出延边公路股票的时间点与被告人董正青供认的要求董德伟买入或卖出该股的时间点相互吻合；（3）董正青、董德伟在中国证监会展开调查后的异常行为，如董德伟突然在短时间内提取全部交易延边公路股票的超过 1 亿元的获利，以及两人伙同赵书亚等人向证监会作伪证，这些异常行为反映了被告人董正青、董德伟企图掩盖其内幕交易行为的心理状态和真实意图。

关于董正青向赵书亚泄露内幕信息，赵书亚利用该内幕信息买卖股票的主要证据包括：（1）赵书亚与董正青在侦查阶段均供述在 2006 年 5 月中旬，董正青多次应赵书亚的要求，告知赵书亚广发证券公司借壳延边公路公司的内幕信息，赵书亚获取内幕信息后买卖延边公路股票，两人供述基本吻合；（2）赵书亚在短时间内突然大量买入或卖出延边公路股票的异常交易行为，与赵书亚、董正青的供述能够相互印证。

同时，针对辩方提出的通话记录是否属于本案核心证据问题，法院认为，在当今资讯发达的社会中，泄露内幕信息的方式和途径可以是多种多样，并非只有通过电话联系这一单一的方式，本案现有的证据足以证实董正青向董德伟、赵书亚泄露内幕信息，故缺少通话记录并不影响对案件基本事实的认定，换言之，通话记录并非本案核心证据，其缺失并不影响定罪。

综上分析，法院认为指控董正青、董德伟、赵书亚三人之间存在泄露内幕信息和因获取内幕信息而交易的事实，除了有客观的证券交易记录反映外，还有相应的言词证据及其他书证佐证。每个客观事实之间存在合理的前后关联，证据之间形成完整的证据链条，而三名被告人对于其在内幕信息公开前买卖股票的行为以及行为之间的关联不能作出合理解释，不能推翻现有证据所指向的客观事实。所以，尽管三名被告人均否认控罪，现有证据已足以认定三名被告人有罪。

一审合议庭成员：丁卫红　梁　皓　梁夏生

二审合议庭成员：何春竹　易建明　赵志春

作者单位：广州市天河区人民法院

如何认定在食品添加剂中掺入“苏丹红一号”行为的性质

罗　桦

【问题提示】

“苏丹红一号”是否有毒、有害？在食品添加剂中掺入“苏丹红一号”应如何定罪？如何区分生产、销售伪劣产品罪与生产、销售不符合卫生标准的食品罪及生产、销售有毒、有害食品罪？本案是否属于单位犯罪？

【要点提示】

生产、销售伪劣产品罪与生产、销售不符合卫生标准的食品罪及生产、销售有毒、有害食品罪是一般与特殊的关系，其行为方式相同，只是犯罪对象不同以及由此而导致的定罪处刑标准各有差异。在食品添加剂中掺入“苏丹红一号”的行为定性不仅要根据产品质量检验机构对涉案食品的鉴定结论，还要根据销售金额，依照《刑法》第一百四十九条的规定，按较重的罪定罪处罚。

【案例索引】

一审：广东省广州市中级人民法院［2006］穗中法刑二初字第69号刑事判决

二审：广东省高级人民法院［2006］粤高法刑二终字第638号刑事判决

【案情】

被告人：谭伟棠，男，1959年7月2日出生于广东省广州市，汉族，文化程度高中，原系广州田洋食品有限公司、广州市食品工业研究所服务公司法定代表人、总经理。因本案于2005年5月16日被逮捕。

被告人：冯永华，男，1961年9月4日出生于广东省广州市，汉族，文化程度高中，原系广州田洋食品有限公司、广州市食品工业研究所服务公司总经理助理。因本案于2005年5月16日被逮捕。

广州市人民检察院以被告人谭伟棠、冯永华犯生产、销售伪劣产品罪，向广州市中级人民法院提起公诉。

广州市中级人民法院经公开审理查明：广州田洋食品有限公司（以下简称田洋公司）、广州市食品工业研究所服务公司（以下简称服务公司）系“一套人马，两个牌子”，分别是食品添加剂的生产、销售企业。被告人谭伟棠担任两家公司的法定代表人、总经理，负责公司产品的研究、开发；被告人冯永华自1999年起担任两家公司的总经理助理，协助谭伟棠的工作。

2002年3月，被告人谭伟棠在研制生产复合食品添加剂的过程中，为了使产品颜色更加鲜艳，更加畅销，指使被告人冯永华到广东华颜化工有限公司（以下简称华颜公司）购买化工色素油溶黄、油溶红，用于其调制食品添加剂“辣椒红一号”的配方。两人明知化工色素油溶黄、油溶红不在国家规定的食品添加剂的目录之内，不能加入到食品添加剂中，在未经有关部门对油溶黄、油溶红进行安全检测并取得使用许可的情况下，两次将油溶黄、油溶红作为配料加入到食品添加剂当中，生产出田洋牌“辣椒红一号”食品添加剂；又以“辣椒红一号”为基础，加入辣椒精、姜黄等其他成分，生产出“辣椒红二号”、“饼四号”、“天然巧克力色素一号”等复合食品添加剂并予以销售。经审查，2002年4月至2005年3月，田洋公司在没有取得卫生许可证的情况下生产上述食品添加剂共计243 571.9公斤，田洋公司和服务公司销售上述食品添加剂共计239 354.9公斤，销售金额共计人民币4 449 045.13元。

2005年3月，广州市质量技术监督局缴获田洋公司、服务公司的“辣椒红一号”8 661公斤、“辣椒红二号”77公斤、“天然巧克力色素一号”351公斤、“饼四号”34公斤。经检验鉴定，上述产品含有“苏丹红一号”，均属不合格产品。

【审判】

广州市中级人民法院经审理认为：被告人谭伟棠、冯永华作为田洋公司和服务公司直接负责的主管人员和直接责任人员，无视国家法律，在田洋公司和服务公司生产食品添加剂的过程中，决定并实施掺入化工色素油溶黄、油溶红的掺杂、掺假行为，生产并销售涉案的伪劣食品添加剂，销售金额达人民币400多万元。两被告人的行为均已构成生产、销售伪劣产品罪，应依法予以惩处。在共同犯罪中，被告人谭伟棠起主要作用，是主犯；被告人冯永华起次要作用，是从犯，依法可对被告人冯永华减轻处罚。被告人及辩护人认为本案是单位犯罪、被告人冯永华是从犯、被告人谭伟棠积极配合收回涉案产品的辩解及辩护意见属实，予以采纳；其他辩解和辩护意见没有事实和法律依据，不予采纳。依照《中华人民共和国刑法》第一百四十条、第一百五十条、第二十六条第一款和第四款、第二十七条、第六十四条和2001年9月4日最高人民法院、最高人民检察院联合发布的《关于办理生产、销售伪劣商品刑事案件具体应用法律若干问题的解释》第一条、第二条的规定，判决：一、被告人谭伟棠犯生产、销售伪劣产品罪，判处有期徒刑十五年，并处罚金人民币230万元。二、被告人冯永华犯生产、销售伪劣产品罪，判处有期徒刑十年，并处罚金人民币100万元。三、扣押的涉案物品，予以没收。

一审宣判后，被告人谭伟棠、冯永华不服，均提出上诉。

谭伟棠上诉称：一、本案系单位行为。二、“不合格产品”应是专指用以“使用”的产品而不是用以“食用”的产品，其行为系生产、销售不符合卫生标准食品的行为而非原审判决认定的生产、销售伪劣产品罪。三、原审判决对于本案涉案产品的销售额认定不准确，且忽略了对上诉人有利的情节及事实，量刑畸重。

谭伟棠的辩护人辩护称：一、原审判决适用法律不准确。谭伟棠涉嫌犯生产、销售不符合卫生标准食品罪，而不是原审判决认定的生产、销售伪劣产品罪。二、原审判决没有列上诉人所在单位为被告人，也没有对上诉人所在单位作出判决，属于严重的程序错误。

三、原审判决仅根据油溶黄、油溶红不在食品添加剂目录之内，就认定谭伟棠的行为是刑法意义上的掺杂、掺假行为没有法律依据；依据案发后国家关于“苏丹红一号”的检测标准来认定涉案产品为不合格产品没有法律依据。四、原审判决对于本案涉案产品的销售额认定不准确。五、原审判决忽略了对谭伟棠有利的情节及事实，只强调“影响恶劣”而对上诉人量刑畸重。

上诉人冯永华上诉称：一、原审判决没有确凿、充分的证据认定涉案产品是不合格产品；二、其参与购买食品添加剂原料，没有生产和销售食品添加剂的行为，且不知该食品添加剂原料中含有“苏丹红”成分，原审判决认定其行为构成生产、销售伪劣产品罪不当；三、原审判决对涉案产品的数量和销售金额的认定缺乏科学依据；四、本案系单位犯罪，原审判决对其判处罚金不当，量刑过重。

冯永华的辩护人辩护称：一、一审法院判决冯永华犯生产、销售伪劣产品罪，事实不清、证据不足，请求对涉案产品进行重新鉴定；二、认定冯永华是单位犯罪的主要负责人或直接责任人员不当；三、认定谭伟棠、冯永华从 2002 年 4 月起生产、销售伪劣产品，属于事实不清、证据不足。

广东省高级人民法院经审理认为，上诉人谭伟棠、冯永华身为田洋公司、服务公司的总经理及总经理助理，在生产食品添加剂的过程中掺入不在国家规定的食品添加剂目录之内、不能加入到食品添加剂中的化工色素油溶黄、油溶红并予以销售，销售金额达人民币 4 449 045.13 元，其行为均已构成生产、销售伪劣产品罪，依法应予惩处。在共同犯罪中，谭伟棠起主要作用，是主犯；冯永华起次要作用，是从犯，依法可减轻处罚。原审判决认定事实清楚，证据确实、充分，定罪准确，量刑适当，审判程序合法。上诉人谭伟棠、冯永华的上诉理由及辩护人的辩护意见经查均不能成立，不予采纳。依照《中华人民共和国刑事诉讼法》第一百八十九条第（一）项之规定，裁定驳回上诉，维持原判。

【评析】

一、“苏丹红一号”并非食品添加剂，而是一种化学染色剂。在食品添加剂中掺入“苏丹红一号”的行为构成生产、销售伪劣产品罪

根据《中华人民共和国食品卫生法》（1995 年）第五十四条的规定，食品添加剂是指“为改善食品品质和色、香、味，以及为防腐和加工工艺的需要而加入食品中的化学合成或者天然物质”；“为增强营养成分而加入食品中的天然或人工合成的属于天然营养素范围的食品添加剂”称为营养强化剂。因此，营养强化剂也属于食品添加剂范畴。食品添加剂一般可以不是食物，也不一定有营养价值，但必须符合上述定义的概念，即不影响食品的营养价值，且具有防止食品腐败变质、增强食品感官性状或提高食品质量的作用。

一般来说，食品添加剂按其来源可分为天然的和化学合成的两大类。天然食品添加剂是指利用动植物或微生物的代谢产品为原料，经提取所获得的天然物质；化学合成的食品添加剂是指采用化学手段，使元素或化合物通过氧化、还原、缩合、聚合、成盐等合成反应而得到的物质。目前使用的大多属于化学合成食品添加剂。按用途，各国对食品添加剂的分类大同小异，差异主要是分类多少的不同。美国将食品添加剂分成 16 大类，日本分

成30大类，我国的《食品添加剂使用卫生标准》将其分为22类。

包括食品添加剂在内的食品产品使用，关系到人民群众的身体健康甚至生命安全，直接涉及人民群众的切身利益，是国家高度关注的社会公共管理事务。我国对食品添加剂实行严格的目录管理制度，必须严格执行。GB2760-1996《食品添加剂使用卫生标准》中规定了食品添加剂的使用范围和使用限量，在标准中没有提及的是禁止作为食品添加剂使用的和不能作为原料添加到食品添加剂中用于食品生产加工的。

"苏丹红一号"是人工合成的偶氮类染料，由苯胺重氮化与2-萘酚耦合而成，化学名为"1-苯基偶氮-2-萘酚"，为外观呈暗红色或深黄色片状晶体。分子式为$C_{16}H_{12}N_2O$，水中溶解度<0.01g/100ml，熔点131℃~133℃、202℃升华。"苏丹红"包括一号至四号共4种。"苏丹红一号"是一系列以苏丹红命名的染料之一，它在1896年由化学家Daddi命名，主要用于溶剂、蜡、汽油等增色和为鞋、地板等增光。食品中添加苏丹红的主要目的是为了增加红色，以掩盖天然辣椒素经光照退色，从而长期保持辣椒制品鲜红的颜色。

相关资料表明，实验室试验显示注射了"苏丹红一号"的小鼠肝脏和膀胱会生长肿瘤，在人类肝细胞中也显现出可能致癌的特性。试验证明"苏丹红一号"提高了患癌症的风险。国际癌症研究机构（IARC）将"苏丹红一号"归为"第三类可致癌物质"，即为还缺乏足够的致癌证据，但具有潜在的致癌危险的物质。也就是说"苏丹红一号"并不是必然使人患上癌症，这跟食用的数量、人的体征、饮食习惯和环境有关。目前还没有充分有效的证据（包括科学研究）证明食用多少苏丹红会在多长时间内致癌。本案涉案的"辣椒红一号"、"辣椒红二号"、"天然巧克力色素一号"、"饼四号"和油溶黄经广州市产品质量监督检验所检验证实含有"苏丹红一号"，结论为抽样检验不合格。因此，"苏丹红一号"并非刑法意义上的"有毒、有害的非食品原料"。

专家表示，只有长期食用含有苏丹红的产品才有可能提高致癌的风险，目前尚未有人体服用苏丹红会致癌的实例。但为了降低致癌的风险，苏丹红还是被很多国家禁止作为食品添加剂使用于食品中。

我国现行的食品添加剂管理制度是目录制，GB2760-1996《食品添加剂使用卫生标准》详细列出了允许使用的食品添加剂的名称和最大使用量。涉案产品中检出的"苏丹红一号"及油溶黄、油溶红两种化工燃料均不在GB2760-1996目录之列，是禁止作为食品添加剂使用的，也不能作为原料添加到食品添加剂中用于食品生产加工。

根据《刑法》第一百四十条的规定，生产者、销售者在产品中掺杂、掺假，以假充真、以次充好或者以不合格产品冒充合格产品，销售金额在五万元以上的行为构成生产、销售伪劣产品罪。所谓"掺杂、掺假"，根据2001年4月9日最高人民法院、最高人民检察院联合发布的《关于办理生产、销售伪劣商品刑事案件具体应用法律若干问题的解释》第一条第一款的规定，是指在产品中掺入杂质或者异物，致使产品质量不符合国家法律、法规或者产品明示质量标准规定的质量要求，降低、失去应有使用性能的行为。如在面粉中掺入滑石粉，在磷肥中掺入泥土等。从字面上看，所有在产品中掺入杂质或者异物的行为，都可以称之为"在产品中掺杂、掺假，但从立法本意考虑，刑法打击的重点应该是该种行为致使产品不符合质量要求，降低、失去应有的使用性能"。在查处生产、销售伪劣产品犯罪过程中，对于某些行为是否属于"在产品中掺杂、掺假"无法直接判断的，依照上述司法解释第一条第五款和2001年5月21日最高人民法院发布的《关于审理生产、销售伪劣商品刑事案件有关鉴定问题的通知》的规定，由公诉机关委托法律、行政法规规定的产品质量检验机构进行鉴定。

本案被告人违反《食品卫生法》的规定，为了使产品畅销，将主要用于皮鞋油、地板蜡等着色的化工色素油溶黄、油溶红掺入到涉案的食品添加剂中。涉案产品经广州市产品质量监督检验所检验含有“苏丹红一号”，抽样检验不合格。因此，本案被告人的行为是刑法意义上的掺杂、掺假行为。

综上，上诉人谭伟棠、冯永华身为田洋公司、服务公司的总经理及总经理助理，在生产食品添加剂的过程中掺入不在国家规定的食品添加剂目录之内、不能加入到食品添加剂中的化工色素油溶黄、油溶红并予以销售，销售金额达人民币4 449 045.13元，其行为均已构成生产、销售伪劣产品罪。

二、生产、销售伪劣产品罪与生产、销售不符合卫生标准的食品罪及生产、销售有毒、有害食品罪的区别

从种属关系来看，有毒、有害的食品属于不符合卫生标准的食品，而不符合卫生标准的食品又属于伪劣产品；从社会危害性来看，有毒、有害的食品大于不符合卫生标准的食品，而不符合卫生标准的食品又大于伪劣产品。立法者考虑到各种伪劣商品的属性和社会危害性的不同，在《刑法》分则第三章第一节“生产销售伪劣商品罪”中分别设置了生产、销售伪劣产品罪（《刑法》第一百四十条），生产、销售不符合卫生标准的食品罪（《刑法》第一百四十三条）和生产、销售有毒、有害食品罪（《刑法》第一百四十四条），同时分别规定了相应的第一档法定刑为“两年以下有期徒刑或者拘役”、“三年以下有期徒刑或者拘役”和“五年以下有期徒刑或者拘役”。

生产、销售伪劣产品罪，是指生产者、销售者故意在产品中掺杂、掺假，以假充真、以次充好或者以不合格产品冒充合格产品，销售金额在五万元以上的行为。生产、销售不符合卫生标准的食品罪，是指生产者、销售者明知生产、销售的食品不符合卫生标准而进行生产、销售，足以造成严重食物中毒事故或者其他严重食源性疾患的行为。生产、销售有毒、有害食品罪，是指在生产、销售的食品中掺入有毒、有害的非食品原料或者销售明知掺有有毒、有害的非食品原料的食品的行为。

生产、销售伪劣产品罪与生产、销售不符合卫生标准的食品罪及生产、销售有毒、有害食品罪是一般与特殊的关系，其行为方式相同，只是犯罪对象不同以及由此而导致的定罪处刑标准各有差异。根据《刑法》第一百四十条的规定，对生产、销售伪劣产品的行为，必须达到一定的严重危害程度，即销售金额达到五万元以上的，才以犯罪论处，并根据销售金额的大小确定了生产者、销售者刑事责任的轻重，将量刑划分为四个档次。这种法定刑的设置，符合此种犯罪的贪利性质，也揭示了社会危害性的大小与刑罚轻重的关系。生产、销售不符合卫生标准的食品罪与生产、销售有毒、有害食品罪在犯罪客体要件、犯罪主体要件、犯罪主观要件方面都存在相同之处，但两者在以下方面也有着明显区别：

1. 犯罪对象方面

前者是“不符合卫生标准的食品”。这里的“食品”，是指通过人体消化系统可能被人体消化、吸收，能满足人体生理要求和营养需要的一切物品，既包括一般食物，也包括食物添加剂、调味品、色素、保鲜剂，还包括油脂和饮料等。《中华人民共和国卫生食品法》第九条列举了11类不符合卫生标准的食品。需要注意的是，与生产、销售有毒、有害食品罪不同，本罪行为人在食品中掺入的原料也可能有毒、有害，但其本身是食品原料，其毒害性是由于食品原料污染或者腐败变质所引起的。生产、销售有毒、有害食品罪往食品中掺入的必须是“有毒、有害的非食品原料”和“含有有毒、有害的非食品原料的食品”。“有毒、有害的非食品原料”，是指对人体具有生理毒性，食用后会引起不良反应，损害肌体健康的不能食用的原料。如用工业酒精兑制白酒、用不能饮用的污水兑制酱油、把石灰水掺进牛奶中等。至于非食品原料是否有毒、有害，要经过有关机构鉴定确定。

2. 犯罪结果方面

前者是危险犯，即需要有“足以造成严重食物中毒事故或者其他严重食源性疾患”的危险结果作为构成犯罪的条件。其中，“严重的食物中毒”，是指细菌性、化学性、真菌性和有毒动植物等引起的严重爆发性中毒；“严重食源性疾患”，是指以食物为感染源而导致的严重疾病，如痢疾、肝炎等。后者是行为犯，不要求特定结果的发生，行为人只要实施《刑法》第一百四十四条所规定的行为就构成犯罪。

3. 犯罪主观方面

前者在主观上对生产、销售不符合卫生标准食品的行为持直接故意，但是对该行为将造成的严重后果，则既可能持放任的态度，也可能是过失的心理。后者在主观上是出于故意，过失不构成犯罪。

本案涉案的“辣椒红一号”、“辣椒红二号”、“天然巧克力色素一号”、“饼四号”和油溶黄经广州市产品质量监督检验所检验证实含有“苏丹红一号”，结论为“抽样检验不合格”而非“有毒、有害的非食品原料”，故本案被告人不宜以生产、销售有毒、有害食品罪定罪。被告人的行为同时触犯《刑法》第一百四十三条规定的生产、销售不符合卫生标准的食品和《刑法》第一百四十条规定的生产、销售伪劣产品罪。根据《刑法》第一百四十九条第二款的规定，应当依照处罚较重的规定定罪处罚。本案被告人销售食品添加剂的销售金额达人民币400多万元，依照《刑法》第一百四十条的规定，应在“十五年有期徒刑或者无期徒刑，并处销售金额百分之五十以上二倍以下罚金或者没收财产”的量刑档次和幅度内处刑。而依照《刑法》第一百四十三条的规定，“后果特别严重的，处七年以上有期徒刑或者无期徒刑，并处销售金额百分之五十以上二倍以下罚金或者没收财产。”显然，对被告人的行为，应以生产、销售伪劣产品罪定罪处罚。

三、本案是单位犯罪

根据《刑法》第三十条和最高人民法院《关于审理单位犯罪案件具体应用法律有关问题的解释》以及《全国法院审理金融犯罪案件工作座谈会纪要》的规定，以单位名义实施犯罪，违法所得归单位所有的，是单位犯罪。

本案涉案的食品添加剂是由具有企业法人资格的广州田洋食品有限公司生产，负责销售的是具有企业法人资格的广州市食品工业研究所服务公司。被告人谭伟棠系田洋公司和服务公司的法定代表人、总经理，负责公司产品的研究、开发；被告人冯永华自1999年起担任两家公司的总经理助理，协助谭伟棠的工作。两名被告人是以单位名义实施犯罪行为，犯罪所得亦归单位所有。因此，本案系单位犯罪。案发后，由于田洋公司和服务公司被查处而倒闭，且没有诉讼代表人可以代表公司出庭参加诉讼，故公诉机关以被告人是单位犯罪中直接负责的主管人员和其他直接责任人员为由起诉谭伟棠、冯永华二人，人民法院依照最高人民法院《关于执行〈中华人民共和国刑事诉讼法〉若干问题的解释》第二百一十五条的规定，对谭伟棠、冯永华分别以单位犯罪中直接负责的主管人员和其他直接责任人员追究刑事责任。

一审合议庭成员：张坚雄　李剑涛　石春燕

二审合议庭成员：李宏建　罗　桦　李欣荣

作者单位：广东省高级人民法院

如何认定利用银行柜员机的故障恶意取款的行为性质

——许霆盗窃案

刘锦平

【问题提示】

明知银行自动柜员机出现了故障，利用该故障恶意取款的行为如何定性？如果构成盗窃罪，是否属于盗窃金融机构？

【要点提示】

被告人许霆明知银行自动柜员机出现了故障，自己账户余额不足，仍恶意取款，侵吞银行资金数额特别巨大，尔后携款潜逃，其行为构成盗窃罪，属盗窃金融机构。但鉴于其犯罪无预谋，属于偶然发现柜员机的故障临时产生犯意，且许霆取款在形式上合乎柜员机取款的要求，与采取破坏柜员机或进入金融机构内部盗窃等手段相比，其社会危害性要小。根据上述特殊情况，对许霆可适用《刑法》第六十三条的规定，在法定刑以下量刑。

【案例索引】

一审：广东省广州市中级人民法院［2008］穗中法刑二重字第2号刑事判决

二审：广东省高级人民法院［2008］粤高法刑一终字第170号刑事裁定

复核审：最高人民法院［2008］刑核字第18号刑事裁定

【案情】

被告人：许霆，男，1983年2月7日出生于山西省襄汾县，汉族，高中文化，住所地为山西省临汾市尧都区郭家庄社区向阳路西4巷3号。因涉嫌犯盗窃罪于2007年7月11日被逮捕。

广州市人民检察院以被告人许霆犯盗窃罪向广州市中级人民法院提起公诉。

广州市中级人民法院经公开审理查明：2006年4月21日晚21时50分许，被告人许霆持其本人于同年2月6日在广州市商业银行开户的卡号为6224673131003233003的银行借记卡，到广州市天河区黄埔大道西平云路163号的广州市商业银行离行式自动柜员机（ATM）上取款，其同伴郭安山（另案处理）在附近等候。许霆所持银行借记卡不具备透支功能，账户余额为176.97元。当晚21时56分，许霆将银行卡插入柜员机，输入密码并查询账户余额后准备取款100元，但由于操作不当无意中输入了取款1 000元的指令，柜员机随即出钞1 000元。许霆立即查询该卡账户余额，发现余额几乎没有变化，便意识到该自动柜员机出现了异常，能够超出账户余额取款且不能如实扣账。于是许霆从当晚

21 时 57 分至 22 时 19 分，连续操作 54 次，每次指令取款 1 000 元，共计取款 54 000 元。此时，郭安山亦来到该自动柜员机旁找许霆，二人回到许霆宿舍。许霆将该柜员机出现异常的情况告诉了郭安山。二人随即又返回该柜员机处，许霆于当晚 23 时 13 分至 19 分又持上述银行卡连续取款 16 次，每次亦取款 1 000 元，共计取款 16 000 元。郭安山亦用自己的农业银行借记卡取款 3 000 元。二人回到许霆宿舍后，许霆拿了一个塑料袋和郭安山再次来到该柜员机处，郭安山先取款 5 000 元。许霆又于次日零时 26 分至 1 时 06 分仍采取上述方法取款 100 次，其中指令取款 1 000 元操作 96 次，指令取款 2 000 元操作 4 次，共计取款 104 000 元。综上，许霆累计取款 171 次，取款金额 175 000 元，而其银行账户仅被扣款 175 元。同月 24 日下午，许霆携款逃匿。2007 年 5 月 22 日，许霆在陕西省宝鸡市火车站被抓获归案，赃款未能追还。

另查明，涉案的广州市商业银行自动柜员机于 2006 年 4 月 21 日 16 时许由运营商广州某公司进行系统升级维护，并将原有软件系统对金额的表示方式改成国际货币通用的带千分符的表示方式，如将“1000”改为“1,000”。升级维护完成后，广州市商业银行对该柜员机加钞人民币 20 万元。同月 22 日、23 日是双休日，同月 24 日（星期一）上午，广州市商业银行对全行离行式自动柜员机进行例行检查时，发现该机出现异常，即通知运营商派员一起到现场开机查验。经核查，发现该自动柜员机在系统升级后出现异常，1 000 元以下（不含 1 000 元）取款交易正常；1 000 元以上的取款交易，用户输入 1 000 元，柜员机系统错误地将“1,000”转换为“1”形成交易报文向银行主机报送，而银行主机也仅按照 1 元的交易金额接纳该笔交易并从用户账上扣款，而柜员机则仍按照 1,000 元的金额吐款。即持卡人输入取款 1 000 元的指令，自动柜员机出钞 1 000 元，但持卡人账户实际扣款 1 元。造成这种情况的原因是操作人员在对柜员机软件升级时操作失误，导致柜员机的数字字符处理出错。

【审判】

广州市中级人民法院认为，被告人许霆以非法占有为目的，采取秘密手段窃取银行经营资金的行为，已构成盗窃罪。许霆案发当晚第一次取款 1 000 元，是在正常取款时，因自动柜员机出现异常，无意中提取的，不应视为盗窃。其余 170 次取款致其银行卡账户被扣账的 174 元，不应视为盗窃。扣除上述 174 元，许霆盗窃金额应认定为 173 826 元。许霆盗窃金融机构，数额特别巨大，依法本应适用“无期徒刑或者死刑，并处没收财产”的刑罚。鉴于许霆是在发现银行自动柜员机出现异常后产生犯意，采用的是持卡窃取金融机构经营资金的手段，其行为与有预谋或者采取破坏手段盗窃金融机构的犯罪有所不同；从案发具有一定偶然性来看，许霆犯罪的主观恶性尚不是很大。根据本案具体的犯罪事实、犯罪情节和对社会的危害程度，对许霆可在法定刑以下判处刑罚。依照《中华人民共和国刑法》第二百六十四条、第六十三条第二款、第六十四条和最高人民法院《关于审理盗窃案件具体应用法律若干问题的解释》第三条、第八条的规定，判决：一、被告人许霆犯盗窃罪，判处有期徒刑五年，并处罚金二万元；二、追缴被告人许霆的犯罪所得 173 826 元，发还受害单位。

一审宣判后，被告人许霆不服，提出上诉称：原判认定柜员机异常是因计算机系统升级造成，该事实没有证据证实，缺乏升级记录等证据，故认定柜员机异常的事实不清、证据不足；原判定性错误。上诉人实施的是交易行为，不是“秘密窃取”，不符合盗窃罪的客观构成要件，上诉人的行为不构成盗窃罪。

其辩护人提出：一、原判存在事实不清、证据不足的情形。原判认定涉案柜员机发生故障，却没有对柜员机进行司法鉴定，故申请对涉案柜员机进行司法鉴定，以证实柜员机确实发生了故障及发生什么故障，从而进一步证实许霆确实是取 1 000 元而银行卡账户只扣款 1 元的事实。二、许霆的取款行为不符合盗窃罪的犯罪构成要件。许霆的取款行为是完全公开的，不具备“秘密性”，许霆取款并没有违背银行的意志，是按照柜员机操作程序的提示经银行许可才取到款的，其行为没有侵犯银行对财产的处分权，不是“窃取”，故许霆的取款行为不属于“秘密窃取”，不构成盗窃罪。三、许霆虽是恶意取款，但系柜员机的故障所造成，许霆的取款行为是与柜员机的双向交易行为，现行法律对这种行为是否构成犯罪没有明文规定，依照“法无明文规定不为罪”、“疑罪从无”的刑事基本原则，应当判处许霆无罪才能取得良好的法律效果和社会效果。四、本案属于电子支付差错，属于民事纠纷。辩护人还向二审法院提供了《广州市商业银行羊城借记卡章程》，其中第四条规定：“凡密码相符的交易均视为持卡人的合法交易，持卡人须对该交易负责。”辩护人据此认为由于许霆取款时使用的是正确的密码，故其取款行为不具有刑事违法性。

检察机关出庭意见为：上诉人许霆恶意取款的行为在主观上具有非法占有的目的，客观上采取了秘密窃取的手段取得银行财产，其行为符合盗窃罪的构成要件，且属于盗窃金融机构，数额特别巨大。原判认定事实清楚，证据确实、充分，定罪准确。原判还考虑到许霆盗窃行为的特殊情况，对许霆在法定刑以下判处刑罚，量刑适当。故建议驳回上诉，维持原判。

广东省高级人民法院经审理认为：一、原判认定事实清楚，证据确实、充分。根据广州市商业银行提供的涉案柜员机的“完整流水记录数据”及“涉案账户取款交易明细”，证实上诉人许霆的银行卡于案发时在涉案柜员机共成功取款 171 笔，其中 167 笔取款 1 000 元、4 笔取款 2 000 元，共计取款 175 000 元。而该行提供的许霆银行卡账户的“账户流水清单”记录了账户扣款流水数据，证实许霆的银行卡账户在案发前余额为 176. 97 元，案发时共取款 171 笔，其中 167 笔扣 1 元、4 笔扣 2 元，共计扣款 175 元。上述书证均系银行原始的记账凭证，所记录的流水数据与许霆本人供述的查询余额情况、取款次数、取款金额、账户余额及扣款金额均能相互对应和吻合，足以证实许霆的银行卡在自动柜员机上取款 1 000 元而账户只扣 1 元、取款 2 000 元而账户只扣 2 元，许霆共取款 175 000 元而其账户共扣款 175 元的事实。广州市商业银行提供的书面报案材料及其工作人员黄某、卢某的证言，证明了自动柜员机的异常是由于运营商对涉案柜员机进行系统升级造成。二审中法院调取的柜员机运营商出具的柜员机升级记录及相关说明，进一步证实了涉案柜员机在升级维护中由于操作失误出现了异常及具体技术原因，从而出现在该柜员机上取款 1 000 元而账户只扣 1 元、取款 2 000 元而账户只扣 2 元的故障，许霆及郭安山的供述亦印证了涉案柜员机出现的具体故障情况。上述大量的证据相互印证，已经形成了完整的证据链，足以证实许霆在首次取款后明知柜员机出现了故障，再恶意取款 170 次共 174 000 元，而其账户只扣款 174 元的事实。尽管本案没有对涉案柜员机进行司法鉴定，但认定该柜员机出现了故障及出现何种故障、出现故障的具体原因均已查明，是否对涉案柜员机进行司法鉴定并不影响对本案事实的认定。故对辩护人提出的对涉案柜员机进行司法鉴定的申请不予采纳。二、对于辩护人向法院提交的《广州市商业银行羊城借记卡章程》第四条的规定，法院认为，该书证与本案缺乏关联性。《广州市商业银行羊城借记卡章程》（以下简称《章程》）第四条的全部内容是："持卡人应妥善保管本卡，谨记密码，并不得向他人泄露。持卡人使用本卡时必须输入正确的密码，凡密码相符的交易均视为持卡人的合法交易，持卡人须对该交易负责。"从该规定的全部内容来看，这是银行提醒持卡人应当妥善保管银行卡和密码，任何人持有银行卡并输入了正确的密码，所发生的后果均由持卡人负责。该《章程》第二十条规定，《章程》由广州市商业银行负责解释。该行对此出具的解释所称"凡密码相符的交易均视为持卡人的合法交易，持卡人须对该交易负责"的意思是"对密码相符的交易视为持卡人本人的交易，而非他人的交易，持卡人须对交易后引起的一切后果负责"。故上述规定只是银行设立的当非持卡人本人持卡和密码取款发生纠纷时的银行免责条款，其合法性是特指凡密码相符的交易行为产生的法律后果及于持卡人的法律效力而言，并没有对交易行为是否正当等其他方面进行合法性评价。如利用盗、抢获得他人的银行卡和密码到柜员机取了款，显然是非法的，但因密码正确，银行却可以依照该规定视为该交易合法，对持卡人的损失不承担责任。另外，判断许霆行为是否具有刑事违法性要看许霆的行为是否触犯了刑法的规定。许霆取款时虽使用了正确的密码，但只是说明许霆取款的手续符合柜员机的操作要求，取款的交易后果及于持卡人，不能仅因此就能得出其整个取款行为合法的结论。持银行卡取款时输入正确的密码是基本的要求，但不是判断整个取款行为是否合法的唯一要求，取款同时还要本着诚实信用原则，不得侵犯他人的财产所有权。辩护人在二审期间提供的该份书证材料因与本案缺乏关联性，不能因此得出许霆取款行为合法的结论，不予认定。三、上诉人许霆以非法占有为目的，秘密窃取金融机构的经营资金，数额特别巨大，其行为侵害了刑法所保护的社会关系即公私财产的所有权，具有严重的社会危害性、明显的刑事违法性和应受刑罚处罚性，已构成盗窃罪。但鉴于许霆是在偶然发现柜员机出现异常后临时起意犯罪，只是利用柜员机的故障通过持卡取款的方式实施犯罪等特殊情况，其犯罪的主观恶性、犯罪情节和社会危害性的严重程度要比有预谋盗窃或采取破坏性手段盗窃柜员机内的资金轻。虽然许霆没有减轻处罚的法定情节，但依照《刑法》罪责刑相适应的基本原则，仍可对其在法定刑以下量刑。原判定罪准确，量刑适当，审判程序合法。依照《中华人民共和国刑事诉讼法》第一百八十九条第（一）项及《中华人民共和国刑法》第六十三条第二款的规定，于2008年5月23日裁定驳回上诉，维持原判，并依法报请最高人民法院核准。

【评析】

一、被告人许霆的行为已经构成了犯罪，触犯了《刑法》第二百六十四条第（一）项的规定，应当按照盗窃罪予以处罚

1. 许霆恶意侵犯公共财产所有权的行为具有严重的社会危害性

许霆第一次在柜员机取款并多占有银行999元的利益属于民法上的不当得利，不是盗窃行为。因为许霆第一次取款时系无意中误输入1 000元的取款金额而导致多占有银行999元，许霆既不是故意要超余额取款，也不可能预见到银行柜员机出错会出现取1 000元只从账户上扣款1元的情况，故其主观上既没有非法占有银行财产的故意，也没有过失，其行为性质不是侵权行为更不是犯罪行为。但许霆多占有银行999元的利益没有法律上的依据，属于民法上的不当得利，应当由民事法律来调整。

但是，许霆通过第一次无意的多取款并查询余额后，明知柜员机出现了异常并能够多占有银行资金，连续取款170次，取款金额达174 000元，非法占有银行财产173 826元，其后又携款潜逃，至今都未能退赃。许霆的上述行为已经属于一种严重侵权行为，不仅严重侵犯了公共财产的所有权，给国家财产造成了巨大损失，还危害了国家金融机构正常的金融秩序，损害了金融安全，具有严重的社会危害性。

2. 上诉人许霆恶意取款的行为具有刑事违法性，符合盗窃罪的犯罪构成要件

首先，许霆主观上具有非法占有银行财产的故意。许霆在明知柜员机出现上述异常后，竟然在3个多小时内连续170次恶意取款，其行为相对第一次无意多取款的行为发生了本质的变化，从没有犯罪意图到临时产生了非法占有银行资金的故意。第一，许霆在第一次取款并通过查询银行卡余额后，已经明知柜员机出现了异常，能够超出余额取款且不能如实扣账，每次取款都能非法占有银行资金；第二，许霆利用柜员机的异常，主动多次实施取款行为，积极追求非法占有银行财产的目的；第三，许霆在取款后为逃避法律责任，又携款潜逃，最终实现非法占有银行财产的目的。上述事实充分说明了许霆主观上具有侵犯公共财产所有权的故意，其取款行为的目的就是为了非法占有银行财产。

其次，许霆客观上实施的非法取款的手段符合“秘密窃取”的特征。盗窃罪中规定的“秘密窃取”指的是行为人采取自认为不被财物所有人或保管人当场发觉的方法，违背财物所有人、保管人的意志，利用非暴力的手段取得财物的行为，即“秘密”具有主观性、相对性的特点。主观性指的是行为人主观上认为其行为未被发觉，至于实际是否被发觉并不影响秘密性的成立；相对性指的是行为的秘密性只是相对于财物所有人或保管人而言，即只要行为人自认为不会被财物所有人或保管人发觉即可，至于是否会被其他第三人或财物所有人、保管人设置的工具发觉不受影响。秘密性也只是相对于行为实行的当时而言，至于行为事后是否会被发觉亦不影响秘密性的成立。而“窃取”指的是行为人的行为具有违背财物所有人、保管人的意志性和手段的非暴力性。本案中，柜员机只是银行用于经营、保管资金的智能工具，当柜员机出现故障时，已不能正确执行和代表银行的意志。许霆利用银行柜员机出现的故障，并趁银行工作人员尚未及时发觉柜员机的故障并对该柜员机采取有效保护措施之机，连续170次恶意取款。许霆取款时不仅明知柜员机出现了故障，而且通过第一次取款的成功，知道银行工作人员不会当场察觉到其恶意取款行为，且事实上银行也是直到许霆作案后第三天才发觉。上述事实足以说明许霆主观上产生了其非法占有银行财产的行为不会被银行工作人员当场发觉的侥幸心理。虽然许霆持有的是其本人的银行卡，柜员机旁亦有监控录像，这些都只是使银行事后能够查明许霆的身份，但不足以使银行能够当场发觉并制止许霆的恶意取款行为，所以许霆的行为具有“秘密性”特征。许霆持不具备透支功能的银行借记卡超余额取款，且每次取款银行卡账上都不能如实扣款。其恶意取款的行为之所以能够实现，是因为柜员机出现了异常，不能正确执行银行的指令，由此而导致的不如实扣账等故障情况违背了银行的真实意思，故许霆非法占有银行资金的行为显然违背了银行的意志。许霆取款时虽然输入了正确的密码，但由于许霆是基于非法占有银行资金的这一犯罪目的进行取款，在此前提下，其操作取款行为只是许霆非法占有银行财产的一种手段，密码是否正确并不影响行为的定性，

仅说明其行为具有非暴力性。综上，许霆的恶意取款行为完全符合“秘密窃取”的法律特征。

最后，许霆作为一个完全刑事责任能力人，其实施的恶意取款行为侵害了刑法所保护的社会关系即公私财产所有权。

3. 许霆的恶意取款行为具有应受刑罚处罚性

许霆的恶意取款行为已经不是民事侵权行为，其主观恶性及违法程度已经远远超出了民事违法的范畴，如果不受刑罚制裁，就不足以防止类似行为的出现，不能实现刑罚的预防目的。许霆没有法定的不承担刑事责任的情形，应当按照刑法相关规定处罚。

二、许霆的行为属于盗窃金融机构

最高人民法院《关于审理盗窃案件具体应用法律若干问题的解释》第八条规定：“刑法第二百六十四条规定的盗窃金融机构，是指盗窃金融机构的经营资金、有价证券和客户的资金等，如储户的存款、债券、其他款物，企业的结算资金、股票，不包括盗窃金融机构的办公用品、交通工具等财物的行为。”本案中，自动柜员机是银行对外提供客户自助金融服务的设备，机内储存的资金是金融机构的经营资金，许霆盗窃自动柜员机中资金的行为依法属于“盗窃金融机构”。

三、许霆具有可以在法定刑以下量刑的特殊情况

许霆的行为已经构成盗窃罪，且属盗窃金融机构，数额特别巨大。许霆没有法定减轻处罚情节，如仅适用刑法分则关于盗窃罪的规定，应当判处无期徒刑以上刑罚。但是，许霆的犯罪对象、犯罪手段、犯罪条件等具有特殊性：第一，许霆取款的柜员机出了故障，已非正常的“金融机构”。许霆并无犯罪预谋，正是偶然发现了柜员机的异常情况才临时产生犯意。许霆的盗窃行为之所以得逞，除了其本人主动实施恶意取款行为外，柜员机的故障客观上提供了便利。许霆的犯罪是一个从量变到质变的发展过程，随着许霆不停地恶意取款，柜员机的故障亦助使其得逞，导致许霆的主观恶性越来越大，社会危害性越来越严重。第二，许霆的行为虽然构成了盗窃罪，但其采取的犯罪手段在形式上合乎柜员机取款的要求，与采取破坏柜员机或进入金融机构营业场所内部盗窃等手段相比，其社会危害性要小。第三，许霆的犯罪极具偶然性，是在柜员机出现故障这种极为罕见和特殊的情形下诱发的犯罪，类似情况难以复制和模仿。对许霆科以适度的刑罚就能够达到刑罚的预防目的，没有必要对其判处无期徒刑以上刑罚。考虑到上述特殊情况，许霆具有可以减轻处罚的酌定情节。如果只适用刑法分则的规定，对许霆在法定量刑幅度内判处最低刑罚仍属过重，有违刑法总则中所规定的罪责刑相适应的基本原则。故对于许霆可以依照《刑法》总则第六十三条的规定，在法定刑以下判处刑罚。

对于本案的量刑，既要考虑到许霆行为具有严重的社会危害性，构成了盗窃罪，属于盗窃金融机构，数额特别巨大，又要充分考虑到许霆犯罪的偶然性及特殊性。对其在法定刑以下量刑既符合刑法关于罪责刑相适应的原则，又充分体现了法律效果与社会效果的统一。我国是适用成文法的国家，成文法始终存在一定的滞后性，无法包罗所有的犯罪现象和犯罪特征，很多酌定从严、从宽的量刑情节无法在现有的法律中体现。所以对被告人量刑既要考虑到法定情节，又要考虑到酌定情节及个案的特殊情况，只有将二者结合起来，综观全案妥善处理，才能最大限度地发挥条文法的优越性，弥补条文法的滞后性，充分体现法律效果与社会效果的统一。

一审合议庭成员：郑允展　钟育周　聂河军
二审合议庭成员：刘锦平　黄　莹　邹伟明
复核审合议庭成员：任宪成　卢小楠　邹　雷
作者单位：广东省高级人民法院

对罪责划分存在不确定因素的共同犯罪应慎用死刑

罗　桦

【问题提示】

在多名被告人共同致死一名被害人，罪责划分存在不确定因素的情况下，应如何适用死刑?

【要点提示】

在共同犯罪案件中，要分清各被告人的作用，确定各被告人的罪责，不能以分不清或难以分清主次为由，一律判处被告人死刑。在罪责划分存在不确定因素的情况下，对被告人的量刑宜留有余地，以保证把死刑案件办成“铁证铁案”。

【案例索引】

一审：广东省广州市中级人民法院［2007］穗中法刑二初字第99号刑事附带民事判决

二审：广东省高级人民法院［2007］粤高法刑一终字第436号刑事附带民事裁定

【案情】

被告人：周国华，男，1984年7月16日出生，初中文化，无业。因涉嫌抢劫罪于2006年9月14日被逮捕。

被告人：刘谋钦，男，1978年11月22日出生，初中文化，无业。2000年9月26日因犯盗窃罪被广州市天河区人民法院判处有期徒刑一年零六个月，2001年6月8日刑满释放。因涉嫌抢劫罪于2006年9月14日被逮捕。

被告人：阳秋勇，男，1975年7月16日出生，初中文化，无业。2003年10月18日因犯盗窃罪被广州市中级人民法院判处有期徒刑四年，2005年7月20日刑满释放。因涉嫌抢劫罪于2006年9月14日被逮捕。

被告人：刘青峰，男，1975年11月1日出生，初中文化，无业。1996年5月15日因犯抢劫罪被广州市天河区人民法院判处有期徒刑十一年，2002年11月25日刑满释放。因涉嫌抢劫罪于2006年9月14日被逮捕。

被告人：阳志刚，男，1973年10月13日出生，初中文化，无业。1999年8月16日因犯盗窃罪被珠海市香洲区人民法院判处有期徒刑四年，2002年5月13日刑满释放。因涉嫌抢劫罪于2006年9月14日被逮捕。

广州市人民检察院以被告人刘谋钦、周国华、阳秋勇、刘青峰、阳志刚犯抢劫罪向广州市中级人民法院提起公诉。

广州市中级人民法院经公开审理查明：2006 年 8 月 9 日下午，被告人刘谋钦、周国华、阳秋勇与同案人廖继友、阳锡庚、刘怡顺合谋按照之前与刘青峰、阳志刚、尹剑龙商量好的以故意制造交通事故的方法抢劫车辆。刘谋钦指使周国华、廖继友找到刘青峰并通过电话联系后接载了阳志刚、尹剑龙等 9 人，随即携带透明胶纸、铁水管等作案工具，由刘青峰驾驶金杯面包车搭载其余 8 名同案人在路上物色抢劫对象。次日凌晨零时许，当面包车行驶至广州市天河区珠江新城临江大道碧海湾附近路段时，周国华、阳志刚、尹剑龙发现行驶在面包车前面的车牌号为粤 A・8V419 的本田小汽车（价值人民币 125 000 元）。经商议后，尹剑龙决定抢劫该车。刘青峰遂加速追赶并故意碰撞本田小汽车的右后侧。乘车主卿三华下车察看之机，由阳秋勇箍颈、刘谋钦等人抬腿共同将卿三华挟持至金杯面包车上。阳志刚当即驾驶卿三华的本田小汽车搭载阳锡庚前往销赃，其余人采用绳子、透明胶纸捆绑被害人手脚，抢得移动电话机一部、现金 2 200 元、银行卡一张，并使用铁水管殴打、拳打脚踢等方法逼问卿三华银行卡密码。当面包车行至广州新塘镇太阳城附近时，被告人刘谋钦、周国华用逼问到的密码去附近的银行自动取款柜员机取款，其余人则到新塘镇尹剑龙姐姐的档口处等候。当刘谋钦、周国华告知尹剑龙等人卿三华所讲密码不正确时，尹剑龙持铁水管及羊角铁锤与阳秋勇及同案人廖继友、刘怡顺继续殴打卿三华逼问密码。凌晨 4 时许，阳志刚驾驶其双环车搭载阳锡庚去到新塘镇接载了刘谋钦、周国华，行至东莞市中堂镇与尹剑龙等人会合。尹剑龙叫上周国华回到面包车上，尹剑龙持铁水管和羊角铁锤击打卿三华，周国华对其拳打脚踢，两人又用衣服勒嘴，继续逼问密码，导致卿三华死亡。10 日上午 9 时许，阳志刚驾驶其双环车搭载刘谋钦、尹剑龙、阳锡庚去到清远市佛冈县县城一五金店购买锄头、铁铲、塑料绳等工具，刘青峰驾驶面包车搭载同案人及卿三华的尸体往湖南省方向行进。当天中午，阳志刚回广州收取赃款，其余被告人及同案人乘坐刘青峰的面包车共同将卿三华的尸体运至广东省清远市佛冈县水头镇西田大队一山坡处掩埋。案发后，公安机关根据刘青峰的指认找到卿三华的尸体。

经法医鉴定，被害人卿三华系被他人使用钝性暴力打击全身多处致创伤性休克死亡。

阳志刚将抢得的车辆销赃得赃款 22 000 元，连同抢得的 2 200 元现金共计 24 200 元，由各被告人及同案人共同分得。

被告人刘谋钦及其辩护人提出：刘谋钦在犯罪过程中并非起指挥、策划作用，而是受尹剑龙的安排做事，且未参与殴打被害人卿三华，被害人被殴打致死时其并不在现场，请求法庭对刘谋钦从轻处罚。

被告人周国华及其辩护人提出：周国华是受刘谋钦和尹剑龙的指使和安排参与犯罪，没有伤害被害人的主观故意，也并未用工具殴打被害人，不是本案的首要犯。请求法庭对周国华从轻处罚。

被告人阳秋勇及其辩护人提出：阳秋勇是受人纠合参与犯罪，且在致人死亡中未起主要作用。

被告人刘青峰及其辩护人提出：刘青峰是受同案人纠合、指使参与犯罪，是从犯，没有殴打被害人且有立功表现，请求法庭从轻处罚。

被告人阳志刚及其辩护人提出：阳志刚受尹剑龙等人指使参与犯罪，未参与殴打被害人，仅负责开车和卖车。请求法庭对被告人阳志刚从轻处罚。

【审判】

广州市中级人民法院认为：被告人刘谋钦、周国华、阳秋勇、刘青峰、阳志刚等人以暴力方法劫取他人财物，抢劫财物数额巨大，并致一人死亡，其行为均已构成抢劫罪。被告人刘谋钦、周国华、阳秋勇、刘青峰多次参与抢劫，被告人阳秋勇、刘青峰、阳志刚曾因犯罪被判处有期徒刑以上之刑罚，刑罚执行完毕后五年内再犯应当判处有期徒刑以上刑罚之罪，是累犯，依法应当从重处罚。被告人刘谋钦主动供述司法机关尚未掌握的同种罪行，可以酌情从轻处罚。五被告人的犯罪行为造成附带民事诉讼原告人饶开运、李道珍、卿晨、卿春的经济损失，依法应予赔偿。依照《中华人民共和国刑法》第二百六十三条第二款第（四）和（五）项、第五十六条第一款、第五十七条第一款、第五十九条、第二十五条第一款、第六十五条第一款、第五十二条、第五十三条，《中华人民共和国刑事诉讼法》第七十七条第一款，最高人民法院《关于适用财产刑若干问题的规定》第一条、第二条、第五条、第十条，最高人民法院《关于审理人身损害赔偿案件适用法律若干问题的解释》第十七条、第二十七条、第二十八条、第二十九条的规定，判决：一、被告人周国华犯抢劫罪，判处死刑，缓期二年执行，剥夺政治权利终身，并处没收个人全部财产。二、被告人刘谋钦犯抢劫罪，判处无期徒刑，剥夺政治权利终身，并处没收个人全部财产。三、被告人阳秋勇犯抢劫罪，判处无期徒刑，剥夺政治权利终身，并处没收个人全部财产。四、被告人刘青峰犯抢劫罪，判处有期徒刑十五年，剥夺政治权利五年，并处罚金一万元。五、被告人阳志刚犯抢劫罪，判处有期徒刑十四年，剥夺政治权利四年，并处罚金一万元。六、被告人周国华、刘谋钦、阳秋勇、刘青峰、阳志刚共同赔偿附带民事诉讼原告人饶开运、卿春、李道珍、卿晨丧葬费 11 552.5 元和死亡赔偿金 295 398.8 元（每人占四分之一），赔偿附带民事诉讼原告人卿春扶养费 19 683.12 元，赔偿附带民事诉讼原告人李道珍扶养费 14 762.34 元，赔偿附带民事诉讼原告人饶开运、卿春、李道珍交通费 6 520 元，以上款项共计 347 916.76 元。公安机关扣押被告人的款项 34 300 元（其中扣押被告人刘谋钦 400 元、刘青峰 24 400 元、阳志刚 9 500 元）作为赔偿款，各附带民事诉讼原告人按所占份额分配。七、扣押的作案工具金杯面包车一辆、双环小型客车一辆以及各被告人使用的移动电话机予以没收，上缴国库。缴获的铁警棍、匕首等物品予以销毁。

一审宣判后，五名被告人均服判，不上诉。

广州市人民检察院认为：本案犯罪手段特别残忍、情节特别恶劣、后果特别严重，严重危害了人民群众的生命财产安全和社会稳定和谐，民愤极大。本案各被告人屡教不改，主观恶性特别严重，均应依法从重或酌情从重处罚。一审判决对原审被告人周国华的量刑不当，对原审被告人刘谋钦、阳秋勇、刘青峰、阳志刚的量刑畸轻，遂提出抗诉。

广东省人民检察院检察员在二审庭审过程中提出：一、本案各被告人大多是累犯或刑满释放分子，其犯罪后果严重，影响恶劣，民愤极大。在抢劫犯罪过程中，本案各被告人均起积极作用，原审被告人刘谋钦是本案的组织、策划者；原审被告人周国华是殴打被害人的主要实施者，是致被害人全身创伤性休克死亡的直接责任人之一；原审被告人阳秋勇参与挟持捆绑及殴打被害人；原审被告人刘青峰负责开车及碰撞被害人车辆；原审被告人阳志刚为物色作案目标提供参考意见，并在抢到车辆后积极销赃，同案犯尹剑龙在整个犯罪过程中也起到了指挥策划的作用，同时也是参与殴打被害人、直接导致被害人死亡的主犯。本案各被告人依法应当对犯罪结果承担共同的刑事责任。其主犯应当判处死刑。二、在有法定从重情节而没有法定从轻情节的情况下，一审对刘谋钦的量刑比同案人周国华轻，忽视了刘谋钦在共同犯罪中起组织策划作用明显这一罪重情节，没有体现《刑法》第二十六条对主犯的处罚精神，一审判处其无期徒刑属适用法律不当。综上，一审对各被告人的判决量刑畸轻、适用法律不当，建议二审法院依法判决。

上诉人饶开运、卿春、李道珍上诉要求五名被告人赔偿误工费、车辆损失费和现金损失，请求二审法院依法改判。

上诉人的委托代理人请求二审法院纠正一审民事部分的判决。

广东省高级人民法院经审理认为：原审被告人刘谋钦、周国华、阳秋勇、刘青峰、阳志刚伙同同案人结伙以暴力方法劫取他人财物，其行为均已构成抢劫罪。抢劫财物数额巨大，并在抢劫中致一人死亡，依法应予惩处。原审被告人刘谋钦、周国华、阳秋勇、刘青峰多次参与抢劫，原审被告人阳秋勇、刘青峰、阳志刚曾因犯罪被判处有期徒刑，刑罚执行完毕后五年内再犯应当判处有期徒刑以上刑罚之罪，是累犯，依法应当从重处罚。原审被告人刘谋钦主动供述司法机关尚未掌握的同种罪行，可以酌情从轻处罚。五名原审被告人的抢劫行为造成上诉人饶开运、李道珍、卿春及原审附带民事诉讼原告人的经济损失，依法应予赔偿。原审判决认定的事实清楚，证据确实、充分，定罪准确，量刑适当，审判程序合法。上诉人的上诉理由及委托代理人的代理意见没有依据，予以驳回。检察机关的抗诉意见不能成立，不予支持。各原审被告人及辩护人请求从轻处罚的意见均不能成立，不予采纳；刘谋钦的辩护人请求维持原判的理由成立，予以采纳。依照《中华人民共和国刑事诉讼法》第一百八十九条第（一）项之规定，裁定驳回抗诉、上诉，维持原判。

【评析】

一、多名被告人共同致死一名被害人的案件中如何体现宽严相济政策精神；在审理此类案件时，以分不清主次为由，同时对两名以上被告人均判处死刑立即执行，是否适当

多名被告人共同致死一名被害人的案件，要分清各被告人的作用，确定各被告人的罪责，以做到区别对待，绝不能以分不清主次、难以分清主次为由，简单地一律判处死刑。

共同犯罪案件，一个总体的处理原则是：应当在充分考虑各被告人在共同犯罪地位和作用上的区别，以及在主观恶性和人身危险性方面的差异的基础上，准确地认定各被告人的罪责轻重并裁量适用刑罚；有多名主犯的，还要在主犯中进一步区分出罪责更为严重者和最严重者。据此，对于多名被告人共同致一名被害人死亡的案件，要进一步分清各被告人的作用，确定各被告人的罪责，以做到区别对待，绝不能以分不清主次、难以分清主次为由，简单地一律判处死刑。对于只致一人死亡的共同犯罪案件，无论是根据罪责刑相适应的刑法基本原则，还是从朴素的正义观念看，都不应不加区别地判处多名被告人死刑。特殊情况下，认为确实应当判处两名以上被告人死刑的，必须要有绝对充分的理由、绝对无误的把握、群众绝对支持的社会效果。

具体而言，在审理共同犯罪案件时，根据宽严相济政策精神，对提出犯意、组织、指挥犯罪的被告人应当体现从严，对在其授意下具体实施犯罪的被告人，处刑原则上应有所区别。对于同案犯在逃的案件，如果确有证据证明到案被告人在共同犯罪中起次要或者辅助作用的，应当依法认定为从犯；对于被告人自我辩解或其辩护人提出被告人系从犯，而公诉机关指控其为主犯的证据尚不确实、充分的，应当留有余地。

二、本案各被告人大多是累犯或刑满释放分子，其犯罪后果严重，影响恶劣，民愤极大，作为致人死亡的凶手之一周国华及主谋刘谋钦是否应当判处死刑立即执行，对阳秋勇、刘青峰、阳志刚的量刑是否畸轻

对犯罪分子决定刑罚的时候，应当根据犯罪的事实、犯罪的性质、情节和对于社会的危害程度，依照刑法的有关规定判处。一审对各被告人的量刑均适当，理由如下：

第一，本案尚有 4 名同案人在逃，罪责的划分没有完全的排他性。此案共有 9 人作案，已归案 5 人，尚有 4 人在逃，现认定 9 名被告人先后三次殴打被害人，致被害人创伤性休克死亡的证据和事实，主要是凭归案的被告人的口供来认定和推断的。经审理认定，5 名被告人犯抢劫罪的证据充分，但由于有 4 名同案人在逃，本案的罪责划分可能还存在着不确定的因素。

第二，根据现有证据，在逃的尹剑龙罪责可能最重。根据一审、二审庭审审查认定的证据和事实，在逃的尹剑龙在 9 个人中罪责可能最重。现有证据显示：他是抢劫作案的纠集人之一；是选定抢劫作案对象的拍板人；先后 3 次动手殴打被害人，且用羊角铁锤、铁水管殴打被害人脸部、胸部等部位，在同案人中殴打次数最多，出手最重；在确认被害人死亡后，决定掩埋尸体并购买掩埋尸体的工具。

第三，对被告人周国华判处死缓，量刑适当。根据一审、二审庭审审查认定的证据和事实，现已归案的 5 人中，周国华是在尹剑龙、刘谋钦的授意下具体实施犯罪的被告人，参与了目标的选定和取款；先后 3 次殴打被害人，他有两次在场，其中有一次用脚踢、踩被害人，另一次除对被害人拳打脚踢外，还用被害人的衣服拧成绳子勒在被害人嘴部向后拉扯。在致被害人死亡的整个过程中，罪责可能次于尹剑龙，可能不是共同犯罪中罪责最为严重者。一审判处周国华死刑，缓期二年执行，量刑适当。

第四，对被告人刘谋钦判处无期徒刑亦属罪刑相适应。在已归案的 5 个人中，刘谋钦是纠合人之一；是作案工具面包车的出资者之一；在 3 次殴打被害人中参与了第一次；与周国华一同去柜员机取款，发现被害人所讲密码不正确后要求同案人继续逼问密码；在确认被害人死亡后，决定掩埋尸体并购买掩埋尸体的工具。但在同案人致被害人死亡时，刘谋钦不在现场，刘不是致被害人死亡的直接责任人。刘谋钦曾因犯盗窃罪被判处有期徒刑，但不构成累犯。一审判处刘谋钦无期徒刑，量刑适当。

第五，一审对其余 3 名被告人的量刑并无不当。被告人阳秋勇不是致被害人死亡的直接责任人，鉴于其在案中积极参与捆绑及殴打被害人，且系累犯，原审对其判处无期徒刑并无不当。被告人刘青峰提供作案用的车辆，在抢劫全过程中负责驾驶车辆并负责碰撞被害人卿三华驾驶的小汽车，在抢劫犯罪中起积极的作用且系累犯。鉴于现有证据不能证实刘青峰殴打过被害人卿三华且其能如实供述犯罪事实，可对其判处有期徒刑十五年。原审判决对刘青峰的量刑并无不当。被告人阳志刚在抢劫过程中为物色作案目标提供参考意见，负责销赃及收取赃款，在抢劫犯罪中起积极作用且系累犯，鉴于其没有殴打被害人且只参与一次抢劫，原审对其判处有期徒刑十四年并无不当。

三、在罪责划分存在不确定因素的情况下判处被告人死刑立即执行是否适当

在罪责划分存在不确定因素的情况下，对被告人的量刑宜留有余地，以保证把死刑案件办成“铁证铁案”。本案各被告人罪责的划分是在9个人作案还有4名同案人未归案，根据已归案的5名被告人的口供来推断认定的，罪责的划分还存在着一定的或然性，因此，没有判处刘谋钦、周国华死刑立即执行。

罪刑相适应是我国刑法一项重要的基本原则。在本案中，参与犯罪的9名犯罪分子目前只抓到5名，尚有4名同案人未归案。而且根据现有证据，未归案的尹剑龙可能罪责最重。法官如果在罪责划分存在不确定因素的情况下判处其他被告人死刑，显然有悖我国刑法罪责刑相适应的基本原则。这种情况在多人作案的犯罪中经常遇到，如果不坚持罪责刑相适应的基本原则，结果就是谁先被抓到谁最倒霉，违反了法律的公平精神。

那么这样判会不会对受害者不公平，或者放纵了其他犯罪分子呢？我国的刑事诉讼法有“审判监督程序”的专门规定。当事人及其法定代理人、近亲属，对已经发生法律效力的判决、裁定，可以向人民法院提出申诉或请求人民检察院提起抗诉。一旦在逃的同案人被追捕到案，必将进一步查明真相、分清罪责。司法机关必将启动相应的司法程序，作出罪刑相适应的判决。

一审合议庭成员：李文东　马健中　钟海燕
二审合议庭成员：罗　桦　李　华　龚格致
作者单位：广东省高级人民法院

事后帮助能否按主犯涉及的罪名定罪量刑

马建兵

【问题提示】

在共同犯罪中，同案犯事后帮助行为，能否按主犯涉及的罪名定罪？

【要点提示】

在共同犯罪中，帮助犯一般是按照主犯的罪名来定罪，但如果帮助行为单独构成一个罪名，则按具体行为来定罪，特别是事后帮助，必须以事前的通谋为前提，否则就不能简单按主犯罪名来定罪量刑。

【案例索引】

一审：广东省河源市中级人民法院［2006］河刑初字第28号刑事判决

二审：广东省高级人民法院［2006］粤高法刑一终字第944号刑事判决

复核审：最高人民法院［2008］刑一复41889900号刑事裁定

【案情】

被告人：蒋勇，男，1986年6月18日出生，汉族，初中文化，农民，住四川省邻水县坛同镇蜂子岩村4组51号，因本案于2006年4月19日被刑事拘留，同年5月10日被逮捕。

被告人：陈小卫，男，1987年4月15日出生，汉族，初中文化，农民，住四川省邻水县坛同镇蜂子岩村6组8号，因本案于2006年4月19日被刑事拘留，同年5月10日被逮捕。

被告人：刘春林，男，1987年3月6日出生，汉族，初中文化，农民，住四川省南充市仪陇县度门镇兰家坝村2组，因本案于2006年4月19日被刑事拘留，同年5月10日被逮捕。

2006年4月上旬，被告人蒋勇找到被告人陈小卫、刘春林商量绑架蒋勇同乡梁志银的小孩梁宇，以此要挟梁志银拿钱赎人，但陈小卫、刘春林当时均表示不同意。2006年4月17日18时许，蒋勇在河源市宝源学校附近遇到被害人梁宇（男，1998年8月11日出生，被害时为在校学生），哄骗其带他去玩，将梁宇带到205国道桂山路口附近一无人的荒滩上，用石头击打梁宇头部直至其死亡。蒋勇将尸体塞进石缝里，用石头遮盖后逃离现场。次日上午6时许，蒋勇找到陈小卫，告知了绑架杀害梁宇一事并提供了梁志银的电话号码，让陈小卫打电话给梁志银索要赎金5万元，陈小卫应允。当天中午12时许，陈小卫找到刘春林，将蒋勇绑架杀害梁宇一事告诉了他，并叫他一起打电话勒索赎金 5 万元，然后分点钱，刘春林表示同意。陈小卫到河源市紫金桥附近一间“IP 公话超市”给梁志银打电话，让他准备 5 万元赎回小孩。回到陈小卫的出租屋后，三被告人共同商定交钱地点。当晚 20 时许，刘春林又再次到“IP 公话超市”给梁志银打电话，叫他将赎金送到紫金桥下，陈小卫则到紫金桥下等赎金。刘春林打电话时被当场抓获，公安人员还根据刘春林提供的线索将陈小卫抓获。当晚，蒋勇也被抓获。

【审判】

河源市人民检察院于 2006 年 8 月 8 日向河源市中级人民法院提起公诉，指控被告人蒋勇、陈小卫、刘春林犯绑架罪。

河源市中级人民法院经审理后认为：被告人蒋勇以勒索财物为目的，绑架他人，杀害人质，其行为已构成绑架罪，情节恶劣，后果严重。被告人陈小卫、刘春林明知被告人蒋勇绑架并杀害了人质，仍然与被告人蒋勇合谋，通过公用电话向人质的亲属勒索赎金，其行为也已构成绑架罪。本案中，被告人蒋勇实施了绑架行为，并将被害人杀害，后又指使被告人陈小卫向被害人家属索要赎金，是本案的主犯。被告人陈小卫、刘春林没有直接参与绑架行为，仅有后续的索取赎金的行为，是本案的从犯，依法应当减轻处罚。被告人刘春林提供线索，协助公安人员将陈小卫抓获，有立功情节，依法可减轻处罚。被告人蒋勇、陈小卫、刘春林的犯罪行为造成被害人的经济损失，依法应承担连带赔偿责任。依照《中华人民共和国刑法》第二百三十九条、第二十五条、第二十六条、第二十七条、第六十八条、第五十七条及《中华人民共和国刑事诉讼法》第七十七条、最高人民法院《关于审理人身损害赔偿案件适用法律若干问题的解释》第二十九条的规定，判决：一、被告人蒋勇犯绑架罪，判处死刑，剥夺政治权利终身，并处没收个人全部财产。二、被告人陈小卫犯绑架罪，判处有期徒刑八年，并处罚金 1 万元。三、被告人刘春林犯绑架罪，判处有期徒刑六年，并处罚金 1 万元。四、三被告人赔偿附带民事诉讼原告人死亡赔偿金人民币 87 317.4 元。

一审宣判后，被告人蒋勇及刘春林提出上诉，陈小卫服判。蒋勇上诉提出：其自愿到派出所，并如实供述自己的罪行，有自首情节；其并没有杀害被害人的主观故意，是初犯，原审量刑过重。蒋勇的辩护人提出：上诉人没有前科，有主动归案的行为和悔罪表现，建议从轻判决。被告人刘春林提出：其是在蒋勇杀害小孩后才打电话的，是勒索行为，不是绑架；向公安机关提供了抓获陈小卫的线索，属立功，原审量刑过重，罚金过重，不应承担民事赔偿责任。

出庭检察人员提出原审认定事实清楚，证据确实、充分，定性准确，量刑适当，建议维持原判。

广东省高级人民法院经审理后认为：上诉人蒋勇以勒索财物为目的，绑架他人，杀害人质，其行为已构成绑架罪，且造成被害人死亡的严重后果，罪行极其严重，依法应适用死刑。上诉人刘春林、原审被告人陈小卫明知蒋勇绑架并杀害了人质，与蒋勇合谋，向人质的亲属勒索赎金，其行为已构成敲诈勒索罪。上诉人刘春林提供线索，协助公安人员将陈小卫抓获，有立功情节，依法可减轻处罚。蒋勇的犯罪行为造成被害人的经济损失，依法应承担赔偿责任。上诉人刘春林、原审被告人陈小卫未参与绑架过程，未造成被害人的经济损失，不承担赔偿责任。原判认定事实清楚，证据确实、充分，对上诉人蒋勇适用法律正确，量刑适当，但对上诉人刘春林、陈小卫适用法律及量刑不当。出庭检察员提出案件事实清楚，证据确实，建议维持原判对蒋勇的量刑意见，依法予以支持；但提出维持对上诉人刘春林、原审被告人陈小卫量刑的意见不当，不予支持。依照《中华人民共和国刑法》第二百三十九条、第二百七十四条、第六十八条、第五十七条第一款和最高人民法院《关于审理人身损害赔偿案件适用法律若干问题的解释》第二十九条以及《中华人民共和国刑事诉讼法》第一百八十九条第（二）项之规定，判决：一、驳回上诉人蒋勇的上诉，维持广东省河源市中级人民法院［2006］河刑初字第28号刑事附带民事判决第一项对上诉人蒋勇的定罪与量刑；撤销该判决第二、三、四项对原审被告人陈小卫、上诉人刘春林的定罪量刑以及附带民事判决部分。二、上诉人刘春林犯敲诈勒索罪，判处有期徒刑二年六个月。三、原审被告人陈小卫犯敲诈勒索罪，判处有期徒刑三年。四、上诉人蒋勇赔偿附带民事诉讼原告人经济损失人民币87 317.4元。

案件经最高人民法院复核，裁定核准广东省高级人民法院维持第一审以绑架罪判处被告人蒋勇死刑，剥夺政治权利终身的刑事判决。

【评析】

本案是一起共同犯罪的案件，涉及共同犯罪中主犯与从犯的罪名、处罚原则等问题。

一、本案是否属于共同犯罪

我国刑法对共同犯罪的认定采用的是主客观相统一的原则。在主观方面，各个共同犯罪人的犯罪都出自共同故意。《刑法》第二十五条第二款规定："二人以上共同过失犯罪，不以共同犯罪论处。"明确否定了过失共同犯罪的形式。在客观方面，必须是各个共同犯罪人实施了共同犯罪的活动，犯罪的危害结果与各个共同犯罪人的行为之间有因果关系。在犯罪主体方面，必须是两个以上达到刑事责任年龄，具有刑事责任能力的人之间，才能构成共同犯罪。一般来说，因为共同犯罪中各个犯罪人员具有共同的犯罪目的，并且犯罪人员实施的犯罪行为有较强的关联性，都与犯罪结果具有因果关系，所以共同犯罪中各实施犯罪的人员所涉及的犯罪罪名也一样。但我国刑法采用的是主客观相统一的原则，决定了对各个犯罪人员所犯罪行要进行具体分析。就本案而言，主犯蒋勇为勒索财物，绑架被害人梁宇为人质，并在绑架过程中杀死被害人，然后伙同他人向人质家属索要赎金，依法构成绑架罪。刘春林与陈小卫开始并没有参与绑架，但在蒋勇杀害人质后，三人又密谋合伙勒索赎金。这时三被告人就如何犯罪达成一致，并打电话向人质家属索要钱财，具有了共同犯罪的行为，应当构成共同犯罪。但陈小卫、刘春林二人的行为作用明显低于蒋勇，应是本案的从犯。

二、刘春林、陈小卫的犯罪行为应如何定性

在这起案件中，被告人蒋勇构成绑架罪并无异议，但对于刘春林、陈小卫犯罪的定性则有争议。一种意见认为刘春林、陈小卫的行为构成绑架罪。绑架罪是指以勒索财物或以他人作为人质为目的，使用暴力、胁迫或者其他方法，劫持他人的行为。刘春林、陈小卫二人虽在蒋勇找其商议时明确表示不同意参与绑架，但蒋勇将绑架并杀害了梁宇的消息告诉陈小卫时，陈小卫又约刘春林打电话向被害人家属索要赎金。绑架犯罪的目的就是索取钱财，二人参与的是绑架行为的后续完成过程，是绑架犯罪的帮助犯，所以二人的行为也构成绑架罪。

另一种意见认为陈小卫与刘春林的行为构成敲诈勒索罪。主犯蒋勇开始是与陈小卫、刘春林二人商议绑架梁宇来勒索赎金，但陈、刘二人未同意，这说明陈、刘二人并没有暴力绑架的主观故意。在这种情况下，蒋勇才单独实施了绑架的犯罪行为，并且将人质杀死。后因担心被害人家属熟悉自己，怕暴露身份，遂将绑架杀害了梁宇的犯罪情况告知陈小卫，要求陈小卫帮忙。陈小卫又找刘春林商议向被害人家属索要赎金，并按三人约定的分工一人打电话要钱，一人取赎金。虽然陈小卫与刘春林索要赎金的行为，客观上帮助了蒋勇的犯罪，但陈小卫与刘春林在蒋勇找其商议绑架时并没有答应此事，只是在蒋勇绑架杀害人质既成事实的情况下，二人在勒索赎金的过程中，与蒋勇达成了一致。三被告人形成合意的内容是向被害人家属勒索赎金，而不是绑架。因此刘春林与陈小卫的行为构成敲诈勒索罪。

笔者同意第二种观点。敲诈勒索是指以非法占有为目的，以对被害人实施威胁或者要挟的方法，强索公私财物的行为。绑架与敲诈勒索虽然都是以非法获取财物为目的，但绑架是一种侵犯人身自由的暴力性犯罪，敲诈勒索是一种胁迫型的财产性犯罪。敲诈勒索与绑架最主要的区别是绑架对人质采取了实质性的控制，并以此来勒索财物，而敲诈勒索则是通过实施威胁或要挟的方法来获取财物，并没有实质性控制他人的人身自由。绑架犯罪侵犯的客体是人身自由权利，只要犯罪人员出于勒索他人财物或者以他人作为人质为目的，绑架并控制了人质，绑架犯罪的构成要件就全部完成。是否索取到赎金，只是绑架犯罪的一个情节，对犯罪的既遂与未遂没有影响。所以陈小卫、刘春林虽然与蒋勇有构成同案犯的要件，但因为蒋勇绑架行为已完成，二人作为后参与此案的同案人来讲，只是事后帮助，利用蒋勇绑架人质的既成事实，要挟被害人家属交出赎金。二人的行为与蒋勇的绑架行为虽不具有共同的故意，但符合敲诈勒索罪的构成要件。帮助犯在共同犯罪中，一般是按照主犯的罪名来定罪，但如果帮助行为单独构成一个罪名，则按具体行为来定罪。特别是事后帮助，必须以事前的通谋为前提，否则就不能简单按主犯罪名来定罪量刑。比如盗窃等财产犯罪中帮助销赃的行为，事前无通谋的，都是以新的罪名来定罪。二审法院以敲诈勒索罪对陈小卫与刘春林的量刑进行了改判是适当的。同样，因为陈小卫与刘春林的敲诈勒索行为是对蒋勇绑架犯罪的事后帮助，二人在利用蒋勇绑架被害人而勒索赎金时，蒋勇已将被害人杀死，所以二人的行为与蒋勇杀害人质的行为没有因果关系，与蒋勇绑架杀害人质而给受害人家属造成经济损失也没有直接联系，不应承担绑架所造成的附带民事赔偿责任。二审法院对附带民事判决部分作了相应的改判，也符合“谁侵权，谁负责”的民事赔偿原则。

一审合议庭成员：袁永鸣　黄秀莲　罗碧生

二审合议庭成员：万远福　于晋新　马建兵

作者单位：广东省高级人民法院

因吸毒导致精神障碍的犯罪应如何适用刑罚

王竹青

【问题提示】

因吸毒导致精神障碍而故意杀人的行为应如何量刑?

【要点提示】

由于吸毒所致精神障碍导致的犯罪，既与精神病所致精神障碍下犯罪不同，也与醉酒后犯罪不同，更与无精神障碍的其他恶性犯罪（如故意杀人、放火等）不同。只要被告人不是故意使自己处于该种精神障碍中的，可以适用《中华人民共和国刑法》第十八条第三款的规定酌情从轻处罚。

【案例索引】

一审：广东省广州市中级人民法院［2005］穗中法刑一初字第 8 号刑事附带民事判决

二审：广东省高级人民法院［2006］粤高法刑一终字第 185 号刑事判决

【案情】

公诉机关：广东省广州市人民检察院。

被告人：赵永江，男，1967 年 1 月 31 日出生，无业。因涉嫌故意杀人罪于 2004 年 2 月 17 日被逮捕。

广州市人民检察院以被告人赵永江犯故意杀人罪，向广州市中级人民法院提起公诉。附带民事诉讼原告人陈秀、张嘉瑜、戴成志、关佩琼、邓浩轩、梁雪梅、苏华文、黄秋萍、苏伟良也对赵永江提起附带民事诉讼。

广州市中级人民法院经公开审理查明：2004 年 1 月 31 日晚，上诉人赵永江与朋友张世伦、戴艳玲、黄远祺、何永良、李觉河、梅立庭、张永祥等多人在广州市解放中路 306 号中曦大厦三楼的中禧休闲中心 VIP18 号房内消费娱乐，为赵永江庆祝生日。在饮酒过程中，赵永江服用了 K 粉、大麻、含冰毒的摇头丸等毒品。2 月 1 日凌晨 2 时许，赵永江产生幻觉和幻听，认为周围的朋友和工作人员对他充满敌意，要加害于他，遂用手机拨打 110 报警，但又怕被周围的人听到，不敢讲话。而后，赵永江突然持刀刺向当时在房间内娱乐的张世伦和在房间内工作的成耀红，并持刀对其他人乱刺，致被害人张世伦、戴艳玲当场死亡，被害人苏明海经送医院抢救无效死亡，被害人罗敬文重伤，被害人黄远祺、何永良、李觉河、陈记轻伤，被害人梅立庭、成耀红、张永祥轻微伤。赵永江行凶后逃离了现场。赵永江归案后，从其尿液中检出甲基苯丙胺成分。

针对赵永江作案时的精神状况，公安机关委托广州市精神疾病司法鉴定组进行了鉴定。该鉴定组出具［2004］司鉴字第2689号《精神疾病司法鉴定书》，结论为：被鉴定人赵永江作案时患有精神活性物质所致精神障碍，丧失实质性辨认能力，但因吸毒是自愿行为，故评定为有限定刑事责任能力。

检察机关认为现有证据材料并未反映出赵永江有精神病史，且案发前赵永江有吸毒和饮酒行为，为慎重起见，检察机关要求公安机关委托省级指定医院对赵永江再作司法精神病鉴定。广东省精神疾病司法鉴定委员会、广东省精神卫生研究所出具第0464号《司法精神病学鉴定书》，结论为：赵永江作案时患有精神活性物质所致精神障碍，对其于2004年2月1日实施危害行为具有完全责任能力。

由于上述两份鉴定结论不一致，为慎重起见，广州市中级人民法院委托国家司法部司法鉴定中心对赵永江再次进行了鉴定。司法鉴定中心［2005］精鉴字第205号鉴定书的结论为：(1) 赵永江患有精神活性物质所致精神障碍。(2) 赵永江在本案中具有限定刑事责任能力。

【审判】

广州市中级人民法院经审理认为，被告人赵永江是在意志自由的前提下滥用精神活性物质，致使自己此后精神障碍发作。被告人赵永江有吸毒史，应当知道吸毒后的感觉，而吸毒是被法律所禁止的，其在案发前除吸食毒品外，还过量饮酒，不能排除酒精对其精神障碍的产生存在一定影响，醉酒的人犯罪，应当负刑事责任，而刑法中没有吸毒后犯罪不负刑事责任或减轻、从轻处罚的相关规定，既然法无规定，被告人就应对其行为的后果承担完全刑事责任。因此，采纳公诉机关对被告人赵永江具有完全责任能力的鉴定结论作为本案的定案证据的意见。依照《中华人民共和国刑法》第二百三十二条、第五十七条第一款、第三十六条第一款及相关民事法律之规定，判决如下：被告人赵永江犯故意杀人罪，判处死刑，剥夺政治权利终身；判令赵永江赔偿附带民事诉讼原告人经济损失共计人民币886 927.38元。

上诉人赵永江上诉称：其主观上没有杀人的动机、目的，没有杀人的主观故意，不构成故意杀人罪；其没有前科，认罪态度好，要求从轻判处。

赵永江的辩护人提出：赵永江作案时有精神障碍，属没有刑事责任能力人；广东省精神卫生研究所不是医院，不具有精神病鉴定资格。

广东省高级人民法院确认一审法院查明的事实存在。

广东省高级人民法院经审理认为：上诉人赵永江无视国家法律，非法剥夺他人生命，致三人死亡、一人重伤、四人轻伤、三人轻微伤，其行为已构成故意杀人罪，后果特别严重，应依法严惩。鉴于对赵永江因自主故意吸毒、酗酒等所致患有精神活性物质导致的精神障碍作案，有部分鉴定意见为属限定刑事责任能力人，故可采纳该种意见，并结合其无前科、能坦白认罪等因素，依法在刑罚上体现从轻，对其判处死刑，可以宣告缓期二年执行。原判认定事实清楚，证据确实、充分，定罪准确，审判程序合法。上诉人赵永江及其辩护人要求从轻判处的意见，可予采纳。依照《中华人民共和国刑事诉讼法》第一百八十九条第（一）、（二）项，《中华人民共和国刑法》第二百三十二条、第五十七条第一款、第三十六条第一款、第十八条第三款之规定，判决：一、维持广东省广州市中级人民法院［2005］穗中法刑一初字第8号刑事附带民事判决第一项中对赵永江犯故意杀人罪的定罪部分。二、撤销广东省广州市中级人民法院［2005］穗中法刑一初字第8号刑事附带民事判决第一项中对赵永江犯故意杀人罪，判处死刑，剥夺政治权利终身的量刑部分。三、上诉人赵永江犯故意杀人罪，判处死刑，缓期二年执行，剥夺政治权利终身。

此案的判决结果得到了最高法院的肯定。最高法院指出：虽然被告人赵永江在作案时存在精神障碍，但精神障碍的引发是因其故意自主滥用毒品、酗酒；此外，赵永江在作案时毕竟丧失了辨认和控制自己行为的能力。据此，可依据《中华人民共和国刑法》第十八条第三款追究赵永江的刑事责任。

【评析】

一、本案在二审审理过程中，对应采信哪一份司法精神病鉴定以及法律的适用问题的分歧意见

（1）认为应采信广州市精神疾病司法鉴定组和国家司法部司法鉴定中心的鉴定结论，认定赵永江作案时属限制刑事责任能力人。理由是：三份司法精神病鉴定结论均认定赵永江作案时存在精神障碍，其辨认和控制能力丧失，且两份鉴定都认为赵永江属于限制刑事责任能力人。尤其是国家司法部的鉴定还综合分析了其他两份鉴定之异，指出属于学术观点不同，立法上有空白，并结合本案的特点对赵永江作出刑事责任能力的评定，较为客观、全面。精神障碍属于一时性的，而一般的精神病是持续性的状态。既然法律上没有规定，那从有利于被告人的角度考虑，可采信学界通说的观点，即本案可采用广州市精神病医院和国家司法部司法鉴定中心两份鉴定结论，认定被告人是限制刑事责任能力人。

持该意见的同志虽然在采信问题上意见一致，但在对赵永江应如何量刑上则存在分歧。有的认为：虽然认定赵永江为限定刑事责任能力人，但本案后果特别严重，如改判，社会影响也不好。根据《刑法》第十八条第三款的规定，对限制刑事责任能力人可以从轻、减轻处罚，也可以不从轻处罚，因此，本案可不从轻处罚。有的认为：认定赵永江属限定刑事责任能力人，考虑到其在精神障碍支配下作案，又与无精神障碍的社会上一般恶性杀人案件不同，尽管本案后果特别严重，但仍应对其从轻量刑，以故意杀人罪改判为死刑缓期执行。

（2）认为应采用广东省精神卫生研究所作出的鉴定结论，认定赵永江应负完全刑事责任。理由是：刑法没有对吸毒者的刑事责任进行限制。从法理分析，犯罪人应负刑事责任，但法律规定的特别情况除外，这个特别情况就是未成年人和精神病人。刑法没有特别规定的，就应负刑事责任，这与“法无明文不为罪”的原则不一样，辩护人认为刑法没有规定吸毒造成精神障碍后犯罪应负刑事责任，因此不应对被告吸毒造成精神障碍后犯罪追究刑事责任的意见，是偷换概念，逻辑上完全错误。从宏观角度评价本案，虽被告人作案时有一定精神障碍，但因其是在自控的情况下吸毒造成，他也明知吸毒会造成兴奋、失控等后果，仍放纵自己的行为，故广东省精神卫生研究所的鉴定评定赵永江是完全责任能力的结论是客观的，也反映出社会对吸毒行为所作出的负面评价，如法院放纵这种吸毒失控扰乱社会的行为，将会对社会起不良示范效应，将有损法院主持社会正义的形象。本案后果极为严重，一审法院判处赵永江死刑立即执行适当。

二、关于对赵永江精神状态的认定

精神障碍影响刑事责任能力。不同类别精神障碍影响刑事责任能力亦有所不同。而精神障碍在精神医学上可概括为三类：一是精神病，二是精神素质之偏畸（如智力不足、人格异常等），三是异常精神（体验）反应（即心因反应或精神官能症）。其中，精神病包括：（1）内因（素质）性精神病；（2）器质性精神病；（3）症状性精神病（内科疾病引起的精神异常）；（4）中毒性精神病。所谓中毒性精神病，即物质滥用所致精神障碍，诸如滥用酒精、毒品等麻醉剂及兴奋剂中毒而引起的精神障碍。① 由此可见，毒品药物滥用所致精神障碍与精神病所致精神障碍，都是精神障碍，而且同属精神病性的精神障碍，都直接影响到行为及其后果。所不同的地方主要有二：第一，前提不同。毒品药物滥用所致精神障碍的前提行为是吸毒，是毒品药物的滥用，是吸毒者意志自由的选择，是自由和自愿的，即学界和刑法上所谓“原因自由行为”，也有人称它为“自陷行为”②，兼有“原因自由”（即前行为的吸毒）与“结果不自由”（即后行为的违法犯罪之状）之特点，且系一时的外因所致；而精神病所致精神障碍的前行为是患有医学上的精神病，是完全受精神病所支配的不自由行为，并非患者本人意志自由的选择，是身不由已，从原因到结果都是不自由的，且为持续性的内因所致。第二，行为人对精神障碍下犯罪状态的心理态度不同。吸毒行为者对吸毒所致精神障碍下犯罪状态，心理较为复杂，有的存在故意或过失，且有程度不等的是非辨认能力，从而构成完全刑事责任能力或限定刑事责任能力，其刑事责任不能排除；有的不存在故意和过失，不具有是非辨认能力，从而构成无刑事责任能力，其刑事责任在原则上可以排除。例如，毒品药物滥用者，在吸毒之前，已有犯罪之决意，企图借用毒品药物滥用后所形成妄想与幻觉的精神状态去实施犯罪，如杀人、放火等，这就是一种有预见的预谋和追求，显然具有犯罪故意，也构成完全刑事责任能力，应依法承担故意犯罪的刑事责任。如果在吸毒之前或之初，不存在任何犯罪动机，只是在毒品药物滥用后形成失衡的精神病症状态下犯罪，则应另当别论。

据此，笔者认为应采信广州市精神病医院和国家司法部司法鉴定中心对被告人赵永江所做的鉴定结论。理由如下：

（1）本案的被害人都是被告人赵永江为庆祝自己的生日邀来的好友或是素不相识的休闲中心的服务人员，双方没有任何矛盾。赵永江杀人伤人并非现实因素所引发，缺乏现实动机。

（2）被告人赵永江杀人伤人之前服食了 K 粉、大麻和含甲基苯丙胺的摇头丸，并饮了超过本人平时酒量的酒，导致被告人产生精神障碍，存在意识、感知、思维、情感等精神活动的异常，有精神病症状，丧失了辨认与控制能力，构成精神病性精神障碍。

（3）被告人赵永江杀人伤人的直接原因是当时存在吸毒及过量饮酒所致精神病性精神障碍。

---

① 张丽卿．司法精神医学．台北：元照出版公司，2001. 40 ~ 42

② 张丽卿．原因自由行为与麻醉状态下的违法行为．见蔡墩铭．刑法争议问题研究．台北：五南图书出版股份有限公司，1999. 208

(4) 被告人赵永江是在精神状态正常的情况下自愿吸食毒品和过量饮酒的，属于“原因自由行为”所导致精神障碍，此一点区别于精神病患者的精神病性精神障碍。

(5) 被告人虽有吸毒史，但本次作案以前从未出现过类似的精神障碍，也没有证据表明被告人故意使自己处于上述精神障碍发作的状态而借故犯罪。

综上，笔者认为被告人赵永江的犯罪，纯属吸毒和过量饮酒的“原因自由行为”导致精神障碍所致。尽管经鉴定也被认为是精神病性精神障碍，但毕竟与纯粹精神病行为所致精神病性精神障碍还是有相当大差异的。当然，也不是非精神病性的精神障碍，更不是无精神障碍的社会上一般恶性杀人犯罪。

三、关于本案的处理是否适用1997年《中华人民共和国刑法》（以下简称《刑法》）第十八条的问题

《刑法》第十八条分别规定了精神病人、间歇性精神病人、尚未完全丧失辨认或者控制自己行为能力的精神病人和醉酒的人的刑事责任，但没有规定吸毒所致精神障碍下犯罪的刑事责任。如前所述，本案中被告人赵永江吸毒饮酒后出现被害的幻觉和幻听，经鉴定为精神病性的精神障碍，丧失辨认能力，也正是在这种丧失辨认能力的精神障碍的支配下，赵永江先是打110报警，但是恐周围的人听到，打通电话后又不敢讲话，因而持刀杀伤他人，造成了严重后果，这就明显地构成吸毒所致精神病性精神障碍下犯罪，而与精神病人犯罪相去甚远，故不宜直接适用《刑法》第十八条第一款精神病人不负刑事责任的规定，以维护我国“刑随罪走”的立法原则。但是本案三份鉴定均强调赵永江的吸毒和过量饮酒均属违法（或违德）的“原因自由”行为或“自陷”行为，故多数鉴定又将赵永江评定为限定刑事责任能力，此一点却与《刑法》第十八条第三款所规定的“限定责任能力”相类似。据此，可适用该款规定对赵永江从轻量刑，以示与其他犯罪相区别。当然，如果赵永江此前因吸毒、饮酒出现过这样的被害幻觉和幻听，这次又故意使自己处于这种不可控制的状态，则对危害后果应负完全的刑事责任，不适用《刑法》第十八条第一款或第三款的规定。

也有人认为，因吸毒而产生精神障碍者的犯罪行为类似于醉酒的人犯罪的情况，而且吸毒是违法行为，没有被列入违法行为的醉酒者实施犯罪行为，尚应当负刑事责任，何况是不被法律所肯定的吸毒行为产生精神障碍而导致的犯罪，更是没有理由不负或减轻刑事责任。笔者认为，这种观点值得商榷：第一，诚如前述，醉酒即酒精中毒，有急性与慢性之分，同时也会产生精神障碍。由于醉酒者酒精中毒程度和心理状态不同，也会构成不同责任能力，例如普通性醉酒、复杂性醉酒与病理性醉酒责任能力彼此不同，这将直接影响到行为成立犯罪与否以及刑事责任之有无和轻重，所以对醉酒不可不加分析而论。第二，我国《刑法》第十八条第四款规定的“醉酒的人”，这在司法实践和精神病临床实践中通常是指普通性醉酒人，这种醉酒属生理性醉酒，是一种单纯醉酒，不掺杂其他疾病，人们通常也不把它看作是一种疾病，与精神病性精神障碍相去甚远。第三，在普通性醉酒引发的犯罪过程中，醉酒人始终保留定向力，不存在幻觉妄想，明知其后果而听任后果发生，具有完全刑事责任能力，所以刑法规定这种醉酒人犯罪应负刑事责任，不存在从轻、减轻或免除刑罚问题。基于上述理由，笔者认为本案被告人是在吸毒和过量饮酒所致精神病性精神障碍下犯罪，把它简单地类比或混同为非精神病性精神障碍的醉酒人犯罪，显属不当，因而不能适用《刑法》第十八条第四款“醉酒的人犯罪，应负刑事责任”之规定来处罚本案被告人。

一审合议庭成员：许文彬　钟　坚　幸　福

二审合议庭成员：陈亦光　王竹青　李　华

作者单位：广东省高级人民法院

关于刑事证据关联性与事实认定的关系

——徐德生、徐业伟、吴惠生故意伤害案

龚格致

【问题提示】

如何通过逻辑思维分析刑事案件的关键证据之间的关联性，从而查清案件事实?

【要点提示】

刑事案件发生后，公安机关所提取的证据，如DNA鉴定、现场勘查笔录、被告人的供述等均不能直接证实案件的事实和被告人的罪责。在这种情况下，需要法官运用逻辑因果的思维分析相关证据之间的关联性以及证据与事实之间的关联性，通过分析证据将破碎的证据编织成一个完整的、详细的案件事实。本案例就通过不同证据之间的关联性来查明不同的案件事实，来说明证据关联性在审判中的运用。

【案例索引】

一审：广东省汕尾市中级人民法院［2008］汕中法刑一初字第19号刑事附带民事判决

二审：广东省高级人民法院［2009］粤高法刑一终字第35号刑事裁定

【案情】

被告人：徐德生，男，1991年12月22日出生，汉族，广东省海丰县人，小学文化，农民，户籍所在地广东省海丰县梅陇镇中兴社区居民委员会新街16号。

被告人：吴惠生，男，1990年7月22日出生，汉族，广东省海丰县人，初中文化，农民，户籍所在地广东省海丰县梅陇镇大门刀村委会沟美吴村57号。

被告人：徐业伟，男，1989年1月30日出生，汉族，广东省海丰县人，初中文化，农民，户籍所在地广东省海丰县梅陇镇大门刀村委会沟美吴村73号。

被告人：周永舜，男，1962年2月16日出生，汉族，广东省海丰县人，小学文化，农民，户籍所在地广东省海丰县梅陇镇梅东村委会土头村104号。

广东省汕尾市中级人民法院经审理查明：2008年3月7日晚9时许，被告人徐德生因之前勒索四川籍男青年李克均，被李克均之兄李克波打跑一事，心生报复之意，纠集被告人徐业伟、吴惠生等二十余人，持开山刀、日本刀、铁水管、木棍等窜至海丰县梅陇镇梅溪东路华帝山水厂路段，对李克波、李克双、徐成进行殴打，致李克波当场死亡；徐德生、徐业伟等人还追赶并对遇到的廖敦和、廖敦飞、李亚波进行殴打，之后逃离现场。次

日凌晨2时许，徐业伟、吴惠生逃至亲戚周永舜处，告知周与人打架并被公安机关追捕一事，周永舜遂安排二人在其家暂避。凌晨5时许，公安机关将徐业伟、吴惠生、周永舜三人抓获。同年5月29日，徐德生被抓获归案。

广东省汕尾市人民检察院指控被告人徐德生、吴惠生、徐业伟的行为已构成故意伤害罪；被告人周永舜的行为已构成窝藏罪。

【审判】

广东省汕尾市中级人民法院经审理认为：被告人徐德生、徐业伟、吴惠生无视国家法律，故意伤害他人身体致人死亡，其行为已构成故意伤害罪；被告人周永舜明知是犯罪的人而为其提供隐藏场所，其行为已构成窝藏罪。被告人徐德生、吴惠生犯罪时不满18周岁，依法应当从轻或减轻处罚。依照《中华人民共和国刑事诉讼法》第七十七条第一款，《中华人民共和国刑法》第二百三十四条第二款、第三百一十条、第五十七条第一款、第五十五条第一款、第十七条第三款，《中华人民共和国民法通则》第一百零六条第二款、第一百一十九条、第一百三十三条第一款，参照《广东省2008年度人身损害赔偿计算标准》之规定，判决：一、被告人徐德生犯故意伤害罪，判处无期徒刑，剥夺政治权利终身。二、被告人徐业伟犯故意伤害罪，判处有期徒刑十年，剥夺政治权利三年。三、被告人吴惠生犯故意伤害罪，判处有期徒刑八年。四、被告人周永舜犯窝藏罪，判处有期徒刑一年。五、被告人徐德生的监护人徐子汉、徐业伟，吴惠生的监护人吴学可赔偿附带民事诉讼原告人李仕琪、周声琼人民币131 930元，赔偿附带民事诉讼原告人李亚波人民币12 647.86元。

一审宣判后，被告人徐德生、吴惠生提出上诉。上诉人徐德生上诉称：其是受人纠集参与作案的，且只是持木棍殴打了被害人，其与被害人没有纠纷，犯罪时未成年，请二审法院从轻判决。上诉人吴惠生上诉称：其是受人纠集参与本案，且只是持木棍参与犯罪，在案中不是起主要作用，请二审法院从轻判决。

广东省高级人民法院认为一审法院认定事实不清、证据不足。

广东省高级人民法院审理后认为：上诉人徐德生、吴惠生，原审被告人徐业伟伙同同案人共同持械殴打被害人李克波致其死亡，其中徐德生、徐业伟、吴惠生三人在共同犯罪中的罪责如何，三人是否是致被害人李克波死亡的凶手；在徐业伟、吴惠生藏匿处搜出刀具是否徐业伟、吴惠生使用；刀具上的血迹是何人所留，原审判决对此没有进行查证，属事实不清、证据不足。徐业伟多次承认持刀砍被害人，且徐德生也对此予以指认，原审判决没有将该情节写入事实部分，亦属事实不清。根据《中华人民共和国刑事诉讼法》第一百八十九条第（三）项，裁定：撤销原判，发回重审。

【评析】

一、关于本案DNA鉴定结论在案中所起的作用问题

本案中，公安机关在抓获被告人徐业伟、吴惠生的现场起获刀具一批，其中有两把刀上沾有血迹，经鉴定，两把刀上的血迹与故意伤害案发现场所遗留血迹的基因型一致，但非李克波、李克双中的任一人所留。原审判决认为该DNA鉴定不能证实刀上的血迹系被害人所留，故没有将该DNA鉴定作为证据使用。

二审合议庭经评议，认为该DNA鉴定在本案中属于关键证据，其作用虽非来自于该证据对案件事实的直接证明力，但该鉴定将本案所有的其他证据联系成一个有机的整体，从而对查明案件的事实至关重要：

（1）刀上的血迹与现场提取的血迹基因型一致，证实起获的刀具在现场被使用过；虽然并非已死亡被害人的血迹，但本案尚有二名被害人轻微伤，一名被害人轻伤，将这三名被害人的血迹与提取的刀上的血迹进行对比，可以认定三名被害人被何种凶器砍伤，而对凶器的提辨认以及被告人的供述和指认又会指明凶器的持有人，这在逻辑上便可以确定砍伤三名被害人的被告人，并在量刑中予以考虑。

（2）本案系多人斗殴案件，案发时现场混乱，不能排除刀上的血系持有人在斗殴时受伤所留，故应将刀上的血迹与三名被告人的血迹进行DNA对比，以确定刀具的持有人。

二、多个现场，多份现场勘查笔录及照片的内在联系问题

证据的关联性不仅体现在证据与案件事实的关联，而且不同证据之间的相互关联亦是定罪量刑的有机组成部分。本案中，公安机关一共发现了两个现场，制作了两份现场勘查笔录（包括照片）附卷。第一现场即被告人徐德生、徐业伟、吴惠生殴打被害人的现场；第二现场为公安机关抓获被告人徐业伟、吴惠生的现场。原审判决并未将两处现场勘查的情况详细地载入审理报告及判决书。实际上，两处现场被发现并勘查的时间相距不足4小时，在第一现场公安机关提取了血迹，在第二现场公安机关抓获了被告人徐业伟和吴惠生，并起获了刀具。

现场勘查笔录再现了案发现场的情况，如果同案中有多处现场，由多处现场之间所提取的证据必然有关联性存在，在时间上，前一现场的物证有可能被转移到后一现场；在逻辑上，后一现场的发现是前一现场被发现的必然结果。本案中周永舜供述让徐业伟、吴惠生暂避在土头村一废弃小庙内，而现场勘查笔录证实在一座妈祖庙内起获刀具，这座妈祖庙是否就是起获刀具、木棍、铁水管的废弃小庙，刀具等为何在妈祖庙内被起获，徐德生等人在案发后为何会将所有刀具都集中于该庙内，这些问题都体现了现场勘查笔录之间，以及现场勘查笔录与其他证据之间的关联性。

三、作案工具的起获、辨认以及对案件事实和量刑的作用

本案中，公安机关出具的扣押清单及现场照片上均表明，抓获被告人徐业伟、吴惠生时提取到刀具、木棍一批。那么，对于起获的刀具，合议庭认为这些刀具与不同的其他证据之间的相互关联，足以证明不同的案件事实。

刀具与现场勘查笔录以及被告人辨认之间的关联。本案被提取的刀具、棍棒，系在抓获被告人徐业伟、吴惠生时，从两人藏身的妈祖庙内的供桌下提取，共计钢刀一支、尖刀一支、木棍四支、铁水管五支。那么，这批刀具与案件事实以及量刑情节的内在联系，首先体现在通过被告人对刀具的辨认，确认提取的刀具是否就是本案的作案工具。如前所述，DNA鉴定已经证实了两把刀系到过现场的作案工具，但对于其余的棍棒，如果经过被告人的辨认并确认是作案工具，则可以完全地确认提取的刀、棍均为作案使用的工具。原审判决仅将扣押物品清单作为证据使用，而没有要求公安机关制作辨认笔录，导致提取的作案工具与案件事实之间的关联性被削弱。在一般的暴力犯罪案件中，提取的作案工具系客观证据，而被告人的辨认及供述则为主观证据，客观证据的内容是真实而稳定的，主观证据则呈现出多变甚至与客观证据相矛盾的特点。同一客观证据与不同的主观证据相联系，侧重于证实案件的不同方面。法官在办案时，通过对不同证据之间关联性的分析，从而对案件事实作出一个完整的认定，这就是证据关联性的作用。

刀具与被告人供述之间的关联。本案中，被告人徐德生、吴惠生供述自己持棍子殴打被害人，而被告人徐业伟供述自己持刀殴打被害人。此外，三名被告人均供述同案二十余人均手持刀棍等工具。因此，起获的刀具与被告人的供述之间的结合，又关系到罪责的划分以及量刑的问题。如前所述，如果认定了这批刀具是作案用的工具，那么，这些刀具的来源和去向如何？如此数量众多的刀具，为何会全部集中于被告人徐业伟、吴惠生被抓获处，二人是否刀具的提供者？在故意伤害案件发生后，既然徐德生、徐业伟收取了大部分的作案工具，那么对于哪个同案人持何种作案工具，应是亲眼目睹。作案工具的提取，其证据力不仅在于证实作案工具在案发现场被被告人使用过，在多人暴力犯罪的案件中，作案工具的证据力还在于结合被告人的供述、辨认以及指纹的提取，来分析各被告人的罪责。如本案中，合议庭认为，被害人李克波系死于锐器刺入胸腔至失血性休克死亡，即表明只有持刀的被告人，才对被害人李克波的致命伤负主要责任；而被害人廖敦飞、廖敦和、李亚波的伤势多为裂伤，即应为钝器殴打致伤。因此，对作案工具进行指纹鉴定以及要求被告人相互指认作案时所持工具就对罪责的划分有重要作用。对刀具的来源去向的审明，则对被告人的量刑有酌情从重的作用。

四、案件侦破、揭发情况的表述以及对案件的证明力的问题

在刑事案件中，公安机关作为第一个到达并勘查现场的国家机关，其所搜集的物证，制作的审讯笔录以及鉴定的结论均是第一手的，一般来说，证据的提取离案发时间越近，则证据越接近案件的客观真实。公安机关出具的破案经过，是对整个案件侦破、揭发过程的概括，证据的合法性、真实性的关联性，在破案经过中表现为公安机关提取证据的途径、方式及内容。

值得注意的是，在案件侦破、揭发情况的纂写与审理查明的事实纂写有着很大的区别。本案中，原审法院整个案件发生的过程写入侦破、揭发情况，而对被告人如何被抓获、证据如何提取、立案途径如何则没有表述。合议庭在发回重审时要求原审法院重写案件的侦破、揭发情况部分。

案件的侦破、揭发情况部分，在审理报告中是起着证据的作用，实际上在审理报告的证据排列中，破案报告也是作为书证之一出现的，之所以将其单独作为一个部分，系由于该部分在整个案件中起着承上启下的重要作用，破案报告是侦查的终结、审判的开端。在案件的侦破、揭发情况部分，应详细写明以下问题：

（1）案件的来源。案件的来源指侦查机关如何发现案件的线索并立案进行侦查。案件的来源包括工作中发现线索并立案、第三人报案以及犯罪嫌疑人自首等。不同的案件来源关系到公安机关的取证方式和取证强度，并会间接影响到证据的合法性和真实性。

（2）被告人归案的时间和途径。一般而言，被告人归案的时间离案发时间越近，则相关证据的真实性就越高，例如被告人的供述，抓获被告人时提取的凶器、衣物以及在被告人身上提取的各种痕迹等。归案时间直接影响到案件客观证据的固定，在客观证据充分的情况下，则侦查机关使用非法手段获取口供的可能性极小，故归案时间也间接影响到证据的合法性和真实性。

（3）侦查过程中采用的手段。侦查过程中采用的侦查手段，是公安机关最不愿意也不能详细表明的内容，由于侦查手段关系到公安机关的技术机密甚至有些非法取证的手段，故公安机关一般不愿意在破案经过中注明，就算经法院一再要求，也只是在破案报告中用“经技术手段发现”、“在工作中发现线索”、“据线报称”等字眼一笔带过。如本案中，公安机关对接报案后如何发现被告人徐德生、徐业伟、吴惠生的踪迹和藏身地一事，就只用“经过走访群众”一句话来表述。侦查机关对于涉及侦查机密的手段进行保密，也无可厚非。但人民法院在审理案件过程中，需要对破案报告中的侦查手段进行详细审查，侦查手段关系到整个破案报告甚至整个案件侦查过程的逻辑合理性，公安机关从接到报案，到确定侦查范围，到缩小侦查范围直至最后确定犯罪嫌疑人，其排除合理怀疑的方法就是通过各种侦查手段，这些侦查手段运用的合法性，以及在逻辑上能否做到排除合理怀疑，直接影响到案件的公正处理，也直接关系到证据的真实性与关联性。因此，人民法院在审查破案报告中，一定要将侦查手段的采用查实，即使公安机关不愿意出具书面材料，也应取得公安机关的口头说明。

综上所述，合议庭经评议认为，原审判决最大的缺陷就是将本案的各个证据都单独地、割裂开来地认定其证明力，而没有将不同的证据之间的关联性，以及不同证据相互结合之后，在逻辑上对案件事实的证明力进行分析，导致本案事实不清，故裁定撤销原判，发回重审。

一审合议庭成员：骆金声　李　平　钟荣军

二审合议庭成员：罗　桦　陈广辉　龚格致

作者单位：广东省高级人民法院

对聚众斗殴罪转化原因及其法律适用的分析

——陈启福、姜军故意伤害上诉案

郑岳龙

【问题提示】

聚众斗殴罪为什么会转化成故意伤害罪和故意杀人罪?

【要点提示】

聚众斗殴具有扰乱公共秩序和侵犯公民人身权利的多重犯罪属性。行为人为了泄私仇、争霸或者其他不正当的目的，纠集多人成帮结伙地互相斗殴，轻则扰乱公共秩序，重则造成人员伤亡。因此，聚众斗殴行为可能触犯多条法律，成立多种罪名。如果没有造成人员损伤或者仅造成人员轻伤，则成立聚众斗殴罪；如果致人重伤、死亡，则应当依照故意伤害罪、故意杀人罪定罪处罚。由聚众斗殴转化的故意伤害、故意杀人犯罪主体与原聚众斗殴犯罪主体相同。转化犯不存在“实行犯过限”问题，都成立一种罪名。因转化犯多是在间接故意下发生的犯罪，因此，在量刑上应当充分体现打击少数、区别对待、宽严相济的政策。

【案例索引】

一审：广东省佛山市中级人民法院［2007］佛刑一初字第42号刑事附带民事判决

二审：广东省高级人民法院［2007］粤高法刑一终字第204号刑事判决

【案情】

被告人：陈启福、姜军。

2006年8月初，被告人陈启福、姜军与陈金勺等人（未归案）合伙在广东省佛山市顺德区容桂街朝光路一间小店开设赌场，并请了一些人在附近看场。8月13日晚9时许，陈启福因不付赌资与两名参赌的四川籍男子发生争执，双方不服气，均扬言要找人来打架。四川籍男子离去后，陈启福叫陈金勺和姜军找人。陈金勺和姜军马上打电话纠集了十多人携带砍刀、渔叉、水管等器械到赌场对面马路边等候。约20分钟后，有二十多名男子携带砍刀、水管等工具，分乘十几辆摩托车来到现场，下车后即与陈启福一方的人员发生斗殴。在斗殴过程中，陈启福大声喊叫自己这方的人打对方的人，姜军、陈金勺则与其他同案人一道，分别持砍刀等工具追打对方的人，将在现场围观的被害人刘章学砍致轻伤。斗殴结束后，救护人员在连接现场的另一条马路上发现围观者刘章合（刘章学的胞弟）被他人刺伤右侧胸腔致失血性休克死亡。

【审判】

广东省佛山市人民检察院以被告人陈启福、姜军犯故意伤害罪提起公诉。佛山市中级人民法院经审理认为，被告人陈启福、姜军无视国家法律，结伙故意伤害他人身体，致一人死亡、一人轻伤，其行为已构成故意伤害罪。依照《中华人民共和国刑法》第二百三十四条第二款、第四十八条第一款、第五十七条第一款的规定，以故意伤害罪，判处被告人陈启福死刑，缓期二年执行，剥夺政治权利终身；以故意伤害罪，判处被告人姜军无期徒刑，剥夺政治权利终身。

宣判后，被告人陈启福及其辩护人以没有纠集和指挥同案人打架、证人证言不属实、原判量刑过重为由，提出上诉；被告人姜军也以没有叫人来打架、没有持刀砍人、原判量刑过重为由，提出上诉。

广东省高级人民法院经审理认为，上诉人陈启福、姜军无视社会公共秩序和他人人身安全，聚众持械斗殴，造成一人死亡、一人轻伤的严重后果，根据《中华人民共和国刑法》第二百九十二条第二款的规定，其行为构成故意杀人罪。在共同犯罪中，陈启福提出斗殴犯意，纠集斗殴人员，并在现场指挥斗殴，是聚众斗殴的首要分子；姜军不仅持砍刀参与斗殴，而且打电话纠集斗殴人员，也是斗殴的首要分子，二人均应当对本案后果承担责任。但鉴于本案仍有多名同案人在逃，现有证据不能证明被害人刘章合究竟是被哪一方的人刺死，因此，对陈启福、姜军可以从轻处罚。原判认定的基本事实清楚，证据充分。但在定罪和量刑上均有错误，应当依法纠正。上诉人及其辩护人作无罪辩护的理由不成立，但要求从轻处罚的意见可予采纳。根据《中华人民共和国刑事诉讼法》第一百八十九条第（二）项，《中华人民共和国刑法》第二百九十二条第二款、第二百三十二条、第五十六条之规定，撤销佛山市中级人民法院［2007］佛刑一初字第42号刑事判决，以故意杀人罪，判处上诉人陈启福有期徒刑十五年，剥夺政治权利五年；以故意杀人罪，判处上诉人姜军有期徒刑十二年，剥夺政治权利二年。

【评析】

一、关于聚众斗殴罪转化的原因

聚众斗殴，是指为了泄私仇、争霸或者其他不正当目的，纠集多人成帮结伙地互相进行斗殴的行为。聚众斗殴犯罪的主体是一般主体，为聚众斗殴首要分子和积极参加者，主观方面是直接故意；犯罪客体是社会公共秩序，客观方面是实施“聚众”和“斗殴”的行为。《刑法》第二百九十二条第二款规定：“聚众斗殴，致人重伤、死亡的，依照本法第二百三十四条、第二百三十二条的规定定罪处罚。”即依照故意伤害罪、故意杀人罪定罪处罚。

聚众斗殴犯罪为什么会转化成故意伤害罪和故意杀人罪？持“客观条件说”者认为，聚众斗殴犯罪转化的原因在于“增加了新的犯罪情节”，这些特定情节或者是行为人在实施了基本罪的危害行为后又实施了其他违法行为，或者是被基本罪包容的危害行为造成了特定的犯罪结果。[①] 持"主观条件说"者认为，聚众斗殴转化定罪的关键在于行为人主观故意发生的转变，由聚众斗殴的故意转变为故意伤害、故意杀人的故意，造成被害人重伤、死亡的，应当转化定罪。[②] 持"主客观共同条件说"者认为，引起本罪转化的事实，是同时包括符合转化罪主客观要件的诸项事实。[③] 实际上，对于聚众斗殴罪转化原因的争论是我国刑法理论界关于转化犯理论诸多争议的延伸，本文不深入讨论。

笔者认为，聚众斗殴罪向故意伤害罪、故意杀人罪转化的原因，并非一般意义上的客观事实和主观故意的变化，而是聚众斗殴行为本身具有多重犯罪属性。因为，聚众斗殴具有公共性、群体性、突发性和暴力性等特征，任何人都难以预料并且控制整个事态的发展和后果。作为聚众斗殴首要分子和其他积极参加者，在认识因素上对于聚众斗殴行为可能造成的各种危害后果是明知的，只是在意志因素上同时持希望态度和持放任态度而已。一般而言，对于扰乱公共秩序和伤害对方身体是持希望态度的，对于可能造成对方人员死亡甚至造成己方人员、周围无辜群众伤亡则多持放任态度。因此，聚众斗殴者的心理态度，是一种包括扰乱公共秩序、伤害他人身体、剥夺他人生命的概括故意，或者说不确定的故意。聚众斗殴行为最终成立何罪，完全由犯罪客观方面实际造成的后果决定。如果客观方面未造成人员伤亡，则单纯符合聚众斗殴的犯罪构成（行为犯，不以造成后果为要件），首要分子和积极参加的人构成聚众斗殴罪。如果客观方面造成了人员轻伤，则不仅符合聚众斗殴的犯罪构成，而且符合故意伤害的犯罪构成。但由于聚众斗殴罪的处罚比故意伤害罪（轻伤）的处罚重，所以，聚众斗殴罪包容造成轻伤的后果，仍只定聚众斗殴罪。这种现象属于一个行为触犯两个罪名，但法律规定为一罪的情形，属于想象竞合犯。如果客观方面致人重伤或者死亡，则不仅符合聚众斗殴的犯罪构成，而且符合故意伤害（重伤）或者故意杀人的犯罪构成。手段行为与结果行为分别触犯了聚众斗殴和故意伤害（重伤）或者故意杀人的数个罪名，属于牵连犯。由于故意伤害罪（重伤）或者故意杀人罪比聚众斗殴罪的刑罚要重，所以，根据牵连犯从一重罪处罚的原则，法律规定按照故意伤害罪或者故意杀人罪定罪处罚。

前面介绍的"客观条件说"、"主观条件说"、"主客观共同条件说"的共同错误，在于忽视了聚众斗殴行为本身具备多重犯罪属性这一质的规定性，想象在犯罪过程中出现主观因素或者客观因素产生变化的情形，因此，在逻辑上常常面临不能自圆其说的窘境。笔者通过对多起聚众斗殴案件被告人口供及其犯罪心理分析后发现，被告人在短暂、激烈的犯罪过程中，总是根据事先确定的总的犯意，并视斗殴双方的力量对比和胜负情况决定其行为方式与行动力度，没有也不可能在斗殴过程中临时改变主意，并因此改变行为的情形。至于斗殴会造成怎样的后果，被告人均持一种"打成啥样就啥样"、"出水才看两腿泥"的态度。陈启福、姜军聚众斗殴一案，完全符合上面分析的在概括故意下造成他人死亡结果，应当按故意杀人罪定罪处罚的情形。

二、关于转化犯主体的认定

聚众斗殴犯罪转化后，犯罪主体如何认定？是全部聚众斗殴犯罪主体一起转化，还是

① 金泽刚．论转化犯的构成及立法例分析．山东法学，1998（4）

② 黄曙．聚众斗殴罪的认定．中国刑事法杂志，1998（6）

③ 肖中华．论转化犯．浙江社会科学，2000（3）

只有部分主体转化？对此问题，理论界和实务界都有不同认识。持“部分转化说”者认为，在聚众斗殴中，部分或某个成员实施了超出全体成员故意范围的行为，致人重伤或死亡的，应坚持罪责自负原则，由行为人承担故意伤害或者故意杀人的刑事责任，仅对行为人按转化犯定罪。[①] 持“全案转化说”者认为，聚众斗殴造成重伤、死亡后果的，应全案转化为故意伤害罪或故意杀人罪。凡积极参加聚众斗殴的人员，不论其是否直接造成了重伤、死亡的后果，均应对聚众斗殴造成的重伤、死亡后果承担刑事责任。[②] 笔者同意“全案转化说”的观点，理由如下：

首先，“全案转化说”符合立法原意。聚众斗殴罪是从1979年刑法的流氓罪分解出来的。该法（包括1979年《刑法》第一百六十条、全国人大常委会《关于严惩严重危害社会治安的犯罪分子的决定》、两高《关于当前办理流氓案件中具体应用法律的若干问题的解答》相关内容）规定的流氓罪，是一个“口袋罪”，包括聚众斗殴、寻衅滋事、侮辱妇女或者进行以欺骗手段奸淫妇女、勾引男性青少年或者外国人与之乱搞两性关系、鸡奸儿童等其他流氓活动；并规定在流氓犯罪中“携带并使用凶器，已造成重伤、杀人后果的，应与伤害罪、杀人罪并罚”。1997年修改刑法时，将流氓罪分解为聚众斗殴、寻衅滋事、聚众淫乱、强制猥亵、侮辱妇女、猥亵儿童等四条罪状六个罪名，前三条罪状归入扰乱公共秩序类罪，后一条罪状归入侵害公民人身权利、民主权利类罪；对采用欺骗手段奸淫妇女等行为不再规定为犯罪；降低了法定刑，对四条罪状的最高法定刑均规定为有期徒刑；并规定聚众斗殴致人重伤死亡的，依照故意伤害罪、故意杀人罪定罪处罚。这一修改不仅取消了“口袋罪”，贯彻了罪刑法定原则，而且缩小用刑范围和降低法定刑，突出了打击扰乱公共秩序犯罪的重点。虽然聚众斗殴罪往往使公民的人身或公共财产受到损害，但它的本质是公然藐视法纪，扰乱公共秩序。因此，刑法将聚众斗殴致人重伤、死亡的，从聚众斗殴罪中分离出来，规定依照故意伤害罪、故意杀人罪处理，体现了立法机关划清此罪与彼罪的界限，准确惩罚犯罪的意图。而且，对罪状、罪名和刑罚采用直接规定的方式，体现了对转化处理的态度。因此，“全案转化说”与立法原意是完全符合的。

其次，“全案转化说”符合共同犯罪理论。前面分析过，聚众斗殴犯罪发生转化的原因，在于行为人具有概括的犯罪故意。聚众斗殴是共同犯罪，首要分子和其他积极参加者都具有共同的故意与行为，一旦造成致人重伤、死亡的结果，就应当全部按转化犯处理。而且，聚众斗殴犯罪具有对偶性（有人认为单方面也可以构成聚众斗殴罪[③]，笔者不同意此观点，但限于篇幅，不在此讨论），斗殴双方的首要分子和其他积极参加者都具有相同的故意，一旦具备了转化的事实，都应当依照转化犯定罪处罚。有人认为，既然聚众斗殴属于共同犯罪，就存在“实行犯过限”的问题，对于过限行为，应当由实行犯单独负责，其他共犯不承担责任。[④] 笔者认为，“实行犯过限”只存在于共同犯罪组织者的犯罪故意明确、内容特定的情况下，如果组织者的犯罪故意是概括的，内容是不明确的，则不存在“实行犯过限”的问题。还有“致害方单方转化论”者认为，如果致人重伤、死亡的结果

---

① 黄曙．聚众斗殴罪的认定．中国刑事法杂志，1998（6）

② 黄生林等．论聚众斗殴罪的若干问题．人民检察，2002（3）

③ 王海霞．对聚众斗殴罪适用问题之探究．中国法院网，2007-08-06

④ 孙国祥，魏昌东．试析聚众斗殴罪中的转化犯．法学，2002（11）

是由斗殴单方面的行为造成的，则由该单方承担转化后果，其余相对方不作转化处理。[①]这一观点，明显忽略了聚众斗殴是多方行为，相对方的参与是造成斗殴结果的前提这一重要事实，因而也是错误的。

再次，"部分转化说"不符合聚众斗殴的客观实际。有人认为，如果首要分子本身就是致人重伤或者死亡的实施者，对首要分子按转化犯定罪，对其他积极参加者仍定聚众斗殴罪。如果首要分子明知其他人携带了足以致人重伤或者死亡的器械，仍然决意聚众斗殴的，无论其自己是否直接致人重伤或者死亡，对首要分子和直接致人重伤或者死亡的人均按转化犯定罪，其他积极参加者定聚众斗殴罪。如果首要分子明确表示不准携带足以致人重伤或者死亡的器械，或者虽然有人携带了足以致人重伤或者死亡的器械，其他人包括首要分子均不知情，该携带者直接致人重伤或者死亡的；或者首要分子"组织的故意"不明确，某些人就地取材致人重伤或者死亡的，应当对直接致人重伤或者死亡的人按转化犯处理，对首要分子和其他积极参加者定聚众斗殴罪。如果首要分子"组织的故意"较为概括，但直接致人重伤或者死亡的实施者无法确定，对首要分子按转化犯定罪，对其他积极参加者定聚众斗殴罪。[②] 上述观点看似全面，但不切合聚众斗殴的犯罪实际。因为聚众斗殴是一种群体性、对抗性、暴力性都很强的犯罪，一经实施，就可能造成公民人身伤亡或者财产损毁的后果。即使首要分子事先有过不准携带足以致人重伤或者死亡的器械的明确表示，但对于斗殴中实际发生的各种情况和后果也是难以预料的，除非在斗殴之前就自动中止犯罪，否则，斗殴一经开始，局面就难以控制，危害后果就在所难免。因此，以所谓"明确表示"、"事先不知情"为由将首要分子和其他积极参加者排除在转化犯之外，是对该类犯罪分子的认识因素和意志因素的低估，是对他们严重危害社会秩序并放任侵害公民人身权利犯罪行为的迁就。而且，在能够查明致人重伤、死亡的直接实施者时，就对直接实施者按转化犯处理，在无法查明直接实施者时，就对首要分子按转化犯处理，毫无原则性，难以服人。

三、关于转化犯定罪量刑问题

转化犯确定以后，如何定罪量刑？是致人重伤就定故意伤害罪，致人死亡就定故意杀人罪，还是可以选择罪名？如果一案中既有重伤又有死亡的，罪名如何认定？对于转化犯可否区分主从犯？量刑上应当注意哪些问题？这些问题虽然理论性不强，但对于审判实务来说，却有重要意义。

根据《刑法》第二百九十二条第二款的规定，笔者认为，聚众斗殴致人重伤的，对被告人应当定故意伤害罪；致人死亡的，应当定故意杀人罪。如果一案中既有重伤又有死亡的，都以致人死亡的事实转化罪名，对被告人一律定故意杀人罪。不能交叉选择罪名，不能在同一起案件中对有的被告人定故意伤害罪，对有的被告人定故意杀人罪。理由如下：首先，从字面上理解，《刑法》第二百九十二条第二款是一个省略了关联词"只要"、"就"的条件复句（该法条原文为："聚众斗殴，致人重伤、死亡的，依照本法第二百三十四条、第二百三十二条的规定定罪处罚。"），"聚众斗殴，致人重伤、死亡的"是条件，

---

① 孙国祥，魏昌东．试析聚众斗殴罪中的转化犯．法学，2002（11）

② 李宇先．浅谈聚众斗殴罪的转化犯．正义网，2003－07－14

“依照本法第二百三十四条、第二百三十二条处理”是在这种条件下产生的结果。一般而论，并列的条件分别对应并列的结果，即“致人重伤”对应“第二百三十四条”（故意伤害罪），“致人死亡”对应“第二百三十二条”（故意杀人罪）。这种对应关系在其他类似法条中表现得更清楚。如《刑法》第三百条第三款规定：“组织和利用会道门、邪教组织或者利用迷信奸淫妇女、诈骗财物的，对首要分子或者多次参加的，分别依照本法第二百三十六条、第二百六十六条的规定定罪处罚。”即“奸淫妇女”对应“第二百三十六条”（强奸罪），“诈骗财物”对应“第二百六十六条”（诈骗罪），不可交叉对应。其次，从共同犯罪理论看，由于聚众斗殴转化犯不存在“实行犯过限”问题，因此，罪名也不应当出现差别。有人问，如果在既有重伤又有死亡的案件中，有证据证明某个转化犯只实施了致人重伤的行为，难道也定他故意杀人罪？答案是肯定的。因为他作为聚众斗殴的共犯之一，与其他同案人具有相同的概括故意，他致人重伤的行为与其他人致人死亡的行为构成一个整体，即故意杀人犯罪的客观方面。他个人的行为后果（致人重伤）不能改变整体犯罪的构成（故意杀人）。因此，对他仍应当定故意杀人罪。在陈启福、姜军聚众斗殴一案中，有证据证明姜军参与伤害的对象是受轻伤的刘章学，但二审仍认定他犯故意杀人罪，就是这个道理。如果仅对直接实施杀人行为的转化犯以及首要分子定故意杀人罪，而对其他致人重伤的共犯定故意伤害罪，无异于承认行为人具有不同的犯罪故意，进而否认了聚众斗殴的共同犯罪性质。

聚众斗殴是共同犯罪，其转化犯是可以区分主犯与从犯的。有人说，聚众斗殴犯罪主体只限于首要分子和其他积极参加者，而这些人本身就是所有参与聚众斗殴的人中的主犯，如果再在他们中间区分主从犯，似有不妥。这种认识是片面的。不可否认，聚众斗殴犯罪主体的确是所有参与聚众斗殴的人中的主要分子，但是，他们并非法律意义上的主犯，因为主犯是有特定含义的用语。并且，“主”与“从”是相对而言的。由于聚众斗殴犯罪主体都具有概括故意这一特殊性，一旦出现转化事实，全案性质都发生转化，所有转化犯都将以最严重的犯罪后果定罪，但就每一个转化犯而言，他们在犯罪过程中的地位、作用又是不尽相同的，如果不分主次，同等对待，势必造成处罚不当的情形。因此，对于聚众斗殴转化犯来说，不仅可以而且应当根据他们在整个犯罪过程中所起的作用，严格分清罪责，准确区分主从地位，为正确量刑创造条件。

基于聚众斗殴转化犯的主观方面多数是间接故意，在对转化犯的处理上，应当充分体现打击少数、挽救多数、宽严相济、区别对待的政策。对于那些多次聚众斗殴，聚集人数多、规模大，一次造成多人死伤，或者直接致人死亡的首要分子和其他积极参与者，应当依法严惩；对于那些虽然在犯罪过程中发挥了一定作用的首要分子或者积极参加者，但是初犯、偶犯没有直接造成人员伤亡，或者没有证据证明他们是直接致人伤亡的，可以认定为从犯，依法从轻或者减轻处罚；对于那些虽然在斗殴中争强好胜，不计后果，结果造成人员伤亡，但属于被纠集参与犯罪的，也可以间接故意犯罪为由，酌情从轻处罚，一般不要判处极刑。总之，对于转化犯在定罪上既已从严，在量刑上就应当适当从宽。

四、关于一审判决存在的错误

一审法院在陈启福、姜军聚众斗殴一案的判决上存在以下错误：

首先，定故意伤害罪错误。一审定故意伤害罪的理由，在判决书中叙述不详，仅以

"结伙伤害他人身体，致一人死亡、一人轻伤"一笔带过，但在内部审理报告中有这样的论述：斗殴现场未发现那两名赌博的四川人，没有证据证明斗殴的另一方是那两名四川人叫来的；两名被害人是路过现场，并非去参与斗殴的人。意思是说，斗殴对方是否本案的起事者不清楚；被害人不是斗殴人，所以，不能定聚众斗殴罪。这是毫无道理的。关于斗殴对方是否起事者的问题，涉及一、二审法院对证据采信与事实认定，在此不作评判，但是，即使斗殴对方与本案的起因无关，仅从他们"有二十多名男子携带砍刀、水管等工具，分乘十几辆摩托车来到现场，下车后即与陈启福一方的人员发生斗殴"的事实看，属于聚众斗殴行为无疑。至于被害人是否斗殴人，这与对整个案件定性更无丝毫关系。因为，聚众斗殴是一种严重扰乱公共秩序，威胁人们生命、财产安全的犯罪，行为人对于聚众斗殴会造成对方、己方甚至周围无辜群众的伤亡结果是明知的，只不过持希望或者放任态度而已。因此，聚众斗殴的被害人，不仅包括斗殴双方的人，同时包括无辜的人。由于一审没有正确认识本案的犯罪性质，所以，对于犯罪转化问题更无从谈起。并且，如果依一审直接认定陈启福、姜军犯故意伤害罪，那么，证明陈启福、姜军（包括陈启福这方的同伙）故意伤害刘章合的证据何在？假如刘章合是对方的人员伤害致死（不排除此种可能性），一审判决由陈启福、姜军对此结果负责，是否存在冤屈？如果二审仍以故意伤害罪下判，由于证明陈启福、姜军故意伤害刘章合的证据不足，仅以故意伤害刘章学的犯罪事实（轻伤），从轻改判二被告人三年以下有期徒刑、拘役或者管制，是否会放纵犯罪，并且出现对刘章合死亡无人负责的局面？因此，本案只有对陈启福、姜军以聚众斗殴转化犯论处，才有可能使案件得到妥善处理。

其次，量刑上明显偏重。在本案中，虽然陈启福实施了纠集人员、指挥斗殴的犯罪行为，姜军也打电话召集人员且持械参与了对刘章学的伤害（轻伤），但是，并无证据证明二被告人有杀人的直接故意。而且，陈启福没有亲自参加斗殴，姜军的斗殴行为只造成被害人轻伤的结果。在参与斗殴的对方人员一个也没有归案，同案人尚有多人在逃，被害人刘章合究竟是被哪一方的人刺死的事实一时无法查清的情况下，对归案的被告人进行审判，应当在量刑上留有余地。一审法院以故意伤害罪，判处被告人陈启福死刑，缓期二年执行；判处被告人姜军无期徒刑，量刑明显偏重。二审法院将原来的故意伤害罪改为由聚众斗殴转化的故意杀人罪，认定二被告人均是首要分子，但鉴于仍有多名同案人在逃，现有证据不能证明被害人刘章合究竟是被哪一方的人刺死这一实际情况，分别改判陈启福有期徒刑十五年，改判姜军有期徒刑十二年，不仅正确适用了刑法关于聚众斗殴和故意杀人犯罪的有关条款，而且充分体现了罪刑相适应的原则。

一审合议庭成员：钟雪基　张华伟　杨燕冰

二审合议庭成员：郑岳龙　马世奇　陈广辉

作者单位：广东省高级人民法院

审理精神病被告人案件应当注意的几个问题

——黄文义“灭门案”

郑岳龙

【问题提示】

审理精神病被告人案件应当注意哪些问题？

【要点提示】

精神病被告人属限制责任能力人，应当为他们提供法律援助；法官面对专业性强的医学鉴定不能放弃司法审查责任；对被告人适用法律应当贯彻罪、责、刑相一致的原则。

【案例索引】

一审：广东省佛山市中级人民法院［2007］佛刑一初字第67号刑事判决

二审：广东省高级人民法院［2007］粤高法刑一复字第86号刑事裁定

【案情】

被告人：黄文义，男，1972年7月14日出生，汉族，广东省徐闻县人，小学文化程度，个体户，案发前在佛山市南海区经营一间药店。

2006年12月28日凌晨2时许，黄文义在其住处佛山市南海区罗村富安花园A区景安苑B座502房，持一把羊角铁锤朝妻子蔡秋奕的头部猛击数锤，致蔡秋奕倒地。岳母陈妃月听见喊叫声前来阻止，黄文义持铁锤朝陈妃月的头部猛击数锤，致陈妃月倒地。儿子黄炜烽在一旁哭喊，黄文义又持铁锤朝黄炜烽的头部猛击数锤，致黄炜烽倒地。妻妹蔡魄恒从另一房间走出察看，黄文义迎上去用铁锤猛击蔡魄恒的头部，致锤柄断裂，黄文义换另一把铁锤将蔡魄恒击倒。接着，黄文义向与蔡魄恒同住的工人梁秀花头部猛击数锤，将梁秀花击倒，并拿出一把匕首刺割梁秀花的颈部数刀。上述五名被害人死亡后，黄文义携带一把铁锤，驾驶摩托车到另一个妻妹蔡冬桃的住处——佛山市榴苑路莘岗市场的一间出租屋，以蔡冬桃的母亲跌伤正在医院治疗为由，将蔡冬桃骗至佛山市第一人民医院后花园处，持铁锤击打蔡冬桃的头部致蔡冬桃倒地死亡。事后，黄文义将铁锤扔进旁边的水池，驾驶摩托车逃到广州市。2007年1月1日，黄文义被抓获归案。

【审判】

佛山市人民检察院于2007年4月6日向佛山市中级人民法院提起公诉，指控被告人黄文义犯故意杀人罪。同时提交司法精神病学鉴定书，证明黄文义案发时处于待分类的精神病性障碍疾病期，对此次危害行为评定为限制刑事责任能力。

佛山市中级人民法院经审理认定，被告人黄文义因二哥黄××涉嫌经济问题被抓精神上受到打击，变得精神恍惚，怀疑有人要害他，怀疑妻子与岳母、妻妹、工人联合起来同他作对，好像有什么阴谋针对他，因此对妻子怀有很大的怨愤。2006年12月28日凌晨2时许，黄文义与妻子因琐事发生了争吵，在争吵过程中突然行凶杀人。公诉机关指控黄文义犯故意杀人罪的事实清楚，证据确实、充分。黄文义无视国家法律，故意非法剥夺他人生命，致六人死亡，其行为构成故意杀人罪。黄文义作案手段残忍，后果严重，依法应予严惩。鉴于其案发时处于待分类的精神病性障碍疾病期，属于限制刑事责任能力，依法可以从轻处罚，一审法院遂以故意杀人罪判处被告人黄文义死刑，缓期二年执行，剥夺政治权利终身。

黄文义没有上诉。佛山市中级人民法院依法将此案报送广东省高级人民法院复核。广东省高级人民法院经过复核认为：原审判决认定被告人黄文义犯故意杀人罪的事实清楚，证据确实、充分，定罪准确，量刑适当，审判程序合法。黄文义犯罪手段凶残，后果特别严重。鉴于其在案发时处于待分类的精神病性障碍疾病期，属于限制刑事责任能力，依法可以从轻处罚，遂裁定核准佛山市中级人民法院对被告人黄文义所作的判决。

2007年11月9日，广东省高级人民法院在佛山市公开宣判对黄文义的判决结果。宣判后，承办法官现场接受了《人民法院报》、《南方日报》、《羊城晚报》、广东卫视等二十多家新闻媒体的采访，就认定黄文义患有精神病理由、其刑事责任能力、判处其死缓刑的法律根据等问题，回答了记者们的提问。全国各大媒体和门户网站对一次杀死六人的“灭门案”罪犯黄文义因患精神病被核准死缓刑的消息进行了广泛报道，有的报纸甚至以“黄文义，不是第二个邱兴华”为题进行渲染。从搜集到的信息看，法律学术界、实务界和社会舆论对这一判决结果表示了普遍认同，该案取得了较好的法律效果和社会效果。

【评析】

作为承办法官，笔者在办案中体会到，审理精神病被告人案件，应当重点注意以下三方面问题：

一、应当为没有委托辩护人的精神病被告人提供法律援助

虽然《刑事诉讼法》对于应当指定律师提供法律援助的对象只规定了盲、聋、哑人，未成年人和可能被判处死刑的人。但是，最高人民法院《关于执行刑事诉讼法若干问题的解释》（以下简称《司法解释》）对应当提供法律援助的对象范围作了进一步明确：（一）盲、聋、哑人或者限制行为能力人；（二）开庭审理时不满十八周岁的未成年人；（三）可能被判处死刑的人。《司法解释》将“未成年人”进一步分解为“限制行为能力人”和“开庭审理时不满十八周岁的未成年人”，明显作了扩大性解释。最高人民法院的这种解释，充分体现了保护人权的原则。刑事诉讼法关于法律援助的立法宗旨，就是要为那些在经济、身体、生理方面存在特殊情况，或者可能被判处极刑的被告人提供充分的辩护机会，以保证他们受到公平审判。而规定为未成年人提供法律援助，是基于他们在智力上没有完全发育成熟，在行为能力上有一定欠缺，如果不为他们提供法律援助，可能使他们受到不公平对待。行为能力受限制是未成年人作为刑事法律援助对象的根本原因。但

是，限制行为能力人并非都是未成年人，如不能完全辨认自己行为的精神病人是限制行为能力人，却不一定是未成年人。如果只给未成年人提供法律援助，而将其他限制行为能力人排除在外，明显不符合刑事法律援助的立法原意。因此，最高人民法院所作的《司法解释》是完全符合立法精神的。

对于哪些人属于限制行为能力人，我国刑法没有规定，刑法理论也没有提及限制行为能力人这一概念。笔者理解，《司法解释》提出的限制行为能力人，是借用民法上限制行为能力人的概念，实际上是指“限制刑事责任能力人”，即尚未完全丧失辨认或者控制自己行为能力的精神病被告人。民法上限制行为能力人包括未成年人和不能完全辨认自己行为的精神病人，《司法解释》将未成年人与限制行为能力人并列提出，说明限制行为能力人不包括未成年人，而是专指尚未完全丧失辨认或者控制自己行为能力的精神病被告人。因此，为没有委托辩护人的精神病被告人指定律师提供法律援助，是贯彻执行《司法解释》精神，充分保障被告人诉讼权利的必然要求。

黄文义在本案中没有上诉，广东省高级人民法院进行的是复核程序，不存在指定律师提供法律援助的问题。但是，过去出现过因一审法院在审理类似案件时未为被告人指定律师、提供法律援助而被二审法院以程序不合法为由发回重审的情况。对此问题，审判实践中应统一认识，作出统一的处理。

二、应当对司法精神病鉴定程序和方法进行严格司法审查

有人认为，法官不是精神病专家，无法对司法精神病鉴定进行审查，审理精神病被告人案件，主要任务是适用法律。这种观点值得商榷。不可否认，司法精神病鉴定一般由专家集体作出，可靠程度高，证明力较强。但是，根据《刑事诉讼法》的规定，任何证据必须经过查证属实，才能作为定案的根据。司法精神病鉴定作为刑事诉讼证据中“鉴定结论”的一种，同样需要经过严格审查，符合客观性、关联性、合法性要求，才能作为定案的根据。法官不能因为证据的专业性强或者可靠程度高就放弃自己的审查责任，尤其在司法鉴定社会化、市场化的情况下，更是如此。对司法精神病鉴定进行审查的重点是三个方面：一是鉴定提起和委托的经过；二是鉴定机构和鉴定人的资质；三是鉴定方法的科学性。

关于司法鉴定的提起、委托经过的问题。根据现行法律制度，控、辩、审三方均可以提起和委托进行司法精神病鉴定。法官查明鉴定由谁提起、委托经过和手续等，对于了解鉴定由来、甄别鉴定合法性、辨明证据真伪具有重要意义。一般来说，法院、检察院、侦查机关提起、委托的司法鉴定比当事人、辩护人提起、委托的司法鉴定在客观性、关联性、合法性方面要更强一些。法官对任何人提起的鉴定及其委托手续都应当认真进行审查，尤其对于被告人未受关押、鉴定时没有侦查人员在场的司法精神病鉴定，更要严格审查，防止出现伪证问题。

关于鉴定机构和鉴定人资质的问题。担任司法精神病鉴定的机构和鉴定人，应当分别具备《司法鉴定机构登记管理办法》、《司法鉴定人登记管理办法》（司法部令第95号）规定的条件，经省级司法行政机关审核登记，取得“司法鉴定许可证”或者“司法鉴定人执业证”，符合开展司法精神病鉴定业务登记范围或者执业类别，并通过年度检验的司法鉴定机构和司法鉴定人员。上述证件须有加盖证明公章的复印件附卷。不符合要求的，不能开展鉴定业务。

关于司法精神病鉴定的程序、方法和参照标准的问题。对此，《司法鉴定程序通则》（司法部令第107号）和《精神疾病司法鉴定暂行规定》（卫医字［1989］第17号）已有比较明确的规定。如在鉴定程序上，应当统一受理鉴定委托，指定与案件无利害关系的二名以上司法鉴定人共同进行鉴定；对被鉴定人进行检查应当通知委托人或者被鉴定人的近亲属或者监护人到场。在鉴定方法上，应当详细了解案情和被鉴定人的一般情况；了解被鉴定人发案时和发案前后各阶段的精神状态；对被鉴定人进行必要的临床检查；然后进行分析讨论，得出鉴定结论。在参照标准上，应当依下列顺序遵守和采用该专业领域的技术标准和技术规范：（一）国家标准和技术规范；（二）行业标准和技术规范；（三）专业领域多数专家认可的技术标准和技术规范。不具备前述技术标准和技术规范的，也可以采用所属司法鉴定机构自行制定的有关技术规范。司法鉴定文书应当由司法鉴定人签名或者盖章，并加盖司法鉴定机构的司法鉴定专用章。不符合上述规范要求，或者诉讼当事人对鉴定意见有异议并能提出合法依据和合理理由的，人民法院应当请鉴定人进行重新鉴定，否则，鉴定结论不能作为定案的根据。

在审理黄文义案件中，我们通过阅卷、提审被告人以及与侦查人员、鉴定人员座谈咨询等方式，对上述三个方面进行了重点审查。首先，对鉴定提起与委托经过进行了认真审查。经查明，提出对黄文义做司法精神病鉴定的机关为佛山市公安局南海分局。该分局的侦查人员在侦查工作中发现，黄文义在案发前有许多反常迹象，在作案时将自己心爱的幼子杀死，有一些难以解释的地方。因此，佛山市公安局南海分局于2007年1月26日委托广东精神卫生法医精神病司法鉴定所对黄文义进行司法精神病鉴定，以确定其作案时是否患有精神病以及责任能力如何。其次，对鉴定机构和鉴定人的资质进行了认真审查。担任本案鉴定的机构以广东省精神卫生研究所为依托，是省政府指定的精神病医学鉴定机构；五名鉴定人中二人为主任医生、三人为副主任医生，均持有合法有效的执业资格证书。再次，对鉴定程序和方法进行了认真审查。鉴定机构受理委托后，指定本机构具有执业资格的鉴定人组成鉴定小组，严格按照《司法鉴定程序通则》、《精神疾病司法鉴定暂行规定》等行业技术性规范要求开展鉴定工作。鉴定人员通过询问侦查人员、看守人员、被鉴定人的亲属和店内员工等，详细了解了案情、送检原因、被鉴定人身份以及家庭、事业情况，掌握了被鉴定人在案发前后的精神状态及行为表现，了解了被鉴定人自己对案件起因、经过的陈述和看法；对被鉴定人进行了精神检查和躯体检查。在此基础上，鉴定人员进行了精神医学评定和法律能力评定，得出鉴定结论。鉴定书共16页约1.4万字，材料丰富，分析客观，逻辑严谨。合议庭成员还就什么是“待分类的精神病性障碍疾病”问题，专门走访咨询了鉴定人，鉴定人一一作了解答。经过审查，我们认为，本案对黄文义所作的司法精神病鉴定完全符合《刑事诉讼法》、《司法解释》、《司法鉴定程序通则》的要求，严格遵守和采用了该专业领域的技术标准和技术规范，鉴定结论可以作为定案的根据。

三、应当根据罪、责、刑相一致原则对被告人适用法律

《刑法》对精神病人造成危害结果的刑事责任作了三种规定：完全不负责任、负完全责任、负部分责任。精神病人在不能辨认或者不能控制自己行为的时候造成危害结果，经法定程序鉴定确认的，不负刑事责任，即完全不负责任；间歇性精神病人在精神正常的时

候犯罪，应当负刑事责任，即负完全责任；尚未完全丧失辨认或者控制自己行为能力的精神病人犯罪的，应当负刑事责任，但可以从轻或者减轻处罚，即负部分责任。对于完全不负责任和负完全责任的被告人比较容易适用法律。难点在于对负部分刑事责任的被告人如何适用法律问题。像黄文义这种情况，刑法规定应当负刑事责任，但可以从轻或者减轻处罚，这是一个很大的裁量空间。对于如何把握“可不可以”、“从轻”还是“减轻”的尺度问题，笔者认为仍然应当遵循《刑法》关于“刑罚的轻重，应当与犯罪分子所犯罪行和承担的刑事责任相适应”的规定，即罪、责、刑相一致的原则。在“可不可以”问题上，尽管黄文义一次杀死六人，罪行极其严重，但是，司法鉴定已经证明其作案时有精神病，属于限制刑事责任能力人。根据法律规定和保护人权原则，应当对其从轻处罚；在“从轻”还是“减轻”问题上，根据其对作案对象和地点有选择，特别是在住宅内杀死五人后，还编造谎言将住在别处的另一妻妹骗出杀死，且归案后有较强的自我保护意识等行为表现，可以认定其大部分辨认和控制能力没有丧失，对其不能减轻处罚，而且从轻的幅度也不宜过大。一审法院判处黄文义死刑缓期二年执行，是否体现了从轻处罚？如果没有体现或者体现不够，该如何改判？对此，合议庭一开始存在两种意见。少数人认为，死刑缓期二年执行仍然属于死刑的一种，只是在执行方式上有考验期。判处黄文义死刑缓期二年执行并没有体现从轻处罚或者说从轻得不够，因此倾向改判黄文义无期徒刑；多数人认为，虽然死刑缓期二年执行在刑种上仍属于死刑，但从司法实践看，死刑缓期二年执行的判决在二年考验期满后绝大多数改成了无期徒刑，它与死刑立即执行的判决后果存在质的区别。在审判实务中，判处死刑缓期二年执行与判处死刑立即执行，前者具有明显从轻的性质。而且，从黄文义的犯罪后果、社会影响看，如果改判无期徒刑可能难以平息被害人亲属的悲愤情绪，产生不良的社会效果。经过深入研究，合议庭达成一致意见，认为一审法院对黄文义的定罪和量刑适当，作出了核准裁定。

一审合议庭成员：钟雪基　蔡大宇　杨燕冰
二审合议庭成员：郑岳龙　马世奇　陈广辉
作者单位：广东省高级人民法院

非法行医罪的法律界定

——蔡韶峰非法行医宣告无罪案

张　鹏

【问题提示】

依法取得医生执业资格，但超出执业地点、类别或者范围行医的，是否构成非法行医罪?

【要点提示】

行为人依法取得医生执业资格，但超出执业地点、类别或者范围行医的，由于其并不符合非法行医罪犯罪主体的构成特征，因而不能认定其超出执业地点、类别或者范围行医的行为构成非法行医罪。

【案例索引】

一审：广东省深圳市南山区人民法院［2006］深南法刑初字第426号刑事判决

二审：广东省深圳市中级人民法院［2007］深中法刑一终字第53号刑事判决

【案情】

公诉机关：广东省深圳市南山区人民检察院。

被告人：蔡韶峰，男，1977年12月24日出生，汉族。

深圳市南山区人民法院经审理查明：2005年8月27日上午8时左右，被害人刘某（1995年9月6日出生）因呕吐导致身体不适前往被告人蔡韶峰所在诊所就诊。蔡韶峰在不知道被害人曾摔伤头部的情况下，将刘某诊断为肠胃炎进行用药。当晚19时许，刘某的父亲见刘某未有好转，又将刘某带到蔡韶峰的诊所，蔡韶峰便开了两瓶吊针让刘某打点滴。刘某在打第二瓶吊针没多久，便嘴唇发白，手脚僵硬。随后，蔡韶峰从刘某母亲处得知刘某可能曾撞到头部，遂要求刘某的父亲将刘某送去医院救治。刘某被送往医院抢救后无效于9月5日死亡。经中山大学法医鉴定中心（2005）3341号鉴定书鉴定，刘某符合左颞顶部外伤性硬脑膜外血肿并肺部感染致呼吸、循环衰竭死亡。深圳市公安局技法鉴字（2005）0416号鉴定书鉴定：一、刘某符合左颞顶部外伤性硬脑膜外血肿中枢性呼吸循环衰竭经抢救后呈脑死亡状态，后并发肺部感染致多器官功能衰竭死亡；二、蔡韶峰的医疗措施存在明显的误诊和对病情的延误，导致刘某在原外伤性硬脑膜外血肿的基础上丧失抢救机会而死亡。

另查明，被告人蔡韶峰毕业于某卫生学校口腔医学专业。1998年12月15日广东省揭西县人事局以蔡韶峰于1998年9月经揭西县职改办核准初级专业资格评审委员会评审过，具备了口腔医师专业技术资格，发给蔡韶峰“广东省专业技术资格证”；2000年11月24日蔡韶峰获得“医师资格证书”，专业为口腔医学，类别为口腔；2004年3月1日蔡韶峰获得深圳市罗湖区卫生局颁发的“医生执业证书”，可以在深圳某门诊部执业医师指导下开展口腔内医疗活动。2004年7月开始，蔡韶峰在深圳市南山区经营一无牌诊所，但其一直未在深圳市南山区卫生局办理相关手续。

【审判】

深圳市南山区人民法院经审理认为，刘某是因左颞顶部外伤性硬脑膜外血肿并肺部感染致呼吸、循环衰竭死亡，而刘某的家属将其送往蔡韶峰处就诊时并未告知蔡韶峰刘某头部曾受到碰撞的事实。在此情形下，蔡韶峰不可能预见到刘某的不良症状系由于其头部曾被碰撞所致，故蔡韶峰既无法预见也不可能预见刘某因头部损伤导致死亡这一危害结果。其行为既不符合疏忽大意的过失，也不符合过于自信的过失，因此被告人蔡韶峰的行为与刘某的死亡之间不存在刑法意义上的因果关系，依照《中华人民共和国刑事诉讼法》第一百六十二条第（二）项之规定判决被告人蔡韶峰无罪。

本案宣判后，深圳市南山区人民检察院提起抗诉，认为被告人蔡韶峰仅具有口腔类执业助理医师资格，在罗湖区而未在南山区卫生局办理相关手续，其主观上明知自己没有内科类相关医师执照的情况下对被害人进行诊断，可能会造成误诊，但其仍继续进行非法诊治活动，最后导致刘某因误诊错过抢救而死亡，明显存在过于自信的过失。其行为与刘某的死亡存在刑法意义上的因果关系。

被告人蔡韶峰辩称，被害人前来就诊时并没有说自己有颅脑外伤，也没有见到颅脑外伤症状，自己对被害人的观察显然不存在过于自信的过失。《深圳市基本医疗管理制度》第二章规定：在24小时内为初步诊断，在3天之内才能确定需不需要住院。被害人在其处看病一直到去医院没有超过24小时，其不存在治疗中过于自信的过失。

深圳市中级人民法院经审理认为，刘某因呕吐被其父送往被告人蔡韶峰处就诊，刘某的父亲也不清楚刘某的头部在外曾受到碰撞，故也不可能告知蔡韶峰这一情况。在此情形下，蔡韶峰根据刘某的症状，确定为肠胃炎进行诊治。蔡韶峰不可能预见到刘某的不良症状是由于其头部曾受碰撞所致，更不可能预见到刘某会发生死亡的后果，其后来从刘某母亲处获知刘某头部可能受到碰撞以后便立即停止诊断，让刘某的家属送往医院抢救，蔡韶峰主观上已尽到了相应的注意义务，其行为既不符合疏忽大意的过失，也不符合过于自信的过失。刘某是因左颞顶部外伤性硬脑膜外血肿并肺部感染致呼吸、循环衰竭死亡，该结果与蔡韶峰的诊断行为之间不存在刑法意义上的因果关系。原判认定事实清楚，证据确实充分、定性准确，依照《中华人民共和国刑事诉讼法》第一百八十九条第（一）项之规定，驳回抗诉，维持原判。

【评析】

本案一审时深圳市南山区人民检察院曾两次提起公诉，先以非法行医罪起诉，撤回起诉后变更罪名为过失致人死亡罪。在本案二审审理过程中，合议庭也曾经存在着不同意见，即被告人的行为是构成非法行医罪还是构成过失致人死亡罪。

一、被告人蔡韶峰的行为是否构成非法行医罪

1. 非法行医罪犯罪主体的法律认定

非法行医罪是指未取得医生执业资格的人非法行医，情节严重的行为。我国《刑法》第三百三十六条明确规定了非法行医罪的犯罪主体，即未取得医生执业资格的人。如何正确认识和把握“未取得医生执业资格”，就成为区分非法行医罪与他罪的关键。由于非法行医罪是刑法上的法定犯，且刑法条文在非法行医罪的犯罪构成中采用了空白罪状的表述方式，因而就必须借助其他行政法规的相关规定来确认“未取得医生执业资格”的应有含义。《中华人民共和国执业医师法》第八、十二、十三、十四、十七、十八、十九、二十条规定：（1）要成为执业医师，就必须通过执业医师资格考试或者执业助理医师资格考试，然后向所在地县级以上人民政府卫生行政部门申请注册，发给医师执业证书后，才可以从事医师执业活动；（2）变更执业地点、类别、范围的，应当到准予注册的卫生行政部门办理变更注册手续；（3）中止执业二年以上重新执业的，必须重新申请，经考核合格、重新注册方可行医；（4）只有执业医师才能申请个体行医，并且必须经注册后在医疗、预防、保健机构中执业满五年，并按照国家有关规定办理审批手续。

从上述规定中可以得出，刑法中所规定的“未取得医生执业资格的人”应当是既包括未取得执业医师或执业助理医师资格的人，也包括取得了执业医师或执业助理医师资格，但没有经注册取得执业证书的人。医生执业资格应当是医师资格证书与医生执业证书两证的统一。在两证齐全的情况下，行为人一般不会成为非法行医罪的主体（当然由于某种原因被有关机关取消上述两证之一或全部的，仍然可以构成非法行医罪的犯罪主体）。本案中被告人蔡韶峰分别于2000年、2004年取得“医师资格证书”和“医生执业证书”，因而不符合非法行医罪的主体要件。

2. 取得医生执业资格，但超出执业地点、类别或者范围行医的，是否构成非法行医罪

本案中另一个实践中常会出现的问题是对于未经卫生行政主管部门批准，取得医生执业资格的行为人，超出执业地点、类别或者范围行医的（如本案）是否构成非法行医罪。对此问题，理论界还是司法实践中有着肯定说、否定说、折中说三种不同的认识。肯定说认为，这种情况下的行为人符合非法行医罪的主体要件。否定说认为，这种情况下的行为人不符合非法行医罪的主体要件。折中说认为，对此问题应具体分析：对于仅超越注册执业地点从事医疗业务的，不构成刑法意义上的非法行医，不能成为本罪的主体；对于超越执业类别和执业范围从事医疗业务的，原则上可以成为非法行医罪的主体，但是经有关部门批准或在紧急情况下实施的除外。我们认为，非法行医罪是刑法上的法定犯，“非法”的内容应当从相关行政法规中予以确定。《中华人民共和国执业医师法》第三十条规定：“未经批准擅自开办医疗机构行医或者非医师行医……构成犯罪的，依法追究刑事责任。”显然，非医师行医构成非法行医罪，医师行医不构成非法行医罪。对于超出执业地点、类别或者范围行医的行为，虽违反了有关的行政法规，但医生的执业资格并无瑕疵，其社会危害性明显小于非法行医行为。如果对此类行为予以刑事处罚，显然违背了非法行医罪的立法本意，与我国宽严相济的刑事政策背道而驰。本案中被告人蔡韶峰具有医师执业资格，虽然其执业类别是口腔医学类别，但由于其并不符合非法行医罪主体的犯罪构成特征，其超出执业地点、类别行医不构成非法行医罪。

二、蔡韶峰的行为是否构成过失致人死亡罪

1. 过失致人死亡罪的犯罪构成特征

过失致人死亡罪，是指由于行为人的过失而致他人死亡的行为。该罪的主观表现为过失，包括疏忽大意的过失和过于自信的过失。前者表现为行为人应当预见自己的行为可能会导致他人死亡的结果，却因疏忽大意而没有预见到以致发生了他人死亡的结果；后者表现为行为人已经预见到自己的行为可能导致他人死亡，却轻信能够避免以致发生了他人死亡的结果。该罪在客观方面表现为过失致人死亡的行为，同时行为人的行为一定要与被害人死亡的结果之间具有刑法上的因果关系。

刑法上的因果关系是刑法理论乃至司法实践中争论颇多的一个问题。刑法上的因果关系应当是指刑事法律所规定的，客观上符合构成要件的危害行为与危害结果之间存在的，能够影响刑事责任的引起与被引起、决定与被决定的关系。刑法上的因果关系一般具有客观性、顺序性、条件性、复杂性等多种特征。究其本质而言，刑法上的因果关系包括两方面的内容：一方面作为原因的实行行为，必须具有引起危害结果发生的实在可能性；另一方面，作为原因的危害行为，必须合乎规律地引起危害结果。刑法上的因果关系是犯罪行为客观方面的因素，是确定刑事责任的客观基础。根据刑法主客观相一致的原则，行为人必须对因果关系存在认识或具有认识可能的情况下，刑法上的因果关系才能对刑事责任的最终确定直接产生影响。

2. 被告人蔡韶峰的诊治行为与被害人的死亡结果是否具有刑法上的因果关系

就本案而言，综合全部在案证据分析，可以看出：（1）被告人蔡韶峰具有“医师资格证书”和“医生执业证书”，其不符合非法行医罪的主体构成特征，其超出执业地点、类别行医亦不构成非法行医。（2）根据中山大学法医鉴定中心（2005）3341号鉴定书以及深圳市公安局技法鉴字（2005）0416号鉴定书，均证实了被害人最终死于左颞顶部外伤性硬脑膜外血肿并肺部感染致呼吸、循环衰竭死亡，被告人蔡韶峰的医疗措施存在明显的误诊和对病情的延误。（3）被告人蔡韶峰事先并不知道被害人头部曾受过碰撞，被害人父母在就诊时也没有告知此种情况。被告人蔡韶峰依照被害人呕吐的症状，初步确定为肠胃炎进行诊治。后来从被害人母亲处获知被害人头部可能受到碰撞便立即停止了诊治，并让被害人的家属送往医院抢救。通过上述案件事实，可以得出被告人蔡韶峰的误诊行为导致了被害人病情的延误，并进一步引起了被害人死亡的严重后果。正如前文所述，刑法上的因果关系具有多种特征，其中之一就是复杂性，有时表现为一果多因或一因多果，有时还表现为多果多因等复杂情况。在一果多因和多果多因的情况下，各原因行为对于结果产生所起作用的大小程度是有所不同的。本案中被害人刘某死亡的结果就是由多种原因造成的，对被害人死亡结果起着决定性作用的原因是被害人头部曾经受过碰撞的客观事实，可以说即使没有蔡韶峰的误诊行为，被害人也有死亡的现实可能性，而被告人蔡韶峰的误诊行为仅是引起被害人死亡的非决定性原因，是对被害人死亡结果起着加速、帮助作用的次要原因。从客观方面分析，被告人蔡韶峰的误诊行为与被害人死亡的结果之间仅有着一般性的因果关系，那么此种因果关系是否刑法意义上的因果关系？刑法意义上的因果关系必须符合主客观相一致的原则，不仅要求客观上危害行为引起了危害后果，还要求行为人对此种因果关系有着主观认识。本案中被告人蔡韶峰对自身的误诊行为与被害人死亡结果之间的因果关系，显然在主观上缺乏认识，根据大量在案证据可以证实其不知道也不可能知

道被害人头部曾受碰撞的事实，其诊治行为也符合一般的临床救治要求，被害人死亡的后果明显超出其主观预见之内，其主观上既不存在过于自信的过失也不存在疏忽大意的过失，因此被告人蔡韶峰的误诊行为与被害人死亡的结果之间并不存在刑法意义上的因果关系。被告人蔡韶峰对被害人的死亡结果不承担刑事责任。

一审合议庭成员：谭　敏　吴楚章　陆明铠
二审合议庭成员：陈　剑　武文芳　周正茂
作者单位：深圳市中级人民法院

公安特情实施犯罪是否应当追究刑事责任

——钱绍红等盗窃案

杨才清

【问题提示】

公安特情实施犯罪是否应当追究刑事责任?

【要点提示】

公安机关与特情之间签订的协议是认定特情是否属于依法行使侦查权从而享有刑事责任豁免权的依据。特情违反协议规定实施犯罪，或者协议虽然准许特情在紧急情况下实施犯罪，但特情并非是在紧急情况下不得已而实施犯罪的，以及特情超出协议许可的范围实施性质严重的犯罪等情形都应追究特情的刑事责任。

【案例索引】

一审：湖南省长沙市铁路运输法院［2008］长铁刑初字第41号刑事判决

【案情】

公诉机关：长沙市铁路运输检察院。

被告人：杨年军，男，1975年12月15日出生于湖南省桑植县，农民。曾因犯盗窃罪多次被判处有期徒刑四年，2007年11月27日刑满释放。因涉嫌犯盗窃罪于2008年2月4日被逮捕。

被告人：钱绍红，男，1985年7月11日出生于云南省邱北县，农民。2007年7月23日因犯盗窃罪被长沙市铁路运输法院判处有期徒刑七个月，2007年11月22日刑满释放。因涉嫌犯盗窃罪于2008年2月3日被逮捕。

被告人：廖鹏飞，男，1979年12月4日出生于湖南省湘乡市，农民。2006年9月27日因犯盗窃罪被湖南省湘乡市人民法院判处有期徒刑一年六个月，2007年12月30日刑满释放。因涉嫌犯盗窃罪于2008年2月3日被逮捕。

被告人钱绍红系公安特情（“线人”），其任务为收集犯罪线索、证据及掌握犯罪嫌疑人的动向。

2008年1月11日晚，被告人杨年军、钱绍红、廖鹏飞与刘超（另案处理）商定采取由杨年军、钱绍红在车上掀货，廖鹏飞、刘超在车下约定的地点接货的方法，到长沙火车东站编组场伺机盗窃铁路运输物资。次日凌晨1时许，被告人杨年军、钱绍红按约定来到上述地点爬上一列启动的货物列车，二人从车上掀下聚乙烯62袋（共计重1 550公斤），价值人民币 21 545 元。三被告人转移赃物时被公安民警抓获，当场收缴了全部赃物。

【审判】

长沙市铁路运输法院认为，被告人杨年军、钱绍红、廖鹏飞无视国家法律，以非法占有为目的，共同盗窃铁路运输物资，数额巨大，其行为均已构成盗窃罪。被告人杨年军、钱绍红携带作案工具，寻找作案目标，上车掀货，在共同犯罪中起主要作用，是主犯，应当按照其所参与的全部犯罪处罚；被告人廖鹏飞起次要作用，是从犯，应当从轻处罚。被告人杨年军、钱绍红、廖鹏飞曾因犯盗窃罪被判处有期徒刑，刑罚执行完毕后五年内又犯应当判处有期徒刑以上刑罚之罪，系累犯，均应当从重处罚。依照《中华人民共和国刑法》第二百六十四条、第二十五条第一款、第二十六条第一和第四款、第二十七条、第六十五条第一款、第五十三条、第六十四条之规定，判决如下：一、被告人杨年军犯盗窃罪，判处有期徒刑三年十个月，并处罚金人民币一千元，上缴国库。二、被告人钱绍红犯盗窃罪，判处有期徒刑三年六个月，并处罚金人民币一千元，上缴国库。三、被告人廖鹏飞犯盗窃罪，判处有期徒刑三年，并处罚金人民币一千元，上缴国库。四、缴获的赃物发还被害单位。

宣判后，被告人没有提出上诉，公诉机关亦未抗诉，判决发生法律效力。

【评析】

特情，俗称“线人”、“耳目”，是一群生活在警匪之间的灰色人群。他们靠向警方提供情报以赚取赏金为生，并成为警方刑事侦查的得力帮手。在西方，运用特情侦查犯罪已成为一种较为普遍的手段，尤其在一些无被害人的犯罪和隐蔽性较强的犯罪，如毒品犯罪、走私犯罪、黑社会犯罪中，特情更是发挥了其他常规侦查手段无法替代的作用。而且，多年的刑事司法实践，也使得这些国家建立了较为完备的特情制度。在我国，随着形势的发展，公安机关运用特情协助侦破犯罪也逐渐成为一种普遍现象，有关部门也鼓励采取这种手段打击违法犯罪。如国家烟草专卖局、公安部《关于严厉打击生产销售假冒伪劣卷烟违法犯罪活动的通告》第五条规定：对举报、协助查处生产、销售假冒伪劣卷烟活动有功的单位或个人，按有关规定给予奖励。

由于我国刑事司法实践中运用特情协助侦查犯罪的历史并不长，因此规范刑事特情的法律制度还未建立。目前公安机关运用的刑事特情规范性文件还是公安部 1984 年 8 月 31 日发布的《刑事特情工作细则》，主要有以下一些内容：刑事特情工作中必须注意保密；严禁刑事特情诱人犯罪（含美人计）；对于刑事特情要严格教育、严格监督与考察；对于刑事特情所提供的情报，要进行查证；刑事特情所提供的情报，不得直接作为证据出现在刑事诉讼中；刑事特情不得直接出庭作证。由于《刑事特情工作细则》发布于二十多年前，社会形势的发展使得该细则的滞后效应不断显现。而且，该细则仅是公安机关的一个内部文件，作为规范刑事诉讼的基本法律——《刑事诉讼法》对刑事特情只字未提，因而在司法实践中，对涉及刑事特情的一些问题产生了较大的争议。如本案，对于作为特情的被告人钱绍红参与实施相关犯罪活动是否需要追究刑事责任就存在不同意见：第一种意见认为，特情的主要工作在于监视嫌疑人，收集嫌疑人犯罪证据和提供嫌疑人的犯罪线索，特情参与实施犯罪活动，违反了刑法的相关禁止性规范，符合犯罪构成的要求，构成侦查对象的共犯，应追究刑事责任；第二种意见则认为，特情主观上没有犯罪故意、犯罪目的和意图，其参与犯罪只是为了刑事犯罪侦查和侦破活动的顺利进行，不具有构成犯罪的社会危害性的本质特征，不应追究刑事责任。

我们认为，特情参与实施犯罪的情况十分复杂，需要具体情况具体分析。

从国外的情况来看，一般都赋予特情一定的刑事豁免权。如美国联邦最高法院的判例就规定，如果“线人”为了提供犯罪线索而不得不从事犯罪活动，应该免除其刑事责任。当然，“线人”只能享有有限的刑事豁免权——为收集犯罪线索而不得不进行的犯罪活动。同时，这些犯罪活动也不得超出“线人”事先同警方签订的协议范围，否则，“线人”必须承担刑事责任。[①] 而在有些国家，虽然也建立了特情的刑事豁免权制度，但主要豁免的是所谓的“污点证人”。[②]

在我国，根据公安部《刑事特情工作细则》的规定，设立刑事特情的目的是为了协助公安机关收集犯罪线索和证据，获取犯罪情报，发现和控制预谋犯罪。实践中，按照我国公安机关的内部规定及做法，普通公民要成为特情，一般要经过一段时间的考察，经考察合格即成为公安特情，并与公安机关签订相关协议，明确特情的职责权限和活动范围，包括特殊情况下为侦查犯罪需要是否可以实施一些轻微的违法甚至犯罪行为。因此，公安机关与特情之间签订的协议较为重要，是认定特情是否属于依法行使侦查权从而享有刑事责任豁免权的依据。如果协议明确准许特情在紧急情况下为避免身份泄露或取信犯罪组织及犯罪嫌疑人而可以实施相关犯罪活动，且特情正是在上述情况下实施犯罪的，则不能追究特情的刑事责任，其理由在于：

首先，因为特情在紧急情况下实施相关犯罪事先得到了侦查机关的授权，其参与犯罪是为了保障刑事侦查活动的顺利进行，主观上没有犯罪的故意和目的，主观罪过的缺失阻却犯罪的成立。同时，从社会相当性理论分析，特情在紧急情况下实施相关犯罪也不应纳入刑法的调整范围。所谓社会相当性，是指某些在通常情形下本属于违法地侵害法益的行为，只要该行为能被一般的社会观念所认可，就应否认该行为的违法性。它实质是指一个符合历史形成的伦理秩序不受价值上的否定评价。由于社会相当性是以民情民意为基础，因而社会效应明显，日益受到理论界与实务界的重视。在我国现行刑法中，也可以找到社会相当性理论的印记。如《刑法》第十三条规定：一切危害国家主权、领土完整和安全，分裂国家、颠覆人民民主专政的政权和推翻社会主义制度，破坏社会秩序和经济秩序，侵犯国有财产或者劳动群众集体所有的财产，侵犯公民私人所有的财产，侵犯公民的人身权利、民主权利和其他权利，以及其他危害社会的行为，依照法律应当受刑罚处罚的，都是犯罪，但是情节显著轻微、危害不大的，不认为是犯罪。该条中但书的规定由于没有具体明确如何判断情节显著轻微、危害不大，因而在具体把握时只能根据一般的社会观念衡量。对于特情在紧急情况下为维护自身安全而迫不得已实施相关犯罪，显然是一种兼顾社会公共利益（服务于刑事侦查活动）和自身利益的无奈选择，并且这种选择事先得到了有关机关的准许，从社会一般观念来看，不应追究刑事责任。

其次，从利益衡量的角度分析，也不应追究特情的刑事责任。所谓利益衡量，指法律

---

① 张泽涛．“线人”的运用及其规范——以美国法为参照．法学，2005（3）

② 吕志祥，王凤涛．法律视野中的“线人”及其制度构建．云南行政学院学报，2007（1）

所确认的利益之间发生冲突时，根据各利益的大小、轻重进行权衡并进而进行取舍的活动。利益衡量是“为重建法律和平状态，或者一种权利必须向另一种权利（或有关的利益）让步，或者两者在某一程度上必须各自让步。于此，司法裁判根据它在具体情况下赋予各该法益的‘重要性’，来从事权利或法益的‘衡量’”①。特情在公安机关许可的范围内实施一些轻度犯罪行为，虽然在一定程度上带来危害社会的后果，但另一方面，特情的行为又促进了犯罪线索和证据的收集，有利于公安机关破获更加重大的案件，维护更为重大的社会利益。因此，特情在公安机关许可范围内所实施的犯罪行为对社会秩序的破坏远低于其实际所维护的社会利益，是为维护社会利益而付出的且可容允的成本。

基于上述两点理由，我们认为，特情在协议准许且在符合协议规定的情况下实施犯罪是不能追究特情刑事责任的。但是，如果公安机关与特情之间的协议明确特情不得参与实施犯罪活动，特情违反协议规定实施犯罪，或者协议虽然准许特情在紧急情况下实施犯罪，但特情并非是在紧急情况下不得已而实施犯罪的，以及特情超出协议许可的范围实施性质严重的犯罪等情形都应追究特情的刑事责任。因为上述三种情况下特情实施犯罪活动未得到或超出了侦查机关的授权，没有正当的依据和基础，其行为符合犯罪构成特征，应追究刑事责任。而且，如果将刑事豁免权无限制地放大，极容易导致特情在赏金或其他个人目的的促使下，轻易跨越监视犯罪、收集犯罪情报与诱惑并参与犯罪的界限，给社会造成严重的危害。

本案中，被告人钱绍红虽然为公安特情，但公安机关已明确其任务为收集犯罪线索、证据及掌握犯罪嫌疑人的动向，并要求其不得参与实施犯罪活动，但钱绍红违反规定与杨年军、廖鹏飞等共同盗窃铁路运输物资，其行为构成犯罪，应当追究刑事责任。

一审合议庭成员：陈赛如　董清山　王　佳
作者单位：长沙市铁路运输法院

① ［德］卡尔·拉伦茨. 法学方法论. 陈爱娥译. 北京：商务印书馆，2003. 279

如何认定被告人作案后受伤为自救求人代报警行为的性质及处理检方发回重审的建议

王在魁　孙玟生

【问题提示】

1. 被告人让路人代报警的行为是否视为自首？

2. 检方要求发回重审，是否要发回？

【要点提示】

被告人作案后因受伤无法脱逃，为了自救，让路人报警，不可以视为自首。二审期间，检察院建议发回重审，应分两种情况区别对待：一是检方提出主要事实清楚、非主要事实不清的，二审法院可以不发回重审；二是检方认为基本事实不清、证据不足的，二审法院一般应当发回重审或查清事实后改判。

【案例索引】

一审：广东省东莞市中级人民法院［2008］东中法刑一初字第233号刑事判决

二审：广东省高级人民法院［2009］粤高法刑三终字第86号刑事判决

【案情】

上诉人（原审被告人）：张红波，男，1987年6月15日出生于湖南省衡东县，汉族，文化程度初中，无业，户籍所在地湖南省衡东县吴集镇杨梓坪村1组。

上诉人（原审被告人）：毛孔波，男，1988年7月28日出生，汉族，文化程度初中，无业，户籍所在地湖南省衡东县吴集镇石坪村4组。

原审被告人：周辉科，男，1988年2月18日出生，汉族，文化程度初中，无业，户籍所在地湖南省衡东县吴集镇水湖村8组。

广东省东莞市中级人民法院经审理查明：2007年11月1日，被告人张红波、周辉科经密谋后窜至东莞市厚街镇寻找抢劫目标。同月2日，周辉科、张红波通过网络联系毛孔波要其一起参加抢劫，毛孔波同意并于当天从广州市赶到东莞市厚街镇与周、张汇合。3日零时许，周辉科、毛孔波、张红波来到厚街镇新塘村被害人曾攀斌经营的正盛旅馆，以张红波的名义租住了该旅馆404房。三人在房内密谋抢劫曾攀斌，周提出为防止留下证据，一定要将曾杀死，张、毛表示同意。4时许，经毛孔波确认曾攀斌睡熟后，张红波、毛孔波各持一把水果刀，与周辉科一起来到在一楼收银台睡觉的曾攀斌身边。周辉科上前卡住曾攀斌的脖子并捂住其嘴巴，张红波、毛孔波则用水果刀朝曾胸口和身上捅刺数十刀，随后周辉科接过毛孔波手中的水果刀也往曾身上捅数刀，致曾攀斌当场死亡。周辉科等三人从收银台处搜得现金 1 000 余元和手机两部，返回 404 房取走行李，因大门无法打开，即从 201 房跳窗逃跑。周辉科从 201 房跳下一楼地面时摔伤腿无法逃离，张红波和毛孔波两人逃离现场。周辉科因伤痛难忍大呼救命，经路人报警后被赶到现场的治安队员抓获。经法医鉴定，被害人曾攀斌系被他人用锐器刺破双肺、心脏及肝脏致失血性休克死亡。破案后，追缴赃款 515 元并已发还给被害人家属，被抢手机和其余赃款无法缴回。

广东省东莞市人民检察院于 2008 年 5 月 15 日向东莞市中级人民法院提起公诉，指控被告人周辉科、张红波、毛孔波犯抢劫罪。未提出被告人周辉科有自首情节。

被告人周辉科及其辩护人在东莞市中级人民法院开庭中提出周辉科让路人代报警，如实供述自己的犯罪行为，构成自首。周辉科主动提供另二被告身份情况、可能逃跑的地方等重要线索，而公安机关也是依周提供的线索抓获两名被告，加之二被告均可能被判处无期徒刑以上刑罚，因此，周辉科有重大立功表现。

【审判】

广东省东莞市中级人民法院经审理认为，被告人周辉科、张红波、毛孔波无视国家法律，以非法占有为目的，使用暴力手段劫取他人财物，致一人死亡，情节后果严重，其行为均已构成抢劫罪，被告人周辉科作案前提议一定要将被害人杀死，三名被告人共同刺了被害人五十余刀，手段极其残忍，主观恶性极大，依法均应予严惩。根据证人陈庆华、刘树文的证言，案发当天陈庆华和同事是接到治安队总台通知才赶赴案发现场，周辉科供述当时有一名路人为他报警。东莞市公安局厚街分局仙桥派出所和厚街分局刑警队出具说明，证实案发当晚确有一男子打电话到厚街镇新塘村治安队，称其在新塘村正盛旅馆附近听到有男子高声呼救，要求治安队派员到场了解情况。后治安队总台通知陈庆华和刘树文赶到现场。因当时没有记录下来电的电话号码，事后经多方面调查，无法查找上述电话号码和来电报案的群众。从现有证据及公安机关的说明来看，周辉科案发后的呼救以及有一名群众向治安队打电话报告此事属实，周辉科叫人报警虽没有确切证据证实，但周辉科是在公安机关的初步询问时，就交代了犯罪事实，且其所提的意见有合理之处，根据存疑有利于被告人的原则，认定被告人周辉科有自首情节，依法可以从轻处罚。根据东莞市公安局厚街分局仙桥派出所出具的证据证实，在审讯中周辉科交代出实施抢劫的同伙毛孔波、张红波的手机号码及 QQ 号码供给公安机关进一步调查。后公安人员于 2007 年 11 月 9 日在湖南省长沙市公安机关协助下在长沙市四海网吧将正在上网的本案另两名同案人张红波、毛孔波抓获。根据三被告人的供述，当时三人是通过 QQ 联系之后才作案的。周辉科交代同案人的 QQ 号码属于如实供述同案人情况，是坦白交代而非主动。但此情况对公安机关抓获同案人确有帮助，可酌情对周辉科从轻处罚。公诉机关指控被告人周辉科、张红波、毛孔波犯抢劫罪，事实清楚，证据确实、充分，罪名成立，应予支持。被告人的共同抢劫犯罪行为，是共同侵权行为，应当承担连带赔偿责任。本案的赔偿总额为人民币 192 880. 52 元，根据各被告人在本案中的地位、作用，认定被告人周辉科、张红波、毛孔波分别赔偿总额承担 30%、40%、30% 的责任，分别为 57 864. 16 元、77 152. 20 元、57 864. 16 元。原审法院判决如下：一、被告人周辉科犯抢劫罪，判处死刑，缓期二年执行，剥夺政治权利终身，并处没收个人全部财产。二、被告人张红波犯抢劫罪，判处死刑，剥夺政治权利终身，并处没收个人全部财产。三、被告人毛孔波犯抢劫罪，判处死刑，缓期二年执行，剥夺政治权利终身，并处没收个人全部财产。四、其他附带民事判项（略）。

宣判后，被告人周辉科没有提出上诉，被告人张红波、毛孔波均以量刑过重为由对刑事部分判决提出上诉。

广东省高级人民法院经过审理认为：上诉人张红波、毛孔波，原审被告人周辉科无视国家法律，以非法占有为目的，使用暴力手段劫取他人财物，致一人死亡，情节后果严重，其行为均已构成抢劫罪。原审被告人周辉科作案前提议一定要将被害人杀死，三人共同捅刺被害人五十余刀，致被害人当场死亡，手段极其残忍，主观恶性极大，依法应予严惩。鉴于周辉科归案后交代了毛孔波、张红波的手机号码及QQ号码，使公安人员及时抓获二同案人，可认定为重大立功表现，依法从轻处罚。检察机关认为一审判决认定周辉科有自首情节不符合法律规定的意见，予以支持，但认为应将本案发回重新审判的出庭意见不予支持。原审判决认定的事实清楚，证据确实、充分，定罪准确，审判程序合法，遂裁定驳回上诉，维持原判；并以抢劫罪判处张红波死刑，剥夺政治权利终身，并处没收个人全部财产。依法报最高人民法院核准。

【评 析】

实践中对立功、自首情节的认定常出现争议，对检察机关建议发回重审，法院是否必须发回重审也有不同观点，现结合本案件对这两个问题做如下探讨：

一、被告人受伤后无法脱逃，为求自救，让路人报警，不应视为自首

新《刑法》第六十七条规定："犯罪以后自动投案，如实供述自己的罪行的是自首。"这就在法律上规定了一般自首的两个构成要件："自动投案"和"如实供述自己的罪行"。而其中"自动投案"是自首成立的首要条件。1998年最高人民法院《关于处理自首和立功具体应用法律若干问题的解释》中对自动投案作了较为详尽的解释。但是，从近几年来的司法实践来看，又出现了不少新问题，许多认识上的分歧需要认真探讨和总结。笔者在此结合本案谈一下自己的理解。

对于什么是"自动投案"，普遍认为是犯罪分子在犯罪之后，归案之前，出于本人的意志而向有关机关或个人承认自己实施了犯罪，并自愿置于有关机关或个人的控制之下。一般来说，以这个定义为标准来界定自首是没有问题的。但值得思考的是，究竟应如何理解"归案之前"、"出于本人的意志"和"自愿置于有关机关和个人的控制之下"。"归案之前"是对自动投案的时间限定。投案行为通常实行于犯罪事实未被司法机关发觉之前，或者犯罪事实虽被司法机关发觉，但犯罪分子尚未被发觉之前；或犯罪事实和犯罪分子均被发觉，但司法机关尚未对其进行讯问或采取强制措施。一般有以下八种情况：（1）在犯罪事实和犯罪嫌疑人未被发觉的情况下投案；（2）在犯罪事实已被发现，但尚未查清犯罪嫌疑人的情况下投案；（3）在犯罪事实还未被司法机关发觉，仅因形迹可疑，被有关组织查询、教育后，自动投案；（4）在犯罪事实和犯罪分子均被发觉，而司法机关尚未对犯罪分子进行讯问或者采取强制措施以前，自动投案；（5）犯罪分子在犯罪后逃跑，在被通缉、追捕过程中，自动投案；（6）犯罪分子确已准备去投案，或者正在去投案的途中，被公安机关逮捕的，视为自动投案；（7）实践中“送子女或亲友归案”的，一般并非出于犯罪分子的主动，而是经家长、亲友规劝、陪同投案的，也视为自动投案；（8）被采取强制措施的犯罪嫌疑人、被告人和正在服刑的罪犯，如实供述司法机关还未掌握的本人其他罪行的。

在自动投案的限定中，“出于本人的意志”强调的是犯罪分子投案具有自动性。从这一点要求出发，那些在犯罪后被抓获、强行扭送公安机关而归案的犯罪分子，即使如实交代自己的罪行，也不能认定其为自首。但是“自动性”是否要求犯罪分子完全基于自己的意志选择呢？笔者认为，“出于本人的意志”应从设立自首制度的宗旨的角度作广义的解释，凡是到有关机关或有关人员投案，而又不明显抗拒控制或处理的，都可以认定为自动投案。通常认为，自首制度的价值包括两个方面：一是鼓励犯罪人主动归案，争取宽大处理；二是尽可能降低司法成本，提高破案效率。这两个方面的价值在根本上是统一的，但有时难以两全其美，认定自动投案，只要基本能获得这两方面价值的统一即可。自动投案的最后一个要素，便是“自愿被控制”。笔者认为，这是自动投案的应有之义，也是犯罪分子自动投案之所以成立自首最起码的条件。因为只有犯罪分子自愿置于有关机关的控制之下，才能表明其自动投案的彻底性，才能保证司法机关对其行为的裁判，否则，自动投案甚至交代罪行也就没有实质意义。

本案中，对于被告人周辉科受伤无法逃脱而求人报警行为应如何认定存在两种观点。第一种观点认为：从两名治安队员的证言及公安机关的证明等证据证实，周辉科案发后的呼救以及有一名群众向治安队打电话报告此事属实，周辉科叫人报警虽没有确切证据证实，但周辉科是在公安机关的初步询问时，就交代了犯罪事实，且其所提的意见有合理之处，根据存疑有利于被告人的原则，被告人周辉科该情节可视为自首。根据张红波、周辉科、毛孔波三人的供述，三人是通过 QQ 联系之后才作案的，周辉科交代同案人的 QQ 号码及手机号码属于如实供述同案人的情况，是坦白交代而非主动。但此情况对公安人员抓获同案人确有帮助，可酌情对周辉科从轻处罚。第二种观点认为：周辉科因摔伤腿部而无法逃离现场，其叫人报警没有确切证据证实，即使是他叫路人报警（只有其一人供述），其目的也是为了自救。而公安人员赶到现场后，即使周辉科不供述，其所处位置、身上血迹、附近水果刀等也足以认定其有重大嫌疑，故不认定其自首。但周辉科归案后交代了同案人张红波、毛孔波的手机号码和 QQ 号码，使公安人员及时抓获二同案人，可认定为重大立功表现，可依法从轻处罚。

笔者同意第二种观点，周辉科在作案后逃离现场时摔伤腿部而无法逃离现场，其主动求人报警，目的是自救，不是为减轻罪责，自愿被公安机关控制，接受司法机关的裁决，不能表明其自动投案的彻底性，故不能认定为自首。但其主动交代二同案人的手机号码、QQ 号码，使公安机关及时抓获二同案人，有事实与法律依据，应认定为重大立功，依法可从轻处罚。

二、检察院建议发回重审，法院是否必须发回重审，分两种情况：第一种是检方提出主要事实清楚、非主要事实不清，可以不发回重审；第二种是检方认为基本事实不清、证据不足，法院一般应当发回重审或查清事实后依法改判

《刑事诉讼法》第一百八十九条规定：“第二审人民法院对不服第一审判决的上诉、

抗诉案件，经过审理后，原判决事实不清楚或者证据不足的，可以在查清事实后改判；也可以裁定撤销原判，发回原审人民法院重新审判。”从上述法律规定我们可以看出，现行刑事发回重审有它的具体特征，一般只存在于刑事二审程序中，只能由二审法院作出。只有被告不服一审判决提起上诉或者公诉机关不服一审判决提出抗诉，案件依法进入二审程序，才有可能出现发回重审的处理结果。相应地，发回重审的裁定只能由二审法院依法作出。如果检察院认为一审判决基本事实不清，证据不足，则应该通过抗诉，案件依法进行二审程序，才具备建议二审法院发回重审的处理结果。

本案中，广东省人民检察院认为，现有事实和证据足以认定上诉人张红波、毛孔波，原审被告人周辉科共同实施了抢劫致被害人死亡的行为，但三名案犯对具体捅刺被害人的过程供述不一，结合法医鉴定、现场勘查笔录等证据，被害人身上有五十余处创口，如此之多的创口，是如何导致的？到底谁动手凶狠？是两人为主还是三人均有份？周辉科、张红波、毛孔波捅刺被害人的事实部分尚未查清，建议发回重审。

二审法院经审理认为，虽然周辉科、张红波、毛孔波三人对具体捅刺被害人的细节供述有出入，但三人都供认了持刀捅刺被害人，手段极其残忍，均应当严惩。至于谁捅被害人的刀数多与少，因为是两把同样的刀，从尸检鉴定结论及照片看无法分清哪把刀，也无法查清哪个人捅的刀数，但从三被告人的分工来分析，周辉科主要负责扼颈、捂嘴，张红波、毛孔波负责持刀对被害人进行捅刺，毛孔波捅了四五刀后因紧张而把张红波的手指捅伤，周辉科抢过毛孔波的刀捅刺被害人，在三人中张红波捅刺被害人的时间较长。综合全案，周辉科、张红波作用相当，毛孔波稍次。无论如何三人均应共同对被害人的死亡承担责任。即便发回重审，同样无法查清各被告人捅刺被害人的刀数，此节亦不影响对三人的定罪量刑，故对检察院发回重审的意见不予支持。本案属于主要事实清楚、非主要事实不清，从节省审判资源、提高审判效率出发，可不发回重审。

二审法院的考虑主要是，检察院明确提出现有事实和证据足以认定张红波、毛孔波、周辉科共同实施了抢劫致被害人死亡的行为，可见本案中不存在基本事实不清、证据不足的情况，假如二审期间检察院认为基本事实不清、证据不足，二审法院一般应当发回重审或查清事实后改判。

一审合议庭成员：李红辉　胡　鹏　梁苏庆
二审合议庭成员：钟卓健　黄玉琼　孙玟生
作者单位：广东省高级人民法院

履行合同中调包取走货款的行为构成盗窃罪

——范祥春、张儒新盗窃案

袁南利

【问题提示】

行为人在履行合同中调包取走货款的行为应如何定性？

【要点提示】

行为人预谋诈骗，以虚构的单位与他人签订合同，在合同履行过程中，用调包手法取走货款的行为，看似合同诈骗，实则构成盗窃罪。

【案例索引】

一审：广东省湛江市中级人民法院［2004］湛中法刑二初字第8号刑事判决

二审：广东省高级人民法院［2004］粤高法刑二终字第385号刑事判决

【案情】

被告人：范祥春、张儒新。

广东省湛江市中级人民法院经审理查明：2003年清明节后，被告人范祥春、张儒新伙同林某、黄某（均另案处理）合谋诈骗并共同出资，在湛江市虚构成立了“越南北方钨钼冶炼厂驻湛江办事处”（以下简称办事处），以有钨粉出售为名。经电话联系，湖南省株洲市某硬质合金工具厂（以下简称工具厂）派刘某寿到湛江购买钨粉。在刘某寿到湛江看货前，经林某要求，刘某寿将身份资料传真给林某。范祥春根据刘某寿传真过来的身份资料，找人伪造了一张刘某寿的假身份证。同时，被告人张儒新、范祥春分别出资购买了20吨白色石粉及30公斤钨粉，伪装成钨粉存放在湛江火车站货场集装箱里，以便验货时蒙骗刘某寿。同年7月16日，黄某用刘某寿的假身份证到银行开设了一个账户，同时办理了一本银行存折和一张借记卡。同日，刘某寿抵达湛江，林某、张儒新带刘某寿到湛江火车站货场验货，刘某寿认为该钨粉符合其要求，双方遂草拟了一份《关于20吨钨粉的购销协议》。该协议约定：工具厂（甲方）向办事处（乙方）购买20吨钨粉，每吨4.3万元，共计86万元，甲方先将货款的50%即43万元存到银行以刘某寿为户名的账户上，待货到株洲验收后，将43万元付给乙方，余下的货款在甲方收到货后四天内付清。林某要求刘某寿到银行开设账户，待其厂家将货款汇入刘某寿开的账户以验其付款能力后才发货。刘某寿同意，并在林某、张儒新的陪同下，在银行用身份证开设了银行账户，同时办理了银行存折和储蓄卡。回到办事处后，刘某寿与林某在《关于20吨钨粉的购销协议》上签名，刘某寿准备将借记卡卡号及所签的协议传真至工具厂。在刘某寿准备传真之前，林某趁刘某寿不注意，用预先用刘某寿的假身份证办的借记卡调换了刘某寿的储蓄卡。刘某寿抄下被调换后的卡号连同所签的协议一起传真至工具厂。工具厂收到刘某寿的传真后，将货款43万元存入被调换后的借记卡内。7月17日上午，张儒新和黄某到银行查询到该账户已有43万元存款时，先后将账户内的43万元全部提走。范祥春、张儒新、黄某携款潜逃时，在广湛路收费站处被公安机关抓获，追回赃款42.7万元。

广东省湛江市人民检察院以被告人范祥春、张儒新的行为构成合同诈骗罪，向湛江市中级人民法院提起公诉。被告人辩护律师对于起诉书指控被告人的行为构成合同诈骗罪没有异议。

【审判】

广东省湛江市中级法院经审理认为：被告人范祥春、张儒新伙同他人利用虚假公司，以做钨粉生意为名，诱骗被害人签订合同，通过秘密调换储蓄卡、冒充持卡人的手段取得被害人财物人民币43万元，被告人范祥春、张儒新的行为均已构成盗窃罪，且数额特别巨大。被告人范祥春、张儒新在所参与的共同犯罪中起积极作用，均应按其所参与的全部犯罪处罚。公诉机关指控被告人范祥春、张儒新犯罪事实清楚，证据确实充分，但认定范祥春、张儒新的行为构成合同诈骗罪的罪名不当，应予纠正。被告人范祥春犯盗窃罪，被判处有期徒刑十年，并处罚金人民币5万元；被告人张儒新犯盗窃罪，判处有期徒刑十年，并处罚金人民币5万元。

被告人范祥春、张儒新均不服上诉。广东省高级人民法院二审裁定驳回上诉，维持原判。

【评析】

本案在证据、事实方面没有什么争议，关键在于定性问题。

第一种观点认为应当定合同诈骗罪，理由是：根据《刑法》第二百二十四条的规定，“有下列情形之一，以非法占有为目的，在签订、履行合同过程中，骗取对方当事人财物，数额较大的……（一）以虚构的单位或者冒用他人名义签订合同的……（三）收受对方当事人给付的货物、货款、预付款或者担保财产后逃匿的……构成合同诈骗罪。”本案中，被告人以非法占有客户货款为目的，以虚构的单位签订合同，并且在收受客户的货款后逃匿，其行为完全符合刑法关于合同诈骗罪的客观要件。公诉机关也是以合同诈骗罪来指控，辩护律师对此亦没有意见。综上，被告人的行为应定性为合同诈骗罪。

第二种观点认为应当定盗窃罪，理由是：（1）根据《刑法》第二百六十四条的规定，以非法占有为目的，秘密窃取公私财物数额较大或者多次盗窃公私财物的行为，构成盗窃罪。本案中，被告人以非法占有客户货款为目的，采取调包手法，在客户谈判代表以及客户不知情的情况下，秘密调换客户的储蓄卡为借记卡，并将客户打入该借记卡的货款秘密提取出来，其行为符合盗窃罪的犯罪构成。一审法院采纳了这种观点。（2）至于被告人范祥春、张儒新等人成立虚假公司并与被害人签订了虚假合同，取得货款后逃匿的行为符合合同诈骗罪特征的问题。笔者认为，诈骗的本质是以非法占有为目的，用虚构的事实或隐瞒真相的方法，骗取他人的信任或故意造成他人的误解，让他人信以为真，作出错误判断，从而心甘情愿地交出财物。区别合同诈骗罪与盗窃罪的关键也就在于两点：一是被害人交出财物是否是因为上当受骗而主动自愿或者说心甘情愿地交出；二是被害人在其财物控制权发生转移的时候是否明确知道并且清楚了解财物的去向。相反，在盗窃罪中，受害人对于自己财物的控制权发生转移以及去向是一无所知的。本案中，被告人成立虚假公司并与被害人签订虚假合同，仅为了取得被害人的信任而便于作案，却不能使被害人主动交出财物。范祥春等人取得被害人的储蓄卡是在客户以及客户的谈判代表不知情的情况下，以秘密调换的手段窃取所得，而不是被害人因上当受骗自愿交出，客户以及客户代表对于被告人后来冒充被害人到银行取款亦是一无所知。

综上，被害人并不是因为上当受骗而主动自愿地将货款交出来给被告人支配或者控制，相反，被害人对于被告人非法占有其货款以及货款控制权的转移一无所知。因此，从被告人取得被害人财物的手段来看，其行为符合盗窃罪的特征。

一审合议庭成员：李非白　何素兰　陈江楚

二审合议庭成员：黄　麟　李　疆　陈永斌

作者单位：湛江市中级人民法院

骗取银行卡和密码后盗取卡内资金的行为如何定性

李晓琦

【问题提示】

骗取银行卡和密码后盗取卡内资金的行为如何定性?

【要点提示】

对骗取银行卡和密码后到自动取款机盗取卡内资金的行为，应当以盗窃罪追究被告人的刑事责任。

【案例索引】

一审：广东省珠海市香洲区人民法院［2007］香刑初字第250号刑事判决

二审：广东省珠海市中级人民法院［2007］珠中法刑终字第64号刑事裁定

【案情】

公诉机关：珠海市香洲区人民检察院。

上诉人（原审被告人）：曾亮亮。

珠海市香洲区人民法院经公开开庭审理查明：一、2006年3月30日，被告人曾亮亮在互联网上认识袁某后，以每月人民币4万元包养袁某为诱饵，约袁某见面，并假装在珠海五洲花城附近的中国银行柜员机上转账人民币2万元到袁某的卡内。被告人曾亮亮在明知转账失败的情况下，谎称已转账人民币2万元给袁某，让被害人袁某信以为真，并与被害人袁某到吉大中天酒店1015房开房。期间，被告人曾亮亮以查询转账是否成功为由，骗得被害人袁某的中国银行卡密码。后被告人曾亮亮又以将剩余的人民币2万元转入被害人袁某的账户为由，骗得袁某的手提包一个后离开，包内有现金人民币800多元、眼镜一副和银行卡两张，被告人曾亮亮持卡取走被害人袁某的现金人民币15 000元，持卡消费人民币4 417元。二、2006年5月27日，被告人曾亮亮以上述同样的方式，在香洲骗取了被害人肖某梅的银行卡密码后，又骗得被害人肖某梅的手提包一个，内有银行卡3张、身份证等物品，后被告人曾亮亮持被害人肖某梅的银行卡取走人民币11 000元。

【审判】

原判认为，被告人曾亮亮以非法占有为目的，秘密窃取他人财物，数额巨大，其行为触犯了刑律，构成盗窃罪。公诉机关指控被告人曾亮亮的行为构成犯罪的部分事实清楚，证据确实充分，但适用法律有误，应当予以纠正。对被告人曾亮亮骗取了被害人的银行卡后又持该卡取款、消费的行为应当以盗窃罪追究被告人曾亮亮的刑事责任。关于被害人袁某与肖某梅手提包中的物品，虽然被告人曾亮亮否认被害人袁某的手提包中有人民币800多元，但是其在公安机关的供述与被害人袁某关于此的陈述一致，应当予以认定，因此对被告人曾亮亮的此点辩解不予采纳；而被害人肖某梅对其手提包内有现金及移动电话两部的陈述，没有其他证据予以佐证，而且被告人曾亮亮予以否认，因此证据不足，采纳被告人曾亮亮的此点辩护意见。依照《中华人民共和国刑法》第二百六十四条的规定，以被告人曾亮亮犯盗窃罪，判处有期徒刑五年，并处罚金人民币1万元。

原审被告人曾亮亮上诉和辩护人辩护称：一、原判定性有误。本案应定信用卡诈骗罪而不是盗窃罪。判断上诉人的行为构成信用卡诈骗罪还是盗窃罪，关键在于取得信用卡的方式不同。本案属被告人骗取他人信用卡后，冒用他人信用卡的犯罪。二、原判量刑过重。被告人的行为属于信用卡诈骗，以此罪判决被告人，原判量刑显然偏重。

珠海市中级人民法院确认一审的事实和证据。

珠海市中级人民法院经审理认为，原判定性正确，量刑适当，审判程序合法。依照《中华人民共和国刑事诉讼法》第一百八十九条第（一）项之规定，裁定驳回上诉，维持原判。

【评析】

一、本案被告人的行为符合盗窃罪的主、客观构成要件

本案与一般盗窃罪相比较为特殊，其特殊性的理解如下：

（1）关于对被告人占有银行卡和密码后是否即“占有”该卡内资金的认识。盗窃罪客观上必须是窃取他人占有的公私财物。如何理解“占有”，从客观上说，占有是指事实上的支配，不仅包括物理范围内的支配，而且包括社会观念上可以推知财物的支配人的状态。从主观上讲，占有只要求他人对其事实上支配的财物具有概括性、抽象的支配意识。“占有”的意思表示对支配的认定起到补充作用。因此，本案被告人曾亮亮取得了银行卡及密码就可以轻易地取得卡内的存款，但从占有的主、客观方面说，被害人并未将卡内现金实际交由被告人占有，卡内存款并非在被告人曾亮亮的控制之下，还是在银行的实际控制之下，被告人曾亮亮要实际取得对卡内存款的控制，达到非法占有的目的，必须通过取款、转账、消费等行为才能实现。因此，被告人占有银行卡和密码后并不即“占有”该卡内资金，这是被告人可能构成盗窃罪的前提。

（2）被告人的行为符合盗窃罪的“窃”的客观特征。窃取是指使用非暴力手段，违反财物占有人的意志，将财物转移为自己或第三人占有。窃取行为是排除他人对财物的支配，建立新的支配关系的过程，窃取手段和方法没有限制，即使使用了欺骗手段，但如果该欺骗行为并没有使对方基于认识错误处分财物的，仍然成立盗窃罪。本案中，虽然被告人曾亮亮使用虚构事实、隐瞒真相的方法骗取了被害人袁某、肖某梅的手提包及银行卡密码，但是被害人袁某、肖某梅将含有银行卡的手提包交予被告人曾亮亮的行为，并不是处分其卡内现金的行为（虽然被告人曾亮亮已经骗取了其中某张银行卡的密码），仅仅是被害人基于自己的错误认识，将含有银行卡的手提包交给被告人曾亮亮保管的行为。银行卡本身并没有实际价值，被告人骗得银行卡只是其窃取卡内资金的手段，被告人曾亮亮盗取

卡内存款的行为是通过持卡取款、转账、消费等方式实现的。被告人骗取银行卡和盗取卡内资金是事实上的牵连关系，由于骗取银行卡的行为尚不构罪，因此只能以盗窃罪判处。

根据以上两点的理解，我们认为，被告人的行为符合盗窃罪的主、客观构成，应定盗窃罪，而不应定诈骗罪。

二、本案不应定信用卡诈骗罪

信用卡诈骗罪属金融诈骗类罪的一种，其侵害的对象是双重客体，即国家的金融管理秩序和公民个人、集体或国家的财产所有权。而信用卡资金安全的管理只是通过密码设置的唯一方式作为保障。在被告人获取被害人的密码后，其即可通过自动取款机进行提现、转账或者消费，不存在“虚构、隐瞒事实”诈骗罪的客观行为表现。从其危害后果看，其只是危害了被告人个人的财产权益，并不会对国家金融秩序造成危害。因此，本案不应定信用卡诈骗罪。

一审合议庭成员：杨振庆　马良奎　赖丰华

二审合议庭成员：吴晓榕　汤薇乔　李晓琦

作者单位：珠海市中级人民法院

知情不举不构成包庇罪

——杨黎明犯窝藏罪、张来强犯窝藏赃物罪案

田　强　宋文凯

【问题提示】

知情不举行为是否构成包庇罪或窝藏罪?

【要点提示】

知情不举就其行为本身而言是不构成犯罪的，只有在明知是犯罪的人而向其通风报信，帮助犯罪的人逃匿的情况下，对行为人的行为才以窝藏罪论处。可见，知情不举不为罪，只有实施了通风报信行为才构成窝藏罪。

【案例索引】

一审：广东省深圳市福田区人民法院［2006］深福法刑初字第1479号刑事判决

【案情】

公诉机关：深圳市福田区人民检察院。

被告人：张来强、杨黎明。

深圳市福田区人民法院经审理查明：2006年5月9日晚10时许，被告人张来强带领阿涛、阿华、阿建（均在逃，具体情况不详），将阿涛等人盗窃所得的粤B·3H496东南富利卡小汽车（经鉴定价值人民币67 000元）开至深圳市福田区皇家翠苑停车场负二层停放。2006年5月13日晚9时许，被告人张来强再次带领阿涛、阿华、阿建来到皇家翠苑，通过其在该停车场当保安员的老乡被告人杨黎明拿到停车卡，将阿涛等人盗窃所得的东风小汽车（粤B·5R735，经鉴定价值人民币72 000元）停放在该停车场负二层。张来强伙同阿涛等人一起在该停车场内拆掉了东南富利卡小汽车和东风小汽车的车牌后离开，并让杨黎明有事给其打电话。当晚10时许，被害人袁某根据卫星定位系统在皇家翠苑停车场内找到被盗的东风小汽车。杨黎明见公安人员来到该停车场，便打电话询问张来强，张来强告知杨黎明东南富利卡小汽车和东风小汽车均系阿华等人盗窃所得。杨黎明在明知上述车辆系赃物后，在公安人员询问时仍假称不认识将赃车开来的人，并将公安人员的侦查活动通知了张来强。后公安人员于2006年5月26日将张来强、杨黎明抓获。

综上，公诉机关指控，被告人张来强明知是犯罪所得的赃物而予以窝藏，其行为构成窝藏赃物罪；被告人杨黎明明知是犯罪的人而帮助其逃匿，其行为构成包庇罪。

【审判】

深圳市福田区人民法院经审理认为：被告人张来强无视国家法律，明知是犯罪所得的赃物而予以窝藏，其行为已构成窝藏赃物罪，应依法予以惩罚。公诉机关指控的罪名成立。被告人杨黎明无视国家法律，明知是犯罪的人而帮助其逃匿，其行为已构成窝藏罪。被告人杨黎明知情不举，并向被告人张来强通风报信，帮助其逃匿，其行为应以窝藏罪论处。公诉机关指控的罪名不当，应予以纠正。二被告人归案后如实供述所犯罪行，认罪态度较好，有一定的悔罪表现，均可酌情从轻处罚。被告人张来强虽提供了同案犯的有关线索，但并未协助公安机关抓获同案犯，也未有其他立功情形，辩护人认为被告人张来强有立功表现的意见不予采纳，辩护人认为被告人张来强主观恶性较小，社会危害性较小，请求从轻处罚的意见在量刑时会予以考虑。辩护人认为被告人杨黎明事前不知涉案车辆系被盗车辆，是初犯，无前科，且涉案车辆已被追回，请求对被告人从轻处罚的意见在量刑时会予以考虑。

依照《中华人民共和国刑法》第三百一十二条、第三百一十条第一款之规定，判决如下：被告人张来强犯窝藏赃物罪，判处有期徒刑二年，并处罚金人民币 2 000 元。被告人杨黎明犯窝藏罪，判处有期徒刑八个月。

【评析】

本案中对被告人张来强的定罪基本没有意见，对被告人杨黎明是否构成犯罪以及构成何种犯罪存在三种意见：一种意见认为，被告人杨黎明不构成犯罪，因为杨黎明只是知情不举，而知情不举行为是不构成犯罪的；另一种意见认为，被告人杨黎明知情不举，构成包庇罪，这也是公诉机关的起诉意见；第三种意见认为，被告人杨黎明知情不举不构成犯罪，但其为明知犯罪的人通风报信的行为则构成了窝藏罪而不构成包庇罪。可见，本案存在的主要争议焦点是：知情不举是否构成犯罪？如何区分窝藏罪与包庇罪？

一、知情不举的含义

知情不举是指行为人本人没有参与犯罪，但知道他人犯罪或他人的犯罪事实而不检举、揭发的行为。知情不举一词出自于清朝吴璿所著的《飞龙全传》：“我为巡城之职，理宜奏闻；若为朋友之情，匿而不奏，这知情不举的罪名，亦所不免。”可见，在封建社会，知情不举被规定为犯罪行为，行为人明知犯罪的人而知情不举，要受到严厉惩罚。那么知情不举现在是否仍属于犯罪行为呢？

二、知情不举的立法背景

其实，知情不举是否构成犯罪的问题也经历了很多波折与讨论，第五届全国人大常委会第二十二次会议于 1982 年 3 月通过的《关于严惩严重破坏经济的罪犯的决定》（已经被废止）规定，对于“犯罪人员和犯罪事实知情的直接主管人员或者知情的工作人员不依法报案和不如实作证的，分别比照刑法第一百八十七条、第一百八十八条、第一百八十九条所规定的渎职罪处罚”。这是我国之前对知情不举犯罪的特别规定。这个特别规定将知情不举犯罪主体限定为国家工作人员，犯罪对象局限于犯有走私、投机倒把、索贿等严重经济犯罪分子，而非指一般的刑事犯罪分子。

我国《刑事诉讼法》第四十八条规定：“凡是知道案件情况的人，都有作证的义务。”第八十四条规定：“任何单位和个人发现有犯罪事实或者犯罪嫌疑人，有权利也有义务向公安机关、人民检察院或者人民法院报案或者举报。”虽然公民有作证义务，但我国的刑事法律对公民不尽该义务的行为并没有规定详细的惩罚措施，可见，未尽义务现在一般不足以让公民承担刑事责任。

但我国《刑法》第三百一十一条也规定了知情不举的特别情况，即拒绝提供间谍犯罪证据罪（明知他人有间谍犯罪行为，在国家安全机关向其调查有关情况、收集有关证据时，拒绝提供、情节严重的行为），这是出于国家安全的需要而制定的；对于知情不举这一非犯罪现象而言，该罪属法律规定的特例，它是在国家安全机关向被告人调查的情况下发生的。那么，为什么一般不将知情不举界定为犯罪呢？

三、知情不举不为罪的缘由

罪刑法定原则是各国最基本、最重要的一项法治原则，只有法律明文规定为犯罪行为的，才依照法律定罪处刑；否则不得定罪处刑。我国《刑法》第十三条从根本上回答了什么行为是犯罪以及为什么这些行为是犯罪的问题，为划分罪与非罪的界限确定了原则性的标准。犯罪行为有两个基本特征：一是行为的严重社会危害性；二是行为的刑事违法性。因此，界定一种行为是否属于犯罪行为，应严格遵循罪刑法定原则，根据犯罪构成标准以及我国刑法的规定来对照认定，“法律没有明文规定为犯罪行为的，不得定罪处刑”。

知情不举的本质是虽然知道他人是犯罪的人或知道案件情况，但没有为其提供隐藏的处所或者财物，或以作假证明的方式掩盖其犯罪事实，而仅仅是消极地不予检举、揭发，表现为消极的不作为。对于不作为行为，法律规定为犯罪的才能追究刑事责任。依照法律规定，不作为构成犯罪在客观方面要符合三个条件：行为人负有实施某种积极行为的义务；行为人有履行特定义务的实际可能而未履行；不作为行为侵犯了刑法所保护的客体和对象。知情不举只是不配合司法机关的消极不作为行为，它不主动追求危害社会的后果，也不消极地通过不作为的方式放任危害行为的结果发生，没有社会危害性及刑法处罚性，而且在证据方面有违客观性原则，举证面临现实不能。知情不举不为罪将法律和道德区分开来，避免了刑罚的过度宽泛及法律管辖范围的过度延伸，体现了社会的文明和进步。虽然知情不举不规定为犯罪，但知情不举如何在实践中加以界定，以及如何与包庇罪加以区分呢？

四、知情不举与包庇罪的区分

由于包庇罪与知情不举有很多相似之处，涉及罪与非罪，因此，区分二者具有重大意义。包庇罪是指明知是犯罪的人而向司法机关作假证明，掩盖犯罪分子的罪行以使其逃避法律制裁的行为。我国刑法的包庇罪不包括知情不举行为，对知情不举一般作道德问题处理。

包庇罪与知情不举在主观心态上有重合之处，在知情却不举的原因中，不乏包庇案中常有的行为人期望被包庇者免受法律追究的原始动因。因此，区分包庇和知情不举，可以犯罪构成要件中的犯罪客体为参照进行判断，即以行为是否侵犯包庇罪的客体为标准。依照法律规定，包庇罪所侵犯的客体是司法机关对罪犯的刑事追诉和刑罚执行活动，客观方面表现为帮助犯罪分子逃避司法机关的侦查、起诉、审判、执行，客观上所导致的后果是扰乱司法机关的视线，给司法机关的上述活动造成障碍。

包庇罪与知情不举在表现形式上比较相似，二者都是不向司法机关检举犯罪分子，而意图使犯罪分子逃避法律制裁的行为。二者的主要区别在于：（1）客观表现形式不同。包庇罪是对明知是犯罪的人而为其提供隐藏处所、财物，帮助其逃匿的行为；知情不举是明知是逃匿的犯罪分子而不向司法机关举报，放任其逍遥法外的行为。（2）行为方式不同。包庇罪是以积极的作为方式实施犯罪的；而知情不举则是以消极的不作为方式实施犯罪的。（3）行为性质及法律后果不同。包庇是一种犯罪行为，实施包庇行为的行为人要受到司法机关的刑事制裁；知情不举，我国刑法没有将其规定为犯罪行为。知情不举只是没有向司法机关提供其知道的线索，没有积极主动地配合司法机关侦破案件，但不能就此认为知情不举妨害了司法机关的正常活动。

五、通风报信构成窝藏罪

窝藏罪与包庇罪作为选择性罪名，在我国《刑法》第三百一十条第一款混合加以规定："明知是犯罪的人而为其提供隐藏处所、财物，帮助其逃匿或者作假证明包庇的，处三年以下有期徒刑、拘役或者管制；情节严重的，处三年以上十年以下有期徒刑。"从字面意义上理解，窝藏意为私藏（罪犯、违禁品或赃物）；包庇意为袒护或掩护（坏人、坏事）。可见，二者之间是存在差别的。

窝藏罪是指明知是犯罪的人而为其提供隐藏处所、财物，帮助其逃匿的行为。这里的犯罪的人，指已经实施犯罪行为的人。在实践中，应作广义理解，不仅指人民法院判决确定有罪的人，还包括犯罪嫌疑人和被告人。隐藏处所一般是指行为人认为不易被司法机关发现的场所，范围非常广泛。财物则包括钱财、衣服、食品、交通工具等。只要行为人为其明知是犯罪的人提供了隐藏的处所或者财物之一的，即构成窝藏罪，不要求同时提供隐藏处所和财物。窝藏罪的犯罪行为的特点是使司法机关不能或者难以发现犯罪的人，因此，除提供隐藏处所、财物外，向犯罪的人通风报信，通报侦查或追捕的动静，为犯罪分子提供用于化装逃跑的服装或逃跑用的交通工具等，都属于帮助其逃匿的行为。实践中，为犯罪分子提供隐藏处所或财物，帮助犯罪的人逃匿，如提供逃跑路线，提供假身份证、介绍信等行为也属于窝藏行为。另外，在司法机关追捕犯罪人的过程中，行为人用自己冒充被追捕人顶罪以帮助犯罪的人逃避追捕的行为也构成本罪。

包庇罪是指明知是犯罪的人而作假证明予以包庇，以掩盖犯罪人的罪行或去向的行为。包庇仅限于作假证明包庇的行为，即积极的作为，而消极的不作为——知情不举则不列入其中，亦不包括帮助犯罪人毁灭或者伪造证据的行为。司法实践中，作假证明包庇的行为通常表现为以下几种形式：假冒证人提供虚假的证人证言；假冒被害人或唆使他人假冒被害人作虚假陈述；其他作假证明的行为，如编造逃跑路线等。

可见，包庇罪与窝藏罪的主要区别是：窝藏罪在客观方面主要表现为为犯罪分子提供隐藏处所，或者用资助财物的方法帮助犯罪分子逃往他处隐藏，使犯罪分子不被他人或司法机关发现，从而逃避法律的制裁；而包庇罪则主要表现为通过伪造、隐藏、毁灭证据的方法，掩盖犯罪分子的犯罪事实，使其逃避法律制裁。

六、以法析案

被告人杨黎明在打电话询问张来强，确认了东南富利卡小汽车和东风小汽车均系阿华等人盗窃所得的赃物后，在公安人员询问时仍假称不认识将赃车开来的人，未将所知的一切说出，而是采取了回避的态度，一问三不知，但是否就此认为杨黎明的这种行为就是“作假证明”了呢？依照法律规定，包庇罪客观上属于积极的作为犯罪，所谓积极的作为是相对于行为对危害结果的发生所起的帮助或促进作用而言的。对作为与不作为的区分，不应当简单地理解为动作的有无或肯定及否定的语言表达，而应当看其对事实效果或结果的实际作用。因此，杨黎明此时的行为应被看作知情不举行为，只属于消极地不配合司法机关的行为，不能认为杨黎明的知情不举妨害了司法机关的正常活动，在此时还不构成犯罪。

后被告人杨黎明将公安人员的侦查活动告诉了被告人张来强，其目的就是为了窝藏犯罪人张来强，以使其逃避法律的制裁。其行为在客观方面没有作假证明包庇犯罪人张来强，而是通风报信，帮助犯罪分子张来强逃匿，其行为完全符合窝藏罪的犯罪构成要件，构成了窝藏罪而不是包庇罪。

一审合议庭成员：田　强　邱权渭　林　春

作者单位：深圳市福田区人民法院

对未能缴获毒品的贩毒案件如何定罪量刑

俞 宙 张 鹏

【问题提示】

因故未能缴获毒品的贩卖毒品案件中，如何运用在案证据对被告人定罪量刑?

【要点提示】

贩卖毒品案件中因故未能缴获涉案毒品，只要有其他相关证据能够予以证实，仍然可以认定被告人的行为构成犯罪；由于涉案毒品未能缴获，量刑时对被告人可予以从轻处罚。

【案例索引】

一审：广东省深圳市中级人民法院［2004］深中法刑一初字第240号刑事判决

【案情】

被告人：孙可平，男，1962年12月12日出生，云南省畹町市人，2004年3月8日因涉嫌贩卖毒品被依法逮捕。

被告人：吴海滨，绰号“二叔”，男，1931年6月3日出生，香港特别行政区居民，2004年3月8日因涉嫌贩卖毒品被依法逮捕。

被告人：吴文斌，男，1964年11月2日出生，云南省潞西县人，2004年3月8日因涉嫌贩卖毒品被依法逮捕。

被告人：李志成，男，1959年10月22日出生，香港特别行政区居民，2004年3月8日因涉嫌贩卖毒品被依法逮捕。

被告人：顾永梅，女，1962年12月12日出生，云南省畹町市人，2004年3月8日因涉嫌贩卖毒品被依法逮捕。

深圳市中级人民法院经公开审理查明：2003年9月，被告人吴文斌介绍被告人孙可平认识了范春贵（在逃），3人商定做毒品生意，并进行了分工，由被告人孙可平负责毒品海洛因的货源，范春贵负责将毒品运到深圳，并联系买家，3人还约定贩卖毒品所获利润由被告人孙可平得二分之一，被告人吴文斌和范春贵各得四分之一。

2003年12月，被告人孙可平按商定的计划，以每件海洛因45 000元的价格向缅甸毒贩购买了毒品海洛因5件（每件重700克）。被告人孙可平将该5件共计3 500克海洛因藏匿于自己所承包的位于中缅边境畹町市的农场内部所搭建的油毡房内。随后，被告人孙可平与被告人吴文斌和范春贵取得联系，并由被告人孙可平与其妻子被告人顾永梅带被告人吴文斌和范春贵到其承包的农场内验货。范春贵验过毒品海洛因后，即返回深圳，并联系被告人吴海滨购买该3 500克海洛因。后被告人吴海滨又通过被告人李志成在香港找到买家。2004年1月10日左右，被告人孙可平、吴文斌和范春贵将3 500克海洛因运到深圳。由于价格问题，该批海洛因未能及时贩卖。而被告人李志成则两次从范春贵处拿取该批海洛因样品，交给买家验货。同年2月初，被告人孙可平、顾永梅再次来到深圳，与范春贵一起同被告人吴海滨进行海洛因交易。2月7日晚，双方谈好每件海洛因的价格为12万港币，交易地点在深圳市景明达酒店509房。当晚9时30分许，被告人吴海滨伙同两名男青年（姓名不详）按约定来到景明达酒店509房进行交易，随后范春贵将3 500克海洛因带到该房，验货后，被告人吴海滨叫两名男青年将3 500克海洛因先行带走，然后打电话联系被告人李志成将用于购买该批海洛因的64万港币从香港带到深圳。被告人吴海滨在离开房间到酒店大堂时被公安机关抓获，随后，公安机关又在509房抓获被告人孙可平、顾永梅。次日，公安机关又将被告人李志成、吴文斌抓获。

【审判】

深圳市中级人民法院经审理认为，被告人孙可平、吴海滨、吴文斌、李志成、顾永梅无视国家法律，贩卖毒品海洛因，其行为已构成贩卖毒品罪。在共同犯罪中，被告人孙可平组织货源，积极参与毒品交易行为，起主要作用，是主犯，且其系累犯，应依法从重处罚。本案中涉及的毒品海洛因真伪问题，有被告人孙可平的多次供述证实，其一直供述毒品是真的，而其他被告人也没有交代过毒品是假的。同时，在案证据证实在贩毒过程中由李志成将毒品的样品交给买家验货，在确认质量后，才进行交易，故被告人孙可平是用假毒品冒充真毒品进行贩卖，其行为应当认定为诈骗罪的辩解理由不能成立；在整个贩卖毒品过程中，被告人吴海滨、李志成积极联系买家，促成买卖毒品交易的成功，明显起着积极作用，亦是主犯；被告人顾永梅在侦查阶段多次供述均承认其知道贩毒一事，其丈夫即被告人孙可平以及被告人吴文斌的供述也证实顾永梅参与了贩毒；综合全案证据分析，被告人吴文斌、顾永梅虽然参与贩毒，但明显起次要和辅助作用，显系从犯；本案中由于毒品海洛因未能缴获，无法对毒品的数量、含量等作出准确认定，造成案件的重要证据缺失，故在量刑时应对全案被告人酌情从轻处罚。依照《中华人民共和国刑法》第三百四十七条第二款第（一）项、第二十六条第四款、第二十七条、第五十七条第一款、第六十九条之规定，判决如下：被告人孙可平犯贩卖毒品罪，判处无期徒刑，剥夺政治权利终身，并处没收个人全部财产；被告人吴海滨、李志成犯贩卖毒品罪，判处有期徒刑十五年，并处没收个人全部财产；被告人吴文斌犯贩卖毒品罪，判处有期徒刑十年，并处罚金人民币30 000元；被告人顾永梅犯贩卖毒品罪，判处有期徒刑三年，并处罚金人民币10 000元。

宣判后，各被告人均表示服判，不提出上诉，公诉机关在法定期限内亦未提起抗诉，本案已发生法律效力。

【评析】

一、贩卖毒品案件中因故未能缴获毒品，但有同案被告人供述等证据可以证实其犯罪行为的，则可以认定被告人的行为构成贩卖毒品罪

毒品犯罪历来是我国刑法打击的重点，就当前毒品犯罪的态势来看，其犯罪手段愈发呈现出多样性、隐蔽性和智能性的特点，这种状况进一步增加了打击、预防毒品犯罪的难度。这对于审判机关审理毒品案件的证据认定环节，就提出了更高的要求。可以说毒品案件中最主要、证明力最强的证据就是缴获的涉案毒品，但是因各种客观原因又未能缴获毒品，致使证据链条存在一定程度缺陷的情况时有发生。针对此类案件，审判机关应当在严格依据刑法、刑事诉讼法的相关规定的基础上，结合在案其他证据来推断案件事实。《刑事诉讼法》第四十六条规定，对一切案件的判处都要重证据，重调查研究，不轻信口供。只有被告人供述，没有其他证据的，不能认定被告人有罪和处以刑罚；没有被告人供述，证据充分确实的，可以认定被告人有罪和处以刑罚。在这里，"被告人供述"是否应当包括同案的其他被告人一致供述，目前在理论上和实践中都存在着争论。从理论上分析，作为案件当事人的同案被告人，其对自己及其他同案实施犯罪的具体过程、情节都是十分清楚的，同案被告人的供述是可以较为全面地反映案件的真实情况的。但同时由于同案被告人与案件的最终处理有着切身的利害关系，其供述也存在着极大的虚假性和不客观性，因而司法实践中在无其他证据证实的情况下，仅凭同案被告人的供述是不能定案的，还需要一定的证据补强。所谓证据补强就是为了防止对案件事实的误认，保护被告人的合法权利，对某些证明力薄弱的证据，要求有其他证据予以证实才可以作为定案依据。这也是《刑事诉讼法》第四十六条所确立的证据补强的基本原则。具体到贩卖毒品案件中，由于毒品犯罪的特殊性，往往出现毒品、毒资等实物证据灭失的情况。因而在此类案件中，最为直接的证据就是被告人的供述等言词证据而无其他实物证据，如果机械地遵循刑事诉讼法所确立的证据补强原则，则此类案件将难以处理。因而我们认为只要在排除串供、诱供、逼供、翻供且各被告人供述的犯罪事实在细节上基本一致的情况下，同案被告人之间可以形成一种互为证人的关系，其互为印证的供述可以作为定案的依据使用。在既有被告人自身的供述，又有同案其他被告人作为证言的供述且二者之间的供述完全一致的情况下，可以认定被告人的行为构成犯罪。在毒品案件中如果毒品交易双方供述的细节基本一致，能够相互印证，并形成完整的证据链条，就可以按照双方一致的供述来认定毒品的数量并予以定案。

具体到本案中，由于涉案毒品未能缴获，造成本案中最为重要、证明力最强的证据缺失，因而对于确定是否存在着贩毒行为具有重要意义的毒品数量等关键性问题，就只能依据各被告人的供述来确定。本案中：（1）根据各共同被告人的供述，准备交易的毒品海洛因数量达3 500克之多。被告人孙可平、吴文斌、顾永梅为卖家，被告人吴海滨、李志成为买家，被告人孙可平、吴海滨、李志成从侦查阶段直到庭审中，始终供述交易的毒品是3 500克海洛因，被告人吴文斌也一直供述准备交易的毒品有3 500克，各被告人对此细节的供述是一致的。（2）各共同被告人始终供述3 500克海洛因为5件，每件的交易价格为港币12万元，总价值为港币60万元，当公安机关在海关抓获被告人李志成时，从其身上缴获港币 64 万元，据其交代，该款是用来向被告人孙可平购买 3 500 克海洛因用的，从被告人李志成身上缴获的港币总额与各被告人商定的毒品交易价格相符。综上，本案中既有被告人孙可平本人的供述，也有其他被告人李志成、吴海滨的证言印证，以及准备交易的海洛因的价格与缴获的毒赃数额完全相符的细节印证，可以认定贩卖毒品的具体数量为 3 500 克海洛因，各被告人的行为均已构成贩卖毒品罪。最高人民法院 2000 年 4 月 4 日公布的《关于全国法院审理毒品犯罪案件工作座谈会纪要》（以下简称《纪要》）中规定，在审理毒品犯罪案件中，对于毒品、毒资等已不存在，或者被告人翻供，审查证据和认定事实存在困难的情况下，仅凭被告人口供是不能定案的。只有当被告人的口供与同案其他被告人供述吻合，并且完全排除诱供、逼供、串供等情形，被告人的口供与同案被告人的供述才可以作为定案的依据。该《纪要》实际上突破了《刑事诉讼法》第四十六条所确定的证据补强原则，肯定了在只有被告人供述的毒品案件中，可以依据被告人供述来定罪量刑。本案对于各被告人行为的认定及证据的运用完全符合《纪要》的精神，裁判各被告人的行为构成贩卖毒品罪是完全正确的。

二、贩卖毒品案件中由于涉案毒品未能缴获，不能对毒品进行含量鉴定，故量刑时对被告人可酌情从轻处罚

毒品案件中涉案毒品的数量对于定罪和量刑有着十分重要的意义，我国刑法中涉及毒品的罪名大都对涉案毒品有着数量上的要求，可以说毒品数量很大程度上决定着罪与非罪、此罪与彼罪、是否适用死刑等重大问题。但是也应看到毒品数量只是毒品犯罪的一个重要情节，而不是全部情节；毒品的数量标准是一个重要标准，但不是唯一标准。审判机关对于毒品案件中被告人的量刑，还要考虑犯罪行为的具体情节、危害后果、被告人主观恶性、人身危险性、是否具有从轻处罚情节等多种因素，综合予以量刑。在毒品未能缴获的案件中，虽然能够通过其他在案证据认定被告人的行为构成犯罪，但在具体量刑上仍会遇到一些问题。例如在被告人供述毒品是假的情况下，如何认定将关系到此罪与彼罪、既遂与未遂的问题；毒品的含量如何确定，将关系到是否适用死刑的问题。

本案中因涉案毒品未能缴获，无法进行毒品含量鉴定，被告人孙可平在庭审时又辩称其贩卖的毒品海洛因是假的，在这种情况下，同样要依据被告人供述综合判断。被告人孙可平在庭审之前的多次供述中，一直交代毒品是真的，而其他被告人也始终供称毒品是真的，更为重要的是，3 500 克海洛因运到深圳后，被告人孙可平等人两次从中取出样品交给被告人李志成，由其将样品交给买家验货，在交易现场，买家再次对海洛因进行验货，两次验货都对毒品质量予以确认，之后才同意交易。综合上述相互印证的各被告人供述，可以认定准备交易的毒品海洛因是真的。根据《刑法》第三百五十七条第二款的规定，毒品的数量以查证属实的走私、贩卖、运输、制造、非法持有毒品的数量计算，不以纯度折算。但在司法实践中，涉案毒品绝大多数都存在着掺兑、掺假的情况，相同数量的毒品如果含量不同或相差很大而仍处以相同刑罚，容易导致量刑的不协调，也明显违背了刑法中的罪刑相适应原则。故人民法院一般会要求侦查机关对有证据证明可能大量掺兑、掺假且可能判处死刑的毒品案件中查获的毒品进行定量鉴定。2004 年全国法院刑事审判工作座谈会《关于毒品犯罪案件的审判工作纪要》中指出：对于大量掺假，毒品含量微少，可能影响处刑的，应适当考虑毒品含量。特别是那些掺假之后，毒品数量才达到判处死刑标准的，一般不应判处死刑立即执行。本案中由于涉案毒品未能查获，对毒品是否掺兑、掺假以及含量无法准确确认，根据刑法中的谦抑原则应作出有利于被告人的判决，即对被告人酌情从轻处罚。本案中依据各被告人在贩卖毒品中所起作用大小，被告人孙可平、吴海滨、李志成被认定为主犯，且贩卖的毒品海洛因数量高达3 500克，根据《刑法》第三百四十七条第二款第（一）项之规定，走私、贩卖、运输、制造鸦片1 000克以上、海洛因或者甲基苯丙胺50克以上或者其他毒品数量大的最高刑可判处死刑，但正是考虑到本案毒品未能缴获，不能对毒品进行定量分析等情节的客观存在，不仅对本案的主犯，而且对从犯也都作出了从轻处罚的判决。

一审合议庭成员：俞　宙　蔡雪燕　涂俊峰

作者单位：深圳市中级人民法院

铁路运输法院刑事自诉案件管辖的确定

杨才清

【问题提示】

铁路运输法院能否管辖刑事自诉案件?

【要点提示】

铁路运输法院恢复办案后，以受理铁路运输系统公安机关负责侦破的刑事案件即刑事公诉案件为其主要职责，但随着最高人民法院《关于刑事自诉案件审查立案的规定》的颁布执行，铁路运输法院被纳入了可以受理刑事自诉案件的法院之列，铁路运输两级法院可以审理发生在列车上和铁路站段单位辖区内的刑事自诉案件。

【案例索引】

一审：湖南省长沙市铁路运输法院［2006］长铁刑初字第111号刑事裁定

二审：广东省广州市铁路运输中级法院［2007］广铁中刑终字第31号刑事裁定

【案情】

自诉人：李海林，系广州铁路（集团）公司广州车辆段长沙运用车间职工。

被告人：吕峰，系广州铁路（集团）公司广州车辆段长沙运用车间主任。

被告人：潘建，系广州铁路（集团）公司广州车辆段长沙运用车间副主任。

被告人：朱秉元，系广州铁路（集团）公司广州车辆段长沙运用车间党支部书记。

自诉人李海林于2006年3月23日向湖南省长沙市雨花区人民法院控诉被告人吕峰、潘建、朱秉元犯故意伤害罪，并提起附带民事诉讼。雨花区人民法院在审理过程中认为无管辖权，于同年8月28日将该案移送长沙市铁路运输法院管辖。长沙市铁路运输法院经审查予以立案，组成合议庭于2007年6月29日和7月5日开庭审理，并依法发出传票传唤自诉人和被告人到庭参加诉讼，自诉人李海林两次均无正当理由拒不到庭。

【审判】

长沙市铁路运输法院认为，自诉人李海林经两次传票传唤均无正当理由拒不到庭，对其控诉应按撤诉处理。依照《中华人民共和国刑事诉讼法》第一百七十一条第二款和最高人民法院《关于执行〈中华人民共和国刑事诉讼法〉若干问题的解释》第二百零二条第一款之规定，裁定：对自诉人李海林的控诉按撤诉处理。

自诉人李海林不服，以"一审裁定按撤诉处理是错误的"为由向广州市铁路运输中级法院提出上诉，要求撤销原审裁定。广州市铁路运输中级法院裁定驳回上诉，维持原裁定。

【评析】

一、铁路运输法院可以管辖刑事自诉案件

铁路运输法院系国家专门法院，铁路运输法院的管辖属于专属管辖。1982 年 4 月 23 日发布的最高人民法院《关于铁路运输法院办案问题的通知》规定：铁路运输法院的案件管辖，从保护铁路运输的任务出发，目前主要受理铁路运输系统公安机关负责侦破的刑事案件和与铁路运输有关的经济纠纷案件、涉外案件。1982 年 7 月 9 日发布的最高人民法院、最高人民检察院、公安部、司法部、铁道部《关于铁路运输法院、检察院办案中有关问题的联合通知》亦规定：铁路运输法院、检察院的案件管辖，应从保护铁路运输的任务出发，体现其专门性。目前主要受理铁路运输系统公安机关负责侦破的刑事案件和与铁路运输有关的经济案件、法纪案件、涉外案件（包括铁道部委托路局党委代管单位的案件）。1996 年刑事诉讼法修正时，对铁路运输法院的刑事案件管辖并未予以明确，只笼统规定为：专门人民法院案件的管辖另行规定。2001 年 8 月，为明确旅客列车上发生的刑事案件职能管辖，理顺铁路公安机关、检察院和法院的工作关系，“两高一部”发布了最高人民法院、最高人民检察院、公安部《关于旅客列车上发生的刑事案件管辖问题的通知》，对旅客列车上发生的刑事案件的侦查、逮捕、起诉、审判等作出了相应的规定。

由于上述司法解释和文件均只规定铁路运输法院受理刑事公诉案件的范围，因此，对于铁路运输法院能否审理刑事自诉案件存在不同认识。有意见认为，铁路运输法院的管辖范围必须严格依照相关司法解释和文件的规定确定，由于上述司法解释和文件没有明确铁路运输法院可以受理刑事自诉案件，所以铁路运输法院不能审理刑事自诉案件。本案的自诉人就持有此种观点，当长沙市雨花区人民法院将本案移送到长沙市铁路运输法院管辖后，自诉人提出长沙市铁路运输法院无权管辖自诉案件，要求将案件退回雨花区法院审理，或报请双方的共同上级法院指定管辖。

我们认为，铁路运输法院管辖作为专属管辖，必须严格根据法律和司法解释的规定予以确定的观点无疑是正确的。在刑事诉讼法对铁路运输法院的管辖范围没有予以明确的情况下，铁路运输法院受理案件的范围只能依照司法解释的规定执行。从最高人民法院《关于铁路运输法院办案问题的通知》与最高人民法院、最高人民检察院、公安部、司法部、铁道部《关于铁路运输法院、检察院办案中有关问题的联合通知》可以看出，铁路运输法院恢复办案后以受理铁路运输系统公安机关负责侦破的刑事案件即刑事公诉案件为其主要职责，但是，必须注意的是，上述两个通知在明确铁路运输法院受理案件的范围时，用了“目前主要受理”的限制语，从而为铁路运输法院管辖范围的变化埋下了伏笔。1993 年 9 月 24 日，最高人民法院向全国地方各级人民法院、各级军事法院、各铁路运输中级法院和基层法院、各海事法院印发《关于刑事自诉案件审查立案的规定》的通知，要求上述法院认真贯彻执行。[①] 该《通知》明确将全国铁路运输两级法院作为受文单位，并要求包括铁路运输两级法院在内的全国各法院贯彻执行，说明铁路运输法院已被纳入了可以受理刑事自诉案件的法院之列，铁路运输两级法院均可以审理刑事自诉案件。

当然，铁路运输法院作为专门法院，其案件管辖应体现专门性的特点。国家设立铁路运输法院的宗旨，是为了强化对铁路运输的司法保护，维护铁路运输的安全与畅通。因此，铁路运输法院案件管辖范围应与铁路运输安全密切相关，主要为发生在火车站、列车内的犯罪。对于发生在铁路各站段单位辖区内的犯罪，因对铁路站段单位的日常经营管理形成破坏，给铁路运输安全带来直接或间接的负面影响，一般也纳入铁路运输法院的管辖范围。所以，铁路运输法院管辖的刑事自诉案件，也应是发生在列车上和铁路站段单位辖区内的案件，否则，铁路运输法院没有管辖权。

就本案来说，长沙市铁路运输法院行使管辖权并无不当。首先，从案件情况来看，自诉人与三被告人均系广州铁路（集团）公司广州车辆段长沙运用车间职工，2005 年 10 月 31 日 10 时左右，双方因工作安排问题在长沙运用车间主任办公室发生纠纷并打斗，根据本案纠纷发生的时间、地点、原因、双方当事人所属单位分析，本案属于发生在铁路单位辖区内的刑事案件，应由铁路运输法院管辖。[②] 其次，根据最高人民法院《关于执行〈中华人民共和国刑事诉讼法〉若干问题的解释》第十七条的规定，只有在两个以上同级人民法院对管辖权发生争议且协商不成时，才由争议的人民法院分别逐级报请共同的上一级人民法院指定管辖。而对于本案，长沙市雨花区人民法院在自认为没有管辖权而认为长沙市铁路运输法院有管辖权后将案件移送长沙市铁路运输法院，长沙市铁路运输法院依法立案，双方并不存在管辖争议，因此并不需要逐级上报共同法院确定管辖。自诉人提出将本案报请双方的共同上级法院指定管辖的理由不能成立。再次，本案由长沙市雨花区人民法院移送至长沙市铁路运输法院，长沙市铁路运输法院不宜再行移送，否则，将导致案件得不到及时审理，与人民法院“效率”的工作主题相悖。

二、“正当理由”的界定

本案第二次开庭前，自诉人要求到案发单位现场开庭审理，未被准许，自诉人即以此为由拒绝到庭。一审法院裁定按撤诉处理后，自诉人提起上诉的主要理由就是认为其要求到案发单位现场开庭的请求未被法院准许，属于有正当理由不到庭，一审裁定按撤诉处理系适用法律错误。

对于自诉人经两次依法传唤无正当理由拒不到庭的，按撤诉处理的相关规定，不仅见诸刑事诉讼法和相关司法解释的规定，民事诉讼法也有类似规定，如《民事诉讼法》第一百二十九条规定：原告经传票传唤，无正当理由拒不到庭的，或者未经法庭许可中途退

---

① 《最高人民法院印发〈关于刑事自诉案件审查立案的规定〉的通知》是这样规定的：“全国地方各级人民法院、各级军事法院、各铁路运输中级法院和基层法院、各海事法院：现将最高人民法院《关于刑事自诉案件审查立案的规定》印发给你们，请认真贯彻执行。”

② 长沙运用车间原系广州铁路（集团）公司长沙车辆段下属车间，长沙车辆段辖区内发生的刑事案件一直由长沙市铁路运输法院管辖。2006 年，长沙车辆段被撤销，其下属车间被全部并入广州车辆段。由于仍在原址办公，为节省司法资源，发生在原长沙车辆段辖区内的刑事案件仍由长沙市铁路运输法院管辖。2007 年，被撤销的长沙车辆段重新恢复。

庭的，可以按撤诉处理；被告反诉的，可以缺席判决。然而，无论刑事诉讼法、民事诉讼法还是司法解释，均未明确何谓“正当理由”。我们认为，司法实践中，“正当理由”的认定一般应按照是否合乎情理的标准来判断，如果具备以下不能归责于自诉人的情形之一的，可以认定为有“正当理由”：一是发生自然灾害，如地震、台风、洪水、暴雨等；二是发生自诉人无法控制的突发事件，如患急病、发生交通事故或被第三人拘禁等；三是审判机关或第三方的原因，如传票上被传人、开庭地点、时间发生笔误，传票未实际送达给自诉人等。

本案中，自诉人提出到案发现场开庭，被一审法院拒绝，自诉人以此为由不参加庭审，是否属于有正当理由呢？答案自然是否定的。2007 年 6 月 4 日发布的最高人民法院《关于加强人民法院审判公开工作的若干意见》明确规定：人民法院公开审理案件，庭审活动应当在审判法庭进行。本案属于公开审理的案件，一审法院决定在审判法庭公开开庭，并已先期依法张贴开庭公告，符合法律及司法文件的相关规定。而且，一审法院在审判法庭审理本案，既对自诉人行使诉讼权利不构成任何不利影响，也未增加自诉人的不方便因素，自诉人以此为由拒绝参加庭审，没有法律依据。一审法院认定自诉人系无正当理由拒不到庭，裁定按撤诉处理，二审法院裁定驳回自诉人上诉，符合法律的规定，是正确的。

一审合议庭成员：方院平　陈赛如　王　佳

二审合议庭成员：游江宏　林穗生　彭铁文

作者单位：长沙市铁路运输法院

雇凶伤害者、受雇伤害者的罪责认定及死刑适用问题

吴海涛

【问题提示】

雇凶伤害者、受雇伤害者二者的罪责孰重孰轻？如果故意伤害致一人死亡达到适用死刑的标准，应该对谁适用死刑？

【要点提示】

司法实践中，关于雇凶伤害（致死）共同犯罪，雇凶伤害者与受雇伤害者即实行犯的刑事责任孰重孰轻的问题争议很多，至今尚无定论。笔者认为，对这类案件雇凶者与实行犯的责任划分，不存在统一的、普适性的标准，这是受这类犯罪的特性所制约。要在个案中准确认定二者的罪责及正确适用死刑，须从犯罪学的范畴切入，才能在刑法学范畴找到准确的答案。

【案例索引】

一审：广东省中山市中级人民法院［2005］中中法刑一初字第 103 号刑事附带民事判决

二审：广东省高级人民法院［2006］粤高法刑一终字第 120 号刑事裁定

复核审：最高人民法院［2007］刑一复 33683777 号刑事裁定

【案情】

一审公诉机关：广东省中山市人民检察院。

被告人：李震（上诉人）、潘金新、杨玉海（上诉人）、刘华林、王春强、王怀龙（上诉人）、王高林（上诉人）、杨超（上诉人）、张丽文。

公诉机关指控：被告人李震因工作上的原因产生报复被害人乔力克的念头。2005 年初，李震指使被告人潘金新纠集他人报复乔力克，并付给潘金新人民币 20 万元作为雇凶费用，要求潘将乔打伤住院至少半年不能上班。同年 8 月初，潘金新纠合被告人王春强，预谋由王春强物色人员教训乔力克。随后，王春强将王怀龙介绍给潘金新。同年 8 月 6 日晚 8 时许，王怀龙通过杨超、王高林纠集被告人张丽文及“光头”、“小孩子”（均另案处理）等人，砸烂乔力克使用的越野车车窗玻璃。被损坏汽车玻璃价值人民币 4 950 元。后李震再次要求潘金新伤害乔力克，致乔半年内不能上班。潘金新即通过王春强指使王怀龙伤害乔力克。王怀龙经与杨超密谋，决定于同年 8 月 25 日晚持刀伤害乔力克。当晚 9 时许，王高林纠合杨玉海携带四把西瓜刀，伙同王怀龙、刘华林到乔力克住处。在王怀龙的

指使下，杨玉海、刘华林持刀将乔力克砍伤倒地。乔力克被砍后于当晚死亡。

为证明上述指控事实，公诉人在庭审中出示了现场勘查笔录、现场方位图、现场照片、法医学尸体检验鉴定书、痕迹鉴定书、司法精神病鉴定书、现场提取的作案工具、被告人退出的赃款、证人证言、被害人陈述、被告人供述等证据。

被告人李震辩称：本案的犯意发起者是被告人潘金新而不是李震，潘金新收受李震的20万元款项后仅用其中的2万元支付了雇佣他人实施犯罪的费用，李震一直处在被欺骗状态。李震没有参与对故意伤害乔力克的密谋，也没有参与动手实施砍死乔力克的行为，被告人只应承担出资责任，不应承担案件严重后果责任。

被告人杨玉海辩称：本案中被告人杨玉海与同案被告人刘华林共同持刀伤害乔力克，但现有证据无法证实乔力克身上的三处致命伤为杨玉海一人所为，杨玉海在共同故意伤害犯罪中是被他人利用，在案发当晚被临时纠集，没有参与筹划、密谋，也没有从雇凶伤害犯罪中获利，在共同犯罪中只是起到次要作用，且杨玉海始终如实供述犯罪，认罪态度好。

中山市中级人民法院经审理查明，被告人李震担任中山盛仕铭保健品有限公司工程部部长期间，认为公司总经理乔力克（中山市政协委员）对公司工程项目管理严格，致使其无法收取工程项目承包商的回扣，遂对乔怀恨在心，伺机报复。2005年初，被告人李震指使被告人潘金新纠集他人报复乔力克，潘金新要求李震支付费用40万元。2005年4月，李震先后两次将人民币20万元存入潘金新的银行账户作为雇凶费用，要求潘将乔打伤住院至少半年不能上班。同年8月初，被告人潘金新找到被告人王春强，指使王春强物色人员教训乔力克。随后，被告人王春强将被告人王怀龙介绍给潘金新，潘金新通过同案人潘波（在逃）付给王怀龙人民币1 000元，要求王怀龙将乔力克打伤，使乔半年不能上班。

2005年8月6日20时许，被告人王怀龙通过被告人杨超、王高林纠集被告人张丽文等人，用砖块砸烂乔力克使用的车牌为粤T·39000的汽车车窗玻璃。李震得知乔力克的车被砸但人未受伤后，仍不罢休，再次要求潘金新找人伤害乔力克，致乔半年内不能上班。潘即催促王春强，王随后即催促王怀龙继续找人将乔力克打致半年不能上班。王怀龙以有人雇凶要伤害乔为由，企图敲诈勒索乔力克5万元未逞后，与杨超密谋，决定于2005年8月25日晚用刀砍伤乔。杨超联系了被告人王高林，王高林又纠集被告人刘华林、杨玉海参与作案。当天21时许，杨玉海、王高林、刘华林、王怀龙携带四把西瓜刀到乔力克住处附近守候。王怀龙要求杨玉海、刘华林在砍人时砍被害人的背部和手，不要砍头部和前胸。21时30分许，乔力克驾车回家准备上楼时，杨玉海、刘华林即持西瓜刀冲上前朝乔力克的背部、手部、胸部乱砍，乔力克被砍后当场倒地，杨玉海、刘华林扔下西瓜刀，与负责接应的王高林乘车逃离现场。乔力克被砍后于当晚死亡。经法医鉴定，乔力克系被他人用锐器砍击右肘部、左胸下外侧部及右背部致右肱动、静脉离断，脾破裂，肺破裂引起大出血休克而死亡。当晚，杨超付给王高林、刘华林各人民币100元。事后，被告人潘金新向王春强支付了报酬。王怀龙分得1 000元，杨超分得800元，王高林分得1 000元，刘华林分得200元。

【审判】

广东省中山市中级人民法院一审认为，被告人李震、潘金新、杨玉海、刘华林、王怀龙、王高林、杨超、王春强共同故意伤害他人身体，致一人死亡，其行为均已构成故意伤害罪，应依法惩处并承担相应的民事责任；被告人王怀龙、王高林、杨超、张丽文共同故意毁坏他人财物，数额较大，其行为均已构成故意毁坏财物罪，均应依法惩处并承担相应的民事责任；被告人王怀龙、王高林、杨超犯数罪，应依法数罪并罚。在共同故意伤害犯罪中，被告人李震、潘金新、杨玉海、刘华林、王怀龙起主要作用，均系主犯，应当按照其所参与的全部犯罪处罚；被告人王高林、杨超、王春强起次要作用，均系从犯，应当从轻处罚。被告人刘华林犯罪时不满十八周岁，且协助公安机关抓获同案被告人杨玉海，有重大立功表现，应依法减轻处罚。对被告人潘金新所退出的赃款人民币 19 万元，属于潘金新违法所得的财物，也是被告人李震供犯罪所用的财物，依法应予以没收，上缴国库。根据《中华人民共和国刑法》第二百三十四条第二款、第二百七十五条、第五十七条第一款、第三十六条、第六十九条、第二十六条第一和四款、第二十七条、第十七条第三款、第六十八条第一款、第六十一条、第六十四条以及最高人民法院《关于审理人身损害赔偿案件适用法律若干问题的解释》第一条、第十七条、第二十二条、第二十九条之规定，判决：一、被告人杨玉海犯故意伤害罪，判处死刑，剥夺政治权利终身。二、被告人李震犯故意伤害罪，判处死刑，缓期二年执行，剥夺政治权利终身。三、被告人潘金新犯故意伤害罪，判处有期徒刑十五年。四、被告人王怀龙犯故意伤害罪，判处有期徒刑十五年，犯故意毁坏财物罪，判处有期徒刑一年，罚金人民币三千元，总和刑期十六年，决定执行有期徒刑十六年，罚金人民币三千元。五、被告人刘华林犯故意伤害罪，判处有期徒刑十五年。六、被告人王高林犯故意伤害罪，判处有期徒刑十年，犯故意毁坏财物罪，判处有期徒刑八个月，罚金人民币二千元，总和刑期十年八个月，决定执行有期徒刑十年八个月，罚金人民币二千元。七、被告人杨超犯故意伤害罪，判处有期徒刑八年，犯故意毁坏财物罪，判处有期徒刑六个月，罚金人民币一千元，总和刑期八年六个月，决定执行有期徒刑八年六个月，罚金人民币一千元。八、被告人王春强犯故意伤害罪，判处有期徒刑七年。九、被告人张丽文犯故意毁坏财物罪，判处有期徒刑十个月，罚金人民币二千元。

宣判后，原审被告人杨玉海、李震、王怀龙、王高林、杨超对一审判决不服，向广东省高级人民法院提出上诉。

上诉人李震上诉的理由与一审辩解理由相同（略）。

上诉人杨玉海上诉的理由与一审辩解理由相同（略）。

广东省高级人民法院二审审理认定一审法院查明的事实。

广东省高级人民法院二审审理认为，原审被告人杨玉海、李震、王怀龙、王高林、杨超、潘金新、刘华林、王春强共同故意伤害他人身体，致一人死亡，其行为均已构成故意伤害罪。原审被告人王怀龙、王高林、杨超、张丽文故意毁坏他人财物，数额较大，其行为已构成故意毁坏财物罪。以上被告人均应依法惩处并承担相应的民事责任，其中，被告人王怀龙、王高林、杨超犯数罪，应依法数罪并罚。在共同故意伤害犯罪中，被告人李震、潘金新、杨玉海、刘华林、王怀龙起主要作用，均系主犯；与被告人王怀龙相比，被告人王高林、杨超、王春强所起作用稍次，应系从犯，应依法从轻处罚。被告人刘华林犯罪时未满十八周岁，在本案侦查阶段协助公安机关抓获同案被告人杨玉海，有重大立功表现，应依法从轻处罚。上诉人杨玉海、李震、王怀龙、王高林、杨超提出的上诉理由以及杨玉海、李震、王怀龙的辩护人所提辩护意见不能成立，不予采纳。原判认定事实清楚，证据确实、充分，定罪准确，量刑适当。审判程序合法。经本院审判委员会讨论决定，依照《中华人民共和国刑事诉讼法》第一百八十九条第（一）项、第一百九十九条的规定，裁定：驳回上诉，维持原判。本裁定为终审裁定。根据《中华人民共和国刑事诉讼法》第二百零一条的规定，本裁定即为核准以故意伤害罪判处被告人李震死刑，缓期二年执行，剥夺政治权利终身的刑事裁定。对上诉人杨玉海的死刑裁定依法报请最高人民法院核准。

最高人民法院经复核认为，被告人杨玉海被纠集伙同他人持刀故意伤害乔力克，致乔死亡的行为已构成故意伤害罪。其实施砍击行为，是致人死亡的直接凶手之一，在共同犯罪中起主要作用，系主犯。且作案手段凶狠，后果特别严重，应依法惩处。第一审判决和第二审裁定认定的事实清楚，证据确实、充分，定罪准确。审判程序合法。鉴于被告人杨玉海系被他人纠集参与犯罪，没有参与预谋、砸车、恐吓勒索，也未从中获利。被害人的死亡系杨玉海、刘华林共同伤害所致，对杨玉海判处死刑立即执行不当。依照《中华人民共和国刑事诉讼法》第一百九十九条和最高人民法院《关于复核死刑案件若干问题的规定》第四条的规定，裁定：一、不核准广东省高级人民法院［2006］粤高法刑一终字第120号维持第一审以故意伤害罪判处被告人杨玉海死刑，剥夺政治权利终身的刑事裁定。二、撤销广东省高级人民法院［2006］粤高法刑一终字第120号维持第一审以故意伤害罪判处被告人杨玉海死刑，剥夺政治权利终身的刑事裁定。三、发回广东省高级人民法院重新审判。本裁定自宣告之日起发生法律效力。

【评析】

一、三级审判对适用死刑的标准各有侧重

这个雇凶伤害案件特殊在：（1）伤害犯意明确。雇凶者李震的犯罪意图始终很明确：把被害人乔力克伤害致半年上不了班。（2）中间环节较多。从雇凶到实行伤害，共有五个环节，即李震雇凶—潘金新—王春强—王怀龙、杨超—刘华林、杨玉海。（3）犯意逐层传递。尽管环节较多，但雇凶者的犯罪意图却能逐层地、明确地传递到具体实施伤害行为的被告人这一最后环节。（4）两名实行犯的罪责不能分清。参与砍人的有刘华林和杨玉海，现有证据不能分清二人的具体罪责，即哪一个是直接致乔力克死亡的凶手，或者二人均系直接凶手。这个问题在本案中解决不了。

一审合议庭的多数意见是对李震、杨玉海均判处死缓，少数意见是判处杨玉海死缓，李震无期徒刑，刘华林因为犯罪时未满十八周岁、有重大立功表现等法定减轻情节判处有期徒刑十二年。审委会多数意见认为本案在当地影响较大，司法应该有所回应，应该对直接动手砍人的杨玉海判处死刑；李震主观恶意明显，但没有实行行为，对其判处死缓；对刘华林判处有期徒刑十五年。

二审合议庭讨论时，一致意见认为：（1）上诉人杨玉海在共同犯罪中虽被认定为主

犯，但在整个伤害犯罪过程中，他只是在案发当晚被纠集到现场动手砍人，没有参与之前的毁坏财物、故意伤害的密谋，也没有从中获利。（2）动刀伤害乔力克的有杨玉海和刘华林二人，根据目前掌握的证据，不能确定只有杨玉海一人直接导致乔力克重伤死亡。（3）上诉人杨玉海存在情商低下等具体情况。根据以上三点可改判杨玉海死缓。（4）被害人一方的关注更多地在于要求买凶人李震被处死刑立即执行，因此改判可能不至于引起被害人一方太大的反应。二审审委会多数意见认为：李震虽然指使他人实施伤害行为，但其犯意明确伤害致乔力克到一定程度，判处李震死缓适当；刘华林虽也参与砍杀被害人，但刘作案时未满十八周岁，且有立功表现，依法减轻处罚，一审量刑对其量刑适当；杨玉海具体实施伤害行为，造成一名政协委员死亡，与参与砍杀的未成年人刘华林比较，罪责更重，应该判处其死刑，裁定维持对杨玉海的死刑判决。

最高法院经复核，认为：（1）本案是典型的雇凶伤害案件，从提起犯意的雇凶者到具体实施伤人行为的杨玉海，中间存在多个环节。杨玉海是临时被纠集参与，没有参与预谋，也未从中获利。（2）被害人死亡的后果，是杨玉海与刘华林二人共同砍击所致，且三处致命伤不能明确到底是谁所为，责任比较分散。（3）本案中，同案被告人李震最先提起犯意，在教唆他人砸坏被害人的车子后，仍不罢休，继续执意指使他人伤害被害人，情节恶劣，且其犯罪动机十分卑劣，与李震相比，杨玉海的主观恶性相对较小。（4）杨玉海归案后能如实供述所犯罪行，认罪态度较好。基于上述理由，裁定不核准杨玉海死刑。

围绕对本案各主犯的量刑，一、二审的合议庭和审委会各审理环节间可谓争论激烈，均未能取得一致意见。对本案是否应适用死刑的问题，一、二审审委会侧重于裁判的社会效果，一审审委会提出要对杨玉海适用死刑，以应对社会舆论伸张正义的诉求。二审审委会充分考虑了杨玉海与刘华林共同致被害人死亡的责任难以分清，但主张杨玉海是成年人，应承担更重的责任，作为对其造成的严重后果的等量报应，应判处其死刑。最高法院则强调于裁判的法律效果，从案件的特点、杨和刘二人共同责任的分担、杨玉海与李震主观恶意的比较、杨玉海的认罪态度等逐条分析，认为杨玉海确有可宽宥之处，不应判处杨玉海死刑。

二、平衡法律效果与社会效果的关系

中级法院作为初审，直接面对情绪悲恸、激愤的被害人家属以及血腥残忍的犯罪事实，出于报应的目的，主张适用死刑，以恢复被告人造成的社会创伤，回应舆论大众对公平、正义的诉求。高级法院作为二审，从一定高度全面考虑案情的特点，被告人所具有的法定、酌定情节及被告人造成的严重的危害结果，但仍强调报应，用死刑的威慑、安抚功能回应社会的主张是主流。最高法院作为复核审，由于在时间、空间上与案件存在较长距离及其所具有的最高审判机关的权威，使其能超然、理性地审视案情，条分缕析地阐述案情的特点及杨玉海的从轻情节，同时兼顾犯罪造成的实害，审慎适用死刑。这是“事有必至，理有固然”，不足为一、二审量刑病。但初审、二审与复核审裁判结果差异的背后，其实就是死刑适用标准的差异。即面对暴力犯罪、严重的危害结果、舆论大众的强烈呼声，是以社会评价的合理性主导死刑适用标准，回应社会对实质公正的要求，还是兼顾法律评价与社会评价的合理性，用罪刑均衡原则主导死刑适用标准，以追求形式与实质公正相统一？这是一个值得探讨的问题。

在一、二审对待死刑适用的问题上，有一种说法始终若隐若现，即“犯罪造成的危害结果这么严重，应当判处一个死刑”。这种说法其实就是一种适用死刑的标准，是以社会评价的合理性主导死刑适用标准。被害人乔力克被犯罪分子残忍地砍死在自家门口，情节极为严重，在当地造成极恶劣的影响，李震、杨玉海、刘华林均已达到罪行极其严重的程度。但罪行极其严重是死刑适用的积极条件，在死刑裁量时还应该注意死刑适用的消极条件，也就是所谓的排除条件，凡是具有（无论是法定还是酌定）消极条件的，应当排除适用死刑。如刘华林及前述最高法院已经分析过的杨玉海，均有法定或者酌定的排除适用死刑的情节。李震也有酌定的情节：李震从雇请潘金新开始，直至听说王怀龙只是砸车没有伤人于是打电话催促潘一定伤害乔力克，都叮嘱把乔伤害致半年不能上班。虽然这个“半年不能上班”的伤害限度在被告人乱刀砍杀中形同虚设——主观上，实行犯根本无法通过主观意志予以控制；客观上，李震等人也没有采取任何防范措施。这样的伤害行为有导致被害人死亡的极大可能，李震对此至少持放任的心态，这是他承担刑事责任的主观基础。由于这个伤害的限度偏偏就通过五个雇凶环节层层传达给实行犯，按主客观相统一的原则要求，以严格适用死刑的标准衡量，对李震确实不能适用死刑立即执行。

适用死刑兼顾积极条件和消极条件，实际上就是兼顾法律评价与社会评价的合理性，用罪刑均衡原则主导死刑适用标准。从这个意义上说，最高法院并不是在死刑适用标准上有所侧重，而是对一、二审的标准进行“纠偏”。即使是没有法学背景知识的人也能分析出本案的严重后果及恶劣影响，懂得本案所蕴涵的实质公正意义。但坚持法律评价的形式公正与社会评价的实质公正的统一，则要求扎实的专业素养及严格把好死刑适用关的良心和勇气、调适法律评价与社会评价平衡点的能力。过于强调危害结果、社会评价，是单纯报应刑观念作祟。其实从更高的层面考察，造成被害人死亡的危害后果，并非一定要求判处一名被告人死刑才算符合实质和形式公正统一的要求。在考虑社会危害的同时，如果根据各被告人具体犯罪情节不能判处死刑立即执行，应按罪刑均衡原则依法判处被告人相应刑罚。但在加强裁判说理、加大刑事附带民事诉讼判决执行力度、健全刑事被害人国家救助制度方面投入更多的精力，获得被害人家属及大众舆论的理解、支持，一言以蔽之，就是增加法律的或者说是司法的评价分量以平衡社会的评价，这才是真正的法律形式评价与社会实质评价的统一，形式与实质公正的统一，才能做到法律效果与社会效果的共赢。

三、雇凶者与实行犯的刑事责任孰重孰轻

司法实践中，关于雇凶伤害（致死）共同犯罪，雇凶者与实行犯的刑事责任孰重孰轻的问题争议很多，至今尚无定论。有人认为雇凶者提起犯意、实施雇凶行为，是全案的引发者，应承担最重的责任，而实行犯只是受他人指使实行犯罪，责任次之；有人认为实行犯尽管受雇他人，但他有自由意志，他受伤害的主观故意支配实施犯罪，应承担最重的责任，而雇凶者只有伤害的故意，并无具体实施伤害行为，责任次之。笔者认为，对这类案件雇凶者与实行犯的责任划分，不存在统一的、普适性的标准，本案关于对哪一名主犯适用死刑的争议即是明证。

还是以本案为例作分析。本案其他情节不变，假设李震提起犯意时没有明确要求“把乔伤害致半年不能上班”，而是含糊地指令“教训乔力克”，那么，本案适用死刑的问

题相对容易解决，即由他卑劣的作案动机、出巨资雇凶、一再催促“教训”伤害乔力克的行为分析，他至少对乔的死亡持放任心态，也可能是直接故意，主观恶性最大，应承担最重的责任，可对其判处死刑立即执行。其他情节不变，假设刘华林作案时已满十八周岁，不存在重大立功表现，那么，由于杨玉海是临时被纠集参与，没有参与预谋，也未从中获利，刘华林涉案程度要比杨玉海深，客观行为更积极，主观恶性比杨玉海更大，应承担最重的责任，可对刘华林判处死刑立即执行。

由以上分析可见，判定雇凶者与实行犯的刑事责任孰重孰轻，尚无一定之规，雇凶者与实行犯皆有可能承担最重的责任，判处最重刑罚。这是由雇凶型共同犯罪特点所决定的，由于存在雇凶、次雇凶、再雇凶……最后到实行犯多个环节，往往使得犯罪动机难以查明，犯罪证据难以收集，罪责难以划分，而且雇凶的环节越多，相隔时间越长，各被告人在其中所起的作用、所具有的各种情节就越复杂，罪责越难以分清。简单地划定由雇凶者，或者由实行犯承担最重责任，与这一类型犯罪的客观实际不符。但笔者认为，可以在主客观相统一、罪责刑相适应的原则指导下，根据以下四点大致划分二者的刑事责任：

（1）具体分析案情，以各被告人的犯中客观行为、主观故意及主客观附随情状等作为雇凶者与实行犯划分刑事责任的基础。

（2）如能查明雇凶者、实行犯对故意伤害造成死亡的加重结果的主观罪过，可根据罪过的类型、程度大小进行初步划分，显然故意要比过失严重，直接故意要比间接故意严重。

（3）雇凶者提出明确的伤害限度，对造成的死亡加重结果，一般由实行犯承担重责任。

（4）雇凶者没有明确的伤害限度，笼统地交由受雇者处置，对发生的加重结果，一般由实行犯承担重责任。但如果不能在数个实行犯中分清由谁承担重责任，则结合雇凶者与各实行犯的客观行为、主观故意及主客观附随情状等因素判断主观恶性，雇凶者主观恶性明显、程度深，一般由雇凶者承担重责任。

一审合议庭成员：杨　戈　张卫东　徐昶洁

二审合议庭成员：罗少雄　吴海涛　李　静

复核审合议庭成员：管应时　林红英　杨志华

作者单位：广东省高级人民法院

民事案例

从一尸两命案看公序良俗原理的运用

——傅满运诉赖福清财产损害赔偿纠纷案

赖昌仁　黄义涛　罗锡芳

【问题提示】

如何认定在具体的民事诉讼中当事人是否违反公序良俗？当事人违反公序良俗是否必然构成侵权？

【要点提示】

强行在他人新房举行丧事活动有悖于公序良俗，属于一种侵权行为，应依法承担侵权损害赔偿责任。

【案例索引】

一审：广东省梅州市蕉岭县人民法院［2007］蕉民一初字第139号民事判决

二审：广东省梅州市中级人民法院［2007］梅中法民一终字第157号民事判决

【案情】

上诉人（原审被告）：赖福清。

被上诉人（原审原告）：傅满运。

2006年8月中旬，傅满运将蕉城镇长兴路一号4层2号房屋的地板水磨装修工程和瓷块镶贴装修工程以包工不包料的形式分别发包给赖福清及另一施工人。装修施工期间，赖福清已怀孕9个月的妻子林珍珠偶尔会来施工现场观看，间或帮其丈夫干些轻微活。2006年9月4日上午，林珍珠到施工现场，当其准备回家走出房门时，挂在大门上端用于切割瓷块的电线被林珍珠的关门动作所绞断，林珍珠触电倒地，经抢救无效而死亡（包括腹中9个月大的胎儿）。被绞断的电线是由另一施工人为瓷块切割而引接的。林珍珠死后，其遗体已被送往蕉岭县殡仪馆。因丧葬费等费用负担问题双方未能达成协议，赖福清于2006年9月6日上午把林珍珠的尸体从殡仪馆转移至蕉城镇长兴路一号4层2号房屋内进行丧事活动，在新房外墙南北面分别悬挂大幅黑色标语“还我公道”、“冤！冤！！冤！！！”。傅满运向公安机关报警。直至9月7日晚上，在公安机关的强制干预下，赖福清才将尸体从蕉城镇长兴路一号4层2号房屋运走。

2006年11月24日，傅满运向蕉岭县人民法院提起诉讼，称赖福清把其妻子的尸体从殡仪馆强行转移至傅满运新房内大张旗鼓地举办丧事活动，是明显的、极为严重的故意侵权行为，使其不敢入住，也无法出售，请求判令赖福清赔偿购房款83 676元及已发生的装修费29 924元，合计113 600元。在诉讼中，傅满运提供傅满运与谢仁德于2006年3月5日签订的合同，合同约定傅满运向谢仁德购买了一套位于蕉岭县蕉城镇长兴路一号的4层2号房屋，总面积约118平方米，总价值人民币83 676元。

赖福清答辩称：原告已同意、允许在新房内举办丧事活动，原告就丧葬费用等问题出尔反尔，激怒其家属在原告新房内举办丧事活动是原告所迫，请求驳回原告诉讼请求。

【审判】

广东省梅州市蕉岭县人民法院一审认为：赖福清的妻子及其9个月大的胎儿不幸触电身亡，赖福清作为家属，其悲伤心情是可以理解的，由此引发的人身损害赔偿纠纷完全可以通过协商、诉讼等正当途径予以解决。但赖福清在双方就人身损害赔偿纠纷未能达成协议，也未收到垫付、预付的丧葬费的情况下，就草率决定将其妻子的尸体从殡仪馆强行转移至新房内大张旗鼓地举办丧事活动，影响极坏，且有悖于公序良俗，是极其错误的，属于严重的侵权行为，理应依法承担侵权赔偿责任。赖福清主张傅满运已同意、允许其在原告新房内举办丧事活动，这不合情理，傅满运亦予以否认，赖福清又没有提供其他合法有效的证据证实，故该主张不能成立。赖福清以傅满运就丧葬费用等问题出尔反尔，激怒其家属等为抗辩理由，认为在傅满运新房内举办丧事活动是被迫的，于情理不合，不予采纳。赖福清的行为虽未给傅满运的新房造成实物上的损害，但从历史传统、大众心理、社会公德、公共秩序等而言，无疑已产生较为严重的消极影响，傅满运新房的价值不可避免地受到损害。鉴于现行有关法律、法规、司法解释等规范性文件对此类损失的计算方法尚无明确、具体的规定，经法院主持调解双方又未能达成协议，因此，傅满运的损失只能由法院根据有关法律原则酌情而定（以五万元为宜）。综上所述，依照《中华人民共和国民法通则》第七条、第七十五条第二款、第一百零六条第二款、第一百一十七条第二款，《中华人民共和国民事诉讼法》第六十四条，判决：被告赖福清应于本判决生效之日起三十日内赔偿原告傅满运房屋（购置及装修）损失人民币五万元。

赖福清不服一审判决，上诉称：一审判决定性错误，无法律、法规、司法解释依据。理由如下：一、本案事故发生是傅满运雇请赖福清在其指定工作场内劳务活动，并提供给瓷块师傅用电，没有安全措施，造成触电一尸两命的恶果，根据有关法律、司法解释的规定，傅满运是雇主，造成雇员林珍珠一尸两命的悲惨事故，是对死亡事故的赔偿义务人。二、傅满运指定的工作场地，虽然订立房屋买卖合同，根据《中华人民共和国城市房地产管理法》第三十五条、第三十八条第二款、第五十九条、第六十条第三款的规定，国家实行土地使用权和房屋所有权登记发证制度，傅满运没有依法登记取得土地使用权证书和房屋所有权证书，仍不是死亡场地的所有权人，依照《中华人民共和国民法通则》第七十二条第一款的规定："财产所有权的取得，不得违反法律规定。"据此，放尸场地所有权不是傅满运所有，原告主体不适格。傅满运是造成死亡事故的赔偿义务人，但其以不承担民事责任为由拒绝赔偿，而且其还将地产商支付的暂作丧葬费用的5 000元占为己有。死者亲属将尸体放在死亡的现场，目的是披露事实真相，其行为合情、合理、合法。请求撤销一审判决，驳回傅满运的诉讼请求。

傅满运答辩称：一、傅满运与林珍珠无雇佣关系，也没有人身侵权行为，林珍珠是触电身亡的，造成事故的电线是由另一施工人引接的，与傅满运无关，不存在承担赔偿的责任，傅满运不是赔偿义务人。二、该房产是合法取得的，所有权归傅满运所有，赖福清对《城市房地产管理法》部分条款的引用是断章取义，房屋买卖合同依法订立，就受法律保护，傅满运对该处房产拥有所有权。三、赖福清称“地产商给他 5 000 元暂作丧葬费用”，是毫无事实依据的。请求驳回赖福清的上诉请求，维持原判。

广东省梅州市中级人民法院二审认为：虽然傅满运未取得蕉城镇长兴路一号的 4 层 2 号房的产权证明，但傅满运与房屋开发人签订合同，购买蕉岭县蕉城镇长兴路一号的 4 层 2 号房屋，赖福清亦是由傅满运委托对该房屋进行装修，因此，傅满运对蕉岭县蕉城镇长兴路一号的 4 层 2 号房屋享有房屋权利，其提起本案诉讼，主体适格。赖福清认为傅满运不是房屋的所有权人，提起本案诉讼，主体不适格，理由不成立，不予支持。赖福清的妻子林珍珠触电，致使其妻林珍珠及其 9 个月大的胎儿死亡，赖福清心情悲伤可以理解，但对于由此引起的人身损害赔偿纠纷应通过合法、正当途径予以解决，而不应将其妻尸体移至蕉岭县蕉城镇长兴路一号的 4 层 2 号房屋进行丧事活动。赖福清在人身损害赔偿纠纷未能达成协议的情况下，将其妻子的尸体从殡仪馆转移至蕉城镇长兴路一号的 4 层 2 号房屋举办丧事活动，有违公共秩序和善良风俗，对傅满运的房屋权利和利益造成不利影响，构成侵权。根据《中华人民共和国民法通则》第一百一十七条第二款、第三款的规定：“损坏国家、集体的财产或者他人财产的，应当恢复原状或者折价赔偿”，“受害人因此造成其他重大损失的，侵害人并应当赔偿损失”。赖福清在蕉城镇长兴路一号的 4 层 2 号房屋举办丧事活动虽然对房屋的使用功能未造成损坏，但赖福清在傅满运刚购买的房屋里进行丧事活动，在风俗上是忌讳的，会导致该房屋的价值减损即贬值，赖福清应当承担赔偿责任。赔偿的数额应根据赖福清的主观故意、行为情节、傅满运房屋的购买价格、产权状况等综合考虑，原审确定的 50 000 元赔偿数额过高，应以 25 000 元为宜。赖福清认为其将其妻尸体放在死亡的现场上索赔合情、合理、合法的主张，理由不成立，不予认可。赖福清认为傅满运是林珍珠死亡事故的赔偿义务人，属另一法律关系，本案不予审查。依照《中华人民共和国民事诉讼法》第一百五十三条第一款第（三）项的规定，判决如下：变更蕉岭县人民法院［2007］蕉民一初字第 139 号民事判决为：赖福清应于本判决生效之日起三十日内赔偿傅满运房屋损失 25 000 元。

【评析】

一、赖福清的行为是否违反公序良俗

公序良俗是法国、日本、意大利等大陆法系国家以及我国澳门和台湾地区民法典中使用的概念。理论上一般主张将公序良俗界定为“当前尺度下公认的社会道德”或“社会通行的道德观念”，如美国的卡多佐曾经指出，“法院的标准必须是一种客观的标准。在这些问题上，真正作数的并不是那些我认为是正确的东西，而是那些我有理由认为其他有正常智力和良心的人都可能会合乎情理地认为是正确的东西”。多国法律均规定，以违反公共秩序或善良风俗的事项为标的的法律行为无效。我国现行法用“社会公共利益”、“社会公德”、“善良风俗”等字眼表达了同样的精神。《民法通则》第六条规定：“民事活动必须遵守法律，法律没有规定的，应当遵守国家政策。”第七条也规定：“民事活动应当尊重社会公德，不得损害社会公共利益，破坏国家经济计划，扰乱社会经济秩序。”

可见，公民、法人和其他组织等平等的民事主体，在民事活动中，除了应当遵守国家法律和政策规定之外，还要尊重社会公德。这是我国关于公序良俗原则的法律依据。公序良俗原则体现了“法无明文禁止即可为”和“权利不可滥用”的辩证统一性。“法无明文禁止即可为”意味着民事主体在不违背强制性法律规则和法律不禁止的条件下，可自愿选择满足或有利于自身利益的行为。“权利不可滥用”意味着对民事主体权利行使时，其行为应符合善良风俗习惯，以不损害政治国家和市民社会一般的公共秩序要求。公序良俗原则具有极大的灵活性，因而能处理现代市场经济中发生的各种新问题，在确保国家一般利益、社会道德秩序，以及协调各种利益冲突、保护弱者、维护社会正义等方面发挥着重要的机能。

本案中，赖福清把林珍珠的尸体从殡仪馆转移至傅满运的新购房内办理丧事活动，在新房外墙南北面分别悬挂大幅黑色标语“还我公道”、“冤！冤!！冤!!!”。虽在公安机关的强制干预下才将尸体运走，但在当地的风俗习惯中，新房内放尸体、办丧事是很不吉利的事件，凡是知道此事的当地人均不敢入住该房子，即使入住后发现该房内曾经发生过此事，心理上也会产生重大的阴影。实际上这种风俗在当代中国许多地区都是客观存在的。法律没有规定这种风俗习惯在房屋的价值确认中具有何种作用，但风俗习惯在房屋的使用价值和交换价值的确定过程中起着重要作用亦是客观事实。赖福清在其亲属死亡赔偿要求没有得到满足后，采取了强行占用他人房屋办理丧事的极端手段，其目的性很明显，就是借助风俗习惯的作用，影响傅满运今后对房屋的正常使用，同时又以打标语等手段，扩大该房屋被停放尸体、办丧事在当地社会的影响，达到其心理上的一种不健康的满足，是一种违反当地善良风俗的行为，应受到社会和法律的谴责。

二、赖福清违反了公序良俗的行为是否构成侵权

违反了公序良俗是否必然构成侵权，还必须从侵权责任的构成要件方面进行分析。侵权责任有四个构成要件：一是必须有损害事实；二是违法行为与损害事实之间有因果关系；三是行为人有过错；四是行为的违法性。

蕉城镇长兴路一号4层2号房屋并不是赖福清的房屋，其在未征得产权人傅满运的同意下，擅自占用该房屋为其已死去的亲属办丧事，其行为包含两个方面的事实：一是侵占他人房屋事实；二是不当使用了他人房屋事实。前者是后者的基础，后者是前者的发展，前后两个事实相互关联。从《民法通则》第七十一条关于“财产所有权是指所有人依法对自己的财产享有占有、使用、收益和处分的权利”的规定分析，所有权是一种绝对权，所有权法律关系的权利主体是特定的，但所有权法律关系的义务主体则是不特定的，是所有权人以外的任何人。所有权人可以依法行使自己的所有权，所有权人以外的其他人都负有不得妨碍其行使所有权的义务。对于所有权人以外的其他人妨碍所有权人行使所有权的情况，《民法通则》第七十五条作出如下规定，“公民的合法财产受法律保护，禁止任何组织或者个人侵占、哄抢、破坏或者非法查封、扣押、冻结、没收。”这是法律为个人财产设置了保护令，所有权人以外的任何人不得违反法律规定方式对他人的合法财产进行侵占、哄抢、破坏或者非法查封、扣押、冻结、没收。赖福清在未征得房屋主人同意的情况下，占用了傅满运的房屋，属于非法侵占行为，行为的违法性已经构成。同时，赖福清占用该房屋后还从事了违反当地善良风俗的行为。该行为虽然没有造成房屋物理性能上的损害，但导致人们对房屋的主观性价值降低，所以损害的事实也是明显的。赖福清的行为已构成了侵权，应该承担侵权损害赔偿责任。

三、傅满运房屋损害的确认

赖福清的行为侵占了傅满运的房屋所有权，按照《民法通则》第一百一十七条第一款和第二款的规定，首先应当返还房屋，对于由此导致房屋损害的，应当恢复原状或者折价赔偿。本案中，赖福清侵占傅满运房屋，经公安机关出面，已经返还房屋使用权给傅满运。房屋的物理使用性能已经恢复，但房屋的价值是通过价格来体现的，而价格又是以人的主观性认识为基础的。对房屋的价值认同感降低，意味着房屋价值降低。所以，赖福清的行为同样导致了房屋价值的损害，应该承担损害赔偿责任。本案关键在于该减损的价值如何确认的问题。

德国马克斯·韦伯认为价值判断是主观性的东西，属于主观判断。对于主观性的东西必须依社会经验来进行判断。我们以某地棺材损坏赔偿案为例进行分析。某人的棺材被他人碰落地上，碰坏了部分油漆。依当地风俗，棺材做好后放置在家里是不能动的，动了以后自己家人就不能用了。从物理性能上，碰坏了点油漆，完全可以花费几元钱重新油漆，其损失仅是几元钱的问题，但依当地风俗习惯，其家人不能再用此棺材，而必然重新购置，所以其损失就是一具完整的棺材钱。同样的道理也可用另一案例解释。某人有个不良习惯，专门偷他人内裤穿，被人发现，他人起诉到法院，要求其赔偿内裤。经查，所偷穿内裤仍在。同样从物理性能上将内裤洗一洗仍可使用，但没有法官会判决偷者赔偿一次洗涤费给原告，因为依习惯被人穿过的内裤，他人不敢再穿，不是因为内裤的物理损耗，而是人的观念使然。以上案例确立的基本原则就是涉及具体物品的价值认定上，必须结合当地的风俗习惯和人们的使用观念进行判断。

具体到房屋的价值问题，从价值类型角度分析，其包括使用价值与交换价值。两种价值的减损都是对房屋所造成的损失，都应该纳入损害赔偿的范围。傅满运的房屋被赖福清用以办理了丧事以后，按照当地风俗，属于不宜居住的房屋。如在该地居住，必须支付相应的代价消除停放尸体和办理丧事的影响，这是一种将来可得利益的损失。如果其将该房屋出卖，就必须考虑到当地的具体情况进行判断。当地地方偏僻，外来人口不多，基本属于熟人社会范畴。房屋的转让基本上发生于本地居民之间，而本地居民有限，受该事件的影响，敢购买的人员较少。所以，房屋的交换价值受供求关系的影响较大，购买人员减少必然导致房屋交换价值的降低。所以，即使傅满运将房屋再行转让，也将损害其应得的房屋交换价值。所以，无论何种情况，房屋的价值减损是必然的。如果不给予相应的赔偿，对于傅满运而言显属不公平。但如果按照全额赔偿全套房屋的价值，毕竟赖福清损害的只是房屋的观念上的使用价值，对赖福清又显失公平。两级法院正是基于上述情况，在参考房屋的购买价和当地风俗习惯基础上，判决赖福清支付一定的赔偿款。两级法院对赔偿款的数额认定上有所差别，但数额的大小不是根本的，其目的都是从公平合理的角度，体现法律上对违反善良风俗习惯的侵权行为的谴责，必将有助于培植当地人们正确行使自己的权利，维护社会善良风俗习惯。所以，一、二审法院大胆地以违反公序良俗为由对赖福清的行为进行否定和谴责，符合民法规定之精神，应该值得鼓励和支持。

一审合议庭成员：张开清　温裕权　汤美莲

二审合议庭成员：蔡锡生　黄清波　刘庆新

作者单位：梅州市中级人民法院

如何适用法律解决《公证法》施行前作出的公证行为导致的纠纷

罗越明　刘　浚

【问题提示】

《公证法》施行前作出的公证行为导致纠纷，应如何适用法律？

【要点提示】

《公证法》施行后，对公证纠纷案件，不论具体公证处是否已完成改制，也不论具体公证行为是在该法律生效前还是生效后作出，均应适用该法律的规定裁处纠纷。

【案例索引】

一审：广东省广州市越秀区人民法院［2006］越法民一初字第1047号民事判决

二审：广东省广州市中级人民法院［2006］穗中法民二终字第1869号民事裁定

【案情】

上诉人（原审原告）：程丽娟、林清源。

被上诉人（原审被告）：广州市越秀区公证处。

原审第三人：招兆麟。

1995年6月27日，程丽娟、林清源与招兆麟共同出资50万元注册成立了广州电子城有限公司。招兆麟任公司法定代表人与董事长。

2004年6月21日，招兆麟因涉嫌职务侵占罪被羁押。2005年11月21日，广州市荔湾区人民法院作出刑事判决，判决"被告人招兆麟犯职务侵占罪，判处有期徒刑八年，并处没收财产三十万元；犯挪用资金罪，判处有期徒刑四年。决定执行有期徒刑十一年，并处没收财产三十万元"。招兆麟现于广东省东莞监狱服刑。

2006年1月19日，广州市越秀区公证处两名公证员前往招兆麟被羁押处广州市第三看守所，招兆麟于当天签署了《股东委托书》与"委托书申请表"。该《股东委托书》内容为："委托人：招兆麟……受托人：欧阳强……受托人：肖景穗……本人招兆麟于1995年6月27日在广州市荔湾区文化公园正门一号馆内，与程丽娟、林清源出资组建了广州电子城有限公司，任公司法定代表人、董事长。其中，本人招兆麟占出资比例70%，程丽娟占出资比例20%，林清源占出资比例10%。现本人决定全权委托上列受托人，代为行使本人根据广州电子城有限公司章程和公司法规定的如下权利和职权。一、代为行使广州电子城有限公司股东的下列权利：……二、代为行使广州电子城有限公司董事长的下列职权：……委托人委托上列受托人代为行使广州电子城有限公司股东和董事长权利和股权过程中，受托人作出的表决、决定均视同本人的表决和决定，受托人行使权利和职权所签署的文件本人均予承认。”公证员向招兆麟核实了身份证、护照复印件并作了谈话笔录。同月23日，广州市越秀区公证处作出［2006］穗越内证字第10280号《股东委托书公证书》，该公证书主文为：“兹证明委托人招兆麟于2006年1月19日在前面的《股东委托书》上签名。上述行为符合《中华人民共和国民法通则》第五十五条规定。”

【审判】

2006年4月，程丽娟、林清源以［2006］穗越内证字第10280号公证书无效为由，向广州市越秀区人民法院起诉，请求判决撤销该公证书。

广州市越秀区人民法院经审理认为：《公证程序规则》第十五条规定“公民、法人申请公证，应当向公证处提出，并填写公证申请表……”第二十三条规定“公证处应重点审查：（一）当事人的人数、身份、资格和民事行为能力；（二）当事人的意思表示和相应的权利；（三）需公证的行为、事实或文书的内容是否真实、合法；（四）需公证的文书内容是否齐全、文字是否准确，签名、印鉴是否齐全；（五）当事人提供的证明材料是否真实、充分”，第二十四条第一款规定“公证人员询问当事人和有关证人时，应告知其权利、义务、法律责任和注意事项，并制作谈话笔录”。招兆麟申办公证时因已被羁押，人身自由受到限制，无法自行前往公证处递交公证申请，从而由他人将申请公证的意愿告知广州市越秀区公证处后，再由广州市越秀区公证处公证员前往招兆麟处办理公证合情合理，并无不当之处。广州市越秀区公证处审查了招兆麟签名的《股东委托书》与“委托书申请表”及其他有关材料，作了谈话笔录，招兆麟在笔录上签名，故广州市越秀区公证处的公证行为是按《公证程序规则》规定的程序依法作出的，广州市越秀区公证处办理公证的程序并无违法之处。程丽娟、林清源称广州市越秀区公证处办理的委托公证不是招兆麟的意思表示，但招兆麟于庭审中已明确表示办理公证是其真实意思表示，且招兆麟已于委托书和广州市越秀区公证处所作谈话笔录中签名，故程丽娟、林清源的此项主张并无事实依据，法院不予采纳。此外，招兆麟被推举担任董事长和法定代表人时并不存在公司法规定的禁止担任的情形。招兆麟被刑事羁押后，程丽娟、林清源作为企业的股东，如果认为招兆麟不能再担任董事长和法定代表人，可遵循法律途径或公司章程处理。在未经撤销前，招兆麟仍然是公司的董事长和法定代表人，其申请广州市越秀区公证处办理委托公证书并无违反法律规定。现程丽娟、林清源认为公证书内容违法，没有事实和法律依据。综上，广州市越秀区公证处作出的委托公证书并无不当，法院对程丽娟、林清源要求撤销该公证书的请求不予支持。根据《公证程序规则》第十五条、第二十三条、第二十四条第一款，《中华人民共和国民法通则》第六十三条第一款的规定，判决：驳回程丽娟、林清源的诉讼请求。案件受理费100元由程丽娟、林清源负担。

上诉人程丽娟、林清源不服上述判决，向广州市中级人民法院上诉称：一、原审法院认为公证处办理公证的程序并无违法之处，认定事实不清；二、原审法院适用《中华人民共和国民法通则》第六十三条第一款的规定驳回诉讼请求，适用法律错误。综上，请求二审法院依法撤销原判，改判支持其诉讼请求。

广州市中级人民法院经审理认为：依据《中华人民共和国民事诉讼法》第六十七条

的规定，公证书在民事诉讼中仅是人民法院认定事实的一项证明力较强的证据材料；而依据《中华人民共和国民事诉讼法》第三条的规定，民事诉讼审理裁判的是平等主体当事人之间人身权利和财产权利的纠纷，虽然在诉讼过程中也涉及对证据材料的审核认定，但并不存在单独裁判维持或撤销某项证据问题，因此，本案程丽娟、林清源起诉请求撤销［2006］穗越内证字第10280号公证书，不属于法律规定的人民法院受理民事诉讼的范围。依据《中华人民共和国民事诉讼法》第一百零八条第（四）项和最高人民法院《关于适用〈中华人民共和国民事诉讼法〉若干问题的意见》第一百三十九条第一款的规定，人民法院对该起诉应裁定不予受理，已受理的应裁定驳回起诉。

事实上，依据《中华人民共和国公证法》第二条的规定，公证是一项证明活动，故公证行为本身并不设立、变更或终止公证当事人、公证利害关系人之间的民事权利义务关系，因此，不论人民法院是否撤销公证书，均不必然影响公证当事人、公证事项利害关系人之间基于公证事项所产生的民事关系。鉴此，如果程丽娟、林清源认为其与［2006］穗越内证字第10280号公证书的公证事项存在利害关系且该公证事项对其民事权利产生不当影响，可依据《中华人民共和国公证法》第四十条的规定就该公证事项争议起诉主张权利，而非起诉请求撤销公证书。

综上所述，程丽娟、林清源的起诉不符合民事诉讼受理条件，原审法院予以受理并作出判决，适用法律错误，程序不当。依照《中华人民共和国民事诉讼法》第一百五十三条第一款第（二）、（四）项的规定，裁定如下：一、撤销广州市越秀区人民法院［2006］越法民一初字第1047号民事判决；二、驳回程丽娟、林清源的起诉。一、二审案件受理费各100元，均由程丽娟、林清源负担。

【评析】

为确定裁处本案纠纷所适用的法律，本案的审理首先要解决公证处及公证行为的性质认定问题。

现行对公证制度作系统规定的法律、法规有两部，一是1982年4月13日国务院发布并施行的《公证暂行条例》（以下简称《条例》），一是2005年8月28日全国人大常委会通过并于2006年3月1日施行的《公证法》。就公证处及公证行为的性质问题，该两部法律、法规的规定不尽相同。其中，《条例》规定："公证是国家公证机关根据当事人的申请，依法证明……"（第二条）、"公证处是国家公证机关"（第三条）、"公证处受司法行政机关领导"（第六条）；而《公证法》则规定："公证是公证机构……的活动"（第二条）、"司法行政部门依照本法规定对公证机构……进行监督、指导"（第五条）、"公证机构是依法设立，不以营利为目的，依法独立行使公证职能、承担民事责任的证明机构"（第六条）、"当事人、公证事项的利害关系人与公证机构因赔偿发生争议的，可以向人民法院提起民事诉讼"（第四十三条第二款）。

根据以上法律的规定，在法律适用上似乎不难得出以下结论：（1）依照《立法法》第八十四条的规定，法律不溯及既往，故《公证法》实施前应依照《条例》认定公证处及公证行为的性质。据此，《公证法》实施前公证处是行使证明职能的国家机关，公证行为是国家机关的证明行为，因《公证法》实施前作出的公证行为引致纠纷的，应循行政诉讼途径和国家赔偿程序处理。（2）依照《立法法》第七十九条的规定，法律的效力高于行政法规，故《公证法》实施后，虽然《条例》并不因此废止，但两者规定不一致的应适用《公证法》的规定。据此，《公证法》实施后公证处仅是依法行使证明职能、承担民事责任的社会中介机构，公证行为是社会中介机构的证明行为，《公证法》实施后作出的公证行为不当导致损失的，应循民事诉讼途径解决。

上述结论，逻辑上似乎并无问题，却有值得进一步商榷之处。事实上，《条例》实施后，随着社会的发展，《条例》确立的公证制度出现了改革的需要。1993 年，中共中央《关于建设社会主义市场经济体制若干问题的决定》首先提出“发展市场中介组织……当前要着重发展会计师、审计师和律师事务所，公证和仲裁机构……”。此后，理论界对公证行为及公证处的性质开始出现争议。2000 年 7 月 31 日，国务院批准了司法部《关于深化公证工作改革的方案》（以下简称《方案》），该《方案》多处突破《条例》的规定，明确提出“行政体制的公证处要尽快改为事业体制，改制后的公证处应成为……事业法人，今后不再审批设立行政体制的公证机构”、“本方案实施以前所发生的因公证行为引起的公证赔偿，依据《中华人民共和国国家赔偿法》有关规定办理”，等等。该《方案》发布后，部分经济发达地区出现合作制或合伙制公证处；部分地区的法院对该《方案》实施后作出的公证行为导致的纠纷也循民事诉讼途径处理。从以上事实可见，虽然《公证法》实施前《条例》明确规定公证处为国家机关，但随着市场经济体制改革的不断深化，现实公证实践及司法实践已突破了《条例》的规定，这种突破甚至得到《条例》的制定机关国务院的认可和提倡①。因此，《公证法》实施前，各地的公证处及公证行为的性质实际上并不同一。而由于各地公证处不可能在《公证法》实施后一夜间全部完成改制，故在《公证法》施行后的相当时期内，性质不相同的客观现实仍一样存在。在此情况下，简单地以《公证法》实施为界将公证处、公证行为一概界定为国家机关、公行为和中介组织、私行为，实际上忽视了公证实践的客观现实，虽然并非没有法律依据，但显然不尽合理。毕竟，法律的正确适用，不仅指逻辑上的正确推导，更应是建立在全面客观认定事实的基础上。

然而，如果各地法院在审理因公证行为产生的纠纷时，均根据具体公证处和公证行为的实际性质确定是循民事诉讼还是行政诉讼途径处理，则不难想象，不仅《公证法》实施前的情况——各地对公证纠纷案件适用的诉讼程序因公证处和公证行为性质的不同而不同——依然存在，而且同一公证处改制前后作出的公证行为导致纠纷案件适用的诉讼程序也将不同。如此处理，虽然不乏现实依据，却出现对形式相同的案件适用不同诉讼程序的结果，难免引起社会认识的混乱，不仅不利于发挥司法审判对社会实践的指引作用，且影响司法权威，实际上也不合理。

综上可见，对公证处和公证行为性质认定的难点在于虽有法律、法规的规定，但不论 2006 年 3 月 1 日之前或之后，全国各地公证处和公证行为的性质并不相同；故不论忽视公证实践现实而仅凭法律、法规规定定性的做法，还是不顾法律、法规的规定而完全根据公证实践定性的做法，均失之偏颇。鉴此，综合考虑相当长时间以来各地公证处和公证行为性质不相同的客观现实、《公证法》实施后对公证纠纷案件诉讼程序应予统一的必要

① 国务院批准的《方案》与《条例》的相关规定存在诸多不一致，从法律适用角度，参照《立法法》第八十三条的规定，是否也可以认为在公证行为性质及赔偿等问题上应以该《方案》的规定为准？

性，以及《公证法》的实施必将逐步终结各地公证处和公证行为性质不相同局面的前景，在《公证法》实施后，对公证纠纷案件，不论具体公证处是否已改制，也不论具体公证行为是在何时作出，均依照《公证法》的规定予以处理，也许更为合理①。最高人民法院行政审判庭庭长赵大光在2005年11月30日《在全国法院优化行政审判司法环境经验交流会上的总结讲话》中提出，在《公证法》实施后，"公民、法人或者其他组织对公证机构作出的公证行为不服提起行政诉讼的，人民法院不再受理"，也正是上述法律适用原则的体现。

根据上述法律适用原则，虽然本案公证行为发生在《公证法》实施前，但当事人在《公证法》实施后提起诉讼，本案依照《公证法》的规定处理。由于依照《公证法》的规定，公证是社会中介机构的证明活动而非国家机关的行为，故如果公证机构在公证过程中因过错造成他人损失的，受害人当可依照《公证法》第四十三条的规定提起民事损害赔偿诉讼，却不存在通过行政诉讼途径撤销公证行为的基础。同时，从民事关系角度，由于公证行为本身并不设立、变更或终止公证当事人、公证利害关系人之间的民事权利义务关系，故公证书的撤销与否均不当然影响公证当事人、公证事项利害关系人之间基于公证事项所产生的民事关系，因此，无必要也不应当在民事诉讼程序中单独设置撤销公证书的程序。公证当事人、公证利害关系人如认为公证事项对其民事权利产生不当影响，应就公证事项争议起诉主张权利，而非起诉请求撤销公证书。这是《公证法》第四十条规定的立法本意②。本案正是据此裁定驳回了原审原告请求撤销公证书的起诉。

一审独任法官：叶　菁

二审合议庭成员：刘　浚　陈剑平　卫东亮

作者单位：广州市中级人民法院

① 需说明的是，由于《公证法》实施前虽有《条例》的规定，但各地公证处和公证行为的性质不相同，因此，在《公证法》实施后对该法律实施前作出的公证行为，不考究行为的性质而统一适用《公证法》规定处理，并非意味着《公证法》有溯及既往的效力，而是为了统一司法程序、更好地推动市场经济体制下的公证制度早日完善、统一的需要。

② 详见全国人大法律委员会《关于〈中华人民共和国公证法（草案）〉审议结果的报告》。

仅对拆迁安置的具体标准有异议而提起的诉讼适用何种诉讼程序

——广州市猎德经济发展有限公司诉李应光宅基地纠纷案

郑楚镐　黄耀平　杨泽涛

【问题提示】

在不改变土地集体所有性质的城中村改造模式下，若村民对村集体收回宅基地使用权本身及收回程序没有异议，但是对拆迁安置标准存在异议而提起的诉讼是适用民事诉讼程序还是行政诉讼程序?

【要点提示】

在不改变土地集体所有性质的城中村改造模式下，若村民对村集体收回宅基地使用权本身及收回程序不持异议，仅对拆迁安置的具体标准存在异议，则双方由此所产生的纠纷可遵循民事诉讼途径，适用《中华人民共和国土地管理法》和《中华人民共和国村民委员会组织法》等法律、法规予以调整。

【案例索引】

一审：广东省广州市天河区人民法院［2007］天法民四初字第2473号民事判决

二审：广东省广州市中级人民法院［2008］穗中法民五终字第221号民事判决

【案情】

上诉人（原审被告）：李应光。

被上诉人（原审原告）：广州市猎德经济发展有限公司。

广州市猎德经济发展有限公司（以下简称猎德公司）是在2002年11月14日经广州市天河区人民政府批准，由广州市天河区猎德村民委员会改制而成的经济实体。李应光是位于广州市猎德村居仁里横巷2号宅基地的使用权人，领有相应的"村镇宅基地使用证"。

基于建设国际化大都市及完善广州市政建设的考虑，广州市两级政府经过多年酝酿，决定将猎德城中村的改造作为解决城中村相关问题的首个试点工程，并最终确定了"以政府主导，村为实施主体"的整体改造原则。根据市、区两级政府的有关批复，作为原用地单位和拆迁安置工作的实施单位，猎德公司本着"为实现村民得到实惠、村集体经济得到壮大、改造区域环境面貌得到提升、历史人文景观得到保护"的目的，经全体村民代表表决，最终高票通过了《猎德村整体改造实施方案》和《猎德村旧村改造村民房屋拆迁补偿安置方案》（以下简称《补偿安置方案》），根据这些方案，本次改造将村里土地大致分作桥东、桥西两部分。其中，桥西土地在转为国有性质后一部分留给村建设酒店和安置部分集体物业，另一部分用以拍卖融资解决村整体改造的资金需求。而桥东为复建安置区，土地集体所有的属性未作改变，拆迁后，将在原来的地方上建造大型的村民安置生活区。而村民将依据上述补偿安置方案按其原宅基地面积的大小"拆一补一"（即每拆除一平方米补偿一平方米），改造后其领取的产权证书仍为集体所有土地使用权证。2007年9月30日，天河区政府作出《关于启动猎德村整体改造的公告》（编号为穗天府［2007］1号），批准猎德村整体改造实施单位收回猎德村桥东安置区、桥西南区土地使用权。其后，猎德公司发出致全体村民、住户的通知，要求包括猎德村桥西南区的村民在9月20日前全面清场完毕；同年9月16日，猎德公司召开股东代表大会，审议通过了《对猎德村整体改造中"重点户"的处理决定》，同意至拆迁限期时，对部分拒不配合进行拆迁的"重点户"，向法院提起诉讼。

由于李应光在上述搬迁限期内拒签拆迁安置补偿协议并拒绝交付土地，猎德公司遂起诉要求李应光立即清空位于广州市天河区猎德村居仁里横巷2号的房屋，交付给其用于拆除；李应光对补偿方案没有异议，仅是对于天井、水井及锌铁棚没有补偿有异议。庭审中，猎德公司明确表示会按照《补偿安置方案》规定的补偿标准对李应光予以补偿。

【审 判】

一审中，广州市天河区人民法院认为：原广州市天河区猎德村民委员会经批准改制为猎德公司，该村民委员会的权利义务依法应由改制后的猎德公司承受。《中华人民共和国土地管理法》第八条第二款规定，农村宅基地属于农民集体所有。《中华人民共和国村民委员会组织法》第五条第三款规定，农民集体所有的土地，由本村村民委员会进行管理。依据上述法律规定，猎德公司有权对猎德村所有的宅基地进行管理。猎德公司、李应光之间基于涉讼宅基地而产生的关系是宅基地分配、管理关系，双方因涉讼宅基地收回所产生的权利义务应受我国关于宅基地即农民集体所有土地相关法律、法规的调整，并不受《城市房屋拆迁管理条例》的调整。猎德公司现因涉讼宅基地收回问题与李应光产生纠纷，其有权就此提起诉讼主张。李应光关于猎德公司主体不适格、猎德公司未依据《城市房屋拆迁管理条例》取得拆迁许可证无权拆迁的抗辩缺乏法律依据，本院不予采纳。

《中华人民共和国土地管理法》第六十五条第一款第（一）项规定，为乡（镇）村公共设施和公益事业建设，需要使用土地的，农村集体经济组织经原批准用地的人民政府批准，可以收回土地使用权；第二款规定，依照前款第（一）项规定收回农民集体所有的土地的，对土地使用权人应当给予适当补偿。猎德公司基于村民得到实惠、村集体经济得到壮大、改造区域环境面貌得到提升、历史人文景观得到保护的目的，提出了收回村民宅基地使用权、整体进行改造的《猎德村整体改造实施方案》及《补偿安置方案》，上述方案符合猎德村村民的整体利益，亦不损害宅基地使用权人的合法权益，且经广州市、天河区两级政府的批准同意实施；作为涉讼宅基地使用权的原批准用地机关，天河区政府亦同意并批准猎德公司收回涉讼宅基地。因此，猎德公司有权收回涉讼宅基地使用权。因土地与地上建筑物是不可分割的，涉讼宅基地使用权被收回后，李应光所建设的地上建筑物亦应一并交给猎德公司。综上，猎德公司要求李应光将广州市猎德村居仁里横巷2号房屋腾空交回，符合《中华人民共和国土地管理法》的相关规定，本院予以支持。

《中华人民共和国村民委员会组织法》第十九条第（八）项规定“涉及村民利益的下列事项，村民委员会必须提请村民会议讨论决定，方可办理：……（八）村民会议认为应当由村民会议讨论决定的涉及村民利益的其他事项……”；第二十条第二款规定“村民自治章程、村规民约以及村民会议或者村民代表讨论决定的事项不得与宪法、法律、法规和国家的政策相抵触，不得有侵犯村民的人身权利、民主权利和合法财产权利的内容”。依据上述规定，村民会议讨论决定的涉及村民利益的事项，不得侵犯村民的人身权利、民主权利和合法财产权利。猎德公司系由原猎德村民委员会改制而来，其股东大会及股东代表大会依法行使原猎德村民会议的权利义务。猎德公司股东代表大会依法审议通过的《补偿安置方案》，规定猎德村宅基地收回后，对宅基地使用权人的地上建筑物合法建筑部分作出“拆一补一”（即每拆除一平方米补偿一平方米）的安置，对过渡期内的临时安置补助费也按居住与商铺等不同使用性质规定了不同的支付标准；即使对超出“宅基地使用证”上载明的建筑面积的超建部分建筑，也根据房屋结构的不同作了相应的补偿规定，可见《补偿安置方案》切实维护了猎德村民的利益，并未有侵犯村民人身权利、民主权利和合法财产权利的内容，符合《中华人民共和国村民委员会组织法》的相关规定。猎德公司、李应光之间关于涉讼宅基地地上建筑物被拆除后的补偿问题，理应按照上述《补偿安置方案》规定的补偿标准进行处理。猎德公司在收回宅基地使用权后，也有义务及责任积极主动与李应光协商安置补偿的相关细节，切实按照《补偿安置方案》规定的补偿标准做好安置补偿工作。遂依照《中华人民共和国民事诉讼法》第十三条、第六十四条第一款，《中华人民共和国土地管理法》第八条第二款、第六十五条第一款第（一）项及第二款，《中华人民共和国村民委员会组织法》第五条第三款、第十七条、第十九条第（八）项、第二十条第二款的规定，判决如下：李应光于本判决发生法律效力之日起3日内，将广州市猎德村居仁里横巷2号房屋腾空后交付给猎德公司。

一审宣判后，李应光不服判决上诉至广州市中级人民法院，认为猎德公司既然收回其依法使用的宅基地和房屋，就应依照《土地管理法》第六十五条的规定给予适当补偿，其依法要求猎德公司按照有关规定与其协商签订拆迁安置补偿协议合法合理。关于补偿问题，其房屋内的天井、水井及锌铁棚均属其合法财产，应当得到补偿，在双方未协商签订拆迁安置补偿协议的情况下，猎德公司不得进行拆迁，原审判决其清空房屋交给猎德公司缺乏事实和法律依据。因此，上诉请求：撤销原审判决，责令猎德公司在收回其依法使用的宅基地时必须依法与其签订安置补偿协议，在猎德公司没有与其依法签订安置补偿协议前，应判决驳回猎德公司的诉讼请求。

猎德公司不同意上诉人的上诉请求，并再次表示其虽然书面向原审法院申请撤回第二项诉讼请求，但会按照《补偿安置方案》规定的补偿标准对李应光予以安置补偿。

广州市中级人民法院认为：猎德公司基于全体村民的集体利益，经市、区两级人民政府的批准实施旧村整体改造，实为管理者对村民集体所有土地进行重新分配使用的行为，双方当事人因猎德公司主张收回涉讼宅基地使用权产生的纠纷属于宅基地的分配、管理纠纷，因此，原审认定本案性质为宅基地纠纷正确，本案应适用《中华人民共和国土地管理法》和《中华人民共和国村民委员会组织法》予以调整。《补偿安置方案》是村民股东选举股东代表经民主讨论后确定的在这次整体改造中实施拆迁安置补偿的统一标准，猎德公司也已经明确表示拆除涉讼宅基地的地上建筑物后将按该方案对李应光给予补偿，猎德公司的行为符合《中华人民共和国土地管理法》第六十五条关于收回集体土地使用权时，对土地使用权人给予适当补偿的规定。李应光作为集体土地的使用人之一，该方案理所当然对其产生约束力，因土地与地上建筑物是不可分割的，涉讼宅基地使用权被收回后，李应光所建设的地上建筑物也应一并交给猎德公司，故猎德公司要求李应光腾空涉讼房屋合法有理，原审判决正确予以支持。李应光与猎德公司之间关于涉讼宅基地房被拆除后的安置补偿及领取临迁费等问题，理应按照上述《补偿安置方案》规定的补偿标准进行处理，猎德公司在收回宅基地使用权后，应当积极主动与李应光协商安置补偿的相关细节，切实按照《补偿安置方案》规定的补偿标准做好安置补偿工作。这次旧村改造是惠及猎德村全体村民的重大事项，具有富民优生的重大意义，猎德村整体改造计划涉及全体村民的切身利益和公共利益，李应光没有按猎德公司通知的时间搬迁已经延缓了改造计划的实施，实际上对村集体经济利益和其他村民的合法权益构成了影响，因此，在有详细具体的安置补偿标准可供执行的前提下，李应光应迅速提供涉讼宅基地房并交给猎德公司拆除，这是李应光服从大局，积极配合猎德公司早日完成改造的应有之责，故此原审判决支持猎德公司收回涉讼宅基地并无不当。二审判决：驳回上诉，维持原判。

【评析】

我国目前尚无明确的法定程序和详尽的实体规则对集体所有土地上的房屋拆迁安置问题加以规范，这就导致在城中村改造相关纠纷发生并诉诸法院后，人民法院面临着应适用何种诉讼程序以及具体适用什么法律规范予以调整这样一个重大研究课题。由于城中村改造的必然趋势，该课题的破解具有迫切性和时代性。在相关立法时机尚未成熟以前，在相关指导政策尚未确立的情况下，本案的处理方式及处理结果即是法院为城中村改造发挥积极作用的一种有益的探索。

一、关于案涉拆迁安置纠纷的定性及司法救济途径探讨

从猎德公司与李应光双方的法律关系看，本案纠纷具有如下特点：（1）主体是村集体组织（猎德公司是经改制而成履行村委会职责的主体）和村民。其中猎德公司作为原用地单位和拆迁安置工作的实施单位，是村民大会依法选举成立的自治组织，李应光则是该村村民。（2）纠纷指向的标的是宅基地及其上房屋。在改造前后，标的物的土地性质并没有发生根本改变。作为原有宅基地的复建安置，李应光在改造完成后领取的仍然是集体所有性质的使用权证。（3）权利义务的主要内容是宅基地使用权已依法收回后的补偿安置问题，作为村民的李应光，对猎德公司基于公共利益和集体利益需要收回宅基地的程序以及收回事实本身不持异议，甚至对村民大会通过的拆迁安置补偿标准也没有意见，而仅是对该标准的具体适用有意见。

可见，本案纠纷既不同于传统意义上的城市房屋拆迁安置纠纷，也不同于国家对集体所有土地征收引发的拆迁安置纠纷。首先，从主体上看，城市房屋拆迁的主体一方是取得房屋拆迁许可证的单位（一般是政府部门或政府授权的开发商），另一方是被拆迁房屋的所有人；而集体土地征收拆迁安置纠纷的主体一方是国家，另一方是集体土地所有人和使用权人。其次，从纠纷指向的标的看，城市房屋拆迁的标的是城市规划区内国有土地上的房屋；而集体土地征收拆迁安置的标的是集体所有的土地和其上建筑、附着物。经依法办理出让或征收手续后，两者在拆迁改造后，土地的性质均是国有土地性质。最后，从权利义务的主要内容看，城市房屋拆迁具有双重属性，既包括政府主管部门的拆迁许可与拆迁裁决等具体行政行为，又包括拆迁人和被拆迁人之间就拆迁补偿安置协议而发生的补偿、安置关系；而集体土地征收拆迁安置纠纷主要涉及的是土地被征收后补偿是否合法以及补偿措施是否落实到位的问题。这就决定了对于包括与本案类似的相关拆迁安置纠纷进行司法救济时，无法遵循也不应遵循行政裁决或行政诉讼的途径。

首先，此类型的拆迁安置纠纷无法适用行政裁决的解决途径。对于国家征收集体土地引发的拆迁安置纠纷的处理，我国目前并无具体完备的法律、法规予以调整，但由于国家的征收是一种具体行政行为，对于相关纠纷的处理应遵循行政途径是没有异议的。而对于城市国有土地房屋拆迁纠纷，既有国务院颁布制定的《城市房屋拆迁管理条例》，广州市也有相关的《广州市城市房屋拆迁管理办法》、《广州市城市房屋拆迁裁决规则》等一系列法律、法规，为纠纷的处理提供了救济途径及较为充分的法律依据。根据这些规定，拆迁双方当事人因为房屋拆迁补偿、安置等问题发生争议，经协商达不成协议时，应先由房屋拆迁行政主管部门或同级人民政府裁决；对房屋拆迁行政裁决不服的，可向人民法院提起行政诉讼。但如上所述，由于案涉土地并非国有土地，拆迁改造也不是因为被国家征收，因此，其拆迁安置而引发的纠纷并不能依据或参照现有关于城市房屋拆迁和集体土地征收拆迁的法律、法规予以调整，无法走行政裁决的途径。

其次，此类纠纷不应通过行政诉讼途径解决。从纠纷双方的法律关系来看，案涉土地属于农民集体所有的土地，由村民委员会进行管理，村集体组织即村民委员会并非行政主体，其在对集体所有土地管理过程中所实施的行为亦非依行政机关的授权或委托而实施的，作出的有关拆迁与安置的决定不是行政具体行为，并不属于行政诉讼受案范围。因此，在宅基地的分配、管理过程中，村集体组织与村民并未形成行政法律关系，双方若因此产生纠纷不应通过行政诉讼途径解决。

那么，此类纠纷能否适用民事诉讼途径呢？笔者认为，判断某类案件是否属于民事诉讼的受理范畴，关键在于纠纷主体之间法律关系的性质。从本案纠纷的上述固有特性出发，拆迁双方当事人之间基于补偿安置而形成的关系，可划归为平等主体之间的民事法律关系。这是因为：（1）猎德公司、李应光双方本身并非行政主体，而是民事主体。本案中，案涉土地属广州市天河区猎德村农民集体所有，依据《中华人民共和国土地管理法》第八条第二款“农村宅基地属于农民集体所有”、第六十五条第一款“为乡（镇）村公共设施和公益事业建设，需要使用土地的，农村集体经济组织经原批准用地的人民政府批准，可以收回土地使用权”以及《中华人民共和国村民委员会组织法》第五条第三款“农民集体所有的土地，由本村村民委员会进行管理”的规定，猎德公司作为由原广州市天河区猎德村民委员会经批准改制而成的主体，有权对猎德村的农民集体所有土地进行经营、管理。现猎德公司基于全体村民的集体利益，经市、区两级人民政府的批准实施旧村整体改造，实为管理者对村农民集体所有土地进行重新分配使用的行为。猎德公司实施拆迁与李应光按期搬迁，依据的都是业已发生法律效力的拆迁批文和公告，都是按照城市规划法规、拆迁管理法规和村集体利益的需要而必须实施的行为，而非因他们之间相互有行政管理与服务的关系。他们的地位是平等的，被拆迁人对拆迁人没有行政服从的义务。(2) 猎德公司、李应光之间有着对等的权利和义务。猎德公司作为全村集体利益的代言者，其对案涉土地使用权收回并重新分配的行为已经得到政府的批准，作为村民的李应光对收回的程序及收回的事实本身并不存在异议，而仅是对补偿安置标准的具体适用存有争议。在土地收回合法性问题已解决的前提下，对于分配、管理的具体方案，纠纷双方均有平等的诉求，猎德公司作为具体施工单位必须对李应光进行补偿和安置；李应光必须服从公共利益和集体利益的需要，在规定的搬迁期限内完成搬迁。据此，猎德公司享有将房屋收回付诸拆迁改造的权利，负有对李应光给予补偿安置的义务，而李应光则享有取得补偿和安置的权利，负有在一定期限内腾房让地的义务。双方的权利与义务是基本对等的。由此引发的纠纷属于宅基地的分配、管理纠纷，可纳入《民事案件案由规定（试行)》的"宅基地纠纷"范畴中，并适用我国关于农民集体所有土地相关法律、法规予以调整。(3) 猎德公司、李应光之间的权利义务均以财产的取得与给付为内容，而且这种财产的取得与给付体现了民法的公平和等价有偿原则。猎德公司的义务是根据既定方案对李应光进行补偿安置，这种补偿安置，实际是对李应光拆房搬迁造成的损失所进行的物质补偿。李应光的义务是在一定的期限内拆房搬迁，腾出占用土地和房屋，以此换取对自己的安置、补偿，这说明双方的权利义务关系是一种特定的民事法律关系。现猎德公司由于自己的权利受到侵害，有权就此提起诉讼主张权利。

综上所述，法院将本案纠纷的性质定性为宅基地纠纷，并适用《中华人民共和国土地管理法》和《中华人民共和国村民委员会组织法》，遵循民事诉讼途径予以调整，是正确的。

二、关于案涉土地拆迁安置补偿标准的确定及约束力问题

对于国有土地房屋拆迁补偿标准的确定及其具体适用，我国已有明确的法律、法规予以调整。但对于集体土地上的房屋拆迁安置补偿标准问题，却缺乏相应的规范性文件。《土地管理法》规定村集体可收回宅基地使用权，并规定对宅基地使用权人应当给予适当补偿，但对于收回后的补偿标准未予明确规定；其他法律、法规亦未就此作出规定，宅基地房屋的拆迁补偿至今仍为立法空白。在村集体组织与村民因拆迁补偿标准产生纠纷的情况下，需解决的是如何确定房屋拆迁补偿的标准。

笔者认为，村集体组织收回村民宅基地使用权是对宅基地的一种管理、再分配行为，在此情况下对村民作何种补偿以及补偿多少，涉及村民的切身利益，因此，补偿标准必须经村民委员会讨论决定并由村民委员会实施，才能最大程度地维护全体村民的利益。根据《村民委员会组织法》第十九条第一款第（八）项"涉及村民利益的下列事项，村民委员会必须提请村民会议讨论决定，方可办理：……（八）村民会议认为应当由村民会议讨论决定的涉及村民利益的其他事项……"以及第二十条"村民自治章程、村规民约以及村民会议或者村民代表讨论决定的事项不得与宪法、法律、法规和国家的政策相抵触，不得有侵犯村民的人身权利、民主权利和合法财产权利的内容"的规定，凡涉及村民利益的事项，只要不与宪法、法律、法规和国家的政策相抵触，没有侵犯村民的人身权利、民主权利和合法财产权利的内容，均可由村民委员会讨论决定，且该决定对所属村民均具有约束力。具体到本案中，猎德公司的补偿安置标准是村民股东选举股东代表经民主讨论后确定的在这次整体改造中实施拆迁安置补偿的统一标准，根据《补偿安置方案》，案涉宅基地收回后，对宅基地使用权人的地上建筑物合法建筑部分作出“拆一补一”（即每拆除一平方米补偿一平方米）的安置，对过渡期内的临时安置补助费也按居住与商铺等不同使用性质规定了不同的支付标准；即使对超出“宅基地使用证”上载明的建筑面积的超建部分建筑，也根据房屋结构的不同作了相应的补偿规定，可见《补偿安置方案》切实维护了猎德村村民的利益，并未有侵犯村民人身权利、民主权利和合法财产权利的内容，符合《中华人民共和国村民委员会组织法》的相关规定，猎德公司也已经明确表示拆除涉讼宅基地的地上建筑物后将按该方案对李应光给予补偿，猎德公司的行为符合《中华人民共和国土地管理法》第六十五条关于收回集体土地使用权时，对土地使用权人给予适当补偿的规定。李应光作为集体土地的使用人之一，该方案理所当然对其产生约束力。

三、关于本案处理的法律效果与社会效果解析

对于上述因城中村改造引发的宅基地纠纷案件，法院面临的最大障碍是法律程序上的具体适用。如果仅仅是机械地、刻板地遵守和适用现有法律，包括与本案类似的相关拆迁安置纠纷根本无法启动诉讼程序，这将导致此类纠纷面临着久拖不决甚至无法解决的窘境，从而将给紧锣密鼓进行中的城中村改造进程构成重大的阻碍，社会的公共利益和村集体的整体利益很可能因这些细小纠纷而造成无法挽回的重大损害。这不但不利于和谐社会的构建，与法律的价值和立法精神也是直接相违背的。因此，妥善解决此类纠纷，要求我们以忠于法律、服从法律、实现法律公平正义价值为宗旨，从利益衡平的角度作出更符合立法原意和法律精神的处理。

《物权法》第五十九条规定：“农民集体所有的不动产和动产，属于本集体成员集体所有。”第六十一条规定：“城镇集体所有的不动产和动产，依照法律、行政法规的规定由本集体享有占有、使用、收益和处分的权利。”第一百五十四条规定：“对于失去宅基地的村民，应当重新分配宅基地。”《物权法》在起草过程中也曾在草案中规定：“因乡村公共设施和公益事业建设的需要，经县级人民政府批准，本集体收回宅基地的，应当对宅基地被占用的农户重新分配宅基地；造成宅基地使用权人损失的，应当给予合理补偿。”虽然《物权法》定稿时删去了该规定，但结合《土地管理法》第六十五条和《物权法》的上述规定可知，《物权法》对于集体土地所有人在一定条件下享有收回和重新分配宅基地的权利是持肯定态度的，换句话说，《物权法》是保护合法拆迁的。在关于集体土地拆迁安置纠纷尚无统一立法可参照调整的情况下，笔者认为，对于宅基地收回和重新分配仍可适用该草案条文规定的精神和原则处理。因此，本案的处理模式与《物权法》的相关规定并不存在任何矛盾之处，完全是站得住脚的。

实际上，从处理的最终结果看，本案最终所取得的法律效果与社会效果的有效统一还是令人称道的。与本案类似的纠纷天河区人民法院共受理八案，其中两案在审理中调解成功而撤诉，另外六案的被告在未进入强制执行阶段之前，均自觉履行了判决确定的义务，由此可知，被告对此的抵触并不强烈。在该案李应光自觉交回案涉宅基地后，案涉猎德城中村改造工程得以顺利进行，相应的市政公共基础设施建设也得以顺利完成，案件的处理取得了良好的社会效果。从包括中央电视台《新闻联播》等各大媒介及一些专家学者对本案的评价来看，正面评价较多，否定批判极少，这也从侧面印证了本案的处理方式与处理结果的成功之处。

一审独任法官：刘永纯

二审合议庭成员：吴国庆　黄晓清　冯敬芬

作者单位：广州市天河区人民法院

合同履行过程中变更合同条款应遵循正当法律程序

——深圳市爱才劳动争议服务部诉中国农业银行深圳笋田支行服务合同纠纷案

陆 璋 雷桂森

【问题提示】

服务合同履行过程中调整收费标准的行为在法律性质上属于变更合同条款，实施该行为者的内部决策程序是否能替代变更合同条款应遵循的正当法律程序？

【要点提示】

基于合同自由原则，合同履行过程中一方提出变更合同条款的主张，应通知相对方并获得其同意，否则，不产生变更的法律效力。服务合同履行过程中服务方调整收费标准亦应遵循此法律程序，否则，服务方依据调整后的标准收取对方费用的行为构成违约，由此侵害对方财产权益的，应承担赔偿责任。

【案例索引】

一审：广东省深圳市罗湖区人民法院［2007］深罗法民二初字第1156号民事判决

二审：广东省深圳市中级人民法院［2008］深中法民二终字第249号民事裁定

【案情】

原告：深圳市爱才劳动争议服务部。

被告：中国农业银行深圳笋田支行。

深圳市罗湖区人民法院经审理查明：原告深圳市爱才劳动争议服务部在被告中国农业银行深圳笋田支行处开有账户4102690004000888，2005年4月14日，原告向被告递交了中国农业银行深圳市分行“电话银行服务申请表”（以下简称申请表）和中国农业银行深圳市分行“电话银行服务申请书”（以下简称申请书）。申请表载明的账户是4102690004000888，申请表另注明，企事业单位申请电话银行开户时需在其开户银行办理。申请书内容如下：“我公司兹申请使用贵行提供的免费电话银行服务，并承诺以下责任和义务：一、本公司严格按照贵行电话银行服务使用规定，办理查询单位活期存款账户、单位定期存款账户、贷款账户资料、传真对账单、企事业单位存贷款利率表等业务（传真业务按邮电局标准付费）。二、我公司财务人员或经办人员对电话银行查询密码严格保密，因泄密造成存款账户资料外传或经济损失由我公司负责。三、本公司申请使用电话银行服务账户以‘电话银行服务申请表’为准。”通过上述申请表和申请书，原告在被告处开通了免费电话银行服务业务。庭审中，原告声称其从未使用过被告的电话银行服务。

2007年5月22日，中国农业银行深圳市分行发布公告，其内容是：根据《中华人民共和国价格法》、《商业银行服务价格管理暂行办法》的规定，现将本行拟调整的金融服务价格标准予以公告：一、本行拟调整的金融服务价格项目如下，所列项目自2007年6月5日起执行。收费项目：电话银行企业签约客户年服务费；收费内容：电话银行企业客户管理；服务价格：180元/户/年。二、本次公告收费项目和标准的其他具体事项请垂询我行网点柜台或95599客户服务热线。《中国农业银行深圳市分行办公室文件》之《关于开征电话银行企业签约客户年服务费的通知》公告工作部分载明，根据《商业银行服务价格管理暂行办法》的规定，商业银行服务价格项目、标准发生变化后，必须至少于执行前10个工作日进行公告，并且严格于公告日起的第11个工作日开始执行。我行将按照规定通过网点张贴、语音信息（如95599客户服务热线）等方式进行本项费用开征的社会公告。在公告的具体安排部分载明，按照公告的原则，分行辖区内各营业网点将于5月22日起张贴公告（至少10个工作日，至6月4日），6月5日起正式执行该项价格标准。

2007年6月15日，原告从被告处拿补制客户回单时，得知被告已于2007年6月5日从原告的账户中收取了电话银行年费人民币180元。从原告当日录制的录像中未看到被告处有张贴上述公告。原告要求被告予以返还，交涉未果，遂诉之法院。

深圳市爱才劳动争议服务部诉称：2007年6月5日，原告发现被被告非法强行扣交电话银行年费人民币180元，立即要求退还被拒绝。原告无奈，故诉诸法院，请求法院判令：一、被告退还原告电话银行年费人民币180元及利息、发票；二、被告支付原告工商信息费人民币60元；三、由被告承担本案诉讼费。

【审 判】

深圳市罗湖区人民法院经审理认为，本案为银行服务合同纠纷，针对双方争议焦点，法院作如下分析认定：

一、如何看待双方在银行服务合同中的权利义务。原告于2005年4月14日，通过签署申请书和申请表，与被告建立起了银行服务合同关系。在该合同关系中，原告有权利免费使用被告的电话银行服务业务，同时也有义务遵守相关电话银行服务使用规定。

二、2007年6月5日被告从原告的账户中收取了电话银行年费人民币180元的行为违反了之前的免费约定，属于单方面变更合同主要条款，原告获悉之后予以反对，表明双方未就变更事项达成一致，原服务合同予以终止。被告所拟收取费用虽已经过有关部门同意或批准，但其要向电话银行的客户收取还必须符合双方合同的约定和法律的相关规定，因为其与广大签约客户之间是一种平等的合同关系。我国合同法明文规定，合同的一方不得将自己的意志强加给对方，合同的变更须经双方当事人一致同意方为有效。因此，被告欲使原、被告之间原来存在的服务合同关系由免费变为收费，必须取得原告的同意。被告于收取电话银行年费之前所做的公告工作，也就是要将其变更银行服务合同中免费条款的意思表示通知到合同的另一方，使其知晓并决定是否同意变更原有合同条款。本案中，被告未能证明其已经将公告的内容通知到了原告，而且，就本案被告公告的内容来看，被告并没有在公告中对原签约客户可以行使的权利作必要的说明。即使公告通知到了原告，也不能推定出原告就同意了被告的变更条款。因为双方在原有合同关系中并没有约定，只要变更通知到达了对方，未予回复即为同意，而法理上亦认为不作为的默示行为要产生法律效力必须要有双方明确的约定或法律的直接规定。由于本案电话银行服务项目没有约定期限，双方可以随时终止服务合同关系，因此，原告在知悉电话银行服务由免费变为收费后，第一时间表示了反对，说明了原告是不同意被告变更要求的，原告从该时起终止了双方的银行服务合同关系。

三、服务合同的本旨是一方提供服务，另一方支付相应费用。接受了服务应支付费用，未接受服务，则无须支付费用，如此才符合民法之公平原则。本案被告将其电话银行服务业务由免费变为收费，符合市场经济原则与服务合同之本旨，且已依法获得允许，本无不妥。但被告作为服务的提供者，在与服务的接受者——广大的电话银行服务使用者之间，仍须遵循双方的有关约定和法律的有关规定，不能违背合同自由原则，剥夺或限制对方的合同自主权。特别是在涉及从免费到收费这样重大权利义务的变更时，要充分尊重原合同的另一方主体所享有的合同自由。本案原告在知悉被告的电话银行服务由免费变为收费之后，既明确反对，又未实际再使用被告的电话银行服务业务，意味着其不愿再接受被告的相关服务，与被告继续建立合同关系，衡诸事理，应不需再支付服务费用方为公平合理。被告在其公告日期结束之后，不论原告是否同意其对服务费用的调整，亦不论原告事实上有否再使用其电话银行业务，依据原合同关系径行从原告在其处开立的账户中收取电话银行年费人民币180元的行为，有违法律规定，侵害了原告对有关财产的合法权益。

综上，原告虽然与被告建立过银行服务合同关系，但在该合同关系中，原告使用电话银行服务，是无须支付任何费用的。被告依据相关规定，决定从2007年6月5日起，将原来免费提供给签约客户的电话银行服务业务调整为收费，并采用公告的方式宣布这一决定，于法并无不可，但不能由此而侵害原用户的合同自由。原告作为原签约客户之一，于2007年6月15日知晓了这一情况，并当即要求被告返还已收取的电话银行年费人民币180元的行为，应视为原告不同意被告有关收费的决定，并终止了与被告原来签订的服务合同。与此同时，被告未能证明原告于电话银行服务费用调整之后有使用电话银行服务的事实存在。故在上述情况下，被告依据收费决定，收取作为原签约客户的原告的电话银行年费，并无合同和事实依据，侵害了原告的财产权益，依法应向原告返还其收取的费用。对于原告为维护自身合法权益而支出的工商登记资料打印费，被告亦应予以赔偿。原告要求被告开具电话银行年费发票的诉请，因电话银行年费将返还给原告，故此诉请失去了基础，本院不予支持。依照《中华人民共和国民事诉讼法》第六十四条第一款、《中华人民共和国民法通则》第一百零六条第一款、《中华人民共和国合同法》第三条之规定，法院判决：被告向原告返还电子银行年费人民币180元及其利息；被告向原告赔偿工商登记资料打印费人民币60元；驳回原告其他诉讼请求。

判决之后，中国农业银行深圳笋田支行不服，向深圳市中级人民法院提起上诉。后中国农业银行深圳笋田支行以服从一审判决为由，申请撤回上诉，深圳市中级人民法院于2008年2月27日裁定准许中国农业银行深圳笋田支行撤回上诉。

【评析】

本案为银行服务合同纠纷。双方争议的焦点问题是被告向原告收取电话银行年费人民币180元是否有事实和法律依据。本案涉及的焦点问题是合同变更的正当法律程序。

合同变更，指不改变合同的主体而仅改变合同内容的情形，如合同履行期限、地点、标的物、价款的改变等。合同变更可以基于法律规定、当事人的法律行为等不同原因而发生。我们常说的单方变更或者协议变更合同问题，实质上是指当事人基于法律行为变更合同。

因当事人的法律行为而发生的合同变更，包括两种类型：一是依单方行为变更，指一方可以依据自己的意思变更合同的内容；二是依双方行为变更，又称协议变更，指由合同双方当事人达成新的协议变更合同。原则上，民事法律行为从成立时起具有法律约束力，行为人非依法律规定或者取得对方同意，不得擅自变更或者解除。因此，实践中依单方行为发生合同变更而又不必承担法律责任或者其他不利后果的情形比较少，除非当事人事先约定一方可以依据自己的意思变更合同的内容或者变更后的内容是对另一方有利的。实践中，依单方行为发生合同变更的情形，变更人往往要承担法律责任或者其他不利后果。例如，我国《合同法》第二百五十八条规定，定作人中途变更承揽工作的要求，造成承揽人损失的，应当赔偿损失；《合同法》第三百条规定，承运人擅自变更运输工具而降低服务标准的，应当根据旅客的要求退票或者减收票款；提高服务标准的，不应当加收票款。依双方行为变更合同，是实践中常见的合同变更形式，应由当事人协商一致方为有效。本案当事人存在的是服务合同关系，从法律规定来看，在该合同关系内，被告要将原来提供给原告的无偿电话银行服务变更为有偿服务，必须取得原告的同意，其无权单方决定。

关于合同变更的要件，我国合同法专家韩世远学者归纳为四点：原已存有效的合同关系；合同的内容须有变更；变更本身的有效性；变更本身的明确性。从内容上看，该四个要件均是实体要件。而在司法实践中，因合同变更而引起的争议，如本案，往往是在合同变更的程序上不符合法律规定的要求而造成的。合同基于当事人的意思表示一致而成立，合同变更，本身是以新的合意来变更原来的合同，同样应基于当事人的意思表示一致方为有效。我国合同法明文规定，合同的一方不得将自己的意志强加给对方，合同的变更须经双方当事人一致同意方为有效。这些规定为在程序上保障协议变更合同的效力划定了大的原则。协议变更合同，在程序上的具体要求应适用我国合同法有关合同成立及生效的规定，否则，不能认定已发生合同变更的事实。

我国《合同法》第十三条规定，当事人订立合同，采取要约、承诺方式。第十六条规定，要约到达受要约人时生效。第二十一条规定，承诺是受要约人同意要约的意思表示。第三十二条规定，当事人采用合同书形式订立合同的，自双方当事人签字或者盖章时合同成立。第三十六条规定，法律、行政法规或者当事人约定采用书面形式订立合同，当事人未采用书面形式但一方已经履行主要义务，对方接受的，该合同成立。第三十七条规定，采用合同书形式订立合同，在签字或者盖章之前，当事人一方已经履行主要义务，对方接受的，该合同成立。第三十九条规定，采用格式条款订立合同的，提供格式条款的一方应当遵循公平原则确定当事人之间的权利和义务，并采取合理方式提请对方注意免除或者限制其责任的条款，按照对方的要求，对该条款予以说明。最高人民法院《关于贯彻执行〈中华人民共和国民法通则〉若干问题的意见（试行）》第六十六条规定，一方当事人向对方当事人提出民事权利的要求，对方未用语言或者文字明确表示同意，但其行为表明已接受的，可以认定为默示。不作为的默示只有在法律有规定或者当事人双方有约定的情况下，才可以视为意思表示。上述规定，均是从程序上对合同成立问题予以规范，合同变更在程序上亦应遵循上述规定，只有不违反上述规定，合同变更的事实才能认定为成立。

意思表示有明示与默示两种形式。所谓默示的意思表示，指行为人的意思并非通过语言或者文字明确表示出来，而是通过其行为推定出来。由于行为又可分为作为与不作为，默示作为一种行为，也就可以划分为作为的默示与不作为的默示。从我国法律的上述规定可以看出，我国法律原则上只是承认作为的默示可以作为意思表示的一种方式，对于不作为的默示，原则上是不承认其可以作为意思表示的一种方式的。因此，合同变更的意思表示虽然也可以通过默示的方式而为之，但也应遵循上述规定。本案中，银行通过公告方式将其变更服务收费的意思表示通知各使用电话银行服务的企业客户，于法并无不可，但其根据企业客户在公告期满未作反对的事实，即认为企业客户已经默示同意了其变更主张，则显然没有法律依据与合同依据，不能得到法律支持。

一审独任法官：雷桂森

二审合议庭成员：程　炜　邱明演　王　伟

作者单位：深圳市罗湖区人民法院

货运合同中的托运人告知义务的履行及赔偿责任之承担

——广东楚天龙智能卡有限公司诉深圳市易达货运服务有限公司货物运输合同案

杜新春　邓鹤飞

【问题提示】

因托运人未尽告知义务所致的承运人不能预知的货物损失，承运人是否应承担赔偿责任?

【要点提示】

在货运合同法律关系当中，托运人负有详细、完整地告知承运人有关货物信息的义务。因托运人未尽告知义务所致的承运人不能预知的货物损失，承运人不承担赔偿责任。

【案例索引】

一审：广东省东莞市人民法院［2006］东法民二初字第2967号民事判决

二审：广东省东莞市中级人民法院［2007］东中法民二终字第354号民事判决

【案情】

原告：广东楚天龙智能卡有限公司（以下简称楚天公司）。

被告：深圳市易达货运服务有限公司（以下简称易达公司）。

东莞市人民法院经审理查明，被告的营业执照显示的经营范围是信息咨询、投资咨询、公路货运代办、铁路货运代办、普通货物装卸等。2004年11月28日，原告与河北全球通信有限公司签订一份《产品购销合同》，约定原告向河北全球通信有限公司供应100万张充值纸卡，由原告根据河北全球通信有限公司的要求分批生产，每张0.38元。2005年4月16日，原、被告签订一份《货运合作协议书》，就被告为原告提供全国各地货物陆路运输服务达成协议。协议书第一条服务内容约定：原告将其产品委托被告办理发往全国各地的陆路运输业务。第二条双方的责任与义务约定：原告应保证其所发货物的合法性，货物内不挟带危险物品、政府禁止运输和限制运输的物品；被告在接受待运货物时，必须对原告货物件数、数量、包装状况进行确认；确定无疑问地接受原告货物后，必须对原告货物的安全负责；如导致丢失，被告应赔偿原告直接损失。被告必须爱护原告货物，不得擅自调拨货物、拆改包装等；被告必须按照原告要求的运输方式、装卸要求等送货，否则原告有权要求被告调整货运单价；被告保证在上述运输、装卸等服务中货物的安全与完整性，如因被告原因造成货物的灭失、短少、受潮、损坏等，被告需赔偿原告的直接经济损失（不可抗力因素造成的除外）。

合同签订后，原告于2005年6月9日将50 000枚“鸡年手机充值卡”交被告送往河北全球通信有限公司，其中注明面值50元的为30 000枚，面值100元的为20 000枚；运价为297元，运输方式为铁路运输，交货地点为河北移动衡水分公司。被告核对后，在“发货单”上签字并提走该货物。被告提货后于当天将上述货物转委托深圳市捷顺搬迁运输有限公司用汽车方式进行运输。2006年6月10日，深圳市捷顺搬迁运输有限公司的汽车运货至京珠高速广东韶关高速路段时，即在当天上午8时左右发生火灾，大部分手机充值卡纸卡被烧毁，其中部分没烧毁。事发后，深圳市捷顺搬迁运输有限公司的司机报了火警，随后韶关市曲江区公安消防大队和当地的交警、路政、拯救大队及清障公司到场进行施救。在施救过程中，即当天下午5时许，施救的部分工作人员及周围群众对未被烧毁的充值卡进行充值。深圳市捷顺搬迁运输有限公司的经理发现该充值卡可充值后，马上打电话告知原告。原告知情后亦通知河北全球通信有限公司锁住充值卡。2006年6月11日，深圳市捷顺搬迁运输有限公司向韶关市公安局刑警支队报案。韶关市曲江区公安消防大队于2006年6月11日、韶关市公安局交警支队高速公路大队于2006年6月30日分别出具证明，证明汽车发生火灾原因待查。2006年6月17日，河北全球通信有限公司告知原告，原告委托运输的充值卡发生火灾被他人充值造成损失367 850元。2006年7月28日，原告赔偿河北全球通信有限公司损失367 850元。经韶关市公安局刑警支队侦查证实，原告委托被告由深圳市捷顺搬迁运输有限公司运输的充值卡发生火灾被他人充值共计367 850元，在2006年9月9日之前共追回充值价值207 900元，其余充值部分因充值机号机主不明无法追缴。上述追回的207 900元已交还原告。原告未追回而被充值的价值为159 950元。

另查，原告向本院提供了一份其单位的证明，证明50 000枚制作充值卡半成品（外协加工）成本共计5 767.34元，成品（自制）成本共计11 497.86元（直接材料费7 597.27元，动力费554.54元，直接人工费1 258.33元，制造费用2 087.72元），合计17 265.19元。

【审判】

广东省东莞市人民法院经审理认为，原告和被告签订的《货运合作协议书》有双方盖章和法定代表人的签名，是双方的真实意思表示，且约定的内容没有违反法律的强制性规定，应属合法有效合同。原告交付被告代办承运的是手机充值卡即电信卡，其不具备有价证券的法律特征，不属于政府禁止运输和限制运输的物品，故原告委托被告承运的货物并不违反有关货物运输的相关规定。根据被告的营业执照显示，被告的经营范围是公路货运代办、铁路货运代办、普通货物装卸等，由此说明被告是办理公路和铁路运输服务的代理机构，原告在与被告签订协议时也应知道其经营范围，故被告在承接原告货物运输业务后转委托其他有相应资格的运输单位进行运输并无不妥。本案涉及的汽车运输发生的火灾事故，根据韶关市曲江区公安消防大队和韶关市公安局交警支队高速公路大队出具的证明显示火灾原因待查，目前无法确定被告方是否存在免责事由，据此本案应根据协议的约定及双方履行协议的情况来确定造成损失的责任。首先，原告将50 000枚充值卡交付被告代办运输时已在发货单上注明运输方式为铁路，而被告提货后将货物委托深圳市捷顺搬迁运输有限公司用汽车进行公路运输，被告这一行为已违反了货运合作协议的约定，且公路运输发生事故的危险性明显比铁路运输要大，据此被告对此次运输发生火灾造成损失应承担相应的过错责任。其次，原告将充值卡交给被告代办运输时没有明确告知充值卡已经激活即可充值，致使被告转委托的运输单位在汽车发生火灾时没有引起注意，即没有在第一时间通知原告需及时转告其客户锁住充值卡以免被他人充值，防止损失扩大，据此原告也应对充值卡被充值造成的损失承担一定的过错责任。再次，原告委托被告代办承运的充值卡价值 3 500 000 元，而原告支付被告运输对价仅为 297 元，被告收取运输对价与其承担的风险明显不对等。综上，根据公平原则，本院酌情认定此次运输货物发生火灾造成的损失被告承担 50% 的赔偿责任。

本案原告的损失包括两方面：一是充值卡被充值未追回的损失。原告委托被告运输的充值卡发生火灾被他人充值造成损失 367 850 元，原告已赔偿给其客户河北全球通信有限公司。公安机关立案侦查后为原告追回充值价值 207 900 元，尚有 159 950 元的损失未追回。二是充值卡纸卡的损失。因原告交给被告代办运输的 50 000 枚充值卡被烧毁及被他人取走充值造成充值卡纸卡失去使用价值，无法按时交付客户，应属原告损失的范畴。原告主张其 50 000 枚充值卡纸卡制卡成本为 17 265. 19 元，对此提供了其单位的证明予以证实，被告以该证明为原告单方面制作的证据为由，表示不予确认。原告与河北全球通信有限公司购销合同显示，原告为其客户制作充值卡纸卡每枚 0. 38 元，按此计算 50 000 枚充值纸卡共计加工费 19 000 元，上述费用已包括制卡利润，而原告主张制卡成本低于上述数额，可见原告的主张比较客观真实，且被告并没有提供制卡成本低于原告主张的反驳证据，据此本院采纳原告的主张，即认定 50 000 枚充值卡纸卡制卡成本为 17 265. 19 元。以上两项合计损失为 177 215. 19 元。被告应赔偿原告该损失的 50% 即 88 607. 60 元。原告在 2006 年 7 月 28 日已经赔偿其客户河北全球通信有限公司的损失，现原告要求被告支付从 2006 年 7 月 28 日起至付款之日止按银行同期贷款利率计算的利息，本院予以支持，但应以被告赔偿的数额 88 607. 60 元为本金计算。综上所述，依据《中华人民共和国合同法》第五条、第六十条、第二百九十条、第三百零四条、第三百一十一条的规定，判决如下：一、限被告于本判决生效之日起五日内向原告支付充值卡损失 88 607. 60 元。二、限被告于本判决生效之日起五日内向原告支付利息（利息以 88 607. 60 元为本金，按银行同期贷款利率计算，从 2006 年 7 月 28 日起计至付款之日止）。本案受理费 5 120 元，由原、被告各负担 2 560 元。此款原告已预交，本院不予退回，被告负担的部分受理费在本判决生效后五日内由被告径付给原告。

宣判后，易达公司不服一审判决，提起上诉。

二审法院认为：本案争议的焦点是易达公司是否应当对楚天龙公司的货物损失承担赔偿责任以及赔偿数额。

关于承担赔偿责任的问题。一审法院认定双方签订的合同系有效合同是正确的。根据《货运合作协议书》的约定，易达公司的最主要合同义务就是将楚天龙公司交付运输的货物安全、完整地运送到目的地，否则应当赔偿直接经济损失。易达公司在运输楚天龙公司 50 000 枚充值卡过程中，因运输车辆发生火灾导致楚天龙公司的充值卡被毁损或被充值，未能安全、完整地运送到目的地，已构成违约，应当对楚天龙公司的货物损失承担赔偿责任。对于易达公司辩称《货运合作协议书》约定火灾是免责事由，其不应当承担赔偿责任，法院认为，该条所指的火灾应当是指不可抗力所致的火灾，对于人为过失引发的火灾，如果仍视为免责事由则对托运方即楚天龙公司有失公平，因此本院认为该条所指的火灾应当是指不可抗力所致的火灾，并非所有的火灾都是易达公司可以免责的事由。而本案导致货物损失的火灾，按易达公司主张是车辆自燃，但是易达公司未能提供证据予以证明，且韶关市曲江区公安消防大队和韶关市公安局交警支队高速公路大队分别出具证明，证明汽车发生火灾原因待查，故在易达公司不能举证证明导致货物损失的火灾是不可抗力所致的情况下，本院认为导致货物损失的火灾不属于《货运合作协议书》所约定的免责事由，本院对易达公司该抗辩主张不予采纳。

关于易达公司赔偿货物损失的数额问题：

一、易达公司赔偿限额的问题。易达公司提出，根据《货运合作协议书》的约定，如果楚天龙公司不购买保险，1 万元以内按实际卡面面值赔偿，超出 1 万元的损失按成本价赔偿。法院认为，由于货运合作协议书约定易达公司不得擅自调拨货物、拆改包装等，文明装卸，不可任意践踏货物，如因易达公司操作不当造成货物缺失，易达公司应赔偿楚天龙公司全部损失。本案中，双方约定运输方式是铁路运输，当然不排斥合理的公路运输，但易达公司擅自将货物通过公路运输至长沙再转为铁路运输，显然违背了合理的公路运输。就本案而言，发货地点是东莞市，铁路行包托运最近的站点在广州市，合理的公路运输理应是在东莞市楚天龙公司的所在地与广州市火车站之间，然而易达公司却要通过近 1 000 公里的公路运输将货物运至长沙市再转为铁路运输，应当视为其改变了运输方式，增大了货物运输的风险，违反了《货运合作协议书》的约定，应赔偿楚天龙公司全部损失，那么自然也排斥了《货运合作协议书》关于赔偿限额的约定。因此，法院对于易达公司关于赔偿限额的抗辩主张不予采纳。

二、关于楚天龙公司是否向易达公司履行了充值卡已被激活能充值的告知义务，以及在事故发生后是否采取了措施避免损失扩大。法院认为，易达公司在接受楚天龙公司交付的货物时应当知道该货物是充值卡，但是楚天龙公司未告知易达公司这些充值卡已经被激活可以随时充值，导致易达公司及深圳市捷顺搬迁运输有限公司在火灾发生时未能引起足够的注意，即没有在第一时间通知楚天龙公司需及时转告其客户锁住充值卡以免被他人充值，防止损失扩大，因此楚天龙公司对充值卡被充值造成的损失也应当承担一定的责任，可以减轻易达公司承担的赔偿责任。原审判决基于此点理由，酌情认定易达公司仅对楚天龙公司的货物损失承担 50% 的赔偿责任，较为适当，且楚天龙公司也未提出上诉，本院对此予以认可。

三、充值卡被充值损失数额的问题。楚天龙公司交付易达公司运输的充值卡有部分被充值，经韶关市公安局刑警支队侦查证实充值卡被他人充值 367 850 元，且楚天龙公司向河北全球通信有限公司赔付了 367 850 元。鉴于之后公安机关为楚天龙公司追回了 207 900 元的损失，因此充值卡被充值造成的楚天龙公司的实际损失为 159 950 元。

四、充值卡制卡成本损失数额的问题。楚天龙公司交付的 50 000 枚充值卡，被烧毁或他人充值而失去使用价值，也应属于楚天龙公司的损失范围。虽然楚天龙公司仅提交了其单方面制作的证明来证实制卡成本为 17 265. 19 元，但是鉴于制卡成本的损失是客观存在的，且楚天龙公司所主张的成本损失并未超过其为河北全球通信有限公司制作充值卡的价格，因此本院认可原审判决对制卡成本损失所作的认定，酌情认定制卡成本损失为 17 265. 19 元。

因此，两项合计楚天龙公司的损失应为177 215.19元，易达公司应当赔偿楚天龙公司该损失的50%即88 607.6元，原审判决对此处理正确。据此，二审法院驳回上诉，维持原判。

【评析】

一、在货运合同法律关系当中，托运人负有详细、完整地告知承运人有关货物信息的义务，因托运人未尽告知义务所致的承运人不能预知的货物损失，承运人不承担赔偿责任

货运合同是指承运人将托运人交付运输的货物运送到约定地点，托运人支付运费的合同。在货运合同法律关系当中，托运人的主要合同义务包括如实告知承运人相关货物信息的义务、包装货物的义务及支付运费的义务等。而承运人所负的主要合同义务就是将货物安全、完整、及时地运送到目的地并交付给收货人。货运合同纠纷往往是由于托运人未能将货物安全、完整、及时地运送到目的地而产生的，本案就是因为易达公司未能将楚天龙公司交付运输的充值卡安全、完整地运送到目的地所产生的纠纷。

根据楚天龙公司与易达公司签订的货物合作协议，易达公司应当将楚天龙公司交付运输的充值卡安全、完整地运送到目的地河北省衡水市，并将充值卡交付给河北移动衡水分公司。但是，在运输过程中因发生了火灾导致充值卡毁损、灭失，易达公司未能履行自己所负的主要合同义务，已构成违约。易达公司认为火灾是免责事由，因发生了火灾导致充值卡毁损、灭失，其无须承担损害赔偿责任。在货物运输过程中，货物的所有权仍属于托运人或收货人，而且承运人所收取的运费与托运人所托运货物的价值之间往往有较大的差距，例如本案中充值卡的面值共计350万元，而易达公司收取的运费只有297元。按照权利与风险对等的原则，为衡平承运人和托运人、收货人的利益关系，法律对承运人赔偿责任规定了例外情形，即确定了承运人承担损害赔偿责任的免责事由。《合同法》第三百一十一条规定："承运人对运输过程中货物的毁损、灭失承担赔偿责任，但承运人证明货物的毁损、灭失是不可抗力、货物本身的自然性质或者合理损耗以及托运人、收货人的过错造成的，不承担损害赔偿责任。"从该条法律条文可知，承运人的免责事由有三种，一是不可抗力，二是货物本身的自然性质或者合理损耗，三是托运人、收货人存在过错。易达公司主张火灾是免责事由，那么就必须举证证明火灾是由不可抗力，或充值卡本身的自然性质，又或是由托运人、收货人的过错造成的，但是易达公司对此均未能予以证明，因此易达公司对于充值卡的毁损、灭失应当承担损害赔偿责任，不能免责。

托运人负有如实告知承运人相关货物信息的义务，即托运人必须将货物交付给承运人，并准确告知承运人有关收货人的名称、地址，货物的名称、性质、重量、数量、价值等必要的信息。有关货物的信息直接关系到货物能否安全、完整、及时地运送到目的地，如果托运人不如实告知承运人相关的货物信息，不仅会给以后的运输工作增添麻烦，而且往往会使承运人遭受损失，托运人对此应当承担损害赔偿责任。《合同法》第三百零四条就明确规定："托运人办理货物运输，应当向承运人准确表明收货人的名称或者姓名或者凭指示的收货人，货物的名称、性质、重量、数量，收货地点等有关货物运输的必要情况。因托运人申报不实或者遗漏重要情况，造成承运人损失的，托运人应当承担损害赔偿责任。"本案中，托运的货物是充值卡，充值卡具有类似有价证券的性质，也就是说其本身的成本价值很低，但是其附载的价值较高，对于这类物品的毁损、灭失，不单要考虑其成本价值的损失，还要考虑其附载价值的损失。如果楚天龙公司在托运时仅按一般印刷品来履行告知义务，则易达公司就无法预见除了货物本身的制作成本价值之外，货物还附有更大的价值，那么充值卡被充值的损失就不应当由易达公司赔偿。虽然本案中楚天龙公司已告知了易达公司运输的货物是充值卡，但是楚天龙公司仍然没有全面履行其告知义务，因为充值卡有激活和未激活的区别，已激活的充值卡可以随时充值，如果遗失，会造成严重后果；未激活的充值卡则不能立即充值，如果遗失，则有充足的时间采取补救措施。由于楚天龙公司未完整地履行其告知义务，即未告知易达公司充值卡已被激活，导致未能及时锁住这些充值卡而扩大损失，故楚天龙公司应当对货物的毁损、灭失承担一定责任。基于公平原则，综合衡量易达公司收取的运费与充值卡的实际价值之间存在较大差距，及楚天龙公司未完全履行告知义务等因素，法院酌定易达公司和楚天龙公司对货物的毁损、灭失所造成的损失各承担50%的责任。

二、托运人在托运货物时须特别注意赔偿限额条款

一般而言，承运人的运费与托运货物的价值之间有很大的差距，为了平衡货物毁损、灭失后的差距以及货物毁损、灭失后的赔偿责任过大的问题，承运人在接受托运人的货物时都会与托运人约定赔偿限额条款。这是运输行业的特殊约定，如无可撤销的情形，该约定是有效的，如发生赔偿事故应当按照约定的赔偿限额进行处理。《合同法》第三百一十二条规定："货物的毁损、灭失的赔偿额，当事人有约定的，按照其约定，没有约定或约定不明确，依照本法第六十一条的规定仍不能确定的，按照交付或者应当交付时货物到达地的市场价格计算。法律、行政法规对赔偿额的计算方法和赔偿限额另有规定的，依照其规定。"本案中，易达公司首先主张存在楚天龙公司不参加保险，出现货物丢失，货损、货差最高按丢失货物运费的6倍赔偿的约定。但是因易达公司提供的铁路、公路货物运单的真实性无法认定，故有关赔偿限额的条款无法认定。其次，易达公司还主张按照《货运合作协议书》的约定，如果楚天龙公司不购买保险，1万元以内按实际卡面面值赔偿，超出1万元的损失按成本价赔偿。楚天龙公司也确实没有为充值卡购买保险。但是《货运合作协议书》又约定易达公司不得擅自调拨货物、拆改包装等，文明装卸，不可任意践踏货物，如因易达公司操作不当造成货物缺损，易达公司应赔偿楚天龙公司全部损失。由于易达公司确实存在擅自改变运输方式等违约行为，那么《货运合作协议书》中关于赔偿额的约定存在冲突，法院基于公平原则，并综合衡量托运人与承运人之间的利益关系，认为应当适用《货运合作协议书中》的约定，但排斥适用《货运合作协议书》关于赔偿限额的约定。因此，法院对于易达公司关于赔偿限额的抗辩主张不予采纳。不过此案也给托运人警示，即在托运货物时一定要注意此类赔偿限额条款，不要以为只要交付了货物、支付了运费，一切风险、责任就转移到了承运人处，在运输过程中发生货物毁损、灭失就可以获得全额的赔偿，必要时还是要为自己的高价值货物购买保险，以防万一。

一审合议庭成员：蔡泽伟　覃进朋　罗广杰
二审合议庭成员：姚勇刚　李小敏　邓鹤飞
作者单位：东莞市中级人民法院　东莞市第三人民法院

储蓄合同中银行责任义务的承担

——蔡志生诉中国建设银行股份有限公司广州荔湾支行储蓄合同纠纷案

宁建文

【问题提示】

在储蓄合同中银行应承担哪些义务？对于银行违反有义务的行为，银行该如何承担责任？

【要点提示】

根据现行法律规定，银行作为储蓄合同一方当事人，具有保障存款人存款安全的合同义务，应为存款人提供安全的交易场所，为存款人的存款信息保密采取相应的措施。储户根据约定，对自己存款密码的保管也有必要的审慎注意义务。对储户账户资金损失的赔偿责任，应综合考量双方当事人的合同义务履行情况来确定。

【案例索引】

一审：广东省广州市荔湾区人民法院［2006］荔法民一初字第1440号民事判决

二审：广东省广州市中级人民法院［2007］穗中法民二终字第396号民事判决

【案情】

上诉人（原审被告）：中国建设银行股份有限公司广州荔湾支行（以下简称建行荔湾支行）。

被上诉人（原审原告）：蔡志生。

蔡志生在中国建设银行开办了卡号为4367423323020139204的龙卡储蓄卡，该储蓄卡具有“银联”的联网标识。蔡志生持有的与该卡并用的活期存折账户为3323029980120015105。2006年9月11日晚上10时许，蔡志生持该卡到中国建设银行康王路分理处的自助银行取款。蔡志生在自助银行门禁设备刷卡进入时，设备系统提示需输入密码，蔡志生在输入密码后，自助银行门没有打开，蔡志生随后离开。同年9月14日，蔡志生前往建设银行取款时，发现存折内的款项被他人以ATM取款和转账的方式共取走35 000元，被扣除手续费12.6元，即于当日向广州市公安局越秀分局东风派出所报案，并向建行荔湾支行反映了该情况。蔡志生于2006年10月23日向广州市荔湾区人民法院起诉，请求法院判令：建行荔湾支行向蔡志生赔偿35 012.6元及利息（自2006年9月14日起至清偿完毕之日止，按银行同期活期存款利率计算）；本案诉讼费由建行荔湾支行承担。建行荔湾支行在庭审中陈述：建行荔湾支行的监控系统显示，2006年9月11日晚约

7时至8时的时间内，中国建设银行康王路分理处的自助银行门禁设施被他人装置了其他仪器。蔡志生向公安机关报案后，该案尚未侦破。

诉讼中，蔡志生提供了账户为3323029980120015105的存折一本，存折记录显示：2006年9月13日ATM取款6次，取款金额合共10 000元；ATM转账4次，转账金额合共20 000元。2006年9月14日ATM取款3次，取款金额合共5 000元，手续费12.6元。建行荔湾支行对上述存折和存折记录的内容没有异议，认为存折记录的取款和转账款项不能证明是被他人盗取，蔡志生持有储蓄卡和存折，有可能是蔡志生自己提取的。建行荔湾支行提供的证据有：一、银行ATM交易流水账记录一张，证明：蔡志生于2006年8月28日持中国建设银行卡号为4367423323020139204的储蓄卡用ATM转账1 230元至其他账户，表明蔡志生清楚知道进入自助银行门禁的操作流程。二、相片两张，内容是中国建设银行康王路分理处的自助银行门禁设施处附近的玻璃门上张贴了"刷卡进门方法"和"温馨提示"，"温馨提示"是2006年9月11日后张贴的，内容为："进入自助银行无需输密码，刷卡即可。若出现需输密码的情况，请保持现场环境，立即报警。"蔡志生认为，证据一与本案无关；证据二中的"温馨提示"是在事发后才张贴的，不能证明建行荔湾支行尽到了安全保障义务。

【审判】

广州市荔湾区人民法院经审理认为：建行荔湾支行作为金融机构，对其设立的自助银行应通过各种方法加强风险防范，确保储户的存款安全。现建行荔湾支行的自助银行门禁设施上被他人安装了其他仪器，建行荔湾支行竟然在蔡志生反映情况后通过监视系统才知道，可见，建行荔湾支行没有尽到应有的管理和防范义务。他人在建行荔湾支行处安装其他设备盗取资料，侵犯的是建行荔湾支行的利益，并非储户利益，蔡志生、建行荔湾支行之间只是储蓄合同关系，建行荔湾支行不得将其损失转嫁给蔡志生。因此，建行荔湾支行应对其没有尽到应有的注意和防范义务向蔡志生承担赔偿责任。蔡志生在被他人安装了其他仪器的建行荔湾支行自助银行的门禁上刷卡后造成密码及资料的泄露，导致存款35 000元被他人盗取和支付手续费12.6元的事实，有蔡志生提供的存折予以证实，法院予以确认，建行荔湾支行应赔偿35 012.6元给蔡志生。蔡志生要求建行荔湾支行赔偿利息，缺乏依据，法院不予支持。对于建行荔湾支行抗辩蔡志生的损失是其自身没有尽到注意和防范义务而造成，应由蔡志生本人承担的意见，依据不足，法院不予采纳。据此，依照《中华人民共和国民法通则》第一百零六条的规定，判决：一、自本判决发生法律效力之日起5日内，建行荔湾支行赔偿35 012.6元给蔡志生。二、驳回蔡志生的其他诉讼请求。本案受理费1 460元，由建行荔湾支行负担。

一审判决后，建行荔湾支行不服原审判决，提起上诉称：原审判决没有事实依据，也不符合法律规定。第一，原审法院判决缺乏事实依据，在犯罪事实未确认，刑事案件未侦查、审结之前，仅凭蔡志生一方之辞对事实进行认定。蔡志生没有证据证明其储蓄卡内的资金是被他人盗用，也没有证据证明其在自助银行设备上丢失了储蓄卡资料，也没有证据证明因原告丢失了其储蓄卡资料导致其卡内资金被盗取。第二，蔡志生所称财产损失与在建行康王路分理处自助银行门禁处输入了密码之间没有必然的因果联系。蔡志生的储蓄卡资料是何时泄露出去的在查清犯罪事实之前不能确定。蔡志生在9月12日曾进行ATM自助转账操作，可能存在储蓄卡账户及密码泄露的情况。第三，原审法院仅以建行荔湾支行在蔡志生反映情况后通过监视系统才知道自助银行门禁设施上被他人安装了其他仪器这一点，认定建行荔湾支行没有尽到应有的管理和防范义务，无事实和法律依据。我方在自助银行的门禁刷卡处已贴有使用说明、操作规范及刷卡器的图样，安装了 24 小时监视系统，已尽到保障储户交易安全的提示、告知义务。第四，如果蔡志生的资金被他人窃取是事实，那么其自身存在重大过失，是导致其财产损失的直接原因。蔡志生疏忽大意，未妥善保管好密码。其曾在同一自助银行进行过转账操作，应清楚自助银行门禁的操作方法，但其在没有按银行要求操作的情况下仍输入密码，之后未及时进行查询、挂失，对自身的财产安全没有任何防范意识。故请求法院撤销原审判决，驳回蔡志生的诉讼请求；由蔡志生承担诉讼费。

被上诉人蔡志生答辩称：我方银行卡款项被盗取的事实是客观存在的，是由于建行荔湾支行没有尽到安全保障义务所导致的。一审判决是综合考虑证据材料及双方的陈述而作出的，我方同意一审判决。建行荔湾支行比喻了很多的可能性会造成我方银行卡被盗，但是其陈述没有任何证据证明。我方在 9 月 11 日门口刷卡看到仪器提示输入密码，我方当时以为是银行操作系统的改变，并没有意识到是犯罪分子的行为，建行荔湾支行有监控录像就应及时防御犯罪分子在门禁加装仪器的行为，这应由建行荔湾支行承担相应的责任。建行荔湾支行是专业的金融机关，在技术上处于优势地位，我方无法得知建行荔湾支行有哪些新的操作。我方在得知款项被盗向公安机关报案时才得知 9 月 11 日当晚在自助银行门禁的操作被盗取了密码。建行荔湾支行称在门禁旁边有使用说明及“温馨提示”，我方在 9 月 11 日晚上去取款时并没有看到这两个条子，这是发生本案后建行荔湾支行补贴上去的。我方于 9 月 12 日转账 39 000 元，而被盗金额为 35 000 元，基于诚实信用我方才没有把 12 日转账的金额归责于犯罪分子。由于 ATM 每天有取款限额，35 000 元是分了几次被盗取的。建行荔湾支行若认为是我方自行提取了 35 000 元或我方与其他人串通提取，应举证证明。

广州市中级人民法院二审另查明，经向广州市公安局越秀分局东风派出所查询，建行荔湾支行仅向公安机关提交了 2006 年 9 月 11 日晚自助银行门禁设施被他人安装仪器的录像片段，该晚其余时段的录像及其他涉案 ATM 的监控录像并未提交。再查明，在 2006 年 9 月 11 日前，蔡志生曾进入自助银行进行交易。2006 年 9 月 12 日，涉案银行账户通过 ATM 转账 39 000 元，蔡志生承认该笔交易为其本人操作。蔡志生与中国建设银行之间的《中国建设银行龙卡储蓄卡领用合约》（以下简称《储蓄卡领用合约》）第四条第三款规定：“乙方（蔡志生）须妥善保管和正确使用密码，避免使用易被破译的数字，并切勿将密码透露给任何他人。凡使用密码进行的交易，甲方均视为乙方本人所为。因密码保管或使用不当而导致的损失由乙方本人承担。”

广州市中级人民法院经审理认为：蔡志生在中国建设银行开设存款账户，领取储蓄卡，其与建行荔湾支行之间存在合法有效的储蓄合同关系。本案是蔡志生以建行荔湾支行未尽安全保障义务导致其损失为由提起的违约之诉。

第一，本案争讼的储蓄合同关系，与犯罪嫌疑人在自助银行门禁上加装盗取储蓄卡信息和密码的仪器的行为并非同一法律关系。根据最高人民法院《关于在审理经济纠纷案件中涉及经济犯罪嫌疑若干问题的规定》第十条的规定，“人民法院在审理经济纠纷案件中，发现与本案有牵连但与本案不是同一法律关系的经济犯罪嫌疑线索、材料，应将犯罪嫌疑线索、材料移送有关公安机关或检察机关查处，经济纠纷案件继续审理”，故与本案有牵连但与本案不属同一法律关系的犯罪嫌疑是否被查处，并不影响本案民事纠纷的审理。

第二，关于蔡志生储蓄卡信息和密码泄露的事实认定。蔡志生声称其于2006年9月11日晚到中国建设银行康王路分理处自助银行，在门禁设施上刷卡，并按提示输入密码，导致储蓄卡信息及密码泄露。由于自助银行是24小时录像监控，蔡志生是否实施了其所声称的相关行为，最直接、最有力的证据就是银行的监控录像。在自助银行门禁设施被他人安装了盗取储蓄卡信息和密码仪器的情况下，蔡志生的陈述符合常理；建行荔湾支行作为监控录像的持有人，未能举出相反的证据进行反驳，故其异议法院不予采纳。蔡志生于2006年9月11日晚到中国建设银行康王路分理处自助银行，在被他人加装了仪器的门禁设施上刷卡，并按提示输入密码，导致储蓄卡信息及密码泄露的事实，法院予以认定。

第三，关于35 012.6元损失额的认定。自2006年9月11日蔡志生的储蓄卡信息和密码泄露后，至2006年9月14日蔡志生向建行荔湾支行反映情况及报案，蔡志生涉案银行账户支出情况如下：2006年9月12日ATM转账39 000元、2006年9月13日ATM取款共10 000元和ATM转账共20 000元、2006年9月14日ATM取款共5 000元、13日和14日的手续费共12.6元，其中蔡志生自认9月12日转账39 000元的交易为本人操作，声称其余35 000元为他人所盗取。由于本案存在他人在自助银行门禁上加装盗取储蓄卡信息和密码仪器的特殊情况，使用密码进行的交易，不宜均推定为储户本人所为，否则有违公平合理原则。且由于涉案交易均在ATM上操作，均有录像监控，银行作为提供服务的一方在取得录像证据方面具有优势地位，而蔡志生作为储户在举证上存在客观的困难，建行荔湾支行对蔡志生关于35 000元存款被他人盗取的陈述有异议，却未能举出相反的证据加以反驳，故其异议法院不予采纳。此外，蔡志生自认39 000元的交易，可作为其诚实信用的佐证。因此，对于被取款及转账的35 000元及由此产生的12.6元手续费，共3 5012.6元，可以认定为蔡志生的资金损失。至于原审法院对蔡志生所诉请的利息的处理，由于双方当事人均未提出异议，故法院不予审查。

第四，关于建行荔湾支行的安全保障义务。根据现行法律的规定，建行荔湾支行作为储蓄合同一方当事人，具有保障存款人存款安全的合同义务。《中华人民共和国商业银行法》第六条规定：“商业银行应当保障存款人的合法权益不受任何单位和个人的侵犯。”《中华人民共和国合同法》（以下简称《合同法》）第六十条第二款规定：“当事人应当遵循诚实信用原则，根据合同的性质、目的和交易习惯履行通知、协助、保密等义务。”故建行荔湾支行对存款人蔡志生须负安全保障义务。具言之，建行荔湾支行应为存款人提供安全的交易场所，为存款人的存款信息保密采取相应的措施。现建行荔湾支行开设的自助银行的门禁设施被他人安装了盗取储蓄卡信息和密码的仪器，导致存款人在银行的服务场所被他人盗取储蓄卡信息和密码，建行荔湾支行显然未尽到对存款人的安全保障义务。

第五，关于违约责任的承担。他人在自助银行门禁设施上安装了仪器，是导致蔡志生的储蓄卡信息及密码泄露的直接原因。根据《合同法》第一百二十一条的规定，“当事人一方因第三人的原因造成违约的，应当向对方承担违约责任”，在本案储蓄合同关系中，建行荔湾支行未尽安全保障义务，让犯罪嫌疑人有机可乘，是导致蔡志生的银行账户资金损失的主要原因，建行荔湾支行须为此承担违约责任。此外，蔡志生作为储户，根据《储蓄卡领用合约》的约定，其对自己存款密码的保管也有必要的审慎注意义务。在2006年9月11日前蔡志生曾进入过自助银行进行交易，应该清楚进入自助银行本来的操作流程。2006年9月11日晚，其在自助银行门禁设施上刷卡被提示输入密码时，操作流程不同于以往，蔡志生作为储户应有所警惕。蔡志生在门禁上输入密码，有失审慎。因此，蔡志生对其存款密码的保管未尽审慎注意义务，是导致其资金损失的次要原因。根据《合同法》第一百二十条的规定，"当事人双方都违反合同的，应当各自承担相应的责任"，综合考量双方当事人的责任主次，建行荔湾支行应承担蔡志生账户资金损失的80%即28 010元的赔偿责任；其余20%的损失，应由蔡志生自行承担。

综上所述，原审判决认定事实清楚，但在违约责任承担上的法律适用有所不当，依法予以纠正。依照《中华人民共和国商业银行法》第六条，《中华人民共和国合同法》第六十条第二款、第一百零七条、第一百二十条、第一百二十一条，《中华人民共和国民事诉讼法》第一百五十三条第一款第（二）项的规定，判决如下：一、撤销广州市荔湾区人民法院［2006］荔法民一初字第1440号民事判决。二、上诉人中国建设银行股份有限公司广州荔湾支行在本判决发生法律效力之日起十日内，向被上诉人蔡志生赔偿28 010元。三、驳回被上诉人蔡志生的其他诉讼请求。本案一、二审案件受理费各1 460元，分别由上诉人中国建设银行股份有限公司广州荔湾支行负担1 168元，被上诉人蔡志生负担292元。

【评析】

本案的处理涉及以下三个方面的问题：

一、程序的选择——刑民交叉案件的处理

刑民交叉案件根据不同的情况，主要有三种处理方式：刑民并行、先刑后民、先民后刑。1998年最高人民法院《关于在审理经济纠纷案件中涉及经济犯罪嫌疑若干问题的规定》第一条、第十条确定了刑民并行的原则。当法律事实不同、经济纠纷与犯罪嫌疑不属同一法律关系时，经济纠纷案件与犯罪嫌疑案件分别处理。本案中储户所诉请的损失，虽与犯罪嫌疑人在自助银行门禁上加装盗取储蓄卡信息和密码的仪器的行为有牵连，但储户据以向银行诉请损失赔偿的法律关系是储户与银行之间的储蓄合同，这与犯罪嫌疑人在自助银行门禁上加装盗取储蓄卡信息和密码的仪器的行为属不同的法律关系，因此，加装盗取储蓄卡信息和密码的仪器的犯罪嫌疑案件的审理结果并非本案审理的前提，本案作为储蓄合同纠纷可以独立于犯罪嫌疑案件进行处理。

此外，本案与相关犯罪嫌疑案件虽属不同的法律关系，但刑事案件中有些事实的查明，例如犯罪嫌疑人是否通过安装盗码器，窃取储蓄卡磁条信息和密码，进而伪造储蓄卡盗取他人存款的事实；又如犯罪嫌疑人盗取本案储户的存款的数额，等等，无疑有助于本案的处理。但相关刑事案件仍处于公安侦查阶段，经与公安人员沟通，公安人员坦言该刑事案件目前仍无进一步的侦查线索。在相关刑事案件在相当长一段时间内没有结果的情况下，如果仍坚持留待公安部门侦查、法院审理认定相关犯罪事实，再对本案进行处理，本案的处理结果将会更加稳妥，但法院和当事人也将面临本案无限期中止审理的后果，在加大法院存案量的同时，更漠视了当事人合法权益的及时救济，让法院陷入“迟来的公正便是不公正”的责难。因此，本案最终选择继续进行审理，根据现有证据和民事诉讼证据规则来认定相关的事实，作出处理。

二、事实的认定——举证责任的分配

本案事实认定的争议点主要在于蔡志生的储蓄卡信息和密码泄露的事实认定与蔡志生储蓄卡账户的资金损失额的认定。在事实的认定上，二审法院并没有机械地适用“谁主张谁举证”的举证责任分配原则，而是以此原则为基础，根据案件的特殊情况，兼采了事实推定的证据规则，以及根据公平原则和诚实信用原则，综合当事人举证能力等因素确定举证责任的承担。

（1）原则上，蔡志生对其提出的诉讼请求所依据的事实有责任提供证据加以证明。但蔡志生的举证责任应根据具体的案情作合理合法的调整。例如，关于涉案自助银行门禁设施被他人装置了盗取储蓄卡信息和密码的仪器的事实，建行荔湾支行在庭审中予以承认，表示在其监控录像中有所显示，对此公安机关的陈述也可以印证。故对这一事实，原告无须再进一步举证。此乃依照了最高人民法院《关于民事诉讼证据的若干规定》（以下简称《民事证据若干规定》）第八条第一款的规定：“诉讼过程中，一方当事人对另一方当事人陈述的案件事实明确表示承认的，另一方当事人无需举证。”

（2）所谓“事实推定”是审判者基于职务上的需要，根据一定的经验法则，就已知的事实作为基础，进而推论出未知事实的证明手段。《民事证据若干规定》第九条第一款第（三）项便确定了这一证据规则。事实推定本质上并没有免除当事人的证明责任，而是当一方当事人证实了某一事实（基础事实），而另一种事实（推定事实）虽当事人并未举证，但由审判者依职权假定为真实，除非对方当事人提出反证来推翻这种推定。这种证明手段以经验法则为基础，以高度盖然性为证明标准。本案中，在自助银行门禁被他人安装了盗码器的事实得到证实后，蔡志生的储蓄卡信息及密码泄露，进而被他人盗取账户资金的主张也就符合日常生活经验法则，而银行作为监控录像的持有人，未能举出相反的证据加以推翻，故这一事实推定可以成立。反之，在自助银行门禁被他人加装了盗码器，储户的储蓄卡信息及其密码泄露的情况下，使用密码进行的交易，则不宜一概推定为储户本人所为。

（3）在本案中，银行在客观上具有比储户更强的举证能力，适当加重其举证责任，符合公平原则和诚实信用原则。无论是自助银行，还是 ATM（自动柜员机），都处于银行的 24 小时录像监控之下；而储户所持有的，一般仅是其自身的存折和储蓄卡。储户所称在自助银行或 ATM 上的操作，银行如果否认则可轻易举出监控录像加以反驳，但建行荔湾支行却未能举出相关的录像或其他相反的证据。再结合蔡志生自认比其诉请损失额更大金额的交易为其本人所操作，可佐证其为诚实信用之人，故法院作出蔡志生储蓄卡信息和密码在自助银行门禁上泄露，以及其账户资金损失 3 5012. 6 元的认定。

三、实体的处理——违约责任的承担

案件实体的处理应在认定事实的基础上，根据案件法律关系的性质和当事人法定或约定的权利义务作出。由于本案定性为储蓄合同纠纷，故实体处理的关键在于根据双方当事人的合同义务履行情况来确定双方的责任。

1. 银行具有保障存款人存款安全的合同义务，而存款人具有妥善保管存款密码的义务

银行的安全保障义务是法定的合同义务，《中华人民共和国商业银行法》第六条、《中华人民共和国合同法》第六十条第二款均是其法律依据。因此，银行应为存款人提供安全的交易场所，为存款人的存款信息保密采取相应的措施。本案中涉案自助银行虽安装了24小时录像监控设施，但由于银行并未安排人员及时查看录像，导致门禁被他人安装盗码器，银行却浑然不觉，监控录像形同虚设。事隔几天后，储户发现存款被他人取走向银行反映情况并报警时，建行荔湾支行才查看录像发现情况，可见本案中银行并没有尽到应有的谨慎注意义务，未能为储户提供一个安全的交易场所，从而在很大程度上导致蔡志生的储蓄卡信息和密码泄露。此外，根据蔡志生与建行荔湾支行之间的《储蓄卡领用合约》的约定，蔡志生有妥善保管和正确使用密码的义务。由于在2006年9月11日前，蔡志生曾有进入自助银行交易的经历，故可以推定其应该清楚进入自助银行原本的操作流程。2006年9月11日晚，其在自助银行门禁设施上刷卡被提示输入密码时，操作流程不同于以往，蔡志生应有所警惕。蔡志生在门禁上输入密码，有失审慎。

2. 当事人双方都违反合同的，应当各自承担相应的责任

如前所述，建行荔湾支行未能尽到对蔡志生的安全保障义务，虽然犯罪嫌疑人在自助银行门禁上安装盗码器是致使蔡志生储蓄卡信息和密码泄露的直接原因，但是根据合同的相对性原则，建行荔湾支行虽因第三人的原因造成违约，仍须向合同相对方承担违约责任。在蔡志生同时存在违反合同义务的情况下，应综合考量双方当事人对合同义务的违反程度来确定双方的责任。比较双方合同义务的性质和要求，银行的安全保障义务要求银行在履行合同义务过程中须比储户更加审慎注意，银行的地位和技术优势也完全可以做到这一点。综观本案案情，建行荔湾支行在几天后经储户提醒才发现门禁被装盗码器，而蔡志生在银行提供的交易场所中轻信门禁上仪器的提示输入储蓄卡密码，情有可原，故建行荔湾支行违反合同义务的程度较之蔡志生无疑是要深得多，建行荔湾支行应对损失负绝大部分的责任。此外，除了考虑到蔡志生在门禁上输入密码有失谨慎之外，也鉴于蔡志生的证据确实有点薄弱，出于平衡双方当事人的利益，避免可能引发的道德风险，判定蔡志生对损失自行承担小部分责任更为妥当。因此，二审法院判定建行荔湾支行对损失的80%承担赔偿责任，蔡志生自行对20%的损失承担责任。

一审独任法官：杨文洁

二审合议庭成员：符锐兰　宁建文　谢欣欣

作者单位：广州市中级人民法院

购房认购书的效力应如何认定

——曹求玉诉中山市中南物业开发有限公司商品房买卖合同纠纷案

王 平

【问题提示】

因不可归责一方当事人的事由而没有达成商品房买卖合同的，如何处理购房认购书？

【要点提示】

购房认购书是预约合同，因不可归责一方当事人的事由而没有达成商品房买卖合同的，不存在违约，预约合同解除，交纳定金一方当事人有权要求对方当事人返还。

【案例索引】

一审：广东省中山市人民法院［2007］中石民一初字第338号民事判决

二审：广东省中山市中级人民法院［2008］中中法民一终字第54号民事判决

【案情】

上诉人（原审原告）：曹求玉。

被上诉人（原审被告）：中山市中南物业开发有限公司。

2006年12月6日，曹求玉（乙方）与中山市中南物业开发有限公司（以下简称中南公司）（甲方）签订《中南服饰广场认购书》（以下简称《认购书》），该《认购书》约定：一、曹求玉订购位于中南服饰广场4幢1层L1－28号商铺，面积11.7平方米，商铺总价款268 756元，在签署认购书时付清定金人民币30 000元。二、买受人选择一次性付款的，九六折付款，签署认购书十日内付清，并签署《商品房买卖合同》；选择按揭付款的，九八折付款，在接到中南公司书面或电话通知七日内签署《商品房买卖合同》即申请办理银行按揭手续。三、双方声明共同遵守如下规定：（一）该物业交易所产生的一切费用，依法由双方各自承担并及时缴付；（二）曹求玉不按时足额交款或逾期不签署《商品房买卖合同》，或有违反此认购书之规定条款时，中南公司即可自然解除此认购书，并有权没收曹求玉所交定金及收回该物业另行处理，曹求玉不得有异议；（三）该物业用途及使用性质为商铺；（四）签署《商品房买卖合同》前，若因中南公司原因致使该物业不能出售时，应退还所收全部价款（含定金）给曹求玉，并承担该房价款的同期银行利息；（五）曹求玉在签订本认购书之前，已阅读并认可《中南服饰广场商铺认购须知》、《认购书》的全部约定。当日，曹求玉支付中南公司定金人民币30 000元。其后，中南公司要求曹求玉签订房屋买卖合同，曹求玉对其中条款提出异议，双方没有达成一致协议。2007

年3月21日，曹求玉以对《商品房买卖合同》的部分条款双方无法达成一致意见为由，向广东省中山市人民法院提起诉讼，请求判令：一、中南公司退还定金人民币30 000元；二、中南公司承担逾期利息；三、中南公司承担诉讼费。中南公司答辩称：一、《认购书》是买卖双方真实意思表示，应当合法有效；二、曹求玉不履行签约义务，属于违约，中南公司有权没收该定金；三、曹求玉认为《认购书》第二条第二款属于格式条款，应属无效，中南公司对此不予认可。

【审判】

广东省中山市人民法院一审认为，曹求玉与中南公司签订的《认购书》，系双方当事人的真实意思表示，合法有效。曹求玉在签订《认购书》并支付定金后，没有按认购书上约定的时间支付购房款及签订买卖合同，曹求玉的行为已构成违约，曹求玉应承担违约责任。按照《认购书》约定，中南公司有权没收定金。此外，曹求玉未能对《商品房买卖合同》的违法性进行举证，因此，曹求玉的诉求，法院不予支持。综上所述，依照《中华人民共和国民事诉讼法》第六十四条第一款、《中华人民共和国合同法》第八条之规定，判决如下：驳回曹求玉的诉讼请求。案件受理费1 210元，由曹求玉承担。

曹求玉不服上述判决，向广东省中山市中级人民法院提起上诉称，原判认定曹求玉构成违约，没有事实依据。曹求玉与中南公司签订《认购书》时并未就买卖合同的主要内容达成一致，而事后没有达成协议，不是任何一方的过错。曹求玉拒绝签订合同有法律依据，由于《认购书》没有明确约定买卖房屋的主要条款，留待签订正式合同时协商，而协商时中南公司提供的合同条款对曹求玉不公平，而且拒绝修改，曹求玉有权拒绝签订。原判认定曹求玉没有对《商品房买卖合同》的违法性举证，没有依据。请求二审法院撤销原判，判令中南公司返还定金30 000元。

中南公司答辩认为，曹求玉在签订正式合同时恶意协商，违背了合同目的，其请求应不予支持。请求驳回上诉，维持原判。

广东省中山市中级人民法院二审认为，曹求玉与中南公司之间签订的《认购书》属于预约合同，即为了将来签订一定合同（《商品房买卖合同》）而签订的合同。曹求玉交纳的定金30 000元属于订约定金，即为了保证将来签订房屋买卖合同而支付的保证金，如果曹求玉将来不签订合同，则定金30 000元归中南公司所有，如中南公司拒绝签订合同，则双倍返还定金给曹求玉。本案的争议焦点是何方当事人拒绝签订《商品房买卖合同》。虽然《认购书》约定了房屋的单价，但双方对买卖房屋的付款方式、交楼时间、办证时间、违约责任等直接影响双方权利义务的重要条款并无明确约定，需在签订买卖合同时协商一致达成；亦没有约定将来只要中南公司提出签订买卖合同，无论中南公司提出的条款如何，曹求玉均应一概承诺。在中南公司要求曹求玉签订房屋买卖合同时，中南公司提供了合同条款样本，属于要约。由于曹求玉与中南公司是平等的民事法律关系当事人，曹求玉对中南公司提出的要约有权承诺、拒绝、要求修改；针对曹求玉提出的要约，中南公司亦有权承诺、拒绝、要求修改。诉讼中，中南公司没有证据证实曹求玉在签订买卖合同时存在恶意协商，没有签订合同的真实意思表示，故本案中双方在签订买卖合同时没有协商一致达成协议，不可归责一方当事人。因此，中南公司要求没收曹求玉支付的定金30 000元，没有依据，中南公司应当返还给曹求玉。综上所述，曹求玉上诉请求理据充分，法院予以支持。原判适用法律错误，处理不当，予以纠正。为此，依照《中华人民共和国民事诉讼法》第一百五十三条第一款第三项的规定，判决如下：一、撤销广东省中山市人民法院［2007］中石民一初字第338号民事判决；二、中南公司应于本判决发生法律效力之日起3日内返还曹求玉30 000元。一、二审案件受理费各1 210元，合计2 420元，由中南公司负担。

【评析】

本案是一起较为典型的商品房订购合同纠纷案件。双方当事人签订商品房订购协议后，未能订立正式的《商品房买卖合同》。本案的争议焦点在于，双方当事人签订《认购书》后没有达成《商品房买卖合同》的原因是否归责一方当事人，支付定金一方当事人是否有权要求对方当事人返还。

一、《认购书》的性质

按传统民法理论，契约可分为本约和预约。在预约中约定将来要订立的契约是本约，而约定将来订立一定契约的契约为预约。预约合同是对本约相关事项的预先规划。预约既可以明确本约的订约行为，也可以是对本约内容进行预先设定。对经协商一致设定的本约内容，本约应予直接确认，其他事项，则留待订立本约时继续磋商。预约合同之标的是当事人为将来订立本合同而进行磋商。预约合同的主要意义就在于为当事人设定了按照公平、诚信原则进行磋商以达成本约的义务。本案中的《认购书》即是相对于本合同——《商品房买卖合同》而言的预约合同。

二、预约合同的约束力

预约合同对双方当事人具有约束力，其中的已决条款，非经当事人协商一致不得更改，否则构成对预约合同的违约。但预约合同对当事人产生何种约束力，存在争议。“谈判义务说”认为，当事人订立预约合同，负有就将来订立本合同进行谈判的义务，如当事人依诚信原则履行谈判义务后仍未能达成本合同，其不承担责任。“缔约义务说”认为，预约合同的效力是订立本合同，故当事人仅为订立本合同谈判是不够的，还必须达成本合同，否则订立预约合同没有意义，并且容易诱发恶意缔约的道德风险。笔者认为，商品房认购书是一种双务合同而不是单务合同。商品房认购书签订后，只要买受人按时支付了预约款，开发商就有义务保留目标房，并按照商品房认购书约定的义务与买受人洽谈。但是必须看到，购房合同的内容是很复杂的，商品房认购书通常并不具备购房合同的全部主要内容。虽然双方在商品房认购书中约定的是将来订约而不是将来洽谈，但是，双方仍然保留着就商品房认购书未约定的内容进一步商谈的权利。因此，无论是开发商还是买受人，均不能根据商品房认购书强制要求对方与自已签订购房合同。也就是说，商品房认购书约定的是双方在约定的将来时间洽谈的义务，只要双方到期前来洽谈，并对认购书约定的条款都同意作为购房合同的条款，并且没有恶意不签订购房合同的行为，就已经正确地履行了商品房认购书约定的义务。

虽然本案双方当事人签订的《认购书》约定了房屋的位置、面积、单价，但对买卖房屋的付款方式、交楼时间、办证时间、违约责任等直接影响双方权利义务的重要条款并无在《认购书》中明确约定，属于未决条款，故需在签订买卖合同时协商一致达成。在协商本合同时，当事人一方没有必须接受对方当事人提出的未决条款的义务。在一方当事人签订预约合同时并不知晓本合同的条款情形下要求其必须接受本合同的条款，对其显然是不公平的。当然，如果预约合同中已包括了本合同的详尽条款，认购书的约定是一种有效的合同义务，合同双方完全可以以商品房认购书为依据要求对方履行商品房认购书约定的义务。当认购书具备了购房合同的主要内容时，它也就构成了普通的预约，根据最高人民法院《关于审理商品房买卖合同纠纷案件适用法律若干问题的解释》第五条的规定："商品房的认购、订购、预订等协议具备《商品房销售管理办法》第十六条规定的购房合同的主要内容，并且出卖人已经按照约定收受购房款的，该协议应当认定为购房合同。"预约合同具备了强制执行的效力，当事人则有必须订立本合同的义务。

三、当事人没有达成本合同的原因，由主张没收定金一方承担举证责任

根据最高人民法院《关于审理商品房买卖合同纠纷案件适用法律若干问题的解释》第四条的规定："出卖人通过认购、订购、预订等方式向买受人收受定金作为订立商品房买卖合同担保的，如果因当事人一方原因未能订立商品房买卖合同，应当按照法律关于定金的规定处理；因不可归责于当事人双方的事由，导致商品房买卖合同未能订立的，出卖人应当将定金返还买受人。"承担预约合同违约责任的前提是当事人违反公平诚信磋商的义务，那么本案双方是否违反了这一义务呢？本案中，双方当事人确认已经就本合同进行了协商，但订约未成。其中原因虽各执一词，但可以确认的是：第一，买受人如期前往；第二，买受人愿意购房；第三，未签约原因双方均不能举证证明；第四，买受人称出卖人提供了本合同范本，但其要求修改条款未获同意；第五，即使按出卖人所述签约不成是因买受人恶意，但其并不能证明买受人有恶意不签订购房合同的行为。应当认定买受人属于对合同内容磋商之合理因素，尚不构成违反公平磋商的预约义务，买受人已经正确地履行了商品房认购书约定的义务。因此，双方当事人没有达成本合同，不能归咎于一方当事人的事由，预约合同解除，收取定金的一方当事人应当返还定金给对方。

综上所述，二审认定没有达成商品房买卖合同不可归责于一方当事人的事由，改判商品房出卖人返还已收取的定金给买受人的处理是正确的。

一审独任法官：谭淑佳

二审合议庭成员：何泳东　王　平　牛庆利

作者单位：中山市中级人民法院

房屋买卖中存在两份买卖合同的情况下如何认定合同的效力

——钟玉旋与陈荣成房屋买卖合同纠纷案

高晓鸣

【问题提示】

在商品房买卖交易中，同一标的物存在价格不同的两份买卖合同时，应如何认定合同的效力？

【要点提示】

在商品房买卖交易中，同一标的物存在价格不同的两份买卖合同，依法应从合同的有效要件以及实际履行情况认定合同的效力。

【案例索引】

一审：广东省河源市源城区人民法院［2007］源法民一初字第371号民事判决

二审：广东省河源市中级人民法院［2007］河中法民一终字第245号民事判决

【案情】

上诉人（原审被告）：钟玉旋。

被上诉人（原审原告）：陈荣成。

第三人：陈潮华。

2005年7月18日，陈荣成、钟玉旋经协商签订一份《房屋买卖合同》，约定陈荣成将其位于新市区旺业街西面第11－2号西侧第五层房屋一套卖给钟玉旋，单价1 500元/平方米，总价162 000元，当天即2005年7月18日支付5万元，余款112 000元在产权过户时支付；陈荣成负责安装好房屋的排水、排污管。自来水管安到厨房，供电、电话、电视线路安到大门内，但入户安装费用3 000元由钟玉旋负担。双方签订合同后，钟玉旋即支付给陈荣成购房款5万元。陈荣成出卖的房屋产权证登记在第三人陈潮华名下，根据第三人陈潮华的陈述，该房屋虽然登记在他的名下，但房产的实际所有人是陈荣成。2006年5月19日，根据办理房屋过户手续的需要，第三人陈潮华（甲方）与钟玉旋（乙方）签订了一份《房地产买卖合同》，合同双方约定的房屋价格是10万元。签订合同之后，陈荣成为该房屋办理了产权过户手续，并安装了水电等设施。2006年7月3日，陈荣成将办理好的房地产权证交付给欧阳沃良转交给钟玉旋。期间，陈荣成将该房屋的钥匙交付钟玉旋，将房屋交付钟玉旋使用。之后，钟玉旋除于2006年10月1日支付给陈荣成购房款3万元，仍欠购房款82 000元和水电等设施安装费3 000元没有给付陈荣成，陈荣成经多次追讨无果后，于2007年5月28日诉至广东省河源市源城区人民法院，要求钟玉旋付清房款及逾期付款的违约金。

【审 判】

广东省河源市源城区人民法院一审认为，陈荣成、钟玉旋签订的《房屋买卖合同》，是双方的真实意思表示，不违反法律、法规的规定，应合法有效，双方当事人受合同的约束。陈荣成出卖的房屋产权证虽然登记在第三人陈潮华的名下，但根据第三人的陈述，该房产实际是属于陈荣成所有，故陈荣成对该房屋应享有处分的权利。再者，陈荣成、钟玉旋签订合同之后，该房屋所有的合同履行手续，如购房款的给付、水电等设施的安装、房屋的交付使用等都是由陈荣成向钟玉旋进行交接的，据此可以印证第三人陈述的真实性。钟玉旋抗辩认为陈荣成对该房屋没有处分权，双方所签订的合同无效，与事实不相符，理由不充分，法院不予支持。钟玉旋与第三人所签订的《房地产买卖合同》，是根据合同履行的实际情况，为了办理房产过户手续而签订的，该合同对双方的履行不具有约束力。因此，陈荣成请求钟玉旋支付购房款82 000元以及水电等设施入户费用3 000元，符合法律规定，法院予以支持。钟玉旋没有按照约定支付购房款，属于违约行为，陈荣成要求钟玉旋支付违约金，符合法律规定，法院予以支持。但陈荣成要求钟玉旋退还房屋作为承担违约责任，超过了法律规定的标准，对钟玉旋的违约责任，可按其所欠款项从陈荣成主张权利之日起按中国人民银行逾期贷款利率计付利息进行计付。依照《中华人民共和国合同法》第一百零七条之规定，判决如下：限钟玉旋在本判决生效后十日内支付欠陈荣成的购房款82 000元和水电安装费、入户费3 000元，两项合计85 000元，并从2007年5月28日起按中国人民银行逾期贷款利率计付利息至本判决确定的还款之日止，如果未按本判决指定的期限履行给付金钱义务，应当依照《中华人民共和国民事诉讼法》第二百三十二条之规定，加倍支付迟延履行期间的债务利息。本案受理费1 925元、保全费870元，合计2 795元，由钟玉旋承担。

一审判决后，钟玉旋不服，向广东省河源市中级人民法院提出上诉称，原判认定事实不清，适用法律错误，请求二审撤销原判，确认第一份合同无效、第二份合同有效。主要理由：一、被上诉人签订的《房屋买卖合同》无效，不能作为处分陈潮华房产的依据。上诉人与被上诉人于2005年7月18日签订的《房屋买卖合同》是被上诉人以其本名陈荣成的名义签订的，并非是以房屋权属人陈潮华委托代理人身份签订的。签订该合同，被上诉人一直隐瞒，从未主动告知其并非是房屋权属人这一事实情况，更从始至终都未向上诉人提交权属人陈潮华的委托授权书，被上诉人擅自出卖无权处分房屋的合同书，一开始就不符合民事法律行为和有效合同的要件。事实上，在上诉人购买房屋的过程中，真正的法定房屋权属人陈潮华与上诉人只签订有一份《房地产买卖合同》，即在房管局登记的那份。通过权属人陈潮华始终不协助陈荣成办理房产过户手续，直至与上诉人亲自接洽，并同意与上诉人签订房屋买卖合同后，才协助上诉人办好房产过户手续的行为可判断，权属人陈潮华并不承认陈荣成的行为，被上诉人私自处分房屋的无效行为不应得到法院的支持。二、第三人陈潮华一审的陈述不能采纳为定案的证据。上诉人认为，第三人陈潮华的代理人陈华平与被上诉人陈荣成是父子关系，其代理陈潮华的陈述根本不客观、不真实，不能作为定案的根据。不排除被上诉人与陈潮华在提起诉讼前有过串通，通过恶意诉讼来侵占上诉人的合法财产。另外，如果否定权属人陈潮华与上诉人在房管局中的房屋买卖合同的效力，将严重影响和破坏房产交易秩序，确立一个负面的案例，使得在房管局公示的房屋信息并不可信，从而导致不动产交易秩序混乱。三、房屋权属人陈潮华依法与上诉人签订的《房地产买卖合同》应受到法律保护。上诉人认为，上诉人与房屋权属人陈潮华在房管局登记签订的合同，意思表示真实，价格也公平合理，房管局也已将其作为该房屋买卖的依据，因此该合同的效力依法应得到法律的保护。至于权属人陈潮华与上诉人签订的合同和被上诉人陈荣成与上诉人签订的合同价格有出入，上诉人认为很正常。因为陈荣成有可能是介绍出售，而陈潮华是直接出卖，这当中有差价，很正常。上诉人认为，不能以这两份合同有差价，就否定物权人处分物权的效力，侵犯善意相对人的合法权益。一审法院曲解事实真相，违背合同民事法律行为的法理和规定，适用法律错误，严重侵害上诉人合法权益，希望二审法院查明事实，正确适用法律，改正一审判决的不正之处，保护好上诉人的合法权益。

被上诉人陈荣成辩称，原判认定事实清楚，适用法律正确，应当予以维持，请求二审驳回上诉人的上诉请求。

第三人陈潮华辩称，房屋的真实产权人是陈荣成，其有权处分该房产，有权与上诉人钟玉旋签订《房屋买卖合同》，有权收房款，故被上诉人陈荣成与上诉人钟玉旋于2005年7月18日签订的《房屋买卖合同》是合法有效的。第三人同意并支持被上诉人一审的诉讼请求，请二审维持原判。

广东省河源市中级人民法院二审认为，本案争议的焦点是：上诉人钟玉旋与被上诉人陈荣成于2005年7月18日签订的合同［以下简称合同（一）］以及上诉人钟玉旋与第三人陈潮华于2006年5月19日签订的合同［以下简称合同（二）］，两份合同哪一份有效，上诉人钟玉旋应履行哪一份合同。关于合同（一），被上诉人陈荣成并非房屋产权人的问题。根据《中华人民共和国合同法》第五十一条的规定：“无处分权的人处分他人财产，经权利人追认或者无处分权的人订立合同后取得处分权的，该合同有效。”由于房屋的产权人陈潮华于一、二审均对陈荣成转让房屋的行为明确表示同意，已形成了对陈荣成转让房屋行为的追认，因此合同（一）成立并生效。关于上诉人钟玉旋与第三人陈潮华于2006年5月19日在房管局又签订了合同（二）的问题。合同（二）是用于向房产交易登记管理部门办理过户而提交，该合同约定的房屋价格远低于合同（一）中约定的房屋价格，并且也不符合当时市场的正常交易价格，鉴于签订合同（二）的钟玉旋与陈潮华并无房产交易以外的特殊关系，可见合同（二）中约定的房屋价格并非双方的真实意思表示。同时，合同（二）亦未实际履行，其目的是规避交易税费。因此，合同（二）应属无效。综上，上诉人钟玉旋应履行其与被上诉人陈荣成于2005年7月18日签订的《房屋买卖合同》，并支付仍欠的款项。原审法院认定事实清楚，适用法律基本正确，程序合法，依法应予维持。依照《中华人民共和国民事诉讼法》第一百五十三条第一款第（一）项的规定，判决如下：驳回上诉，维持原判。本案二审受理费1 925元，由上诉人负担。

【评析】

本案在同一标的物中存在两份房屋买卖合同，约定的房屋价款不同，且转让房屋的一方是不同的主体。那么原告陈荣成对涉案房屋是否有处分权？其与被告钟玉旋签订的房屋买卖合同的效力如何？第三人陈潮华作为产权证中登记的房屋产权人与被告钟玉旋签订房屋买卖合同，其效力又该如何认定？被告钟玉旋应履行两份合同中的哪一份？针对以上几个问题，从不动产登记效力以及合同效力方面作以下分析：

一、关于不动产登记效力是否具有“绝对性”

对于不动产登记效力是否具有“绝对性”存在着不同观点。第一种观点认为，作为不动产，其登记具有绝对效力，因而无须审查不动产的实际权属，应当直接按照产权证上的记载，认定登记名义人为权利人。第二种观点认为，不动产登记的绝对效力是针对善意第三人而言的，在不涉及善意第三人的实际权利人与表征权利人之间，登记的效力是可以经实际权利人的举证予以否认的，因此不动产登记的效力不具有绝对性。

那么具体到本案，一审实际上是采用上述第二种观点，即以被告钟玉旋与原告陈荣成、第三人陈潮华均签订了合同，则可认为钟玉旋并非善意第三人，从而直接认定陈荣成作为实际权利人与钟玉旋签订的房屋买卖合同有效。而二审实际上采用的却是以上第一种观点，即直接认定房屋产权证记载的陈潮华为权利人，陈荣成为无权利人，但由于陈潮华对陈荣成转让房屋的行为进行了追认，因此陈荣成与钟玉旋签订的房屋买卖合同有效。

不动产登记效力是否具有“绝对性”在此并不作定论，但无论采用哪一种观点，在本案中均可从不同的角度得出陈荣成与钟玉旋所签订的房屋买卖合同成立并生效的结论。

二、关于合同效力的认定

在房屋买卖交易中，买方与卖方签订了两份合同，这两份合同的交易主体相同，交易标的物相同，但房屋价款却不一样，在实践中有时该两份合同价款之间的差异数额亦较大，有一种通俗的叫法称之为“阴阳合同”。即由双方签订后向有关部门备案的那份合同称为“阳合同”；双方私下签订并实际履行的合同称为“阴合同”。

具体到本案，除了在交易主体方面涉及另一个法律关系，则完全属于“阴阳合同”的典型。

关于此类案件应确认哪份合同的效力，存在不同观点。

第一种观点认为“阳合同”有效，“阴合同”无效。主要理由是“阳合同”系双方在办理产权过户时自愿签订，又经房产登记部门备案，因此该合同是双方当事人之间合法有效的买卖合同，而“阴合同”随着“阳合同”的生效而无效。并且双方当事人既然签订了阴、阳两份合同，就应承担相应的风险，“阳合同”作为在房产登记部门备案并公开的合同，应确认其效力。同时，确认“阳合同”的效力有助于减少此类案件的发生。另外，因“阳合同”有备案并且公开化，则在诉讼中比之“阴合同”更具有证据证明力。

第二种观点认为“阴合同”有效，“阳合同”无效。主要理由是“阳合同”仅仅是双方当事人为办理产权过户手续的需要而为，且这是一种“避税”行为，不是合同当事人买卖房屋的真实意思表示。双方签订的“阴合同”才是当事人买卖房屋的真实意思表示。同时“阳合同”的避税行为违反了国家税收方面的法律规定，有损国家利益，因此“阳合同”为无效合同。

笔者以为，不应仅以“阴”、“阳”来绝对化地确认合同效力，而应根据合同的有效要件，结合实际履行原则来认定合同效力。以下为就此观点具体到本案所作的分析：

合同的有效要件是法律评价当事人合意的标准。按照《民法通则》第五十五条的规定，合同的一般有效要件是三项：行为人具有相应的行为能力；意思表示真实；不违反法律或者社会公共利益。

其一，从行为能力的角度来看，被上诉人陈荣成并非涉案房屋登记的房屋产权人，应属于无处分权人，但根据《中华人民共和国合同法》第五十一条的规定，“无处分权的人处分他人财产，经权利人追认或者无处分权的人订立合同后取得处分权的，该合同有效”，那么房屋的产权人陈潮华于一、二审均对陈荣成转让房屋的行为明确表示了同意，则已形成了对陈荣成转让房屋行为的追认。而第三人陈潮华对涉案房屋具有完全的处分权，其转让涉案房屋的行为能力当在应然，不予赘述。

其二，从意思表示真实角度来看，被上诉人陈荣成与上诉人钟玉旋签订的房屋买卖合同，合同的形式、内容均不违反法律规定，约定的房屋价款符合当时的市场价格，因此双方的意思表示真实可予认定。反观第三人陈潮华与上诉人钟玉旋签订的房屋买卖合同约定的房屋价款，远低于当时市场的正常交易价格，同时陈潮华与钟玉旋并无房产交易以外的特殊关系，那么陈潮华以远低于市场价格的价款转让房屋给钟玉旋存在不合理，可以作为双方意思表示不真实的一个参考。价格合理与否在这里是一个关键，但笔者认为不应抛开合同的其他构成要件而仅以价格理论来作为意思表示是否真实的衡量标准，因此提出可作为参考。

其三，从不违反法律或者社会公共利益的角度来看，通过前述两点的分析，结合实践中房产交易的一些现状以及本案的情况，以下几点可以明确：（1）陈潮华与钟玉旋签订并提交给房产交易登记管理部门的房屋买卖合同系为办理过户的必要手续；（2）陈潮华一直辩称涉案房屋的实际所有人是陈荣成，实际上是对陈荣成转让涉案房屋的行为进行了追认；（3）陈潮华与钟玉旋签订的房屋买卖合同约定的房屋价款存在不合理；（4）陈潮华与钟玉旋签订的房屋买卖合同并未实际履行。可见，陈潮华与钟玉旋签订房屋买卖合同，此合同虽然符合合同成立的形式要件，但其实际上是通过虚假降低合同标的物价格的方式，欺骗登记部门，目的是少缴税金。因此，陈潮华与钟玉旋签订的房屋买卖合同客观上损害了国家利益，违反了我国税收法律、法规，不具有确定双方权利义务关系的效力，应认定为无效。

本案一、二审的判决结果一致，但据以判决的理由不尽相同，从审理角度来说，二审更为准确。由于近年来房产交易活动较热，此类案件有所增多，因价值取向的不同，亦出现过不同的处理方式。笔者认为，严格地根据合同的有效要件以及实际履行原则来分析和处理此类案件能够充分地保护当事人的合法权益。

一审合议庭成员：赖伟东　李伟军　傅运生

二审合议庭成员：谢健生　骆志艺　高晓鸣

作者单位：河源市中级人民法院

虚假售楼广告不构成要约情形下的责任承担

——赖洪豪、官志勇诉中海地产（佛山）有限公司商品房预售合同纠纷案

王志钊

【问题提示】

开发商在售楼中使用虚假广告而造成的不利后果，其责任应如何认定?

【要点提示】

售楼广告中宣传规划图标示的内容是否属于要约并构成双方购房合同的约定内容，应由买方承担举证责任。在开发商售楼宣传资料的内容不构成要约的情况下，若该不实宣传行为发生在双方当事人的缔约过程中，致使购房者对拟购房屋的周边环境产生错误的认识，并对购房者作出购买涉讼房屋的决定产生了一定的误导影响，则开发商的行为违反了缔约阶段之附随义务中的如实告知义务，应承担违反附随义务的过错责任。

【案例索引】

一审：广东省佛山市南海区人民法院［2007］南民三初字第669号民事判决

【案情】

原告：赖洪豪、官志勇。

被告：中海地产（佛山）有限公司（以下简称中海地产）。

2006年5月28日，赖洪豪、官志勇与中海地产签订《广东省商品房买卖合同》，约定：赖洪豪、官志勇向中海地产购买中海万锦豪园香樟街2座102房（以下简称涉讼房屋），购房总金额465 012元；中海地产应在2006年12月30日前将经验收合格的商品房交付给赖洪豪、官志勇；该商品房预售后，中海地产不得擅自变更该商品房项目的规划设计，确需变更的，中海地产应书面征得赖洪豪、官志勇同意，不同意变更的，赖洪豪、官志勇可要求终止买卖合同；应征得赖洪豪、官志勇同意的规划、设计变更是指：商品房的结构形式、户型、空间尺寸、朝向发生变化以及出现买卖合同约定的其他影响商品房质量或者使用功能的情形发生变更等条款。合同签订后，中海地产按合同约定的日期将房屋交付给赖洪豪、官志勇使用。

在中海地产印制的中海万锦豪园售楼宣传资料中包括了中海万锦豪园总体规划图（以下简称宣传规划图），据该图所示，香樟街2座西南面、休闲缓跑径东面、国际幼儿园西面所在的位置为绿化景观面积。该中海万锦豪园售楼宣传资料上注明了“本宣传册为要约邀请，以上内容旨在提供信息，仅供参考，最终以政府有关部门批准及双方签订之

购房合同为准”的文字。据2005年7月中海万锦豪园一期规划总平面图（以下简称一期规划图）记载，与赖洪豪、官志勇所购房屋所在的香樟街2座相邻的幼儿园的建筑指标为：层数3层，首层基底面积2 630平方米，总面积5 630平方米；该图中标示香樟街2座与幼儿园之间的距离为17米。据2006年11月5日中海万锦豪园幼儿园总平面图（以下简称幼儿园平面图）记载，幼儿园的建筑指标为：层数3层，首层基底面积2 537平方米，总面积5 012.76平方米；香樟街2座与幼儿园之间的距离为17米。

幼儿园平面图所示的幼儿园建筑形态与宣传规划图、一期规划图中所示的幼儿园建筑形态有所不同，其中宣传规划图、一期规划图中所示香樟街2座西南面、休闲缓跑径东面、幼儿园西面所在的位置上未显示有建筑物，而该位置中的一部分在幼儿园平面图中所示则为幼儿园的建筑物。

佛山市南海区人民法院于2007年11月7日就本案的宣传规划图是否经规划审批、中海万锦豪园幼儿园是否有过规划变更、香樟街2座与幼儿园之间的距离是否有过规划变更、香樟街2座周边的绿化面积是否因规划变更而导致减少等问题向政府规划部门发函咨询。2008年1月11日，规划部门回函答复，内容包括：一、对宣传规划图是否经该局审批问题，答复为：该部门根据开发单位的开发时序，在2005—2006年分三期审批中海万锦豪园的总体规划，本案的宣传规划图是中海地产（佛山）有限公司在销售第一期住宅时印制的，当时二、三期总平面图正在申报中，所以本案的宣传规划图并不能反映整个中海万锦豪园小区的审批情况，不是最后的审批文件。二、对中海万锦豪园幼儿园是否有过规划变更、香樟街2座与幼儿园之间的距离是否有过规划变更、香樟街2座周边的绿化面积是否因规划变更而导致减少等问题，答复为：在2005年8月，该部门批准了中海万锦豪园一期规划总平面图（详见一期规划图）。根据该总平面图，该次报建的内容为一期规划住宅、会所的总平面规划布局，幼儿园仅对其规划建筑容量进行审定，其建筑形态并未审批。幼儿园的单体形式仅为开发商的示意，不在审批的范围内。所以幼儿园不存在规划变更的情况，也不存在绿化面积变更的情况，其建筑间距是符合现行国家有关技术要求的。

2008年2月28日，南海区人民法院到涉案的中海万锦豪园香樟街2座及幼儿园作现场勘验，现场所见为：幼儿园位于香樟街2座南面，两建筑物之间除了宽约1.5米的小路外，其余为绿化面积（主要为草坪）。香樟街2座西面为小区内的道路（即宣传规划图标示的休闲缓跑径），路边亦有绿化面积。幼儿园最西面的建筑物接近香樟街2座西面的小区道路。从香樟街2座向南看，幼儿园为三座连体建筑，幼儿园的墙边有一排小树。

中海万锦豪园幼儿园工程于2007年3月23日开工，于同年12月10日竣工，同年12月24日经规划管理验收合格；中海地产出售香樟街1座102房的时间为2006年4月29日，该房售价为449 527元。

后赖洪豪、官志勇以中海地产的售楼宣传资料与实际不符，导致其所购房屋价值降低为由，向南海区人民法院起诉请求：一、中海地产按赖洪豪、官志勇购房价格465 012元的20%支付93 002元违约金予赖洪豪、官志勇。二、本案的诉讼费用由中海地产承担。

【审判】

佛山市南海区人民法院审理后认为，赖洪豪、官志勇与中海地产签订的《广东省商品房买卖合同》是有效合同，受法律保护。

关于宣传规划图标示的香樟街2座周边的绿化景观是要约还是要约邀请，是否为双方购房合同的约定内容的问题：一、因宣传规划图所在中海万锦豪园售楼宣传资料上已注明了“本宣传册为要约邀请，以上内容旨在提供信息，仅供参考，最终以政府有关部门批准及双方签订之购房合同为准”的文字，故该提示文字已表明中海万锦豪园售楼宣传资料（包括宣传规划图）所记载内容的不确定性。二、赖洪豪、官志勇通过将其购买的香樟街2座102房与香樟街1座102房作购房价比较，认为宣传规划图标示的香樟街2座周边的绿化景观对香樟街2座102房的购房价有重要影响。但鉴于香樟街1座102房的出售时间比香樟街2座102房早（前者的出售时间为2006年4月29日，后者的出售时间为2006年5月28日)，且房屋买卖的价格会受市场供需变化等多种因素的影响，而香樟街2座102房的总售价亦仅比香樟街1座102房高出15 485元，故赖洪豪、官志勇仅以两房的售价差即认为宣传规划图标示的香樟街2座周边的绿化景观对香樟街2座102房的购房价有重要影响，依据不足。综上，依照《中华人民共和国合同法》第十四条第一款第（一）项、最高人民法院《关于审理商品房买卖合同纠纷案件适用法律问题的解释》第三条的规定，宣传规划图标示的香樟街2座周边的绿化景观并不符合要约的条件，不构成双方购房合同约定的内容。赖洪豪、官志勇认为宣传规划图标示的香樟街2座周边的绿化景观构成要约，要求中海地产按照最高人民法院《关于审理商品房买卖合同纠纷案件适用法律问题的解释》第三条规定承担违约责任，依据不足，法院不予采纳。

关于中海地产在本案中是否应承担责任的问题：一、虽然宣传规划图标示的内容不构成双方购房合同的约定内容，但无论是对宣传规划图、一期规划图与幼儿园平面图作比较，还是对宣传规划图与法院现场勘验所见情况作比较来看，宣传规划图中香樟街2座西南面、休闲缓跑径东面、国际幼儿园西面所在的位置标示绿化景观面积中的一部分，在幼儿园建成后已成为幼儿园建筑的一部分。二、虽然规划部门答复称幼儿园不存在规划变更的情况，但这是因为中海地产印制及向赖洪豪、官志勇宣传派发售楼宣传资料时，宣传规划图标示的幼儿园建筑形态并不在规划部门对一期规划图的审批范围内所致，并不足以表明幼儿园现时的实际建筑形态与宣传规划图标示的幼儿园建筑形态相比较没有发生变更。综上，中海地产对宣传规划图中所标示的香樟街2座西南面、休闲缓跑径东面、国际幼儿园西面所在位置的绿化景观，事实上确有未完全兑现的情况。中海地产在向赖洪豪、官志勇出售涉讼房屋前，对宣传规划图中与涉讼房屋相邻的幼儿园的建筑形态未经审批、以后可能改变并可能影响图示绿化景观的情况，应当说明而未作说明，这使赖洪豪、官志勇对拟购房屋的周边环境产生错误的认识，对赖洪豪、官志勇作出购买涉讼房屋的决定产生了一定的误导影响，依照《中华人民共和国合同法》第四十二条以及《中华人民共和国广告法》第三条、第三十八条的规定，中海地产应对其宣传资料中的不实内容承担过错责任。综合考虑中海地产的过错程度、幼儿园建筑形态的变化对宣传规划图标示的香樟街2座周边绿化景观的影响程度以及房地产价格变动因素的多样性和市场的能动性等情况，酌定中海地产以赖洪豪、官志勇的购房总金额为基数按3%对赖洪豪、官志勇进行赔偿为宜，即465 012元×3% =13 950.36元，赖洪豪、官志勇请求的数额超出法院核定的部分，依据不足，法院不予支持。综上，判决：一、中海地产（佛山）有限公司应于本判决发生法律效力之日起十日内向赖洪豪、官志勇赔偿13 950.36元。二、驳回赖洪豪、官志勇的其他诉讼请求。

宣判后双方当事人都没有上诉，判决现已发生法律效力。

【评析】

本案是售楼宣传资料与事实不符而引发的案件，主要涉及三个问题：一是本案售楼宣传资料是否构成要约、成为售房合同约定内容；二是在不构成售房合同内容的广告宣传资料未兑现时，购房者如何救济；三是开发商在本案中所承担的责任性质问题。

一、本案售楼宣传资料是否构成要约

依据最高人民法院《关于审理商品房买卖合同纠纷案件适用法律问题的解释》第三条（以下简称《解释》第三条）的规定，售楼宣传资料构成要约、成为售房合同约定的内容须具备以下两个条件：一是开发商在广告及宣传资料中对商品房开发规划范围内的房屋及相关设施所作的说明和允诺具体确定；二是这些说明与允诺对商品房买卖合同的订立和房屋价格的确定有重要影响。本案中，宣传规划图中虽标示了香樟街2座西南面、休闲缓跑径东面、国际幼儿园西面所在的位置为绿化景观面积，但因宣传规划图所在的售楼宣传资料中已标明“本宣传册为要约邀请，以上内容旨在提供信息，仅供参考，最终以政府有关部门批准及双方签订之购房合同为准”的文字，该提示文字已表明了宣传规划图中所列绿化景观设施的不确定性，不符合要约所要求的具体确定的特征，因此不符合《解释》第三条的第一个条件。就第二个条件而言，因“对商品房买卖合同的订立和房屋价格的确定有重要影响”并没有明确的标准，且举证责任在于业主一方，故法院亦只能根据业主的举证进行判断。本案中赖洪豪、官志勇以其购买的香樟街2座102房的售价比同座向、同面积的香樟街1座102房的售价高为由，说明香樟街2座周边的绿化景观对其所购房屋的售价有重要影响。但鉴于两房屋的售价均为40多万元，而两房售价差仅为15 485元，价差值并不大；两房屋出售的当时，该区的整体房价处于上升时期，赖洪豪、官志勇所购房屋的出售时间在香樟街1座102房的出售时间之后，间隔时间约为一个月，故两房屋出现售价差受市场价格调整影响的可能性较大；从宣传规划图来看，香樟街1座周边亦存在绿化景观，且绿化景观面积并不比香樟街2座周边的绿化面积小，因此绿化景观设施显然难以成为两房屋之间出现售价差的决定因素。综上考虑，赖洪豪、官志勇并没有完成相应的举证责任，其主张绿化景观的存在与否对涉讼房屋价格有重要影响难以成立。因此本案的情况并不符合《解释》第三条所规定的两个条件，故宣传规划图所标明的香樟街2座周边的绿化景观不构成要约，不能成为售房合同的内容。

二、不构成售房合同内容的广告宣传未兑现时，购房者如何救济

在一手商品房买卖的实践中，由于开发商在售楼宣传资料中所标明的“宣传资料内容不确定”的提示文字往往很不显眼，在开发商不作特别提示的情况下一般难以引起购房者的注意，且对于《解释》第三条中何谓“对商品房买卖合同的订立和房屋价格的确定有重要影响”在实践中并没有明确的标准，购房者一方在诉讼中亦往往难以对此作出有效的举证。因此，《解释》第三条基于其适用条件的严格对广大购房者提供的救济是有限的。在广告宣传资料未能兑现的情况下，如果开发商仅因售楼宣传资料不构成要约、不能成为售房合同的内容就能完全置身事外并无须承担责任的话，则显然不利于处于弱势地位的广大购房者的利益保护。笔者认为，在这种情况下，购房者的救济途径至少有以下两种：一是依照《中华人民共和国合同法》第五十四条的规定，以开发商在订立合同前隐瞒与合同订立相关的事实或告知虚假的情况构成欺诈，使购房者违背其真实意思表示与开发商订立购房合同为由请求人民法院撤销或变更双方所签订的购房合同。受房屋市场价格变动等多种因素影响，以及要证明开发商欺诈的举证难度比较大，这种方式在实践中较少被购房者采用。二是如本案一样，在合同成立生效并继续履行的前提下，以开发商违背诚实信用原则作虚假宣传为由，要求开发商承担过错责任。

本案中，因宣传规划图所标明的香樟街 2 座周边绿化景观的一部分被变更了建筑形态的幼儿园所占用，造成开发商在宣传资料中所标明的绿化景观未能完全兑现。虽然这种情况并不至于影响赖洪豪、官志勇对所购房屋的正常使用，但赖洪豪、官志勇在订立购房合同时基于宣传资料所产生的对房屋周边绿化景观的期望显然难以完全实现，此时如不对违背诚信的开发商予以相应的制裁，不仅不利于对开发商售楼宣传广告的规范，甚至不利于房地产交易秩序的稳定。因此，法院依照我国合同法、广告法的有关规定，结合开发商的过错程度、绿化景观面积减少的影响程度等因素酌定开发商依照售房价的一定比例向业主承担赔偿责任是适当的，至于具体比例的确定，则由法官根据案件的具体情况而作出自由裁量。

三、开发商在本案中所承担的责任性质

伴随合同关系产生、履行、消灭的过程所发生的义务类型有以下三种[①]：一是给付义务，指债务人负担的履行合同债务的义务，这是债务人承担的最主要的义务；二是附随义务，指法律无明文规定、当事人无明确约定，但为维护双方当事人利益并依一般交易观念当事人应负担的义务，该义务的出现是诚信原则适用的结果；三是间接义务，指债权人对自己利益的维护、照顾义务，如《合同法》第一百一十九条规定的防止损失扩大义务。附随义务按发生的时间段又可分为三种类型：一是缔约阶段的附随义务，又称先合同义务，指当事人为缔约而开始接触、协商时，基于诚实信用原则而承担的附随义务；二是履约阶段的附随义务，指合同依法成立后消灭前当事人依照诚信原则及合同的性质、目的和交易习惯所应承担的附随义务；三是契约关系结束后的附随义务，又称后合同义务，指合同关系消灭后，当事人依照诚信原则应负担的某种作为与不作为的附随义务。附随义务的内容主要包括注意义务、告知义务、照顾义务、忠实义务、说明义务、保护义务等。对于附随义务，当事人不可单独诉请义务人履行，但如果义务人违反附随义务，则应承担损害赔偿责任。

本案中，开发商售楼宣传资料的内容不构成要约，因此兑现售楼宣传资料上的内容不属于开发商依照售房合同负担的给付义务，开发商对售楼宣传资料上的绿化景观设施即使没有完全兑现，亦没有违反售房合同的给付义务。但开发商在售楼宣传资料中对涉讼房屋的周边绿化环境作出了不实的宣传，且该不实宣传行为发生在双方当事人的缔约过程中，致使购房者对拟购房屋的周边环境产生错误的认识，并对购房者作出购买涉讼房屋的决定

① 黄建中．合同法总则重点疑点难点问题判解研究．北京：人民法院出版社，2005. 317 ~ 319

产生了一定的误导影响，故此开发商的行为显然违反了缔约阶段之附随义务中的如实告知义务。对开发商违反缔约阶段的如实告知义务所须承担的责任，视购房人所提出的诉讼请求而定：如购房者以开发商欺诈为由请求撤销售房合同，则合同被撤销后，开发商承担的是缔约过失责任①；如购房者在不否认售房合同效力（即继续履行售房合同）的前提下要求开发商赔偿，如本案的情况，则开发商承担的是违反附随义务的过错责任。

一审合议庭成员：梁敏红　王志钊　宋国俊

作者单位：佛山市南海区人民法院

① 缔约过失责任，一般是指在缔约过程中，一方当事人有过错，导致合同不成立、无效或被撤销并使对方当事人遭受信赖利益损失时应承担的民事责任。黄建中．合同法总则重点疑点难点问题判解研究．北京：人民法院出版社，2005. 147

产权登记不明建筑或者违章建筑是否影响租赁合同的效力

夏 科

【问题提示】

产权登记不明的建筑或者违章建筑是否为影响租赁合同效力的决定因素?

【要点提示】

新建或通过善意的对价交易取得的房屋用于出租，相应租赁合同的效力并不取决于该房屋产权的形式合法性，即违章建筑或产权登记不明确的建筑用于出租时，如果不存在违反国家法律、法规的强制性规定的情形，则相应租赁合同应属有效。

【案例索引】

一审：广东省广州市黄埔区人民法院［2006］黄法民三初字第140号民事判决

二审：广东省广州市中级人民法院［2006］穗中法民五终字第2533号民事判决

【案情】

原告（上诉人）：何锐玲，男，汉族，1973年9月4日出生，个体工商户，籍贯：广东省广州市。

一审委托代理人：李治国，系广东东方衡泰律师事务所律师。

二审委托代理人：朱雪初，男，汉族，40岁，农民，籍贯：广东省河源县。

二审委托代理人：杜戈卫，系广东绅源律师事务所律师。

被告（被上诉人）：广州市城辉物业租赁有限公司。地址：广州市黄埔区长洲金洲北路561号。

法定代表人：叶成，职务：总经理。

委托代理人：唐振波，系广东德法理律师事务所律师。

原告何锐玲及其委托代理人诉称：原告乃广州市芳村区家之福超市的经营者，其于2004年6月1日和被告签订了一份《租赁合同》，约定：原告租用被告拥有的位于黄埔区金洲北路561号的3栋2层楼房及围墙的空地用于商业经营。该合同还对相应租赁期限、租金、保证金等作出了明确约定。签约当日，原告向被告支付了保证金人民币80 000元。随后，双方又补充签订了一份协议，对原告进场及租金交纳的时间作出了约定。因被告的场地及楼房原处于毛坯状态，故原告在签约后即积极为进场经营超市做准备工作，先后完成消防施工、冷气安装、广告招牌制作、购买办公用品、装修承租楼房等大量工作。但原告在装修和报建过程中，发觉被告提供的楼房及场地是违法建筑，不能用于商业用途，不具备出租的条件，从而导致原告无法取得政府机关的经营超市许可证，原告亦不能进场办理经营，也使其投入的资金无法收回，而多家施工单位也要求原告赔偿损失。对此，原告认为，原、被告之间签订的《租赁合同》和《补充合同》应属无效，被告应对原告因合同无效所产生的损失承担全部赔偿责任。为维护自己的合法权益，原告于2006年2月27日向法院起诉要求：一、被告向原告退回保证金人民币80 000元，并赔偿原告损失人民币共计320 000元；二、被告承担本案全部诉讼费用。

原告为证明其主张的事实，提交有如下证据：一、个体工商户营业执照，证明原告和广州市芳村区家之福超市均可为本案的原告；二、《租赁合同》和《补充合同》各一份，证明原、被告之间的租赁关系；三、保证金收据一份，证明被告收取了原告8万元保证金；四、相应合同和收据，证明原告因为租赁该场地进行装修施工而损失32万元（其中包括：a. 原告与东莞市厚街荣日冷气机维修店于2004年12月15日签订的《工程合约书》一份及原告支付的冷气工程款5万元收据一份；b. 原告与雅乐尔装饰材料店于2004年12月24日签订的《雅乐尔装饰材料合同书》一份及原告支付的招牌订金3万元收据一份；c. 原告与广州市舒安消防工程有限公司于2004年11月15日签订的《消防安装施工合同》一份及原告支付工程款5万元收据一份；d. 原告与深圳市嘉琪电子有限公司于2004年12月22日签订的《商场冷冻冷藏陈列工程合同》一份及原告于2004年12月27日支付的订金6 000元收据一份；e. 原告购买家具、楼层地板装修、粉刷墙面等相应供货票据共计18万元）；五、广州市规划局黄埔区分局文件一份（穗黄规函［2004］317号），证明被告用于租赁的房屋是违法建筑；六、关于长洲镇金洲大道投资兴建大型购物广场意向书。

被告的答辩及其委托代理人的辩护意见：一、被告用于出租的场地和房屋均是其通过黄埔法院的拍卖程序取得所有权，并拥有合法的“房地产权证”，而双方签订的合同是双方当事人的真实意思表示，故相应合同和补充协议均属有效。二、黄埔规划分局的“穗黄规函［2004］317号”复函并没有确认被告用于出租的楼房为违法建筑，只是由于原告没有提交合法报建材料而暂不同意原告进行立面改造。即使涉案楼房不能进行立面改造，也不影响《租赁合同》的效力，亦不影响原告合法经营超市，故合同应当继续履行。三、租赁楼房的立面改造规划不能获得规划部门的申请，其责任不在被告，因为合同约定办理报建手续的责任在于原告一方。同时，合同约定若原告改造建筑物结构，应当首先书面报经被告同意并经相关部门批准后才能施工。而被告亦在合同中给予了原告自进场之日起90天充足的办理报建和装修的免租期间，故被告不同意退还保证金和不承担任何损失的赔偿责任。四、原告没有经过被告同意就私自拆除被告建筑的外立面，故被告要求原告尽快恢复原状，同时按照合同约定，原告必须自2005年3月1日起开始支付租金，但原告至今分文未付，被告保留另行起诉原告追讨租金和其他损失的权力。五、原告自2004年12月即知道立面改造申请不被批准，但其随后并未与被告沟通，也没有主张权利，至2006年2月起诉时已经超过了一年的诉讼时效。综上，被告认为合同有效，应当继续履行，但鉴于原告已不愿意履行合同，从而被告要求原告在支付租金和赔偿损失后对合同予以解除。

被告为证明其主张的事实，提交有如下证据：一、黄埔区长洲金洲北路561号的

"房地产权证"，证明被告用于出租的房屋拥有合法的产权；二、《个体工商户开业须知》，证明被告并没有妨碍原告取得经营许可证；三、他人以黄埔区长洲金洲北路561号首层和西面平房为经营场所办理的个体工商户营业执照，证明在同一门牌进行同类型经营的承租人均取得了营业执照，可以进行合法经营；四、企业登记查询结果，证明东莞市厚街荣日冷气机维修店没有销售和安装中央空调的资质；五、广州市黄埔区人民法院于2003年2月28日出具的［2001］黄法长经执字第5号，［2002］黄法长其他执字第1、2号，［2002］黄法长经执字第1、2、5、6号民事裁定书，证明被告拥有出租楼层及场地的合法产权。

广州市黄埔区人民法院经公开审理查明：原告作为个体字号"广州市芳村区家之福超市"的经营者，其于2004年6月1日与被告签订了一份《租赁合同》，约定：被告将位于黄埔区长洲金洲北路561号的3栋2层楼房及围墙外的空地出租给原告用于商业用途。租赁期限从2004年12月13日起至2010年12月12日止，期限为6年。原告在签订合同时预交人民币80 000元给被告作为保证金。合同同时约定原告必须领取有效工商牌照、消防合格证和相关经营许可证。原告亦不得随意更改房屋内建筑结构，如需改动则必须经被告书面同意。自原告进场之日起，被告给予原告90天报建及装修期。在租赁期限内，如原告要在原使用场地内兴建上盖物业建筑，则需书面报经被告同意后再向有关部门办理报建手续，经批准后才能进行施工。2004年12月13日，双方补充签订了一份《补充合同》，约定了原告从2004年12月13日起进场和租金从2005年3月1日起开始计算等条款。2004年6月1日，原告亦实际向被告支付了保证金80 000元。

在合同签订后，原告即与东莞市厚街荣日冷气机维修店于2004年12月15日签订了《工程合约书》一份并预付了部分冷气工程款5万元；原告与雅乐尔装饰材料店于2004年12月24日签订了《雅乐尔装饰材料合同书》一份并支付了部分招牌订金3万元；原告与广州市舒安消防工程有限公司于2004年11月15日签订了《消防安装施工合同》一份并支付部分工程款5万元；原告与深圳市嘉琪电子有限公司于2004年12月22日签订了《商场冷冻冷藏陈列工程合同》一份并于2004年12月27日支付了订金6 000元；同时，原告购买了相应材料进场对涉案房屋进行了部分地板铺设和墙面粉刷装修。因原告在未取得相关报建审批手续前就进场施工，从而受到了城管部门的查处，并由此导致原、被告双方在租赁过程中出现纠纷。

另查明：2004年12月17日，黄埔区城管部门发出"穗综责字（埔04）—7284号"《责令限期改正通知书》一份，以相应施工违反了《广州市建筑条例》第十三条第一款为由要求被告立即停止对黄埔区长洲金洲北路561号的工程装修和限期15天内补办手续；而广州市城市规划局黄埔区分局于2004年12月27日以"穗黄规函［2004］317号"《关于立面改造规划报建有关问题的复函》就涉案建筑的立面改造报建申请作出函复，其主要内容如下：立面改造范围应在现有建筑物内进行，所送立面效果图和设计方案高度超出了现有建筑；所提供的房地产证及其附图没有包括拟进行立面改造的建筑，须提供该房产的合法权属证明文件，若该建筑为违法建设，则应在立面改造报建前先办理违法建设处理手续，从而暂不同意立面改造申请，请按要求修改设计和备齐有关资料后再办理规划报建手续。

又查明：涉案的黄埔区长洲金洲北路561号共77亩的土地使用权和建筑总面积为

16 882 平方米的16 栋厂房、办公楼等是被告于2003 年通过广州市黄埔区人民法院依法拍卖所取得的所有权。

上述事实有原、被告双方共同提交的前述11 项证据予以证明。

【审判】

广州市黄埔区人民法院根据上述事实和证据认为：本案双方争议的焦点主要在于：一、《租赁合同》和《补充合同》的效力问题。二、原告对涉案建筑进行部分装修施工的损失承担责任问题。

被告通过法院的合法拍卖程序取得了黄埔区长洲金洲北路561 号共77 亩的土地使用权和建筑总面积为16 882 平方米的16 栋厂房、办公楼等的产权，其作为上述建筑的合法所有权人，与原告签订相应的《租赁合同》和《补充合同》而出租部分建筑给原告经营超市，上述合同均有双方当事人的签名盖章予以确认，故应是原、被告双方的真实意思表示，其并不存在《中华人民共和国合同法》第五十二条中规定的导致合同无效的情形。对于涉案建筑是否属于违章建筑的问题，应由行政规划部门来予以认可，而广州市城市规划局黄埔区分局于2004 年12 月27 日作出的“穗黄规函［2004］317 号”《关于立面改造规划报建有关问题的复函》并没有明确认定涉案建筑为违章建筑，亦只是暂不同意立面改造申请。同时，该涉案建筑是否属于违章建筑并不必然影响原、被告双方之间签订的《租赁合同》的效力。故原告提出的两个认为《租赁合同》无效的理由均不成立，该合同应属有效。

因原告提出的诉讼请求乃基于合同无效，在本院依法行使释明权后，原告即增加要求解除合同的诉求。而被告亦提出因原告无意再履行合同，从而也同意解除合同，只是要求原告赔偿相应损失。鉴于原、被告双方均无意继续履行合同，原《租赁合同》的目的显然已经无法实现，故本院对双方提出解除合同的意见予以支持。因被告没有在法定期限内提出反诉，故本院对被告提出的损失赔偿问题不予处理。

对原告因该《租赁合同》所产生的损失承担责任问题。本院认为，因原、被告双方在合同中约定：原告必须领取有效工商牌照、消防合格证和相关经营许可证，而原告亦不得随意更改房屋内建筑结构，如需改动则必须经被告书面同意。在租赁期限内，如原告要在原使用场地内兴建上盖物业建筑，则需书面报经被告同意后再向有关部门办理报建手续，经批准后才能进行施工。因此，原告作为承租和施工单位，应当在完全办理好相应报建审批和施工手续后才能进场进行装修等施工。而被告亦在合同中约定自进场之日起给予原告90 天的办理报建和装修时间，并对上述时间给予免租条件，但原告在未取得相应合法手续和没有证据证实其取得了合同约定必须取得的被告书面同意的前提下，即私自开工和更改涉案建筑的内部结构，并在相应合法手续能否取得的不确定状态下即和东莞市厚街荣日冷气机维修店等多家公司签订相应施工合同，故导致损失产生的过错应由原告方承担。另外，根据原、被告双方的陈述和证据显示：原告于2004 年12 月13 日进场，而黄埔区城管部门在2004 年12 月17 日即在施工现场发觉了原告的违法施工行为并责令其停工与补办手续。原告本身在庭审中亦承认其在签订了补充协议后即开始了施工，直到城监部门没收了工具才停工。综上可知，原告的相应损失均系其在未取得有关合法手续的前提下私自施工所产生，并在短期内实施大规模装修导致损失进一步扩大。若原告在取得合法手续后再施工则可完全避免该损失的产生，因此，上述损失均只能由原告自行承担。对原告提出其在施工时得到了被告默认的意见，因被告予以否认和没有其他证据支持，从而其要求被告退还保证金和承担相应损失的理由不成立，本院不予支持。

广州市黄埔区人民法院依照《中华人民共和国合同法》第五十二条、第九十四条、第九十七条、第一百零七条、第一百零八条，《中华人民共和国建筑法》第七条、第九条和《中华人民共和国民事诉讼法》第六十四条之规定，作出如下判决：一、原告何锐玲与被告广州市城辉物业租赁有限公司于2004年6月1日签订的《租赁合同》和于2004年12月13日签订的《补充合同》有效。二、解除原告何锐玲与被告广州市城辉物业租赁有限公司于2004年6月1日签订的《租赁合同》和于2004年12月13日签订的《补充合同》。三、驳回原告何锐玲的其他诉讼请求。本案案件受理费人民币8 510元由原告何锐玲负担。

上诉人何锐玲及其委托代理人上诉称：一、合同约定只有在上诉人更改房屋内建筑结构和在原使用场地内兴建物业建筑才需要征得被上诉人同意，而上诉人进行的只是室内装修，并不需要被上诉人同意，而被上诉人自始就知道上诉人的装修行为却没有提出任何异议，故上诉人不存在擅自施工的行为。二、广州市城市规划局曾下发文件从2004年8月6日起取消对经营性建筑装修工程的建设工程规划许可证的核发，只是确需修改立面和结构设计或变更使用性质的除外。故上诉人进行内部施工并不需要核发许可证，亦不存在违法施工的行为。三、被上诉人出租给上诉人租赁物，并要负责立面改造的施工，其违法施工的后果应由被上诉人承担，但一审法院却要上诉人承担违法施工的后果，是错误的。因为规划局黄埔分局的文件是下发给被上诉人的，故说明规划局认定的违法施工的主体应该是被上诉人，而不是上诉人，故原审法院查明的事实不清。四、被上诉人将涉案建筑出租给上诉人经营超市是违法的，因为其没有取得合法的产权，而《城市房屋租赁管理办法》规定没有产权的房屋不能出租，故被上诉人的出租行为是违法的。五、因为被上诉人没有房产证，其房屋用途是工业用房和写字楼，导致上诉人不能申报办理超市经营手续，说明被上诉人提供的租赁物不符合约定，构成违约，从而导致上诉人因为和第三人签订的相应合同损失，应由被上诉人承担。六、一审法院判决解除原租赁合同，就应当判决被上诉人退还保证金。综上，一审法院查明的事实不清，适用法律不准确，请求二审法院依法予以改判。

被上诉人及其委托代理人答辩称：完全同意一审的判决，请求二审法院驳回上诉人的上诉请求。

二审查明的事实和相关证据与一审相同。

广州市中级人民法院根据查明的事实和证据认为：根据已经查明的事实，上诉人在一审自认涉案房屋的装修和立面改造是由其提出并自行实施，而二审却反悔一审自认的事实，把擅自装修和施工的主体推给被上诉人，而上述否认又没有相关证据支持，故二审不予采信。

对上诉人和被上诉人签订的《租赁合同》以及《补充合同》而言，均是双方当事人的真实意思表示，没有违反法律和行政法规的禁止性规定，故应为有效合同，对双方均有约束力。该合同约定，上诉人不得随意更改房屋内部结构和必须办理相应合法手续，而规划部门出具的《关于立面改造规划报建有关问题的复函》认定上诉人所进行的立面改造范围应在现有建筑内进行，而其所报送的立面效果图和设计方案高度超出了现有建筑。故原审认定上诉人违反合同约定是有依据的，本院予以确认。同时，因被上诉人提供的租赁物毕竟存在产权登记不清晰的问题，规划局的文件亦指出不能批准立面改造申请的原因是须提供合法的权属证明文件，故被上诉人未能完善产权证的问题对引起本案纠纷有一定责任，故在双方同意解除合同的情况下，被上诉人应当退还相应保证金。关于上诉人因为订立其他涉案租赁合同所产生的经济损失问题，因为上诉人没有按照合同约定办理报建和领取营业执照等手续就进行违法施工，故由此导致的损失应由上诉人自负。因此，一审认定事实基本清楚，适用法律亦正确，故对除被上诉人应退还保证金外的其余判决均予以维持。

广州市中级人民法院依照《中华人民共和国民事诉讼法》第一百五十三条第一款第一项的规定，作出如下判决：一、维持广州市黄埔区人民法院［2006］黄法民三初字第140号民事判决。二、被上诉人广州市城辉物业租赁有限公司于本判决送达之日起十日内，将保证金80 000元返还予上诉人何锐玲。本案一、二审案件受理费各8 510元，由上诉人何锐玲负担6 808元，由被上诉人广州市城辉物业租赁有限公司负担1 702元。

【评析】

本案是一个比较典型的租赁合同纠纷案例，其中涉及几个比较有争议的问题。其一是产权登记不明的建筑或者违章建筑是否是影响租赁合同效力的决定因素；其二是因某方违约导致有效合同解除后相应损失的承担问题。

对第一个关于合同效力的问题，根据《中华人民共和国合同法》第五十二条的规定，合同当然无效的情形只有明确规定的五项。而对本案的租赁合同而言，被告广州市城辉物业租赁有限公司是通过法院的拍卖程序合法取得包括涉案建筑在内的全部所有权，并有部分建筑取得了相应的权属登记证书。根据《中华人民共和国物权法》的相关规定和立法宗旨，广州市城辉物业租赁有限公司是通过等价而合法地取得了上述建筑的所有权和支配权，尽管其暂时没有完全办理涉案房屋的权属登记证书，但其取得了法院认定全部所有权归其所有的民事裁定书。从法律效力上来讲，法院生效民事裁定书或判决书是确认任何物权归属的最有效载体，而房管局核发的权属登记证书在更大程度上属于一种行政登记和行政确认手段。诸如本案中的权属登记证书，其依据的前提仍是法院的民事裁定书。因没有其他主体对涉案建筑主张权利，则广州市城辉物业租赁有限公司对涉案建筑物享有唯一和排他性的占用、使用、收益和处分的权利，而有没有权属证书并不影响该公司对涉案建筑所拥有的合法物权。基于此，我们可以得出结论，即广州市城辉物业租赁有限公司把没有取得涉案建筑的权属登记证书的房屋出租给何锐玲不是影响合同效力的因素，而只是一个合同后期履行过程中所发生的导致合同履行不能的因素。此外，尽管在本案中没有任何资料显示涉案建筑系违章建筑，但我们可以引申探讨违章建筑出租对租赁合同效力的影响问题。若相应当事人出资兴建了某没有办理合法报建和违反规划的建筑物用于出租谋利，同样基于物权理论，在建设过程中和建成后，该建设主体即拥有相应建筑物的占有、使用、收益和处分的权利，这些权利的取得并不需要以其一定取得明确所有权为前提。如果其将上述违规建设的建筑物出租，相应租赁合同同样是有效的。只是在行政部门作出违法认定和拆除之后，导致租赁合同没有履行的标的物而对承租人造成的损失应由出租人承担。其是否违章建筑只是属于行政管理层面的问题，是发生在违规建设主体和行政部门之间的关系，而和承租人没有任何关系，故不应当影响出租人和承租人之间基于真实意思表示而签订的租赁合同的效力。综上，在本案一审和二审过程中，原、被告之间签订的《租赁合同》和《补充合同》均认定是合法有效的。

对第二个问题，即基于合同有效后解除合同的责任承担问题。本案中被告何锐玲没有按照合同约定先行办理好合法报建和审批手续，也没有征得出租方的书面同意即违法进行大范围施工和装修，并违规进行立面改造，导致自身的损失在短时间内迅速扩大，该施工行为应当被定性为一种合同履行过程中的违约行为，故相应损失应由施工方自行承担。此外，对于保证金应否返还的问题，这一点亦是一、二审存在区别认定的地方。一审法院认定出租方提供的出租物具备了由生效民事裁定书确认的合法产权，出租方基于此也拥有了出租建筑的合法所有权，即当然拥有了占有、使用、收益和处分的权利。对于涉案建筑是否属于违法建筑的问题：其一，在租赁合同履行过程中，没有任何材料显示其属于违法建筑；其二，即使被认定为违法建筑也不应归因于出租方的责任，因为出租方是通过法院的合法拍卖手续取得所有权，并付出相应对价。其建筑的是否违法性认定应由相关行政部门在建筑物建成之初或拍卖之前完成，假若涉案建筑在由出租人拍卖取得后被认定为违法建筑予以拆除，则对出租人的拍卖行为是一种愚弄和不公平。基于此，一审法院在综合相关证据和当事人陈述后认定出租方不存在明显的违约行为，或至少不存在主观故意的违约，故判决无须返还保证金。而二审法院认为尽管办理申报手续是承租人的责任，但出租方提供合法的权属证明文件进行协助是其必须履行的义务。正因为出租方不能提供相应权属证书，从而构成不能办理立面改造批准手续的因素之一，出租方在此对导致纠纷的发生和合同的解除存在一定责任，因此判决出租方返还保证金。

一审合议庭成员：夏　科　李国忠　梁　冬
二审合议庭成员：郭晓红　姚伟华　秦　旺
作者单位：广州市黄埔区人民法院

无偿委托合同的注意义务及其责任承担

——汤启林诉吴光明财产损害赔偿纠纷案

胡绍安　谭志华

【问题提示】

在无偿委托合同中，受托人在何种情况下应承担相应的赔偿责任?

【要点提示】

无偿委托合同的受托人应尽善良管理的审慎注意义务，对于重大过失给委托人造成的损失应承担相应的赔偿责任。在本案中法院衡平考量无偿委托各方利益，确定受托人承担被盗车辆50%的赔偿责任。

【案例索引】

一审：广东省佛山市南海区人民法院［2006］南民一初字第2138号民事判决

二审：广东省佛山市中级人民法院［2007］佛中法民一终字第297号民事判决

【案情】

上诉人（原审被告）：吴光明。

被上诉人（原审原告）：汤启林。

2004年11月，汤启林以54 000元（含全部手续费用）的价格购买了上海通用五菱LZW6371标准型汽车（赣C·91983）一辆。2006年5月14日，汤启林回江西老家，遂于当日将该车交给案外人彭竹根。后他考虑到彭竹根只把车停在其厂外，担心车辆被盗，就于当日致电吴光明，请他从彭竹根处取出车辆并把车停好，吴光明予以答允，并于2006年5月15日上午9时左右到彭竹根厂里把车开走。2006年5月15日下午4时左右，案外人王信勇需用车到广州接送客户，便致电汤启林，汤启林告知车钥匙在吴光明处，王信勇遂自行与吴光明联系。2006年5月17日凌晨，吴光明致电汤启林车辆已被盗。吴光明自认将该车停放在其家附近黄岐六联北村村委会的篮球场上，车辆于该处被盗。而在黄岐六联北村村委会的篮球场边上，贴有告示“严禁停放一切车辆”。

汤启林遂于2006年7月向佛山市南海区人民法院起诉，请求判令吴光明赔偿其车辆损失39 000元、汽车上户费2 000元、汽车购置税3 900元、保险及养路费3 200元、汽车配置及检修费7 765元、经济损失200元，合共56 065元。

经法院委托评估，核定五菱LZW6371型客车的车辆主体在评估基准日的市场价值为32 602元。车辆被盗至今已超过3个月。

【审判】

广东省佛山市南海区人民法院一审认为，原告对本案所涉车辆赣C·91983号享有的所有权，依法应受法律保护。原告致电被告，请其把赣C·91983号车停放在南海黄歧嘉洲花园，被告予以答应，原、被告之间形成了无偿的委托关系。被告自述连续两晚把上述车辆停放其住处附近的黄歧六联北村村委会的篮球场，由于被告没有履行委托职责，未将车辆停放到原告指定的停车场，导致该车在2006年5月17日被盗，存在重大过错，侵害了原告的车辆所有权，应对原告的损失负赔偿责任。对原告根据对该车主体的资产评估核定的价值为32 602元，请求被告予以赔偿合法有理，予以支持。对于原告其他诉讼请求，没有法律依据，不予支持。依照《中华人民共和国民事诉讼法》第一百三十四条、《中华人民共和国合同法》第四百零六条的规定判决：一、被告吴光明应于判决发生效力之日起十日内赔偿车辆损失32 602元予原告汤启林。二、驳回原告汤启林其他诉讼请求。

一审宣判后，吴光明不服，向广东省佛山市中级人民法院提出上诉称：一、原审认为"汤启林于2006年5月14日致电给吴光明，请其把车停放在嘉洲花园小区内，吴光明予以答允"，是认定事实错误。而事实上只是让吴光明将车停在比较安全和方便的地方即可。二、原审认定吴光明"没有履行委托职责，导致车辆被盗，存在重大过失，侵害了原告的车辆所有权，依法对汤启林的损失负赔偿责任"是错误的。汤启林与吴光明之间形成了无偿的委托关系，受汤启林委托取车、停车及出车，在此期间汤启林曾打电话询问过吴光明关于停车及出车的事宜，其亦没有提出异议。在2006年5月17日凌晨，吴光明下楼时发现车不见了，随即报警并马上向汤启林告知了此事。在完成汤启林委托事项时，吴光明已尽到一般注意义务，在完成无偿委托事项的过程中并无故意或重大过失行为，亦没有从汤启林处获得任何利益，因此，汤启林应自行承担无偿委托行为的后果，而吴光明不应对该车被盗承担赔偿责任。根据《中华人民共和国合同法》第四百零六条的规定，吴光明无须承担该车被盗损失，汤启林应向犯罪分子追偿车辆损失。三、原审采信资产评估报告作为定案依据，缺乏事实和法律依据。经市场调查被盗车辆新车市场价已低于32 800元，况且该车属使用了一年半有余的运营车辆。该车实际价值不会超过25 000元。原审委托评定价值32 602元严重脱离实际情况。所以应判决撤销原审判决第一项内容，并由汤启林承担本案一、二审诉讼费。

汤启林辩称：一、汤启林致电吴光明明确委托其将车停放在汤启林经常停车的嘉洲花园小区，这点在嘉洲花园小区的管理处可以查证，自2004年11月购车后，汤启林在嘉洲花园居住期间一直将车停在该小区。并且，汤启林曾在南海盐步有过车辆被盗的经历，故对此比较谨慎，而汤与吴是多年的朋友，对此应该是知情的。众所周知，在南海这样外来人口密集、治安复杂的地方，将车辆停放在无人看管的地方，是极其不安全和不负责任的。二、汤启林与吴光明之间形成的无偿委托关系，也仅是委托吴光明将车停在其指定的地点，而无其他事项。至于吴光明在汤启林未委托的情况下使用并且停放在无人看管的篮球场，吴光明具有重大过失致使车辆最终被盗。三、原审采信委托评估价值作为被盗车辆核定价值，事实和法律依据充足，并无不当。综上请求判令：维持一审判决第一项；吴光明支付汤启林本案所涉车辆购置税和车内配物费用。

广东省佛山市中级人民法院二审审理认为，双方当事人对无偿委托赣C·91983号车停放事宜以及该车在吴光明处理委托事务过程中失窃的事实并无争议，双方只是在委托人汤启林期间是否明确指示被盗车辆停放地点产生分歧。汤启林和吴光明间存在无偿委托合同关系，合同关系主体即汤启林与吴光明，委托事项即停放赣 C·91983 号车。根据《中华人民共和国合同法》第四百零六条的规定，“无偿的委托合同，因受托人的故意或者重大过失给委托人造成损失的，委托人可以要求赔偿损失”，故上诉人吴光明在处理委托事务过程中是否存在故意或者重大过失行为，系判定其是否需要承担本案赔偿责任的前提。汤启林主张其曾致电上诉人几次明确指定将车辆停放在嘉洲花园小区或同为有物业管理及停放业务的第一城小区内，但对此汤启林并未提供确实、充分的证据以支持其主张，而吴光明又不认可，故本院对此不予采信，并由此视为汤启林当时对车辆停放地点未作特别约定。原审仅凭汤启林的单方陈述而认定被上诉人打电话给吴光明时，请其把车停放到嘉洲花园小区内，吴光明予以答允，依据不足，应予纠正。虽然汤启林对车辆停放地点并未作出特别约定，但其正是因担心车辆被盗而特意委托吴光明从案外人彭竹根处取出车辆，并让吴光明处理好车辆的停放事宜，而吴光明对于此项委托目的亦是明知或应知的。对此，吴光明应尽相应的审慎注意义务来处理委托事项，以实现前述合同目的。但吴光明只是将车辆停放在其家附近无人看管、非专门用于停车的篮球场内，而最终导致该车被盗，并且该篮球场上亦明确贴有告示“严禁停放一切车辆”。由此可见，吴光明在选择车辆停放地点时未尽相应的审慎注意义务，其对于车辆失窃结果的最终发生及委托合同目的落空主观上存在着疏忽大意或过于自信的重大过失，根据《中华人民共和国合同法》第四百零六条的规定，汤启林有权就其因此遭受的损失向吴光明求偿。至于吴光明的责任范围，考虑到车辆失窃的损害结果系由盗窃的犯罪行为直接导致，且吴光明对于委托事务的处理具有无偿性，故根据公平合理的原则，对于吴光明的赔偿份额因斟酌本案的具体情形，不应全部由吴光明赔偿。经综合考量本案车辆被盗对双方当事人的影响及双方的经济条件等因素，酌定由吴光明承担本案所涉车辆损失 50% 的赔偿责任为宜。

关于车辆损失额的确定问题。本案一审时双方当事人对被盗车辆的价值存在较大的分歧，后双方同意委托评估机构作出评估定价。据此原审委托佛山大诚会计事务所有限公司对被盗车辆主体价值进行评估，并在当事人未能提供足以反驳证据和理由的情形下，采信上述评估机构作出的资产评估报告作为定案的依据，符合最高人民法院《关于民事诉讼证据的若干规定》第七十一条、第七十四条之规定，程序合法，应予以确认。吴光明主张评估机构作出的评估结论严重不实，无确实证据反驳评估结论，本院对其主张不予采纳。同时，对于吴光明提出的重新鉴定申请，因不符合最高人民法院《关于民事诉讼证据的若干规定》第二十七条第一款之规定，本院亦不予采纳。由此，吴光明在本案中须承担车辆损失为 32 602 元×50% =16 301 元。汤启林要求维持原审判决第一项内容外，判令吴光明支付车辆购置税与车内配物费用等，属于汤启林二审答辩要求变更或补充二审程序中新增加的独立诉讼请求。依据最高人民法院《关于适用〈中华人民共和国民事诉讼法〉若干问题的意见》第一百八十四条之规定，二审法院对此不予审查。

据此，依照《中华人民共和国民事诉讼法》第一百五十三条第一款第（二）、（三）项规定，判决如下：一、维持佛山市南海区人民法院［2006］南民一初字第 2138 号民事判决主文第二项。二、变更佛山市南海区人民法院［2006］南民一初字第 2138 号民事判决主文第一项为：上诉人吴光明应于本判决发生法律效力之日起十日内赔偿车辆损失 16 301 元予被上诉人汤启林。

【评析】

本案属于比较典型的无偿委托引发的财产损害赔偿纠纷，从一、二审的情况来看，本案关键是要解决以下问题：（1）双方当事人间的法律关系以及原告是否就委托事项即本案中停车事宜作出明确指示。（2）无偿委托合同关系中受托人在处理委托事项时是否存在故意或重大过失及赔偿中彼此责任份额该如何确定等。

一、本案中双方当事人间存在无偿委托合同关系

委托合同是指当事人约定一方委托他方处理事务，他方同意为其处理的契约。委托他方处理事务的人为委托人，同意为其处理事务的人为受托人。委托合同所处理事务的种类并无限制，不论是实施民事法律行为，或为有经济意义的行为，或仅为单纯的事实上的行为，只要该行为不违反法律或违背公共秩序、善良风俗，均可为之。委托合同具有严格的人身特性，双方当事人以相互的信赖作为订立合同的标准。委托合同可以是无偿单务合同，也可以是有偿双务合同，两者中受托人所担负的责任有所不同。在民法上，根据当事人是否需要给付对价，亦即是否需要为对待给付可以将合同区分为有偿合同与无偿合同。其中，有偿合同是指一方履行合同规定的义务而给对方某种利益，对方要得到该利益必须为对待给付的合同。有偿合同是商品交换最典型的法律形式。在实践中，绝大多数反映交易关系的合同都是有偿的，如买卖、租赁、仓储、运输、行纪等。无偿合同则是指一方履行法律行为规定的义务而给付对方某种利益，对方取得该利益并不需要为对待给付的合同。赠与是最典型的无偿合同，其他的无偿合同还包括无偿保管、借用、无偿委托等。当然，在无偿合同中，对方当事人也并非不承担任何义务，不过，此种义务并不是利益受让人方从利益给付方获得给付所支付的对价，如无偿受托人在处理委托事项时就负有管理人审慎注意义务，但这种义务并不是委托人所支付的对价。

在无偿委托合同中，受托人所负的义务主要是：（1）在处理委托事务时，应以与处理自己的事务为同样的注意，维护委托人的利益。（2）应当按照委托人的要求，随时告知办理委托事务的情况。办理结束后，应将处理过程和处理结果一并告知委托人。（3）将处理委托事务中所得利益转交委托人。委托人所负的义务是：（1）赔偿受托人在处理委托事务时无过失而遭受的损害；（2）提供和补偿受委托人处理委托事务所必须支出的费用。

本案中，吴光明接受汤启林的委托，答应将汤启林的车停放好，双方存在委托合同法律关系，并且其性质为无偿委托合同关系的事实在一、二审中都没有异议。但对于委托人汤启林是否具体指示吴光明将车停放在其指定地点，双方则存在较大争议，诉讼中汤启林没有证据证明其就委托事项作出明确指示。而双方虽然未就停车事宜作出明确约定，但受托人吴光明对于委托事项的目的是明知或应知的，即其处理委托事宜应尽的审慎注意义务是明确的。

二、无偿委托合同中受托人的损害赔偿责任及其范围

根据审判经验总结，委托合同在履行中可能造成的损害，一般来说有以下四种情况：（1）受托人在办理委托事务时，给第三人造成损害；（2）受托人在办理委托事务时，因故意或重大过失给委托人造成损害；（3）受托人在办理委托事务时，因委托人指示不当

等原因，给受托人造成损害；（4）受托人为自己的利益使用委托人的财产，给委托人造成损害。

上述前三种情况均是为委托人利益而造成的损害，涉及委托合同的损害赔偿问题，应当区别情况认真分析。

第一，第一种情况属于侵权损害赔偿法律关系。受托人在办理委托事务中致人损害的，原则上应当由受托人承担侵权损害赔偿责任；但委托人于委托事务或指示中有过失的，委托人应当承担侵权损害赔偿责任。

第二，后三种情况则属于违约损害赔偿法律关系，应当适用过错责任原则来确定赔偿责任，即损害是由谁的过错造成的，谁就应当承担损害赔偿责任。过错，就是指违反应负的注意义务。委托人的过错就是委托他人办理事务没有尽到应尽的注意义务，如委托人指示不当和对损害应当预见但因疏忽而没能预见。受托人的过错，则主要体现在受托人在办理委托事务时未尽基于委托目的而应具有的审慎注意义务，以及受托人越权而造成委托人损失。受托人的注意程度，通常认为因委托合同是有偿还是无偿而不同。这点在我国立法和司法实践中都有所反映，如我国《合同法》第四百零六条规定："有偿的委托合同，因受托人的过错给委托人造成损失的，委托人可以要求赔偿损失。无偿的委托合同，因受托人的故意或者重大过失造成损失的，委托人可以要求赔偿损失。"由此可知，受托人有偿处理委托事务时，负有善良管理人的注意义务；无偿处理委托事务时，负有与处理自己事务同一的注意义务。两者对受托人的损害赔偿责任，所应尽的注意义务有着不同程度的要求。也就是说处理无偿委托合同损害赔偿的原则，是"推定无过错责任"原则，即一般情况下受托人都无须承担损害赔偿责任，而只有在受托人具有故意或者重大过失的情况下，才承担损害赔偿责任，在一般过失或其他情况下不承担责任。所谓重大过失是指一般人对该行为所产生的损害后果都能预见到，而行为人却因疏忽大意没有预见到，致使损害后果发生。

本案中，受托人吴光明在接受委托停车事宜时，明知委托人担心车辆被盗故委托其停放好，但其却将车停在一露天无人看管且告知禁止停放一切车辆的篮球场，无疑使停放车辆具有较大被盗风险，最终使被委托停放车辆被盗的损害结果发生，所以案中受托人吴光明对车辆被盗的损害结果发生具有疏忽大意或过于自信的重大过失，无偿委托人有权就其因此遭受的损失向受托人求偿。

第三，无偿委托中损害赔偿公平合理原则下的衡平责任。本案中，二审法院最终判决确定吴光明承担委托人汤启林案中所涉损失的50%的赔偿责任的范围，则是司法审判中综合考虑双方当事人的利益格局及社会良好互助风尚的合理维护，从而运用了民法中一项基本原则——公平合理原则衡平确定上述受托人的赔偿责任。基于委托事项的无偿性和损害赔偿结果的发生系盗窃分子违法犯罪行为直接所致，同时考量本案中损害结果发生对于双方当事人的影响及经济条件等社会因素最终确定上述赔偿范围。应该说二审法院上述判决较好地体现了司法审判的法律效果与社会效果的统一，是司法衡平作用的良好运用典型。

一审合议庭成员：关少梅　朱劲雄　潘满锦

二审合议庭成员：黄学军　林炜烽　周　芹

作者单位：佛山市南海区人民法院

婚介服务合同中婚介中心对客户资料的审查义务

——黄晓君诉广州市越秀区喜福婚姻介绍中心服务合同纠纷案

李群英

【问题提示】

在婚介服务合同中因婚介中心对客户资料审查不严而造成当事人损失的，婚介服务中心应如何承担相应责任?

【要点提示】

由于婚介行业是涉及个人身份关系的行业，对客户个人资料的真实性要求相对于其他行业而言要更高，婚介中心应对客户的个人资料作实质性的审查。

【案例索引】

一审：广东省广州市越秀区人民法院［2006］越法民一初字第2278号民事判决

二审：广东省广州市中级人民法院［2007］穗中法民二终字第64号民事判决

【案情】

上诉人（原审原告）：黄晓君。

被上诉人（原审被告）：广州市越秀区喜福婚姻介绍中心。

2006年4月12日，黄晓君加入广州市越秀区喜福婚姻介绍中心（原名为广州市东山区喜福婚姻介绍中心，以下简称喜福中心）的“喜福单身贵族俱乐部”，成为俱乐部的会员，编号为26546，黄晓君为此向喜福中心缴交会员费550元。之后，喜福中心将2006年7月23日入会的会员阳喜鹏介绍给黄晓君。阳喜鹏入会时向喜福中心提供了身份证复印件、常住人口登记卡，并填写了“会员存档表”。2006年8月15日，黄晓君前往广州市公安局黄花岗派出所报案，称其通过喜福中心介绍认识一自称阳喜鹏的男子后被骗去人民币17 800元。之后，黄晓君前往广州市公安局查询后得知，阳喜鹏所提供的上述资料中的公民身份证号码“440103196811283319”为“提供信息与数据库存对比不一致”，才得知阳喜鹏提供给喜福中心的身份证资料均是虚假的。

黄晓君为证实阳喜鹏向其借款17 800元的事实，向法院提交了“中国农业银行银行卡存款业务回单”，户名均为阳喜鹏，交易日期分别为2006年8月10日与11日，交易类型均为现金存款，存款金额分别为16 000元与1 800元。黄晓君称阳喜鹏从2006年8月12日起就关机再也联系不上。

此外，黄晓君还向法院提交了喜福中心于2006年8月11日在《广州日报》上刊登的征婚广告一则，内容为："广州喜福婚姻中心政府部门注册专业交友机构，……开办10年广州会员至多，服务好、成功率高。本中心所有男女会员身份证、照片、婚姻证明及亲笔写的真实资料齐全。……声明：本部无婚托假征婚，资料绝对真实，假一赔二万元。"

黄晓君向广州市越秀区人民法院提起诉讼，请求法院判令：一、喜福中心在《广州日报》、《南方都市报》、《羊城晚报》上连续6日刊登关于因提供虚假会员资料而向黄晓君赔礼道歉的声明，声明内容经黄晓君同意后报法院审核；二、喜福中心支付黄晓君人民币20 000元；三、喜福中心赔偿黄晓君经济损失人民币17 800元；四、喜福中心退还黄晓君入会费人民币550元；五、喜福中心赔偿黄晓君精神损失费人民币10 000元。

喜福中心辩称，黄晓君与阳喜鹏之间所谓的借贷关系，与喜福中心核实阳喜鹏的身份是没有关系的。喜福中心是婚姻介绍的中介机构，只负责提供黄晓君与阳喜鹏认识的平台，婚姻介绍所对征婚人员只有表面审查的责任，喜福中心已审查了阳喜鹏的身份证和户口本，并复印留下存档，已尽了审查的义务，核实身份真假超出了喜福中心的审查能力。其两人之后的交往，喜福中心并没有介入。喜福中心既不清楚黄晓君与阳喜鹏之间的交往状况，也没有使用任何手段促成其两人间的借贷。黄晓君是完全民事行为能力人，有能力决定是否向别人借贷。此外，从黄晓君提供的收费收据可反映，黄晓君是2006年4月12日成为喜福中心的会员，但在2006年8月前喜福中心从未承诺过报纸上刊登的内容。黄晓君并非喜福中心2006年8月11日所发广告的承诺对象，该广告是面对还没有入会的会员，且喜福中心所称的真实资料是针对无婚托或假婚。况且黄晓君提供的资料亦不能证明其与阳喜鹏之间存在借贷关系，其提供的银行汇款凭单仅能证明存款情况，故请求法院驳回黄晓君的诉讼请求。

【审判】

广州市越秀区人民法院一审认为，黄晓君成为喜福中心会员后，通过喜福中心介绍认识了另一男会员阳喜鹏。黄晓君在与阳喜鹏交往一段时间之后借给阳喜鹏共人民币17 800元。借款之后，黄晓君再也联系不上阳喜鹏，且查询得知其于喜福中心处获知的阳喜鹏的身份证资料均是虚假的，故以此为由起诉，要求喜福中心赔偿各项损失并退回其已缴交的会费。喜福中心对此辩称阳喜鹏于其处登记入会时，其已审查了阳喜鹏提交的身份证与户口本资料，并复印了上述资料留存于阳喜鹏的会员档案中，已尽了应尽的审查义务。从上述事实分析，在对阳喜鹏的身份审查上，喜福中心虽有未尽完善之处，但毕竟喜福中心是婚介机构，着重于为会员们介绍对象，对会员中是否有骗子是难于仅凭登记的资料审查出来的，且喜福中心在介绍男友阳喜鹏给黄晓君之前已基本尽了审查义务。据此，黄晓君在与阳喜鹏交往的过程中，被阳喜鹏以借钱为名骗去钱财，与喜福中心的婚介行为并无任何关系，黄晓君要求喜福中心赔偿损失的要求无事实和法律依据，不予支持。综上所述，根据《中华人民共和国合同法》第一百零七条的规定，判决：驳回黄晓君的诉讼请求。

一审宣判后，黄晓君不服，向广州市中级人民法院提出上诉，请求二审法院撤销一审判决并支持黄晓君的诉讼请求。

喜福中心答辩称服从一审法院判决。

广州市中级人民法院二审认为，黄晓君付费加入喜福中心的"喜福单身贵族俱乐部"，喜福中心因而向黄晓君介绍男性会员，双方之间成立的是服务合同关系，且该合同是双方的真实意思表示，合同内容并无违反法律和行政法规的强制性规定，故该合同依法生效，双方应依约履行各自应尽的义务。对于黄晓君上诉认为喜福中心向其介绍资料虚假的会员阳喜鹏，因而喜福中心应向其赔偿二万元的问题，根据查明的事实，在服务合同履行的过程中，喜福中心向黄晓君介绍的会员阳喜鹏的个人资料，确实在身份证号码等方面存在重大虚假，导致黄晓君最后无法联系上阳喜鹏，黄晓君以涉嫌诈骗为由向公安机关报案，公安机关也已受理立案；同时，喜福中心作为婚介机构，虽然对会员阳喜鹏的个人资料作了表面审查，但由于婚介行业是涉及个人身份关系的行业，对个人资料的真实性要求相对于其他行业而言要更高，故喜福中心在提供婚介服务的过程中，应该通过公安机关等部门对会员的基本资料作实质的审查；另外，基于喜福中心在《广州日报》刊登广告所承诺的"本部无婚托假征婚，资料绝对真实，假一赔二万元"内容，且该承诺并无违反法律规定，由于黄晓君至今仍为喜福中心的会员，故上述承诺应属于黄晓君与喜福中心之间服务合同的组成部分。因此本院认定，喜福中心在向黄晓君提供婚介服务的过程中，存在会员资料的重大虚假，应当依约向黄晓君赔偿二万元。

对于黄晓君上诉认为由于喜福中心提供虚假资料，故要求喜福中心登报道歉并赔偿精神损失一万元的问题，因黄晓君在本案中是以合同关系提起诉讼，而要求赔礼道歉和精神损失赔偿原则上均属于侵权关系的范畴，不宜在本案中作出处理，且在本案的服务合同关系中，并无予以精神损害赔偿的合同约定或法律规定，故黄晓君要求喜福中心赔礼道歉和赔偿精神损失的上诉请求，理由不充分，本院不予支持。

对于黄晓君要求喜福中心赔偿经济损失 17 800 元的问题，根据黄晓君的陈述，该钱系其被阳喜鹏骗走的，与喜福中心的介绍行为存在直接的因果关系。但是，根据查明的事实，虽然黄晓君曾分两次转给阳喜鹏的账户共 17 800 元，但该钱的性质无法认定，即无法确定是借款还是还款，或者别的用途，因此，本院认为黄晓君要求喜福中心赔偿其 17 800 元的损失，不具有充分的事实和法律依据，故本院驳回黄晓君的该上诉请求。

对于黄晓君上诉要求喜福中心退还 550 元入会费的问题，由于黄晓君没有起诉要求解除合同，而且黄晓君至今仍然为喜福中心"喜福单身贵族俱乐部"的会员，故本院认定黄晓君的该上诉请求，也不具有充分的事实和法律依据，应予以驳回。

综上所述，对于黄晓君的上诉请求，具有充分事实和法律依据的，本院予以支持；而对于不具有事实和法律依据的，本院依法予以驳回。原审法院认定事实部分不清，导致适用法律和处理结果部分不当，本院予以改判。故依据《中华人民共和国合同法》第一百零七条和《中华人民共和国民事诉讼法》第一百五十三条第一款第（二）、（三）项的规定，判决：一、撤销广州市越秀区人民法院［2006］越法民一初字第 2278 号民事判决；二、在本判决发生法律效力之日起十日内，广州市越秀区喜福婚姻介绍中心向黄晓君赔偿损失 20 000 元；三、驳回黄晓君其他上诉请求。

【评析】

黄晓君付费加入喜福中心的"喜福单身贵族俱乐部"，喜福中心因而向黄晓君介绍男性会员，双方之间成立服务合同关系，且该合同是双方的真实意思表示，合法有效。如一方违约，则应承担违约责任。如前所述，喜福中心作为婚介机构，对个人资料的真实性应有更严格的要求，且喜福中心在刊登广告中作出"本部无婚托假征婚，资料绝对真实，假一赔二万元”的承诺，但其没有对阳喜鹏的身份是否真实进行审查，阳喜鹏的个人资料存在重大虚假，喜福中心已违反其承诺，即喜福中心存在违约。黄晓君要求喜福中心承担违约责任，则喜福中心应依约赔偿黄晓君二万元。

对于黄晓君转给阳喜鹏的17 800元是否为借款的问题，本案事实只可认定黄晓君曾分两次转给阳喜鹏的账户共17 800元，但该钱的性质无法认定，亦即无法认定黄晓君是否因此造成了17 800元的损失，故二审法院对于黄晓君要求赔偿损失17 800元的诉讼请求不予支持，是正确的。

对于以合同关系提起的诉讼是否存在精神损害赔偿的问题，法律界大多数人均认为，对于违约之诉的案件，因无法律规定可予以赔偿精神损失，合同当事人亦无对此进行约定的，法院对黄晓君要求赔偿精神损失的诉讼请求，不应予以支持，二审法院在驳回黄晓君要求喜福中心赔礼道歉和赔偿精神损失的上诉请求时，就是基于上述理由。笔者认为，在涉及人身的违约之诉案件中，基于法律并无禁止性的规定，且为更好地保护受害人的利益，实现对人的价值及人格尊严的尊重，在受害人的精神损害达到严重的程度时，可以考虑对受害人予以适当的精神损害赔偿。

在社会生活中，诈骗分子利用假身份证、假房产证、假学历证等证照从事违法犯罪活动的情况渐多，有关服务行业如银行等机构因审查身份证时未尽到审慎义务，令犯罪分子有机可乘，导致受害人的财产损失而被法院判赔已有先例。这说明，司法界越来越注重保护公民这方面的合法权益，更说明，涉及重大人身财产关系的服务行业在审查身份方面确实存在值得完善的地方（如只作表面审查不作实质性审查）。而这些服务行业是通过提供服务获取收益的，即被服务对象是这些行业的衣食父母，根据公平合理、等价有偿的原则，这些行业从被服务对象处取得收益的同时理应提供相应的服务，并充分保障被服务对象的合法权益不受侵害，否则双方的权利义务就不对等。所以，法院在审查服务机构这类义务方面，需在查清事实的基础上，尽量考虑被服务对象的合法利益，提高审查标准，要求服务机构负起更严格的审查义务，增强服务机构在这方面的责任心，以更全面地保护被服务对象的利益，促进社会和谐。

一审独任法官：黄汉东
二审合议庭成员：谷丰民　龚连娣　王　灯
作者单位：广州市越秀区人民法院

电信服务合同中消费者的权益保护问题

——陆锦星诉广东移动通信有限责任公司广州分公司、广州市溢讯科技有限公司电信服务合同纠纷案

陈小丽

【问题提示】

移动公司代理收取增值电信服务费时需要具备什么样的条件？在电信服务合同中应如何维护消费者的合法权益？

【要点提示】

移动公司代理收取增值电信服务费用，必须同时取得服务商和手机用户的授权，两者缺一不可；电信服务合同中排除消费者主要权利的条款无效；电信用户的知情权依法应予保护。

【案例索引】

一审：广东省广州市天河区人民法院［2006］天法民一初字第1607号民事判决

二审：广东省广州市中级人民法院［2007］穗中法民二终字第444号民事判决

【案情】

上诉人（原审原告）：陆锦星。

被上诉人（原审被告）：广东移动通信有限责任公司广州分公司（以下简称移动公司）。

被上诉人（原审被告）：广州市溢讯科技有限公司（以下简称溢讯公司）。

溢讯公司经广东省通信管理局批准，可在广东省范围内经营移动信息服务。溢讯公司在其网站上宣传其“乐翻天”短信订阅业务，且有“订制：编辑短信55发送到10662134订制；资费：2元/条”的收费说明。2005年7月21日，溢讯公司委托移动公司，就溢讯公司向广东移动客户提供的电信增值服务，利用移动公司计费和业务支撑系统代为收取电信增值业务信息费，并约定由此产生的法律责任由溢讯公司全权承担。陆锦星的手机号码为13560442228，属于动感地带卡，系移动公司客户。2006年7月1日15时30分至16时30分之间及2006年7月15日12时30分左右，陆锦星订制了29条“乐翻天”梦网信息，每条收费2元，共被移动公司收费58元。陆锦星认为移动公司收费不合理，遂于2006年8月21日向广州市天河区人民法院提起诉讼，要求判令移动公司退还非法所得58元并赔偿58元；由移动公司向其作书面赔礼道歉；案件受理费由移动公司负担。在陆锦星提起诉讼后，移动公司于2006年8月31日向陆锦星退回了信息费116元，并发送短信通知了陆锦星。

【审判】

广东省广州市天河区人民法院一审认为，结合移动公司答复打印手机费用清单的手续及陆锦星提供的13560442228费用清单来看，可认定陆锦星是13560442228手机号码的持有人。溢讯公司委托移动公司代为收取电信增值业务信息费，并约定由此产生的法律责任由溢讯公司全权承担。上述约定是当事人的真实意思表示，且未违反国家强制性规定，依法予以确认。陆锦星认为其订制的“乐翻天”梦网信息收费不合理，由此产生的法律责任应由溢讯公司承担。当事人对自己提出的主张有责任提供证据，否则承担不利的法律后果。陆锦星称其根据移动公司发送的宣传短信订制“乐翻天”梦网信息未提供证据予以证明，而移动公司和溢讯公司均否认使用短信宣传，仅通过网络进行宣传，故采纳移动公司和溢讯公司的说法。从移动公司和溢讯公司提供其在网站上宣传“乐翻天”短信订阅业务的证据可以证明，溢讯公司宣传陆锦星所订制的梦网信息业务时已告知每条收费2元，故对陆锦星认为移动公司和溢讯公司在提供信息服务时未告知收费标准的主张不予采纳。陆锦星订制了29条“乐翻天”梦网信息，应按溢讯公司明示的收费标准缴纳58元费用。况且，移动公司已代溢讯公司按照“退一奖一”原则向陆锦星退还了116元话费，陆锦星亦无证据证明其未收到上述话费，可认定陆锦星实际权利并未受到损害。综上，陆锦星要求移动公司和溢讯公司退返非法所得58元及等额赔偿58元的诉请无事实和法律依据，依法不予支持。根据我国《民法通则》的有关规定，赔礼道歉的承责方式只有在公民的姓名权、肖像权、名誉权、荣誉权受到侵害时才适用，本案是其他服务合同纠纷，且陆锦星实际权利并未受到侵害，故陆锦星要求移动公司和溢讯公司赔礼道歉无事实和法律依据，法院不予支持。综上，依照《中华人民共和国民事诉讼法》第六十四条第一款、《中华人民共和国民法通则》第一百二十条第一款之规定，判决：驳回陆锦星的诉讼请求。案件受理费50元，由陆锦星负担。

判决后，陆锦星不服，向广东省广州市中级人民法院提起上诉称：一、原审法院没有查清移动公司提供的证据是否经过修改。二、没有证据证明10662134是具体哪一个公司，由于是被上诉人移动公司和溢讯公司的单方陈述，依法不能认定是溢讯公司的端口。三、上诉人从来没有授权移动公司可以代任何第三者在13560442228上收费，上诉人也从来没有授权任何第三方可以在13560442228上扣款，依照我国《合同法》第八十四条“债务人将合同的义务全部或者部分转移给第三人的，应当经债权人同意”的规定，移动公司未经客户同意，擅自划扣上诉人的款项给溢讯公司是违法的。同时，依据我国《合同法》及《民法通则》的相关规定，因移动公司的行为违反了我国《电信条例》第四十一条第（三）项，依照我国《消费者权益保护法》第四十条第一款第（七）项、《电信条例》第七十五条的规定，应向上诉人赔礼道歉。故请求判令：撤销一审判决；移动公司向上诉人返还58元、赔偿58元共计116元；由移动公司承担一、二审的诉讼费用。

被上诉人移动公司和溢讯公司均答辩称服从一审判决。

广东省广州市中级人民法院二审认为，陆锦星在移动公司处开通了号码为13560442228的动感地带手机服务，表明双方之间订立了相应的电信服务合同，该合同内容是双方当事人的真实意思表示，且不违反法律和行政法规的强制性规定，故该合同依法生效，对双方当事人均具有法律约束力，陆锦星和移动公司应依诚实信用原则履行各自应尽的义务。对于陆锦星上诉认为移动公司未经其同意扣划其订制溢讯公司“乐翻天”梦网信息服务费违法，因而移动公司应退赔其116元费用的问题，根据查明的事实，虽然陆锦星订制溢讯公司“乐翻天”梦网信息是通过移动公司的网络系统来具体实施的，但是，陆锦星订制“乐翻天”梦网信息是其与溢讯公司之间建立的服务关系，且溢讯公司和移动公司是两个独立的企业法人，因此，陆锦星与移动公司之间没有就“乐翻天”梦网信息建立相应的合同关系，故移动公司未经陆锦星同意而收取相关的“乐翻天”梦网信息服务费，不具有充分的事实和法律依据，依法应当返还。然而，在陆锦星向原审法院提起本案诉讼后，移动公司已经主动向陆锦星退回了116元相应的服务费用，这与陆锦星的诉讼请求一致，即满足了陆锦星要求返还、赔偿共116元的诉讼请求。在此前提下，陆锦星上诉要求移动公司再退赔其116元费用不当，依法不予支持。对于陆锦星要求移动公司赔礼道歉的上诉请求，本院认为，赔礼道歉原则上属于侵权责任的承担方式，而本案当事人之间的纠纷系违约责任的范畴，故陆锦星上诉要求移动公司赔礼道歉依法不予支持。综上所述，陆锦星的上诉请求，不具有充分的事实和法律依据，依法予以驳回。原审法院认定事实清楚，适用法律和处理结果正确，予以维持。故依据《中华人民共和国民事诉讼法》第一百五十三条第一款第（一）项的规定，判决：驳回上诉，维持原判。本案二审案件受理费50元，由上诉人陆锦星负担。本判决为终审判决。

【评析】

近年来，随着我国移动电信产业的迅猛发展，移动公司为消费者提供的电信服务内容已不仅仅限于基本的移动通话服务，手机增值服务的类型日益丰富，而由此产生的纠纷也日渐增多。本案就是移动公司与消费者因手机增值服务而引起的电信服务合同纠纷，属于新类型案件。据了解，目前我省法院已经审结和正在审理一批相同类型的案件，故笔者认为有必要对其中所涉及的若干法律问题进行深入分析，以期对此类案件的审理有所裨益。

手机增值服务是电信运营商以及服务商（Service Provider，简称SP）通过移动通信平台向用户提供非电信基本业务以外的服务，并向用户收取服务费用的业务类型。由于目前对于增值服务尚缺乏明确具体的法律规范，对于其中所涉及的消费者权益保护等问题，在法律上还比较模糊，实践中亦比较混乱。同时SP作为新兴产业群体，还未形成一定严格的自律机制，导致电信服务合同纠纷日益增多。

一、电信公司代理收取增值电信业务使用费用问题

在本案中，陆锦星认为移动公司代理溢讯公司划扣增值电信业务使用费不合理而向人民法院起诉。电信公司代理收取增值电信业务使用费行为也被称为“转支付”，指电信公司与其他服务商签订协议，服务商在向用户提供某种服务时，要求用户提供其本人的手机号码，服务商在获取其手机号码后，向电信公司报告用户的手机号码以及其服务费用，由电信公司从用户的预付费用中进行扣除，电信公司按照其与服务商的约定扣除一定比例作为自己的利润，其余的转移给服务商。在此收费模式中，由于电信公司和服务商之间属于利益共同体，原本作为第三方的电信公司往往更容易对服务商的违规行为视而不见。而处于技术及信息劣势的用户，对于所使用的增值服务项目和费用无从得知。在实践中，用户与电信公司、服务商因增值电信服务收费不合理、不透明产生纠纷的情况屡见不鲜。

为维护电信市场公平公正的竞争秩序，保护各电信业务经营者和广大电信用户的合法权益，信息产业部2005年3月15日发布的《关于规范增值电信业务代理收费行为的通知》（下称《通知》）对增值电信业务代理收费行为进行了规范。《通知》是电信产业的行业规范，是部门规章性文件，可以作为法院裁判的依据。《通知》第四条规定："代理方在向用户代理收取费用前，被代理方应提供相关资料证明该用户是在知情、自愿的情况下使用该业务，所收取的费用应以用户开始真实使用为计费起点（包月制的情况下以用户开始订制为计费起点）；代理双方应将用户订制、使用业务的记录保存至少5个月。"笔者认为，根据上述规定，电信公司代理收取增值电信业务使用费用的行为包含了三方法律关系。首先是服务商与电信用户之间的消费关系；其次是电信公司与服务商之间的代理收费关系；再次是用户与电信公司委托交费关系。在这三个法律关系中，消费关系是基础，而委托交费关系和代理收费关系互为必要条件，缺一不可。也即电信公司除了取得服务商的代理权外，还必须得到用户的授权，在实践中以订制短信为表现形式，才能在收取通话费时代服务商向用户收取增值电信业务使用费。所以，当用户与电信公司因增值电信业务收费问题产生纠纷，应由电信公司举证证明具有用户的授权，也即用户是在知情、自愿的情况下使用该业务，否则应承担举证不能的后果。且根据《通知》规定，在争议未解决前，电信公司和服务商不得强行向用户收取该部分费用。在本案中，因移动公司已经主动向陆锦星退回了相关收费，故一、二审判决驳回陆锦星的诉讼请求是正确的。

然而，《通知》第四条只要求电信公司、服务商对用户订制、使用业务的记录保存至少5个月，如纠纷发生在用户开始订制业务的5个月之后，电信公司、服务商是否可以免除举证责任？最高人民法院《关于民事诉讼证据的若干规定》第五条第一款规定："在合同纠纷案件中，主张合同关系成立并生效的一方当事人对合同订立和生效的事实承担举证责任；主张合同关系变更、解除、终止、撤销的一方当事人对引起合同关系变动的事实承担举证责任。"《通知》是以部门规章和行业规范的形式约束电信业务经营者的经营活动，其效力不能及于作为消费者的手机用户。故在诉讼时效期间内，电信公司、服务商仍负有证明其合同权利成立的举证责任。

二、对电信服务合同格式条款的解释问题

在本案中，移动公司和溢讯公司是提供电信服务的电信经营者，陆锦星是使用电信业务的消费者。电信公司对使用电信服务的消费者而言，处于绝对的垄断地位，电信公司与用户所签订的电信服务合同大多是格式合同，是电信业务经营者为了重复使用预先拟定的，它不是为特定的相对人拟定的，而是为不特定的多数人所拟定。在电信服务合同中，一般有如下"约定"："电信业务经营者单方享有对电信服务合同的解释权。"笔者认为，该约定与《合同法》相关规定的立法精神相悖。电信服务格式合同的解释所依据的原则应当具有其特殊性。根据《合同法》第四十一条，对电信服务格式条款的理解发生争议时，应按照以下三项原则予以解释：第一，通常理解解释原则。对电信服务格式条款的理解发生争议的，应当按照通常理解予以解释。这里的通常理解，是指对合同中的某些知识或术语，即使电信消费者不甚理解，也应按照电信行业中普遍适用的、合理的理解进行解释。第二，不利于条款使用人解释的原则。对电信服务格式条款有两种以上解释的，应当作出不利于提供格式条款一方的解释。此种解释原则源于罗马法"有疑义应为表意者不利益”的解释原则。由于电信服务格式条款的特殊性，信息产业部于2004年10月发布的《关于规范电信服务协议有关问题的通知》指出：“若服务协议中部分条款存在歧义，可以作出两种以上的解释时，以有利于电信用户的解释为准。”这一点与《合同法》的立法精神是一致的。这一解释原则，其目的在于保护电信服务格式条款的相对人，即消费者。第三，非格式条款优先原则。当格式条款和非格式条款不一致时，应当采用非格式条款。这里的非格式条款，是指格式条款之外加入的一些条款，如手写条款、附加的印刷条款等。由于这些条款是为了排除一般条款制定的，故其效力应优于一般条款。

基于消费者的弱势地位，为进一步保护消费者也即格式条款相对方的权益，《合同法》第四十条还规定：“格式条款具有本法第五十二条和第五十三条规定的情形的，或者提供格式条款一方免除其责任、加重对方责任、排除对方主要权利的，该条款无效。”《电信服务规范》第十五条也规定：“电信服务经营者不得做出对持卡用户不公平、不合理的规定，不得单方面免除或者限制电信业务经营者的责任，损害用户的合法权益。”根据上述规定，移动公司在手机充值卡上载明的“请在截止日期前充值，逾期将被视为放弃卡上金额”、“预存话费不提供退款和转移至其他号码用户名下的服务”等排除消费者主要权利的条款，依法应认定无效。

三、手机用户知情权问题

在本案中，陆锦星起诉认为移动公司侵犯了其消费者知情权。消费者知情权是指消费者享有的知悉其购买、使用的商品或者接受的服务的真实、全面、准确、适当的信息的权利。消费者了解商品和服务的权利是其作出消费决定的前提，也是从根本上维护市场经济条件下良好市场秩序的保证。对于消费者知情权的保护，在我国法律中也有一些具体规定，特别是《消费者权益保护法》第八条就明确规定了消费者知情权的内容和范围。然而，消费的范围很广，《消费者权益保护法》笼统规定了消费者的知情权，它不可能涵盖消费可能出现的所有情况。对于某些特种消费，如对于电信用户的知情权，当前我国法律尚未有专门性的规定。因此，电信知情权纠纷主要适用《消费者权益保护法》、行政法规和部门规章。对于社会普遍关心的话费查询问题，《电信服务规范》第九条明确规定：“电信业务经营者应当执行国家电信资费管理的有关规定，明码标价，并采取有效措施，为用户交费和查询费用提供方便。”虽然目前各大电信公司基本都提供话费查询服务，但除VIP用户外，主要采用免费电话、短信、网络等被动式的查询方式。但实践中存在的问题是电话查询系统可操作性较弱。用户往往需要强制性接听一定的广告之后才能进行查询，而且查询无法记录，无文字显示难以核对。短信费用查询系统也只能查询话费总额。话费计算上存在同样的问题。电信公司虽然承诺话费计算误差数倍返还，但用户仍然常常难以了解费用计算的真相。尤其是在增值服务领域，费用计算的误差率更高。而根据《消费者权益保护法》和《电信服务规范》等相关法律、法规规定，知情权是电信用户消费者的一项法定权利，所以，笔者认为，当用户起诉要求电信公司定期提供话费及其他服务收费清单的，法院依法应予支持。

一审合议庭成员：胡　懿　郭　越　陈小曼
二审合议庭成员：谷丰民　龚连娣　王　灯
作者单位：广东省高级人民法院

保险人解除失权的司法衡量

——何丽红诉中国人寿保险股份有限公司佛山市顺德支公司、中国人寿保险股份有限公司佛山分公司保险合同纠纷案

梁展欣　邢　曼

【问题提示】

保险人在合同订立时明知投保人故意不履行如实告知义务的，是否享有合同解除权？

【要点提示】

本案是在2002年《保险法》施行期间发生的案件。法院从诚实信用原则出发，即使投保人故意不履行如实告知义务，但由于保险人对此明知而仍与投保人订立保险合同，据此否定保险人因投保人故意不履行如实告知义务而享有的合同解除权，保险人仍应承担该保险合同项下的保险责任。笔者称此为“保险人解除失权”。2009年2月28日修订后的《保险法》第十六条中增加一款作为第六款，规定：“保险人在合同订立时已经知道投保人未如实告知的情况的，保险人不得解除合同；发生保险事故的，保险人应当承担赔偿或者给付保险金的责任。”本案提出的“保险人解除失权”的裁判要旨在立法条文中得以确定。

【案例索引】

一审：广东省佛山市顺德区人民法院［2005］顺法民二初字第48号民事判决

二审：广东省佛山市中级人民法院［2005］佛中法民二终字第817号民事判决

【案情】

原告：何丽红。

被告：中国人寿保险股份有限公司佛山市顺德支公司（以下简称顺德支公司）。

被告：中国人寿保险股份有限公司佛山分公司（以下简称佛山分公司）。

原告何丽红诉称：投保人黄国基（系原告之夫）生前与被告顺德支公司属下的伦教办事处营业员严小惠先后签订了两份保险合同，包括：2004年3月16日签订的《人身意外伤害综合保险合同》1份，保险金额为31万元，保险费为390元；2004年3月25日签订的《祥和定期保险合同》1份，保险金额为20万元，保险费为594元。上述两份保险合同的被保险人均为黄国基，受益人均为原告。2004年7月7日，黄国基意外死亡，根据中山大学法医鉴定中心出具的司法鉴定书，黄国基因交通事故致心肺破裂、失血性休克死亡。原告认为该事故符合保险合同约定的赔偿条件，于2004年8月27日向被告顺德支

公司、佛山分公司提出理赔申请，并提交了相关书面材料。二被告受理赔偿请求后，无端猜疑原告制造保险事故，拒不履行赔偿义务，严重侵害了原告的合法权益。故请求判令二被告立即向原告支付保险赔偿金 50 万元及利息，并承担本案诉讼费用。

被告顺德支公司、佛山分公司答辩称：投保人黄国基违反了如实告知义务。2004 年 3 月 8 日，黄国基为申请投保被告方的“祥和定期保险”及“人身意外伤害综合保险”，提交了两份“个人保险投保单”，并在投保单中明确其当时没有参加或正在申请其他人身保险。但事实上，黄国基在此前后数日中有多次投保记录。黄国基故意不履行如实告知义务的行为，严重影响保险人的核保工作及对于保险费的确定，并最终导致保险人作出不真实的意思表示。因此，保险人有权解除保险合同，并不承担保险金给付责任。

【审判】

佛山市顺德区人民法院一审认为：

关于投保人黄国基在投保涉案保险时是否故意违反了如实告知义务的问题。根据《保险法》第十七条规定，如实告知义务是投保人订立保险合同时必须履行的基本义务，投保人是否对保险标的或者被保险人的有关情况作如实说明，直接影响到保险人测定和评估承保风险并决定是否承保，影响到保险人对保险费率的选择。本案中，投保人黄国基向被告佛山分公司分别签订了两份保险合同。在购买“祥和定期保险”时，黄国基对于投保单第三部分告知事项第十一款投保记录关于“A. 目前是否有已参加或正在申请中的其他人身保险？如有，请告知承保公司、保险险种名称、保险金额、保单生效时间；B. 过去两年内是否曾被保险公司解除合同或申请人身保险而被延期、拒保或附加条件承保；C. 过去有无向保险公司索赔”的三项询问，均填写了“否”。黄国基向佛山分公司投保“人身意外伤害综合保险”时，对于投保单第三部分告知事项第十一款关于是否向多家保险公司投保等事项的询问，既未填写“是”，也未填写“否”，即未作回答。但根据本案事实，黄国基分别向多家保险公司购买了多份人身保险，保险金额累计高达 1 738 000 元，可以认定黄国基对于保险人提出的上述问题没有履行如实告知义务，并系出于故意。

关于被告佛山分公司、顺德支公司应否承担保险责任的问题。佛山分公司解除黄国基与其签订的涉案《祥和定期保险合同》，拒绝对该保险合同解除前发生的保险事故承担赔偿或者给付保险金的责任，并不退还保险费，具有事实根据和法律依据。投保人黄国基向佛山分公司投保“人身意外伤害综合保险”时，对于投保单第三部分告知事项第十一款关于是否向多家保险公司投保等事项的询问，既未填写“是”，也未填写“否”，即未作回答，具有故意违反如实告知义务的行为。佛山分公司明知存在上述情形，但既不向投保人作进一步的询问，也未明确要求投保人必须如实回答，而是与投保人签订了涉案《人身意外伤害综合保险合同》，并收取了保险费，属于主动放弃了要求投保人如实告知的权利，构成有法律约束力的弃权行为。因此，佛山分公司无权解除该合同。因该合同的被保险人黄国基已因交通事故死亡，合同约定的保险事故已经发生，佛山分公司应按该合同的约定，向受益人即原告何丽红支付意外伤害保险赔偿金 30 万元。

据此，判决：一、佛山分公司应于判决发生法律效力之日起十日内向原告何丽红支付保险金 30 万元及利息（按中国人民银行同类贷款利率计算，从 2004 年 11 月 22 日起至还款之日止）；二、驳回原告何丽红的其他诉讼请求。

何丽红不服一审判决，向佛山市中级人民法院提起上诉。佛山市中级人民法院经二审，确认了一审查明的事实，并认为何丽红作为受益人，请求佛山分公司依照该保险合同承担保险责任于法无据，对其相应诉讼请求依法不予支持，遂判决驳回上诉，维持原判。

【评析】

本案是在2002年《保险法》施行期间发生的案件。法院从诚实信用原则出发，即使投保人故意不履行如实告知义务，但由于保险人对此明知而仍与投保人订立保险合同，据此否定保险人因投保人故意不履行如实告知义务而享有的合同解除权，保险人仍应承担该保险合同项下的保险责任。笔者称此为“保险人解除失权”。2009年2月28日第十一届全国人大常委会第七次会议通过修订《保险法》的决定，新法第十六条中增加一款作为第六款，规定：“保险人在合同订立时已经知道投保人未如实告知的情况的，保险人不得解除合同；发生保险事故的，保险人应当承担赔偿或者给付保险金的责任。”本案提出的“保险人解除失权”的裁判要旨在立法条文中得以确定。由此，我们可以窥见作为“活法”载体的司法活动，在事实上已经成为一种造法的渊源，法意经由司法裁判、立法得以凝练——法律经验经由立法、学说得以固化这一法律发展轨迹。不管个别法律家是否承认，案例在事实上已经成为我国法律发展的重要方面，如何在方法论的层面加强案例研究，提高案例向法律经验转化的效率，是值得我们深思的问题。本文将围绕本案和新法第十六条第六款的规定，就“保险人解除失权”的问题试作一些具体的法理分析。

一、何谓“失权”

失权，又称为权利失效（Verwirkung），是德国民法实践根据诚实信用原则发展出来的一种限制权利行使的规则，是指权利人在相当期间内不行使权利，依特别情事足以使相对人合理信赖其不欲行使权利，且再行使权利会给社会利益造成严重损害时，基于诚实信用原则不得再为权利主张的制度。失权的反面是得权（Erwikung），如诉讼时效抗辩权因一定的事实构成（“当事人自愿履行”，《民法通则》第一百三十八条）而丧失，使诉讼时效期间原已届满的请求权得到保全。

1. 失权规则的法理基础是诚实信用原则

一般认为，诚实信用原则为君临全法域之“帝王条款”。对于司法裁判而言，诚实信用原则的实质在于授予法院以自由裁量权，是给法院的空白委任状，指引法院对当事人的法律行为进行解释、评价和补充，进而解释和补充法律，以维持公平正义，使其即使造法亦不致发生偏差。失权规则是诚实信用原则在司法实践中的类型化、具体化，属于法院运用自由裁量权的领域。“权利原得自由行使，义务本应随时履行，故权利失效是一种特殊例外的救济方法，适用之际，宜特别慎重。”我国已有法官主张在司法实践中采取此项规则。我国于2002年修订《保险法》，专门增加第五条，规定：“保险活动当事人行使权利、履行义务应当遵循诚实信用原则。”人们常将保险合同称为最大诚信合同（尽管也有人认为诚实信用原则应针对不同类型的法律关系具有不同的具体内容，分不出谁大谁小），可见诚实信用原则在保险领域尤受重视。在本案中，法院正是根据诚实信用原则，针对保险人的自相矛盾行为——明知投保人故意不履行如实告知义务而仍与其订立保险合同，因而否定其合同解除权。

2. 失权的构成要件

（1）情势要件：权利人可行使其权利而不行使。本项要件一般有时间限制，即权利人在相当期间内可行使其权利而不行使。唯该相当期间，为不确定期间，可由法院运用自由裁量权根据个案的情况定其长度。

（2）信赖要件：义务人因权利人的行为产生权利人已不欲其履行义务的正当信赖。例如，买受人发现标的物瑕疵后继续使用而不提出异议；承租人修缮租赁物多年而未向出租人主张修缮费用等。就该要件，德国联邦最高法院的判例认为，义务人须并已根据上述信赖而对自己的行为作出了调整。当然，“最终起决定作用的并不是期限，而是在当事人身上所引起的相信权利人将不再行使其权利的信赖”。梅迪库斯（Madicus）称此为“信赖投资”（Vertrauensinvestition）。

（3）反言要件：权利人再为行使权利有违诚实信用原则，构成自相矛盾行为（Venire Contra Factum Proprium）。所谓自相矛盾行为，是指权利人如行使某项权利，则与其以前的行为相矛盾，并将使对方对其原行为的合法期待落空。

总之，法院在对权利人之行使权利是否作失权之判断时，必须斟酌权利之性质、法律行为之种类、当事人间之关系、经济社会状态及其他主观客观因素而决定之，应从严认定，以避免软化权利效能，使义务人履行义务之道德趋于松懈。失权规则对于形成权的行使尤其重要。实际上，实定法上许多关于权利丧失的规定，都包含了失权规则的法理。例如，我国《合同法》第九十五条第二款规定：“法律没有规定或者当事人没有约定解除权行使期限，经对方催告后在合理期限内不行使的，该权利消灭。”其中，对方因其催告行为经过合理期限而建立“信赖”基础，解除权人则因超过合理期限行使解除权而符合“反言”要件；该“合理期限”，系赋予法院以自由裁量权，根据个案的情况而定其长度。失权规则的方法论基础为利益衡量，即法院须运用自由裁量权，就权利人和义务人之间的利益关系进行衡量，根据“信赖”要件，义务人更值得保护；而根据“反言”要件，权利人不值得保护。当然，其最终的法理基础是诚实信用原则。

二、保险人解除失权的构成要件

构成要件的分析方法，是将某项制度加以模型化（立体地看，亦可谓之程式化）；探究某一法律事实是否适用该制度，须用该“模型”加以逐一嵌套，符合者得以包含，不符合者则自然突出；对于不符合者，须视其是否为例外，为例外者即仍可包含，非为例外者则宜改换模型，另觅他项制度；如例外过多，极易构成对该项制度之反对，自非所宜。法律分析的路径，大致循此。保险人解除失权的构成要件，应当根据失权的构成要件进行细化。具体说来，有以下四项：

1. 保险人享有要求投保人如实告知有关事项的权利，如投保人不履行该义务将享有合同解除权（由于2009年《保险法》第十六条对保险人该项解除权的构成进行了重新界定，因而虽然本案系适用2002年《保险法》，下文将按照新法的规定进行论述。）

《保险法》第十六条第一款规定：“订立保险合同，保险人就保险标的或者被保险人的有关情况提出询问的，投保人应当如实告知。”对于投保人的如实告知义务，系采取被动告知主义，即投保人只需对保险人询问的事项就其知道和应当知道的情况予以告知即可，对保险人未询问的事项则无须告知；判断投保人是否应当知道，应以一般人之常识，就投保人之地位环境、所处状况判断之。依据有关保险惯例和立法例，投保人对下列事项也无须告知：（1）减少风险的任何事项；（2）保险人表示不要求告知的事项；（3）属于明示或默示保证事项。投保人此项如实告知义务，应限于在合同订立时履行，而不延续至合同订立后。投保人在合同订立后才知道或者应当知道的事项，即使为足以影响保险人决定是否同意承保或者提高保险费率的重要事项，亦无须告知保险人。

保险合同项下的法定解除权，在投保人和保险人之间存在着不同的分配，对投保人原则上赋予随行解除权，对保险人原则上则为禁行解除（《保险法》第十五条）。《保险法》第十六条第二款规定："投保人故意或者因重大过失未履行前款规定的如实告知义务，足以影响保险人决定是否同意承保或者提高保险费率的，保险人有权解除合同。"据此，保险人该项解除权的构成要件，有以下三项：

（1）投保人故意或者因重大过失不履行如实告知义务。故意和重大过失，系对投保人不履行如实告知义务的主观状态的限定。故意，是指投保人明知有关事项应当告知保险人而未予告知；重大过失，是指投保人对应予告知保险人的事项未尽一般人的注意义务而未予告知。重大过失是相对于轻微过失而言的，后者一般是指行为人未尽处于其地位的合理的注意义务。上述注意义务，均系客观标准，便于对行为人过失的认定。[①]

在本案中，投保人黄国基向被告佛山分公司分别签订了两份保险合同。首先，黄国基在购买"祥和定期保险"时，对于投保单中是否向多家保险公司投保等事项的询问，均填写了"否"。由于黄国基的该意思表示明显与事实相反，因而其不履行如实告知义务系出于故意。其次，黄国基在购买"人身意外伤害综合保险"时，对于投保单中是否向多家保险公司投保等事项的询问，既未填写"是"，也未填写"否"，即未作回答。对此，法院结合黄国基生前曾从事泰康人寿保险股份有限公司兼职个人寿险业务代理工作的事实，对于如实告知义务应当比一般投保人具有更全面和清晰的认识，并对保险风险控制应注意的事项具有一定的了解，同时，黄国基的重复投保行为集中在 2004 年 2 月 29 日至 3 月 9 日之间，距涉案投保时间并不久远，不可能记忆不清，据此认定黄国基不履行如实告知义务系出于故意。

对于投保人有无不履行如实告知义务，被告佛山分公司在答辩中提出，黄国基在涉案两份"个人保险投保单"中谎称其工作单位是"伦教建筑水电安装队"，职务是"负责人"，但是查无工商注册登记，亦应构成不履行如实告知义务。对此，法院认为，佛山分公司上述虽然属实，但在如实告知自己职业方面，投保人只要实事求是地说明自己的工作情况，即属于尽到了相关的如实告知义务，至于投保人的工作应认定为何种职业、职业类别和职业代码如何确定，应当由保险人根据投保人的情况自行作出选择。要求投保人自己准确地界定职业类别、代码，则超出了一般投保人的能力范围。投保人黄国基在投保涉案保险时陈述自己从事水电安装工作，相关证据也证实其确有从事水电安装的资质，也实际从事水电安装工作，故不构成不履行如实告知义务。

（2）投保人不履行如实告知义务足以影响保险人决定是否同意承保或者提高保险费率（第十六条第二款）。在 2002 年《保险法》第十七条中，该项"影响"要件只对应于投保人因过失未履行如实告知义务，而不对应于投保人故意未履行如实告知义务。新法将

① 王利明．民法．北京：中国人民大学出版社，2000. 548

该项“影响”要件一律对应于投保人不履行如实告知义务，不区分其究竟系出于故意抑或重大过失。这是符合一般人对其中存在的因果关系的认知的。因为该项“影响”要件，表面上是对投保人不履行如实告知义务的限定，其实质则是对投保人履行如实告知义务内容的限定，即投保人必须就“足以影响保险人决定是否同意承保或者提高保险费率”的重要事项告知保险人；而对于其他事实，即使投保人故意隐瞒，只要不足以影响保险人决定是否同意承保或者提高保险费率的，保险人仍不享有解除权（此处后一方面，正是本项修订的立法意图）。

在本案中，虽然法律并不禁止投保人在购买人身保险服务上重复投保，但法院认为，投保人黄国基所重复投保的包括涉案保险在内的各项保险，均为低保费、高赔付的险种，重复投保次数多，保险金额累计高达1 738 000元，相应的保险费对于黄国基5万元的年收入而言，亦属巨额。这使投保人在客观上具有巨大的潜在道德风险，在此情形下，由于黄国基系故意不履行如实告知义务，直接影响到被告佛山分公司对其人身风险的评估，足以影响佛山分公司对是否承保、如何确定承保条件和费率等问题作出正确决策。

（3）保险人该项解除权未逾行使期限。该项解除权的行使期限分为两种情形：①自保险人知道有解除事由之日起三十日后消灭；②自合同成立之日起二年后消灭（第十六条第三款）。解除权的性质为形成权，上述期限的性质为除斥期间，而非诉讼时效期间。

2. 保险人可要求投保人如实告知而未要求

对于本项要件，《保险法》第十六条第六款将其内容规定为“在合同订立时已经知道投保人未如实告知的情况”。在合同订立时，保险人有权要求投保人就其提出询问的保险标的或者被保险人的有关情况如实告知（同条第一款）。保险人提出询问后，投保人不就其知道或者应当知道的情况如实告知的，保险人应要求其补充告知。该款将否定保险人该项解除权的条件时间界定在合同订立时，是合适的。所谓合同订立时，应泛指保险人为同意承保的意思表示之前。保险人在合同订立后才知道投保人未如实告知的，其解除权的行使应受同条第三款关于解除权行使期限的规范。在本案中，投保人黄国基在购买“人身意外伤害综合保险”时，对投保单中关于是否向多家保险公司投保等事项的询问未作回答，被告佛山分公司明知该情况，既不提出进一步的询问，也未明确要求其必须如实回答，而是与其签订了该保险合同，并收取了保险费。可见，佛山分公司在可要求黄国基如实告知的情况下而未要求。

保险人如在合同订立时已经知道投保人未如实告知的情况的，在事理上应不足以影响保险人决定是否同意承保或者提高保险费率。于此情形，判断投保人是否应因其不履行如实告知义务而受惩罚时，亦须就保险人方面加以探究；否则只单方面就法条作僵化解释，一旦投保人不履行如实告知义务即径直赋予保险人以合同解除权，即有违公平正义原则。同时，对于前引《保险法》第十六条第六款“已经知道投保人未如实告知的情况”的表述，笔者认为存在扩张解释的适用空间。要否定保险人该项解除权，不能简单地指向保险人对投保人未如实告知的情况的“知道”，而应指向保险人对要求投保人履行如实告知义务的“放弃”。详言之，不管保险人对投保人未如实告知的情况是否知道（事实上在很多情况下是不知道），只要其可要求投保人如实告知而未要求的，即符合本项要件。本案的情形，即其适例。

3. 投保人对保险人的立约行为产生正当信赖

投保人在保险人提出询问后不如实告知的，而保险人亦未要求其补充告知，使其得以“蒙混过关”，由此，投保人对保险人的立约行为产生正当信赖，即投保人可正当地认为保险人不再要求其补充告知，亦不再因此而解除合同。在本案中，被告佛山分公司在与投保人黄国基订立《人身意外伤害综合保险合同》时，在黄国基对投保单中是否向多家保险公司投保等事项的询问未作回答的情况下，既不提出进一步的询问，也未明确要求其必须如实回答，而是与其签订了该保险合同，并收取了保险费，致使黄国基对其立约行为产生了正当信赖。对此，法院认为佛山分公司系主动放弃了要求黄国基如实告知上述事项的权利，构成有法律约束力的弃权行为，故无权再予主张或者解除合同。

4. 保险人行使该项解除权有违诚实信用原则

于此情形，保险人如行使该项解除权，将构成自相矛盾行为，即其行使该项解除权的行为与其在合同订立时可要求投保人如实告知而未要求的行为相矛盾，并将使投保人对其立约行为的正当信赖落空，如准其解除合同，必将有违诚实信用原则。在本案中，法院先行认定了被告佛山分公司在订立《人身意外伤害综合保险合同》中对投保人黄国基可要求其如实告知而未要求的弃权行为，进而根据诚实信用原则否定其该项解除权，即佛山分公司无权解除该保险合同。因该保险合同的被保险人黄国基已因交通事故死亡，该保险合同约定的保险事故已经发生，佛山分公司应按该保险合同的约定，向受益人即原告何丽红支付人身意外伤害保险赔偿金 30 万元及利息。

一审合议庭成员：李　红　李　冰　朱贵明

二审合议庭成员：卢　海　王　琰　许义华

作者单位：广东省高级人民法院　广州市越秀区人民法院

保险案件中不真正连带债务的承担

——东莞市国威运输服务有限公司诉中华联合财产保险公司东莞中心支公司保险合同纠纷案

何庆宜　谭伟明

【问题提示】

保险事故发生后，保险车辆受损，保险公司能否以被保险人无过错为由主张免责?

【要点提示】

保险事故非因被保险人的过错所引起，保险车辆受损。此时，在保险公司与侵权人之间形成不真正连带债务，保险公司不能以被保险人无过错而主张免责。在保险公司向被保险人赔偿后，可向侵权人行使代位求偿权以维护自身合法权益。

【案例索引】

一审：广东省东莞市人民法院［2006］东法民二初字第390号民事判决

二审：广东省东莞市中级人民法院［2006］东中法民二终字第392号民事判决

【案情】

原告：广东省东莞市国威运输服务有限公司（以下简称国威公司）。

被告：中华联合财产保险公司东莞中心支公司（以下简称联合保险东莞支公司）。

2004年4月26日，国威公司为粤S·30426号金龙客车向联合保险东莞支公司投保机动车辆综合险。其中车辆损失险保险金额为33万元，保险期限自2004年4月27日零时起至2005年4月26日24时止，每次事故赔偿，被保险人自己负担金额为800元。保险条款第三十一条规定："保险人依据保险车辆驾驶员在事故中所负责任比例，相应承担赔偿责任。"2005年1月14日，黄继义驾驶皖N·00604号微型普通客车从大朗往大岭山方向行驶时，与戚瑞川驾驶的粤Y·K5474号小型普通客车碰撞，皖N·00604号车失控撞向国威公司驾驶员驾驶的粤S·30426号车，造成两人死亡、三车不同程度损坏的交通事故。事故发生后，交警事故责任认定书认定黄继义负事故主要责任，戚瑞川负事故次要责任，国威公司不负责任。事故处理中，国威公司支付拖车费200元、停车费80元、评估费510元。之后，东莞市东城价格事务服务有限公司为国威公司受损车辆进行损失价格鉴定，认定损失价值如下：车辆换件项目价值为7 890元，车辆修理项目价值为2 450元。后国威公司为受损车辆实际先后支付修理费9 999元和340元，车辆技术鉴定费50元，国威公司均提供证据佐证。因双方对上述款项是否应支付未能达成一致，国威公司遂起诉至法院。

【审判】

东莞市人民法院一审认为：涉案的保险单、保险条款均是保险合同成立的文件，其真实性双方已确认，应认定保险合同关系成立并生效。双方之争议主要在于在保险车辆无责的情况下，保险人能否根据保险条款第三十一条之规定主张免责。联合保险东莞支公司签发的保单，已将车辆损失险作为保险标的。因此，在保险车辆发生保险事故并造成车辆毁损时，保险人应按照约定承担保险责任。国威公司之保险车辆毁损是因皖 N·00604 号车失控导致，该损失属于保险人所承保范围，作为保险人的联合保险东莞支公司对此应承担保险赔付责任。保险人援引保险条款第三十一条作为抗辩，未能区分保险人对保险车辆的责任与保险人对保险车辆造成其他损失时的责任界线，且该条款属于免除其责任和限制对方主要权利之条款，应视为未订入保险合同中，对投保人不产生效力。因此，联合保险东莞支公司的抗辩显属不当，法院不予采纳。保险标的修理费合计 10 339 元（9 999 元 + 340 元），拖车费 200 元、停车费 80 元、评估费 510 元，均为保险事故发生后实际发生的费用，属于保险责任范围，保险人应予赔付。车辆技术鉴定费 50 元，因国威公司未能提供有效票据证实，不予采信。扣除国威公司每次事故自负额 800 元，联合保险东莞支公司实际应赔付国威公司损失 10 329 元。至于联合保险东莞支公司要求追加黄继义及其肇事车辆皖 N·00604 号微型普通客车的车主天安保险股份有限公司为本案第三人，因本案为合同之诉与侵权之诉之竞合，国威公司选择保险合同之诉后，法院无须追加侵权加害方。东莞市人民法院遂依照《民事诉讼法》第六十四条第一款、最高人民法院《关于民事诉讼证据的若干规定》第二条、《保险法》第二条的规定，判决联合保险东莞支公司在判决发生法律效力之日起 7 日内赔付国威公司 10 329 元。

宣判后，联合保险东莞支公司提起上诉。

东莞市中级人民法院经审理认为，原审判决认定事实清楚，适用法律基本正确，处理适当。东莞市中级人民法院遂依照《民事诉讼法》第一百五十三条第一款第（一）项之规定，判决：驳回上诉，维持原判。

【评析】

该案属财产保险合同纠纷，对于国威公司来讲，其既可以依据侵权关系要求黄继义、戚瑞川承担侵权赔偿责任，也可以依据保险合同关系要求联合保险东莞支公司承担保险责任。此时，在保险公司与侵权人之间成立不真正连带债务。

一、不真正连带债务的基本理论

不真正连带债务，又称不真正连带责任，系指数个债务人对基于不同原因而偶然产生的同一内容的给付，各负全部履行义务，并因任一债务人完全履行而使全体债务归于消灭的债务。关于不真正连带债务的法律特征，可以从主体、内容、原因、效果四个方面加以理解。

（1）数个不同债务人的复数主体。从债务的主体上分，不真正连带债务属于多数人之债，既有债权人与债务人之间的关系，又有数个债务人之间的关系，从而形成不真正连带债务的对外和对内效力。而在数个债务人之间往往还涉及终局责任人概念。所谓终局责任人，又称终极责任人或直接责任人，是指数个债务人中对债权人的损害负有最终之全部给付义务的人。本案中，黄继义与戚瑞川即终局责任人。

（2）同一给付，数人各负全部的义务。在不真正连带债务中，各个债务人给付的内容是同一的或者基本上是相同的，即客观上均指向债权人的损失并以此为赔偿范围。对于该给付，不真正连带债务的每个债务人均负有全部清偿的义务。当然，因为各债务人抗辩的不同，或者法定赔偿范围的不同，不真正连带债务的各个债务人的给付数额是有可能不同的。

（3）偶然联系的不同原因。首先，不真正连带债务中数个债务发生的原因各不相同，由此产生数个各不相同的法律关系，各个原因、各个法律关系间互不依存，具有独立性。如本案中，保险公司基于合同关系向国威公司承担保险责任；黄继义、戚瑞川的行为则构成侵权，基于侵权赔偿关系向国威公司承担侵权责任。其次，这些原因是偶然联系在一起的。这里所说的联系，仅仅表现为不同原因所导致的各个债务人的债务给付指向了同一内容，而给付内容相同也完全是因为相关的法律关系偶然地发生了巧合，各个债务人之间既没有主观意识的沟通联系，也没有客观行为的共同结合。

（4）一人履行，全部消灭的效果。在不真正连带债务中，由于给付内容是同一的，因此，一旦一个债务人清偿了全部债务，债权人的债权即在客观上得以全部实现。

不真正连带债务产生对内与对外两种效力。

①对外效力——债权人请求权的行使。债权人可请求债务人中的任何一人、数人或全体赔偿损失，被请求的债务人不得以债权人未向其他债务人请求为由拒绝履行；债权人可向债务人同时或先后请求给付，后被请求的债务人不得以债权人已向其他债务人请求为由拒绝履行；债权人既可以向债务人请求全部给付，又可以请求部分给付。

②对内效力——债务人追偿权的行使。不真正连带债务中的追偿权系基于承担终局责任而非内部分担关系产生，存在终局责任人是产生不真正连带债务追偿权的前提条件。在不真正连带债务内部，各债务之间是独立的，并不存在责任份额，一债务人为全部给付，实际是为自己的行为负责，并不意味着他超过了自己应分担的份额，因此，一般情况下是无权向其他债务人追偿的。只有当存在终局责任人时，债权人的损失最终是因归责于该债务人的事由而产生，该债务人应当承担最后的赔偿责任，故为追究最终责任，维护公平价值，在其他债务人履行债务后，应允许其向终局责任人追偿。

二、结合理论对本案进行分析

本案的争议焦点有二：一是联合保险东莞支公司能否依据涉案保险条款第三十一条之规定免责；二是联合保险东莞支公司能否依照《保险法》第四十五条、第四十六条的规定部分或全部免除责任。

关于焦点一。国威公司作为投保人和被保险人，其购买车辆损失险的目的，当然是为了在保险车辆发生损失时能够得到保险公司的赔偿。涉案保险条款第三十一条约定：“保险人依据保险车辆驾驶员在事故中所负责任比例，相应承担赔偿责任。”按照联合保险东莞支公司的理解，保险车辆驾驶员在事故中无责任时，联合保险东莞支公司不承担赔偿责任，因此，涉案保险条款第三十一条是免责条款。但是，这种条款所规定的免责形式非常隐蔽，且没有规定在保险条款的“除外责任”部分，投保人通常难以察觉。更甚者，该免责条款排除了国威公司的主要权利，明显偏离了国威公司订立合同时的目的，有违公平原则。因此，依照《合同法》第三十九条、第四十条的规定，法院认定涉案保险条款第三十一条无效，联合保险东莞支公司不能依照保险条款第三十一条之规定免责。

关于焦点二。涉案之保险事故是因为第三者对保险标的的损害而造成的，由此在保险公司与造成保险事故的第三者之间成立了不真正连带之债。国威公司有权选择侵权之诉向造成保险事故的第三者主张权利，也有权选择合同之诉向联合保险东莞支公司主张权利。此选择权是法律赋予国威公司的权利，联合保险东莞支公司无选择权，其亦不能剥夺或限制国威公司的选择权。目前无证据显示国威公司已经从第三者取得损害赔偿或已免除第三者的损害赔偿责任，故联合保险东莞支公司亦不能依照《保险法》第四十五条、第四十六条的规定部分或全部免除责任。但是，联合保险东莞支公司在向国威公司赔偿后，有权依照《保险法》第四十五条第一款的规定，在赔偿金额范围内代位行使国威公司对第三者（即不真正连带责任中的终局责任者）请求赔偿的权利。

一审合议庭成员：李　春　邹国雄　钟永平

二审合议庭成员：林辉芳　何庆宜　李小敏

作者单位：东莞市中级人民法院

车损险的权利人有权选择索赔方式

——张丽虹诉中国人民财产保险股份有限公司汕头市潮阳支公司保险合同纠纷案

李统才

【问题提示】

在车损险的法律关系中，无事故责任一方的车主可否选择先向保险公司索赔?

【要点提示】

作为交通事故的侵权受害人和保险事故的索赔权利人，有权选择便捷的司法救济途径，既可以选择要求侵权致害人承担车辆损失的赔偿责任，也可以选择根据其购买的车辆损失险要求保险人赔偿汽车遭受的损失。

【案例索引】

一审：广东省汕头市潮阳区人民法院［2007］潮阳民二初字第221号民事判决

【案情】

原告：张丽虹。

被告：中国人民财产保险股份有限公司汕头市潮阳支公司。

汕头市潮阳区人民法院经审理查明：2006年7月24日，原告张丽虹为自己购买的粤D·97535号丰田牌小轿车向被告中国人民财产保险股份有限公司汕头市潮阳支公司（以下简称保险公司）投保了机动车损失保险、第三者责任保险、车上人员责任险、车辆盗窃保险、车辆玻璃单独破碎保险、车辆自燃损失保险、不计免赔率保险。当日，被告保险公司向原告出具了保险单号为PDAA200644058208002088的“中国人民财产保险股份有限公司机动车保险单”正本（其中附有《家庭自用汽车损失保险条款》、《不计免赔率特约条款》等），双方约定：保险期限自2006年7月28日0时起至2007年7月25日24时止，其中机动车损失的保险金额为40万元。《家庭自用汽车损失保险条款》第八条第（二）项规定：“被保险机动车的损失应当由第三方负责赔偿的，无法找到第三方时，免赔率为30%。”第二十条第二款规定：“由于被保险人放弃对第三方的请求赔偿的权利或过错致使保险人不能行使代位追偿权利的，保险人不承担赔偿责任或相应扣减保险赔偿金。”《不计免赔率特约条款》规定：“下列情况下，应当由被保险人自行承担的免赔金额，保险人不负责赔偿：一、机动车损失保险中应当由第三方负责赔偿而无法找到第三方的……”次日，原告向保险公司支付了保险费8 929元。

2007 年 6 月 28 日 1 时 20 分，原告雇用的司机陈长武驾驶粤 D·97535 号丰田牌小轿车，途经汕头市潮南区陈店镇溪口乡道时，与未知名人驾驶的悬挂粤 U·34188 号牌的小客车发生碰撞，造成粤 D·97535 号丰田牌小轿车及悬挂粤 U·34188 号牌的小客车损坏的交通事故。发生事故后的第二天，原告通知了被告，并联系汕头合众丰田汽车销售服务有限公司派人将粤 D·97535 号丰田牌小轿车拖到该公司进行修复。应原告与被告的要求，汕头合众丰田汽车销售服务有限公司在双方当事人均派员到场的情况下对受损的粤 D·97535 号丰田牌小轿车进行检验。7 月 2 日和 9 日，汕头合众丰田汽车销售服务有限公司作出两份合众丰田售后服务部车辆维修检验报告，对粤 D·97535 号丰田牌小轿车的修理项目、损失作出了预测、评估。7 月 8 日，汕头市公安局潮南分局交通警察大队作出 44052500［2007］CF00151 号道路交通事故认定书，认定未知名人应负事故的全部责任，陈长武免负事故责任。交通警察大队经勘查认定，造成粤 D·97535 号丰田牌小轿车损坏的小客车悬挂的号牌粤 U·34188 系假牌。8 月 5 日，粤 D·97535 号丰田牌小轿车修复完毕，根据汕头合众丰田汽车销售服务有限公司开出的结算报告清单及发票，原告支付了维修费用 57 936 元。

2007 年 9 月 8 日，原告向保险公司索赔。12 日，保险公司向原告作出《关于粤 D·97535 号车事故索赔复函》，声明对原告的索赔保险公司不予受理。原告遂诉至法院，请求法院判令保险公司立即给付保险赔偿金 57 936 元并承担本案全部诉讼费用。

被告保险公司辩称，我国《保险法》第四十六条及保险合同中《家庭自用汽车损失保险条款》第二十一条规定："保险事故发生后，保险人未赔偿保险金之前，被保险人放弃对第三者的请求赔偿的权利的，保险人不承担赔偿保险金的责任。"本案原告应当先向肇事车主请求赔偿，即应先起诉肇事车主或者追加肇事车主作为共同被告，在肇事司机以及肇事车主均确实无法找到或者确实无力赔偿的情况下，方可向保险公司请求予以赔偿。可是，在可以找到肇事车主的情况下，原告却放弃对肇事车主请求赔偿的权利，因此，保险公司对原告的损失依法不应予以赔偿，其作出的拒赔处理有事实依据和法律依据。

【审判】

汕头市潮阳区人民法院经审理认为：被告保险公司向原告张丽虹出具的保险单和保险条款，是双方的真实意思表示，其内容不违反我国法律、法规的强制性规定，对双方当事人均具有法律约束力。被告保险公司在保险合同期限内应对其承保的原告张丽虹所有的粤 D·97535 号丰田牌小轿车发生的损失按《家庭自用汽车损失保险条款》的有关规定承担赔偿责任。根据汕头市公安局潮南分局交通警察大队于 2007 年 7 月 8 日作出的 44052500［2007］CF00151 号道路交通事故认定书，未知名人应对事故负全部过错，粤 D·97535 号丰田牌小轿车的驾驶人陈长武无过错。原告作为交通事故的侵权受害人和保险事故的索赔权利人，有权选择便捷的司法救济途径，既有权选择要求侵权致害人承担车辆损失的赔偿责任，也有权选择根据其购买的车辆损失险要求保险人赔偿汽车遭受的损失。被告保险公司在没有任何证据证明原告张丽虹已放弃了对第三方赔偿的权利的情况下，以《家庭自用汽车损失保险条款》第二十一条第二款以及我国《保险法》第四十六条第一款的规定为由进行抗辩，依据不足。被告保险公司辩称原告方驾驶人没有责任，原告须先起诉肇事车主或者追加肇事车主作为共同被告参加诉讼之后保险公司才予以理赔的主张缺乏法律依据，法院不予采纳。

综上所述，被告保险公司应赔偿原告因粤 D·97535 号丰田牌小轿车遭受的实际损失 57 936 元的70%，即40 555.20 元。汕头市潮阳区人民法院遂根据《中华人民共和国民事诉讼法》第十三条、《中华人民共和国保险法》第二十四条和最高人民法院《关于民事诉讼证据的若干规定》第二条的规定判决：被告保险公司应于本判决发生法律效力后 10 日内给付原告张丽虹保险赔偿金 40 555.20 元。

宣判后，双方当事人均没有提起上诉，一审判决已经发生法律效力。

【评析】

本案涉讼标的额不大，但是一起比较少见的无交通事故责任的车主直接请求自己所投保的保险公司支付保险赔偿金的典型案例，涉及第三方造成车辆损失时保险公司的保险责任、投保车主应否先向第三方索赔、权利人能否选择索赔方式等法律问题。

一、第三方造成车辆损失时保险公司的保险责任

中国人民财产保险股份有限公司于 2006 年发布的中保协条款［2006］2 号《家庭自用汽车损失保险条款》第四条规定："保险期间内，被保险人或其允许的合法驾驶人在使用被保险机动车过程中，因下列原因造成被保险机动车的损失，保险人依照本保险合同的约定负责赔偿：（一）碰撞、倾覆、坠落……"第五条规定："发生保险事故时，被保险人为防止或者减少被保险机动车的损失所支付的必要的、合理的施救费用，由保险人承担，最高不超过保险金额的数额。"从上述条款可以看出，不管什么原因造成的碰撞，保险公司都应当承担车损险的赔偿责任，即使由于第三者的原因造成的损失亦是如此。

那么，《家庭自用汽车损失保险条款》规定的责任免除部分是否将由于第三者原因造成的损失列为除外责任？通过查看发现，责任免除条款并没有明确的条文将第三者原因造成的损失排除在保险责任的范围之外，但在第九条规定了一个兜底条款，即"其他不属于保险责任范围内的损失和费用"。笔者认为，除非保险公司有明确的证据证明被保险人知道本条规定的所谓损失和费用的具体内容，否则本条不具有法律效力。另外，第八条又规定："保险人在依据本保险合同约定计算赔款的基础上，按照下列免赔率免赔……（二）被保险机动车的损失应当由第三方负责赔偿的，无法找到第三方时，免赔率为 30%……"也就是说，因第三方过错造成的损失也是保险责任。

因此，从《家庭自用汽车损失保险条款》的规定来看，因第三方的原因造成的车辆损失属于保险责任的范围，保险公司理应按照保险合同的约定承担保险责任，但可以依照保险法的规定取得代位权。

二、存在责任竞合，但法律、法规并未规定应优先适用哪种责任方式

本案中，原告投保的机动车辆与第三方发生了碰撞，根据交警大队的认定，第三方应负事故的全部责任。我国《道路交通安全法》第七十六条规定："机动车发生交通事故造成人身伤亡、财产损失的，由保险公司在机动车第三者责任强制保险责任限额范围内予以赔偿。超过责任限额的部分，按照下列方式承担赔偿责任：（一）机动车之间发生交通事故的，由有过错的一方承担责任；双方都有过错的，按照各自过错的比例分担责任……"

根据该条规定，原告作为交通事故的侵权受害人，可以要求第三方承担车辆损失的赔偿责任。

从法律上而言，这是保险合同规定的合同义务与第三者的侵权赔偿责任竞合，但这类竞合与《合同法》第一百二十二条关于当事人可以选择承担责任的方式中的责任竞合并不相同，因为保险赔偿并不是违约责任。因此，对此类竞合，我国法律、法规并未规定应优先适用哪种责任方式。

三、在肇事第三方负有事故全部责任的情况下，投保车主应否先向第三方索赔

虽然中国保险监督管理委员会于1999年2月13日颁布的《机动车辆保险条款》（已失效）第十九条规定："保险车辆发生保险责任范围内的损失应当由第三方负责赔偿的，被保险人应当向第三方索赔。如果第三方不予支付，被保险人应提起诉讼……"但该规定当时系为防止出现被保险人与第三方串通骗保或被保险人放弃对第三方索赔的特例出现，是计划经济体制模式下的产物。我国在加入世界贸易组织后，某些按计划经济体制模式所制定的规则，已与市场经济的要求不相适应；同时，也与新制定的法律、法规的基本精神相违背。因此，保险公司不宜将出现特例时对被保险人的要求扩充为对被保险人通常的、普通的要求。①

我国保险法也并没有规定因第三方对保险标的的损害而造成保险事故的，被保险人获得保险人理赔的前提条件是向第三方提起诉讼。《家庭自用汽车损失保险条款》也已取消了投保人无责任时"投保方应当向第三方索赔。如果第三方不予支付，被保险人应提起诉讼"的相关规定。法律作出这样的规定，目的在于充分保障投保方发生保险事故的损失能够及时、完全地得到补偿，使投保方的利益切实得到保障。②

另外，从公平、公正的角度而言，《家庭自用汽车损失保险条款》本身间接地承认了由于第三者原因造成车辆损失也是保险责任的情况下，要求被保险人先行向第三者索赔显然是不合理的。

本案中，保险公司认为，根据《保险法》第四十六条的规定，原告需先起诉肇事车主或者追加肇事车主作为共同被告，否则应视为放弃对第三者的请求赔偿的权利。原告则认为，原告并没有放弃对第三者请求赔偿的权利，原告有权选择向保险公司索赔，保险公司负有先予赔偿的义务。形成这种分歧，实际上是双方对《保险法》第四十六条的理解不一致而造成的。因此，只要正确理解"被保险人放弃对第三者的请求赔偿的权利的，保险人不承担赔偿保险金的责任"的含义，问题即可迎刃而解。

所谓沉默形式，是指行为人既不用语言表示，又不用积极行为表示，而是以消极的不作为方式进行意思表示，即根据行为人的沉默来认定其具有某种意思。③ 根据最高人民法院《关于贯彻执行〈中华人民共和国民法通则〉若干问题的意见》第六十四条的规定："不作为的默示只有在法律有规定或者当事人双方有约定的情况下，才可以视为意思表示。"可见，在既没有法律规定，当事人双方也没有作出约定的情况下，《保险法》第四

---

① 祝铭山. 保险合同纠纷. 北京：中国法制出版社，2004. 272

② 祝铭山. 保险合同纠纷. 北京：中国法制出版社，2004. 18

③ 魏振瀛. 民法. 北京：北京大学出版社，高等教育出版社，2000. 142

十六条“保险人未赔偿保险金之前，被保险人放弃对第三者的请求赔偿的权利的”，应是指在保险人未赔偿保险金之前，被保险人明确向第三方表示放弃索赔这种明示行为，要求的是积极作为的行为，消极的不作为行为不应包括在内。因此，保险公司提出“原告需先起诉肇事车主或者追加肇事车主作为共同被告，否则应视为放弃对第三者的请求赔偿的权利”的观点没有法律依据，是错误的。

四、权利人有权选择索赔方式

我国《民事诉讼法》第十三条规定：“当事人有权在法律规定的范围内处分自己的民事权利和诉讼权利。”从该条规定看，对权利的实现，权利人有权依法选择讼争对象和索赔方式。无论诉讼结果如何，它是赔偿权利人根据自己的认知，对案情的了解程度，考虑到诉讼的难易和时间的长短以及执行可能的基础上，权衡诉讼风险后趋利避害而作出的决定，是权利人在行使自己的权利。

我国《保险法》第四十五条第一款规定：“因第三者对保险标的的损害而造成保险事故的，保险人自向被保险人赔偿保险金之后，在赔偿金额范围内代位行使被保险人对第三者请求赔偿的权利。”事实上，该规定也间接承认了保险公司先行赔偿再行代位权的理赔方式。

就法理而言，这种选择权是应当存在的，迟早也应该通过立法的形式确定下来。审判实践中，如果保险合同中订有权利人应先向第三方索赔的条款，也应当考虑到这种条款与保险目的不符，有损于权利人利益，以及这种条款往往属保险人单方拟定的格式条款而认定为无效条款。

综上所述，就车损险而言，考虑到诉讼的难易和时间的长短以及执行的可能性，车主一般会选择先向保险公司索赔，除非该损失确实不属于保险责任范围。若权利人先向保险人索赔的，保险人不得以应先向第三方索赔为由拒绝理赔。

一审合议庭成员：张国民　李统才　马兴裕
作者单位：汕头市潮阳区人民法院

车辆转让过户后变更保险手续前保险公司的责任认定问题

——肖秀英等诉中国人民财产保险股份有限公司珠海市香洲支公司、黄鸿兆、梁美婵道路交通事故人身损害赔偿纠纷案

李　灵

【问题提示】

车辆过户后但未办理保险变更手续，此时发生了车祸，保险公司是否承担赔偿责任？

【要点提示】

车辆转让后，办理了过户手续，但尚未办理保险变更手续，在此期间发生了车祸，保险公司仍然应当承担赔偿责任。

【案例索引】

一审：广东省珠海市斗门区人民法院［2006］斗法民一初字第903号民事判决

二审：广东省珠海市中级人民法院［2007］珠中法民一终字第182号民事判决

【案情】

上诉人（原审原告）：肖秀英等8人。

上诉人（原审被告）：中国人民财产保险股份有限公司珠海市香洲支公司（以下简称保险公司）。

被上诉人（原审被告）：黄鸿兆、梁美婵。

本案肇事车辆粤C·61039号轻型货车原车主是珠海麒麟统一啤酒公司，该公司为肇事车辆购买了第三者责任险，保险金额为50万元，保险期限自2006年1月1日至2006年12月31日止。2006年7月3日，麒麟啤酒公司将肇事车辆转让给斗门区井岸镇伍合商店。斗门区井岸镇伍合商店的经营者是梁美婵。2006年7月20日，梁美婵的儿子黄鸿兆驾驶车辆发生了交通事故，造成艾家学死亡。事故发生后，保险公司派人勘察了现场。2006年7月24日，保险公司更改肇事车辆保险单上的被保险人和车主均为斗门区井岸镇伍合商店，变更时间自2006年7月25日至2006年12月31日止，并声明保险单所载的其他内容不变。2006年11月9日，艾家学的家属肖秀英等8人向珠海市斗门区人民法院提起诉讼，要求黄鸿兆、梁美婵与保险公司连带赔偿肖秀英等8人死亡赔偿金、丧葬费、医疗费、误工费、交通费、被抚养人生活费等共计220 304元。

【审判】

珠海市斗门区人民法院一审认为，本案各方当事人争议的焦点问题是：保险公司是否应当承担连带赔偿责任？保险公司辩称在交通事故发生时，保险单上的车主是珠海麒麟统一啤酒有限公司，保险单上的车牌号码是粤 C·05044 外籍，保险公司只对珠海麒麟统一啤酒有限公司承担连带赔偿责任，而保险公司在事故发生后的2006 年7 月24 日、25 日才与变更后的车主签订保险单续原来的保险，所以变更后车辆的保险从 2006 年 7 月 25 日生效，保险公司不应对梁美婵负连带赔偿责任。法院认为，保险公司的辩称不成立，保险单上所承保的是该车辆在发生事故后对第三者造成损害所承担的赔偿责任。故不因该车是否转让或变更车牌而改变，只要事故发生在保险期限内，保险公司应当对第三者的损害承担连带赔偿责任，对保险公司的主张，法院不予采信。本案的事故，经交警部门认定黄鸿兆负事故的全部责任，受害人不负事故的责任，各方当事人对此无异议，对交警部门的认定，法院予以采信，可以作为本案定案的依据。对于肖秀英等 8 人的损失，黄鸿兆应当依法承担全部赔偿责任。车主梁美婵对自己的车辆造成他人的损失承担连带赔偿责任。保险公司在第三者责任险范围内承担连带赔偿责任。

一审判决后，保险公司不服，向珠海市中级人民法院提出上诉，请求改判保险公司不承担此案赔偿义务的连带责任。保险公司认为：一、一审判决保险公司承担连带赔偿责任事实不清、适用法律不当。最高人民法院［2006］民一他字第 1 号及法（民一）明传［2006］6 号文规定，按《道路交通安全法》第十七条，2006 年 7 月 1 日以前投保的第三者责任险的性质为商业保险。交通事故损害赔偿纠纷发生后，应当依照保险合同的约定，确定保险公司承担的赔偿责任。因此，在审理本案商业保险合同的赔偿责任时，应该按照最高人民法院的要求确定。经查，肖秀英等 8 人及黄鸿兆、梁美婵均不是被保险人，按《第三者责任保险条款》第四条约定：“……致使第三者遭受人身伤亡或财产直接损失，依法应当由被保险人承担的经济赔偿责任，保险人负责赔偿。”另《中华人民共和国保险法》第五十条规定：“责任保险是指以被保险人对第三者依法应负的赔偿责任为保险标的的保险。”由此保险公司只是对被保险人依法应负的经济赔偿责任负责赔偿。一审中，被保险人珠海麒麟统一啤酒有限公司并不是原审被告，不需要承担经济赔偿责任，那么保险公司也不应当承担此案所涉及交通事故的经济赔偿责任。然而，珠海市香洲区人民法院不顾该事实的存在，仍判决保险公司承担连带赔偿责任，保险公司认为该判决实属事实不清，适用法律不当。二、一审查明肇事车辆是在过户后未到保险公司办理批改手续的情况下发生交通事故，仍认定保险公司对赔偿义务承担连带责任是错误的。交通事故发生于2006 年 7 月 20 日，肇事车辆在事故发生前已由“珠海麒麟统一啤酒有限公司”过户到“斗门区井岸镇伍合商店”，车牌也由“粤 C·05044外籍”变更为“粤 C·61039”。然而直至交通事故发生后的 7 月 24 日才到保险公司办理批改手续，在此之前，被保险人并没有书面通知保险人及办理批改手续，保险公司不应承担赔偿责任。因为：（一）依据《中华人民共和国保险法》第十二条规定：“投保人对保险标的应当具有保险利益。投保人对保险标的不具有保险利益的，保险合同无效。”最高人民法院《关于审理保险纠纷案件若干问题的解释》第二条规定：“财产保险合同订立时被保险人对保险标的具有保险利益，但保险事故发生时不具有保险利益的，保险人不承担保险责任。”在此案中，事故发生前车辆已经过户给斗门区井岸镇伍合商店，随着车辆的过户，事故发生时投保人珠海麒麟统一啤酒有限公司对该车辆已不具有保险利益，因此随着保险利益的丧失，保险合同也就变为无效。（二）《保险法》第三十四条规定："保险标的的转让应当通知保险人，经保险人同意继续承保后，依法变更合同。"本案商业保险合同《第三者责任保险条款》第三十二条约定："在保险期限内，保险车辆转卖、转让、赠与他人，被保险人应书面通知保险人并办理批改手续。未办理批改手续的，保险人不承担赔偿责任。"另外保险单中的重要提示第四条也已注明："保险车辆转卖、转让、赠与他人或变更用途，应书面通知保险人并办理变更手续。"（三）《机动车交通事故责任强制保险条例》第十八条规定："被保险机动车所有权转移的，应当办理机动车交通事故责任强制保险合同变更手续。"但该肇事车辆转让后直至此起交通事故发生时，被保险人并未书面通知保险人办理批改手续，而是在事故发生后到保险公司办理了批改手续。因此，保险公司对在过户后至办理批改手续以前发生的事故不应承担赔偿责任。根据《合同法》和《保险法》的有关规定，只要是有效的保险合同，双方当事人都应当按照约定全面地行使权利及履行义务，据此，保险公司只是依据保险合同条款的约定对被保险人承担赔偿责任，而不是不管保险合同如何约定，只要是保险车辆因交通事故造成第三者的损失，都可以无限制地让保险人承担合同赔偿责任。况且，一审法院在审理有关商业保险案件时，并未按最高人民法院"应当依照保险合同的约定，确定保险公司承担的赔偿责任"的要求执行。

珠海市中级人民法院二审认为，关于保险公司应否承担责任的问题，保险公司认为其不应承担责任的主要理由有以下几点：一是根据最高人民法院［2006］民一他字第1号及法（民一）明传［2006］6号文的规定，本案中肇事车辆购买的第三者责任险是商业保险，所以赔偿责任应按照合同的约定来确定。根据保险法的规定，保险公司只对被保险人依法应负的责任负赔偿责任，而本案中黄鸿兆、梁美婵均不是被保险人，故保险公司不应承担责任。二是投保人即原车主已不享有保险利益，因此保险合同变为无效。三是交通事故发生时，新车主梁美婵没有通知保险公司办理批改手续。关于理由一，本案中的肇事车辆于2005年12月31日在保险公司购买的第三者责任险是商业保险，此时《机动车交通事故责任强制保险条例》尚未实施，还不是严格意义上的第三者强制责任险。但由于在此之前《中华人民共和国道路交通安全法》已实施，中国保监会在《关于机动车第三者责任强制保险有关问题的通知》（保监发［2004］39号）中亦指出，我国目前近24个省、市已经通过地方性法规形式对机动车第三者责任保险实行了强制，并要求各保险公司自2004年5月1日起"采用公司现有第三者险条款来履行道路交通安全法中强制第三者险的有关规定和要求"。因此，根据上述法律和通知的精神，对《道路交通安全法》实施后至《机动车交通事故责任强制保险条例》实行前这一过渡期内的已向保险公司投保第三者责任险的机动车发生的事故，都要求保险公司按照现有的第三者强制责任险来承担责任。故虽然本案中的肇事车辆在保险公司购买的第三者责任险是商业保险，但保险公司仍应按照现有的第三者强制责任险来承担责任。而根据现有第三者强制责任险的规定，只要肇事车辆购买了第三者险，保险公司就应在其承保的第三者责任保险的责任限额内对受害人予以赔偿。至于保险公司提出应按照最高人民法院［2006］民一他字第1号及法（民一）明传［2006］6号文规定来确定本案所涉责任险的性质的问题，法院认为，由于最高人民法院的上述文件不是司法解释，依法不具有法律适用的强制力，故法院对保险公司的该意见不予采纳。关于理由二，如上所述，由于保险公司承担赔偿责任是依照法律的强制性规定，投保人即原车主是否享有保险利益、保险合同是否有效等问题不能对抗上述强制性规定。同时，为了充分发挥保险的社会保障作用，应当尽量不使保险合同失效，这是保险法的一个基本原则。保险法只是规定了被保险人转让保险标的后负有通知义务，并没有规定保险合同因此失效。从保险法规定通知义务的本意来看，有利于保险公司加强对保险标的的风险控制和管理，目的不是要让保险法律关系双方当事人解除合同。被保险人将保险标的转让他人时，应推定其同时转让保险合同权利，保险利益并不当然消灭。故新车主梁美婵在车辆转让的同时，其已实际成为保险合同的一方当事人，对保险车辆当然具有保险利益。办理保险合同的变更手续只是履行程序而已。关于理由三，保险法以及保险条款并未明确规定车辆过户后多长时间内办理保单变更手续，这必然导致车辆过户后至保单变更前有一定的合理时间差，也会存在被保险人因客观原因无法及时办理保单变更的情形，在这种情况下，保险公司拒赔，显然有违保险法的立法意图，不利于保护广大被保险人和消费者的利益。另外，从公平原则出发，本案中车辆转让后，车辆的用途没有改变，并没有增加保险车辆的危险程度从而加重保险人的保险责任。综上，法院认为，保险公司就此上诉要求改判的理由均不成立，遂对其上诉予以驳回。

【评析】

车辆转让后，办理了过户手续，但尚未办理保险变更手续，在此期间发生了车祸，保险公司是否应当承担赔偿责任？对此问题如何处理法律没有明确规定，在司法实践中，各地法院判决的结果也不同。理论和实践中主要有两种处理意见，第一种意见认为，保险公司不应当承担责任。理由如下：

（1）根据《保险法》第三十四条和《机动车交通事故责任强制保险条例》第十八条的规定，以及本案中旧车主与保险公司签订的保险合同中的约定，保险标的的转让应当通知保险人，经保险人同意继续承保后，依法变更合同。车辆过户后，如果没有向保险公司申请办理保险单批改手续，根据《第三者责任保险条款》第三十二条的约定，保险公司不承担赔偿责任。

（2）旧车主自汽车转让之日起丧失保险利益，保险合同失效，旧车主无权向保险公司索赔。根据《保险法》第十二条的规定，财产保险一般要求从保险合同订立到保险事故发生时始终具有保险利益。本案中，旧车主在投保时，是该投保车辆的所有权人，当然对此保险标的具有保险利益，其保险合同是合法有效的。但是，旧车主将车辆转让给新车主后，丧失了对该车辆的所有权，不再对此保险标的具有保险利益，也就无权向保险公司索赔。

（3）根据合同相对性原则，新车主不是该保险合同的当事人，无权向保险公司索赔。合同的权利义务产生于当事人的约定，因此，合同的约束力只存在于合同当事人之间。本案中，保险公司与旧车主签订合同，与旧车主之间产生了权利义务，但是新车主因没有及时办理保险合同变更手续而不能成为保险合同的当事人，根据合同的相对性特征，新车主在该保险合同中不享有权利，亦不承担义务，故该保险合同不能成为新车主向保险公司主张赔偿的依据。

第二种意见认为，保险公司应当承担赔偿责任。理由如下：

（1）保险法以及保险条款并未明确规定车辆过户后多长时间内办理保单变更手续，这必然导致车辆过户后至保单变更前有一定的合理时间差，也会存在被保险人因客观原因无法及时办理保单变更的情形，在这种情况下，保险公司拒赔，显然有违保险法的立法意图，不利于保护广大被保险人和消费者的利益。

（2）为了充分发挥保险的社会保障作用，应当尽量不使保险合同失效，这是保险法的一个基本原则。保险法只是规定了被保险人转让保险标的后负有通知义务，并没有规定保险合同因此失效。从保险法规定通知义务的本意来看，是有利于保险公司加强对保险标的的风险控制和管理，目的不是要让保险法律关系双方当事人解除合同。从国外的保险立法来看，被保险人未通知保险公司时通常承认保险合同仍然有效，被保险人将保险标的转让他人时，推定其同时转让保险合同权利，保险利益并不当然消灭。

（3）根据保险业中"最大诚信"原则，如果新车主买车之后与原车主的用车状态没有发生大的改变，危险程度没有增加，保险风险没有提高，那么保险公司应该予以理赔，反之亦然。

（4）很多大陆法系的国家有类似的规定，如日本《商法》第六百五十条规定，被保险人转让了保险的标的时，推定为同时转让了因保险合同而发生的权利，保险标的的转让显著变更或增加危险时保险契约即丧失效力。也就是说，保险标的的转让推定为保险合同的转让，保险合同继续有效，只是在转让增加了承保人的风险时才无效。

笔者同意第二种意见，具体理由如下：

第一，从法理上讲，保险车辆买卖合同和保险合同是两个不同的法律关系，但是根据《道路交通安全法》的规定，机动车必须参加第三者责任险。而且从《机动车交通事故责任强制保险条例》第十六条的规定"投保人不得解除机动车交通事故责任强制保险合同，但有下列情形之一的除外：（一）被保险机动车被依法注销登记的；（二）被保险机动车办理停驶的；（三）被保险机动车经公安机关证实丢失的"来看，旧车主转让车辆后，不能解除机动车交通事故责任强制保险，只能随车辆一起转移。再从《机动车交通事故责任强制保险条例》第十四条的规定"保险公司不得解除机动车交通事故责任强制保险合同；但是，投保人对重要事项未履行如实告知义务的除外。投保人对重要事项未履行如实告知义务，保险公司解除合同前，应当书面通知投保人，投保人应当自收到通知之日起5日内履行如实告知义务；投保人在上述期限内履行如实告知义务的，保险公司不得解除合同"来看，只要投保人在一定期限内履行了如实告知义务，保险公司也不能随意解除合同。由上可见，机动车辆保险合同不同于一般的财产保险合同，其中第三者责任险属于强制性保险，其基本特征是保险责任自动产生，即不用投保人和保险人约定，保险责任依法而自动产生、中止或终结；强制保险的保险人不能随意解除合同和拒绝承担赔偿责任。保险车辆转让后，不管保险人是否同意，也不管保险车辆转让给谁，保险人都必须继续承保。

第二，从立法目的看，保险法之所以规定汽车转让时保险要更改，其宗旨是为了便于保险企业对保险车辆的规范管理，防止冒领保险金或骗保，而不在于因此规定而免除保险人的赔偿责任。因而保险法虽规定保险车辆买卖保险要更改，但并无规定保险未更改，保险人可以因此解除保险合同或拒绝承担保险责任。因为保险未更改并没有增加保险车辆的危险程度从而加重保险人的保险责任。故本案投保人转让保险车辆未办理保险变更，虽有存在履行保险合同的缺陷，但并不能构成保险公司免责的法定事由。

综上，笔者认为，车辆转让后，即使保险没有过户，保险公司也应承担赔偿责任。

一审独任法官：吴红革

二审合议庭成员：徐素平　吴永科　孟庆锋

作者单位：珠海市中级人民法院

同一事故中交强险和商业第三者责任保险并存时如何处理

——张锡奇、郑烈明诉龙彬、饶平县中顺汽车有限公司、安邦财产保险股份有限公司广东分公司道路交通事故人身损害赔偿纠纷案

陆汉杰　邱国辉　蒋世民

【问题提示】

同一交通事故中交强险和商业第三者责任保险并存时该如何处理?

【要点提示】

同一交通事故中如同时存在交强险和商业第三者责任保险，商业第三者责任保险即是交强险的补充，具体赔付时，应当先由交强险按照分项责任范围先行赔付，不足时再由商业第三者责任保险理赔。

【案例索引】

一审：广东省潮州市饶平县人民法院［2007］饶民一初字第155号民事判决

二审：广东省潮州市中级人民法院［2007］潮中法民一终字第97号民事判决

【案情】

上诉人（原审被告）：安邦财产保险股份有限公司广东分公司（以下简称安邦公司）。

被上诉人（原审原告）：张锡奇、郑烈明。

被上诉人（原审被告）：龙彬、饶平县中顺汽车有限公司（以下简称中顺公司）。

2007年1月21日凌晨1时，龙彬驾驶粤U·Y3673号轿车从黄冈往柘林方向行驶，至G324线0km+20m处，因逆向行驶，致使与对向由司传富驾驶的粤D·26047号轿车发生碰撞，造成驾车人司传富，乘坐人张锡奇、郑烈明受伤及二车不同程度损坏的交通事故。2007年2月8日，饶平县公安局交通警察大队作出［2007］第B0006号交通事故认定书，认定龙彬承担本事故的全部过错，负事故的全部责任，张锡奇、郑烈明无过错，无责任。

另查明：龙彬系肇事车辆粤U·Y3673号轿车的司机及车辆实际支配人，中顺公司系该车的车辆所有人，安邦公司系该车的投保单位，该公司为该车同时购买了交强险和商业第三者责任保险，交强险中医疗费用赔偿限额为8 000元，商业第三者责任保险赔偿限额为300 000元。保险期间12个月，自2006年12月28日零时起至2007年12月27日24时止。

该事故造成张锡奇各项经济损失共 10 465.73 元，造成郑烈明各项经济损失共 27 621.55 元。两人遂于 2007 年 4 月 30 日分别起诉于广东省潮州市饶平县人民法院，请求判令龙彬赔偿其经济损失，中顺公司和安邦公司承担连带责任。鉴于两案属同一宗交通事故，系同一法律事实，饶平县人民法院依法对上述两案予以合并审理。

【审判】

广东省潮州市饶平县人民法院一审认为：饶平县公安局交通警察大队作出的交通事故认定书事实清楚，依法应予以采纳。龙彬负本事故的全部责任，故其应对张锡奇赔偿款 10 465.73 元及郑烈明赔偿款 27 621.55 元负全部赔偿责任。中顺公司系肇事车辆的所有人，应对肇事司机龙彬所负的赔偿责任承担连带赔偿责任。安邦公司系该车的投保单位，其应在交强险中医疗费用赔偿限额 8 000 元中对上述两原告的赔偿款承担赔偿责任，超过限额范围在商业第三者责任保险限额 300 000 元中予以赔偿。依照《中华人民共和国民事诉讼法》第一百三十条，《中华人民共和国民法通则》第一百一十九条，《中华人民共和国道路交通安全法》第七十六条，最高人民法院《关于审理人身损害赔偿案件适用法律若干问题的解释》第十七条、第十九条、第二十条、第二十一条、第二十二条、第二十三条，《机动车交通事故责任强制保险条例》第二十一条的规定，并参照广东省高级人民法院、广东省公安厅《关于〈道路交通安全法〉施行后处理道路交通事故案件若干问题的意见》第二十一条的规定，作出如下判决：一、龙彬应在本判决生效之日起十日内付还原告张锡奇赔偿款 10 465.73 元及原告郑烈明的赔偿款 27 621.55 元。二、安邦公司应于本判决生效之日起十日内在交强险中医疗费用赔偿限额 8 000 元范围内对上述龙彬应赔偿的数额予以连带赔偿，超出该交强险限额的部分在商业第三者责任保险赔偿限额 300 000 元范围内予以连带赔偿。三、中顺公司对上述赔偿款负连带赔偿责任。宣判后，安邦公司不服，提出上诉。

广东省潮州市中级人民法院二审认为：饶平县公安局交通警察大队作出的交通事故认定书事实清楚，证据充分，应依法予以确认。龙彬负本次事故的全部责任，故应赔偿张锡奇、郑烈明的各项损失。对各项赔偿项目，原审法院计算符合相关法律规定，予以确认。至于安邦公司上诉提出整容费不应赔偿、后续治疗费应以实际发生为准的问题，根据最高人民法院《关于审理人身损害赔偿案件适用法律若干问题的解释》第十九条“……适当的整容费以及其他后续治疗费，赔偿权利人可以待实际发生后另行起诉。但根据医疗证明或者鉴定结论确定必然发生的费用，可以与已经发生的医疗费一并予以赔偿”的规定，原审法院将整容费、后续治疗费与已发生的医疗费一并处理是恰当的。安邦公司该上诉意见无理，不予采信。安邦公司提出张锡奇的误工费按 3 000 元工资计算无纳税依据的问题，鉴于张锡奇提供了单位工资证明及工资表证明其收入情况，原审法院以 3 000 元确认，证据充分。安邦公司该意见无理，不予采信。

关于安邦公司提出“一审判决其在粤 U·Y3673 号商业第三者责任保险限额内连带承担一审两原告的损失为事实认定不清，适用法律错误”的问题。本案中顺公司为肇事车辆所投保的交强险和第三者险均是在 2006 年 7 月 1 日以后购买，本案交通事故系在保险期限内发生，故保险公司在本案中的赔偿责任首先应按《机动车交通事故责任强制保险条例》第二十一条第一款的规定来处理，即在强制险责任限额内予以赔偿。而商业第三者责任保险，是当事人自愿为第三者购买的一种责任保险。根据该保险合同的性质，在订立保险合同时，其受益人为不特定的第三者，因此不能事先指定。保险事故发生后，受益人就变为特定的，即本车以外的交通事故受害人就是保险合同的受益人。因此，根据《中华人民共和国保险法》第二十二条第三款“受益人是指人身保险合同中由被保险人或者投保人指定的享有保险金请求权的人，投保人、被保险人可以为受益人”的规定，特定的受害人作为受益人，享有对保险金的请求权，也就是说可以请求保险公司按照第三者责任保险的合同条款，对强制险不足部分予以赔偿。一审法院判令安邦公司对超出交强险限额的部分在商业第三者责任保险的赔偿限额内予以连带赔偿，处理正确，本院予以维持。安邦公司还提出“一审判决在粤U·Y3673号交强险中医疗费用赔偿限额8 000元范围内承担连带赔偿责任为事实认定不清”的问题。根据《机动车交通事故责任强制保险条例》第二十一条第一款“被保险机动车发生道路交通事故造成本车人员、被保险人以外的受害人人身伤亡、财产损失的，由保险公司依法在机动车交通事故责任强制保险责任限额范围内予以赔偿”的规定，交强险医疗费用赔偿限额为8 000元，赔偿范围为被保险人以外的受害人。本次交通事故共造成三人受伤（一人另案处理），安邦公司对此次交通事故三人的医疗费在此8 000元范围内承担连带责任。根据公平原则，对三人的医疗费应按比例赔偿。即对张锡奇的连带赔偿数额为1 973.81元，对郑烈明的连带赔偿数额为5 209.36元。安邦公司该上诉理由无理，不予采信。但原审法院对安邦公司在交强险责任限额内的连带责任未进一步明确，予以纠正。

综上所述，原审法院认定事实清楚，适用法律部分不当，处理部分不当，应予纠正。本案经调解未果，经本院审判委员会讨论决定，依照《中华人民共和国保险法》第二十二条第三款、《机动车交通事故责任强制保险条例》第二十一条第一款、最高人民法院《关于审理人身损害赔偿案件适用法律若干问题的解释》第十九条、《中华人民共和国民事诉讼法》第一百五十三条第一款第（一）和（二）项之规定，判决如下：一、维持饶平县人民法院［2007］饶民一初字第155号民事判决第一、三项及诉讼费负担的决定；二、变更饶平县人民法院［2007］饶民一初字第155号民事判决第二项为：被告安邦公司对被上诉人龙彬应赔偿数额承担连带赔偿责任。具体为：于本判决生效之日起十日内在1 973.81元的交强险医疗费用赔偿限额内对被上诉人张锡奇的医疗费用承担连带赔偿责任，在5 209.36元的交强险医疗费用赔偿限额内对被上诉人郑烈明的医疗费用承担连带赔偿责任。超出交强险赔偿限额的部分在商业第三者责任保险赔偿限额内予以连带赔偿。如果未按本判决指定的期间履行给付金钱义务，应当依照《中华人民共和国民事诉讼法》第二百三十二条的规定，加倍支付迟延履行期间的债务利息。

【评析】

本案在审理过程中存在如下分歧：一是交强险和商业第三者责任保险能否并存；二是如果能够并存，两者的赔付顺序如何。笔者认为：交强险和商业第三者责任保险不但能够并存，而且商业第三者责任保险还应当作为交强险的有力补充和延伸。在同一起事故中，如同时存在交强险和商业第三者责任保险，在具体赔付时，应当先由交强险按照分项责任范围先行赔付，不足时再由商业第三者责任保险理赔。

一、交强险和商业第三者责任保险的差异

2004年5月1日在全国施行的《中华人民共和国道路交通安全法》第一次提出了机动车第三者责任强制保险的概念，但由于当时并没有出台相应的具体办法，因此根据中国保险监督管理委员会《关于机动车第三者责任强制保险有关问题的通知》（保监发［2004］39号），采用公司现有第三者责任险条款来履行《道路交通安全法》机动车第三者责任强制保险的有关规定和要求。2006年3月21日国务院出台的《机动车交通事故责任强制保险条例》（以下简称《条例》），明确了机动车第三者责任强制保险的内涵。该《条例》第三条规定："本条例所称机动车交通事故责任强制保险，是指由保险公司对被保险机动车发生道路交通事故造成本车人员、被保险人以外的受害人的人身伤亡、财产损失，在责任限额内予以赔偿的强制性责任保险。"而原先各保险公司推行的机动车第三者责任保险，自然而然地被归入商业保险范畴。

交强险和商业第三者责任保险存在如下差异：（1）交强险具有强制性。根据《条例》规定，机动车的所有人或管理人都应当投保交强险，同时，保险公司不能拒绝承保、不得拖延承保和不得随意解除合同。而在商业第三者责任保险中，保险公司是有权拒绝承保的。（2）赔偿原则不同。根据《道路交通安全法》的规定，对机动车发生交通事故造成人身伤亡、财产损失的，由保险公司在交强险责任限额范围内予以赔偿，即无论被保险的机动车在法律上对第三者是否应该承担赔偿责任，保险公司都必须在保险责任限额内承担赔偿责任。而在商业第三者责任保险中，保险公司是根据投保人或被保险人在交通事故中应负的责任来确定赔偿责任的。（3）保障范围不同。除了《条例》规定的个别事项外，交强险的赔偿范围几乎涵盖了所有道路交通责任风险。而商业第三者责任保险中，保险公司不同程度地规定有免赔额、免赔率或责任免除事项。（4）交强险实行分项责任限额。交强险的法定责任总额为6万元，下含三个分项：第一项死亡伤残赔偿限额5万元；第二项医疗费用赔偿限额8 000元；第三项财产损失限额2 000元。分项责任限额制度的含义是指，受害人的单项损失只能限于在对应的分项责任限额内获得赔偿，当某一项责任限额未用尽时其所剩余额不能填补于其他损失范围内。而且，如果同一起事故中存在多个受害人，则每一受害人每一单项获赔额只能按比例计算，每人的实际获赔数将更少。而商业第三者责任保险中的总项责任限额制则完全不同。该项制度下，受害人的各种单项损失的获赔额不受分项额的限制，只要全部损失总额不超过总的责任限额均可获赔。精神损害赔偿在上述两险种中均可获得理赔，但在交强险中精神损害赔偿归类于死亡伤残单项限额中，当该项中责任限额被物质性损失索赔额用尽时精神损害赔偿将不再可能获得赔付，第三者险则不存在这一限制，只要在总的责任限额内各种合理损失均可获赔。（5）交强险只分有责和无责，有责赔最高限额，无责赔20%。商业第三者责任保险则不同，有责任轻重之分，其中全责100%、主责70%、同责50%、次责30%、无责0%。（6）诉讼费的承担在两险种中也完全不同：在交强险中保险人不承担该项费用的理赔责任，而在商业第三者责任保险中，投保人或被保险人因涉诉所产生的诉讼或仲裁费用由保险人在责任限额之外另行赔付。

可见，交强险和商业第三者责任保险并不抵触。交强险只能提供最基本的底线性保障，投保人要想获得更可靠的风险免责就要投保商业第三者责任保险来对其风险保障进行

补充和延伸。

二、交强险和商业第三者责任保险的赔付顺序

《道路交通安全法》第七十六条第一款规定："机动车发生交通事故造成人身伤亡、财产损失的，由保险公司在机动车第三者责任强制保险责任限额范围内予以赔偿。超过责任限额的部分，按照下列方式承担赔偿责任：（一）机动车之间发生交通事故的，由有过错的一方承担责任；双方都有过错的，按照各自过错的比例分担责任。（二）机动车与非机动车驾驶人、行人之间发生交通事故的，由机动车一方承担责任；但是，有证据证明非机动车驾驶人、行人违反道路交通安全法律、法规，机动车驾驶人已经采取必要处置措施的，减轻机动车一方的责任。"因此，机动车所有人既买了交强险又买了商业第三者责任保险时，法院应当先确定强制保险合同中保险人的责任，不足部分由保险人根据商业第三者责任保险的合同约定承担责任。

综上，在本案中，由于肇事车辆粤U·Y3673号轿车交强险和商业第三者责任保险的投保单位都是被告安邦公司，且被告龙彬承担本事故的全部过错，负事故的全部责任，因此，被告安邦公司应在交强险中医疗费用赔偿限额8 000元中对原告张锡奇、郑烈明的经济损失承担赔偿责任，超过限额范围在商业第三者责任保险限额300 000元中予以赔偿。

一审合议庭成员：许再华　唐丽珠　林浩生

二审合议庭成员：张欲晓　陈伟忠　林小鹏

作者单位：潮州市中级人民法院

物权确认纠纷案件中确认物权归属的规则以及是否适用诉讼时效问题

——中山凯杰金属制品有限公司诉戴季嫦假冒土地使用权人登记物权确认纠纷案

苏代平

【问题提示】

法院是否受理确认土地使用权归属的纠纷？物权法对于如何确认物权没有规定，确认物权的规则是什么？确认物权是否适用诉讼时效？

【要点提示】

当事人之间因权属发生争议，不涉及人民政府的社会管理职能，是平等主体之间的民事纠纷，确认土地使用权归属纠纷属于人民法院管辖范围。不动产已登记情况下的确认物权归属规则是：涉及第三人利益的外部法律关系中应适用公信原则确认不动产登记绝对效力；在内部法律关系中应适用权利推定、物权有因性、物权意思表示、承认事实物权等规则确认物权。物权确认不适用诉讼时效之规定。

【案例索引】

一审：广东省中山市人民法院［2007］中黄民一初字第343号民事判决

二审：广东省中山市中级人民法院［2008］中中法民一终字第675号民事判决

【案情】

上诉人（原审原告）：中山凯杰金属制品有限公司。

被上诉人（原审被告）：戴季嫦。

戴季嫦在1995年10月至2007年6月期间是中山凯杰金属制品有限公司的员工。2000年10月8日，中山凯杰金属制品有限公司向戴季嫦出具一份《委托书》，载明："兹委托我公司经理戴季嫦办理我司洽购厂、地事宜，特此委托。"2000年10月10日，戴季嫦以个人名义与中山市黄圃镇建设发展公司住宅分公司签订一份《新丰工业区转让土地协议书》，约定：由中山市黄圃镇建设发展公司住宅分公司将位于中山市黄圃镇新丰南路新丰工业区东地段以南第2号地（现为中山市黄圃镇新丰南路108号），面积10亩（后经实测面积为9.549亩）转让给戴季嫦，转让金每亩90 000元，签订协议之日付定金50 000元，2000年10月30日前付400 000元，2001年1月30日前付225 000元，剩余地款在2001年9月30日前付清。此外，双方还就其他有关事项作了约定。上述协议书签订后，中山凯杰金属制品有限公司分六次共支付859 410元。中山市黄圃镇建设发展公司住宅分公司收到上述款项后，开具了“收到中山凯杰金属制品有限公司预付新丰工业区（东地段以南第2号地）购地定金款50 000元，购地款400 000元、200 000元、110 000元、60 000元，购地款尾数39 410元”的收据。

戴季嫦在签订转让土地协议书后，中山凯杰金属制品有限公司在上述土地上建设中山凯杰金属制品有限公司的办公楼及厂房，相关建设的工程款项由中山凯杰金属制品有限公司支付。戴季嫦以自己名义进行建筑申报及施工许可证申请。上述办公楼及厂房完工后，一直由中山凯杰金属制品有限公司使用。经戴季嫦申请，2002年2月9日，戴季嫦对位于中山市黄圃镇新丰南路108号土地取得中山市国土资源局核发的以戴季嫦为土地使用者的国有土地使用权证（中府国用［2002］010840号，面积为5 783.1平方米）。2007年8月14日，中山凯杰金属制品有限公司以戴季嫦未经中山凯杰金属制品有限公司同意，擅自将上述土地的使用权登记在戴季嫦本人名下，而中山凯杰金属制品有限公司全然不知，至2007年中山凯杰金属制品有限公司的投资股东在审查资产时才发觉为由诉至原审法院，要求依法确认位于中山市黄圃镇新丰南路108号、土地使用权证号为中府国用［2002］010840号、面积为5 783.1平方米的土地使用权（购地转让价款859 410元，评估价2 327 900元）归中山凯杰金属制品有限公司，并由戴季嫦承担本案诉讼费。

另查，中山凯杰金属制品有限公司在进行财务记账时存在两套记账凭证和会计账簿。针对本案所涉及有关购买土地的款项往来情况，中山凯杰金属制品有限公司分别在其《2000年现金出纳账》“正账”第56页、第60页，《2001年现金出纳账》“正账”第13页记载了支付中山市黄圃镇建设发展公司住宅分公司的记账凭证，合计650 000元。同时，中山凯杰金属制品有限公司又在其《2002年现金出纳账》“正账”第14页记载收到戴季嫦预付地款合计650 000元。另外，中山凯杰金属制品有限公司在其《2002年现金出纳账》“附账”第29页记载支付戴季嫦地款（还款）合计650 000元。此外，中山凯杰金属制品有限公司还在其《2002年现金出纳账》“附账”第7页记载了支付购地款60 000元、支付住宅分公司地款110 000元、支付地款尾数39 410元，合计209 410元。

【审判】

中山市人民法院一审认为：中山市黄圃镇新丰南路108号之土地，是2000年10月10日由中山市黄圃镇建设发展公司住宅分公司与戴季嫦签订了土地转让协议书，由该公司转让给戴季嫦的，并在2002年2月9日，戴季嫦已取得国土管理部门颁发的国有土地使用权证，其土地使用权依法已归戴季嫦所有。中山凯杰金属制品有限公司代戴季嫦支付土地款的行为只表明双方存在另外的债权债务关系，并不能因此而改变土地使用权的主体。在中山凯杰金属制品有限公司的出纳日记账中，有收戴季嫦65万元还地款记录和相关收据作凭证，虽然中山凯杰金属制品有限公司否认真正收到戴季嫦还地款，但会计账册及会计凭证作为记录企业经营情况的法定依据，中山凯杰金属制品有限公司必须对其会计记录及会计凭证的真实性负责，故可认定戴季嫦已向中山凯杰金属制品有限公司归还了其代戴季嫦支付的土地转让款65万元。中山凯杰金属制品有限公司称不知道戴季嫦将上述土地使用权登记在戴季嫦本人名下与事实不符，中山凯杰金属制品有限公司应当知道争讼的土地登记的土地使用权人是戴季嫦。故中山凯杰金属制品有限公司起诉要求确认位于中山市黄圃镇新丰南路108号之土地归中山凯杰金属制品有限公司无事实和法律依据，不予支持。

依照《中华人民共和国民事诉讼法》第六十四条之规定，判决：驳回中山凯杰金属制品有限公司的诉讼请求。本案受理费25 423元，由中山凯杰金属制品有限公司负担。

中山凯杰金属制品有限公司不服原审判决，向中山市中级人民法院上诉称：一、我公司提交的完整财务资料全面地反映了支付购地款、建筑工程款等费用以及借用戴季嫦名义“走账”的客观事实，但原审却遗漏了上述证据，导致认定案件事实片面及不客观。二、原审没有认定我公司委托戴季嫦洽谈购地的事实是错误的。原审判决称“公司代戴季嫦支付土地款的行为只表明双方存在另外的债权债务关系”是错误的。三、原审认定戴季嫦向我公司归还了土地转让款65万元是完全错误的。我公司的正账（公账）确有收取戴季嫦还地款65万元的记载，但完全是借戴季嫦名义“走账”所形成。我公司的财务账分正账（公账）与副账（私账），由于我公司是借用戴季嫦名义购地建厂，故所购地建厂费用均由我公司支付。原审仅以正账（公账）记录收取戴季嫦还地款65万元便认定戴季嫦已还土地款65万元是错误的，根本没有理会我公司在副账（私账）支付65万元土地款给戴季嫦的事实。四、本案讼争之房地产由我公司全额出资购买及建设，而且由始至终一直由我公司使用。本案讼争之房地产是我公司以支付对价方式购买及建设取得，原审支持戴季嫦的主张违反了“权利与义务相一致”的法律原则以及《民法通则》第四条规定的“民事活动应当遵循自愿、公平、等价有偿、诚实信用的原则”。综上所述，我公司请求撤销原审判决，依法改判坐落于中山市黄圃镇新丰南路108号的房地产属于中山凯杰金属制品有限公司所有，并撤销戴季嫦以其名义办理的上述房地产的权属证书；一、二审诉讼费用由戴季嫦承担。

戴季嫦辩称：一、中山凯杰金属制品有限公司的上诉没有道理。从本案的证据来讲，购地款已经是由戴季嫦偿还给了中山凯杰金属制品有限公司，根据中山凯杰金属制品有限公司提供的财务账册反映已经平账，中山凯杰金属制品有限公司已经支付的购地款只是一个代支的行为。因为本案仅涉及土地权属纠纷，建厂房的工程款与本案无关，房产纠纷不是本案的范围，且证据证明厂房的所有权也属于戴季嫦。二、戴季嫦不认可中山凯杰金属制品有限公司陈述的公司委托戴季嫦去买地这个说法。中山凯杰金属制品有限公司于10月8日出具过一个委托书，让戴季嫦洽谈买地事宜，但认定是谁购买土地的应以土地转让合同的转让方与受让方来确定。单凭委托书不能说明双方存在委托关系，关键是以谁的名义购买土地。三、戴季嫦也不认可中山凯杰金属制品有限公司陈述的戴季嫦没有偿还65万元购地款这一说法，从本案的证据来看，有65万元已经由戴季嫦偿还给中山凯杰金属制品有限公司了。四、本案事实是清楚的，转让土地、受让土地的人是戴季嫦，中山凯杰金属制品有限公司对此也是知道的，而且上诉状中也说明是借戴季嫦的名义去买地，中山凯杰金属制品有限公司的说法前后矛盾。综上，一审判决认定事实清楚，适用法律正确，程序合法，请求二审予以维持。

中山市中级人民法院二审经审理认为，《中华人民共和国民事诉讼法》第六十四条规定：“当事人对自己提出的主张，有责任提供证据。”最高人民法院《关于民事诉讼证据的若干规定》第二条规定：“当事人对自己提出的诉讼请求所依据的事实或者反驳对方诉讼请求所依据的事实有责任提供证据加以证明。没有证据或者证据不足以证明当事人的事实主张的，由负有举证责任的当事人承担不利后果。”综合上述查明的事实，二审法院认为，戴季嫦是受中山凯杰金属制品有限公司的授权和委托办理本案所涉中山市黄圃镇新丰南路 108 号土地使用权的转让事宜，受让土地款项均是中山凯杰金属制品有限公司支付的资金，因此中山凯杰金属制品有限公司才是中山市黄圃镇新丰南路 108 号土地的真正使用权人。虽然戴季嫦在办理中山市黄圃镇新丰南路 108 号土地有关受让、登记时均使用其个人名字，造成本案土地使用权登记在其个人名下，但其显属假冒土地使用权人，其行为侵害了中山凯杰金属制品有限公司的合法权益，现中山凯杰金属制品有限公司要求确认其是真正的本案所涉土地使用权人，证据充足、理由正当，二审法院予以支持。而戴季嫦提交的证据，相反可以与中山凯杰金属制品有限公司提交的证据相印证，证明戴季嫦以个人身份假冒土地受让人办理有关证照的事实。原审认定本案所涉土地使用权归戴季嫦不当，应予纠正。依照《中华人民共和国合同法》第四百零二条“受托人以自己的名义，在委托人的授权范围内与第三人订立的合同，第三人在订立合同时知道受托人与委托人之间的代理关系的，该合同直接约束委托人和第三人”的规定，本案所涉中山市黄圃镇新丰南路 108 号土地的受让主体依法应为中山凯杰金属制品有限公司。戴季嫦未经中山凯杰金属制品有限公司同意将土地使用权登记在自己名下，没有事实或法律依据。戴季嫦的上述意见不符合法律规定，法院不予采信。戴季嫦并未提交充分有效的证据证实中山凯杰金属制品有限公司确实曾欠戴季嫦足够的款项，欠款也不属本案审理范围，且戴季嫦对中山凯杰金属制品有限公司“正账”、“附账”中的记载和中山市黄圃镇建设发展公司住宅分公司开具收款收据中记载付款人为中山凯杰金属制品有限公司等无法作出合理解释，故法院对戴季嫦上述答辩意见不予采信。另，登记对抗原则仅适用于外部法律关系，不适用于交易主体之间以及登记权利人与真正权利人之间的内部关系，原审以登记主体为权利人不当。综上所述，中山凯杰金属制品有限公司的上诉请求中符合法律规定的部分二审法院予以支持。依照《中华人民共和国民事诉讼法》第一百五十三条第一款第（三）项，《中华人民共和国物权法》第二十八条、第三十三条的规定，判决如下：一、撤销中山市人民法院［2007］中黄民一初字第 343 号民事判决。二、确认中山凯杰金属制品有限公司是中山市黄圃镇新丰南路 108 号土地（土地使用权证：中府国用［2002］010840 号，面积为 5 783.1 平方米）使用权人。一审案件受理费 25 423 元，二审案件受理费 25 423 元，合计 50 846 元，由戴季嫦承担。

【评析】

本案属于物权确认纠纷。本案主要涉及以下三个方面的问题：法院能否受理确认土地使用权归属纠纷？《中华人民共和国物权法》第三十三条规定：“因物权的归属、内容发生争议的，利害关系人可以请求确认权利。”但对如何确认物权没有规定，确认物权的规则是什么？确认物权是否适用诉讼时效？笔者针对以上三个方面的问题加以分析。

一、关于法院对确认土地使用权归属的管辖

《中华人民共和国土地管理法》第十六条规定：“土地所有权和使用权争议，由当事人协商解决；协商不成的，由人民政府处理。”人民法院是否有权受理确认土地使用权归属纠纷，实践中存在不同的观点。一种观点认为，土地使用权争议当然包括土地使用权的归属与内容纠纷，故土地使用权归属纠纷只能由人民政府主管；另一种观点认为，《土地管理法》第十六条规定由人民政府处理而没有规定只能由人民政府处理，物权法与土地

管理法并不矛盾，即当事人既可以选择由人民政府处理也可以选择向法院提起民事诉讼，但只能选择一种救济途径。笔者认为，土地管理法属于行政管理法律，其立法目的重在加强对土地行政管理；而物权法是民事法律，其调整的是平等主体之间的财产纠纷。因此，两者的受理范围不尽相同：土地管理法中所称的“土地使用权争议”是指当事人对权属没有争议，而对土地四至、是否越界、实际面积与登记是否一致等发生争议，而这些争议只有经人民政府测量对比才能确定，故这些争议应由人民政府处理；而当事人之间因权属发生争议，不涉及人民政府的社会管理职能，是平等主体之间的民事纠纷，应适用裁判规则加以解决，因此，确认土地使用权归属纠纷属于人民法院管辖范围。

二、关于物权确认规则

根据不同的划分标准，物权确认纠纷包括以下几种类型：(1) 按照确认的内容划分，可分为确认物权归属纠纷与确认物权内容纠纷；(2) 按照物权类型划分，可分为确认所有权与确认他物权纠纷；(3) 按照是否登记划分，可分为确认已登记的物权与确认未登记的物权纠纷；(4) 按照物权标的划分，可分为确认动产物权与确认不动产物权纠纷；(5) 按照涉及法律关系的范围划分，可分为涉及第三人利益的外部法律关系的确认物权纠纷与不涉及第三人利益的内部法律关系的确认物权纠纷。因本案争议内容所限，本文仅讨论不动产已登记情况下的确认物权归属之规则。

关于不动产登记的效力，存在不同的观点。一种观点认为，由于登记具有公示公信效力，不动产登记应具有绝对效力，在不动产登记更正、撤销前，无须审查不动产的实际权属，而应当直接按照产权登记簿的记载，确认登记的产权人为物权权利人。如本案中一审法院的观点。第二种观点认为，不动产登记的绝对效力仅针对第三人而言，在不涉及善意第三人权利的前提下，登记的效力可以在真实权利人举证否定登记的情况下，据实认定物权的归属。如本案中二审法院的观点。笔者同意第二种意见，理由是：《物权法》第九条第一款规定：“不动产物权的设立、变更、转让和消灭，经依法登记，发生效力；未经登记，不发生效力，但法律另有规定除外”，《物权法》第二十八条“因人民法院、仲裁委员会的法律文书或者人民政府的征收决定等，导致物权设立、变更、转让或者消灭的，自法律文书或者人民政府的征收决定等生效时发生效力”的规定就是“法律另有规定”，结合《物权法》第三十三条的规定，可以理解为：对已登记的不动产物权的归属与内容有争议的，可以向人民法院或仲裁机构申请确认，人民法院或仲裁机构生效的法律文书具有确认物权的效力。从上述规定可见，不动产物权登记并不具有绝对的物权效力。由于“明确物的归属”是物权法的一项重要职能，因此，物权法的公信原则应首先作为确权规则。公信原则目的在于维护交易安全，保护善意第三人利益，故在涉及第三人利益的外部法律关系中确认不动产登记绝对效力。而在内部法律关系中，因不涉及第三人利益（这里的“第三人”不是指与本案有关的利害关系人如债权人，而是指享有物权的第三人）也就不涉及公信原则的适用，应适用下列确认产权规则：

1. 权利推定规则

前已述，在内部法律关系中，不动产登记不具有绝对效力，但不能据此认为登记毫无意义。登记作为公示方式，具有证据效力，即登记具有权利推定效力。即登记记载的权利人，应当在法律上被推定为真正的权利人。权利推定规则要求主张物权的当事人承担证明责任，而登记的权利人不承担证明责任（但不影响其行为意义的举证责任，如本案中戴季嫦主张经买卖而取得物权，其应提交买卖合同及付款凭证作为证据，在其不能提供买卖合同的情况下只能视为其的主张不能成立，而不能作为物权不成立的依据）。只有当主张物权的当事人举证达到足以推翻登记权利人登记的证明标准时，人民法院才能确认主张物权的当事人为真正的权利人。

2. 物权有因性规则

我国《物权法》未采用德国物权形式主义理论，即未采纳物权行为无因性理论，而采用的是债权形式主义的物权变动规则。即物权变动法律效果，除了债权意思以外，还必须履行登记或交付的法定形式，这一观点已成为通说。由此可见，我国物权法要求物权变动有合法的原因行为，当引起物权变动的原因行为（包括债权行为、事实行为及申请登记行为）被确认为无效、不成立或被撤销时，应重新确认产权人：当债权行为无效时，确认原产权人为物权人；当申请登记行为无效而债权行为有效时，确认债权人为产权人。本案中，戴季嫦以自己的名义与他人签订土地使用权转让合同，合同本身并不存在无效及可撤销的情形：因为中山凯杰金属制品有限公司委托戴季嫦“洽购厂、地事宜”，根据合同法关于委托合同的规定，受托人可以自己的名义也可以委托人名义进行民事行为。但戴季嫦在未经中山凯杰金属制品有限公司同意的情况下，假冒权利人申请将土地使用权登记在自己名下则是侵权行为，是无效的。因引起物权变动的申请登记行为无效，故中山凯杰金属制品有限公司为真实权利人。

3. 物权意思表示规则

登记的物权人与真实的权利人不一致可分以下几种情形：（1）当事人合意虚假登记。如真正的权利人与他人协商，将自己的物权登记在他人名下或为了办证、规避税费而订立虚假合同。（2）当事人合意否定登记。如夫妻双方约定登记在一人名下的财产为共同财产，分家析产协议，以物抵债协议等。（3）基于委托关系，受托人以自己的名义签订债权协议并将财产登记在自己名下。（4）未经权利人同意擅自将物权登记在自己名下。（5）债权合同、付款人与登记人不一致。笔者认为，意思表示真实是民事法律行为的构成要件之一，当事人设立物权的意思表示应作为确认物权的重要标准。故确认内部法律关系中的物权归属，完全可以参照法国“债权意思主义”规则。在上述（1）至（4）的情形下，当事人对物权的真实意思表示没有争议，应确定作为物权变动真实意思表示的主体为权利人。在第（5）种情形下，单一用债权主体或付款主体来判断均无法识别真正的权利人，而用物权意思表示的标准则可以准确判断真正的交易主体。

4. 承认事实物权规则

最高人民法院《关于人民法院民事执行中查封、扣押、冻结财产的规定》第十七条规定：“被执行人将其所有的需要办理过户登记的财产出卖给第三人，第三人已经支付部分或者全部价款并实际占有该财产，但尚未办理产权过户登记手续的，人民法院可以查封、扣押、冻结；第三人已经支付全部价款并实际占有，但未办理过户登记手续的，如果第三人对此没有过错，人民法院不得查封、扣押、冻结。”第十九条规定：“被执行人购买需要办理过户登记的第三人的财产，已经支付部分或者全部价款并实际占有该财产，虽未办理产权过户登记手续，但申请执行人已向第三人支付剩余价款或者第三人同意剩余价款从该财产变价款中优先支付的，人民法院可以查封、扣押、冻结。”上述规定虽然仅适用于执行程序，但其内容体现了承认事实物权的精神，在最高人民法院出台新的司法解释之前，上述规定仍可作为人民法院确认事实物权的依据。

5. 物权公示催告规则

并非所有的物权确认之诉均有明确的被告。如高某的姑妈去世后，高某作为唯一继承人，因无法达成继承协议，房管局拒绝办理遗产过户手续，高某请求确认物权，就没有被告。在没有被告或没有明确被告的情况下，若权利人主张确认之诉，因其起诉不符合《民事诉讼法》第一百零八条之规定，其结果要么是被驳回起诉，要么是原告与被告串通虚设被告。在此情况下，不受理则无法保护权利人的合法财产，受理则有可能损害第三人合法权利。因此，建议物权法增设“物权公示催告”之规定，催告权利人在一定期限内主张权利，逾期则确认申请人为权利人。

三、关于物权确认与诉讼时效

笔者认为，物权确认不适用诉讼时效之规定，其理由如下：（1）物权确认虽为请求权（物权保护请求权），但并非私法上的请求权，请求人是针对公权力机构（法院、仲裁机构）提出申请，而不是向相对人提出请求，若适用诉讼时效，则诉讼时效中止与中断无法确定。（2）诉讼时效一般适用于债权请求权，而物权确认属于物权请求权。（3）难以确定诉讼时效的起点。权利人因为物权确认发生纠纷，说明此前物权处于不确定状态，即使计算起点也应从法院或仲裁裁决之后起算。（4）有的案件没有相对人，无法适用诉讼时效。如前述继承与诈骗案。因此，权利人因物权归属发生争议可随时主张权利。本案中，中山凯杰金属制品有限公司虽于 2002 年购买土地，但其仍有权于 2007 年请求确认权利。

综上所述，本案二审法院首先推定登记的权利人戴季嫦为真实权利人，然后审查中山凯杰金属制品有限公司提供的证据，在查明戴季嫦是基于中山凯杰金属制品有限公司的委托购买土地，并由中山凯杰金属制品有限公司支付地价款，而戴季嫦未经中山凯杰金属制品有限公司允许，假冒权利人登记（即物权变更的原因行为无效）的事实后，确认中山凯杰金属制品有限公司为事实物权人是正确的。而一审案件将登记作为确认物权的一项理由，在内部法律关系中承认不动产登记的绝对效力是不当的。

一审合议庭成员：刘旭桂　胡铭德　张庆争

二审合议庭成员：苏代平　葛贻环　林　敏

作者单位：中山市中级人民法院

物业公共区域的使用和处分问题

——侯利敏诉梅州市艺之林广告有限公司物权保护纠纷案

曾梅麟

【问题提示】

物业共有部分的使用和处分由谁决定？擅自处理和改变物业服务公共区域用途的行为当事人应如何承担责任？

【要点提示】

楼房的天面属于该楼房的全体业主共有，对共有部分的使用和处分应由全体业主决定。如未经业主同意，擅自处理和改变物业公共区域用途，从保护物权人利益出发，侵权行为人应承担相应的民事责任。

【案例索引】

一审：广东省梅州市梅江区人民法院［2008］梅区民初字第156号民事判决

二审：广东省梅州市中级人民法院［2008］梅中法民一终字第241号民事判决

【案情】

上诉人（原审原告）：侯利敏。

被上诉人（原审被告）：梅州市艺之林广告有限公司（以下简称艺之林广告公司）。

原审第三人：梅州市第二五金交电化工原料公司（以下简称五交化公司）。

梅州市区梅江二路82号大楼原系五交化公司于1994年间建成的。其中一、二层为店宇，三至七层为集资套房。大楼建成后不久，五交化公司将一、二层商场的产权转让给他人。侯利敏所购梅江二路82号706房于1995年1月20日交付房款33 320元后交付使用，1996年交清办证费用2 000元，2003年领取粤房地证字第C0242677号“房地产权证”，该房地产权证上已注明土地来源为出让。1994年起该楼顶层天面由五交化公司租给梅州市区梅江区嘉应广告公司，合同期满后，于2000年起租赁给艺之林广告公司使用。2002年3月28日，艺之林广告公司又与五交化公司订立《租用广告场地合约书》，由艺之林广告公司租用梅州市区梅江二路82号大楼顶层楼面全部竖立广告牌，租用期从2002年3月28日起至2032年3月27日止。艺之林广告公司向梅州市工商行政管理局梅江分局、梅州市规划城建局办理了相关设置广告的手续。艺之林广告公司在梅州市区梅江二路82号大楼顶层设置有两块广告牌，其中位于侯利敏706房上方的广告牌长27米，高8米，面积216平方米。五交化公司已经转制，仅有一留守人员。

侯利敏诉称：侯利敏是梅州市区梅江二路 82 号 706 房的业主。艺之林广告公司未经侯利敏同意，擅自强行在梅州市区梅江二路 82 号 7 楼楼顶面钻孔安装广告牌，该广告牌长 27 米，高 8 米，面积为 216 平方米，给侯利敏的房屋带来诸多安全隐患，造成楼面漏水、松动，长期下去，将会造成严重后果。侯利敏曾与艺之林广告公司多次交涉未果，故起诉至梅州市梅江区人民法院，请求艺之林广告公司拆除楼顶的广告牌，排除妨碍，恢复原状。

艺之林广告公司辩称：一、艺之林广告公司系依法成立、守法经营的企业，从 2000 年起艺之林广告公司就与梅州市区梅江二路 82 号大楼的业主五交化公司订立了《租用广告场地合约书》，在该楼楼顶安装广告牌，该事实有《租用广告场地合约书》、原五交化公司经理古秉强出具的证明。二、艺之林广告公司所安装的广告牌均经过有关主管部门审批，并每年按时交纳管理费。三、艺之林广告公司与五交化公司在平等自愿的基础上订立《租用广告场地合约书》，合法有效，受法律保护。侯利敏取得梅州市区梅江二路 82 号 706 房的产权是在 2003 年，而该幢楼房从 1994 年建成后即设置有广告牌，故侯利敏买房时就应当知道该幢楼房顶楼挂有广告牌。四、侯利敏认为安装的广告牌造成楼面松动和楼面漏水，与事实不符，也未能提供相关证据证实。即使该楼面有上述状况，侯利敏也没有证据证实这与设置的广告牌有因果关系。综上所述，请求依法驳回侯利敏的诉讼请求。

五交化公司辩称：本公司大楼（原天虹商场）坐落在梅州市区梅江二路 82 号，于 1994 年建成后，一直以合法权益租赁给广告公司。大楼构造由商场的店宇和住房组成，一、二层为商场的店宇，三至七层为住房（职工集资房）。按当时大楼建成后产权和管理权属本公司所有（职工集资房除外）。

【审判】

梅州市梅江区人民法院一审认为：梅州市区梅江二路 82 号大楼系五交化公司的集资房，其中一、二层为店宇，三至七层为住房（职工集资房）。侯利敏于 2003 年 5 月 14 日向五交化公司购买了该大楼 706 房。艺之林广告公司于 2002 年 3 月 28 日与梅州市区梅江二路 82 号权属人五交化公司续订了《租用广告场地合约书》，租用该大楼顶层楼面全部竖立广告牌，租用期从 2002 年 3 月 28 日起至 2032 年 3 月 27 日止，并依法向梅州市工商行政管理局梅江分局、梅州市规划城建局办理了相关设置广告的手续。艺之林广告公司设置广告牌的行为合法。侯利敏认为艺之林广告公司在大楼楼顶设置广告牌，造成楼顶混乱，甚至在刮台风时，会有掀掉天面的可能，但对艺之林广告公司在楼顶设置广告牌的行为给侯利敏造成妨害，侯利敏未能提供相关证据证实。现该广告牌没有松动和可能脱落的现象，同时侯利敏在取得该房产权时就知道或应当知道该广告牌存在。根据最高人民法院《关于民事诉讼证据的若干规定》的有关规定，当事人对自己提出的诉讼请求所依据的事实有责任提供证据加以证明，没有证据或证据不足以证明当事人的事实主张的，由负有举证责任的当事人承担不利后果。因此，侯利敏请求艺之林广告公司拆除广告牌，排除妨害，恢复原状，证据不足，不予支持。五交化公司经本院合法传唤，无正当理由未到庭参加诉讼，依法缺席判决。据此，依照《中华人民共和国民事诉讼法》第六十四条、第一百三十条，最高人民法院《关于民事诉讼证据的若干规定》第二条之规定，判决如下：驳回侯利敏的诉讼请求。

宣判后，侯利敏不服，向梅州市中级人民法院提起上诉称：一、原审法院认定产权归属，驳回侯利敏诉讼请求错误。理由：（一）侯利敏所购梅江二路 82 号 706 房是 1995 年交付使用，1996 年交清办证费登记，2003 年领取粤房地证字第 C0242677 号“房地产权证”。（二）原审法院追加的五交化公司，该公司早已解散，艺之林广告公司称梅江二路 82 号第七层全部产权属五交化公司拥有，庭审中从未出示产权证原件，艺之林广告公司与五交化公司所签《租用广告场地合约书》是无效合同。二、艺之林广告公司未经侯利敏同意在房屋楼面乱钻孔安装巨型广告牌（长 27 米，高 8 米，面积216 平方米），钻孔直接损害房屋，存在诸多安全隐患（有照片作证），严重侵害侯利敏的合法财产。请求：撤销原判，判令艺之林广告公司拆除广告牌，排除安全隐患，并由艺之林广告公司承担本案诉讼费用。

艺之林广告公司未作书面答辩。

梅州市中级人民法院二审认为：根据《中华人民共和国物权法》第七十三条规定，建筑区划内的道路、绿地及其他公共场所、公用设施、物业服务用房等，属于业主共有。楼房的顶端，以其自然物理属性和功能用途来看，属于该楼房的全体业主共有，对共有部分如何使用和处分，应由全体业主决定。梅州市区梅江二路 82 号大楼原系五交化公司集资建造，大楼建成后不久，五交化公司转让了一、二层店宇的产权，三至七层集资套房的产权也登记在各住户的产权人名下。因此，至 2002 年间，五交化公司已不是梅州市区梅江二路 82 号大楼的产权共有人，其无权对外订立合同出租 82 号大楼天面使用权，其与艺之林广告公司于 2002 年 3 月 28 日签订的《租用广告场地合约书》侵害了包括侯利敏在内的梅江二路 82 号大楼的全体产权共有人的利益，侯利敏是梅江二路 82 号大楼的产权人之一，拥有该栋房屋天面的共同使用权，且其房屋位于大楼顶层，广告牌对其影响最直接。艺之林广告公司未经侯利敏等大楼房屋所有权人同意，在该房屋天面安装大型广告牌侵害了侯利敏的权利，侯利敏要求梅州市艺之林广告公司拆除在楼顶设置的广告牌，恢复原状理由正当，应予支持。原审认定侯利敏于 2003 年 5 月 14 日向五交化公司购买了该大楼 706 房错误，同时原审以艺之林广告公司设置广告牌办理了相关行政手续，侯利敏未能提供证据证明广告牌对其房屋有侵害和在取得该房产权时就知道或应当知道该广告牌存在为由，驳回侯利敏的诉讼请求不当，予以纠正。依照《中华人民共和国民事诉讼法》第一百五十三条第一款第（三）项，《中华人民共和国民法通则》第一百一十七条和第一百三十四条第（一）、（二）、（五）项，《中华人民共和国物权法》第三十二条、第三十五条、第三十七条、第七十条、第七十三条之规定，作出判决：一、撤销梅州市梅江区人民法院［2008］梅区民初字第 156 号民事判决。二、艺之林广告公司在判决生效后60 日内自行拆除位于梅州市区梅江二路 82 号 706 房楼顶的广告牌（该广告牌长 27 米，高 8 米，面积为 216 平方米），排除妨碍，恢复原状。

【评析】

《中华人民共和国物权法》调整的是因物的归属和利用而产生的民事关系。这里的物包括不动产和动产，物权指的是权利人对特定的物享有的直接支配和排他性的权利。本案中梅州市艺之林广告有限公司在梅州市区梅江二路 82 号 706 房楼顶设置广告牌的行为是否侵害侯利敏权益的纠纷，吻合物权法所指向的适用要素，因此该案应适用《中华人民共和国物权法》。从物权保护的角度，应明确梅州市区梅江二路 82 号 706 房楼顶所有权和使用权的归属。

一、物权所有权归属

《物权法》第七十条规定：业主对建筑物内的住宅、经营性用房等专有部分享受所有权，对专有部分以外的共有部分享有共有和共同管理的权利。什么是专有部分以外的共有部分？《物权法》第七十三条规定：建筑区划内的道路，属于业主共有，但属于城镇公共道路的除外。建筑区划内的绿地，属于业主共有，但属于城镇公共绿地或者明示属于个人的除外。建筑区划内的其他公共场所、公用设施和物业服务用房，属于业主共有。

本案梅州市区梅江二路 82 号 706 房的楼顶，是该大楼的公共部分，从立法原意和楼顶的自然属性、功能用途两方面来看，应该是属于其他公共场所的范畴，是该大楼全体业主的共有物业，应该由业主共同享有所有权。该大楼由五交化公司于 1994 年集资建造，大楼建成后不久，五交化公司转让了一、二层店宇的产权，三至七层集资套房的产权也登记在各住户的产权人名下。侯利敏所购的 706 房于 1995 年 1 月 20 日交付房款 33 320 元后交付使用，1996 年交清办证费用 2 000 元，2003 年领取粤房地证字第 C0242677 号“房地产权证”，该房地产权证上已注明土地来源为出让。侯利敏作为该大楼 706 房的所有人依法既是该房专有所有权人，亦是该大楼共有部分的共有所有权人，和其他业主共同享有大楼楼顶的所有权。

二、物权使用权归属

业主共有权不是传统民法上单一的所有权形式，而是一种特殊的所有权，即建筑物区分所有权，因此，业主不能单独对共有部分进行占有、使用、收益与处分，必须按照建筑物区分所有权的规则来行使基于共有产生的权利。针对本案来说，梅州市区梅江二路 82 号 706 房的楼顶，所有权属于该大楼的全体业主，使用权相应地也属于全体业主共同所有，因此，如何使用和处分楼顶应由全体业主决定，即共有部分专有使用权必须由全体区分所有人共同约定产生，如允许个人或单位在楼顶设置广告牌等。梅州市区梅江二路 82 号 706 房楼顶的使用和处分，应由该大楼全体业主决定。五交化公司已不是梅州市区梅江二路 82 号大楼的产权共有人，因此其无权对外订立合同出租 82 号大楼天面使用权，也即其与艺之林广告公司于 2002 年 3 月 28 日签订的《租用广告场地合约书》侵害了包括侯利敏在内的梅江二路 82 号大楼全体产权共有人的利益。

在法律上，妨害有两种含义：一是尚未实际发生的但将来必然会发生的妨害，又称“危险”；二是现实的妨害。侯利敏根据现实的妨害请求艺之林广告公司排除妨害，也即物权保护请求权。在审判实践中，权利人请求排除妨害，不需要证明相对人具有过错，只需要证明其享有物权的特定物被他人妨害或遭受危险即可。艺之林广告公司在梅州市区梅江二路 82 号大楼顶层设置的两块广告牌，其中位于侯利敏 706 房上方的广告牌长 27 米，高 8 米，面积 216 平方米，存在的危险是可以合理预见的，该广告牌对侯利敏的影响也是最直接的。况且该广告牌的危险和妨害可能随时发生并处于持续存在的状态，因此，侯利敏有随时请求消除或排除的权利，该物权请求权不受一般的民事诉讼时效的限制。

《中华人民共和国物权法》颁布实施后，以法律的形式明确建筑区划内公共空间的权利归属，突出业主权益的保护，限制他人擅自处理和改变公共区域用途的行为，从而实现社会公共利益最大化，平衡各方权利主体的合理利益。艺之林广告公司在梅州市区梅江二路82号大楼楼顶设置广告牌的行为，虽然办理了相关的行政手续，但未经侯利敏等大楼房屋所有权人同意，侵害了侯利敏的权利。因此，侯利敏要求判令艺之林广告公司拆除在楼顶设置的广告牌，恢复原状，理由正当，应予支持。一审法院以侯利敏不能提供相关证据证实艺之林广告公司在楼顶设置广告牌的行为给其造成妨害，应承担不利后果，及侯利敏在取得该房产权时就知道或应当知道该广告牌存在为由，判决驳回其诉讼请求不当。二审法院适用《中华人民共和国物权法》审理此案，判决撤销一审法院民事判决，艺之林广告公司在判决生效后60日内自行拆除位于梅州市区梅江二路82号706房楼顶的广告牌，排除妨碍，恢复原状，符合《中华人民共和国物权法》的立法原意，保护了业主的合法权益。

一审合议庭成员：张新锐　卓慧萍　陈晓军

二审合议庭成员：余银芳　陈伟浩　黄洪远

作者单位：梅州市中级人民法院

房屋交付后办理权属转移登记的时效问题

——深圳发展银行与深圳市国泰联合广场投资有限公司商品房买卖合同纠纷案

佘琼圣

【问题提示】

房屋买卖中，出卖人已交付房屋，买受人请求办理权属转移登记是否适用诉讼时效的规定？买受人已经付清房款，能否确认买受人享有房屋所有权？

【要点提示】

出卖人已交付房屋，买受人请求办理权属转移登记不适用诉讼时效的规定。即使买受人已经付清房款且占有房屋，也不能确认买受人享有房屋所有权。

【案例索引】

一审：广东省深圳市中级人民法院［2006］深中法民五初字第204号民事判决

二审：广东省高级人民法院［2007］粤高法民一终字第278号民事判决

【案情】

上诉人（原审原告）：深圳发展银行股份有限公司（以下简称深圳发展银行）。

被上诉人（原审被告）：深圳市国泰联合广场投资有限公司（以下简称国泰公司）。

深圳发展银行与国泰公司于1997年11月4日签订了两份《深圳市房地产买卖合同》。合同约定，国泰公司向深圳发展银行出售“深圳联合广场”A幢第一层1~2号和A幢第六层608、609、610号房屋，两份合同约定的房屋建筑面积分别为1 283.51平方米和598.97平方米，房价总金额为30 525 104元，交房时间为1997年12月31日。两份合同均约定了逾期交付房屋的违约金。两份合同第十四条均约定：“甲方（国泰公司）应在乙方（深圳发展银行）实际接收房地产的90天内书面通知乙方（深圳发展银行）共同向深圳市房地产登记机关申请房地产转移登记。房地产权转移后，乙方（深圳发展银行）依法享受占有、使用、受益、处分的权益。”两份合同均约定了逾期办理房地产权证的违约金。

合同签订后，深圳发展银行按约定向国泰公司支付全部购房款。国泰公司于1998年9月25日取得“建设工程竣工验收证书”，1998年8月20日向深圳发展银行交付涉案房屋。涉案房屋至今未转移登记到深圳发展银行名下。涉案房屋所在宗地欠缴地价款146 424 005元。

深圳发展银行向深圳市中级人民法院提起诉讼，请求：一、确认双方签订的《深圳市房地产买卖合同》有效；二、判令“深圳联合广场”A 幢第一层 1 ~ 2 号和 A 幢第六层 608、609、610 号房屋归深圳发展银行所有；三、判令国泰公司继续履行办理涉案房地产权属登记的义务，并在本案判决生效之日起三十日内为深圳发展银行办妥上述涉案房地产证；四、判令国泰公司向深圳发展银行支付逾期办证的违约金，违约金按照涉案房地产所在地的市值租金计算，从 2004 年 10 月 12 日起至核发涉案房地产证之日止，从 2004 年 10 月 12 日起至 2006 年 10 月 12 日止暂计违约金人民币 5 238 003 元。

【审判】

深圳市中级人民法院经审理认为：两份合同均为有效合同。合同第十四条的约定表明申请房地产转移登记是双方当事人的共同义务，并不是国泰公司的单方义务，故深圳发展银行请求国泰公司在本案判决生效之日起三十日内为其办妥涉案房地产证理由不成立，不应支持。在涉案房地产产权转移前，深圳发展银行请求确认涉案房地产属其所有，理由不成立，亦不应支持。涉案房地产至今未转移登记到深圳发展银行名下，其原因主要是国泰公司欠缴涉案房地产所在的宗地地价款。因此深圳发展银行不能按本合同预期的时间领取房地产证的责任在国泰公司，国泰公司应按合同第十五条的约定承担违约责任。综上，一审法院判决：一、深圳发展银行与国泰公司签订的两份《深圳市房地产买卖合同》均有效。二、国泰公司向深圳发展银行支付从 2004 年 10 月 12 日起至 2006 年 10 月 12 日止的逾期办证违约金人民币 5 238 003 元，并应继续支付逾期办证违约金至核发涉案房地产证之日止。三、驳回深圳发展银行的其他诉讼请求。

上诉人深圳发展银行不服一审判决，提起上诉，请求判令国泰公司履行办理涉案房地产权属登记的手续，确认涉案房产归其所有。

被上诉人国泰公司答辩认为，涉案房产 1998 年就交付上诉人使用至今，期间上诉人一直未提出办理房产证的请求，其请求已经超过诉讼时效。

广东省高级人民法院二审认为：商品房买卖合同中，卖方的主要义务就是向买方转移房屋的所有权，买方仅负有向登记机关申请和提交相关文件的协助义务。本案房屋尚未办理权属转移登记的原因，是国泰公司拖欠地价款，致使房屋不能办理初始权属登记，根本不具备办理权属转移登记的条件。国泰公司显属违约。在国泰公司已经将房屋交付给深圳发展银行，深圳发展银行已实现对房屋的合法占有的情况下，深圳发展银行请求国泰公司为其办理权属转移登记手续不适用诉讼时效的规定。深圳发展银行上诉请求国泰公司继续履行合同，为其办理权属转移登记手续应予支持。深圳发展银行签订买卖合同取得的权利是请求卖方将所有权转移给自己的债权，并非标的物的所有权，其取得所有权有赖于国泰公司最终履行合同即办理权属转移登记。其请求确认涉案房产归其所有没有法律依据，予以驳回。综上，二审法院判决：一、维持一审判决第一项、第二项。二、国泰公司在判决发生法律效力之日起三十日内为深圳发展银行办理“深圳联合广场”A 幢第一层 1 ~ 2 号和 A 幢第六层 608、609、610 号房屋的房地产权属转移登记手续。三、驳回深圳发展银行的其他上诉请求。

【评析】

本案争议的主要问题有二：一是房屋交付后，买受人请求出卖人为其办理权属转移登记是否适用诉讼时效的规定；二是买受人已经付清房款，能否确认房屋归买受人所有。

一、房屋交付后，买受人请求出卖人为其办理权属转移登记不适用诉讼时效的规定

诉讼时效，是权利人在一定期限内不行使权利，即导致其权利效力减弱的一项法律制度。诉讼时效适用于请求权。根据最高人民法院《关于审理民事案件适用诉讼时效制度若干问题的规定》第三条的规定，除了支付存款本金及利息请求权、兑付国债、金融债券以及向不特定对象发行的企业债券本息请求权和基于投资关系产生的缴付出资请求权外，债权请求权适用诉讼时效的规定。对于物权请求权是否适用诉讼时效的问题，由于理论界和司法实务界对该问题争论较大，故司法解释未予规定。[①]

在房屋买卖合同中，当事人会约定交付房屋和办理权属转移登记的时间。交房期限届满后，买受人可以根据合同约定请求出卖人交付房屋。该项请求权属于典型的债权请求权，应当适用诉讼时效的规定，没有争议。房屋交付后，买受人请求出卖人办理权属转移登记，该项请求权具有物权性质，而且不适用诉讼时效不会导致社会经济秩序的紊乱，故不适用诉讼时效的规定。

1. 交付房屋的法律意义及交付后请求办理登记的权利性质

交付动产的法律意义。占有和交付是动产物权的公示方法。根据《物权法》第二十三条的规定，动产物权的转让自交付时生效。从合同法的角度考察，交付是买卖合同的当事人履行合同的行为；从物权法的角度考察，交付是买卖合同的当事人之间转移标的物所有权的行为。有观点认为，交付是履行合同的事实行为，发生物权变动是债权行为直接发生的效力，[②] 当事人之间不存在发生债权变动之外的独立的物权意思表示。这一观点是不符合事实的。如果交付只是事实行为，那么两个无行为能力的人之间进行的交付能产生物权变动的效果吗？答案显然是否定的。无法想象，一个买卖合同的当事人死后，其无行为能力的继承人将如何履行合同。租赁合同、借用合同、运输合同、仓储合同、质押合同等合同关系的当事人与买卖合同关系的当事人一样，都要转移物的占有即交付，但在不同的合同关系中，当事人之间进行交付时内心的意思是不同的，表达的意思也是不同的，其相应的法律效果也是不同的。这就证明了当事人在交付时是有独立的意思表示存在的。在买卖关系中，推动物权发生变动的正是当事人进行交付时的意思表示。如果没有这一意思表示，交易就只能停留在合同签订阶段。我们也无法解释，为什么有的合同能够得到履行，有的合同在事实上和法律上均没有履行障碍，却不能得到履行。我们可以看到，出卖人拒绝履行合同，实际上就是缺乏转移标的物所有权的内心真意。如果出卖人具备这种真意并且通过客观能够认识的外在行为——交付，将这一意思表示出来，买受人通过客观能够认识的外在行为——接受交付，将其接受所有权的意思表示出来，就构成发生物权变动的合意。所以说，交付是动产买卖关系中当事人转移物之所有权的法律行为。

和动产交付一样，交付房屋也是当事人转移房屋所有权的合意的表现形式。只是因为物权具有排他的效力，为了保护交易安全，法律强行规定物权的变动的意思表示必须以第

---

① 最高人民法院民二庭负责人就《关于审理民事案件适用诉讼时效制度若干问题的规定》答本报记者问．人民法院报，2008－09－01

② 梁慧星．民法总论（第三版）．北京：法律出版社，2007. 165

三人能够客观认识的法定方式即物权法规定的物权公示方式进行，否则不产生法律效力。所以，当事人要完成房屋的所有权转移，还应当完成公示——办理登记手续，才能最终产生所有权变动的效果。当事人之间发生物权变动的合意既体现在交付房屋的行为之中，也体现在共同向登记机关申请权属转移登记的行为之中。事实上，房屋的交付和动产的交付一样，同样具有为第三人所客观认识的效果，产生公示的效力。有学者认为，承认不动产交付具有权利公示效力的立法，间接地包含在《物权法》第一百四十二条的“但书”条款之中。《物权法》第一百四十二条首先规定，地上建筑物、构筑物及其附属设施的所有权归属于建设用地使用权人；而“但书”指出，如果建筑物、构筑物的占有人有相反证据证明自己的权利时，这些建筑物、构筑物可以不归属于建设用地使用权人。[①] 最高人民法院《关于审理建筑物区分所有权纠纷案件具体应用法律若干问题的解释》第一条第二款规定：“基于与建设单位之间的商品房买卖民事法律行为，已经合法占有建筑物专有部分，尚未依法办理所有权登记的人，可以认定为物权法第六章所称的业主。”该条司法解释直接确认了不动产交付的公示效力。交付房屋是转移房屋所有权的组成部分。当事人之间交付房屋时转移所有权的合意应当受到保护，产生一定的物权效力。这一效力至少体现为：第一，对抗出卖人的效力。出卖人不得以房屋尚未办理权属转移登记，其仍然享有所有权为由请求返还房屋或将房屋设立抵押等任何形式的处分。第二，对抗恶意第三人的效力。在买受人占有房屋至权属转移登记完成的这段时间内，第三人明知这种情形而与出卖人实施抵押、买卖等行为，买受人的占有可以排斥恶意第三人取得抵押权、所有权等物权。买受人基于双方转移所有权的合意占有房屋后，请求出卖人办理权属转移登记的手续，此种请求权具有合同依据但已不同于一般的合同债权，具有一定的物权性质，是为了将以取得所有权为目的的合法占有递进为完满的所有权。将此种请求权排斥在诉讼时效之外，有其权利性质内在的根据。

2. *此种请求权不罹于诉讼时效符合该制度的目的*

一般认为，时效制度的功能，一是稳定法律秩序，避免权利人时过多年主张权利，推翻长期存在的事实状态，并推翻多年来基于此事实状态而形成的各种法律关系；二是作为证据之代用，凡时效期间届满，即认定不行使权利的权利人权利丧失，避免当事人举证及法庭调查证明的困难；三是促使权利人行使权利，促进财产的流转和社会财富的增加。[②] 上述时效制度的功能是客观存在的。适用诉讼时效的后果，是产生对方当事人的抗辩权[③]，从而减损权利人的权利。笔者认为，根据现代民商法的基本原则，只有出于保护公共利益的需要，才能剥夺民事主体的权益。所以，诉讼时效制度的正当性依据只有一条，就是保护公共利益，即维护社会秩序的稳定。一项请求权长期不行使，会使第三人对义务人的财产状况产生错误的认识和信赖，从而与之进行交易。如果允许权利人行使长期睡眠的权利，将产生一系列法律关系的紊乱，导致第三人的信赖利益落空。这种交易中不特定的第三人利益是整个交易秩序的化身，属于公共利益。法律为保护公共利益而选择牺牲权利人的利益，具有正当性。因此，一项请求权是否应罹于诉讼时效，就要看该权利长期休

---

① 孙宪忠. 中国物权法总论（第二版）. 北京：法律出版社，2009. 278

② 梁慧星. 民法总论（第三版）. 北京：法律出版社，2007. 238

③ 参见最高人民法院《关于审理民事案件适用诉讼时效制度若干问题的规定》第一条。

眠后再行使是否会损害第三人利益。

如上所述，登记是不动产的公示方法，立法和司法解释同时也承认不动产交付占有的公示效力。从交付房屋至买受人请求办理登记前，房屋的登记状况有两种，一是房屋尚未办理初始登记，二是登记在出卖人名下（如果房屋尚登记在第三人名下，交付占有的合法性存在问题，而且按现行立法和司法实践，合同的效力也存在问题，故不在本文讨论之列）。在第一种情况下，房屋由买受人占有，也未登记在出卖人名下，第三人不会误认为该房屋是出卖人的财产从而对出卖人的财产状况产生误解。此种情况下，买受人请求出卖人办理登记不会损害第三人的利益，不适用诉讼时效的规定。实践中此种情况居多。在第二种情况下，第三人会对出卖人的财产状况产生误解，也有第三人会基于买受人对房屋的长期占有使用而产生对其财产状况的信赖。此种情况下，从保护第三人利益的角度，无法得出买受人办理登记的请求权应当适用诉讼时效的结论。相反，买受人已经实现了对房屋的合法占有，并持续了一定时间（在涉及诉讼时效问题的情况下一般都在两年以上），在尊重买受人已经实现的利益的基础上，将其对房屋的合法占有通过办理权属转移登记递进为具有完全排他性的圆满的所有权既有合同依据，符合当事人交付房屋时的意思，又有利于维护现有社会秩序的稳定。

3. 此种请求权罹于诉讼时效社会效果不好

如果此种请求权适用诉讼时效，弊端十分明显。弊端之一，导致已经基本履行完毕的房屋买卖合同无法继续履行下去，与法律鼓励交易的制度目的相悖。弊端之二，如果买受人在已经付完房款而又无法取得房屋完整的所有权的情况下，选择解除合同取回房款，当事人和法院处理这种纠纷都会十分困难。因为买受人已经占有使用房屋较长时间，其对房屋一般都会进行大量的添附，卖方应如何补偿会有分歧；买方占用期间房屋的折旧、占用的费用应如何补偿，如果房屋升值、贬值又应如何处理等，都是十分难以解决的问题。当事人和法院都会陷于这一法律制度的陷阱之中，不胜其烦，解决纠纷的成本甚高。弊端之三，如果买受人不选择解除合同而保持现状，将导致大量房屋权利的事实状态（占有）与法律状态（登记）脱节，不利于不动产登记制度的有效运转，徒增大量的权利纷争。而且买受人也无法再将该房屋付诸市场交易，不利于社会财富的流通和增长。弊端之四，未能办理权属转移登记的责任在卖方，赋予其时效利益损害买受人利益，特别是在不动产价格不断上升的背景下，会引发出卖人违约。弊端之五，普通民众对不动产登记的认识一般仅限于权利推定的效力，很难认识到其在物权变动中的法律意义。而且登记困难的原因往往是登记机关制度不健全、效率不高造成的，改善这种状况还有待时日。将此种请求权罹于时效，普通民众从感情上很难接受，对买受人也不公平。

二、即使买受人已经付清房款且占有房屋，也不能确认其享有所有权

房屋买卖合同纠纷中，买受人常常以其已经付清房款为由，请求确认其对房屋享有所有权。这个问题涉及物权法中的区分原则。所谓区分原则，指在依据法律行为发生物权变动时，将以发生物权变动为目的而发生的债权变动和物权变动本身作为两个法律事实处理的原则，它们的成立生效依据不同的法律根据。[1]《物权法》确立了这一原则。[2]《物权法》确立的区分原则纠正了以往立法中的缺陷和司法实践中的混乱。[3] 在房屋买卖中，签订买卖合同和转移房屋所有权是两个不同的法律事实，这两个法律事实各有其成立生效的依据。买卖合同的成立生效不直接引起所有权的转移，即使买受人已经履行其全部合同义务。反过来，所有权是否转移也不影响买卖合同的成立生效。所有权的转移有赖于登记这一法律事实的支持和满足。所以，法院只能判令当事人完成合同约定和法律规定的这一行为，而不是直接确认这一行为所产生的所有权转移的结果。在买卖合同纠纷中以司法裁判直接确认买受人对标的物享有所有权，违反了《物权法》确定的区分原则。而且，将当事人在合同履行完毕或者司法裁判执行完毕后才能取得的所有权以司法裁判的形式直接确认，可能导致当事人获得的所有权名不符实或者客观上根本不可能取得。本案中，国泰公司尚未缴清地价款，只有先缴清地价款，将权属转移登记在深圳发展银行名下，深圳发展银行才能取得完整的所有权。即使直接判决确认深圳发展银行享有所有权，也不能改变涉案房屋欠缴地价款的事实，这种所有权也是有瑕疵的。按照登记制度，只有缴清地价款才能办理房屋所有权登记。但登记机关为了执行法院的确权判决，不得不无条件地办理登记。可见，这种判决也会损害登记制度的正常运行。

一审合议庭成员：许保疆　杨潮声　柯云宗

二审合议庭成员：梁　聪　佘琼圣　许东平

作者单位：广东省高级人民法院

---

① 孙宪忠. 中国物权法总论（第二版）. 北京：法律出版社，2009. 248

② 详见《物权法》第九、十四、十五、二十三条。

③《担保法》第四十一条规定：以合同设立抵押权时，抵押合同自登记之日起生效。《合同法》第五十一条关于无权处分的规定也是有缺陷的。因为债权合同只产生债权，根本不涉及物权变动的问题。所以签订合同时不必以享有物权为前提，而只要在发生物体变动时享有物权即可。司法实践中还一度将未办理过户登记的房屋买卖合同认定为无效合同，引起交易秩序的混乱。

劳动关系、雇佣关系与承揽关系的界定及公平原则的适用

——胡湘雄诉大亚湾广宝实业有限公司人身损害赔偿案

谢学炎

【问题提示】

在承揽合同中对发包方如何适用公平原则?

【要点提示】

承揽工程方施工过程中受伤不应按照劳动关系由发包方承担赔偿责任,在双方当事人均无过错的情况下,应按照公平原则,由受益方(发包方)适当承担责任。

【案例索引】

一审:广东省惠州市大亚湾经济技术开发区人民法院[2007]惠湾法民一初字第42号民事判决

二审:广东省惠州市中级人民法院[2007]惠中法民一终字第764号民事判决

【案情】

上诉人(原审原告):胡湘雄。

被上诉人(原审被告):大亚湾广宝实业有限公司(以下简称广宝公司)。

2004年9月20日,胡湘宝、夏志华与胡湘雄三人签订了一份《共同工作协议》,该协议约定:广宝公司华南国际建材(家电)批发市场有一段供电线路需要整改,工程由三人共同去做,工资按工程量、工作日来计算;线路整改工作由广宝公司工程部肖立平指挥监工,一切听从肖立平安排;整改合同由胡湘宝代表三人签订,工程如有质量问题,广宝公司要求返工时,由三人共同返工做到广宝公司满意为止。胡湘宝与胡湘雄均持有电工证。同年9月22日,广宝公司作为甲方与胡湘宝为代表的乙方签订了一份《华南国际建材家电批发市场施工供电线路整改承包协议书》(以下简称《线改协议》),协议约定:本工程实行包工、包时间、包质量、包安全施工方式;甲方应按导线地面投影长度2.6元/米(含税)计价付给乙方人工工资;工程完工验收后达到甲方要求时,乙方凭税务发票到甲方支取其款项;乙方必须在2004年9月28日前按质完成此工程全部内容等。当事人双方均向法庭提供了“建设(筑)工程量验收单”、“费用报销单”。“建设(筑)工程量验收单”施工方代表签字栏上签有夏志华、胡湘宝的名字,“费用报销单”领款人处签有胡湘宝的名字。广宝公司与胡湘雄并未签订劳动合同。广宝公司支付给胡湘雄等三人的报

酬不是按月支付，亦没有确定底薪。胡湘雄在工作中使用的维修工具系自带，广宝公司并未为其提供劳动工具和劳动保护用品。在整改供电线路期间，广宝公司规定胡湘雄三人每天早上8点到工地，离开工地不必向广宝公司请假，广宝公司也没有考勤方面的规定。

2004年9月30日上午，广宝公司职员肖立平监督胡湘宝、夏志华、胡湘雄三人校正一根电线杆上的横担时，发现该电线杆上有一黄蜂窝，肖立平即带领三人将黄蜂窝打掉。稍后，在夏志华协助下，未采取安全措施的胡湘雄自行爬上电线杆，在进行校正作业时，胡湘雄因右手被黄蜂蜇刺而摔下受伤。后即被送往大亚湾西区医院，后又转至惠阳第一人民医院治疗。由于广宝公司不愿承担胡湘雄的医疗费等费用，2005年11月11日，胡湘雄向惠州大亚湾经济技术开发区劳动争议仲裁委员会申请仲裁，请求确认广宝公司与其存在事实劳动关系。2006年1月8日，该仲裁委员会作出惠湾劳仲［2005］39号仲裁裁决：确认双方事实劳动关系存在，并由广宝公司承担胡湘雄用工主体责任。广宝公司不服该裁决，向惠州市大亚湾区人民法院提出起诉，要求确认其与胡湘雄不存在劳动关系。2006年6月，大亚湾区人民法院一审作出［2006］惠湾法民一初字第46号民事判决，确认双方之间不存在劳动关系。胡湘雄不服该判决，上诉至惠州市中级人民法院。同年10月，惠州市中级人民法院经审理认为，本案的一系列事实表明，广宝公司与胡湘雄之间不是劳动关系，胡湘雄称双方签订的《线改协议》是违法无效合同，其效力问题并不影响胡湘雄与广宝公司之间存在的承包关系，胡湘雄上诉要求确认其与广宝公司之间存在劳动关系的理由不足，不予支持。判决驳回上诉，维持原判。

2007年3月22日，对胡湘雄的伤情，邵阳市中兴司法鉴定所作出［2007］临鉴字第113号《司法鉴定书》：被鉴定人胡湘雄所受损伤评定为五级伤残。胡湘雄主张其与广宝公司之间存在劳动关系的上诉被驳回后，转而以人身损害赔偿纠纷向大亚湾区人民法院提起诉讼，请求法院判令广宝公司支付其伤残赔偿费、医疗费、护理费、精神损害赔偿等共计456 225元。

【审判】

大亚湾区人民法院一审认为，胡湘雄与广宝公司之间不存在劳动关系，而存在供电线路整改承包关系或承揽关系，已被［2006］惠中法民一终字第798号民事判决所确定，因此，本案不适用劳动关系方面的法律、法规，亦不适用雇佣关系的处理规定。胡湘雄主张广宝公司对上述损害后果承担侵权责任，但胡湘雄在承揽该供电线路整改中摔成伤残，系其遭遇黄蜂叮咬摔下所致的直接结果，双方当事人均无过错。本案的损害结果并非广宝公司侵权所致，因而不能以侵权为事由判令广宝公司给予赔偿。定作方广宝公司有将黄蜂窝移走，为承揽方提供安全的工作场所的协助附随义务，广宝公司员工肖立平在监督施工中带领胡湘雄等人打掉黄蜂窝，与胡湘雄遭遇黄蜂报复叮咬摔伤存在客观事实与结果的联系。《中华人民共和国民法通则》第一百三十二条规定："当事人对造成损害都没有过错的，可以根据实际情况，由当事人分担民事责任。"最高人民法院《关于贯彻执行〈中华人民共和国民法通则〉若干问题的意见（试行）》第一百五十七条规定："当事人对造成损害均无过错，但一方是在为对方的利益或者共同的利益进行活动的过程中受损害的，可以责令对方或者受益人给予一定的经济补偿。"本案中，广宝公司为该供电线路的所有人和受益人，根据胡湘雄一家的经济状况，贯彻民法的公平原则，依据上述法律规定，判决广宝公司酌情补偿胡湘雄10万元。

广宝公司不服一审判决，向惠州市中级人民法院提出上诉。

惠州市中级人民法院经审理认为，双方当事人之间的关系已由该院另案判决所确定，即双方不存在劳动关系，而是供电线路整改承包关系或承揽关系，故对本案的处理不适用劳动法律、法规和雇佣关系相关规定，原审判决对此认定正确。本案焦点是对胡湘雄损害后果广宝公司是否有过错、是否承担责任。胡湘雄在承揽供电线路整改中遭遇黄蜂叮咬摔成伤残，与广宝公司并没有直接的关系，其从电线杆摔下是黄蜂叮咬引起的，双方当事人对此均无过错。但胡湘雄是为广宝公司利益进行电线杆校正，正为其工作的过程中受到损害，广宝公司应给予一定的经济补偿，广宝公司作为该供电线路的所有人和受益人，原审判决广宝公司酌情补偿胡湘雄10万元是合理、公平的，应予维持。遂依法判决驳回上诉，维持原判。

【评析】

有关本案的处理，有以下几种不同意见：

第一种观点认为，广宝公司将线路整改交由胡湘雄与另外两人共同完成，而在工作期间他们受广宝公司职员的监督、指挥和安排，并且还规定了他们的工作时段，广宝公司与胡湘雄是管理与被管理的关系，在劳动当中双方具有从属性。双方虽没有正式签订劳动合同，却已形成了事实上的劳动关系，广宝公司作为用工主体，应当承担劳动者工伤保险责任，胡湘雄所受人身损害应由广宝公司承担责任。另外，胡湘雄所受损害是发生于工程建设领域，广宝公司将线路整改工程发包给不具备资质的胡湘雄等人进行施工，根据广东省工伤保险条例及劳动和社会保障部的相关规定，广宝公司同样亦应承担用工主体责任，赔偿胡湘雄施工过程中所受损害。

第二种观点认为，广宝公司将其线路整改工程发包给胡湘宝进行施工，胡湘宝为完成工作又招用了胡湘雄与另一人，这三人所签订的《共同工作协议》，实即胡湘宝为招用另两人所立雇佣合同，只不过因其三人具有亲属关系，而将三人之间的关系确定为共同合作关系而已。而胡湘宝并不具备线路施工资质，胡湘雄因缺少安全生产条件的保障致受伤，根据最高人民法院《关于人身损害赔偿的司法解释》有关规定，作为发包人的广宝公司应当与作为雇主的胡湘宝承担连带赔偿责任。另外，胡湘雄在施工过程中受广宝公司员工的指挥和监督，两者具有从属关系。而广宝公司的主营业是房地产开发经营业务，显然胡湘雄等人的工作并非广宝公司经营的环节，胡湘雄应当是广宝公司所雇用的临时性工人，因此，即便广宝公司具有用工主体资格，两者的关系也应当是雇佣的法律关系，广宝公司应当承担胡湘雄人身损害的雇主责任。

第三种观点认为，胡湘雄三人与广宝公司订立《线改协议》，确定以包工、包时、包质、包安全的方式完成工作，工作过程中胡湘雄并无义务遵守广宝公司的劳动制度，广宝公司也未为胡湘雄提供劳动工具及劳保用品，胡湘雄是自带工具、以自己的名义、自主为广宝公司方完成线路整改的，虽然广宝公司也有安排员工指挥的情况，但那是对胡湘雄等人的工作质量所进行的监督，双方不存在管理与被管理的隶属关系，而是平等主体间的民事法律关系。胡湘雄等人按照广宝公司要求完成线改工程，线改工程即胡湘雄等人所完成的工作成果，广宝公司则按约定接受该工作成果并支付报酬，双方之间所形成的法律关系是承揽关系，两者所签订的《线改协议》即为承揽合同。根据最高人民法院《关于人身损害赔偿司法解释》的规定，承揽人在完成工作过程中造成自身伤害的，定作人不承担赔偿责任。胡湘雄是在完成线路整改过程中摔伤，因此，作为定作方的广宝公司对此不应当承担赔偿责任。

本文试就劳动法律关系相关问题，结合本案具体情况，对以上三种观点进行分析。

一、本案的法律关系性质如何界定：是劳动关系还是雇佣关系抑或是承揽关系

理论界的通说认为，劳动关系发展于雇佣关系，雇佣关系包含劳动关系，两者核心内容均是一方付出劳务，另一方给付报酬。在许多国家和地区，雇佣关系和劳动关系并无区别，但在我国，由于基本国情和历史传统方面的原因，法律对于二者的调整作出了区分。劳动关系属于劳动法律制度调整的范围，而雇佣关系则属于普通民事法律调整的范畴，两者在国家干预程度和工者工伤保险待遇方面差异不小。劳动法律关系的用工主体必须有合法的劳动用工权，《劳动法》规定的用工主体主要是国家机关、企事业单位及个体经济组织。不具有用工资质的用工主体与劳动者所建立的关系只能是雇佣的法律关系。判断用工主体是否具有劳动用工资质，则要看他们是否经工商部门核准登记注册，若已经核准注册即为合法用工主体。本案中广宝公司已经过工商注册，为合法的用工主体，此即可排除其与胡湘雄之间是雇佣法律关系的可能。

对于劳动法律关系的确定，除了上述用工主体资质条件外，还可以从劳动内容以及主体间的相互关系作出判断。一般而言，用工主体之所以聘用劳动者，完全是出于生产经营也就是工作的需要，因此，劳动者的工作劳动应当是用工主体的生产经营不可或缺的环节，也就是劳动者的劳动是用人单位的生产经营活动的组成部分。用工主体的生产经营耗用的是劳动者的劳动力，即是劳动者根据生产需要付出劳动的过程，用人单位付出报酬所针对的是劳动者的劳动力而非其劳动成果。用工主体招用劳动者后，针对劳动者及其劳动必然会作出一些管理要求，两者之间是管理与被管理的从属关系，不是平等主体间的民事法律关系。本案广宝公司的主营业务是房地产的开发，而胡湘雄等人的工作只是对广宝公司的用电线路整改实行维修，与广宝公司的生产经营活动毫无关系。胡湘雄等人在工作中是自带工具、以自己的名义、自主开展的，并未受到广宝公司的管理制度的约束，两者并无管理与被管理的从属关系。由此可以判定，当事人双方并非劳动法律关系。

目前，大多数建筑企业在承接工程后，为降低成本，往往将工程发包给无资质或挂靠企业资质的个人，个人再招用人员进行施工。而由于这些个人多无力为雇员的劳动安全作出保障，使得雇员因生产事故受伤后求助无门，法律因而在安全生产事故易发领域如工程建设、矿山开采等雇佣关系上引入劳动法的调整。对于前述情形下劳动者在生产过程中所受人身损害，广东省工伤保险条例及劳动和社会保障部确立劳动关系有关事项的通知均规定，由具备用工主体资格的发包方承担用工主体责任。就本案而言，广宝公司将线路整改工程发包给不具施工资质的胡湘雄等人，虽存在非法发包的情况，但广宝公司所发包的工程并非建设工程，因而可排除前述条例及通知的适用情形，并且胡湘雄三人间是共同合作也就是合伙的关系，不存在个人招用胡湘雄施工的情况，同样不适用前述相关规定。

《合同法》第二百五十一条第一款规定，承揽合同是承揽人按照定作人的要求完成工作，交付工作成果，定作人给付报酬的合同，此即为法律对承揽关系所作的界定。本案胡湘雄等人以自己的名义与广宝公司订立协议，广宝公司将线改工程承包给胡湘雄等人完成。胡湘雄等人完成工作广宝公司即付报酬，胡湘雄在施工过程中系自带工具自主进行的，并未受到广宝公司的管理与监束。对照《合同法》该条的规定，很显然两者所形成的法律关系即为承揽关系，由此看来第三种观点的分析更加合理。

对于本案的法律关系，一、二审法院均认为是承包关系，笔者认为承包关系的提法值得商榷。《合同法》中只有在建设工程合同用到承包一词，而对于建设工程合同，学者的分类认为其仍属承揽合同的一种，其中的发包人实为工程定作人、承包人实为工程承揽人。真正采用承包作为专有名词的法律领域是企业的承包经营、农村土地的承包经营，如《农村土地承包法》，承包指的是土地的承包经营使用。可见承包关系并不等同于承揽关系，而是指承包经营关系，实即租用他人物的使用权所形成的租赁关系。因此，本案中承包关系的提法是不够严谨、略欠妥当的。

二、本案的赔偿责任适用公平责任原则处理是否妥当

关于公平责任原则的适用，学者认为一般需要满足以下两个前提：一是当事人无过错，又不能推定其有过错存在的情况；二是不存在法定无过错责任承担的情况。《民法通则》第一百三十二条和最高人民法院《关于贯彻执行〈中华人民共和国民法通则〉若干问题的意见（试行）》第一百五十七条即是对公平责任原则的适用所作出的法律规定。

公平责任原则的设立，旨在使因伤害事件受损害严重的一方得到救济，使因此受到破坏的各方利益恢复适当的平衡，充分发挥济困扶贫、分担损失的社会要求。就本案而言，虽然胡湘雄不采取安全措施与事故的发生有一定的联系，但黄蜂的蜇刺是引发胡湘雄摔落地面的主要原因，而黄蜂的蜇刺又显然属于胡湘雄难以抗拒的意外事件。同时胡湘雄校正电线杆也是为了广宝公司的利益，并且胡湘雄受到的损害比较严重，其作为一劳工者自身无力承担如此严重的损害后果。而广宝公司作为一地产经营商，具有较为强大的经济能力，法官在综合考虑其经济承受能力的基础上，令其承担一定的补偿费用以减轻胡湘雄负担，并没有违反社会公平正义。本案判决不囿于归责原则的正常适用，更多的是出于人道主义及社会公平观念的考虑，综合全案的具体情况结合实际，让广宝公司承担胡湘雄一定的经济损失，完全符合公平责任原则维护公平正义的社会要求。法院判决所折射出的人文关怀，是本案积极的社会现实意义所在，值得肯定和倡导。当然，对于公平责任原则的适用，应当严加把握，以免沦为法官滥用自由裁量权的工具。

一审合议庭成员：张耀平　彭斌生　朱会东
二审合议庭成员：王　磊　邹　戈　陈晓文
作者单位：惠州市大亚湾经济技术开发区人民法院

劳动关系协商一致解除的判定标准

——穆同贵诉宝吉工艺品（深圳）有限公司追索经济补偿及工伤待遇纠纷案

邢蓓华

【问题提示】

如何确定劳动关系是否是用人单位和劳动者协议解除？如何解决用人单位解除与五至十级工伤伤残员工劳动关系的补助问题？

【要点提示】

劳动关系是否是因用人单位与劳动者协商一致解除，关键在于劳动者对解除劳动关系是否拥有有意义的选择权，否则应认定为用人单位单方解除。用人单位解除与五至十级工伤伤残员工劳动关系，亦应支付一次性伤残就业补助金和一次性工伤医疗补助金。

【案例索引】

一审：广东省深圳市龙岗区人民法院［2008］深龙法民（劳）初字第4388号民事判决

二审：广东省深圳市中级人民法院［2008］深中法民六终字第5017号民事判决

【案情】

上诉人（原审原告、被告）：穆同贵。

被上诉人（原审被告、原告）：宝吉工艺品（深圳）有限公司（以下简称宝吉公司）。

穆同贵于1993年10月27日入职宝吉公司，任职主任。双方于2005年6月2日签订无固定期限的劳动合同。2007年12月28日，宝吉公司向全厂员工发出通告，称公司决定于2007年12月27日终止与全部员工的劳动合同，工资结算到2007年12月27日止，相关补偿将依法计算并于2008年1月10日前将工资及相关补偿转入个人账户，要求各员工按指定时间、指定地点办理离职手续。2008年1月10日，穆同贵填写了由宝吉公司提供的“员工离职申请表”及《解除劳动合同确认书》，《解除劳动合同确认书》中载明双方之间的劳动关系因双方协商一致解除，穆同贵接受宝吉公司支付的经济补偿。同日，宝吉公司以穆同贵离职前12个月平均工资为标准向其支付了解除劳动合同的经济补偿金41 011元。

后因穆同贵要求宝吉公司补足解除劳动关系经济补偿金差额、加班费及工伤待遇遭到拒绝而引发争议。穆同贵于2008年1月22日向深圳市龙岗区劳动争议仲裁委员会申请仲裁，要求宝吉公司支付：一、解除劳动关系的经济补偿金差额及50%的额外经济补偿金共计21 326.76元；二、2006年4月至9月的加班费及25%的经济补偿金12 068元；三、工伤医疗补助2 706元。深圳市龙岗区劳动争议仲裁委员会于2008年4月8日作出深龙劳仲案字［2008］第L066号《仲裁裁决书》，裁决：一、被诉人向申诉人支付解除劳动合同的经济补偿金6 839元。二、驳回申诉人其他申诉请求。双方当事人对劳动仲裁裁决均不服，向深圳市龙岗区人民法院提出起诉。穆同贵起诉请求支持其仲裁请求；宝吉公司则请求判决其无须支付解除劳动合同的经济补偿金。

【审判】

深圳市龙岗区人民法院一审认为：宝吉公司向全体员工发出通告后，穆同贵填写了“员工离职申请表”及《解除劳动合同确认书》，因此本案应属于“由用人单位提出，经双方协商同意解除合同”的情形，宝吉公司应按穆同贵在宝吉公司的工作年限发给经济补偿金，最高不超过十二个月的月工资，为41 010.96元（3 417.58元/月×12个月），宝吉公司已向穆同贵支付解除劳动合同的经济补偿金41 011元，无须再支付仲裁裁决的6 839元。宝吉公司未提供证据证明其《员工手册》已经民主程序制定并向全体员工公示，有关“职别5级以上所有职员不论职衔及职位均不享有加班津贴”的内容未经穆同贵确认同意，双方签订的劳动合同约定穆同贵每月的工资为2 050元（不含加班加点工资），且宝吉公司已实际向穆同贵发放了部分加班费，因此宝吉公司辩称穆同贵不享有加班费的诉讼主张不成立。宝吉公司提供的“调休表”并不能证明其安排穆同贵实际进行了补休及在何时进行了补休，法院确认穆同贵在2006年4—9月加班352小时，依照双方确认的计算方法，穆同贵可享有加班费6 727元（12.74元/小时×352小时×150%），因宝吉公司已经支付了2006年4—9月的加班费5 760元，还应支付967元，因宝吉公司未按规定支付，还应支付经济补偿金242元（967元×25%）。根据《广东省工伤保险条例》第二十九条第二款的规定，七至十级残疾职工，劳动合同期满终止，或者职工本人提出解除劳动合同的，由用人单位支付一次性伤残就业补助金和工伤医疗补助金，并终结工伤保险关系。在本案中，穆同贵提供的“深圳市工伤（职业病）职工劳动能力鉴定表”是复印件，宝吉公司不予确认，且穆同贵未能提供其他证据证明其工伤致残的事实，法院不予采信。且本案是宝吉公司提出解除劳动合同（宝吉公司支付的经济补偿金已具有补助性质），不适用上述法律规定，穆同贵要求宝吉公司支付工伤医疗补助金缺乏法律依据，对穆同贵要求宝吉公司支付工伤医疗补助金2 706元的诉请，法院不予支持。根据《中华人民共和国劳动法》第五十条、《深圳经济特区劳务工条例》第二十七条之规定，判决：一、宝吉工艺品（深圳）有限公司自本判决生效之日起五日内向穆同贵支付2006年4—9月的加班费967元及经济补偿金242元。二、宝吉工艺品（深圳）有限公司无须向穆同贵支付解除劳动合同的经济补偿金6 839元。三、驳回穆同贵的其他诉讼请求。四、驳回宝吉工艺品（深圳）有限公司的其他诉讼请求。案件受理费5元，由宝吉公司负担。

宣判后，穆同贵不服一审判决，向深圳市中级人民法院提出上诉。

二审期间，经向深圳市社会保险基金管理局核实，深圳市社会保险基金管理局确认，1998年9月27日深圳市社会保险基金管理局布吉管理站认定，穆同贵于1998年9月24日在工作中受伤为工伤；深圳市龙岗区医务劳动鉴定委员会龙岗鉴定小组于1999年3月

30 日作出鉴定结论，认定穆同贵受伤属于十级伤残；深圳市工伤保险基金已支付穆同贵医疗费 536 元和一次性补偿金 2 648 元。

深圳市中级人民法院二审认为，本案的争议焦点在于：第一，双方劳动合同解除的原因。宝吉公司于 2007 年 12 月 28 日发布通告称，于 2007 年 12 月 27 日终止与全部员工的劳动合同，工资也结算至 2007 年 12 月 27 日。但宝吉公司并未提供证据证明其在发布该通告前已与穆同贵就劳动合同的解除进行了协商，故本案双方劳动合同应认定系由宝吉公司单方解除。虽然双方于 2008 年 1 月 8 日签订了《解除劳动合同确认书》，但因双方劳动关系在 2007 年 12 月 27 日已解除，故该确认书仅能表明穆同贵同意宝吉公司解除劳动合同及接受宝吉公司支付的经济补偿金，而不能证明双方就解除劳动合同进行协商。故宝吉公司主张双方劳动合同系因双方协商一致解除，没有事实和法律依据，法院不予支持。鉴于目前宝吉公司经营活动已停止，且解除了与全部员工的劳动合同，双方无法协商变更劳动合同，故本案双方当事人之间劳动合同应属于《深圳经济特区劳务工条例》第二十四条第一款第（三）项规定的“劳动合同订立时所依据的客观情况发生重大变化，致使原劳动合同无法履行，经当事人协商不能就变更劳动合同达成协议”而解除的情形。因此，宝吉公司依法应按穆同贵在其单位实际连续工作年限计算解除劳动合同经济补偿金。原审以 12 个月平均工资为计算解除劳动合同经济补偿金最高标准有误，依法予以纠正。因双方在原审庭审期间均认可穆同贵离职前 12 个月的平均工资为 3 417. 58 元，而穆同贵在宝吉公司连续工作 14 年 2 个月，宝吉公司应支付穆同贵解除劳动合同经济补偿金 49 554. 9 元（3 417. 58 × 14. 5）。因宝吉公司已支付了 41 011 元，还应支付 8 543. 9 元（49 554. 9 - 41 011）及其 50% 额外经济补偿金 4 272 元（8 543. 9 × 50%），共计 12 815. 9 元。对于原审判决第一项，穆同贵未提出上诉，予以维持。第二，宝吉公司是否应支付穆同贵一次性工伤辞退费。根据深圳市社会保险基金管理局的答复，可以确认穆同贵于 1998 年 9 月 24 日受伤属于工伤及十级伤残，其依法应享受工伤保险待遇。宝吉公司否认穆同贵曾发生工伤，与事实不符，法院对其该点抗辩理由不予采信。根据《中华人民共和国工伤保险条例》（以下简称《工伤保险条例》）第六十四条的规定，本案应适用《广东省社会工伤保险条例》及其实施细则。虽然《广东省社会工伤保险条例》第二十九条第二款及其实施细则第二十五条仅规定在工伤职工辞职或劳动合同期满终止时，由用人单位计发一次性工伤辞退费，但该规定系建立在《广东省社会工伤保险条例》第二十九条第一款关于用人单位不得辞退五至十级工伤职工基础上的，故其立法本意在于规定双方在劳动者工伤后解除劳动关系的，用人单位需支付一次性工伤辞退费。故本案虽系用人单位因《深圳经济特区劳务工条例》第二十四条第一款第（三）项规定的情形解除双方劳动关系，但根据《广东省社会工伤保险条例》第二十九条第一款的规定，在此情况下，宝吉公司仍不能解除与穆同贵的劳动关系，但穆同贵在宝吉公司提出解除劳动合同后，未要求回公司上班，双方劳动关系已实际解除，因此，根据《广东省社会工伤保险条例》第二十九条的立法本意，本案中，宝吉公司仍需参照《广东省社会工伤保险条例》第二十九条的规定，支付穆同贵一次性工伤辞退费。穆同贵在劳动仲裁及原审期间提出的工伤医疗补助 2 706 元，未超过法定标准，本院予以支持。综上，原审认定事实部分不清，适用法律不当，处理欠妥，二审法院依法改判：一、维持广东省深圳市龙岗区人民法院［2008］深龙法民（劳）初字第 4388 号民事判决第一项。二、撤销广东省深圳市龙岗区人民法院［2008］

深龙法民（劳）初字第4388号民事判决第二项、第三项和第四项。三、宝吉工艺品（深圳）有限公司于本判决生效之日起五十日内向穆同贵支付解除劳动合同经济补偿金差额及其50%额外经济补偿金共计12 815.9元。四、宝吉工艺品（深圳）有限公司于本判决生效之日起五十日内向穆同贵支付工伤待遇2 706元。五、驳回穆同贵的其他上诉请求。

【评析】

本案虽然案情较为简单，争议标的也不大，但存在劳动争议审判中两个较为典型和疑难的问题：（1）双方协商一致解除劳动关系的认定；（2）用人单位解除与五至十级工伤伤残职工劳动关系，是否应支付一次性伤残就业补助金和工伤医疗补助金？

一、双方协商一致解除劳动关系的认定标准

本案中，双方当事人争议的第一个焦点问题是双方之间劳动关系是因双方协商一致而解除还是用人单位因自身经营问题单方提出解除劳动关系，双方存在上述争议是因为根据原劳动部《违反和解除劳动合同的经济补偿办法》第五条和《深圳经济特区劳务工条例》第二十七条的规定，双方因协商一致解除劳动关系的，用人单位支付经济补偿金最高以劳动者12个月的平均工资为限；而用人单位因自身经营状况发生重大变化而解除劳动关系的，则解除劳动关系经济补偿金没有金额上的限制。

合议庭讨论时出现两种意见，第一种意见认为，因穆同贵在载明双方系协商一致解除劳动关系的《解除劳动合同确认书》上签名，故应认定本案劳动关系是经双方协商一致解除的。宝吉公司支付经济补偿金的限额不应超过12个月的月平均工资；第二种意见认为，虽然穆同贵在《解除劳动合同确认书》上签名，但从劳动关系解除的整个过程看，是宝吉公司在自身经营出现重大变化时单方解除劳动关系，且在解除时并没有与穆同贵进行过协商，应认定是宝吉公司单方解除劳动关系，经济补偿金应按穆同贵在宝吉公司实际工作年限计算，不受12个月的限制。

对此，笔者认为，劳动关系不是普通的民事关系，其双方主体，即用人单位与劳动者也并非普通民事关系中平等的两方主体，劳动者通常处于较为弱势的地位，其往往由于生活所迫、法律知识的欠缺以及其与用人单位的管理和隶属关系，难以与用人单位形成有效的抗衡。因而，认定涉及劳动关系的协议时不能仅从协议的字面进行简单的认定，而应从双方协议的签订过程、实质内容等方面进行全面、系统的审查，确认协议是否存在胁迫或显失公平的情形。同样，对于劳动者与用人单位之间劳动关系的解除是否经过了双方的协商，也不能仅凭双方之间存在协议就得出肯定的答案。其认定的关键应在于劳动者在劳动关系解除时对劳动关系的解除与否是否拥有有意义的选择权，即如果劳动者在用人单位提出解除劳动关系时，可以对是否解除劳动关系进行选择，而其选择同意解除劳动关系的，则可认定双方之间的劳动关系是因协商一致而解除的；反之，如果劳动者在用人单位提出解除劳动关系时，并无选择的余地，只能被动地接受用人单位的提议，则双方对劳动关系的解除并无实质的“协商”过程，而应认定是由用人单位单方解除劳动关系。

在本案中，虽然双方签订的《解除劳动合同确认书》中载明劳动关系是因双方协商一致解除，但宝吉公司在2007年12月28日已向全体员工发出解除劳动关系通知，明确表示其与全体员工的劳动关系已于发出通知的前一日，即2007年12月27日终止，对于工资其也只同意支付至2007年12月27日，并要求包括穆同贵在内的全体员工在指定的时间内办理好离职手续。因而，穆同贵于2008年1月8日与宝吉公司签订《解除劳动合同确认书》时，已无法对是否解除劳动关系进行选择，只能被动地接受劳动关系已解除的事实，按照宝吉公司的要求办理离职手续，并接受宝吉公司给予的经济补偿。而宝吉公司未能提供证据证明其在2007年12月28日发布通告前已与穆同贵就劳动合同的解除进行了协商。因此，《解除劳动合同确认书》仅能表明双方对劳动关系解除后相关事宜的确认，而不能证明双方就解除劳动合同进行过协商。因此，本案应认定为是宝吉公司单方解除劳动关系。鉴于目前宝吉公司经营活动已停止，且解除了与全部员工的劳动合同，双方无法协商变更劳动合同，故本案应属于《劳动法》第二十六条第（三）项规定的“劳动合同订立时所依据的客观情况发生重大变化，致使原劳动合同无法履行，经当事人协商不能就变更劳动合同达成协议”而解除的情形。在此情况下，宝吉公司依法应按穆同贵在其单位实际连续工作年限计算解除劳动合同经济补偿金，而不应受12个月平均工资的限制。

二、用人单位解除与五至十级工伤伤残职工劳动关系的，是否应支付一次性伤残就业补助金和工伤医疗补助金

根据《工伤保险条例》第三十四条第（二）项和第三十五条第（二）项的规定，对于职工因工致残被鉴定为五至十级伤残的，在劳动合同期满或职工本人提出解除劳动关系时，用人单位应支付一次性工伤医疗补助金和伤残就业补助金。因此，有观点认为，在劳动者因工致残被鉴定为五至十级伤残后，只有在劳动合同期满或劳动者提出解除劳动关系时，用人单位才有支付一次性工伤医疗补助金和伤残就业补助金的义务，对于因其他原因解除劳动关系的，用人单位则无该项支付义务。这也是一审法院驳回穆同贵关于工伤待遇请求的理由之一。表面上看，此种观点并无不妥，但如果将《工伤保险条例》的相关条文综合考虑，可以发现这种理解非但不符合《工伤保险条例》的立法精神和目的，而且还会造成法律适用的不平等和逻辑混乱。

《工伤保险条例》第三十四条是关于五、六级工伤职工的待遇问题，其在规定工伤职工本人提出解除劳动关系或终止劳动关系时，用人单位应支付一次性工伤医疗补助金和伤残就业补助金之前，特别规定对于因工致残被鉴定为五、六级伤残的职工，应当保留与用人单位的劳动关系，由用人单位安排适当的工作，难以安排工作的，由用人单位按月支付伤残津贴。该规定属于《劳动法》第二十九条第（四）项规定的法律、行政法规规定的其他情形。由此可以得出这样的结论，即劳动者因工致残被鉴定为五、六级伤残后，除非工伤职工本人存在《劳动法》第二十五条规定的过错，否则，用人单位一律不得解除与工伤职工的劳动关系，即使符合《劳动法》第二十六条和第二十七条规定的可解除劳动关系的情形也不能例外。这一规定是对工伤职工的特殊保护，防止用人单位在劳动者遭受工伤后随意将其解雇，影响工伤职工的基本生活保障，侵犯工伤职工的合法权益。因此，在用人单位不得解除与工伤职工的劳动关系的情况下，除可归责于工伤职工的情况外，双方劳动关系只能因劳动合同期满终止，或因劳动者提出而解除。而《工伤保险条例》规定在劳动关系终止或由劳动者提出解除劳动关系时，用人单位需支付一次性工伤医疗补助金和伤残就业补助金，也就意味着对于五、六级工伤职工来说，在非可归责于工伤职工的情形外，劳动关系解除或终止时，其都可获得一次性工伤医疗补助金和伤残就业补助金。因此，用人单位单方解除与五、六级工伤伤残职工的劳动关系，无论其是依照《劳动法》第二十六条、第二十七条，还是根本没有任何合法理由解除，都属于非可归责于工伤职工的原因造成劳动关系的解除，依照《工伤保险条例》第三十四条的立法精神，用人单位应当支付一次性工伤医疗补助金和伤残就业补助金。否则，劳动者在自己提出解除劳动关系或因合同期满这一客观原因终止劳动关系的情况下，用人单位依法应支付一次性工伤医疗补助金和伤残就业补助金，而在非因劳动者过错而用人单位单方解除劳动关系，甚至用人单位违法解除劳动关系的情况下，劳动者却无法享受一次性工伤医疗补助金和伤残就业补助金，这不仅在逻辑上难以成立，而且也容易造成用人单位为规避支付一次性工伤医疗补助金和伤残就业补助金的责任，在劳动者工伤后即刻违法解除劳动关系，这与《工伤保险条例》保护工伤职工权益的立法目的是相违背的。

对于因工致残被鉴定为七至十级的职工，虽然《工伤保险条例》第三十五条没有明确规定在此情况下，用人单位不得解除劳动关系，但根据"举轻以明重"的立法原则，可以看出，对于五、六级伤残程度较重的工伤职工，都要求用人单位安排其进行适当的工作，发挥其劳动能力，对于七至十级的工伤职工来说，就更应当让其回到工作岗位，发挥其作用。而《广东省工伤保险条例》第二十九条就进一步地明确了对于五至十级因工残疾的职工，用人单位均不能解除劳动关系，应当安排力所能及的工作。因此，在职工因工伤造成七至十级伤残的，依照上述分析，用人单位单方解除或终止劳动关系的原因不可归责于工伤职工时，用人单位应当参照《工伤保险条例》第三十五条第（二）项的规定，支付一次性工伤医疗补助金和伤残就业补助金。

具体到本案，由于穆同贵的工伤认定在1998年9月27日已完成，根据《工伤保险条例》第六十四条的规定，本案不能适用《工伤保险条例》，而应适用《广东省社会工伤保险条例》及其实施细则。虽然《广东省社会工伤保险条例》及其实施细则规定的劳动者因工致残被鉴定为五至十级伤残的，用人单位支付的是一次性工伤辞退费，而非《工伤保险条例》和《广东省工伤保险条例》规定的一次性工伤医疗补助金和伤残就业补助金，但《广东省社会工伤保险条例》及其实施细则规定的一次性工伤辞退费的支付条件与《工伤保险条例》和《广东省工伤保险条例》规定的一次性工伤医疗补助金和伤残就业补助金的支付条件完全相同，也同样规定了在工伤职工被鉴定为五至十级伤残时，用人单位不能辞退工伤职工，要安排力所能及的工作。因此，本案也应按照上面的分析，从《广东省社会工伤保险条例》及其实施细则的立法精神和目的出发，判决宝吉公司支付穆同贵一次性工伤辞退费。

一审独任法官：刘义芳
二审合议庭成员：李久祥　黄镇东　刑蓓华
作者单位：深圳市中级人民法院

劳务派遣关系中用工单位和派遣单位的劳动报酬支付责任认定

——曹绮年诉广东省友谊国际企业服务有限公司、日本日贸产业株式会社广州代表处劳务派遣纠纷案

陈　丹　崔理纲

【问题提示】

在劳务派遣关系中用工单位和派遣单位对劳动者的劳动报酬支付责任应如何确定?

【要点提示】

外国企业常驻代表机构聘用中国雇员，适用劳务派遣制度。劳动者与派遣单位是法律上的劳动关系，与用工单位是事实上的劳动关系。在劳动者被派遣期间，用工单位是劳动报酬的实际支付主体，为第一责任人，派遣单位是劳动报酬的名义支付主体，为第二责任人。因拖欠劳动报酬而引发的劳务派遣争议，派遣单位和用工单位为共同被告，对劳动报酬的支付承担连带责任。

【案例索引】

一审：广东省广州市越秀区人民法院［2007］越法民一初字第2162号民事判决

二审：广东省广州市中级人民法院［2008］穗中法民一终字第31号民事判决

【案情】

原告：曹绮年。

被告：广东省友谊国际企业服务有限公司。

被告：日本日贸产业株式会社广州代表处。

广州市越秀区人民院经审理查明：2004年10月1日，曹绮年与广东省友谊国际企业服务有限公司（以下简称友谊公司）签订了期限自2004年10月1日起的无固定期限劳动合同。该合同约定：一、曹绮年工作岗位为秘书；二、友谊公司与日本日贸产业株式会社广州代表处（以下简称日贸会社广州代表处）签订的聘用曹绮年的合同终止，或日贸会社广州代表处解散或关闭，本合同即告终止；三、曹绮年在外商机构工作期间工资由外商支付，起点工资为800元；如曹绮年的工作岗位调整，按所对应的工资标准执行。日贸会社广州代表处以日本日贸产业株式会社名义于2005年10月1日与友谊公司签订《劳务合同》，该合同约定：一、友谊公司根据日贸会社广州代表处要求推荐人选，并为日贸会社广州代表处决定聘用的人选办理合法用工手续、人事管理手续和出具各种有关的证明；根

据日贸会社广州代表处的要求，代发中国员工的工资（代扣个人所得税），友谊公司奉行先收后支的原则；按规定为中国员工办理社会保险等；二、日贸会社广州代表处按双方约定按时支付友谊公司的劳务管理费；按照中国员工的工资标准按时支付员工的工资。……合同期：2005 年 10 月 1 日—2006 年 9 月 30 日；姓名：曹绮年。

曹绮年因工资的支付数额与日贸会社广州代表处发生争议，曹绮年遂向劳动争议仲裁委员会申请仲裁。该仲裁委于 2007 年 6 月 13 日作出越劳仲案字［2007］第 245 号裁决书，裁决日贸会社广州代表处向曹绮年支付 2007 年 1 月工资 1 800 元，2007 年 2 月工资 3 000 元；驳回曹绮年的其他诉讼请求。曹绮年对此不服，遂向法院起诉。

一审庭审期间，日贸会社广州代表处提供“扣缴个人所得税明细报告表”4 张，分别是 2006 年 6 月、10 月、11 月、12 月，均显示曹绮年“收入总额”为 3 000 元。

曹绮年向原审法院起诉称：从 2004 年 10 月 1 日至 2005 年 3 月 31 日，我每月的税后工资为 3 800 元，2005 年 4 月 1 日至 2006 年 3 月 31 日每月税后工资为 4 600 元，2006 年 4 月 1 日起每月的税后工资为 5 400 元。2007 年 1 月，友谊公司无故克扣并拖欠我的工资，故请求判令友谊公司支付拖欠工资 9 600 元及拖欠工资 25% 的补偿金 2 400 元，合共 12 000 元，日贸会社广州代表处承担连带责任。

友谊公司无答辩。

日贸会社广州代表处辩称：其与曹绮年之间是劳务关系，不存在劳动关系。曹绮年将其列为被告属于主体不适格。

【审 判】

广州市越秀区人民法院经审理认为，曹绮年是通过友谊公司办理招聘手续后入职日贸会社广州代表处工作，日贸会社广州代表处只是曹绮年被派遣的实际工作单位，与曹绮年不存在法律上的劳动关系。劳动者提供了劳动，派遣单位友谊公司作为用人单位应依法向劳动者支付劳动报酬。现曹绮年和日贸会社广州代表处均无证据证实征税基数有误，故应确定曹绮年的月工资为 3 000 元。因曹绮年在 2007 年 1 月的工资只领取了 1 200 元，2 月份的工资并未领取，故应由日贸会社广州代表处承担拖欠工资的支付责任。曹绮年在派遣期间被拖欠的劳动报酬应先由日贸会社广州代表处支付，友谊公司作为派遣单位应承担连带支付责任。由于双方是对工资的数额产生争议，并非日贸会社广州代表处故意克扣和恶意拖延，故曹绮年要求日贸会社广州代表处支付 25% 的经济补偿金，不予支持。原审法院遂根据《中华人民共和国劳动法》第十七条、第五十条，《违反和解除劳动合同的经济补偿办法》第三条的规定，于 2007 年 8 月 10 日作出判决：一、日本日贸产业株式会社广州代表处在判决发生法律效力之日起 3 日内向曹绮年支付 2007 年 1 月工资 1 800 元、2007 年 2 月工资 3 000 元。二、驳回曹绮年要求日本日贸产业株式会社广州代表处支付拖欠工资 9 600 元的 25% 经济补偿金 2 400 元的诉讼请求。

判后，曹绮年以原审法院漏判友谊公司承担连带责任为由提起上诉。

广州市中级人民法院确认一审法院查明的事实属实。

广州市中级人民法院经审理认为，本案中曹绮年是先与友谊公司签订了劳动合同、建立了劳动关系，再由友谊公司派遣到日贸会社广州代表处工作，即日贸会社广州代表处是曹绮年被派遣的实际工作单位，日贸会社广州代表处与曹绮年存在事实上的劳动关系。劳动者提供了劳动，用人单位应依法向劳动者支付劳动报酬。因此，曹绮年在派遣工作期间被拖欠的劳动报酬应先由日贸会社广州代表处支付，而友谊公司作为派遣单位应承担连带清偿责任。曹绮年上诉请求友谊公司承担连带清偿责任有理，予以支持，原审判项就此处理欠妥，予以纠正。曹绮年的上诉请求部分有理，对其有理部分予以支持。依照《中华人民共和国民事诉讼法》第一百五十三条第一款第（一）、（二）项的规定，判决如下：一、维持广州市越秀区人民法院［2007］越法民一初字第2162号民事判决。二、广东省友谊国际企业服务有限公司对日本日贸产业株式会社广州代表处的支付责任承担连带责任。一、二审案件受理费各10元，均由日本日贸产业株式会社广州代表处和广东省友谊国际企业服务有限公司负担。

【评析】

一、劳务派遣的适用范围

劳务派遣在我国又称为“劳动派遣”，是指派遣单位（用人单位）与被派遣劳动者建立劳动关系，而后将劳动者派遣到用工单位，在用工单位的指挥监督下从事劳动的一种用工形式。劳动者与派遣单位是法律上的劳动关系，而劳动者与用工单位是事实上的劳动关系。

《劳动合同法》对劳务派遣用工的岗位进行了限制，将其主要限制在临时性、辅助性或者替代性的工作岗位上。立法者想通过法律的规制来防止劳动力派遣的扩大化和滥用，使劳务派遣不能成为用工的主渠道，只能成为劳动力市场的一种补充，防止实际用工单位为规避法律风险而把劳动力派遣作为主要的用工方式。这对于维护劳动者的权利，构建稳定和谐的劳动关系具有重要意义。

但是，法律、法规另有规定的，可以从其规定。《广东省外国企业常驻代表机构聘用中国雇员管理规定》第二条规定：“本规定所称外国企业常驻代表机构聘用中国雇员，是指外国企业常驻代表机构通过广东省人民政府批准设立的为外国和港、澳、台企业提供就业服务的单位雇用中华人民共和国公民并直接或间接支付劳动报酬的行为。”第十一条规定：“外国企业常驻代表机构聘用中国雇员，必须委托涉外就业服务单位办理。”第十二条规定：“中国雇员必须通过涉外就业服务单位向外国企业常驻代表机构求职应聘。”第十三条规定：“涉外就业服务单位与中国雇员建立劳动关系应当依照中华人民共和国的有关法律法规签订劳动合同，并依法为中国雇员缴纳社会保险费用。”第十四条规定：“涉外就业服务单位向外国企业常驻代表机构提供中国雇员服务应依法签订劳动协议，明确双方的权利义务。”因此，外国企业常驻代表机构聘用中国雇员，适用劳务派遣制度，不受“临时性、辅助性或者替代性工作”的岗位限制。

二、劳务派遣制度下劳动报酬的支付责任

1. 本案的适格被告

根据《中华人民共和国劳动争议调解仲裁法》第二十二条第二款的规定：“劳务派遣单位或者用工单位与劳动者发生劳动争议的，劳务派遣单位和用工单位为共同当事人。”本案争议发生时，《中华人民共和国劳动争议调解仲裁法》尚未颁布实施。但是，最高人民法院《关于审理劳动争议案件适用法律若干问题的解释（二）》第十条规定："劳动者因履行劳动力派遣合同产生劳动争议而起诉，以派遣单位为被告；争议内容涉及接受单位的，以派遣单位和接受单位为共同被告。"因此，本案将派遣单位友谊公司和用工单位日贸会社广州代表处作为共同被告，是正确的。

2. 劳动报酬的支付责任

本案的劳务派遣争议发生在《劳动合同法》实施之前，但本案的处理与《劳动合同法》关于劳动报酬支付的有关规定是相符的。本案在处理中遵循以下思路：

（1）明确界定派遣单位、用工单位和被派遣劳动者三方的关系。劳动者未被派遣时，劳动者与派遣单位的关系较为简单，与一般劳动关系并无二致。当劳动者被派遣到用工单位从事生产劳动时，劳动者既与派遣单位形成劳动关系，又与用工单位构成劳动关系：第一，依据"控制准则"，派遣单位能够雇用、管理、指挥劳动者，因而在派遣单位与劳动者之间，已呈现出管理和服从这一劳动关系的本质特征。而且，派遣单位与劳动者必须签订劳动合同，从而具有形成劳动关系的形式标准。因此，劳动者与派遣单位形成法律上的劳动关系。第二，劳动者向用工单位提供劳务，并在用工单位的监督和指挥下从事生产劳动。因此，劳动者与用工单位不仅存在管理和被管理的从属性关系，而且劳动者的劳动力还与用工单位的生产资料相结合，实现了劳动过程，符合劳动关系的经典判断标准。因此，劳动者与用工单位形成事实上的劳动关系。需要说明的是，这两种劳动关系在本质上乃同一劳动关系，派遣单位与用工单位是作为一个整体加入到该劳动关系中，共同作为劳动者的雇主。

（2）合理划分派遣单位、用工单位的义务和责任。劳务派遣的特点是一个劳动关系下的分层运行状态，派遣单位和用工单位对于劳动者都只享有部分权利、承担部分义务，而不是劳动合同的全部，只有当两部分义务合并才形成一份完整义务。派遣单位与被派遣劳动者是形式上的雇主，其义务主要是负责招工、签订劳动合同、派遣劳动者、档案管理、支付劳动报酬、交纳社会保险等与财产关系有关的非生产性管理服务，是上述义务的主义务人，用工单位是上述义务的从义务人；用工单位是被派遣劳动者的实际雇主，负责劳动全过程中的劳动力使用、组织管理、劳动安全卫生、提供福利待遇、支付劳动力再生产费用等与劳动过程中人身关系有关的生产性劳动管理义务，是上述义务的主义务人，委派单位是上述义务的从义务人。因此，派遣单位和用工单位向被派遣劳动者承担法律责任应当按照义务的主、从区分责任承担顺序。主义务人为第一责任人，从义务人为第二责任人，当主义务人未能承担责任时，应当由从义务人承担连带责任。

（3）正确处理派遣单位、用工单位支付劳动报酬的责任。一般而言，用人单位负有支付劳动者劳动报酬的义务，因而，劳动报酬的支付主体为用人单位。当劳动者未被派遣时，派遣单位是劳动报酬唯一的支付主体；当劳动者被派遣时，用工单位才是劳动报酬的支付主体，而派遣单位仅负有转交并保证劳动报酬得以支付的义务。这是因为，一旦劳动者向用工单位提供了劳动，则付出劳动的对价自然应由接受劳动的一方承担，支付劳动报酬的义务就随之转移给了用工单位。这与我国《劳动合同法》的有关规定也是相符的：《劳动合同法》第五十八条规定，派遣单位是用人单位，应当履行用人单位对劳动者的全部义务，按月支付劳动报酬；第六十条规定，派遣单位不得克扣用工单位按照劳务派遣协议支付给被派遣劳动者的劳动报酬；第九十二条规定，派遣单位违反法律规定，给劳动者造成损害的，派遣单位与用工单位承担连带赔偿责任。

由此可见，被派遣劳动者的劳动报酬权受到双重保障：在劳动者被派遣的期限内，用工单位是实际上的支付主体，为支付劳动报酬的第一责任人，派遣单位是名义上的支付主体，为支付劳动报酬的第二责任人。因拖欠劳动报酬而引发的劳务派遣争议，派遣单位和用工单位为共同被告，对劳动报酬的支付承担连带责任。

一审独任法官：王庆勋

二审合议庭成员：宋洁玲　崔理纲　叶　红

作者单位：广州市中级人民法院

劳务派遣中三方当事人法律关系的界定

——胡小青诉广州珠江啤酒集团有限公司、广州珠江啤酒股份有限公司、湖南省安化县劳务有限公司确认劳动关系纠纷案

崔利平

【问题提示】

劳务派遣中三方当事人之间的法律关系如何界定?

【要点提示】

劳务派遣关系不同于一般的劳动关系。在劳务派遣关系中，存在着三方当事人：劳务派遣单位、劳动者和用工单位。劳务派遣关系的特点是：劳动力的雇用与使用相分离，劳动者与派遣单位形成劳动关系，由派遣单位承担用人单位对劳动者的义务，而与受派的用工单位只形成劳务关系。

【案例索引】

一审：广东省广州市海珠区人民法院［2008］海民一初字第1202号民事判决

二审：广东省广州市中级人民法院［2008］穗中法民一终字第5013号民事判决

【案情】

原告：胡小青。

被告：广州珠江啤酒集团有限公司（以下简称珠啤公司）。

第三人：广州珠江啤酒股份有限公司（以下简称珠啤股份公司）。

第三人：湖南省安化县劳务有限公司（以下简称安化公司）。

广州市海珠区人民法院经审理查明，胡小青自2001年3月至2008年3月20日在珠啤公司的叉车队工作，但没有填写入职申请表，也没有与珠啤公司或珠啤股份公司签订劳动合同。

2008年1月17日，胡小青向广州市海珠区劳动争议仲裁委员会申请劳动仲裁，请求：一、依法裁决确认胡小青与珠啤公司的劳动关系，确认胡小青与湖南安化公司签订的劳务派遣合同无效；二、依法裁决珠啤公司补发胡小青加班工资、经济补偿金、清凉饮料费、高温补贴等。广州市海珠区劳动争议仲裁委员会于2008年6月20日作出穗海劳仲案字［2008］第1037号裁决书，裁决驳回胡小青的全部请求。胡小青不服，于2008年7月2日提起诉讼，请求法院支持其仲裁请求。

【审判】

广州市海珠区人民法院经审理认为，胡小青自2001年3月至2008年3月20日在叉车队工作、上述生产车间属珠啤公司或珠啤股份公司所有的事实，各方均无异议，故予以认定。本案争议的焦点在于胡小青是否与珠啤公司直接建立了劳动关系。根据最高人民法院《关于审理劳动争议案件适用法律若干问题的解释》第十三条之规定“因用人单位作出开除、除名、辞退、解除劳动合同、减少劳动报酬、计算劳动者工作年限等决定而发生的劳动争议，用人单位负举证责任”，双方对是否存在劳动关系有争议，应首先由珠啤公司进行举证。现从珠啤公司及珠啤股份公司、安化公司提交的安化公司和珠啤股份公司签订的《劳务协议》、《劳务合作协议》，安化公司出具的“证明”、胡小青签名的“承诺书”、“珠啤安化队员工工资表”、“安化公司驻珠啤员工工资表”、《广州邮政储蓄代付业务协议书》等证据，可认定胡小青在2006年、2007年与安化公司存在劳动关系，并由安化公司派遣胡小青到珠啤公司或珠啤股份公司从事劳务工作。又根据《广东省工资支付条例》第十六条之规定：“用人单位应当按照工资支付周期如实编制工资支付台账。工资支付台账应当至少保存二年……”，胡小青要求确认在2001年至2005年间与珠啤公司存在劳动关系，在珠啤公司已经举证证实2006年、2007年双方之间不存在劳动关系的前提下，胡小青必须举证证实其主张。现胡小青提交的证据的内容，只能证明胡小青的工作场所在珠啤公司的注册地点，未能充分证明其与珠啤公司存在劳动关系，故对胡小青要求确认其与珠啤公司自2001年至2007年存在事实劳动关系的请求，不予支持。由于胡小青的劳动关系是与安化公司建立，故胡小青主张的2001年至2007年间的劳动报酬即使得到认定也应由安化公司予以负责支付。现胡小青明确表示不需要安化公司负责，故胡小青要求珠啤公司支付胡小青加班工资、同工不同酬工资差价、清凉饮料费、高温补贴及相关经济补偿金合计共192 316元，理据不足，不予支持。综上，驳回胡小青的全部诉讼请求。

判后，胡小青上诉，请求撤销原判，支持其一审的诉讼请求。事实和理由是：一、他于2001年3月到2008年3月20日在珠啤公司工作，并且一直在原地点、原单位、原岗位从事原工作。2007年11月29日，珠啤公司采取威胁、欺骗手段压迫要求他与安化公司签订劳务派遣合同，中止了与他的劳动关系。二、原审法院认定事实错误。安化公司和珠啤股份公司签订的《劳务协议》、他签名的“承诺书”、安化公司出具的“证明”、“珠啤安化队员工工资表”、“安化公司驻珠啤员工工资表”、《广州邮政储蓄代付业务协议书》等并不能证明他与安化公司存在关系。

广州市中级人民法院确认一审法院查明的事实存在。

广州市中级人民法院经审理认为，劳动关系是指机关、企事业单位、社会团体和个体经济组织与劳动者个人之间，依法签订劳动合同，劳动者接受用人单位的管理，从事用人单位安排的工作，从用人单位领取报酬和受劳动保护所产生的法律关系。现实生活中，只要双方实际履行了上述权利义务，即形成事实上的劳动关系。本案中，胡小青主张与珠啤公司存在事实上的劳动关系，但其所提供的证据并不能直接证明胡小青和珠啤公司存在劳动关系。从胡小青所举证据来看，虽然其是在珠啤公司或珠啤股份公司处劳动，由珠啤公司或珠啤股份公司提供相应的劳动条件和劳动保护，但其是接受安化公司的管理和工作安排，并由安化公司支付劳动报酬，由安化公司履行用人单位对劳动者的义务。并且，珠啤公司及珠啤股份公司、安化公司提交的《广州邮政储蓄代付业务协议书》，安化公司和珠啤股份公司签订的《劳务协议》、《劳务合作协议》，安化公司出具的“证明”，胡小青签名的“承诺书”，《劳动合同》，“珠啤安化队员工工资表”，“安化公司驻珠啤员工工资表”等均属原始证据，能相互印证，已可组成一条完整的证据链，证明胡小青在2006年、2007年与安化公司存在劳动关系，并由安化公司派遣到珠啤公司或珠啤股份公司从事劳务工作。综合案件情况，珠啤公司提供证据的证明力明显大于胡小青提供证据的证明力，本院予以确认。胡小青称安化公司威胁、欺骗强求其签订劳动合同，证据不足，本院不予采信。因此，本院不确认胡小青、珠啤公司之间存在劳动关系，故对胡小青的全部诉讼请求予以驳回。综上所述，原审判决认定事实清楚，适用法律正确，应予维持。

【评析】

本案的处理涉及以下三个方面的问题：

一、关于确认劳动关系是否属于劳动争议案件

劳动者与用人单位之间是否存在劳动关系，是劳资纠纷中经常遇到的一个关键性问题。对于此类案件是否属于劳动争议案件，法官们的认识曾经存在过分歧。有的法官认为，根据最高人民法院《关于审理劳动争议案件适用法律若干问题的解释》第一条的规定，劳动争议案件是指劳动者与用人单位在劳动关系确定的情况下，在劳动合同履行的过程中发生的纠纷，所以请求确认劳动关系是否存在不属于劳动争议案件，只属于普通的民事案件的确认之诉，应按普通民事案件受理。而且，《民事案件案由规定（试行）》中也未规定“确认劳动关系纠纷”这个案由。

从对劳动者保护和减轻诉累的角度考虑，此类争议应当属于劳动争议的范畴。因为尽管《劳动法》已经实施十余年了，但仍然存在着大量没有签订书面劳动合同的劳动用工关系。法院将其作为劳动争议案件受理，并根据相关的劳动法律、法规进行审判，就为以后双方劳动权利义务的落实提供了保障。这个问题在《劳动合同法》实施之后更加突出。该法规定，用人单位自用工之日起即与劳动者建立劳动关系；建立劳动关系，应当订立书面劳动合同。同时还对未签劳动合同的用人单位规定了严厉的法律责任。可以预见，该法实施后会有大量的确认劳动关系的争议。因此，自2008年4月1日起开始施行的《民事案件案由规定》中，规定了“确认劳动关系纠纷”案由。此后颁布实施的《劳动争议调解仲裁法》第二条更是明确将因确认劳动关系发生的争议作为劳动争议事项，确认劳动关系是否属于劳动争议案件的问题应该说已经得到了解决。

二、关于被诉主体的问题

最高人民法院《关于审理劳动争议案件适用法律若干问题的解释（二）》第十条规定：“劳动者因履行劳动力派遣合同产生劳动争议而起诉，以派遣单位为被告；争议内容涉及接受单位的，以派遣单位和接受单位为共同被告。”此后的《劳动争议仲裁调解法》第二十二条第二款规定：“劳务派遣单位或者用工单位与劳动者发生劳动争议的，劳务派遣单位和用人单位为共同当事人。”在劳动者与用人单位劳动关系确定的情况下，因履行劳动力派遣合同履行发生的纠纷可以按照上述规定处理。在本案中，当事人的劳动关系并未确定，劳动者要求确认与用工单位存在劳动关系，并由用工单位承担相应的义务，法院应当如何确定被诉主体？

就本案的情况而言，由于是确认劳动关系之诉，劳务派遣单位和用工单位并非必要共同诉讼人。必要共同诉讼人的诉讼标的是共同的，在权利、义务上有共同的利害关系，因而是一种不可分之诉，法院必须合并审理。本案中，作为劳务派遣单位，其与用工单位并不具有共同的权利和义务，因此并非本案的必要共同诉讼人。那么，原审法院将其作为第三人追加进来是否适当？第三人是对他人之间的诉讼标的有独立的请求权，或者虽无独立的请求权，而案件的处理结果与其有法律上的利害关系时，参加到诉讼中来的人。在劳动争议案件中，是可能出现第三人参加的情况。如劳动者在执行职务时受到第三方的侵害致伤或者死亡，侵权第三方与其案件的处理就具有法律上的利害关系。本案中，由于涉及劳动者、用工单位和劳务派遣单位三方法律关系的认定问题，劳务派遣单位与案件的处理结果具有法律上的利害关系，所以可以作为第三人参加到本案诉讼中来，这对查明事实、及时公正处理案件都是有利的。在本案争议发生之后施行的《劳动争议仲裁调解法》第二十三条规定，“因与劳动争议案件的处理结果有利害关系的第三人，可以申请参加仲裁获得或者由劳动争议仲裁委通知其参加仲裁活动。”

三、劳务派遣法律关系的认定

虽然本案发生在《劳动合同法》实施之前，但是可以预见，由于我国劳动力市场的不成熟以及用工形式的不规范，在相当长的一个时期内对劳动派遣三方关系的认定仍将是司法实践中需要面对的一个问题。

传统的劳动关系相对简单，仅有用人单位和劳动者两方。在劳动派遣中，存在着劳务派遣单位、用工单位、被派遣劳动者三方当事人，其中劳务派遣单位“招人不用人”，用工单位“只用人不招人”，但从表面上看，似乎两个单位又都与劳动者有着一定的管理关系。《劳动合同法》用了十一个条款来规范劳务派遣，为劳务派遣法律关系的认定提供了实体法的依据。从该法的规定来看，劳务派遣表现出来的最大特点是劳动力雇用与劳动力使用相分离，劳动者与派遣单位有劳动关系之名却无劳动之实，与用工单位无劳动关系之名却存在劳动之实。具体而言，认定劳务派遣关系可从以下四个方面进行：

（1）劳动者工资的支付主体是劳务派遣单位。用工单位并不直接给付劳动报酬给被派遣的劳动者，而是由劳务派遣单位支付。实践中，往往是用工单位以劳务费的形式将劳动者的劳动报酬、社会保险费等支付给劳务派遣单位，再由劳务派遣单位制作工资清单，以劳务派遣单位的名义发放工资。

（2）劳动者接受劳务派遣单位的人事管理，包括劳动者的录用、岗前培训、签订劳动合同、工资支付、社会保险、人事档案等非生产劳动方面的管理。劳务派遣单位不组织和管理劳动过程，只录用和派遣员工，也不安排被派劳动者的具体岗位，只是名义上的用人单位。

（3）劳动者接受用工单位的劳动管理，提供的劳动是用工单位业务的组成部分，但与用工单位不存在合同关系。被派遣劳动者在用工单位的指挥和监督下提供劳务，由其提供相应的劳动条件和劳动保护；而劳务派遣单位往往只是劳务服务公司，并非实体企业，被派遣劳动者并不为其提供劳务。

（4）劳务派遣单位和用工单位是彼此独立的两个主体，双方的权利义务关系由劳务派遣协议予以规范。劳务派遣协议的内容一般包括派遣岗位、人员数量、派遣期限、劳动报酬和社会保险费的数额与支付方式以及违反协议的责任。在实践中，劳务派遣协议可能以劳务协议或者劳务合作协议甚至借用协议等形式出现，虽然该合同涉及了被派劳动者的权利和义务，但劳动者并非该合同的主体。

本案中，在 2007 年 11 月 30 日之前劳动者与用工单位未签订劳务或用工合同，也未与劳务派遣单位签订劳动合同，但其曾明确表示劳动关系在劳务派遣单位，受劳务派遣单位派遣，而且亦查实用工单位确与劳务派遣单位签订有劳务派遣协议，劳务派遣单位亦认可该派遣行为，且劳务派遣单位亦有开展劳务派遣业务的资格，二级法院认定劳动者与劳务派遣单位存在劳动关系应当说是有事实和法律依据的。

一审合议庭成员：张纯金　郑绮云　尹伯森

二审合议庭成员：何慧斯　邹殷涛　崔利平

作者单位：广州市中级人民法院

工伤待遇和交通事故人身损害赔偿竞合时的处理

——梁观新诉湛江市交通运输集团有限公司人身损害赔偿纠纷案

袁南利

【问题提示】

工伤待遇和交通事故人身损害赔偿竞合时，职工可否获得双重赔偿?

【要点提示】

单位职工在执行单位任务过程中发生交通事故造成人身损害，经认定属于工伤，单位按照劳动和社会保障部门的工伤支付清单支付职工受伤住院的医药费及一次性伤残补偿金后，职工能否因交通事故造成人身损害另行起诉，要求单位赔偿误工费、伙食补助费、护理费、伤残补助费等费用？本案的裁判旨在明确职工因交通事故发生工伤，工伤待遇和交通事故人身损害赔偿竞合时的处理办法。

【案例索引】

一审：广东省湛江市霞山区人民法院［2006］霞民一初字第273号民事判决

二审：广东省湛江市中级人民法院［2006］湛中法民一终字第499号民事判决

【案情】

上诉人（原审被告）：湛江市交通运输集团有限公司（以下简称运输公司）。

被上诉人（原审原告）：梁观新。

广东省湛江市霞山区人民法院经审理查明：2005年2月13日，梁观新和林某权（均系运输公司的司机）共同执行单位的任务，从广州驾驶大客车返回湛江，至阳江路段时，梁观新轮班把大客车交给林某权驾驶，其随车休息。当晚22时，林某权驾车途经325线某路段时，与支某华驾驶的大货车相撞，造成林某权当场死亡，梁观新及曾某春、支某明、符某春受伤，两车损失的重大交通事故。经交警部门认定，林某权应负事故全部责任，支某华、梁观新、曾某春、支某明、符某春等不承担事故责任。

事故发生后，梁观新被送至医院救治，右肾被切除，经法医检验，梁观新为五级伤残。2005年3月，经运输公司申请，湛江市劳动和社会保险局作出工伤认定决定书，认定梁观新为工伤。湛江市劳动能力鉴定委员会认定梁观新为六级伤残。劳动和社会保障部门向运输公司发出工伤支付清单，对梁观新作出如下补偿：医药费19 497.37元（100%），一次性伤残补偿金7 924元，合计27 421.37元。梁观新住院医药费19 497.37元，运输公司已经支付。梁观新于同年9月领取了运输公司发放的一次性伤残补偿金

7 924 元。梁观新住院期间，运输公司已向其发放了工资，住院期间由其妻子陪护。获得上述赔偿后，梁观新另行起诉交通事故造成其身体损害，要求运输公司赔偿其误工费、伙食补助费、护理费、伤残补助金等费用。

【审 判】

广东省湛江市霞山区人民法院一审认为：交警部门对于交通事故的责任认定正确，予以采信。梁观新在完成驾驶任务而轮班休息中，因发生交通事故受伤，经劳动和社会保障部门认定，显属工伤。梁观新依法享有请求运输公司赔偿的权利，将工伤待遇和交通事故人身损害赔偿相互竞合，实行差额互补。对于梁观新误工费的请求，因梁观新住院期间，运输公司已经向其发放了工资，不予支持。对于伤残补助金，梁观新经法医鉴定为五级伤残，按照广东省 2004 年度人身损害赔偿计算标准，梁观新的残疾补助金为 148 560 元，而梁观新请求 123 800 元并未超过有关规定，应予以支持，但应扣除梁观新已经从运输公司领取的一次性伤残补偿金 7 924 元，即梁观新残疾补助费为 115 876 元。对于梁观新的护理费、伙食补助费的请求予以支持。综上所述，遂依照有关法律、司法解释的规定，判决：运输公司赔偿梁观新伙食补助费、护理费、伤残补助金三项合计 117 793.54 元；驳回梁观新的其他诉讼请求。

一审法院判决后，被告运输公司不服上诉。湛江市中级人民法院二审判决驳回上诉，维持原判。

【评 析】

本案争议的焦点主要是交通事故引发工伤，工伤待遇和交通事故人身损害赔偿相互竞合问题：单位司机在执行单位任务过程中，发生交通事故造成人身损害，经认定属于工伤，单位按照劳动和社会保障部门的工伤支付清单支付司机受伤住院的医药费及一次性伤残补偿金后，司机能否另行起诉因交通事故造成人身损害，要求单位赔偿误工费、伙食补助费、护理费、伤残补助费等费用。实践中有几种不同观点：

第一种观点认为，梁观新获得工伤待遇后又另行起诉因交通事故造成其身体损害，要求运输公司赔偿相关费用，缺乏法律依据。

第二种观点认为，梁观新依法享有请求运输公司赔偿的权利，将工伤待遇和交通事故人身损害赔偿相互竞合，实行差额互补的办法进行处理。

第三种观点认为，梁观新除了享受工伤待遇之外，还可以获得交通事故人身损害的全部赔偿，即“双重赔偿”。

目前，在现实生活以及司法实践中，由于交通事故引发工伤，工伤待遇以及交通事故人身损害赔偿竞合问题的处理方法，存在不同的做法，亦有很多争议，这除了工伤待遇以及交通事故人身损害赔偿两者的法律关系、性质、赔偿主体等不同外，立法层面的混乱、冲突以及一些目前效力不明的行政法规、规章的存在，此乃引发争议、导致适用法律不统一的根本原因，亟待相关部门尽快协调统一，出台统一规定，解决冲突，统一法律适用问题。当前，适用于调整交通事故引发工伤，工伤待遇与交通事故人身损害赔偿竞合问题处理办法及其法律依据主要有三种：

一是实行差额互补。自 1996 年 10 月 1 日起试行的《企业职工工伤保险试行办法》

（以下简称《试行办法》）第二十八条规定："由于交通事故引起的工伤，应当首先按照《道路交通事故处理办法》及有关规定处理。工伤保险待遇按照以下规定执行：（一）交通事故赔偿已给付了医疗费、丧葬费、护理费、残疾用具费、误工工资的，企业或者工伤保险经办机构不再支付相应待遇（交通事故赔偿的误工工资相当于工伤津贴）。企业或者工伤保险经办机构先期垫付有关费用的，职工或其亲属获得交通事故赔偿后应当予以偿还。（二）交通事故赔偿给付的死亡补偿费或者残疾生活补助费，已由伤亡职工或亲属领取的，工伤保险的一次性工亡补助金或者一次性伤残补助金不再发给。但交通事故赔偿给付的死亡补偿费或者残疾生活补助费低于工伤保险的一次性工亡补助金或者一次性伤残补助金的，由企业或者工伤保险经办机构补足差额部分。（三）职工因交通事故死亡或者致残的，除按照本条第（一）、（二）项处理有关待遇外，其他工伤保险待遇按照本办法的规定执行。（四）由于交通肇事者逃逸或其他原因，受伤害职工不能获得交通事故赔偿的，企业或者工伤保险经办机构按照本办法给予工伤保险待遇。（五）企业或者工伤保险经办机构应当帮助职工向肇事者索赔，获得赔偿前可垫付有关医疗、津贴等费用。"这是一种竞合互补的解决方法，职工因交通事故引发工伤，可以同时主张交通事故损害人身赔偿以及享受工伤保险待遇，但职工最后所获得的赔偿或补偿费用，只能是该职工在交通事故中遭受的实际经济损失。目前，有人主张《工伤保险条例》以及《道路交通安全法》出台后，《试行办法》第二十八条规定已经过时，不能再适用。

由国务院制定、自2004年1月1日起施行的《工伤保险条例》对于工伤待遇与交通事故人身损害赔偿竞合问题没有作具体规定，但其对原劳动部制定的《试行办法》也没有明文废止，目前亦没有相关职权部门对该《试行办法》效力作出否定的声明性评价或者失效的书面决定，客观的事实是目前该《试行办法》仍然处于继续生效状态，对于《工伤保险条例》与《试行办法》两者就同一问题所作的规定相互矛盾或者不一致的情形，根据上位法优于下位法、后法优于前法的规定，肯定应当适用《工伤保险条例》的规定，这毋庸置疑，但对于《试行办法》原来规定的交通事故引发工伤，工伤待遇与交通事故人身损害赔偿竞合的问题的处理办法，《工伤保险条例》没有作出具体的规定。那种认为《工伤保险条例》不作具体规定，《道路交通安全法》出台后，《道路交通事故处理办法》已被废止，《试行办法》第二十八条不能再适用的观点值得商榷。笔者认为，《试行办法》目前仍然具有效力，其对于交通事故引发工伤，工伤待遇与交通事故损害人身赔偿竞合问题的处理办法目前仍然应当适用该《试行办法》第二十八条的规定。

二是只享受工伤待遇。自2004年5月1日起施行的最高人民法院《关于审理人身损害赔偿案件适用法律若干问题的解释》（以下简称《解释》）第十二条规定："依法应当参加工伤保险统筹的用人单位的劳动者，因工伤事故遭受人身损害，劳动者或者其近亲属向人民法院起诉请求用人单位承担民事赔偿责任的，告知其按《工伤保险条例》的规定处理。"按照该条司法解释的规定，工伤待遇与交通事故人身损害赔偿竞合的时候，劳动者不能向用人单位提出人身损害赔偿，只能按照《工伤保险条例》的规定向用人单位要求工伤保险待遇，不能再以人身损害请求用人单位承担民事赔偿。笔者认为，假设上述原劳动部制定的《试行办法》第二十八条并不是《工伤保险条例》关于工伤待遇与交通事故人身损害赔偿竞合问题的具体实施办法，即《试行办法》第二十八条已经不能再适用，规定劳动者在这种情况下只能享受工伤待遇，而不能再向用人单位主张民事责任权利，又将会导致新问题，且会与其第二款规定相互矛盾。就以本案为例，如果不适用《试行办法》第二十八条，依照《解释》第十二条第一款的规定，梁观新不能再向运输公司主张民事赔偿权利，只能享受工伤待遇，那么，假如发生交通事故的时候，大客车上同时还乘坐着A单位委派正在执行公务过程中的B职工，B职工在交通事故中遭受人身损害程度与梁观新一模一样，那么同样是依照《解释》第十二条第二款的规定："因用人单位以外的第三人侵权造成劳动者人身损害，赔偿权利人请求第三人承担民事赔偿责任的，人民法院应予支持。"B职工享受工伤待遇后，依然可以向运输公司主张交通事故损害人身赔偿权利，获得"双重赔偿"或者"竞合互补"，所获赔偿肯定不会低于单纯享受工伤待遇。故此，笔者认为，《解释》第十二条的规定应当进行修订，区分不同情形作出明确规定，不能一概取消劳动者向用人单位主张民事赔偿的权利，仍然以本案为例，诸如梁观新这种情形，在事故中完全没有责任的劳动者，应当赋予其享受工伤待遇的同时，依照民事法律规定尚享有获得民事赔偿权利的，应当予以支持，至于采用"双重赔偿"还是"竞合互补"，可以进一步明确规定。

三是实行双重赔偿。《解释》第十二条第二款表述隐晦、含糊，不够明确，似乎可以理解为劳动者可以获得双重赔偿。但对于这种倾向性理解，笔者觉得似乎又有点牵强、不全面，究竟第三人承担的是一种对于工伤待遇不足部分性的补充性责任还是该第三人应当承担的全部责任并没有明确。

此外，由全国人大常委会制定，分别自2002年5月1日、11月1日开始实施的《职业病防治法》第五十二条、《安全生产法》第四十八条分别规定："职业病病人除依法享有工伤社会保险外，依照有关民事法律，尚有获得赔偿的权利的，有权向用人单位提出赔偿要求。""因生产安全受到损失的从业人员，除依法享有工伤保险外，依照民事法律尚有获得赔偿的权利的，有权向本单位提出赔偿要求。"上述两部法律对于职工工伤待遇与民事责任都规定了双重赔偿的标准，虽然与交通事故引发工伤，工伤待遇与交通事故人身损害赔偿竞合的情形有所区别，并且与上述最高人民法院的司法解释只能向用人单位以外的第三人主张民事侵权责任的规定有所不同，但一定程度上反映了立法者对于工伤待遇与民事责任竞合的情形下，倾向于支持职工可以获得"双重赔偿"的立法意图。

综上所述，虽然工伤待遇与交通事故人身损害赔偿，两者分属公、私法领域，法律关系性质、赔偿主体等均不相同，不能相互代替，亦不属于同一民事责任的竞合，不适用受害人只能择一请求赔偿的原则，且对于竞合问题，立法者的立法意图似乎有支持劳动者可以获得"双重赔偿"的倾向，付诸实践肯定会对保障劳动者的合法权益大有好处，也不会增加企业的负担，笔者对此从情感上亦持赞同态度，希望相关职权部门能够尽快出台统一规定，解决冲突，让劳动者能够获得"双重赔偿"。但从司法的客观、公正、理性的角度出发，在目前《试行办法》继续生效，没有被明文废止，其他法律、法规、司法解释也没有明确规定的情况下，人民法院在审理交通事故引发工伤，工伤待遇与交通事故人身损害赔偿竞合的案件的时候，仍然应当适用《试行办法》第二十八条的规定。

一审合议庭成员：陈晓文　余文晓　黎　明

二审合议庭成员：吴志勇　许少珍　何　伟

作者单位：湛江市中级人民法院

公款私存被人民法院执行划扣，引发损失应由谁承担

——四会市城中街道河西村民委员会白土一村民小组诉中国邮政储蓄银行有限责任公司四会市支行储蓄存款合同纠纷案

陈小丽　任建新　罗静芳

【问题提示】

对邮政支行不具备单位银行结算业务而吸纳公款私存的行为如何定性?

【要点提示】

邮政支行不具备单位银行结算业务职能而吸纳公款私存的行为，违反了中国人民银行的禁止性规定，属于无效民事行为，由此造成的损失应按过错比例承担赔偿责任。

【案例索引】

一审：广东省四会市人民法院［2008］四民初字第733号民事判决

二审：广东省肇庆市中级人民法院［2008］肇中法民商终字第257号民事判决

【案情】

上诉人（原审被告）：中国邮政储蓄银行有限责任公司四会市支行（以下简称邮储四会支行）。

被上诉人（原审原告）：四会市城中街道河西村民委员会白土一村民小组（以下简称村民小组）。

第三人：吴维洪。

2006年10月12日，广贺高速公路因征用了村民小组土地，补偿征地款502 718元。同年10月27日，邮储四会支行属下的济广塘邮政储蓄所为了吸存，要求河西村民委员会主任丁金娣及村民小组的组长吴维洪，将上述村民小组的征地补偿款转存到邮储四会支行处；同日，济广塘邮政储蓄所办理了以第三人吴维洪名义开设的个人结算账户，账号为605932014220123017。为确保账号存款的安全，由河西村民委员会和白土一村民小组联合向济广塘邮政储蓄所出具了一份委托书，该委托书注明："河西村民委员会辖下白土一村的广贺高速公路征地款委托一村村长吴维洪存入贵所待分配，款项502 718元，对这笔款项的支取必须凭河西村民委员会公章，丁金娣、吴维洪印鉴和村民征地分配表，不能支取现金。如遇到其中某一公章印鉴丢失、被盗或损坏的特殊情况，公安部门出具遗失或损坏更换公章证明后方可支取。"济广塘邮政储蓄所接受了该委托书并同意了所设定的公章、印鉴。2008年1月8日，邮储四会支行为村民小组制作了村民小组村民征地款的"分配

表”，约定款项从吴维洪在邮储四会支行处所开设的个人结算账户内转出。

关于丁伙桂、丁水连与吴维洪债务纠纷一案，四会市人民法院于2000年6月8日作出了［2000］四审监民初字第2号民事判决。该判决生效后债权人申请执行，2007年3月13日，四会市人民法院向邮储四会支行处查询吴维洪个人账号存款情况，邮储四会支行回复吴维洪个人账号有存款503 161.39元。同年6月25日，四会市人民法院在邮储四会支行处划扣了吴维洪个人账号存款194 301元。之后，四会市人民法院将划扣到的款项转付给了相关申请执行人。

后村民小组向四会市人民法院起诉，请求法院判令：一、确认村民小组、邮储四会支行之间的储蓄存款合同无效；二、由邮储四会支行赔偿村民小组损失194 301元；三、吴维洪承担连带赔偿责任；四、由邮储四会支行承担本案的诉讼费用。

【审判】

四会市人民法院一审认为：白土一村民小组以吴维洪的名义与四会邮政支行之间存在储蓄存款合同关系，四会邮政支行也予以确认。但该合同关系违反了中国人民银行《人民币银行结算账户管理办法》第二十八条、第六十六条第一款第（二）项、第六十七条第一款第（一）项的规定，属于无效的民事行为，导致合同无效，主要是四会邮政支行和吴维洪的过错造成。从吴维洪申请开户、存款及四会市城中街道河西村民委员会向四会邮政支行属下的济广塘邮政储蓄所出具的委托书及后来四会邮政支行为白土一村民小组制作的“分配表”看，四会邮政支行是十分清楚讼争的款项是属白土一村民小组所有的，但四会邮政支行仍同意吴维洪设立了“公款私存”的个人结算账户。此外，在法院执行该账户存款时，四会邮政支行没有告知法院该款属白土一村民小组所有，致使白土一村民小组的款项被划扣偿还了吴维洪的个人债务，四会邮政支行明显有过错。而吴维洪明知自己拖欠他人债务，仍将属白土一村民小组的征地款以个人名义存入四会邮政支行处，且用于偿还其个人的债务，也有过错。由于四会邮政支行、吴维洪的过错行为导致了白土一村民小组的损失，故对白土一村民小组损失的194 301元，应由四会邮政支行、吴维洪负责赔偿。综上所述，依照《中华人民共和国民法通则》第一百零六条，《中华人民共和国合同法》第五十二条第（五）项、第五十八条及《储蓄管理条例》第三条第二款之规定，判决：一、确认白土一村民小组以吴维洪名义与四会邮政支行之间的储蓄存款合同无效；二、四会邮政支行、吴维洪于判决发生法律效力之日起十日内赔偿白土一村民小组的损失194 301元；三、驳回白土一村民小组的其他诉讼请求。一审受理费4 186元由四会邮政支行、吴维洪负担。

四会邮政支行上诉称：白土一村民小组设立账户时，吴维洪及四会市城中街道河西村民委员会的正、副主任均在场，并出具了委托书、印鉴，即使存在所谓“公款私存”的行为，也是白土一村民小组的真实意思表示，其也完全清楚以吴维洪名义存款的性质以及存在的风险，故过错完全在于白土一村民小组。除济广塘储蓄所外，我行及其他下属机构对白土一村民小组“公款私存”的情况均不知情，白土一村民小组的款项被法院错误划扣的过错责任与我行无关，应由白土一村民小组及吴维洪共同承担。即使我行的下属机构同意“公款私存”存在过错，该过错与白土一村民小组的损失之间也没有必然的因果关系，“公款私存”虽然违反有关金融管理规定，但是并不必然会产生存款的损失，致白土一村民小组存款损失的真正原因是吴维洪拖欠的个人债务，与我行无关。一审根据《储蓄管理条例》的相关规定认定本案所涉储蓄合同无效，合同无效的责任本应全部或主要由白土一村民小组承担，将白土一村民小组的损失完全归责于我行及吴维洪是错误的。综上，请求肇庆市中级人民法院依法撤销四会市人民法院［2008］四民初第733号民事判决并判决驳回白土一村民小组的所有诉求，一、二审诉讼费用由白土一村民小组承担。

肇庆市中级人民法院二审认为：四会邮政支行属下济广塘邮政储蓄所办理的、以吴维洪名义开设的账号为605932014220123017个人结算账户，实为白土一村民小组以吴维洪个人的名义开设。而根据中国人民银行《关于执行〈储蓄管理条例〉的若干规定》第一条“储蓄存款是指个人所有的存入中国境内储蓄机构的人民币或外币存款”的规定，白土一村民小组与四会邮政支行之间的储蓄存款合同关系不成立，原审法院认定白土一村民小组以吴维洪的名义与四会邮政支行之间存在储蓄存款合同关系不妥，本院予以纠正。白土一村民小组将征地补偿款以该村民小组负责人吴维洪的名义存入四会邮政支行，属于公款私存，违反《储蓄管理条例》第三条第二款“任何单位和个人不得将公款以个人名义转为储蓄存款”的规定，故该储蓄存款行为应认定无效。

关于本案中四会邮政支行是否存在过错的问题。首先，四会邮政支行在明知该笔款项性质的情况下，其属下济广塘邮政储蓄所邓玉华仍主动向白土一村民小组提出存款至该所的建议，并为白土一村民小组所接受，故四会邮政支行对白土一村民小组的征地补偿款公款私存存在主动吸存的事实。其次，作为储蓄存款机构，四会邮政支行明知该笔存款所有权不属于吴维洪个人，仍为白土一村民小组开设个人结算账户，明显违反储蓄业务中不得公款私存的禁止规则。再次，四会市城中街道河西村民委员会与白土一村民小组共同向济广塘邮政储蓄所出具的委托书，清晰表明该笔款项的性质，并以预留印鉴作为设定的取款条件，该委托书及预留的印鉴均为四会邮政支行接受，而在原审法院因吴维洪个人债务对四会邮政支行进行查询被划扣，四会邮政支行却一直未能向原审法院反映该笔存款的真实情况，是致使白土一村民小组的财产受到损失的原因之一。故四会邮政支行对造成上述储蓄存款行为无效和白土一村民小组损失均存在过错。至于四会邮政支行认为公款私存的情况仅下属机构济广塘邮政储蓄所知道，该行及其他下属机构都完全不知情的抗辩，属于四会邮政支行内部管理机制是否完善的问题，不能成为其对外免责的依据。因此，本院对四会邮政支行关于其不存在过错、白土一村民小组的损失与其行为没有法律上必然的因果关系的抗辩，不予采纳。原审判决对此认定正确，本院予以确认。

关于四会邮政支行在本案中应否承担相应的民事责任的问题。根据《中华人民共和国民法通则》第五十八条第二款、第六十一条之规定，无效的民事行为，从行为开始起就没有法律约束力，当事人因该行为取得的财产，应当返还给受损失的一方。有过错的一方应当赔偿对方因此所受到的损失，双方都有过错的，应当各自承担相应的责任。白土一村民小组对四会邮政支行在2006年尚未具备开设对公结算账户公款的业务范围以及公款私存行为违规等应有所了解，因此白土一村民小组对存款行为无效亦存在一定过错，四会邮政支行关于不应免除白土一村民小组的责任有事实和法律依据，应予以采纳。吴维洪明知自己存在个人债务，仍同意以其个人名义开设账户，最终因其个人债务问题被法院执行，导致白土一村民小组194 301元财产损失，故应由四会邮政支行、白土一村民小组、吴维洪三方共同承担相应的民事责任。鉴于吴维洪同时也是白土一村民小组财产的不当得利者，依据《中华人民共和国民法通则》第九十二条之规定，应将所得财产予以返还。故应由吴维洪首先承担返还 194 301 元给白土一村民小组的责任，对其不能偿还的部分，由四会邮政支行承担三分之一的赔偿责任。

综上，判决：一、维持四会市人民法院［2008］四民初字第 733 号民事判决第三项。二、变更四会市人民法院［2008］四民初字第 733 号民事判决第一项为：确认四会市城中街道河西村民委员会白土一村民小组以吴维洪名义与中国邮政储蓄银行有限责任公司四会市支行之间的储蓄存款行为无效。三、变更四会市人民法院［2008］四民初字第 733 号民事判决第二项为：吴维洪应自本判决送达之日起十日内向四会市城中街道河西村民委员会白土一村民小组返还 194 301 元。四、中国邮政储蓄银行有限责任公司四会市支行对吴维洪不能偿还的部分承担三分之一的赔偿责任。

【评析】

本案是因村民小组以村民吴维洪个人名义将征地补偿款公款私存至邮储四会支行，后因吴维洪个人债务而被人民法院强制划扣执行而引发的纠纷。在看似简单的案情中，包含了若干复杂的法律问题，包括四会法院强制划扣储蓄存款的行为是否错误执行、公款私存的法律性质和法律后果、各方过错责任的甄别和责任的承担问题等。

一、人民法院强制划扣存款是否错误执行

虽然此问题在判决中没有涉及，但有不少人认为村民小组的损失可以通过执行回转而获得救济，且直接影响到村民小组最终损失的确认和案件的处理等问题，故有必要在此予以厘清。

从法院查明的事实来看，邮储四会支行为了吸纳存款，与村民委员会主任丁金娣及村民小组组长吴维洪达成合意，将村民委员会的征地补偿款转存到邮政储蓄所。有观点认为储蓄存款的真正所有权人是村民小组，而不是吴维洪，法院在吴维洪与丁伙桂、丁水连的个人债务纠纷中，将储蓄存款作为吴维洪的个人财产予以执行，属执行错误，应予纠正及执行回转。要判断此观点正确与否，必须从本案纠纷的标的物即货币的法律属性以及吴维洪与村民小组的法律关系来分析。

货币是种类物，这种特殊物有着不同于一般物的特性，货币一经被占有，即对其拥有所有权。村民小组将土地补偿款以吴维洪个人名义存入储蓄所，土地补偿款转化成储蓄存款，在此过程中，货币的流转经历了两个阶段。一是村民小组将货币转移给吴维洪支配，实际上吴维洪占有了货币，即吴维洪是货币的所有权人，吴维洪对货币享有占有、使用、处分、收益的权利。二是吴维洪将货币存入储蓄所，吴维洪与储蓄所建立了储蓄合同关系，按照传统的民法理论，储蓄合同的存款人因将货币交付给储蓄所而丧失了其对货币的占有，储蓄所通过占有货币而获得对这些货币的所有权。吴维洪根据储蓄存款合同享有对银行的债权请求权。按照物权公示原则，物权的变动经公示后即受到法律的承认和保护，善意第三人不因权利的瑕疵而受到损失。即使最后认定公款私存的行为无效，但该行为无效的不利后果不应由善意第三人来承担，善意第三人通过人民法院强制执行的正是以吴维洪名义公开登记的个人储蓄存款。善意第三人通过国家强制力获得了该笔货币的合法所有权。村民小组能否通过执行回转而获得救济不言而喻。村民小组虽然失去了对货币的占有、使用、收益、处分的权利，但仍然享有对吴维洪的债权请求权。

二、公款私存的法律性质及其法律后果

公款私存是一种将单位资金以个人名义开立账户存储的行为。它首先是一种行政违法行为。《现金管理暂行条例》、《储蓄管理条例》、《商业银行法》、《人民币存款管理办法》、《金融违法行为处罚办法》等多部法律、法规、规章中都对公款私存制定了禁止性法律规范并设定了相应的处罚。一旦公民、法人或其他组织乃至金融机构实施了公款私存行为，就要受到相应的行政制裁。其次，如公款私存时将单位资金占为己有，且在刑法规定的起点以上的，则构成非法占有单位资金罪或贪污罪。再次，从民事角度而言，公款私存行为因违反了国家法律、法规的禁止性规定，从一开始就是无效的民事行为。

因本案是一宗民事纠纷，故本文不对案中涉及的行政或刑事责任加以评论，主要从民事角度分析公款私存的法律后果。如前所述，白土一村民小组以吴维洪名义而非本村民小组的名义在邮储四会支行存储，属于公款私存。该村民小组因不具备储蓄合同所要求的主体资格，并违反了国家法律、法规的强制性规定，故该民事行为无效。按照《中华人民共和国民法通则》第五十八条第二款、第六十一条的规定，无效的民事行为从行为开始起就没有法律约束力，当事人因该行为取得的财产，应当返还给受损失的一方。有过错的一方应当赔偿对方因此所受到的损失，双方都有过错的，应当各自承担相应的责任。

三、各方过错责任的甄别和处理

关于邮储四会支行、村民小组的过错问题，基本没有太大的异议。邮储四会支行明知是白土一村民小组的征地补偿而主动吸存为个人储蓄存款，违反了储蓄业务中不得公款私存的规定，且在四会法院向其查询吴维洪个人存款情况至划扣款项的3个月时间内，一直未向四会法院反映该笔存款的真实情况，邮储四会支行对上述储蓄存款行为无效、村民小组损失的产生存在过错。而村民小组以吴维洪个人名义“公款私存”，是其真实意思表示，其应该清楚以个人名义存款的性质及存在的风险，理应承担由此产生的后果和风险。

关于吴维洪是否存在过错及损失的承担问题，二审合议庭有两种意见。多数人意见认为：从本案查明的事实看，村民小组对邮储四会支行在2006年尚未具备开设对公结算账户公款的业务范围、不能公款私存应有所了解，因此其对存款行为无效亦存在一定过错，邮储四会支行关于不应免除村民小组责任的上诉请求有事实与法律依据，应予以采纳。吴维洪明知自己存在个人债务，仍同意以其个人名义开设账户，最终因其个人债务问题被法院执行，导致村民小组财产损失，故应由三方共同承担相应的民事责任。吴维洪同时也是村民小组财产的不当得利者，依据《中华人民共和国民法通则》第九十二条之规定，应将所得财产予以返还。故应由吴维洪首先承担返还财产的责任，对其不能偿还的部分，由邮储四会支行承担三分之一的赔偿责任。少数人意见认为：邮储四会支行、村民小组对存款行为无效均存在过错，故应从造成储蓄存款行为无效来确定责任的承担者。本案中，储蓄存款行为的相对方是村民小组和邮储四会支行，吴维洪以个人名义存款的行为是代表村民小组进行的行为，而非其个人行为，其并非储蓄存款行为无效的过错责任者。因此根据村民小组的诉请，本案应由邮储四会支行、村民小组根据其过错承担相应责任。原审判决不应将储蓄存款关系和侵犯财产所有权关系混同处理，但鉴于本案的实际情况，吴维洪因其个人债务被法院依法执行，且未及时告知村民小组，导致村民小组的财产用以偿还吴维洪个人债务的结果，吴维洪是不当得利受益人，也是村民小组财产损失的侵权人，故原审判令吴维洪承担还款责任亦无不妥。综上，邮储四会支行对村民小组的损失应承担二分之一的赔偿责任，邮储四会支行承担该赔偿责任后可对吴维洪进行追偿，同时吴维洪对村民小组损失的其余二分之一应直接向村民小组返还。

上述两种意见的分歧在于吴维洪是否存在过错，如认定吴维洪无过错，邮储四会支行则应承担二分之一的赔偿责任，如认定吴维洪有过错，邮储四会支行则只需承担三分之一的赔偿责任。笔者认为第一种意见更加恰当。吴维洪明知公款私存是违反国家法律、法规禁止性规定的，且明知自己欠有债务，仍然同意并且配合以其个人名义公款私存，最后导致存款被用以清偿其个人债务，其过错是显而易见的。同时考虑到吴维洪是真正的得益者，没有合法的依据而获得利益，使村民小组受到损失，构成不当得利。如前所述，村民小组从对土地补偿款享有所有权转变为对吴维洪享有债权请求权，吴维洪理应返还给村民小组被划扣的存款金额。村民小组的损失是在吴维洪无力偿还所被划扣存款的前提之下才产生的，故应由吴维洪首先承担返还 194 301 元给村民小组的责任，对其不能偿还的部分，才由邮储四会支行承担三分之一的赔偿责任。

虽然村民小组的起诉是以确认合同无效为案由，但吴维洪是事件中的最大得益者，若将吴维洪的个人责任排除在本案以外不作处理，将出现本应清偿债务的吴维洪不必再承担清偿责任、村民小组与邮储四会支行为吴维洪承担全部损失的后果，这样的判决是不能更好地解决本案纠纷的，势必引起新的诉讼，不能达到案结事了的目的。二审判决能抓住本案纠纷的实质，多角度运用审判技巧和审判理论，采用务实灵活的审判方法。

一审合议庭成员：邱　毅　李学会　梁小强
二审合议庭成员：吴国红　俞湘红　罗静芳
作者单位：广东省高级人民法院　肇庆市中级人民法院

案件中存在违约之诉和侵权之诉竞合情况下的问题处理

——李某粤诉阳江市妇幼保健院侵权案

冯秀珠

【问题提示】

在具体的案件中存在违约之诉和侵权之诉竞合的情况，法院在审理案件时该如何处理?

【要点提示】

在符合法律的情况下，选择何种途径最有利于保护受害人的合法权益，解决法律上的障碍，应该是受害人优先考虑的问题，同时也是受诉法院要认真考虑的问题。如果选择了不切实际和不合理的途径，不仅不能很好地保护当事人的合法权益，在审判中也会出现处理不当的情形。

本案存在违约之诉与侵权之诉竞合的情形。在一审中，法院认定李某粤与阳江市妇幼保健院构成医疗服务合同关系，将本案作为医疗服务合同纠纷处理。但由于有关的合同约定不尽详细，也缺乏相关的法律依据，受害者的权益将得不到很好的保护。在二审中，法院将该案认定为侵权之诉，受害者即可以享有侵权情形下的精神损害赔偿请求权，显然更有利于保护受害者的合法权益。

本案中，由于阳江市妇幼保健院接诊医生的疏忽，致使李某粤处女膜破裂。在司法实践中，处女膜应该归于人身权的一部分。李某粤系未婚女性，其处女膜的非正常损伤，包括今后进行处女膜修补手术，确实对李某粤造成了一定的精神损害，对李某粤今后婚姻生活的和谐也将产生一定影响，故阳江市妇幼保健院应当承担因侵权导致的精神损害赔偿责任。

【案例索引】

一审：广东省阳江市江城区人民法院［2007］城法民一初字第1040号民事判决

二审：广东省阳江市中级人民法院［2008］阳中法民一终字第39号民事判决

【案情】

上诉人（原审被告）：阳江市妇幼保健院。

被上诉人（原审原告）：李某粤。

2007年10月7日下午，李某粤到阳江市妇幼保健院就诊，要求做白带常规检查，就诊过程中，该院的接诊医生使用窥阴器对李某粤进行妇科检查，致使李某粤的处女膜11

点、5 点处破裂。庭审中，阳江市妇幼保健院对李某粤主张在阳江市妇幼保健院就诊时被接诊医生使用窥阴器导致处女膜破裂的事实没有异议，并认为是接诊医生疏忽所致，同意按李某粤的请求赔偿处女膜修补费 1 000 元，其余的相关费用可在 5 000 元限额内赔偿。李某粤对其主张的误工费、护理费的损失未能提供相关的证据。

李某粤诉称：2007 年 10 月 7 日下午，李某粤到阳江市妇幼保健院就诊。李某粤当时对阳江市妇幼保健院的接诊医生李家妍说明是做白带常规检查。李家妍医生在未询问李某粤婚否、有无性生活史等情况下就直接叫李某粤睡到检查床上。李某粤刚躺上去，李家妍医生就马上用窥阴器伸进李某粤的阴道，李某粤忍不住大声喊痛，李医生并不理会，再次用力把窥阴器向阴道内推入，李某粤再次大声喊痛，当时鲜血直流。按照医疗惯例，对女性使用窥阴器进行妇科检查时，首先要询问她的年龄、婚否、有否性生活史等。对未婚女患者，必须征得其同意，否则绝对不能用窥阴器进行检查。李医生在未询问李某粤婚否、有无性生活史等情况下违规使用窥阴器进行妇检，导致李某粤处女膜破裂出血。在中国的传统观念里，处女膜破裂就等于失贞，处女膜对于青年女性而言有着极其特殊的意义。李某粤在非常传统的单亲家庭长大，是传统的知识女性，视贞操如生命，一直以来守身如玉，矢志把贞操奉献给深爱的、可以托付终身的如意郎君。处女膜是贞操的象征。处女膜的破裂，不但使李某粤蒙受巨大的创痛，也击碎了李某粤的美梦，并对李某粤的生活、心理健康造成了重大的精神损害和心理压力。为维护自己的合法权益，李某粤向法院起诉，请求：一、阳江市妇幼保健院赔偿精神损失费 10 万元、误工费 200 元、护理费 2 000 元、处女膜修补费 1 000 元。二、本案诉讼费由阳江市妇幼保健院承担。

阳江市妇幼保健院辩称：一、李某粤是 20 多岁的成年女性，事发时在成年男性的陪同下到阳江市妇幼保健院处就诊，就诊过程中，接诊医生对她进行常规检查，造成损伤结果是由于接诊医生的疏忽所致，并非故意所为。二、处女膜并不是人体的功能器官，损伤结果对李某粤的身体没有造成实际上的影响，从法律上讲，损害的后果不是十分严重。三、既然造成这种损伤的结果，依照法律有关规定，进行修补手术是唯一可行的方式，阳江市妇幼保健院可以承担进行修补手术这部分费用，并在合理合法范围内对李某粤进行补偿。请求法院驳回李某粤的其他诉讼请求。

【审判】

阳江市江城区人民法院一审认为：李某粤到阳江市妇幼保健院处就诊，双方构成医疗服务合同关系。李某粤在接受医疗服务过程中被阳江市妇幼保健院的接诊医生使用窥阴器弄破处女膜，阳江市妇幼保健院对这一事实没有异议，并认为是疏忽所致，应予认定。因此，阳江市妇幼保健院对李某粤造成的损害应承担赔偿责任。李某粤请求阳江市妇幼保健院赔偿处女膜修补费 1 000 元，阳江市妇幼保健院同意，应予准许。请求赔偿误工费 200 元、护理费 2 000 元，因未能提供相关的证据，不予采纳。关于本案的精神损害抚慰金问题，从医学角度看，处女膜虽不是人体的功能器官，但属身体的一部分，在传统中确有其特殊意义所在，在非本人意愿的情况下破裂，必然对其精神造成极大的损害。本案中李某粤的处女膜破裂是阳江市妇幼保健院的接诊医生对李某粤进行妇科检查时过错所致，因此，李某粤请求阳江市妇幼保健院赔偿精神损害抚慰金，应予支持，但请求赔偿 100 000 元过高，综合考虑阳江市妇幼保健院的过错程度、造成的后果、承担责任的经济能力、受诉法院所在地平均生活水平等因素，应调整为50 000元。据此，依照《中华人民共和国民法通则》第一百一十九条，最高人民法院《关于审理人身损害赔偿案件适用法律若干问题的解释》第一条、第十七条、第十八条，最高人民法院《关于确定民事侵权精神损害赔偿责任若干问题的解释》第八条第二款的规定，判决：一、限阳江市妇幼保健院在本判决发生法律效力之日起十日内赔偿处女膜修补费1 000元给李某粤。二、限阳江市妇幼保健院在本判决发生法律效力之日起十日内赔偿精神损害抚慰金50 000元给李某粤。三、驳回李某粤的其他诉讼请求。案件受理费共2 666元，由李某粤负担1 366元，阳江市妇幼保健院负担1 300元。

一审宣判后，阳江市妇幼保健院不服提出上诉称：一、李某粤作为20多岁的成年女性，当时在成年男友的陪同下到阳江市妇幼保健院就诊，接诊医生在对其进行常规检查的过程中，因疏忽而致使其处女膜破裂，造成损害后果是过失所致，并非故意所为。二、处女膜并不是人体的功能器官，它的损伤对人体的机能并未造成实质性的影响，损害后果并不严重，客观上并未给李某粤在精神上造成严重的损害后果。三、在本地区处理损害赔偿案件的审判实践中，即使是致害造成伤残甚至死亡，精神损害抚慰金还从未达到50 000元这个数额。一审法院在李某粤的损害事实尚未达到可以判处精神损害抚慰金的法定要件的情况下，判决阳江市妇幼保健院赔偿精神损害抚慰金50 000元给李某粤，既无法可依，也十分荒谬。请求二审法院撤销原审判决，依法改判。

李某粤辩称：一、阳江市妇幼保健院医生犯错不承认，我检查完毕去交款时发现流血，回去找医生，医生说没有事，只是出血而已。后来我打电话给母亲，医生在电话中向我母亲认错，但医院没有向我道歉。二、接诊李医生后来称当天高血压并有头晕现象，医院由一个有病的医生接诊，对医院和病人都不负责。三、在该事发生后，我母亲要求医院出具事件发生时间、经过等情况证明时，医院领导态度恶劣，再次受到伤害。请求二审法院作出公正判决。

阳江市中级人民法院经审理查明的事实和证据与阳江市江城区人民法院相同。

阳江市中级人民法院认为：本案李某粤起诉请求阳江市妇幼保健院赔偿经济损失和精神损失费，按其请求，应是选择侵权之诉，原审定性为医疗服务合同纠纷不当，应予纠正为侵权纠纷。

李某粤到阳江市妇幼保健院就诊，该医院医生在接诊过程中，因使用窥阴器不当，致李某粤处女膜破裂。对这一事实，双方无异议，应予确认。从医学角度看，处女膜虽不是人体的功能器官，但属身体组成部分，维系身体的完整性，阳江市妇幼保健院在接诊过程中造成其损伤，即对李某粤的身体权构成侵害，根据最高人民法院《关于确定民事侵权精神损害赔偿责任若干问题的解释》第一条第一款第（一）项“自然人因下列人格权利遭受非法侵害，向人民法院起诉请求赔偿精神损害的，人民法院应当依法予以受理：（一）生命权、健康权、身体权……”和第八条第二款“因侵权致人精神损害，造成严重后果的，人民法院除判令侵权人承担停止侵害、恢复名誉、消除影响、赔礼道歉等民事责任外，可以根据受害人一方的请求判令其赔偿相应的精神损害抚慰金”的规定，李某粤请求阳江市妇幼保健院赔偿精神损害抚慰金，理据充分，应予支持。阳江市妇幼保健院上诉称损害事实未达可判处精神损害抚慰金的法定情形的理据不足，本院不予采纳。对精神损害抚慰金具体赔偿数额，则根据最高人民法院《关于确定民事侵权精神损害赔偿责任若干问题的解释》第十条第一款“精神损害的赔偿数额根据以下因素确定：（一）侵权人的过错程度，法律另有规定的除外；（二）侵害的手段、场合、行为方式等具体情节；（三）侵权行为所造成的后果；（四）侵权人的获利情况；（五）侵权人承担责任的经济能力；（六）受诉法院所在地平均生活水平”的规定。由于处女膜在中国传统中有其特殊意义，在非本人意愿的情况下破裂，必然给受害人带来较大的精神损害，致害人应给予受害人一定的精神损害赔偿。鉴于阳江市妇幼保健院是在接诊过程中因医疗行为失当造成李某粤处女膜破裂，并非故意；且处女膜破裂对人身体健康不构成影响，案发后，阳江市妇幼保健院对因医疗过错造成李某粤处女膜破裂主动承认，以此证明李某粤在医院接诊时处女膜是完好的，最大限度地消除了可能给李某粤今后造成的损害后果；由于精神损害抚慰金的主要功能是填补性的，结合阳江地区经济水平，考虑到同类型医疗事故案件处理时精神损害抚慰金的数额确定原则，原审确定精神损害抚慰金为 50 000 元过高，应予以调整为 30 000 元为宜。原审判决认定事实清楚，但处理欠妥，应予纠正。阳江市妇幼保健院上诉部分理由成立，应予采纳。依照《中华人民共和国民事诉讼法》第一百五十三条第一款第（三）项的规定，判决如下：一、维持阳江市江城区人民法院［2007］城法民一初字第 1040 号民事判决第一、三项。二、变更阳江市江城区人民法院［2007］城法民一初字第 1040 号民事判决第二项为：限阳江市妇幼保健院在本判决发生法律效力之日起十日内赔偿精神损害抚慰金 30 000 元给李某粤。如果未按本判决指定的期间履行给付金钱义务，应当依照《中华人民共和国民事诉讼法》第二百三十二条之规定，加倍支付迟延履行期间的债务利息。一审案件受理费 2 666 元，二审案件受理费 1 050 元，共 3 716 元，由李某粤负担 2 600 元，阳江市妇幼保健院负担 1 116 元。本判决为终审判决。

【评析】

一、本案是选择侵权之诉还是医疗服务合同纠纷

在法律允许的情况下，选择何种途径最有利于保护受害人的合法权益，解决法律上的障碍，应该是受害人优先考虑的问题，同时也是受诉法院要认真考虑的问题。选择了不切实际和不合理的途径，不仅不能很好地保护当事人的合法权益，在审判中也会出现处理不当的情形。

处女膜在一定的历史条件下，其道德意义明显高于法律意义。中国传统上的贞洁观念便是处女膜一直被崇拜的缘由，即使是在当今社会，解放女性的观念深入人心，但处女膜情结依然根深蒂固。在这样的背景下，处女膜的完整在一定程度上直接影响着对女性自身的社会评价，依然有相当的女性因为处女膜问题承受着来自自身和外界双重的评价，直接体现为精神上的压力。在司法实践中，处女膜应该归于人身权的一部分。

江城区人民法院认定李某粤到阳江市妇幼保健院处就诊，双方构成医疗服务合同关系，却选择适用了最高人民法院《关于审理人身损害赔偿案件适用法律若干问题的解释》有关规定处理，属定性不准。同时，如本案作为医疗服务合同纠纷处理，由于合同的约定不尽详细以及法律依据的缺乏，受害者的权益显然得不到很好的保护。因此，本案应按侵权之诉处理为宜。

二、本案中阳江市妇幼保健院是否有对李某粤造成精神损害，如何确定精神损害赔偿金额

医生作为专业人士，应该能够预见到使用这种扩张性的医疗器械可能对女性身体造成的损害，却没有及时地提醒，没有尽到告知和征求意见的责任。处女膜也是女性身体的一部分，只要阳江市妇幼保健院存在过错行为并造成损害，都应当承担赔偿责任，这是法律所明确规定的。从阳江市妇幼保健院的行为来看，其实质就是人身侵权行为，李某粤获得精神赔偿理所应当。

对于精神损害赔偿，我国民事立法和司法解释至今均没有作出具体赔偿标准，最高人民法院发布的《关于确定民事侵权精神损害赔偿责任若干问题的解释》第十条第一款规定“精神损害的赔偿数额根据以下因素确定：（一）侵权人的过错程度，法律另有规定的除外；（二）侵害的手段、场合、行为方式等具体情节；（三）侵权行为所造成的后果；（四）侵权人的获利情况；（五）侵权人承担责任的经济能力；（六）受诉法院所在地平均生活水平”，也只是非常原则性的规定。法院判决没有具体的“尺度”，很大程度上取决于法官个人的感受和观念。法院应该根据案件当事人受伤害的程度和阳江市妇幼保健院的过错行为责任，判决给予足够的赔偿，过低的精神赔偿数额达不到安抚受害人心灵和感情伤害的目的。李某粤系未婚女性，其处女膜的非正常损伤，包括今后进行处女膜修补手术，确实对李某粤造成了一定的精神损害，对李某粤今后婚姻生活的和谐也将产生一定影响，故阳江市妇幼保健院应当承担因侵权导致的精神损害赔偿责任。但一审判决赔偿金过高，阳江中院根据当地平均生活水平，酌情决定赔偿精神损害抚慰金30 000元，符合法律规定。

一审合议庭成员：余从展　何静虹　梁红星
二审合议庭成员：潘丽婵　钟艳云　何桂霞
作者单位：阳江市中级人民法院

“齐二药”产品质量损害赔偿系列案件审理的思考

——章美康等诉中山大学附属第三医院等产品质量损害赔偿纠纷案

汪 翔

【问题提示】

在因假药而引起的医疗事故纠纷中药品的生产者与药品的销售者的责任该如何承担?

【要点提示】

患者就医于中山大学附属第三医院，被注射了齐齐哈尔第二制药有限公司生产的含有毒有害物质的亮菌甲素注射液，出现了急性肾功能衰竭、神经系统损害、病情加重的情况，甚至有部分患者死亡。法院以产品质量损害赔偿为案由，判决药品生产者齐齐哈尔第二制药有限公司赔偿各案受害人的经济损失共计350.82万元；药品销售者中山大学附属第三医院、广州金蘅源医药贸易有限公司、广东医药保健品有限公司对上述款项承担连带赔偿责任。判后，社会反响良好，体现了法律效果与社会效果的有机统一。

【案例索引】

一审：广东省广州市天河区人民法院［2007］天法民一初字第901号等11案民事判决

二审：广东省广州市中级人民法院［2008］穗中法民一终字第3078号等11案民事判决

【案情】

上诉人（原审被告）：中山大学附属第三医院（以下简称中山三院）、广东医药保健品有限公司（以下简称医保公司）。

被上诉人（原审原告）：章美康、周素云、任光荣、江香菜、张金梅、林泽群、曾纯谦、周启明、陈小影、丛刚、张荣镒等。

原审被告：齐齐哈尔第二制药有限公司（以下简称齐二药公司）、广州金蘅源医药贸易有限公司（以下简称金蘅源公司）。

2006年初，章国宏等11名患者因肝病先后到中山三院住院治疗，从2006年4月19日开始，中山三院为各患者注射了齐二药公司生产的亮菌甲素注射液。后部分患者出现了急性肾功能衰竭、神经系统损害、病情加重的情况，甚至有部分患者死亡。2006年5月10日，广东省药品检验所对涉案的亮菌甲素注射液作出鉴定报告，结论为涉案的亮菌甲素注射液含有毒有害物质二甘醇，足以严重危害人体健康。涉案的亮菌甲素注射液系齐二药公司生产，由金蘅源公司以5元/支的价格向齐二药公司购买，医保公司以33.84元/支的价格向金蘅源公司购买后再以36.005元/支的价格销售给中山三院，中山三院以46.10元/支的价格用于患者。“齐二药”事件发生后，广东省卫生厅组织省内外专家组对本案11名患者（受害人）的病例进行讨论，专家组认为：有6名患者（章国宏、周桂全、任贞朝、陈文陆、吴明远、陈宗明）的死亡与使用假药高度相关或密切相关，而有2名患者（曾令光、周杰敏）无确切证据提示其病情加重或器官功能损害与使用亮菌甲素注射液有关；有3名患者（陈发、丛刚、张荣镒）没有二甘醇中毒的临床表现。11名患者中，除丛刚、张荣镒外，其余患者均已死亡。

后章美康等11名患者及家属向广州市天河区法院提起诉讼，要求中山三院赔偿医疗费、死亡补偿费、丧葬费、未成年子女抚养费、精神损害抚慰金等共计11 243 793.66元。天河区人民法院受理后，依法追加齐二药公司、金蘅源公司、医保公司为本案共同被告。

【审判】

广州市天河区人民法院一审认为，本系列案是受害人在接受医疗服务过程中，因药品质量不合格造成受害人人身损害的赔偿案件。齐二药公司是涉案药品的制造者，金蘅源公司、医保公司是涉案药品的销售者，中山三院虽然有别于一般意义上的销售者，但其在为患者治疗过程中，在为患者使用药品时，并非属于非营利性的，医院购进药品的价格与给患者使用药品的价格存在明显的价差，具有经营者的性质，且中山三院亦自认为销售者，因此中山三院使用药品的行为应为销售药品的行为，故中山三院亦属于涉案药品的销售者。《中华人民共和国民法通则》第一百二十二条规定：因产品质量不合格造成他人财产、人身损害的，产品制造者、销售者应当依法承担民事责任。这种责任就是产品责任。产品责任的一般构成要件包括：产品存在缺陷、存在损害事实、产品缺陷与损害事实有因果关系。《中华人民共和国产品质量法》所称的缺陷，是指产品存在危及人身、他人财产安全的不合理的危险。广东省药品检验所经鉴定认定涉案的由齐二药公司生产的亮菌甲素注射液含有有毒有害物质二甘醇，足以严重危害人体健康。据此，涉案药品显属缺陷产品。药品是一种特殊的产品，因此，本案应适用产品质量的无过错责任原则归责。四名被告的行为侵害了受害人的生命权和健康权，构成了产品侵权责任，四名被告应当对各原告遭受的经济损失承担赔偿责任。关于各被告提出的其已经履行了法律规定的审查义务，在药品采购过程中不存在过错，不应承担赔偿责任之抗辩，法院认为，产品责任的三大构成要件是产品缺陷、损害事实和是否存在因果关系，相关法律并无规定产品的销售者在经销产品的过程中无过错即不用承担产品责任，相反，《中华人民共和国民法通则》第一百二十二条规定：因产品质量不合格造成他人财产、人身损害的，产品制造者、销售者应当依法承担民事责任。因此，即使中山三院、金蘅源公司、医保公司在经销药品的过程中无过错，亦应承担产品责任。关于产品侵权责任的承责形式，《中华人民共和国产品质量法》第四十三条规定：因产品存在缺陷造成人身、他人财产损害的，受害人可以向产品的生产者要求赔偿，也可以向产品的销售者要求赔偿。属于产品的生产者的责任，产品的销售者赔偿的，产品的销售者有权向产品的生产者追偿。属于产品的销售者的责任，产品的生产者赔偿的，产品的生产者有权向产品的销售者追偿。据此规定，四被告对原告均有承担赔偿责任的义务，而齐二药公司是生产涉案药品的责任人，其应为损害赔偿责任的最终承受者；作为销售者的中山三院、金蘅源公司、医保公司在承担赔偿责任之后，对涉案药品的制造者齐二药公司享有追偿权。故齐二药公司对原审原告的损失应承担赔偿责任，中山三院、金蘅源公司、医保公司在齐二药公司应承责的范围内负连带赔偿责任。关于中山三院辩称依据《中华人民共和国产品质量法》第四十二条的规定，对其适用的是过错推定原则，据此其不应承责，法院认为，《中华人民共和国产品质量法》第四十三条已明确规定销售者对产品使用者的损害承担的是无过错责任，对产品生产者承担的是过错责任，该法第四十三条并非中山三院提出的所谓的方便索赔条款，故中山三院此辩称，法院不予采信。关于中山三院提及的《药品管理法》，该法是卫生行政管理部门对药品的生产者和销售者进行监管的法律，对缺陷产品的侵权责任及生产者、销售者应如何承担民事赔偿责任并未作出明确的规定，故本案不适用该法。

患者章国宏、周桂全、任贞朝、陈文陆、吴明远、陈宗明的死亡与使用齐二药公司的亮菌甲素注射液高度相关或密切相关，死于二甘醇中毒导致的急性肾衰竭。据此可以看出，受害人死亡的直接原因是二甘醇中毒导致的急性肾衰竭，并非其原发病所致。因此，各被告要求减轻民事责任，依据不足，不予支持。法院判决各被告应全额赔偿这 6 个案件原告的经济损失。患者曾令光、周杰敏、陈发（共 3 人）的死亡及患者丛刚、张荣镒在注射亮菌甲素注射液后，无明显的临床表现，无确切证据提示患者的病情加重或器官功能损害与使用亮菌甲素注射液有多大的关联度，患者受涉案药品损害的原因力大小无法确定，不排除受害人的自身疾病亦是其病情加重或死亡的原因之一，据此可以酌情减轻侵害人的民事责任。本院酌情判决各被告应连带赔偿这 5 个案件原告经济损失的 60%。

齐二药公司经本院合法传唤，无正当理由拒不到庭参加诉讼，本院依法缺席判决。综上所述，依照《中华人民共和国民事诉讼法》第六十四条第一款、第一百三十条，《中华人民共和国民法通则》第一百二十二条、第一百三十四条第一款第（七）项，《中华人民共和国产品质量法》第四十三条及最高人民法院《关于审理人身损害赔偿案件适用法律若干问题的解释》第十七条第三款、第十八条、第十九条、第二十条、第二十一条、第二十二条、第二十三条、第二十四条、第二十七条、第二十八条、第二十九条之规定，判决：齐二药公司自本判决书发生法律效力之日起三日内应赔偿各案原告的医疗费、被扶养人生活费等经济损失及精神损害抚慰金等共计 350.82 万元。中山三院、金蘅源公司、医保公司应承担连带赔偿责任。

一审宣判后，中山三院、医保公司不服，向广州市中级人民法院提出上诉。

中山三院上诉请求法院：一、依法改判其对假药造成的损害不承担赔偿责任；二、本案一、二审的全部诉讼费由被上诉人承担。其事实和理由如下：一、一审法院对中山三院适用无过错责任原则归责，属适用法律严重错误。二、一审法院拒绝适用《药品管理法》，在假药造成的损害责任的认定上混淆和模糊了中山三院与齐二药公司、医保公司及金蘅源公司的不同性质和义务，存在严重错误。三、一审法院将《产品质量法》第四十三条作为无过错归责原则和连带责任的法律依据，并且完全排除适用《产品质量法》第四十一条关于生产者的严格责任以及第四十二条关于销售者的过错推定责任的明确规定，是错误的。中山三院是假药的使用者，一审法院认定医院是假药的销售者，是错误的。因此，对假药所造成的损害，中山三院依法不应承担赔偿责任。

医保公司上诉请求法院：一、撤销一审判决，依法改判其对齐二药公司的赔偿责任承担按份责任；二、判令被上诉人承担本案全部诉讼费用。其事实与理由如下：一、本案性质为包含产品侵权（共同侵权）、医疗侵权（一人侵权）两种法律关系的、无意思联络的“多因一果”的共同侵权案件，各行为人应当承担的是按份责任而不是连带责任。二、一审判决遗漏重要事实，没有查明导致患者死亡的原因力，更没有确定各个原因力的责任程度，导致涉及医保公司的赔偿数额过大、赔偿份额过高。

金蘅源公司意见为：我司不存在过失，不应承担赔偿责任。

齐二药公司经合法传唤，未到庭参加诉讼。

各患者同意一审判决。

广州市中级人民法院二审经审理认为：

一、中山三院属于涉案药品的销售者。中山三院虽非药品经营企业，但在诊疗过程中，其为患者提供药品并收取相应价款，其行为与药品经营企业通过向消费者提供药品获取收益的销售行为并无本质区别，故其为销售者。

二、涉案药品给他人造成人身、财产损害的，中山三院、医保公司及金蘅源公司作为销售者，不能以其没有过错为由免于对赔偿权利人承担赔偿责任。《产品质量法》第四十三条规定的是缺陷产品的销售者对受害人承担赔偿责任的归责问题，而该法第四十二条规定的则是缺陷产品的销售者终局责任的承担问题。中山三院认为根据《产品质量法》第四十二条的规定，缺陷产品的销售者对受害人承担的是过错责任，其无须对涉案假药给受害人造成的损害承担赔偿责任的上诉理由并不成立。依照《产品质量法》第四十三条的规定，中山三院作为涉案假药的销售者，其应当对受害人的损害承担赔偿责任。

三、章国宏等6名患者之死亡系因涉案假药所致，并无证据证实患者的自身疾病以及中山三院的医疗行为也是其死亡的共同原因；涉案假药和自身疾病是导致周杰敏等5名患者之死亡或人身损害的共同原因，并无证据证实中山三院的医疗行为存在过错且与周杰敏等5名患者之死亡或人身损害存在因果关系。第一，本案中，经鉴定涉案药品属于假药，其中含有305.3mg/ml的有毒有害物质二甘醇，足以严重危害人体健康。而中山三院在为患者治疗疾病的过程中，为其注射了该种药品，且其临床表现与广东省卫生厅总结出来的二甘醇中毒临床诊断标准相符，故可推定患者之死或遭受损害与涉案假药有因果关系。专家组作出的病例讨论意见和卫生部、国家食品药品监督管理局的联合专家调查组作出的调查报告认为，有6名患者（章国宏、周桂全、任贞朝、陈文陆、吴明远、陈宗明）的死亡与使用假药高度相关或密切相关，死于二甘醇中毒导致的急性肾衰竭，其死亡与使用涉案药品有关。上述讨论意见和调查报告虽然并非由鉴定机构出具的鉴定结论，不能作为认定案件事实的依据，但其对事实的认定具有一定的参考价值。综上，根据本案事实并结合上述省内外专家组和联合调查专家组的专家意见，足以认定章国宏等6人之死与涉案假药亮菌甲素注射液之间存在因果关系。讨论意见和调查报告中表明有2名患者（曾令光、周杰敏）无确切证据提示其病情加重或器官功能损害与使用亮菌甲素注射液有关；有3名患者（陈发、丛刚、张荣镃）没有二甘醇中毒的临床表现。该讨论意见和调查报告并非由鉴定机构出具的鉴定结论，故不能作为认定案件事实的依据，而仅具有参考作用。此外，广东省卫生厅虽然总结了二甘醇中毒的临床诊断标准，但没有证据表明该标准已经涵盖了二甘醇中毒的所有临床表现。既然目前尚无权威、完善的关于二甘醇中毒的临床诊断标准，自然也就无法排除周杰敏等之死亡或身体受损与被注射的涉案假药亮菌甲素注射液之间存在因果关系的可能性。综上，由于没有充分的证据足以推翻周杰敏等之死亡或身体受损与被注射的涉案假药亮菌甲素注射液之间存在因果关系的推定，故认定两者之间存在因果关系。第二，章国宏等6人死于二甘醇中毒导致的急性肾衰竭，非其自身疾病自然转归所致，即其自身疾病与死亡结果并无因果关系。医保公司虽然认为章国宏等6人的自身疾病也是导致死亡的原因之一，但其没有提供证据证实，其应当承担举证不能的不利后果。而周杰敏等入院之时被诊断为急性重型肝炎等，这表明周杰敏等此时已经身患重病，故可认定其自身疾病亦是导致其死亡的原因之一。据此酌情减轻各赔偿义务人的民事责任，判由各赔偿义务人对赔偿权利人承担60%的赔偿责任。

四、生产者与销售者之间承担的虽然并非连带责任，但一审法院判决各赔偿义务人承担连带赔偿责任并未加重其负担。《产品质量法》第四十三条并没有使用连带责任的表述，故应当认定生产者与销售者承担的并非连带责任。但从《产品质量法》第四十三条之规定来看，缺陷产品的生产者和销售者对受害人承担责任的形式与连带债务相同，应当属于学理上所称的不真正连带债务。但学理上的通说认为，不真正连带债务与连带债务具有相同的对外效力，即各债务人对于债权人均负有为全部给付的义务。因此，一审法院判决中山三院及医保公司等涉案假药的销售者与生产者齐二药公司对各赔偿权利人承担连带赔偿责任，并没有加重他们的负担，且这种判决方法使得判决主文更加简洁明了，故原审判决尚属妥当，法院予以维持。而医保公司提出的其应当对齐二药公司的赔偿责任承担补充清偿责任的上诉请求，缺乏法律依据，法院不予支持。

综上所述，中山三院及医保公司的上诉理由均不成立，法院对其上诉请求予以驳回。依照《中华人民共和国民事诉讼法》第一百五十三条第一款第（一）项的规定，判决驳回上诉，维持原判。

【评析】

本案主要涉及以下几个法律问题：

一、中山三院是否为涉案假药亮菌甲素注射液的销售者

中山三院属于涉案假药亮菌甲素注射液的销售者。理由是：第一，销售者实际上就是《合同法》第一百三十条规定的出卖人。本案中，中山三院在为患者提供诊疗服务时，将涉案假药的所有权转让给患者，而患者向中山三院支付相应的价款，两者之间形成买卖合同关系。在该买卖合同关系中，患者为买受人，而中山三院则为出卖人，即销售者。第二，中山三院以36.005元/支的价格从医保公司购入涉案假药，然后以46.10元/支的价格提供给患者，加价高达28%，其行为与药品经营企业获取收益的销售行为并无本质区别。

二、缺陷产品的销售者承担产品质量损害赔偿责任的归责原则

缺陷产品的销售者承担产品质量损害赔偿责任的归责原则为无过错责任原则。理由是：《产品质量法》第四十二条规定："由于销售者的过错使产品存在缺陷，造成人身、他人财产损害的，销售者应当承担赔偿责任。销售者不能指明缺陷产品的生产者也不能指明缺陷产品的供货者的，销售者应当承担赔偿责任。"该法第四十三条规定："因产品存

在缺陷造成人身、他人财产损害的，受害人可以向产品的生产者要求赔偿，也可以向产品的销售者要求赔偿。属于产品的生产者的责任，产品的销售者赔偿的，产品的销售者有权向产品的生产者追偿。属于产品的销售者的责任，产品的生产者赔偿的，产品的生产者有权向产品的销售者追偿。”《产品质量法》的上述两条规定似乎并不一致，但实际上，上述两规定并不冲突。《产品质量法》第四十三条规定的是缺陷产品的销售者对受害人承担赔偿责任的归责问题，而该法第四十二条规定的则是缺陷产品的销售者终局责任的承担问题。也就是说，缺陷产品的销售者相对于受害人而言，承担的是无过错责任或严格责任；相对于生产者而言，承担的则是过错责任。因此，依照《产品质量法》第四十三条的规定，中山三院作为涉案假药的销售者，其应当对受害人的损害承担赔偿责任。

三、导致患者人身损害的原因力

本案中，章国宏等6名患者之死亡系因涉案假药所致，并无证据证实患者的自身疾病以及中山三院的医疗行为也是其死亡的共同原因；涉案假药和自身疾病是导致周杰敏等6名患者之死亡或人身损害的共同原因，并无证据证实中山三院的医疗行为存在过错且与周杰敏等6名患者之死亡或人身损害存在因果关系。理由是：第一，本案中，经鉴定涉案药品属于假药，其中含有有毒有害物质二甘醇，足以严重危害人体健康。而中山三院在为患者治疗疾病的过程中，为其注射了该种药品，且其临床表现与广东省卫生厅总结出来的二甘醇中毒临床诊断标准相符，故可推定患者之死或遭受损害与涉案药品有因果关系。专家组作出的意见虽然并非由鉴定机构出具的鉴定结论，不能作为认定案件事实的依据，但其对事实的认定具有一定的参考价值。综上，根据本案事实并结合上述专家意见，足以认定章国宏等6人之死与涉案药品之间存在因果关系。另外，目前尚无权威、完善的关于二甘醇中毒的临床诊断标准，自然也就无法排除周杰敏等6人之死亡或身体受损与被注射的涉案药品之间存在因果关系的可能性。由于没有充分的证据足以推翻周杰敏等之死亡或身体受损与被注射的涉案假药之间存在因果关系的推定，故认定两者之间存在因果关系。第二，章国宏等6人死于二甘醇中毒导致的急性肾衰竭，非其自身疾病自然转归所致，即其自身疾病与死亡结果并无因果关系。而周杰敏等入院之时被诊断为急性重型肝炎等，这表明周杰敏等此时已经身患重病，故可认定其自身疾病亦是导致其死亡的原因之一。据此酌情减轻各赔偿义务人的民事责任，由各赔偿义务人对赔偿权利人承担60%的赔偿责任。

四、本案各赔偿义务人之间承担赔偿责任的方式

笔者认为，生产者与销售者之间应承担连带责任。理由是：《民法通则》第一百二十二条规定：“因产品质量不合格造成他人财产、人身损害的，产品制造者、销售者应当依法承担民事责任。”这里规定的生产者和销售者的地位显然是并列的，受害人可以同时要求生产者和销售者承担责任。《产品质量法》第四十三条规定：“因产品存在缺陷造成人身、他人财产损害的，受害人可以向产品的生产者要求赔偿，也可以向产品的销售者要求赔偿。属于产品的生产者的责任，产品的销售者赔偿的，产品的销售者有权向产品的生产者追偿。属于产品的销售者的责任，产品的生产者赔偿的，产品的生产者有权向产品的销售者追偿。”据此，在缺陷产品致人损害之后，受害人同时产生了两个损害赔偿请求权，一个是针对产品销售者的，一个是针对产品生产者的。不论受害人向法院起诉生产者还是起诉销售者，只要生产或者销售的产品有缺陷，造成了损害，就应当由被起诉的被告承担全部责任。这两个损害赔偿请求权，受害人可以根据自己的利益选择其中一个请求权行使，选择了一个请求权之后，另外一个请求权消灭。但是，法律没有明确规定如果受害人同时起诉生产者和销售者，生产者和销售者之间的责任如何分配。一审法院认为，虽然目前没有法律规定生产者和销售者应承担连带责任，但从《产品质量法》第四十三条之规定来看，生产者和销售者对受害人承担责任的形式与连带债务具有相同的对外效力，即各债务人对于债权人均负有为全部给付的义务，判决中山三院及医保公司等涉案假药亮菌甲素注射液的销售者与生产者齐二药公司对各赔偿权利人承担连带赔偿责任，并没有加重他们的负担，且这种判决方法使得判决主文更加简洁明了。《产品质量法》的立法目的是为最大限度地保障作为弱势群体的受害人，受害人同时向生产者、销售者主张权利的，应判决生产者、销售者承担连带责任。只有这样，才能更好地保护受害人的利益，填补其损害，体现现代民法的人文关怀。

一审合议庭成员：邱镜崧　汪　翔　胡　懿

二审合议庭成员：佘明永　李　娜　张　华　赵盛和

作者单位：广州市天河区人民法院

贞操权应给予民法保护

——张明敏诉许日亮人身权损害赔偿案

段　勇　冯鼎臣

【问题提示】

贞操权是一种什么权利？能否得到民法上的保护？

【要点提示】

一未婚女子被有妇之夫欺瞒，与之同居并致受孕。女子知情后以“侵犯贞操权”为由诉至法院，要求赔偿精神损失。争议是贞操权是封建糟粕，还是自由人权？目前，理论界和实务界的主流已认可贞操权为一种人格权、一种人权，应受到保护。

【案例索引】

一审：广东省东莞市人民法院［2006］东法民一初字第10746号民事判决

【案情】

原告：张明敏。

被告：许日亮。

东莞市人民法院经审理查明：原告于2006年3月份应聘到××公司任业务员，被告在该公司担任业务经理一职，是原告的直接上司。2006年4月，被告隐瞒已婚且生有孩子的事实，与原告以恋人身份确定恋爱关系，并以允诺结婚为由与原告租房同居生活。5月，原告怀孕。6月1日原告被诊断为子宫内早孕45天，遂做了人流手术。7月，原告得知被告已婚且有两个小孩的事实后，中断了双方的关系。原告认为被告通过欺骗的方法夺去了其最珍贵的贞操，遂诉至法院，请求判令：一、被告向原告赔礼道歉并赔偿精神损失费3万元；二、本案诉讼费由被告承担。

【审判】

东莞市人民法院认为，贞操权是男女均享有的以性行为为特定内容的一项独立人格权，应受法律保护。被告明知自己已有配偶且生有孩子的事实，向原告谎称其未婚，使原告信以为真与其恋爱、同居，被告这种以故意违背善良风俗的方法，以允诺结婚而骗取原告的信任而发生性关系，并致使原告怀孕及中止妊娠，给原告造成了身体和心理的损害，确已构成侵害原告的贞操权，被告依法应承担精神损害赔偿责任。原告要求被告予以精神赔偿，证据充分，理由正当，本院予以支持。因原告主张30 000元过高，根据本案的实际情况，本院确定被告应向原告赔偿精神损害抚慰金 20 000 元为宜。又因原告在与被告交涉时已明确向原告认错并道歉，而且本院亦确认被告应予以精神赔偿，故原告主张被告赔礼道歉的诉讼请求不予支持。

依照《中华人民共和国民法通则》第五条、第七条、第一百零一条、第一百三十四条的规定，判决如下：一、限被告自本判决发生法律效力之日起五日内赔偿原告贞操权受到侵害的精神损害抚慰金 20 000 元。二、驳回原告的其他诉讼请求。

判决后，原、被告均未上诉。

【评析】

本案是东莞市人民法院第一宗关于贞操权的案件，也是国内第一宗关于贞操权的民事侵权案件。贞操权的话题自出现以来，一直备受重视，学界和实务界均对此进行了广泛的讨论。然而到目前为止，尚未有定论。本案判决认为被告以故意违背善良风俗的方法，侵犯了原告的贞操权，应承担精神损害赔偿责任。该判决表达了实务界的部分观点，在一定程度上也得到了社会的认可。笔者拟从贞操权应否受到民法保护以及在保护时应注意什么问题两个方面对本案进行分析。

一、贞操权应不应受到民法保护

1. 争议

自贞操权案例出现以来，在社会上即引起了两派针锋相对的论点。一派观点认为，贞操权不是权利，不赞同对其进行保护。该派以伦理学家为主，中国社会科学院哲学所伦理学教授孙春晨认为“贞操专指女性婚前不失贞、婚后不改嫁，对丈夫从一而终的道德要求，是女性对男性的道德义务”，孙教授把贞操定义为一种义务，而非权利，故不主张对其保护。中国人民大学道德与伦理建设研究所研究员、西南政法大学兼职教授曹刚也持相似的论点。另一派观点则认为，贞操权是人格权，应当给予充分的保护。该派以法学家为主，中国人民大学教授杨立新认为“贞操权是人格权中的重要组成部分，贞操权就是性自主权”。反对派把贞操权作为一种封建糟粕来对待，虽然弄清了贞操的历史局限性，却没有认识到贞操权在现阶段的新含义，即贞操权已成为性自主权的代名词，不再是所谓的“初夜”，甚至不再限用于女性身上。支持派则论点鲜明地将贞操权作为一种天赋人权，要求予以保护。据笔者粗略统计，自 2001 年深圳罗湖区法院审理的国内第一宗因强奸引起的贞操权诉讼以来，在包括《人民法院报》等在内的各类法学期刊和学术著作上，法官和学者绝大多数持赞同的态度。由此可见，贞操权作为一种人格权、一种人权，已经受到了法学界和司法界的高度重视和普遍认可，本案判决具有充足的理论支持和广泛的社会基础。

2. 比较分析

再来看其他国家或地区对于贞操权保护问题是如何规定的。《德国民法典》第八百二十五条规定：“以诈欺、威胁或滥用从属关系，诱使妇女允诺婚姻之外的同居的人，对该妇女负有赔偿因此而生的损害的义务。”在英美，因侵犯贞操权而导致损害赔偿的判例更是司空见惯，如美国著名拳击运动员泰森因强奸黑人小姐而付出巨额赔偿一事曾经被新闻媒体广为传播。我国台湾地区《民法典》第一百九十五条规定：“不法侵害他人之身体、健康、名誉、自由、信用、隐私、贞操，或不法侵害其他人格法益而情节重大者，被害人虽非财产上之损害，亦得请求赔偿相当之金额。”这些法律和判例明确肯定了贞操权是一项独立的人格权，在其遭受侵害时，可通过精神损害赔偿予以民法救济。从上述立法例也可以看出，即使在性自由度远远高于我国的国家或地区，他们对于贞操权的保护也并不输于我们。我国女性的传统观念较强，对贞操的重视程度往往比外国女性要高，甚至有的妇女认为，其贞操权遭受侵害时，毋宁死亡。从这一点来讲，在我国对贞操权进行民法保护非常必要。

3. 保护依据

在我国，对贞操权保护持反对观点的人多以法无明文规定为由指斥持赞同观点的人为支持法官造法，不利于维护法的秩序和尊严。然而，贞操权作为一项人格权并不因为法律没有将其单列出来而不存在。对于人格权的保护，从《宪法》到《民法通则》都有明文规定。而人格权的保护范围是在司法实践中不断扩大的，虽然到今天为止，还没有一部法律或司法解释将所有人格权都规定出来，但这并没有影响我们对具体人格权的保护，司法解释和司法实践根据社会的发展情况，不断扩展了具体人格权的种类，使人格权更加细化和明确。与此相对应的是我们对人格权种类有关规定采用的立法技术。我国的做法是罗列法加概括法，即在单列了一部分人格权后，加上一个兜底条款。如2001年3月10日起开始施行的最高人民法院《关于确定民事侵权精神损害赔偿责任若干问题的解释》（以下简称《解释》）第一条第二款规定：“违反社会公共利益、社会公德侵害他人隐私或者其他人格利益，受害人以侵权为由向人民法院起诉请求精神赔偿的，人民法院应当依法受理。”该条就是一个兜底条款，“其他人格利益”足以囊括包括贞操权在内的其他人格权。对此，最高人民法院副院长黄松有曾经专门撰文阐释：《解释》对人格权益的保护，是一种全面的保护，对侵害他人其他人格利益的行为造成严重后果的，原则上都可以请求人民法院确认侵权人的精神损害赔偿责任。尽管贞操权还没有被规定为民事权利，但作为一种人格利益，是可以被包容在其中的。① 该文得到了不少学者的赞同，这说明在法律依据上，对贞操权进行民法保护不存在障碍，在民法没有将贞操权单列出来前，法官可以依据《解释》审理该类案件。本案中，该条解释即得到了运用，使原告的精神损害赔偿请求得到了支持。

二、保护贞操权应注意的问题

贞操权应予保护，但目前涉及贞操权保护的案件仍较为少见，实践中有哪些问题需要注意呢？

1. 常见的侵犯贞操权行为

常见的侵犯贞操权的行为有强奸、猥亵、强迫他人卖淫、欺诈、性骚扰等。台湾学者王泽鉴还将胁迫单列为一种情况，但在大陆，要挟妇女与之发生性关系也属于强奸，故没有单列的必要。在上述行为中，强奸、猥亵、强迫他人卖淫都是犯罪手段，由于现行司法解释认为只能就被告人的犯罪行为引起的物质损失提起刑事附带民事诉讼，而没有精神损害赔偿的贞操权诉讼对受害人的保护意义不大，故对犯罪行为侵犯贞操权的情况，我们暂

① 黄松有．精神损害赔偿与人格权益的司法保护．人民法院报，2001-07-29

不讨论。对贞操权的民事侵权行为实际上只有欺诈和性骚扰两种。本案中，被告就是利用欺诈的手段侵害了原告的贞操权，即以欺骗手段诱使原告在非正当承诺的条件下与其发生了性关系，使原告受到了严重的精神痛苦。对于欺诈的判定，应当以公序良俗为标准，重点保护善意的、被侵害程度较深的当事人。如果仅仅是轻微的欺骗，如虚报几岁年龄，则不应认定为侵权。而以身家百万为由欺诈的，也不宜认定为侵权，因为此时被骗者的行为也不符合公序良俗的标准。性骚扰是一种边缘性的涉性行为，性骚扰问题在我国已经引起了社会各界的注意。但能否通过法律手段制裁这种行为，还没有统一的结论。有些民法学家建议将性骚扰行为纳入侵犯贞操权或者性自主权的范围内，但在目前的司法实践中，采用这种观点的条件还不太成熟。

2. 侵犯贞操权的构成要件

第一，存在贞操权被侵害的事实，即违背妇女意愿与其发生性关系、或者性器官被侵犯的事实。这种损害的事实包括：身体伤害和财产损失，如因被奸淫而受孕、生产，以及因此而支出的费用；受害人因侵害行为而产生的人格贬损、精神痛苦等。

第二，侵害行为具有违法性。这里的违法性表现为违背法律规定、善良风俗和公共利益。如前所述，违背善良风俗和公共利益应当作为判断侵害行为是否具有违法性的重要标准。

第三，侵害行为与损害事实具有因果关系。因果关系的判断主要依据以下三个方面：①时间上的承继性，即侵害行为与结果之间存在时间上的顺序性。②客观性，即同时具备具体的侵害行为和客观存在的损害后果。③必要条件，即侵害行为是贞操权受损的事实产生所必须具备的条件。

第四，行为人主观上有过错。侵犯贞操权的主观要件是行为人必须具有主观上的故意或者过失。在用欺诈手段侵害贞操权的案件中，因为证明欺诈的难度并不高，侵权人的主观过错较易判定。假如出现证据确实比较薄弱，事实认定存在较大难度的情况，可以分配较重的举证责任给行为人，假如行为人不能证明是受害人承诺，就可以认为行为人主观上有故意。这种分配方式是英美法律中处理人格权损害赔偿案件的分配原则，值得借鉴。

一审独任法官：杨慧明

作者单位：广东省高级人民法院　东莞市第三人民法院

冒用商品条码的法律保护问题

——黄棣如诉广州市番禺区番泰商行等冒用商品条码侵害民事利益赔偿纠纷案

苏代平　周　方

【问题提示】

冒用商品条码行为是属于侵害商标标识和不正当竞争行为还是属于平等主体之间的财产纠纷？如何确定当事人之间的责任承担？

【要点提示】

商品条码虽然包含企业名称等信息，但通常要通过电子设备扫描后才能解读，一般公众不可能知晓其中包含的信息，商品条码不属于企业名称权的范围。冒用商品条码的行为不会引起消费者对商品的误解和商品的销售，冒用商品条码的行为不属于侵害商标标识和不正当竞争行为。商品条码是民事利益，不是一项权利。由于利益保护之诉属于平等主体之间的财产纠纷，擅自使用商品条码，理应承担相应民事责任。

【案例索引】

一审：广东省中山市人民法院［2008］中石民一初字第126号民事判决

二审：广东省中山市中级人民法院［2008］中中法民一终字第1307号民事判决

【案情】

上诉人（原审原告）：黄棣如。

被上诉人（原审被告）：中山市宝诚食品有限公司（以下简称宝诚公司）。

被上诉人（原审被告）：广州市番禺区番泰商行（以下简称番泰商行）。

黄棣如是中山市火炬开发区永利食品厂的个体经营者。2003年5月21日，黄棣如与番泰商行签订《委托加工协议书》，协议约定：一、番泰商行委托黄棣如生产加工“番泰行”牌系列猪油糕产品；二、加工产品使用的商标是“番泰行”牌商标；三、黄棣如提供卫生许可证号、生产许可证号、企业标准、标签认可编号、条码给番泰商行印制包装；四、部分的包装材料如猪油糕系列产品的外包装盒由番泰商行提供给黄棣如进行食品生产及包装；五、质量要求：由黄棣如提供实际样板经番泰商行确定认可后，按照确认样板进行生产，但黄棣如要保证其加工的产品卫生安全，符合《中华人民共和国食品卫生标准》，产品的成分要足够，不能偷工减料，提供的标准、条码及标签要合法及标准等。合同签订后，黄棣如按协议约定，提供卫生许可证号、生产许可证号、企业标准、标签认可编号、条码给被告番泰商行的产品进行印制包装，其中黄棣如的厂商识别代码为

69270330。2006年底，番泰商行通过QS认证，而黄棣如至今未能通过QS认证，番泰商行因此终止与黄棣如的食品加工合作关系。2007年1月16日，番泰商行委托宝诚公司生产、加工花生芝麻糖、猪油糕等食品。番泰商行提供旧包装盒的样板给宝诚公司进行印刷，而旧包装盒上仍印有黄棣如的商品条码69270330。2007年7月4日，中山市质量技术监督局根据黄棣如的投诉到宝诚公司进行检查，发现印有黄棣如商品条码的食品花生软糕有6盒，包装盒有150个。中山市质量技术监督局通知宝诚公司进行整改。2007年7月23日，广州市番禺区质量技术监督局对番泰商行作出（穗番）质监责改字［2007］第1号责令改正决定书，该决定书责令番泰商行"2007年7月27日前，按以下要求予以改正：一、立即停止冒用他人商品条码的行为；二、使用合法取得且符合《广东省商品条码管理办法》要求的商品条码；三、在整改日期届满前将整改情况以书面形式报送我局"。2007年12月24日，黄棣如以番泰商行、宝诚公司侵权为由向中山市人民法院提起诉讼。

黄棣如诉称，番泰商行、宝诚公司冒用其商品条码构成侵权，他们的行为属于不正当竞争行为和欺诈消费者行为，如果对方的商品质量存在问题，消费者会误认为是自己商品不合格而对他形成质疑，影响他的名誉及经济利益。黄棣如请求法院判令宝诚公司和番泰商行连带向其赔偿侵权损失3.5万元，并在广东省级报纸登报向黄棣如赔礼道歉。

宝诚公司和番泰商行辩称：条码是生产者、销售者作为管理的一种手段，他们使用了黄棣如的条码只会对其造成正面的影响。此外，消费者选购商品是根据商品性能、产地、生产商、价格等因素，而仅凭条码不能辨别出任何信息，番泰商行使用黄棣如的条码后并没有造成任何经济损失，黄棣如的诉讼请求不能成立。

【审判】

中山市人民法院一审认为：商品条码是由一组规则排列的条、空及其对应代码组成，是表示商品特定信息的标识。商品条码不属于民法意义上调整的平等主体之间的财产关系的范畴，且宝诚公司、番泰商行使用黄棣如的商品条码未造成黄棣如名誉、荣誉上的损害，因此，黄棣如之诉求，于法无据，不予支持。综上所述，依照《中华人民共和国民事诉讼法》第六十四条、《中华人民共和国民法通则》第二条之规定，判决：驳回黄棣如的诉讼请求。案件受理费212元，由黄棣如承担212元。

黄棣如不服一审判决，向中山市中级人民法院提起上诉。

中山市中级人民法院二审认为：《中华人民共和国民法通则》第五条规定，"公民、法人的合法的民事权益受法律保护，任何组织和个人不得侵犯"。民事权益是指公民或者法人在民事活动中享有的权利和利益，民事权益即为民事权利与民事利益。由此可见，除民事权利外，合法的民事利益也受法律保护。商品条码虽然包含企业名称等信息，但一般公众不可能知晓其中包含的信息，故商品条码不属于企业名称权的范围。法律也没有规定商品条码是何种民事权利。商品条码有利于商品管理和流通，因此，商品条码是民事利益。《商品条码管理办法》第二十一条规定，"任何单位和个人未经核准注册不得使用厂商识别代码和相应的条码。任何单位和个人不得在商品包装上使用其他条码冒充商品条码；不得伪造商品条码。"本案中，黄棣如经注册取得的商品条码是合法的民事利益，应受法律保护。番泰商行未经黄棣如允许，擅自使用其商品条码，应承担相应的民事责任。

宝诚公司系受番泰商行的委托使用黄棣如商品条码，黄棣如无证据证明宝诚公司具有过错，其要求宝诚公司承担责任的诉讼请求不能成立。由于冒用商品条码的行为不会引起消费者对商品误解和商品销售，故冒用商品条码的行为不属于不正当竞争行为，黄棣如主张番泰商行不正当竞争的上诉理由不能成立。因商品条码是财产利益，不是企业人格利益，黄棣如主张赔礼道歉的诉讼请求不予支持。再因中山市质量技术监督局已责令番泰商行停止侵权，且黄棣如无证据证明番泰商行仍在使用其商品条码，黄棣如要求番泰商行停止侵权的诉讼请求不能成立。黄棣如因调查、制止侵害行为和诉讼所支出的费用属于损失，应由番泰商行赔偿，酌定损失为 1 万元。综上，原审认定事实清楚，但适用法律不当，原审判决应予撤销。依照《中华人民共和国民事诉讼法》第一百五十三条第一款第（二）项之规定，判决：一、撤销中山市人民法院［2008］中石民一初字第 126 号民事判决。二、广州市番禺区番泰商行于本判决生效后三日内赔偿黄棣如损失 1 万元。三、驳回黄棣如其他诉讼请求。

【评析】

本案的焦点问题是：冒用商品条码的性质及其法律责任。在司法实践中，注意区分以下易混淆的问题，有助于准确把握冒用商品条码的民事法律责任：一是商品条码的性质及法律特征；二是商品条码与商标的关系；三是冒用商品条码与不正当竞争行为的关系；四是商品条码的法律保护问题。

一、商品条码的性质及法律特征

商品条码是由一组按一定规则排列的条、空及对应字符（阿拉伯数字）所组成的用于表示商店自动销售管理系统的信息标记或者对商品进行分类编码的标记。换句话说，商品条码就是商品身份证的统一编号，其原理是将商品的号码数字改变成以平行线条的符号进行代替，以便能让装有扫描功能的电子设备进行阅读，经过电脑进行解码，再将“线条符号的号码”转变为“数字号码”由电脑进行运算。商品条码是实现商业现代化的基础，是商品进入超级市场、POS 扫描商店的入场券。在扫描商店，当顾客采购商品完毕在收银台前付款时，收银员只要拿着带有条码的商品在装有激光扫描器的仪器上轻轻掠过，就把条码下方的数字快速输入电子计算机，通过查询和数据处理，机器可立即识别出商品制造厂商、名称、价格等商品信息并打印出购物清单。

商品条码统一编号系统是产品供应链管理与电子商务信息交换的重要基础，是当前最成熟、最经济的自动识别技术，产品上有了商品条码，才能使企业的品牌在国内、国际市场上不断得到认同和扩展。由于编码的唯一性原则要求一个商品项目、一家厂商或一个国家（地区）只有一个代码，可保证这种商品的代码标识在一个国家（地区）乃至世界范围内都是特定和唯一的。条码本身可提高产品形象，大大降低社会资源的重复和浪费，不仅可以实现售货、仓储和订货的自动化管理，而且通过产、供、销信息系统，使销售信息及时为生产厂商所掌握。

商品条码虽然包含企业名称等信息，但必须用仪器扫描才能获取，一般公众不可能知晓其中包含的信息，具有一定的隐蔽性和不易获取性，与企业名称的意义和作用并非一致，故商品条码不属于企业名称权的范围。但是，商品条码具有民事利益。《商品条码管理办法》规定，“任何单位和个人未经核准注册不得使用厂商识别代码和相应的条码。任何单位和个人不得在商品包装上使用其他条码冒充商品条码；不得伪造商品条码”。为此，系统成员对其注册厂商识别代码和相应商品条码享有专用权，经注册取得的商品条码是合法的民事利益，应受法律保护，对其的使用也必然产生相应的民事权利。未经允许擅自使用其商品条码，应承担相应的民事责任。

二、商品条码与商标的关系

虽然商品条码在现代商品销售自动化管理中应用十分广泛，而且还常常与商标同时出现在商品的包装或附着物上，与商标有紧密的联系，这些标志或标记很容易与商标相混淆，但两者之间的功能作用不同，其区别主要表现为：一是表现形式和标记的内容不同：商品条码是用条、空及对应的字符而组成的识别商品的手段，而且必须依靠电脑等自动化设备才能进行认别，从而进行商品之间管理的手段。商标是用文字、图形及其组合而成的标志，主要是让消费者识别商品生产者或经营者的标志。二是使用的目的不同：条码主要是便于商家借用机器设备进行自动化销售管理而使用的，这些条码数字本身及其位置对于消费者并不表示商品的任何特征和特定信息，只是对商品管理者具有一定的现实意义，也称对内管理功能。商标则主要是便于消费者购买商品和识别商品而使用的，也称对外识别功能。三是国家主管机关不同：国家质量技术监督局主管全国条码的管理工作。相关法规明确规定：县级以上地方人民政府技术监督行政主管部门应当对商品条码的使用和印制实施监督检查，并可以查验使用、印制商品条码的单位或者个人的有关证书。国家工商行政管理局商标局主管全国商标的管理工作。四是法律特性不同：条码不具排他性、专有性、时效性和有价性等属性，条码的任意使用，只能损害使用者自己，却不会发生侵权后果。为此，国家规定禁止伪造或者冒用他人注册的厂商识别代码及相应的商品条码。对于伪造或者冒用他人已经注册的厂商识别代码及相应的商品条码的，由县级以上地方人民政府技术监督行政主管部门责令改正，并处相应罚款的行政处罚。商标即商品标记，是区分不同生产者或者经营者所生产或经营商品的标记，其最基本的功能是区分商品或服务，消费者可以根据商标来认牌购货，各个参与市场竞争的商家也往往把商标充作其商品或服务的“无言推销员”。商标具有专有性、排他性、时效性和有价性等属性，假冒他人注册商标、影射或未经商标权人同意而使用他人注册商标，则会发生侵权行为，应承担法律责任。

本案中，由于法律没有规定商品条码为何种权利，商品条码虽然包含企业名称、商标等信息，但是，必须是商品的管理者使用专用仪器进行扫描才能获取，该企业名称和商标具有一定隐蔽性和不易获取性。为此，一般公众或消费者不可能知晓其中包含的信息。当商品条码被人冒用时，相对于公众和消费者而言冒用者并未直接使用企业名称与商标，故冒用商品条码不构成侵犯企业名称权、商标权。

三、冒用商品条码与不正当竞争行为的关系

商品条码是由一组规则排列的条和空及其对应字符组成的表示一定信息的商品标识，其中包括企业名称等内容。《反不正当竞争法》规定，“擅自使用知名商品特有的名称、包装、装潢，使购买者误认为是该知名商品”；“擅自使用他人的企业名称或者姓名，引人误认为是他人的商品”构成不正当竞争行为。如上所列冒用商品条码和不正当竞争行为中均涉及对企业名称的侵害，准确认定企业名称权的性质是确定法律责任的关键。

虽然企业名称具有商品标识的作用，但是，冒用商品条码和不正当竞争行为所涉及的企业名称有质的区别：一是功能不同：商品条码是管理者提高管理和效率的重要手段，相对经营和管理者的作用更大一些，对普通消费者一般不会产生影响，对特定的企业（如商品批发、运输、仓储、超级商场等企业）在运用计算机管理的环境下，商品条码对商品管理者来说区分商品来源具有重大意义；后者是消费者识别和区分彼此之间商品的标识，相对于公众和消费者的作用大一些。二是方法不同：商品条码必须通过专用电子扫描设备进行读取后才能识别；后者公众和消费者通过一般的注意便可识别。三是形式不同：商品条码是用一组按一定规则排列的条、空及对应字符（阿拉伯数字）所组成；后者是用汉字及图形形式表现。四是性质不同：商品条码具有很强的隐蔽性和不易获取性，换言之，主要涉及商品的管理和流通环节，具有很强的局限性；后者具有直观性且一目了然和便于识别。五是管理者不同：商品条码由质量技术监督行政主管部门进行管理；后者由工商行政主管部门进行管理。

商品条码虽然包含企业名称等信息，但与一般意义的企业名称存在差异，由于商品条码具有隐蔽性和不易获取性等特殊属性，一般公众不可能知晓其中包含的信息，故商品条码不属于企业名称权的范围。既然商品条码不属于商品标识，相对于购买人而言是无法识别的，不足以引起购买人的误解，即使其挤占商品条码专用权人的商品经营市场，这种挤占的影响也是有限的，仅对商品经营管理者有一定影响，对于一般消费群体不会产生混淆的影响。冒用他人商品条码不会导致他人产品销量减少，也不会增加冒用产品的销量。所以，冒用商品条码的行为不符合《反不正当竞争法》有关“擅自使用企业名称”的构成要件，其行为尚未构成不正当竞争行为。

另外，《反不正当竞争法》第五条第（二）、第（三）款的规定还涉及擅自使用知名商品和混淆误认等诸项构成要素。准确认定这些要素是认定此类不正当竞争行为的关键点。知名商品就是在中国境内具有一定的市场知名度，为相关公众所知悉的商品，“知名”是其受保护的重要门槛。混淆误认应当“足以使相关公众对商品的来源产生误认”，其中的“足以”是指具有较高的混淆误认盖然性，而不是一般的可能性，使一般公众以普通注意力难以将其与知名商品加以区别。擅自使用的不公平性在于公然利用他人标识的声誉、成就，而且会产生损害现有经营者商誉的危险性。本案中的冒用商品条码的行为显然不符合知名商品和混淆误认的条件，其擅自使用尚未造成严重后果，其行为尚未构成不正当竞争行为。

四、商品条码的法律保护问题

在行政法律保护方面，《商品条码管理办法》规定“任何单位和个人使用商品条码必须经核准注册”，“任何单位或者个人不得伪造、冒用系统成员注册的厂商识别代码和相应商品条码，不得伪造、冒用未经编码中心核准注册的厂商识别代码和相应商品条码”，“系统成员不得擅自将其厂商识别代码和相应商品条码转让他人使用”。同时该办法对行政法律责任作出明确规定：“伪造冒用系统成员注册的厂商识别代码和相应商品条码以及未经编码中心核准注册的厂商识别代码和相应商品条码的，或者擅自使用已经注销的厂商识别代码和相应商品条码的，责令改正，可处以 5 000 元罚款；情节严重的，可处以

10 000 元罚款。”该条款即是对商品条码专用权行政责任保护的规定。故商品条码是合法、受法律保护的利益。根据规定，国家质量技术监督行政主管部门统一管理全国组织机构代码和商品条码工作。

在民事法律保护方面，利益是人们所追求的能满足某种需要的事物或能够使社会主体的需要获得某种满足的生活资源，通俗的说法，有用的就是利益。司法实践中，通常重视对权利的保护，利益的保护容易被忽视。事实上，除民法通则明确规定当事人合法利益受法律保护外，单行法律也有明确规定，如票据法中的票据利益返还请求权，保险法中的保险利益，合同法、反不正当竞争法中的可得利益等。确定利益保护规则，对于规范民事行为具有重要意义。权利应来自法律规定。基于权利的行使可以产生利益，但在没有权利的情况下也可存在合法利益，如票据请求权丧失的情况下，票据利益仍然存在。利益从合法性角度划分，可分为合法利益和非法利益。从利益主体的角度划分，可分为个人利益、集体利益和公共利益。个人利益具有专有、专用属性，有的利益还可以转让他人使用，利益专有人可以收取一定的对价，若未经利益所有人同意而使用他人利益，则构成利益侵害。关于侵害利益损害赔偿责任的构成要件，可参照侵权的构成要件。

商品条码经登记后使用，有利于商品管理和流通，能够给使用人带来一定的便利，因此，商品条码是民事利益，不是一项权利。“专用权”并非是法定的权利，而是利益属性。类似于商品条码的还有身份证号码、组织机构代码等。在法律规定对侵害行为予以行政处罚的情况下，由于利益保护之诉属于平等主体之间的财产纠纷，故不影响法院对利益的民事责任保护。在法规竞合的情况下，正如人身受到伤害的受害人在请求公安机关对侵权处罚的同时还可提出损害赔偿之诉一样，当事人既可以要求行政保护，还可以要求民事保护，法院均应予以受理。

本案中，番泰商行未经黄棣如允许，擅自使用其商品条码，其主观上具有故意，行为具有违法性。关于损失的数额，由于商品条码不能转让，故本案不存在转让费损失。因冒用商品条码造成商场、超市企业对原告商品的识别困难或因冒用商品条码造成原告商品和企业信用降低而产生的财产损失，均可认定为侵害利益损失，本案中因黄棣如未对此举证，故此项损失不能认定。黄棣如因调查、制止侵害行为和诉讼所支出的费用与侵害行为具有因果关系，属于损失。因此，黄棣如的请求符合利益损害赔偿责任的构成要件，二审法院酌定侵害人赔偿利益所有人调查、制止侵害行为和诉讼所支出的费用损失是正确的。

一审独任法官：谭淑佳
二审合议庭成员：苏代平　葛贻环　刘　莉
作者单位：中山市中级人民法院

会员卡作为遗产继承的性质分析

——胡燕萍、何子达、何莲诉深圳高尔夫俱乐部有限公司继承纠纷案

赵明升

【问题提示】

会员卡能否作为遗产由被继承人继承?

【要点提示】

会员卡的消费主体特定且每次消费时可享受一定的优惠，会员卡具有集会员资格和财产属性于一体的特征。会员资格由会员特有，与会员自然生命联系在一起，具有身份权的特征，在会员生命结束时，其会员资格应自动丧失；而会员卡的财产属性因其具有金钱价值，体现了财产权利的特征，不随会员生命的结束而消灭，故会员卡体现的财产属性可以转让、继承。

【案例索引】

一审：广东省深圳市福田区人民法院［2009］深福法民一初字第56号民事判决

【案情】

原告：胡燕萍，女，汉族，1951年9月18日出生，身份证住址陕西省西安市碑林区友谊西路123号西6楼2门206号。

原告：何子达，男，汉族，1931年6月5日出生，身份证住址山东省五莲县中至镇中至村。

原告：何莲，女，汉族，1981年3月26日出生，身份证住址陕西省西安市碑林区友谊西路123号西6楼2门206号。

三原告共同委托代理人：赵力，广东恒益律师事务所律师。

三原告共同委托代理人：黄颖，广东恒益律师事务所律师。

被告：深圳高尔夫俱乐部有限公司，地址深圳市福田区深南中路。

法定代表人：刘爱群，董事长。

委托代理人：郑刚，男，汉族，1970年6月11日出生，住深圳市罗湖区蛟湖路3号大院18号。

委托代理人：詹国平，男，汉族，1983年1月14日出生，身份证住址江西省南昌市东湖区南京东路235号。

原告诉称，被继承人何茂伟于2001年11月加入了被告，并向被告交纳了入会费

400 000 元购买了该俱乐部的会员资格。被告于 2001 年 11 月 6 日向被继承人何茂伟颁发了会员资格证书。被继承人何茂伟于 2006 年 6 月 9 日因病去世，本案三原告是被继承人何茂伟的法定继承人。原告认为被继承人何茂伟在被告处的会员资格是其遗产，应由原告继承，但原告多次找被告协商办理继承手续时，都遭到被告拒绝。为此，根据相关法律规定，请求法院判令：一、被继承人何茂伟在被告处的会员资格由原告继承，并由被告给原告办理继承手续（该会籍在 2001 年价值 400 000 元）；二、本案的诉讼费用由被告承担。

被告辩称，高尔夫俱乐部的会员资格体现为一种折扣权或优惠权，该权利能否继承，我司也不清楚，请求法院依法判决。

【审判】

深圳市福田区人民法院经审理查明，何茂伟于 2001 年 11 月 6 日加入被告成为其高尔夫俱乐部会员，交纳入会费 40 万元。2004 年 12 月 21 日，原告胡燕萍代何茂伟向被告提出缺席申请（即中止打球）被准许。2006 年 6 月 9 日，何茂伟因病去世。原告胡燕萍、何子达、何莲分别是被继承人何茂伟的妻子、父亲、女儿，三原告以继承人的身份于 2007 年 4 月 13 日向本院提起诉讼，请求继承被继承人何茂伟在被告处的会员资格。庭审中，被告称该会员资格没有年限限制，会员每次消费时可免交果岭费（正常工作日一般为 800 元，节假日翻倍），但要交纳球童费、球场费、储物柜费。原告不清楚被告会员持卡消费的具体情况，但原告认为该会员卡应为一种投资卡。被继承人何茂伟入会时填写的申请表上有一栏内容显示“本人明白深圳高尔夫俱乐部之会章”。被告于当庭向本院提交了其公司的会章，该会章第十五条规定：“在下列情况，会员会丧失其会员资格：（1）会员资格转让；（2）本人死亡或其所属国家解散；（3）退会和被本会除名；（4）失去申请退还保证金的资格。”原告认为被告提交的该会章已过举证期，且该会章无公章和时间，故对被告提交的会章的真实性不予确认。原告于庭审中要求被告回去查询何茂伟在其公司的消费情况，后被告电话答复未能查询到何茂伟的消费记录情况。

遗产是公民死亡时遗留的个人合法财产，是继承人继承的标的，只有继承人主张继承的标的属于遗产的范围，其继承主张才可能获得支持。中国人民银行和国家工商行政管理局于 1998 年 11 月 11 日下发的《会员卡管理试行办法》第二条规定：“本办法所称会员卡是指发行人和其会员之间以契约形式确定的会员消费权利的直接消费凭证。会员卡不能分红派息，也不能还本付息；可以依法转让、质押和继承。”《会员卡管理试行办法》第五条第二项规定：“会员卡所涉及的经营项目主要是高尔夫球俱乐部等高消费体育运动项目。”因本案继承纠纷所涉及的会员卡正是《会员卡管理试行办法》所规定的高尔夫球俱乐部会员卡，因此，就该卡所产生的权利与义务应受《会员卡管理试行办法》的调整。根据《会员卡管理试行办法》第二条的规定，何茂伟所持有的被告会员卡应是一种可在被告处直接消费的凭证，因该消费主体特定且每次消费时可享受一定的优惠，故该卡应具有集会员资格和财产属性于一体的特征，会员资格因属会员何茂伟所特有，与其自然生命联系在一起，具有身份权的特征，故在何茂伟生命结束时，其会员资格应自动丧失，而会员卡的财产属性因具有金钱价值，体现了财产权利的特征，不随会员生命的结束而消灭，故该卡所体现的财产属性原告可以转让、继承。本案三原告起诉主张的系要求继承何茂伟在被告处的会员资格，因该资格在何茂伟去世时已自动丧失，故对原告此项主张，本院不予支持。原告起诉未提出继承何茂伟生前所持有的会员卡现所具有的财产价值，故对该问题，本院不予处理。综上，依照《中华人民共和国民事诉讼法》第一百二十八条，《中华人民共和国继承法》第三条，参照《会员卡管理试行办法》第二条之规定，判决如下：驳回原告胡燕萍、何子达、何莲的诉讼请求。

【评析】

会员卡的性质如何？其能否作为遗产由被继承人继承？

本案本应是一起普通的继承案件，但因继承标的为“高尔夫球俱乐部会员卡”，属于一种新型继承标的，故格外受关注。根据《中华人民共和国继承法》第三条的规定，遗产是公民死亡时遗留的个人合法财产，包括：（1）公民的收入；（2）公民的房屋、储蓄和生活用品；（3）公民的林木、牲畜和家禽；（4）公民的文物、图书资料；（5）法律允许公民所有的生产资料；（6）公民的著作权、专利权中的财产权利；（7）公民的其他合法财产。通常我们审理继承案件所涉及的继承标的均在上述第（1）至第（6）项所列遗产的范围内，但本案所涉及的“高尔夫球俱乐部会员卡”在上述财产中并未列明，它具有何种属性，能否被列入“公民的其他合法财产”的范畴呢？

《会员卡管理试行办法》（该办法于2007年11月17日已被废止）第二条规定：“本办法所称会员卡是指发行人和其会员之间以契约形式确定的会员消费权利的直接消费凭证。会员卡不能分红派息，也不能还本付息；可以依法转让、质押和继承。”《会员卡管理试行办法》第五条第二项规定：“会员卡所涉及的经营项目主要是高尔夫球俱乐部等高消费体育运动项目。”从上述规定可以看出，本案的高尔夫球俱乐部会员卡就是《会员卡管理试行办法》所规定的会员卡，该会员卡应可以继承，但本案为何判决驳回原告的诉讼请求呢？首先从本案的事实可知，被继承人何茂伟所持有的被告会员卡是一种可在被告处直接消费的凭证，因该消费主体特定且每次消费时可享受一定的优惠，故该会员卡应具有集会员资格和财产属性于一体的特征。会员资格属会员何茂伟所特有，与其自然生命联系在一起，具有身份权的特征，在何茂伟生命结束时，其会员资格应自动丧失；而会员卡的财产属性因具有金钱价值，体现了财产权利的特征，不随会员生命的结束而消灭，故该卡所体现的财产属性应被列入“公民的其他合法财产”的范畴，可以继承。其次，会员卡的继承人往往是多人，如果允许会员卡继承，则可能出现多人一卡的情况，随着世代继承，主体可能会更多，这不但有违一人一卡的发行原则，而且也违反了契约的公平主义精神。再次，如果允许会员卡继承，则当多个继承人共有该会员卡时，如一个继承人想转让该会员卡，其他继承人不同意则又如何操作呢？如果允许高尔夫球俱乐部会员卡直接继承，则会出现很多在法律层面上无法解释及司法实践中无法解决的问题，因此，本案未就字面简单理解《会员卡管理试行办法》所规定的“继承”，而是从剖析会员卡本身属性及运用合同的基本原理，作出上述判决。

一审独任法官：赵明升

作者单位：深圳市福田区人民法院

股东在自己的利益受损时如何追究公司董事及高级管理人员的责任

——超力国际贸易控股公司诉丘济平、丘兰珍侵权赔偿纠纷案

肖庆浪

【问题提示】

公司股东自认为自己的利益遭到公司董事、高级管理人员的侵害时应提起股东直接之诉还是股东代表之诉？两者在适用条件、维护利益和后果归属上有何不同？

【要点提示】

只有当公司董事、高级管理人员违反法律、行政法规或者章程的规定，损害了股东的直接利益时，股东才能依照《公司法》的规定提起直接诉讼，追究董事、高级管理人员的责任；如董事、高级管理人员的行为只是损害了公司的利益，股东则只能在履行一定的前置程序或符合紧急情况的条件下，提起股东代表诉讼。

【案例索引】

一审：广东省梅州市中级人民法院［2007］梅中法民三初字第7号民事判决

二审：广东省高级人民法院［2007］粤高法民四终字第319号民事判决

【案情】

上诉人（原审原告）：超力国际贸易控股公司（Supreme Trade Holdings Limited）（以下简称超力公司）。

被上诉人（原审被告）：丘济平。

被上诉人（原审被告）：丘兰珍。

超力公司与蕉岭县易统贸易有限公司（以下简称易统公司）共同出资兴办中外合资经营企业广东省巨统防火装饰材料有限公司（以下简称巨统公司）。该公司总投资3 000万元，注册资本为1 750万元人民币。超力公司出资132.7万美元，折合1 102.5万元人民币，占注册资本的63%；易统公司出资647.5万元人民币，占注册资本的37%。丘济平是易统公司的法定代表人，同时也是巨统公司的总经理，丘兰珍为巨统公司的会计人员。

因巨统公司经营困难，2004年12月28日，巨统公司召开董事会并作出决议：根据公司目前的生产经营状况，原公司产品依赖出口台湾，因市场竞争激烈，产品价格下降，大陆市场一时难于开发，价格又低，原材料完全靠从2 000多公里的地方运入，由于运输

整顿，原材料全面涨价，产品销售价还没有生产成本价格高，决定将该合资公司的厂房和生产设备租赁给易统公司，并于次日签订了租赁合同。合同约定：公司的土地、厂房、办公楼、机械设备等资产租赁给易统公司，期限为5年，租金每年30万元。在合同履行过程中，双方产生矛盾，巨统公司依约向中国国际贸易仲裁委员会申请仲裁。2006年5月16日，中国国际贸易仲裁委员会作出因易统公司拖欠租金而解除租赁合同和支付租金的裁决书。超力公司遂于2007年5月8日起诉至法院。

超力公司诉称：易统公司是丘济平、丘兰珍及其儿子开办的家庭作坊式公司。丘济平、丘兰珍分别由易统公司委派至巨统公司担任副董事长、董事，且丘济平兼任总经理，丘兰珍兼任出纳。2004年12月28日，巨统公司将公司的土地、厂房、办公楼、机械设备等资产租赁给易统公司用于生产经营，约定期限为5年，租金每年30万元。2005年6月5日，易统公司向巨统公司缴纳租金15万元，但丘济平、丘兰珍利用职务便利，将15万元占为己有。丘济平、丘兰珍的行为侵犯了公司的资金使用支配权及所有权，造成公司损失。自2005年6月6日起至今，按法律规定的万分之二点一的标准，巨统公司有20 790元的利息损失，超力公司拥有公司63%的股份，因此丘济平、丘兰珍应赔偿超力公司损失107 598元。巨统公司因已被吊销营业执照，公司也同意超力公司向丘济平、丘兰珍追收。为此，请求法院判令丘济平、丘兰珍赔偿超力公司的损失107 598元，并由丘济平、丘兰珍承担本案诉讼费用。

丘济平、丘兰珍在一审时辩称：15万元是丘济平、丘兰珍代表巨统公司收取的，是职务行为和公司行为，而不是个人行为。超力公司没有证据证明丘济平、丘兰珍有将15万元占为己有的行为，为此，要求法院驳回超力公司的请求。

【审判】

梅州市中级人民法院一审认为：超力公司是在台湾注册成立的公司，丘济平、丘兰珍为我国公民，因此，本案属涉台侵权赔偿纠纷。关于法律适用问题：巨统公司是超力公司与易统公司共同出资兴办的中外合资经营企业。双方当事人引发诉讼是因超力公司认为丘济平、丘兰珍占用巨统公司的租金15万元而产生的。由于巨统公司与易统公司为租赁合同的双方当事人，本案的15万元租金亦为巨统公司所有，现超力公司作为巨统公司的外方股东以自己的名义提起诉讼，故应以我国公司法等民事法律作为本案的准据法。因超力公司不是该笔租金的所有权人，依据《中华人民共和国公司法》第一百五十二条规定，超力公司只能要求侵权人向巨统公司承担损害赔偿责任，其诉讼所得利益应归巨统公司所有。至于巨统公司内部的财务账目、经费开支等是否合法或符合章程的规定，属其内部清算应解决的问题。巨统公司虽已被工商部门吊销营业执照，但公司未依法进行清算，故超力公司要求丘济平、丘兰珍直接向其赔偿107 598元损失的诉讼请求缺乏事实和法律依据，应予驳回。据此，依照《中华人民共和国公司法》第一百五十二条的规定，判决如下：驳回超力公司要求丘济平、丘兰珍赔偿107 598元损失的诉讼请求。

一审宣判后，超力公司不服判决，向广东省高级人民法院提起上诉。

广东省高级人民法院二审经审理认为：本案是超力公司向丘济平、丘兰珍请求侵权赔偿所产生的诉讼，因当事人超力公司的登记注册地在台湾，因此本案属于涉台侵权赔偿纠纷。因该侵权行为的发生地在我国内地，内地法院享有管辖权。原审法院对本案行使司法管辖权符合《中华人民共和国民事诉讼法》关于地域管辖和级别管辖的规定。

《中华人民共和国民法通则》第一百四十六条规定："侵权行为的损害赔偿，适用侵权行为地法律。"因此，原审法院适用中国内地的法律作为解决本案争议的准据法正确。

《公司法》第一百五十三条"董事、高级管理人员违反法律、行政法规或者公司章程的规定，损害股东利益的，股东可以向人民法院提起诉讼"是关于股东直接诉讼的规定，具体是指股东为自己的利益，以自己的名义向公司或其他权利侵害人提起的诉讼，其诉讼结果直接归于该股东。在本案中，超力公司认为丘济平、丘兰珍作为巨统公司的董事和高级管理人员，其行为损害了巨统公司的利益，进而以股东的身份提起诉讼，符合该条所规定的情形，应予支持。一审法院适用《公司法》第一百五十二条关于股东代表诉讼的规定不当，予以纠正。

由于巨统公司没有进行清算，在此情况下，丘济平、丘兰珍的行为是否属于利用职务之便，侵吞公司资金，进而损害了巨统公司的利益难以认定，因此，超力公司的该诉讼请求缺乏事实依据，不予支持。

综上所述，原审判决认定事实清楚，处理恰当，依法应予维持。超力公司上诉部分有理，依法应予支持。依照《中华人民共和国民事诉讼法》第一百五十三条第一款第（一）项的规定，判决：驳回上诉，维持原判。

【评析】

本案属涉台侵权赔偿纠纷，案情本身并不复杂，其中值得探讨的问题是：公司股东自认为自己的利益遭到公司董事、高级管理人员侵害时，应提起股东直接诉讼还是股东代表诉讼？两者在适用条件、维护的利益和后果归属上有何不同？

直接诉讼是指原告以自己的名义，为维护自己的利益，以自己享有的实体权利为标的和请求所提起的诉讼；而代表诉讼是指原告以自己的名义，为维护被代表人利益，以被代表人的实体权利为标的和请求提起的诉讼。两者在诉权基础、诉讼目的、诉讼利益归属和判决效力等方面均存在不同之处。直接诉讼是原告对诉讼标的享有实体权利，以实现自己作为主体的权利或救济自己的损失为目的，诉讼利益全部归原告，其判决一般只约束诉讼当事人；而代表诉讼的原告对诉讼标的并没有实体请求权，代表诉权来源于法律对代表权人的明确授权，以实现被代表人的权利和救济被代表人的利益为诉讼目的，其通过诉讼所得收益归属于被代表人，其判决具有扩张效力，对没有参加诉讼的被代表人也产生约束力。《公司法》第一百五十二条和第一百五十三条是对股东代表诉讼和股东直接诉讼的明确规定。就本案而言，超力公司认为丘济平、丘兰珍作为巨统公司的董事和高级管理人员，其侵占巨统公司应得租金 15 万元的行为损害了巨统公司的利益，进而以股东的身份提起诉讼是符合《公司法》规定的，但在此情况下，超力公司应依《公司法》第一百五十三条规定提起股东直接诉讼还是依《公司法》第一百五十二条规定提起股东代表诉讼呢？

从《公司法》第一百五十三条规定的内容看，股东行使对董事、高级管理人员追究责任的直接诉讼应当具备两个条件：一是董事、高级管理人员有违反法律法规或公司章程的行为；二是股东利益受到损害。股东行使直接诉权应当以损害事实为前提，且其所受损失应当是直接损失，不包括间接损失。股东所遭受的间接损失就是公司的损失，可以通过公司提起追究董事、高级管理人员责任之诉和股东代表诉讼来解决。超力公司是以作为巨统公司董事的丘济平和作为高级管理人员的丘兰珍侵占公司15万元租金的行为损害了巨统公司的利益为由提起本案诉讼的，显然超力公司所据以主张的事实和理由是巨统公司的利益受到损害，进而损害了超力公司的利益，这种理由不符合《公司法》第一百五十三条规定提起股东直接诉讼的条件。当然，单纯从《公司法》的规定看，股东可以选择提起直接诉讼或者代表诉讼，但结合具体事由就存在差别，且事关当事人诉讼的成败。故超力公司虽然依照《公司法》第一百五十三条的规定在一定条件下可以对公司董事及高级管理人员提起直接诉讼，追究其责任，但由于其主张缺乏相应的事实依据，甚至其所主张的事实就与其所依据的法律规定的要求相冲突，故其获得败诉的结果就是必然的了。

那超力公司基于上述理由能否提起股东代表诉讼呢？从《公司法》第一百五十二条规定的条件，结合本案事实分析，超力公司同样尚不具备提起股东代表诉讼的条件。因为，即使股东认为公司董事、高级管理人员存在《公司法》第一百五十条规定的情形，即董事、监事、高级管理人员执行公司职务时违反法律、行政法规或者公司章程的规定，给公司造成损失，符合条件的股东在提起代表诉讼前应履行前置程序，即以书面方式请求监事会（不设监事会的监事）或董事会（不设董事会的执行董事）向人民法院提起诉讼，只有上述机构或人员拒绝起诉或自收到请求之日起30日内未起诉的，才可以提起代表诉讼。而在本案中，超力公司并未书面请求监事会或董事会对丘济平、丘兰珍提起诉讼，更不存在公司拒绝起诉的情形，故超力公司在目前情况下仍然不具备提起股东代表诉讼的条件。当然，如果超力公司能够证明存在“情况紧急，不立即提起诉讼将会使公司利益受到难以弥补的损害”的情形，则可以不经上述前置程序而径行提起股东代表诉讼。

在本案中，还反映出这样一个问题：在公司已被吊销营业执照，无法正常经营，且公司没有设立监事会或监事的情况下，若股东认为董事、高级管理人员存在《公司法》第一百五十条规定的情形，应如何履行前置程序？股东该向谁书面请求提起诉讼？能否向董事会甚至是清算组提出书面申请，又或者视为“情况紧急，不立即提起诉讼将会使公司利益受到难以弥补的损害”的情形而予以解决？这都有待我们在今后的审判实践中作进一步的探索。

一审合议庭成员：肖庆浪　孔宁清　张晓峰

二审合议庭成员：郑海森　刘涵平　饶　清

作者单位：梅州市中级人民法院

一人有限责任公司中如何认定股东个人财产是否独立于公司财产

——广东光大集团有限公司诉广东上九生物降解塑料有限公司、祝光富借款纠纷案

莫松坚

【问题提示】

在具体的司法实务中如何把握股东是否完成了自己的财产独立于公司财产的证明责任?

【要点提示】

新公司法的颁布首次明确确立了一人有限责任公司制度,并且用完整的一节篇幅对一人公司制度进行了规定。《公司法》第六十四条规定:"一人有限责任公司的股东不能证明公司财产独立于股东自己的财产的,应当对公司债务承担连带责任。"因上述法律规定比较原则,在司法实务中如何把握股东是否完成了自己的财产独立于一人公司财产的证明责任是本案力图解决的问题。

【案例索引】

一审:广东省东莞市人民法院[2007]东法民一初字第762号民事判决

二审:广东省东莞市中级人民法院[2007]东中法民一终字第2971号民事判决

【案情】

上诉人(原审被告):广东上九生物降解塑料有限公司(以下简称上九公司)。

上诉人(原审被告):祝光富。

被上诉人(原审原告):广东光大集团有限公司(以下简称光大集团)。

2004年3月26日,光大集团通过中国银行东莞市光大分理处转账人民币4 000 000元给广东三九生物降解塑料有限公司(以下简称三九公司)。2004年4月2日,三九公司向光大集团出具收据,确认收取光大集团借款4 000 000元。双方对该借款的方式、性质和目的产生争议,光大集团主张系口头借款协议,并称其于2005年8月2日向三九公司出具律师函追讨案涉借款,但三九公司则称案涉借款系双方履行招投标合作合同,并提供了招投标合同和《借款协议书》。《借款协议书》约定:"……乙方(三九公司)由于流动资金短缺,特向甲方(光大集团)借出现金人民币1 200万元(以转借出的款数为准),此款仅用于双方共同投资东莞市污水处理厂BOT项目建设,投标工作完成后,将不

中标的项目款项立即退还给甲方。……双方共同努力将中标的项目建设竣工结算后三天内，乙方将借款无息如数归还给甲方。……2004 年 3 月 23 日前，甲方将款转入东莞市商业银行东城支行，名称：广东三九生物降解塑料有限公司，账号 500082863105222。甲方将现金转入乙方的账户后，乙方开出借据给甲方，同时向项目招标单位开出银行资信证明及银行贷款意向书……”2004 年 3 月 29 日，东莞市商业银行东城支行出具资金存款证明，证明三九公司在该行开立的存款账户（账号：500082863105222）存款余额为 4 000 000 元。

三九公司成立于 1999 年 12 月 28 日，股东为三九企业集团、东莞市东城区房地产开发公司和东莞市东城区外经发展总公司，法定代表人为祝光富。2005 年 8 月，三九公司的登记注册名称变更为上九公司，股东变更为刘仲荣、东莞市东城区房地产开发公司和东莞市东城区外经发展总公司，法定代表人变更为赵新先。2006 年 4 月，上九公司通过股东会议，同意将公司原三股东所持有的股份均一次性作价转让给祝光富。2006 年 11 月 20 日的工商登记资料显示，上九公司为自然人独资有限责任公司，法定代表人为祝光富。一审中，祝光富提供了上九公司 2006 年 1 月份至 2007 年 1 月份的资产负债表、损益表、增值税纳税申报表和地税纳税申报表以证明上九公司的财产独立于祝光富本人的财产，但资产负债表和损益表只加盖了公章，没有单位负责人和财务负责人的签名盖章。

2006 年 5 月 12 日，上九公司被核准为自然人独资有限责任公司。上九公司、祝光富在二审中提交了上九公司企业法人营业执照、粤莞核变通内字 2007 第 0700702712 号核准变更登记通知书，拟证明上九公司变更后为私营有限责任公司，非自然人独资的有限公司。上述核准变更登记通知书显示：上九公司于 2007 年 7 月 20 日经东莞市工商行政管理局核准变更登记，经核准的变更登记事项如下：变更前注册号：4419001008683，变更后注册号：441900000024978；变更前企业类型：自然人独资有限责任公司，变更后企业类型：私营有限责任公司；变更前投资者：祝光富，出资额 3 000 万元，出资比例 100%，变更后投资者：刘柱雄，出资额 150 万元，出资比例 5%，祝光富，出资额 2 850 万元，出资比例 95%。

光大集团向东莞市人民法院提起诉讼，请法院判令上九公司返还借款 4 000 000 元，并支付利息，祝光富对此承担连带责任。

【审判】

东莞市人民法院一审认为，由于三九公司已改组变更为上九公司，因此，三九公司的权利义务应由上九公司享有和承担，故本案争议的焦点为：第一，光大集团与上九公司之间的借贷关系是否有效；第二，祝光富是否应当对上九公司的债务承担连带责任。关于光大集团与上九公司之间的借贷关系是否有效的问题。虽然光大集团与上九公司对案涉借款的形式、性质和目的各持己见，但无论该借款是否究竟确如光大集团所主张的系为解决上九公司的资金困难达成的口头协议，还是确如上九公司所主张的系双方履行借款协议以达到符合投标条件，借款的最终目的仍旧是在双方之间进行融资。由于光大集团并非金融机构，不能从事融资业务，因此，案涉借款因违反我国金融法律法规的相关规定，应为无效借贷关系。依据《中华人民共和国合同法》第五十八条“合同无效或者被撤销后，因该合同取得的财产，应当予以返还，……有过错的一方应当赔偿对方因此所受到的损失，双方都有过错的，应当各自承担相应的责任”的规定，上九公司应当将借款4 000 000元返还光大集团，并支付占用该款期间利息。光大集团诉请利息从2005年8月1日开始计算，明显有利于上九公司，法院依法予以准许；但利息应当按照中国人民银行规定的同期同类贷款利率计算。关于祝光富是否应当对上九公司的上述债务承担连带责任的问题。《中华人民共和国公司法》第六十四条规定：“一人有限责任公司的股东不能证明公司财产独立于股东自己的财产的，应当对公司债务承担连带责任。”企业的年度财务会计报告应当能真实而完整地反映企业该年度的财务状况，依《企业财务会计报告条例》的规定，企业的年度财务会计报告应当包括资产负债表、损益表、现金流量表及相关附表等，且应当由企业负责人和主管会计工作的负责人、会计机构负责人（会计主管人员）签名并盖章。现祝光富仅提交了上九公司2006年1月至2007年1月期间的资产负债表和损益表，而且该资产负债表和损益表仅加盖了公司的公章，并没有企业负责人和主管会计工作的负责人、会计机构负责人（会计主管人员）的签名盖章，因此，祝光富提供的上九公司的会计资料并不完整，无法证明祝光富的财产独立于上九公司的财产。据此，光大集团诉请判令祝光富对上九公司的上述债务承担连带责任合法有据，予以支持。依照《中华人民共和国民事诉讼法》第一百二十八条、最高人民法院《关于民事诉讼证据的若干规定》第二条及《中华人民共和国商业银行法》第十一条、《中华人民共和国合同法》第五十二条、第五十八条和《中华人民共和国公司法》第六十四条的规定，判决：一、确认光大集团与上九公司之间关于4 000 000元的借款关系无效。二、上九公司应于判决生效之日起十日内向光大集团返还4 000 000元及利息（利息从2005年8月1日起按中国人民银行规定的同期同类贷款利率计算至付清之日止）。三、祝光富对上九公司的上述债务承担连带责任。四、驳回光大集团的其他诉讼请求。

一审宣判后，上九公司、祝光富均不服，向东莞市中级人民法院提起上诉。

东莞市中级人民法院二审认为，本案为借款纠纷。本案的争议焦点如下：一、上九公司应否向光大集团归还借款400万元；二、祝光富应否承担连带清偿责任。对于焦点一，双方对于上九公司收到光大集团400万元借款的事实没有异议，双方之间的借款关系是成立的，本院对此予以确认。上九公司主张本案为招投标合作合同纠纷，现不符合双方约定的返还条件，无须归还借款，而不具有金融业务经营权的法人、其他组织相互之间签订的名为联营、投资、融资租赁、垫资等，而实质是借贷的合同，均应确认为无效，因此，上九公司与光大集团之间的借款关系应属无效，故对于上九公司的上述主张，本院不予支持。根据《中华人民共和国合同法》第五十八条的规定，上九公司除返还借款400万元给光大集团外，还应按中国人民银行规定的同期贷款利率支付占用该款期间的利息。对于焦点二，虽然上九公司的组织形式于本案一审后的2007年7月20日变更为私营有限责任公司，但光大集团起诉要求祝光富对上九公司的上述借款400万元承担连带责任时上九公司的组织形式为一人公司，祝光富在一审时提供的证据并不足以证明上九公司的财产独立于祝光富本人的财产，故原审法院依据《中华人民共和国公司法》第六十四条的规定判决祝光富对上九公司的上述400万元借款的债务承担连带责任是正确的，本院予以维持。综上，原审判决认定事实清楚，适用法律正确，本院予以维持。依照《中华人民共和国民事诉讼法》第一百五十三条第一款第（一）项的规定，判决如下：驳回上诉，维持原判。

【评析】

一、一人公司法人人格否定理论的法律适用

“法人人格否认制度”在英美法上被称为“刺破公司面纱”。新《公司法》第二十条从宏观上规定了法人人格否认制度，而第六十四条又从一人有限责任公司的角度对此进行了规定。所谓一人有限责任公司，是指只有一个自然人股东或者一个法人股东的有限责任公司。新《公司法》在第二章“有限责任公司的设立和组织机构”中的第三节“一人有限责任公司的特别规定”中对一人有限责任公司作了特别规范，并就一人有限责任公司的法人人格否认问题在第六十四条中具体规定如下：“一人有限责任公司的股东不能证明公司财产独立于股东自己的财产的，应当对公司债务承担连带责任。”但就目前法律法规的规定来看，对于如何证明股东自己的财产独立于一人公司财产的举证标准尚存在法律空白，导致了审判实践中的法律适用困难。

由于一人有限责任公司发生“公司财产与个人（股东）财产混同”时，债权人往往无法或者难以举证证明一人公司的股东存在《公司法》第二十条第三款规定的“公司股东滥用公司法人独立地位和股东有限责任，逃避公司债务，严重损害公司债权人利益的，应当对公司债务承担连带责任”，因此，《公司法》特别在第六十四条中对一人有限责任公司法人人格否认的问题作出“举证责任倒置”的规定，即由一人有限责任公司的股东承担举证证明的责任，需证明公司财产独立于其股东自己的财产，否则就应当对公司债务承担连带责任。这样的规定有助于在实践中有效地平衡债权人与股东之间的利益关系，维护经济交易的安全。因为相对于一般有限责任公司，一人有限责任公司的股东是唯一的，同时一人公司不设股东会，公司的财产处分、处置均由股东一个人决定，且往往缺乏有效的公司自行监管，很可能出现财产混同的情况，甚至于利用一人公司制度来损害交易相对方的合法权益。因此，新公司法对于一人有限责任公司的法人人格否定作出上述特别规范，更有利于促进交易安全。

二、一人公司股东是否需承担连带责任的证明标准

从《公司法》第六十四条的规定看，是否存在“公司财产与个人（股东）财产混同”的举证责任应由一人有限责任公司的独立股东承担，而非由主张对一人公司适用法人人格否认的债权人来承担。在本案中，上九公司在最初设立时是由多名股东投资的有限责任公司，后来因股权全部转让给一人而形成一人有限责任公司，但该公司仍然继续经营，此种情况下，如果公司产生了“公司财产与个人（股东）财产混同”的事实，仍应适用法人人格否认的规则，倘若股东无法举证证实公司财产独立于其自己的财产，则应当对公司债务承担连带责任。从民事诉讼程序来看，《中华人民共和国民事诉讼法》第六十四条对民事诉讼中的举证责任的一般规定是当事人对自己提出的主张有责任提供证据，即我们通常称的“谁主张，谁举证”。最高人民法院《关于民事诉讼证据的若干规定》第二条规定：“当事人对自己提出的诉讼请求所依据的事实或者反驳对方诉讼请求所依据的事实有责任提供证据加以证明。没有证据或者证据不足以证明当事人的事实主张的，由负有举证责任的当事人承担不利后果”，这对民事诉讼法中的举证规则进一步进行了细化。而

《公司法》第六十四条的规定实质上就是采取了举证责任倒置，由一人公司的股东承担举证责任。

从《公司法》第六十四条“一人有限责任公司的股东不能证明公司财产独立于股东自己的财产的，应当对公司债务承担连带责任”的文义上来看，一人公司财产独立于股东自己的个人财产的法律事实应由股东提供证据予以证实，而人民法院应当以证据能够证明的案件事实为依据依法作出裁判，如果一人公司的股东无法证实自己的财产独立于公司的财产，那么就可以认定“公司财产与个人（股东）财产混同”的情况发生，此时应适用《公司法》第六十四条的规定对一人公司进行法人人格否定。笔者认为，这里存在一个证明标准的问题，即到底股东如何举证证实一人公司的财产独立于股东自己的财产，到底提供什么证据才算完成举证责任，这亦是在实务中比较难以具体操作的问题。如果这里仅仅涉及法官自由裁量权的行使的话，那么应当有一个可以据以裁量的判断标准，否则很可能出现自由裁量权过大的问题。因此，归结到一点，就是股东应提供什么样的证据，以此证实公司财产独立于股东自己的财产。

在本案中，上九公司的股东祝光富主张上九公司的公司财产独立于其个人的财产，并未出现任何财产混同的情况，这时应由股东祝光富就其上述主张承担举证的责任。而祝光富对此仅仅提供了上九公司部分未经有关部门审核的资产负债表、损益表、增值税纳税申报表、地税纳税申报表等财务资料，可见祝光富提供的证据并不足以证实上九公司的公司财产独立于其个人的财产，因此，应适用《公司法》第六十四条的规定，祝光富对上九公司的债务应承担连带清偿责任。《公司法》第六十三条对于一人有限责任公司财务管理方面的规定如下：“一人有限责任公司应当在每一会计年度终了时编制财务会计报告，并经会计师事务所审计”，故一人公司的股东需举证证实其公司的财产独立于自己的财产，最起码应当提供依法经会计师事务所审计后的每一会计年度终了时编制的财务会计报告。同时，《公司法》第一百六十四条和第一百六十五条亦分别规定：“公司应当依照法律、行政法规和国务院财政部门的规定建立本公司的财务、会计制度”，“公司应当在每一会计年度终了时编制财务会计报告，并依法经会计师事务所审计。财务会计报告应当依照法律、行政法规和国务院财政部门的规定制作”。这些法律都是对公司财务、会计制度方面所作的具体规定，一人有限责任公司亦应遵循，故《公司法》第六十三条重复强调了一人公司的财务报告编制义务和审计要求，以规范一人公司的行为，保护一人公司债权人和其他利害关系人的利益。笔者认为除了提供上述财务、会计方面的资料作为证据外，一人有限责任公司的股东亦可申请人民法院对一人公司的财产状况委托有关司法会计审计机构进行财务审计，从而为证明一人公司的财产并未出现财产混同的情况提供有效的证据，人民法院可以根据相关专业部门出具的会计审计报告对案件事实来进行认定。因为企业负责人对本企业财务会计报告的真实性、完整性负责，倘若一人公司存在提供虚假会计凭证等情况从而导致会计报告或者审计报告不真实，那么一人公司的股东也应承担举证不能的不利后果。

另外，在本案中还存在一个特别的地方，那就是上九公司在一审时的公司形态是一人有限责任公司，而在二审时其公司形态就因股权转让而变动成为一般的有限责任公司，那么这种情况下是否仍然适用《公司法》第六十四条的规定，在本案审理过程中合议庭曾就此存在争议。但笔者认为答案是肯定的，此时应继续适用《公司法》第六十四条的规定。因为，上九公司虽然在二审期间公司形态变成为一般的有限责任公司，但是此时上九公司仍然在继续经营，而且出现了股东个人财产与公司财产混同的情况，公司形态发生的变化并不能改变财产混同的事实。因此，在一审时作为一人公司的股东祝光富在未能举证证明自己的财产独立于公司财产的情况下，即使上九公司变更为非自然人独资有限公司，也不能成为祝光富无须对上九公司的借款承担连带责任的理由，故祝光富仍应对上九公司的债务承担连带清偿责任。

一审合议庭成员：邝颖梅　黄　薇　段雅荣

二审合议庭成员：刘培英　刘　捷　莫松坚

作者单位：东莞市中级人民法院

公司派生分立中违约之诉的当事人资格

——黄建平、王晓辉、胡达诉刘韬、张杰公司分立资产分割款纠纷案

胡　夏

【问题提示】

公司派生分立中的违约之诉在分立后以股东作为诉讼当事人是否适格?

【要点提示】

在公司分立中，签订与公司分立有关的合同的双方当事人为公司原股东和分立后的新股东。如股东在履行公司分立合同时存在违约行为，股东之间因此产生纠纷而诉诸法院，在公司成功分立后，根据对设立中公司行为性质之分析，遵循股东资本所有权和法人财产权相分离之原则，应确定分立后的公司为适格的诉讼当事人，而不能机械地根据合同相对性原则将作为合同一方当事人的股东认定为案件的当事人。因此，在这种情况下，股东以个人名义提起违约之诉的主体不适格，应依法驳回其起诉。

【案例索引】

一审：广东省珠海市香洲区人民法院［2005］香民二初字第1577号民事判决

二审：广东省珠海市中级人民法院［2006］珠中法民二终字第121号民事判决

【案情】

原告：黄建平、王晓辉、胡达。

被告：刘韬、张杰。

珠海市香洲区人民法院经审理查明：黄建平、王晓辉、胡达、刘韬、张杰原系珠海市佳讯实业有限公司（以下简称佳讯公司）股东。2003年5月6日上述五股东召开公司分立股东会议，作出如下决议：股东一致同意公司分立，分立后存续方为佳讯公司、分出方为珠海联讯科技有限公司（以下简称联讯公司）。存续方的股东为刘韬、张杰，分出方的股东为黄建平、王晓辉、胡达。资产、债权债务双方原则上按分立前所持有股权比例分割，不能分割的双方以竞价方式决定。之后，上述五名股东又签订了若干确认函，约定对佳讯公司的无形资产和厂房实行捆绑处置，并约定了价款分期支付的具体时间和迟延付款的违约金计算标准。其后，存续方佳讯公司于2003年8月12日、2003年9月27日、2003年10月14日向分出方联讯公司陆续支付了首期款共计3 782 700元。分立后的存续方佳讯公司与分出方联讯公司于2003年11月17日经珠海市工商行政管理局核准分立变更登记。2004年4月17日，佳讯公司确认尚欠联讯公司资产分割补偿款共计

3 782 700 元。

原告黄建平、王晓辉、胡达诉称：黄建平、王晓辉、胡达与被告刘韬、张杰原是佳讯公司的股东，因佳讯公司分立，各方于 2003 年 6 月 14 日签订了一份《关于佳讯公司分立的确认函》，约定对佳讯公司的无形资产和厂房实行捆绑处置，采取竞买方式进行，价高者得，同时约定了款项的支付方式和违约金计算标准。之后，刘韬、张杰以 7 565 400 元竞得了佳讯公司的上述资产，但并没有依约按时支付款项。其后，黄建平、王晓辉、胡达要求刘韬、张杰支付迟延支付资产分割款的违约金未果，遂向珠海市香洲区人民法院起诉，请求判令刘韬支付逾期付款违约金 36 132.24 元，张杰支付逾期付款违约金 18 736.74 元。

【审判】

珠海市香洲区人民法院经审理认为，2003 年 5 月 6 日《佳讯公司分立股东会决议》合法有效，对各方均具法律约束力。尽管分出方联讯公司于 2003 年 11 月 17 日才经珠海市工商行政管理局核准分立变更登记，但其在设立过程中亦具主体资格，可以进行与其设立相关的民事活动。根据《中华人民共和国公司法》第三条“公司是企业法人，有独立的法人财产，享有法人财产权”及第三十六条“公司成立后，股东不得抽逃出资”的规定，原佳讯公司并未解散，亦未经清算，仍具有与股东财产相分离的独立财产权。原佳讯公司的财产只是根据股东的股权比例在佳讯公司与联讯公司之间进行分配，股东无权以股东主体身份就两个公司财产分割过程中的权利、义务提出主张。五股东在公司分立过程中各合同上的签名为其作为公司股东履行职务的行为，而非黄建平、王晓辉、胡达、刘韬、张杰五股东之间的个人行为，相应的权利、义务亦应由公司承担。因此，黄建平、王晓辉、胡达与本案并无直接的利害关系，黄建平、王晓辉、胡达的起诉不符合受理条件。依照《中华人民共和国民事诉讼法》第一百零八条第（一）项、最高人民法院《关于适用〈中华人民共和国民事诉讼法〉若干问题的意见》第一百三十九条的规定，裁定：驳回黄建平、王晓辉、胡达的起诉。

上诉人黄建平、王晓辉、胡达上诉称：主张本案属于股权收益转让合同纠纷，根据合同相对性原则其为适格原告，请求撤销原审法院民事裁定，指令原审法院继续审理本案，并作出实体判决。

珠海市中级人民法院确认一审法院查明的事实存在。

珠海市中级人民法院经审理认为：在 2003 年 5 月 6 日佳讯公司分立股东会的决议中，除对佳讯公司分立后的资产、债权债务分割原则进行了约定之外，对分立后的存续方佳讯公司、分出方联讯公司各自的注册资本、股东出资金额及股权比例均进行了具体约定，该会议决议的内容显示了原佳讯公司股东决定公司派生分立的意思表示，2003 年 11 月 17 日珠海市工商行政管理局也按照股东会决议的内容，核准了佳讯公司的分立变更登记，佳讯公司的分立行为已依法定程序完成。佳讯公司的分立不仅会导致股东与股权的变动，还会导致公司资产的分割，分立后佳讯公司注册资本的减少，联讯公司的设立，以及联讯公司应对原佳讯公司对外的债权债务承担连带责任等法律后果，与单一股权转让行为的性质和法律后果有所不同，因此对黄建平、王晓辉、胡达主张本案属于股权收益转让合同纠纷的意见，法院不予采纳。

由于签订该确认函时佳讯公司的股东仍为黄建平、王晓辉、胡达、刘韬、张杰等五人，此时联讯公司尚未成立，因此刘韬、张杰代表分立后的佳讯公司，黄建平、王晓辉、胡达代表设立中的联讯公司，对因原佳讯公司分立的资产分割问题进行约定，其产生的权利义务关系应由分立后的佳讯公司与设立后的联讯公司各自承担。虽然黄建平、王晓辉、胡达是基于其与刘韬、张杰签订的《关于佳讯公司分立的确认函（四）》中的约定要求刘韬、张杰承担逾期付款的违约责任，但是，该确认函是原佳讯公司的五位股东为确定佳讯公司分立及联讯公司设立过程中相关的权利义务而订立的协议，签订该协议时联讯公司尚在设立中，无法以自己名义签订合同，之后联讯公司设立成功，故刘韬、张杰在联讯公司设立过程中的必要行为产生的法律后果应由成立后的联讯公司承担。另一方面，由于原佳讯公司在分立后仍然存续，其具有与股东财产相分离的独立财产权，故黄建平、王晓辉、胡达无权以股东身份就两公司在资产过程分割中的权利义务提出主张。综上，黄建平、王晓辉、胡达与本案并无直接利害关系，其起诉不符合受理条件。综上所述，珠海市中级人民法院裁定驳回上诉，维持原审裁定。

【评析】

本案是公司在分立过程中的违约之诉，需要依据对公司法人财产制度的特殊性的理解来确立当事人诉讼主体地位以作出正确裁判。案件争议焦点体现为以下三方面：

一、应如何区分公司分立与股权转让合同的界限

公司的分立是指一个公司依法定程序分为两个或两个以上的公司的法律行为。① 公司分立主要有派生分立（存续分立）和新设分立（解散分立）两种形式。派生分立是指一个公司分离成两个以上公司，本公司继续存在，并设立一个以上新的公司的行为；新设分立是指一个公司分解为两个以上公司，本公司解散并设立两个以上新的公司的行为。② 股权转让是指有限责任公司或股份有限公司的股东依照一定的程序将自己的股份让与受让人、由受让人取得股份成为公司的股东，对于有限责任公司来讲，也称出资转让。③

在股权转让合同中，受让方的主要义务为支付股权转让款，而出让方的主要义务是出让股份，该合同所产生的法律后果是公司股东或股东持股比例的变动，并不引起公司资产的分割，如在股权转让合同的履行过程中一方违约，诉讼当事人无疑为合同的各方当事人。

公司分立和股权转让有着类似的特征，即它们都必然涉及股东、股权变动，从而产生相关权利、义务的继受，然而它们同时也存在本质上的区别。在本案中，佳讯公司的分立除了导致股东和股权的变动外，还导致公司资产的分割，分立后佳讯公司注册资本的减少，联讯公司的设立，以及联讯公司应对原佳讯公司对外的债权债务承担连带责任等法律后果，与单一的股权转让行为之性质与法律后果有着明显不同。根据以上分析我们可以得出结论，本案并非股权转让合同纠纷，而是典型的公司派生分立中产生的纠纷。

---

① 石少侠．公司法教程．北京：中国政法大学出版社，2002. 172

② 赵旭东．公司法学．北京：高等教育出版社，2003. 479

③ 赵旭东．新旧公司法比较分析．北京：人民法院出版社，2005. 299

二、对设立中公司的行为应如何认定

首先，设立中的公司是指由订立章程时起至登记完成前尚未取得法人资格的公司，学术界就设立中公司民事主体资格问题尚存争议。基于对设立中公司资格延续性的认识，笔者赞同其中的这一观点：设立中的公司是一种不完全独立的民商事主体，享有有限法律人格，它可以从事一定范围的行为从而享有权利并承担义务，故其有一定民事责任能力，但又不具有独立民事责任能力。[①] 因此，设立中的公司虽然可以进行一定行为，但这些行为由于受其法人资格尚未取得的限制而无法以公司名义进行，通常由公司发起人以自己的名义代为行之。

其次，对于设立中公司的行为，我国现有的法律法规多从国家行政权监督方面进行规制，并没有从司法角度方面明确其法律后果，因此，在审理此类案件中常常难以援引系统而具体的法律规定，只能根据公司法的相关理论进行裁判。一般认为，设立中公司的行为应当区分设立公司所必要的行为和设立公司非必要行为。两者在承担责任时有所不同：前者成立后的公司应承担责任，后者只有在特定情况下才按照公司设立行为责任的承担原则承担责任。[②] 基于设立中的公司与设立成功后的公司在财产基础、机关等方面或是相同或是具有延伸性，笔者认为，这一原则依照设立中公司的特点形成，建立在承认设立中公司的法律地位相对独立性的基础上，具有一定的科学性。

公司设立必要行为一般可以理解为以公司设立为直接目的以及为创造公司法所规定的公司设立的必要条件而进行的法律上、经济上所必要的行为。在本案佳讯公司的分立过程中，由于签订该确认函时佳讯公司的股东仍为黄建平、王晓辉、胡达、刘韬、张杰五人，且此时联讯公司尚未成立，不具备独立民事责任能力，无法以自己的名义对外签订合同，因此有必要由刘韬、张杰代表分立后的佳讯公司，黄建平、王晓辉、胡达代表设立中的联讯公司，对因原佳讯公司分立的资产分割问题等相关权利义务进行约定，佳讯公司的分立和联讯公司的设立才得以顺利进行。虽然我国公司法对此没有明确规定，但该行为无疑为设立联讯公司所需的必要条件，属于我国理论界普遍认定的发起人为公司设立而为的必要行为。笔者认为，由于上述签订确认函之行为的直接受益者是成立后的公司，故该行为是黄建平、王晓辉、胡达以自己的名义为公司设立所进行的必要行为，行为的法律后果也直接归属于成立后的公司。因此，在佳讯公司分立完毕，联讯公司设立成功后，上述确认函所产生的权利义务及法律后果应由分立后的佳讯公司与设立后的联讯公司各自享有和承担。

三、股东资本所有权与公司财产权相分离的原则应如何正确理解

要正确对本案当事人的诉讼地位进行确定，必须对公司股东资本所有权和公司财产权相分离的原则加以深入理解。现代公司制度是建立在公司法人独立人格基础之上的，而公司取得独立人格的前提就是具备独立的财产，公司法人财产权是市场主体的自主权得以确

---

① 谭喜龙．论设立中的公司．财经界（下半月刊），2006（3）：68

② 童兆洪．公司法法理与实证．北京：人民法院出版社，2003.11

立的产权基础。这种独立财产既是公司经营的物质基础，也是其承担债务的总担保。[①] 根据我国公司法相关规定，公司是企业法人，有独立的法人财产，享有法人财产权。公司成立之后，其获得独立于股东的法律人格，在其整个存续期间，均享有股东让渡出来的出资的所有权。而只有在公司解散、清算之后，公司的法人人格归于消亡，公司剩余财产的所有权才复归股东。

在本案中，由于原佳讯公司在分立后仍然存续，联讯公司已依法设立，均具有与股东财产相分离的独立财产权，故黄建平、王晓辉、胡达无权以股东身份就两公司在资产分割过程中的权利义务向刘韬、张杰提出主张。在本案涉及的公司分立资产分割纠纷中，若违约事实能够认定，亦是联讯公司之权利受到侵害，在公司存续的情况下此与股东黄建平、王晓辉、胡达并无直接利害关系。倘若允许股东直接主张这一损失，即是允许股东在公司存续期间变相抽回股本，这与股东资本所有权和公司财产权相分离的原则相悖，亦违反资本不变原则。

综合以上三点，本案是因履行公司分立合同而产生的纠纷，由于公司法人享有独立的法人财产权，原公司的五位股东签订与公司分立有关的合同均是设立公司所必要的行为，因此公司分立合同的权利义务继受主体应当是原公司分立后继续存续的公司和新设立的公司，而并非公司股东，此为审理该类案件中确定诉讼当事人主体地位的标准和原则。根据这一标准和原则，黄建平、王晓辉、胡达与本案无直接利害关系，并非本案适格原告，对其起诉法院应依法予以驳回。

一审独任法官：梁共宏

二审合议庭成员：李烈斌　徐艳红　胡　夏

作者单位：珠海市中级人民法院

① 赵旭东. 新旧公司法比较分析. 北京：人民法院出版社，2005. 3

个别股东绕过股东会直接起诉请求分配利润应否支持

——广州市越秀恒和企业投资有限公司诉广州市浚泰物业发展有限公司等利润分配请求权纠纷案

陈　颖

【问题提示】

公司[①]股东会没有作出分配利润决议，个别股东直接向法院起诉公司，请求公司向其支付一定数额的利润，法院应否支持?

【要点提示】

因个别股东没有绕过股东会直接起诉的权利，法院不宜以保护小股东利益为由破坏公司自治原则，司法介入公司运作不是最有成效的方式，因此，裁定驳回起诉。

【案例索引】

一审：广东省广州市中级人民法院［2005］穗中法民二初字第32号民事判决

二审：广东省高级人民法院［2008］粤高法民二终字第110号民事判决

【案情】

原告：广州市越秀恒和企业投资有限公司（以下简称恒和公司）。

被告：广州市浚泰物业发展有限公司（以下简称浚泰物业）。

被告：广州市浚泰百货有限公司（以下简称浚泰百货）。

被告：广州市浚豪百货有限公司（以下简称浚豪百货）。

被告：广州市浚港企业经营管理有限公司（以下简称浚港公司）。

广州市中级人民法院经审理查明：恒和公司与宇辰公司各投资50万元，于1999年1月11日成立浚泰物业。浚泰物业的章程约定，股东按出资额所占比例享有股权和分取红利，股东会的职权包括审议批准公司的利润分配方案和弥补亏损方案，本公司按法律规定在分配当年税后利润时，提取利润的百分之十列入公司法定公积金，提取利润的百分之五列入公司法定公益金，法定公积金累计额为公司注册资本百分之五十以上的，可不再提取，公司弥补亏损和提取公积金、法定公益金后所余利润，按照股东出资比例分配。

1999年5月10日，恒和公司将浚泰物业50%股份的40%即总股份的20%转让给聪志公司，聪志公司的持股比例为20%，恒和公司的持股比例减为30%，法定代表人改为

① 本文仅对有限责任公司股东利润分配请求权问题进行探讨。

李永佳，股权的变化及利润分配自双方签订协议之日起生效。

恒和公司起诉请求判令：一、浚泰物业、浚泰百货、浚豪百货、浚港公司停止侵害恒和公司投资权益的行为；二、撤销浚泰物业、浚泰百货、浚豪百货、浚港公司之间拆分经营浚泰商城的协议和文件；三、浚泰物业、浚泰百货、浚豪百货、浚港公司提供全部真实的财务文件并由中介机构审计2001年2月1日至2004年12月1日浚泰物业的经营利润；四、浚泰物业、浚泰百货、浚豪百货、浚港公司向恒和公司支付浚泰商城分红款（利润）约为1 109万元（从2001年2月1日计至2004年12月1日止，最后以审计确认的利润为准）；五、诉讼费、审计等费用由浚泰物业、浚泰百货、浚豪百货、浚港公司承担。在原审审理过程中，恒和公司明确其诉讼请求主要指向股权分红。广州市中级人民法院认为，恒和公司的第一、二项诉讼请求与股东分红请求权属不同法律关系，同一案件中不宜调处三个法律关系，广州市中级人民法院告知恒和公司应对第一、二项诉讼请求另案起诉，本案不予调处。

广州市中级人民法院依照恒和公司的申请查封了2001年2月1日至2004年12月1日浚泰物业的账册及合同等，并委托广东启明星会计师事务所对浚泰物业的经营利润进行审计。审计报告结论是：浚泰物业2001年2月1日至2004年12月1日的利润为3 741 603.85元。

【审 判】

广州市中级人民法院经审理认为：恒和公司作为浚泰物业的股东，依照公司章程的规定，有权按出资额所占比例分取利润。根据审计报告，浚泰物业税后利润为3 741 603.85元。恒和公司可分得的利润为3 741 603.85×（1－10%－5%）×30%＝954 109元。依照《中华人民共和国公司法》第三十五条、第一百六十七条的规定，判决：一、浚泰物业在本判决发生法律效力之日起十日内向恒和公司支付954 109元。二、驳回恒和公司的其他诉讼请求。如果浚泰物业未按上述判决指定的期间履行给付金钱义务，应当按照《中华人民共和国民事诉讼法》第二百三十二条之规定，加倍支付迟延履行期间的债务利息。一审案件受理费36 733元、审计费40 000元由恒和公司负担57 166元，浚泰物业负担19 567元。

恒和公司上诉称：《专项审计报告》和《说明》均载明因材料不全所限导致未能客观、全面反映可分配利润。浚泰物业1999年12月之后的会计报表存在重大虚假成分，应以实际对外经营、招商收入为据。恒和公司也不可能持有经营资料原件，只能采用复印件委托评估。浚泰物业没有相反证据证明恒和公司提供的租赁合同不真实。恒和公司已委托广东诚安信会计师事务所作出《咨询报告书》，能客观反映经营情况，属新证据，应予采信。浚泰物业、浚泰百货、浚豪百货、浚港公司共同经营并非法占有商城项目收益，应承担连带给付责任。综上，请求改判原审判决第一判项，判决浚泰物业、浚泰百货、浚豪百货、浚港公司连带向恒和公司支付1 109万元，并负担全部诉讼费用。

广东省高级人民法院确认一审法院查明的事实存在。

广东省高级人民法院经审理认为：本案系公司利润分配请求权纠纷。公司决定分配利润的权利在股东会，而非个别股东。《中华人民共和国公司法》第三十五条仅规定股东有权按照实缴的出资比例分取红利，在股东会作出利润分配方案之前，并未赋予股东越过股东会直接提起分配利润诉讼的请求权。《中华人民共和国公司法》并未将分配利润作为对公司的强制性规范。公司股东会享有决定是否分配利润的自主权。本案浚泰物业并没有召开股东会决定分配2001年至2004年间的利润，作为股东之一的恒和公司无权越过股东会直接向法院起诉请求分配利润。根据《中华人民共和国民事诉讼法》第一百零八条和最高人民法院《关于适用〈中华人民共和国民事诉讼法〉若干问题的意见》第一百三十九条的规定，起诉必须属于人民法院受理民事诉讼的范围，起诉不符合受理条件的，人民法院应当裁定不予受理，立案后发现起诉不符合受理条件的，裁定驳回起诉。原审法院受理本案不当，原审判决根据审计报告确定的利润额直接判决浚泰物业向恒和公司支付954 109元利润，适用法律错误，应予撤销。恒和公司可以依据《中华人民共和国公司法》的规定通过转让股权或请求公司按照合理价格收购其股权等途径获取收益。若浚泰物业股东会作出分配利润决议而未实际支付，则恒和公司可以向法院起诉请求浚泰物业支付应分利润。综上所述，原审判决适用法律错误，应予撤销。依照《中华人民共和国民事诉讼法》第一百零八条、第一百四十条、第一百五十三条第一款第（二）项、最高人民法院《关于适用〈中华人民共和国民事诉讼法 > 若干问题的意见〉第一百三十九条、《诉讼费用交纳办法》第八条之规定，裁定：一、撤销广州市中级人民法院［2005］穗中法民二初字第32号民事判决。二、驳回恒和公司的起诉。一审案件受理费36 733元，由原审法院退回给恒和公司。审计费40 000元，由恒和公司负担。二审案件受理费36 733元，由本院退回给恒和公司。

【评析】

本案属于公司没有作出分配决议，股东就直接起诉的情况。对直接起诉的股东的利润分配请求权如何有效地保护，应否允许股东在没有公司决议的前提下直接提起请求分配利润的诉讼，受理案件后应如何处理？司法实践中面临以下几个问题：

一、司法裁判困境一：诉权的正当性评判

在公司没有召开股东会作出分配利润决议的情况下，个别股东是否有权直接起诉公司请求分配利润？这个问题归结到底就是个别股东在公司没有召开股东会作出分配利润决议的情况下是否享有直接向法院起诉请求分配利润的诉权。这是法院受理该类案件的前提条件。如日本学者谷口安平所认为的，诉的利益是掌握着启动权利主张进入诉讼审判过程的关键，是通过诉讼审判而创制实体法规范的重要开端。我国《民事诉讼法》对诉权的规定比较模糊，容易产生歧义。笔者试图从诉权理论角度为该类诉讼中股东的诉权问题寻求正当性解说。

诉权是诉的基础。评判原告是否享有诉权，取决于其是否具有诉的利益。诉的利益是指司法解决的必要性，即法院有必要通过审判来解决当事人之间的民事纠纷，保护公民的正当利益，这是具体案件进入诉讼审判程序的前提。诉的利益是原告就其私权主张请求法院予以裁判时所必须具备的必要性，或称为权利保护利益或者权利保护的必要。[1] 就请求公司分配利润纠纷而言，判断股东是否享有直接起诉请求分配利润的权利，就要看股东是否有必要以提供司法裁判的形式获得救济。有观点认为，赋予股东诉权有利于维护股东合

---

① 常怡，黄娟．司法裁判供给中的利益衡量：一种诉的利益观．中国法学，2003（4）

法权益的需要，加强股东对董事和监事约束的需要，保障公司活动依法有序进行的需要。[①] 另一种观点则认为，如果我们撇开诉讼目的来考察诉权内涵，认为民事诉权仅仅具有孤立的程序内涵和价值而不具有实体内涵和实现实体目的的价值，则意味着为行使诉权而行使诉权、为诉讼而诉讼。[②] 如果法院受理，虽然有利于对实际利益的救济，但与现行的民事诉讼法受案条件不符，而且还可能会造成诉权被滥用的不良后果。如果当事人没有实体意义上的诉讼，程序意义上的诉权也就没有行使的必要。[③] 笔者认为，在公司未作出分配利润的决议之前，不宜允许股东直接向法院起诉请求分配利润。第一，缺乏必要性。按照大陆法系的传统观点，一般认为原告有请求法院为之判决的必要。如日本学者兼子一教授所认为的，诉之利益是诉权的要件，判断一个请求是否具有正当的利益必须看原告对请求具有要求判决的现实必要性。[④] 在公司作出决议后未实际支付利润，或者股东对决议持有异议的，股东则有必要提起诉讼，股东享有请求公司实际给付利润的权利和请求撤销决议的权利，法院应受理这类案件并根据具体案情对实体权利作出判决。但在公司未作决议的情况下，是否分配利润仍属于公司自行决定的范畴，股东若认为权益受损，可通过转让股权、要求公司回购其股份等方式获得相当的收益，股东并非没有其他救济途径。对公司未作出分配利润决议，股东无法如期获取投资收益的损失，尚不具备请求法院采取司法介入的方式予以保护的必要。第二，不符合效率原则。只有在确信原告具有足够的正当理由利用诉讼制度，并不会因此使被告遭受讼累时，才可能判定原告具有诉的利益而对其争议作出实体上的裁决。[⑤] 公司具有人合性，股东起诉公司多少会造成股东和股东之间、股东和公司之间关系恶化，对该股东来讲，起诉不是最佳的选择。第三，不能终局性地解决股东和公司之间的失衡状况。股东起诉公司后，由于股东和公司关系的恶化，股东可能会因此而失去另外的商业机会，股东和公司之间的矛盾不会因为司法的介入而化解。而且，在股东起诉请求分配利润指向的时间段，公司可能是盈利的，但法院作出判决时，公司可能发生了亏损，股东获得判决支持的利润额可能得不到实际支付。

二、司法裁判困境二：司法介入公司运作的必要性解说

如果不受理该类案件，小股东利益还能否得到其他有效救济？小股东提起诉讼时，公司内部通常已陷入僵局，不判支付利润是否使得小股东无路可走？在公司长期不分配利润的情况下法院应如何保护小股东利益，如何在保护小股东利益和尊重公司自治之间寻求平衡，是法院面对该类案件要解决的另一个问题。对此的观点大致可归入“肯定说”和

① 董新凯．论股份有限公司股东的诉权．广东法学，2001（1）
② 邵明．民事诉权释论．综合来源，2005（3）
③ 张家慧．诉权意义的回复——诉讼法与实体法关系的理论基点．法学评论，2000（2）
④ 廖永安．论诉的利益．法学家，2005（6）
⑤ 常怡，黄娟．司法裁判供给中的利益衡量：一种诉的利益观．中国法学，2003（4）

“否定说”。“肯定说”[1] 认为，公司连续多年不向股东分配利润的目的就是要将小股东排挤出公司，如不支持小股东行使股权收购请求权，无异于帮助大股东顺利实现其目的。司法机关不能因股东和公司之间的关系属内部关系而拒绝受理。“否定说”认为，利润分配请求权分抽象与具体请求权。[2] 股东投资于公司，获得股东身份，因股东身份而享有抽象的利润分配请求权。具体的利润分配请求权，是指股东依据股东会依法作出分配利润的决议而享有的请求公司支付一定数额利润的权利。在公司盈利、股东会作出分配利润决议后，抽象请求权才转化为具体的请求权。如果公司没有作出决议，股东仅享有抽象的利润分配请求权，不具有可诉性，只有享有具体的请求权才可提起请求分配利润之诉。笔者同意“否定说”的观点。公司是否分配利润与公司所处的行业状况、公司在行业的位置、未来发展机会有关，分配利润是公司的商业行为，属于公司自治范畴。在公司没有作出分配利润决议时，法院不宜取代股东会直接作出支付分配一定金额利润的判决。

三、司法裁判困境三：司法介入公司运作的实效分析

第一，公司没有作出分配利润决议，股东直接起诉公司，若法院判决公司在一定期间内召开股东会作出分配利润的决议，但公司在该期间内拒不召开股东会的，法院并不能强行要求公司召开股东会。股东得到这种判决，实际上未能达到预期的效果。第二，公司资产处于不断变化当中，若法院作出判决的时候公司的经营状况不如股东诉请利润指向时间段的经营状况，那么股东获判决支持的利润额不一定能得到完全实际支付。第三，法院若直接判支付一定的利润额，该数额未必能给股东实质性保护。原告股东能够向法院提交的公司财务资料，未必是完整和真实的。法院根据公司提供的财务资料委托审计得出的审计报告，未必能完整、真实、客观地反映该公司的盈亏状况。

四、出路：充分尊重公司自治，司法不宜介入公司运作

公司没有召开股东会作出分配利润决议，股东尚不享有直接向法院起诉请求公司给付利润的权利，法院应坚持充分尊重公司自治，谨慎介入的理念，一般不宜受理该类案件，而是由股东另寻法律途径。理由如下：

第一，股东分取利润的请求权分为未确定的请求权和确定的请求权。未确定的请求权和确定的请求权的界线在于公司作出分配利润决议。公司未作决议之前，股东享有的分取

---

① 有两例经典案例，反映了两大法系国家对公司多年盈利而不分配利润的态度。在（法国）Langlois 诉 Peter 一案中，公司在 20 年间一直没有派发股利，小股东没有从公司获得任何投资回报，而大股东则通过提高公司管理者报酬获利。法院认定股利政策和董事经理报酬政策的结合运用使小股东受到压榨，从而判令公司向小股东分配股利。在（美国）道奇诉福特汽车公司一案中，福特公司 1903 年至 1911 年间发放了高额股利。到 1916 年，公司留存收益达 1.12 亿美元。公司董事会宣布不再派发红利，利润用于再投资。1916 年，公司决定将全部留存收益用于修建铸造厂。两股东（持股共 10%）起诉要求公司发放股利。法院判决公司发放 1 927.385 万美元股利。转引自：刘振. 有限责任公司股东请求分配股利诉讼的司法应对. 人民司法，2008（9）

② 《股份有限公司股东权的保护》一书认为，股利分配请求权分抽象的分配请求权与具体的分配请求权。参见：刘俊海. 股份有限公司股东权的保护. 北京：法律出版社，2004. 195

利润请求权是股东因对公司的投资而享有的收益权，是股东权中自益权[①]的一种，包括提请股东会决议分配利润，按投资比例分取利润的权利，是一种概括的、抽象的权利，尚未确定是否给付，未确定给付金额。在公司作出分配利润的决议后，股东享有的利润才进入确定状态，股东因其对公司的投资而享有的分取利润权利才转化为确定的、具体的请求权，股东才能行使该请求权。

第二，股东分取利润的请求权还可分为普通股权性质的请求权和对债权的请求权[②]。股东因其身份享有股东权，这当中包括分取利润请求权，但这种请求权只是概括的权利，没有实际履行内容，在公司作出分配利润决议后，公司就负有向股东支付一定金额利润的义务，股东享有的权利就转化为一种普通的债权。利润分配请求权应当是对应分配利润的分配请求权，而不是对应未分配利润的分配请求权。股权与债权的分界点是股东会作出利润分配决议。

第三，在股东转让股权后，对转让前已经由股东会决议分配的利润，在不违反股权转让合同约定的情况下，有权请求法院判决公司按照利润分配决议实际支付利润，因为在公司作出决议后，股东的分配利润请求权就成为独立于股东权利之外的普通债权，不必然随着股权的转让而转移。

第四，公司是否分配利润的决定权在股东会，分配利润是公司的商业行为，受公司未来发展机会等条件影响，法院不能代公司作出商业决定。如果法院在没有公司决议的情况下直接判决公司向股东支付一定的利润额，则不符合公司自治原则，也动摇了公司治理结构。

第五，法院不受理小股东直接起诉的案件后，小股东并非没有其他救济途径，股东的投资也并非只能通过提起请求分配利润的诉讼来得到收益，例如对公司五年或五年以上盈利而公司股东会仍作出不分配利润的决议，投反对票的股东享有要求公司收购其股份的请求权，或者可以向第三人转让股权，收回投资价值。

第六，如果有证据证明公司连续多年有盈利而未分配利润（通常以达到五年为判断标准），股东请求法院判决公司向股东支付利润的，法院应否支持？如果原告股东在诉状中请求公司作出分配利润决议的，理论上法院可以判决公司在一定期限内召开股东会，但如果股东不自觉执行判决的话，法院实际上无法强行要求股东召开股东会。因此，即使公司多年不作出分配利润决议，法院亦不宜受理该类案件。

一审合议庭成员：符锐兰　谢欣欣　宁建文

二审合议庭成员：刘　佐　苗　欣　陈　颖

作者单位：广东省高级人民法院

---

① 股东权可分为自益权与共益权。自益权是股东为从公司获取财产利益而享有的一系列权利，共益权是股东为参与公司决策、经营、管理、监督和控制而享有的一系列权利。股东的自益权包括股利分配请求权、剩余财产分配请求权、新股认购优先权、股份转让权等。参见：刘俊海. 股份有限公司股东权的保护. 北京：法律出版社，2004. 54

② 股东权既不同于物权，也不同于债权。参见：刘俊海. 股份有限公司股东权的保护. 北京：法律出版社，2004. 82

股权转让“天价”违约之诉的利益衡量

——罗云泉诉成坚等股权转让合同纠纷案

徐干忠　罗锡芳

【问题提示】

股东之债与公司之债能否抵消？违约方以股权还是股权价值承担违约责任？“天价”违约金如何调整？

【要点提示】

处理股权转让合同纠纷案件须依法进行利益衡量，既不能因为不折不扣地依约维护转让股东的利益支持其“天价”违约金而损害受让股东的利益，亦不能因为维护股东利益而损害公司利益和公司债权人利益。

【案例索引】

一审：广东省梅州市中级人民法院［2007］梅中法民二初字第12号民事判决

【案情】

原告：罗云泉。

被告：成坚、袁观玉、陈秋霞、钟宏清。

梅州市中级人民法院经审理查明：2006年3月7日，原、被告签订《股权内部转让协议书》，约定双方作为股东的梅州市恒兴现代农业发展有限公司的所有资产作价1 300万元，原告将其16%的股权以208万元转让给被告，在股东变更工商登记后30日内一次性付清（协议签订后5日内完成工商登记），否则取消被告的受让资格，并将受让方的股权扣罚30%无偿给转让方所有。协议签订后，股权变更的工商登记已办理。2006年3月13日，原告作为移交人，公司办公室主任潘耀辉作为接收人在《罗云泉移交物资、文件、资料清单》上签名。2006年4月10日，四被告作为变更后的公司股东形成股东会决议，认为原告于2006年1月5日以上交国家农综项目管理费为由，侵占公司资金24万元，另应由原告划给深圳市某公司的农综项目咨询费10万元未曾付出，遂决议授权公司财务部在原告208万元退股款中扣回34万元。2006年4月12日，原告收到股权转让款174万元。2007年3月8日，原告向法院起诉。

罗云泉诉称：原告与四被告及廖国洪共同经营梅州市恒兴现代农业发展有限公司，其中廖国洪和被告成坚各占18%的股份，原告及被告袁观玉、陈秋霞、钟宏清各占16%的股份，四被告共占66%的股份。2006年3月7日，原告与四被告经协商签订股权内部转让协议书，以全部股权作价 1 300 万元计，原告将 16% 的股份以 208 万元的价格转让给四被告。协议书约定，受让方应于 30 日内以现金形式一次性付给转让方，否则取消其受让资格，并将受让方的股权扣罚 30% 无偿给转让方所有。但协议书签订后，四被告只付了 174 万元，余款 34 万元一直未付。为此，请求取消被告受让资格（解除股权转让合同），并按约定将四被告拥有的 66% 公司股权的 30% （即 19.8%）无偿转让给原告。

成坚、袁观玉、陈秋霞、钟宏清辩称：在原告的股权转让后，四被告拥有公司 100% 的股权，公司的利益就是四被告的利益，公司的权利义务与四被告的权利义务等同。因原告在 2006 年 1 月 5 日以上级要收取公司农综项目管理费应由其负责缴交为由，从公司支出现金 24 万元并占为已有，四被告完全可以从原告应得的股权转让款中扣回。同日原告还从公司领取了应支付给深圳市某公司的 10 万元信息咨询费，但原告没有交付给该公司，造成公司仍欠该笔债务，故被告有权从股权转让款中扣下 10 万元，并在 2006 年 6 月 12 日付给了该公司。综上，应驳回原告的诉讼请求。

【审 判】

梅州市中级人民法院经审理认为：本案中双方当事人因发生矛盾而协议解除了合作关系，且双方股权转让协议书的主要义务已经履行，股东变更登记已办理，原告已经不再是公司的股东，且公司亦已变更。因此，本案股权转让合同不应解除，而应按照协议的履行情况确定是否存在违约行为和违约责任。被告仍有 34 万元股权转让款未付给原告是双方确认的事实，而原告与公司之间的关系和本案股东之间的关系属于不同的法律关系，且原告是否侵占公司财物属于刑事责任问题，而原告领取相关款项后如何开支，如何入账是原告作为公司的职员（总经理）与公司之间的内部财务问题，不是平等的民事法律关系，均不是本案的处理范畴。因此，被告以此作为扣留原告 34 万元股权转让款的抗辩主张理由不充分，不予采纳。

被告未依约付清股权转让款是违约行为，首先应当继续履行，付清未付的 34 万元股权转让款，然后承担相应的违约责任。考虑本案中双方股权转让协议书的主要义务已经履行，原告已经不再是公司的股东的事实，本案不宜直接按照双方协议的约定判令原告重新拥有股权成为公司的股东，而应当按照转让时股权的价值确定违约责任，即以双方确定的公司股权总值 1 300 万元计算，按照协议约定，被告应承担的违约责任为 1 300 万元 × 66% ×30% =257.4 万元。该违约责任的约定没有考虑受让方履行义务的程度，对于已支付大部分股权转让款的被告而言，违约金明显过高，应作调整。调整的原则是：违约责任基础不变，即仍按照双方的约定，将受让方的股权价值扣罚一定比例给转让方；按照受让方实际履行情况调整扣罚其股权价值的比例。据此，可以以未付的股权转让款占原告股权价值的比例作为被告未完全履行义务应承担的违约金的比例，即 34 万元 ÷208 万元 × 1 300万元 ×66% ×30% =42 万元。

综上，依照《中华人民共和国合同法》第二条、第一百一十四条第二款的规定，判决：一、被告成坚、袁观玉、陈秋霞、钟宏清应在本判决发生法律效力之日起 15 日内向原告罗云泉支付股权转让款 34 万元；二、被告成坚、袁观玉、陈秋霞、钟宏清应在本判决发生法律效力之日起 15 日内向原告罗云泉支付股权转让违约金 42 万元；三、驳回原告的其他诉讼请求。

宣判后，双方当事人均未上诉，被告并已自动履行完毕。

【评析】

本案中，股权转让双方的利益冲突异常激烈。被告作为受让股东，因为 34 万元股权转让款未依期支付，就被原告提起了“天价”违约诉讼。而在此类案件中，并非仅仅涉及股权转让双方的利益，而是“牵一发而动全身”，公司利益和公司债权人利益都要作通盘考虑，既不能因为不折不扣地维护转让股东的利益而损害受让股东的利益，亦不能因为维护股东利益而损害公司利益和公司债权人利益。在对此类股权转让“天价”违约之诉案件进行利益衡量时，至少有三个法律难点需要解决：

一、股东之债与公司之债能否抵消

本案中被告对其应负的付清股权转让款义务提出的抗辩理由是原告仍欠公司一笔债务，理应在退出股份时一并处理，何况原告退出后，公司就是作为被告的其余四股东的，公司就是股东，股东就是公司，完全可以把未付的股权转让款扣下来，以抵消原告所欠的公司债务。受理法院认为，尽管股东之债与公司之债相互抵消在一些情况下有利于提高交易的效率，有利于纠纷的及时处理，但仍然是不应予以准许的。这有两个基本理由：第一，违背了债务抵消的基本要求。债务抵消有两个基本要求，一是只涉及互为债权人和债务人的两方当事人，二是在债务性质不一样时要取得合意。但本案中股东之债与公司之债涉及三方当事人，其中受让股东与公司之间并非债权债务关系，且抵消亦未取得相关当事人的合意。第二，违背了法人有限责任原则。有限责任是公司法人制度的基石，其关键就在于公司与股东责任的分离。而如果允许公司之债与股东之债相互抵消的话，势必推倒了公司财产与股东财产之间的防火墙，危及公司和公司债权人的利益，成为公司财产流失的通道和股东逃债的法宝。

二、违约方以股权还是股权价值承担违约责任

原告认为，被告未依约付清股权转让款，原告就应该依照约定重新拥有股权成为公司的股东。受理法院认为，被告未依期付清股权转让款是违约行为，被告应当以双方股权转让时的股权价值承担违约责任，而不是解除双方股权转让协议，让原告重新成为拥有股权的股东。理由主要有两点：（1）解除股权转让合同缺乏事实依据和法律依据。请求解除合同的法定条件主要是相对方不履行主要义务，无法实现合同目的。而本案中原告已经退出股权，收取了大部分的股权转让款，且已办理了股权变更的工商登记手续。因此，被告已履行了主要义务，原告已实现了合同的基本目的，合同已基本履行完毕。同时，公司亦发生了重大变更，股权价值与股权转让时已有天壤之别，这种情况下解除股权转让合同明显缺乏事实和法律依据，这与房地产开发商不能在购房者小部分购房款未交清，而房价上涨的情况下解除合同收回房屋，在法理上是一样的。（2）让原告重新成为股东违背了公司的人合性和商法上的企业维持原则。本案的特殊性在于股东之间产生矛盾无法合作下去，其中一位股东选择退出股权。此时如果因受让方小部分转让款未付清而强制让矛盾重重的股东重新走在一块，将无异于火上浇油，进一步加剧双方的矛盾冲突，不但合作无从谈起，公司的正常经营甚至公司的生存都将受到严重威胁。从法理上讲，这是严重违背了

公司的人合性和商法上的企业维持原则。

三、"天价"违约金如何调整

确定受让方以双方股权转让时的股权价值而不是股权承担违约责任只解决了问题的一半。因为纵使按照股权转让时的公司股权总值1 300万元计算，被告按约定应承担的违约责任仍高达250多万元。法院认为，该违约金应作调整。首先，被告主张其不应当承担违约责任，这本身就包含了违约金过高的意思表示。其次，该违约责任的约定没有考虑受让方履行义务的程度，对于已支付大部分股权转让款的被告而言，违约金明显过高。其三，违约金调整的原则是：违约责任基础不变，即仍按照双方的约定，将受让方的股权价值扣罚一定比例给转让方；按照受让方实际履行情况调整扣罚其股权价值的比例。据此，法院以未付的股权转让款占原告股权价值的比例作为被告未完全履行义务应承担的违约金的比例，以此确定被告应承担的违约金为42万元，这样调整后的违约责任与被告的违约行为是相适应的。

实践证明，本案的处理较好地实现了转让股东、受让股东、公司和公司债权人之间的利益平衡，取得了较好的法律效果和社会效果。

一审合议庭成员：徐干忠　黄建祥　黄莉芬

作者单位：梅州市中级人民法院

审理公司股东知情权纠纷应当注意的问题

李　髻

【问题提示】

处理股东知情权纠纷时应注意哪些问题?

【要点提示】

股东依法履行相关手续后，公司未有充足证据证实股东的查阅存在不正当目的、可能损害公司利益却拒绝股东查阅，法院依法判令公司提供相关资料供股东查阅。

【案例索引】

一审：广东省广州市萝岗区人民法院［2006］萝法民二初字第86号民事判决

二审：广东省广州市中级人民法院［2006］穗中法民二终字第1860号民事判决

【案情】

原告（被上诉人）：潘明，男，汉族，1964年12月12日出生，住广州市荔湾区多宝路昌华横街16号。

被告（上诉人）：广州保税区智友工贸有限公司，住所地：广州保税区东江大道284号。

法定代表人：陈广桐，总经理。

委托代理人：石庆华，广东广大律师事务所律师。

潘明是广州保税区智友工贸有限公司（以下简称智友工贸）的股东。智友工贸的性质为有限责任公司，其中陈广桐出资额为450万元，占出资比例的90%，潘明出资额为50万元，占出资比例的10%。2006年1月8日，潘明以智友工贸股东的身份通过邮局挂号信向智友工贸提出申请，要求查阅、复制公司财务账册、股东会决议及公司章程，并要求对智友工贸提供股东会决议进行审计；要求智友工贸提交东江大道284号1～8层房产抵押评估使用价值报告。截至2006年2月13日潘明起诉到法院，智友工贸对其请求仍未作答复。另查明，2004年8月13日，广州经济技术开发区人民检察院收到广州市公安局广州经济技术开发区分局移送审查起诉潘明涉嫌职务侵占一案的案件材料后，向智友工贸发出了《委托诉讼代理人告知书》。广州市公安局萝岗区分局经补充侦察、补足证据后向广州市萝岗区人民检察院移送审查起诉潘明涉嫌伪造公司印章、职务侵占一案的案件材料。广州市萝岗区人民检察院于2006年1月13日再次向智友工贸发出了针对该案的《委托诉讼代理人告知书》。再查明，2006年5月9日，广州市萝岗区人民检察院以广州市公安局萝岗分局认定的犯罪事实不清、证据不足，不符合起诉条件为由，对潘明作出了不起诉决定。

【审判】

广州市萝岗区人民法院经审理认为，根据《中华人民共和国公司法》第三十四条第一款的规定，股东有权查阅、复制公司章程、股东会会议记录。上述权利是股东基于其出资人的身份而享有的基本权利，法律对此亦未作出限制性规定，潘明作为智友工贸的股东，要求查阅、复制智友工贸成立之日起至潘明起诉日止的股东会决议于法有据，应当支持。《中华人民共和国公司法》明确赋予股东对股东会决议的查阅、复制权，未赋予其审计权，潘明主张对智友工贸提供股东会决议审计没有法律依据，不予支持。关于潘明要求智友工贸提交会计账册，根据法律规定，股东诉请法院要求公司提供会计账簿查阅，应当于向公司提出书面申请被拒后。潘明为证明其已书面要求智友工贸提供公司财务账册查阅、复制被拒的事实，提交了挂号信信函，智友工贸认为其收到的信件仅仅为白纸，但未提交相应证据予以反驳，因而法院确认了潘明的陈述。智友工贸收到潘明书面申请的时间为2006年1月11日，潘明起诉的时间为2006年2月13日，已过法律规定的智友工贸享有的15天答复期。潘明依法履行书面申请程序后，有权诉请法院裁判。智友工贸认为潘明存在损害公司利益的行为并已涉嫌构成犯罪，现广州市萝岗区人民检察院已对潘明作出不起诉决定，对智友工贸的抗辩未予采纳。智友工贸主张基于潘明的不诚信及涉嫌构成犯罪的行为，智友工贸应当有合理理由相信潘明存在损害公司利益的可能性。智友工贸属于仅有两个股东的有限责任公司，其又未能提交充分证据证明作为股东的潘明存在不诚信行为，对智友工贸陈述的潘明存在可能损害公司利益的抗辩不予采纳。根据《中华人民共和国会计法》的规定，各单位对会计凭证、会计账簿、财务会计报告和其他会计资料应当建立档案，妥善保管。智友工贸认为其不清楚是否持有2004年之前的会计账簿，并认为潘明持有一部分会计账簿，但未提交充分证据证实，对智友工贸的抗辩法院不采纳。因此，潘明主张智友工贸提供其成立之日起至本案起诉日止的会计账簿查阅的主张获得支持。同样，《中华人民共和国公司法》明确限定股东对公司会计账簿的权利为查阅权，潘明主张智友工贸提供会计账簿复制、审计无法律依据。最后，关于潘明要求智友工贸提交东江大道284号1~8层房产抵押评估价值报告。《中华人民共和国公司法》对股东知情权的范围采取的是列举式规定，公司的房产抵押评估价值报告显然不在此范围之内。因此，对潘明主张智友工贸提交东江大道284号1~8层房产抵押评估价值报告复制、查阅、审计的请求也不予支持。综上，一审法院依据《中华人民共和国公司法》第三十四条，《中华人民共和国民事诉讼法》第六十四条第一款，最高人民法院《关于民事诉讼证据的若干规定》第二条之规定，判决：一、被告广州保税区智友工贸有限公司自本判决生效之日起15日内提供自成立之日起至原告潘明起诉日止的会计账簿给原告潘明查阅。二、被告广州保税区智友工贸有限公司自本判决生效之日起15日内提供自成立之日起至原告潘明起诉日止的股东会决议给原告潘明查阅、复制。三、驳回原告潘明其他诉讼请求。

一审法院判决后，智友工贸不服，向广东省广州市中级人民法院提起上诉。广州市中级人民法院经审理认为，潘明作为公司股东有权查阅公司的财务情况，公司拒绝股东查账必须有合理的依据。智友工贸的拒绝一是依据没有证据支持；二是即使潘明存在伪造公司印章等行为，与其本次查阅亦不存在因果关系，如智友工贸可以举证证实潘明本次查阅存在不正当目的，法院可以支持智友工贸的请求。由于智友工贸不能举证证实潘明的本次查阅存在不正当目的，原审判决判令智友工贸提供公司账册，准予查阅是正确的。潘明已经向法庭提供请求查阅账册的挂号信件，法庭根据证据优势原则，认定其已书面向公司提出查阅申请。15 日的期限是法律给予公司拒绝查阅的合理期间，在此期间公司不予拒绝的，视为同意查阅。因此，广州市中级人民法院判决如下：驳回上诉，维持原判。

【评析】

股东知情权作为股东的基本权利，是指股东享有对公司经营管理等重要情况了解和掌握的权利。股东的知情权是其他股东权得以行使的前提和保障。新修订的《公司法》第四十二条对股东享有的知情权范围、行使方式等作出了较明确规定，本文拟结合上述案例从书面查阅申请的证明、目的正当性的审查及知情权范围和期间等方面就人民法院处理股东知情权纠纷应当注意的问题进行逐一探析。

一、书面查阅申请的证明

《公司法》第四十二条对公司章程、股东会会议记录、董事会会议决议、监事会会议决议和财务会计报告的查阅条件的规定与对公司会计账簿查阅条件的规定截然相异。股东查阅前者是无条件的，《公司法》未规定书面申请程序，公司亦不能以目的非法性为由对抗之。其原因在于章程、股东会会议记录等本身属于对社会公开事项，有一部分还须登载于工商部门。本案中，潘明提出的股东会决议查阅、复制请求，法官未进行诉前书面申请审查而支持其诉请是符合法律规定的。

对公司会计账簿的查阅，法律明确规定股东须诉前向公司提出书面申请，并经过 15 天而未得公司答复。因而有些学者认为应严格依据公司法的规定将书面申请作为股东提出查阅公司会计账簿这一诉请的前置程序，并作为立案审查的内容。若未有此前置程序，则告知其应当先向公司提出书面申请，否则裁定不予受理。笔者认为在法律未明确规定股东知情权诉讼的前置程序时，不应人为抬高诉讼门槛，增加股东维护自身合法权益的障碍。书面申请的有无不应当在立案阶段进行审查，也无法在立案阶段审查。若股东在此后的诉讼中无法证明其已向公司提交书面申请，则法院区分具体情况决定是否由其承担不利后果即可。对于诉前书面申请的证明，即是否将之作为股东胜诉的条件之一，笔者认为应当根据公司处于正常经营状态与停业、歇业等非正常状态而差别对待。其原因为股东无法将书面查阅申请递交给停业、歇业等非正常状态的公司，股东无法完成该行为并不是其主观不愿而是客观不能。若将诉前的申请证明作为其胜诉条件，对于依法行使权利的股东未免过于苛刻，实际上亦将此类公司的股东排除于法律救济之外。法院不妨参照债权让与诉讼中的做法，将诉状等诉讼材料送达公司（被告）视为股东向公司提出书面申请。相对于股东个人而言，法院作为公权机关，往往更方便亦更有可能找到停业、歇业等非正常状态的公司。案件开庭时间惯常于送达后的 30 日，公司享有充分的时间对股东的请求进行审查、考虑。公司如认为股东的申请符合条件，必然允许股东查阅，原告的请求得到满足，该诉讼终结。公司经过 15 天不同意股东的查阅申请的，则由法庭对该诉讼进行审理，不拘泥于股东能否证明15天的诉请书面查阅申请。若审理中，公司能证明即使公司处于停业、歇业等非正常状态中，股东亦能方便地找到公司并向其提交书面申请，则法院的送达不能视为股东向公司提出书面申请。因诉状等诉讼材料送达公司（被告）视为股东向公司提出书面申请来源于股东的申请不能而不是不愿，其是平衡当事人利益的考量。对于处于正常状态中的公司，应严格执行诉前15天书面申请的规定，并将其作为股东（原告）能否胜诉的条件之一。股东若能方便地将申请递交公司，却不依法履行，致使公司轻易涉诉，耗费人力、财力，难免有恶意之嫌。对于诉前书面申请，股东可以采用公证、证人陪同或EMS、挂号信等邮寄书面申请的方式。实践中囿于当事人的法律能力、诉讼成本，当事人一般不会采取对递交申请进行公证或寻找证人陪同向公司递交申请等方式，而采取邮寄递交申请的方式。在审理中，法院可以考虑采用优势证据规则，即只要股东能证明其交寄的信封上已标明“申请”字样，公司亦收到该邮件即可。除非公司能提交相反证据证实其收到的申请并不是查阅申请。就一个正常的理性人而言，收到特定股东寄交的标明为查阅申请的信件，若发现内容为白纸而不与股东联系确认信件内容，恐有懈怠及过失之虞。本案中，法官正是依据优势证据规则，根据股东的挂号信及回执确认其曾向公司递交过书面申请。

二、目的正当性审查

如前所述，《公司法》规定，公司以股东目的不正当抗辩查阅申请仅限于会计账簿，因而法院对股东的目的正当性审查相应地亦限于股东的该项请求。诉讼中，一般推定股东的查阅申请是正当的，只要股东在向公司递交的书面申请中说明查阅目的、内容等即可。公司对股东是为了不正当的目的而行使知情权承担举证责任，如公司须证明股东是为同业竞争查询，为个人的商事利益查询等。法院对公司的上述证明责任应从严把握，并要求其证实以下两点必备事实：（1）股东的不正当目的是确定的，而不能仅是公司的推测和怀疑。公司须有合理的根据和充分的证据证实股东目的的非正当性，否则其不能拒绝股东的查阅申请。本案中，公司证明潘明具有不正当目的，可能损害公司利益的依据在于萝岗区公安分局立案侦查潘明涉嫌伪造印章以及检察院审查起诉。而检察院最终作出的是不起诉决定。因而公司对潘明目的不正当性的推测始终是处于推测阶段，缺乏证据的支持。（2）查阅时的目的不正当，即目的不正当性的时间要求。公司须证实股东本次查阅申请具有不正当目的。股东前次查阅的不正当性不能成为公司本次拒绝其查阅会计账簿的理由和依据。只要股东本次的查阅不具有不正当目的，公司就必须提供资料给股东查阅。本案中，一、二审法院均认为公司的证据不足以支持其反驳股东诉讼请求依据的股东查阅目的不正当性的两点必备事实，从而确认股东查阅会计账簿为正当的推定。

三、知情权的范围

现行《公司法》仅仅规定了股东对公司章程、股东会会议记录、董事会会议决议、监事会会议决议和财务会计以及公司会计账簿等有限事项的查阅权，对公司的其他文件未作规定。鉴于该法对知情权内容是采取列举式，同时又未包含兜底性质的“等”字，司法实践中，未有特殊事由法院似乎不宜突破法律的限制性规定，扩大知情权的范围。此外，股东的知情权仅能构成法条明确为查阅权与复制权，并不包括审计权等其他权能。本案中，法院严格根据法条，剔除股东提出的审计诉求，支持了股东会决议查阅、复制及会计账簿查阅的请求，驳回了股东对房产抵押评估价值报告的查阅请求。《公司法》对股东知情权的保护是平衡股东的股权与公司的自主经营权的产物。既要保护股东对公司经营管理等重要情况了解和掌握的需要，又要防止股东随意或恶意借查阅为名行干扰公司正常经营之实。目前社会、法律等各方面条件未完全成熟，突破法条限制扩大股东查询范围和权能结构似有不妥。当然，随着社会经济的发展，法律应当逐步扩大其范围。解决上述问题后，即使严格依据法条，审理中仍可能产生的争议是会计账簿具体应包括哪些内容？是作扩大理解还是缩小理解？笔者认为考虑到股东、公司及公司高级管理人员之间的复杂关系，以及避免法院过多介入公司的内部活动，不妨将会计账簿限定在《会计法》及其相关解释的范围内。

一审合议庭成员：陈东生　李　髻　夏海龙

二审合议庭成员：许　群　陈非敏　胡小英

作者单位：广州市萝岗区人民法院

隐名股东的法律地位

——潘记谦诉江铁忠经营合同纠纷案

王丽娜

【问题提示】

隐名股东的法律地位如何认定?

【要点提示】

隐名投资人的股东地位应区分不同情形对待：如果隐名投资人未直接以股东的名义行使权利，则以显明投资人为股东；如果隐名投资人已经直接以股东的名义行使权利，则以隐名投资人为股东。区别对待的目的是为了维护与公司有关的法律关系的稳定性。

【案例索引】

一审：广东省增城市人民法院［2005］增法民二初字第2399号民事判决

【案情】

原告：潘记谦。

被告：江铁忠。

第三人：徐玉长。

第三人：卢志方。

第三人：广州市增源电源有限公司（以下简称增源公司）。

广东省增城市人民法院经审理查明，潘记谦、徐玉长和卢志方三人投资创办增源公司。2000年4月，增源公司经工商部门核准成立，股东登记为徐玉长、潘记谦，注册资本为50万元，徐玉长出资30万元，潘记谦出资20万元，徐玉长任公司法定代表人，营业期限自2000年4月11日至2003年6月30日。2000年5月26日，潘记谦、徐玉长、卢志方签订一份股东会议纪要，内容为：增源公司因经营不善，出现亏损，法人代表徐玉长于2000年5月23日召集股东卢志方、潘记谦在厂部召开会议，经讨论研究，同意将厂归潘记谦继续经营，徐玉长、卢志方退股。根据现行经营状况，公司总亏损16.8万元，原来每个股东投入15万元，按三个股东分摊亏损，即每个股东分担亏损5.6万元。徐玉长、卢志方原投入的股金实际每股剩余9.4万元，股东同意在现有现金中退还徐玉长股金9.4万元，退还卢志方股金9.4万元，剩余的资产包括机械、汽车、仓库物资及所有债权均属潘记谦所有，所有债务由潘记谦承接。徐玉长、卢志方退出经营后不再享受工厂经营成果，债权债务与徐玉长、卢志方无关。潘记谦自主经营，也可以另谋合作伙伴。企业法人变更为潘记谦，公章停止使用，由潘记谦另刻新公章。股东同意签字后作为终止经营协议书，股东不得反悔。

2000 年 9 月 25 日，徐玉长、潘记谦共同签订一份有限责任公司章程，章程规定潘记谦出资 20 万元、徐玉长出资 30 万元，公司法定代表人为潘记谦，双方按照出资比例分取红利、承担债务等。同日，增源公司经工商部门核准变更登记潘记谦为公司的法定代表人，公司股东仍登记为潘记谦和徐玉长。

2000 年 11 月 17 日，江铁忠作为增源公司董事长出具一份增源公司任职文稿，内容为：江铁忠任董事长（全权委托总经理）、潘记谦任总经理（负责全厂全面工作）、黄炳新任厂长（负责生产车间全面工作）、黄灼洪任出纳（负责财务工作）等。

2003 年 3 月 15 日，潘记谦与江铁忠签订一份增源公司方案，内容为：一、由潘记谦负责厂的生产、技术、质量、人员组织、安排财务材料签批收、兼管账及后勤工作。二、由江铁忠负责业务材料货源供应、发送货、财务收支工作、财务材料签批付兼厂内外供应工作。三、方案前的财务保留待查。方案后财务要清楚，每季度见账一次，年终结账，总结企业盈亏等情况。以上经双方协商决定执行，长期有效。同年 9 月 8 日，江铁忠与潘记谦签订一份增源公司清理账目方案，主要内容为将 2000 年 11 月份至 2003 年 9 月份的全部账目结算一次，由潘记谦全权作清理账目鉴证，经核实无异必须签字认证；由江铁忠承担财务金额的经济责任和法律责任。本次清查账目期限为 2003 年 9 月 15 至 2003 年 10 月 31 日，清理期间双方配合，特此方案。

2003 年 10 月 11 日潘记谦致函江铁忠，称其交来的 2001、2002 年收支账目经初步查看发现数量与金额有出入，要求其尽快复查有否错漏，否则，经查的金额及数字按清理方案执行。江铁忠复函应允，并称 10 月 21 日以后停产清账。

2003 年 10 月 21 日，江铁忠与潘记谦签订一份“增源公司清理账目方案（补充）”，内容为：一、本次清理账目经潘记谦、江铁忠双方签字确定责任生效后，取消增源公司名下的所有证照。如有一方要求保留增源公司名下的所有证照继续使用，应一次性付给对方人民币 3 万元。清账结束后处理。二、账目清理后所产生的利润由潘记谦、江铁忠平均分享。三、账目清理后所产生的债务由潘记谦、江铁忠平均分担，并承担经济法律责任。四、本公司账目清理后所产生的结果潘记谦、江铁忠双方家属不得借故取闹和推翻。五、本公司所有不动产均由潘记谦、江铁忠双方签字处理，单方处理无效。现存一切材料应及时退回各货主，以减轻公司债务。

2005 年 10 月 28 日，增源公司因未按规定申报年检被工商部门吊销营业执照，已停止经营活动。为此，原告和被告因公司清算及利润分配问题发生纠纷，原告向广东省增城市人民法院起诉，请求判令：一、确认被告自 2000 年 11 月 17 日起为增源公司事实股东，第三人徐玉长自 2000 年 11 月 17 日起仅是公司名誉股东，对增源公司自 2000 年 11 月 17 日起由原、被告共同经营过程中产生的盈利不享有权利，对产生的债务不承担义务；二、被告江铁忠将 2000 年 11 月 17 日至 2003 年 10 月 21 日期间增源公司财务账目交出，履行清算义务；三、被告江铁忠支付 2000 年 11 月 17 日至 2003 年 10 月 21 日期间增源公司应分配给原告的利润 2 000 000 元（准确数额以清算或法院查实认定为准）。

原告诉称，增源公司原股东为潘记谦、徐玉长。徐玉长退股后由原告个人经营，但未变更工商登记。2000 年 11 月 17 日，徐玉长与潘记谦协商，以 50% 股权的股东身份参与到增源公司经营，由江铁忠任公司董事长，主管公司聘任总经理及其工作人员、业务、管理现金、做现金日记账等。江铁忠从2000年11月17日起参与经营，直至2003年10月21日增源公司停止经营为止，江铁忠享有股东权利、履行董事长职责，但后来其未能履行好职责，放任其聘请的人员侵占公司资产携款潜逃，又拒绝将公司财务账目交潘记谦审查，拒绝将公司经营所得利润的50%分配给潘记谦。双方于2003年10月16日商定自2003年10月21日起全面停止增源公司的经营活动，约定清算析产。但江铁忠至今不交出财务账目核查清算，没有分配利润给潘记谦，侵犯了潘记谦的股东权利。

被告辩称，江铁忠在2000年到增源公司工作，为了监督收回借款，才由潘记谦聘任为厂长，并不是事实上的股东，所以原告不能要求被告承担责任。

第三人徐玉长述称，徐玉长自2000年11月17日起仅是增源公司的名义股东，对该公司自2000年11月17日起由原、被告共同经营中所得利润不享有权利，对产生的债务亦不承担义务。增源公司原由徐玉长、卢志方、潘记谦三人合股成立，因经营不善，徐玉长于2000年5月26日召开股东会议，决定公司由潘记谦继续经营，徐玉长和卢志方退出股份。徐玉长和卢志方不再享受公司经营成果，债权债务与徐玉长、卢志方无关。

第三人卢志方未发表意见。

第三人增源公司述称，公司已经注销，作为股东的原告与被告应依法对公司进行清算。

【审判】

增城市人民法院经审理认为：本案争议的焦点为：一、江铁忠是否为增源公司事实股东的问题。江铁忠自2000年11月17日进入增源公司后任董事长，对公司人员职责进行分工，并参与经营管理，其在与潘记谦签订的公司清理账目方案中双方明确增源公司账目清理后所产生的利润由其与潘记谦平均分享、增源公司账目清理后所产生的债务由其与潘记谦平均分担。虽然江铁忠未向工商部门申请公司股东登记，但其在增源公司实际上享有股东资产受益、参与决策和进行管理的权利，应认定其自2000年11月17日起为增源公司事实股东。二、是否对增源公司于2000年11月17日至2003年10月21日期间财务进行清算的问题。《中华人民共和国公司法》第一百八十一条规定“公司因下列原因解散：依法被吊销营业执照”。增源公司于2005年10月28日被工商部门吊销营业执照，并已停止经营活动，增源公司因被吊销营业执照而解散，增源公司登记股东和事实股东本应组成清算组对公司进行清算，但鉴于本案为潘记谦与江铁忠在共同经营增源公司的一定期间内财产清算和分割产生的纠纷，因此，应由潘记谦与江铁忠成立清算组依照《公司法》第一百八十五条、第一百八十七条的规定对增源公司在2000年11月17日至2003年10月21日期间的财务状况进行清算。故潘记谦要求对公司在2000年11月17日至2003年10月21日期间财务进行清算的诉讼请求符合法律规定，予以支持。三、江铁忠是否应分配给潘记谦利润2 000 000元的问题。潘记谦与江铁忠于2003年10月21日签订的清理账目方案（补充）是双方当事人真实意思表示，内容不违反法律强制性规定，应为合法有效。双方约定账目清理后所产生的利润平均分享，所产生债务平均分担。《公司法》规定“公司财产在未依法进行清偿公司债务前，不得分配给股东”。因此，潘记谦与江铁忠作为在一定期间内共同经营增源公司的股东，对双方共同经营增源公司期间进行清算并清偿公司债务后，才享有按所持股份对公司的剩余财产进行分配的权利。故潘记谦要求江铁忠分配利润2 000 000元的诉讼请求无事实依据，本院不予支持。四、徐玉长、卢志方对潘记谦与江铁忠共同经营增源公司期间利润与亏损是否享有权利和承担义务的问题。徐玉长在工商部门登记为增源公司股东，卢志方为增源公司事实股东，徐玉长、卢志方对潘记谦与江铁忠共同经营增源公司期间财产权并不主张权利，且徐玉长、卢志方是否承担增源公司的债务属另一法律关系，故对潘记谦提出徐玉长对其与江铁忠共同经营增源公司期间产生盈利不享有权利，对产生的债务不承担义务的诉讼请求，本案不作处理。徐玉长、卢志方经本院合法传唤，无正当理由拒不到庭参加诉讼，本院依法缺席判决。综上所述，依照《中华人民共和国民事诉讼法》第一百三十条，最高人民法院《关于民事诉讼证据的若干规定》第二条，《中华人民共和国公司法》第四条、第一百八十一条、第一百八十五条、第一百八十六、第一百八十七条之规定，判决如下：一、确认被告江铁忠自2000年11月17日起为第三人广州市增源电源有限公司股东。二、原告潘记谦与被告江铁忠应于本判决生效之日起十五日内成立清算组依照《中华人民共和国公司法》第一百八十五条、第一百八十六条、第一百八十七条的规定对第三人广州市增源电源有限公司在2000年11月17日至2003年10月21日期间财务进行清算。三、原告潘记谦与被告江铁忠对第三人广州市增源电源有限公司在2000年11月17日至2003年10月21日期间财务清算后的剩余财产，由原告潘记谦、被告江铁忠各按50%的比例进行分配。四、驳回原告潘记谦的其他诉讼请求。

宣判后，原告与被告均未在法定的期间内提出上诉，该判决已发生法律效力。

【评析】

本案争议的焦点或者说案件的典型之处在于显名投资人和隐名投资人的股东地位。隐名投资是指一方（隐名投资人）实际认购出资，但公司的章程、股东名册或其他工商登记资料记载的投资人却为他人（显明投资人）的法律现象。本案主要涉及隐名投资人、显名投资人与公司的法律关系。认定隐名投资人是否公司股东，司法实践中存在着两种截然相反的看法：一是“实质说”，即将实际投资人视为股东，而不论投资人以谁的名义；二是“形式说”，即将名义上的股东视为投资人，而不论实际投资人是谁。笔者认为，这两种看法均有缺陷，股东的确定应根据不同情况区别对待：

第一，如果隐名投资人未直接以股东的名义行使权利，则以显明投资人为股东。理由在于：首先，如此认定符合公司法律关系稳定性的要求。若依“实质说”以隐名投资人为股东，则会导致以显名投资人的名义所形成的所有法律关系的效力被全盘否定，从而使与公司有关的法律关系变得不稳定。其次，如此认定符合保护善意股东的需要。若其他股东善意地相信公司登记资料记载的显名投资人为出资人，则认定隐名投资人为股东会损害这些善意股东的合理信赖。

第二，如果隐名投资人已经直接以股东的名义行使权利，则以隐名投资人为股东。这是因为，在隐名投资人从公司成立一开始即以实际股东的身份行使股东权利的情形下，若严格从形式投资关系认定，将带来下列弊端：其一，原先以实际股东名义所形成的所有法律关系的效力将被全部否定，“形式说”所具有的稳定公司法律关系的优点在此反而成为缺陷。其二，当隐名投资人以股东的名义实际行使权利，公司和其他股东接受时，任何一方均应受此约束。如果隐名投资人已经以股东的名义实际行使权利，而仍然以显名投资人为股东，则隐名投资人可在公司盈利时享受股东权利，在公司亏损时主张自己不是股东，要求退回投资款；而公司也可在公司盈利时排除已经实际行使股东权的隐名投资人的权益，这均有悖权利义务相一致的原则。

本案是一起公司解散后股东之间的析产纠纷，属于公司内部的法律关系纠纷。增源公司原是徐玉长、潘记谦和卢志方三人投资设立的，但增源公司经工商部门核准登记时仅登记了两名股东：徐玉长和潘记谦。后来徐玉长、潘记谦、卢志方三人协议，徐玉长和卢志方退出经营，增源公司由潘记谦一人经营。徐玉长、卢志方二人按出资比例分担公司的亏损，结算后取回剩余股金。但增源公司并没有变更股东登记，股东仍登记为徐玉长和潘记谦。2000 年 11 月 17 日起，江铁忠加入增源公司任职董事长，潘记谦任总经理，二人各司其职，共同经营管理增源公司，并签订公司清理账目方案，明确约定二人平分公司的利润和债务。根据笔者上已论述的观点，自 2000 年 11 月 17 日起，江铁忠就直接以股东名义行使权利，公司和其他股东（即潘记谦）也接受，任何一方均应受此约束，因此应认定隐名投资人江铁忠的股东地位。相反，徐玉长虽登记为股东，但其实际已退股，并停止以股东名义行使权利，因此，不应认定显名投资人徐玉长的股东地位。综上，笔者认为本案在认定隐名投资人的股东地位的前提下作出的判决是正确的。

一审合议庭成员：卢尚志　刘　劲　周　平

作者单位：增城市人民法院

破产企业清算组织在《中华人民共和国企业破产法》施行后追收对外债权工作的衔接

——东洋电机（中山）有限公司管理人诉深圳市一本投资发展有限公司买卖合同案

李震东

【问题提示】

《中华人民共和国企业破产法》施行后，此前已受理的破产案件的清算组织追收对外债权工作应如何衔接?

【要点提示】

《中华人民共和国企业破产法》施行后，原已受理的破产案件的债务人清算组，可以通过审理该案的人民法院指定的方式，转为符合《中华人民共和国企业破产法》要求的管理人。新旧清算组织对外追收破产企业债权的行为对该破产企业的债务人均具有法律效力。在追收破产企业对外债权的诉讼中，清算组织仅是代表破产企业主张权利，案件的当事人仍应为破产企业而不是清算组织，清算组织作为破产企业的代表人参加诉讼。

【案例索引】

一审：广东省中山市中级人民法院［2008］中中法民二初字第7号民事判决

二审：广东省高级人民法院［2008］粤高法民二终字第139号民事判决

【案情】

上诉人（原审被告）：深圳市一本投资发展有限公司。

被上诉人（原审原告）：东洋电机（中山）有限公司管理人。

中山市中级人民法院经审理查明：2005年4月30日，东洋电机（中山）有限公司（以下简称东洋公司）传真给深圳市一本投资发展有限公司（以下简称一本公司）一份《回复函》，称一本公司同月29日传真发来的《回复函》收悉，关于双方债权债务的清偿可按一本公司的意见办理等。

2006年6月5日，该院依法受理了中山市小榄镇中小企业创新发展信用担保有限公司申请东洋公司破产清算一案，并于2006年9月11日、2007年5月21日指定成立东洋公司清算组，负责破产案件的清算工作。2007年7月5日，该院参照最高人民法院《关于〈中华人民共和国企业破产法〉施行时尚未审结的企业破产案件适用法律若干问题的规定》第三条的规定，指定东洋公司清算组为破产企业的管理人。

2007年9月19日，东洋公司清算组（管理人）向一本公司发出《对账结果确认书》，内容为：经东洋公司管理人（清算组）工作人员与一本公司财务人员核对双方往来账册，经双方核实确认，截至2006年8月29日，一本公司欠东洋公司货款100 070.08元。一本公司承诺于即日起6日内将欠款汇入东洋公司破产案专户账内。一本公司理财中心的会计主管李平胜在《对账结果确认书》上签名确认，并写下“已核对”三字。后由于一本公司没有按照其承诺清偿上述债务，东洋公司管理人遂向该院提起诉讼，请求判令一本公司清偿款项100 070.08元并承担案件诉讼费用。

2008年4月11日，经该院核实，一本公司的财务主管李平胜确认东洋公司清算组曾与一本公司进行对账，也确认一本公司尚欠东洋公司100 070.08元。但李平胜提出当时是东洋公司清算组与一本公司进行对账，其对清算组的身份无法确认以及东洋公司一直没有向一本公司进行追收，一本公司认为东洋公司已经放弃其债权的主张。

【审判】

中山市中级人民法院经审理认为：在双方业务往来过程中，从一本公司书面辩称可知双方最后一次书面对账时间为2005年4月30日，但一本公司拒不提供任何证据，故东洋公司提供的2005年4月30日《回复函》虽然是复印件，但可证明一本公司欠款的事实。东洋公司管理人向一本公司发出《对账结果确认书》，明确一本公司截至2006年8月29日尚欠东洋公司货款100 070.08元，并要求一本公司于6日内将欠款汇入东洋公司破产案专户账内。一本公司财务人员李平胜核对签字确认。故一本公司理应按照《对账结果确认书》的要求将尚欠东洋公司的款项100 070.08元汇入东洋公司破产案专户账内，但一本公司没有履行其还款义务，已构成违约。故对东洋公司管理人请求判令一本公司清偿欠款100 070.08元的诉讼请求予以支持。至于一本公司主张与一本公司进行对账的是东洋公司清算组，而非东洋公司管理人的问题，经查，东洋公司被申请破产之初该院指定成立的是东洋公司清算组，后由于《中华人民共和国企业破产法》（以下简称《企业破产法》）施行后把清算组更名为管理人，该院也根据破产法律规定指定东洋公司清算组为东洋公司管理人，即本案的原告。东洋公司清算组与东洋公司管理人实际为同一主体。对于一本公司认为双方最后一次对账的时间为2005年4月30日，东洋公司管理人主张的债权已经超过两年诉讼时效的问题，该院认为，2007年9月19日，一本公司的李平胜在东洋公司管理人发出的《对账结果确认书》上签名确认，视为一本公司对本案债务的重新确认，应受到法律保护。故一本公司主张本案已超过诉讼时效没有依据。综上，该院判决：一本公司应于该判决发生法律效力之日起十日内向东洋公司管理人清偿欠款100 070.08元。如果未按该判决指定的期间履行给付金钱义务，应当依照《中华人民共和国民事诉讼法》第二百二十九条之规定，加倍支付迟延履行期间的债务利息。一审案件受理费由一本公司负担。

一本公司不服原审判决，向广东省高级人民法院提起上诉，请求撤销原审判决，改判驳回本案有关名称主体对其起诉。理由为：一、原审认定东洋公司清算组与东洋公司管理人为同一主体没有依据。在《企业破产法》施行后，人民法院也应指定管理人。破产企业清算组只是可以指定为管理人的组织之一，原审认为东洋公司清算组更名为管理人，属同一主体，没有依据。二、原审送达的起诉状中存在东洋公司管理人、东洋公司管理人

(清算组)、东洋公司清算组三个不同名称，没有证据证明它们为同一组织名称，原审在原告名称不同的情况下受理本案，程序违法。三、原审法院指定东洋公司清算组为管理人后，东洋公司清算组应以管理人名义履行管理人职责。东洋公司清算组以自己名义从事的行为只能代表自己，《对账结算确认书》只能说明东洋公司清算组而不是东洋公司管理人与我公司存在对账行为。东洋公司清算组不具备与我公司对账的资格，《对账结算确认书》不具有时效中断的法律效力。四、如果由东洋公司管理人代表东洋公司向我公司主张权利，则从2005年4月30日起至其起诉时已超过诉讼时效。

广东省高级人民法院确认一审法院查明的事实。

广东省高级人民法院经审理认为：本案为东洋公司破产清算中对外追收债权产生的纠纷。在《企业破产法》施行后，原审法院指定宣告东洋公司破产还债时成立的清算组为东洋公司管理人，符合最高人民法院《关于〈中华人民共和国企业破产法〉施行时尚未审结的企业破产案件适用法律若干问题的规定》第三条“已经成立清算组的，企业破产法施行后，人民法院可以指定该清算组为管理人”的规定，东洋公司清算组有权作为东洋公司管理人处理东洋公司破产清算事务。东洋公司清算组于2007年9月19日向一本公司发出的《对账结果确认书》中表明了东洋公司管理人（清算组）与一本公司对账的事实，其行为应认定为在行使东洋公司管理人职权，代东洋公司对外催收债权。一本公司上诉称东洋公司清算组与东洋公司管理人不是同一主体，东洋公司清算组无权代表东洋公司或其管理人追收债权无事实依据，该院不予支持。因一本公司负责与东洋公司核对债务的财会人员李平胜已于2007年9月19日代表一本公司确认本案100 070.08元的债务，故东洋公司管理人在2008年1月11日提起本案诉讼，未超过两年的诉讼时效期间。原审根据李平胜的上述确认认定本案的债务金额，亦无不当。但公司破产清算终结并办理注销登记前，有关公司的民事诉讼，应当以公司的名义进行，并由管理人作为诉讼代表人参加诉讼，原审列东洋公司管理人为本案原审原告不妥。但鉴于一本公司拖欠东洋公司本案100 070.08元债务事实清楚，东洋公司管理人追收的本案债权所得是划入东洋公司破产案专户账内，供东洋公司全体债权人进行分配；原审判决也未增加一本公司的负担，未损害东洋公司债权人和其他第三人的合法权益。为避免各方当事人的诉累，该院对原审判决予以维持。综上所述，一本公司的上诉没有事实和法律依据，应予驳回。遂判决：驳回上诉，维持原判。

【评析】

从上述案例可以看出，在《企业破产法》施行后，此前已受理但尚未审结的破产案件需要面对下列问题：第一，破产案件原成立的清算组织如何成为符合《企业破产法》规定的破产企业清算主体；第二，原以破产清算组名义对外追收破产企业债权的行为是否具有法律效力；第三，《企业破产法》施行后，破产清算组织因追收债权发生诉讼时，以何名义参加诉讼。

一、原成立的清算组织如何成为符合《企业破产法》规定的破产企业清算主体

如债务人被宣告破产还债是在《企业破产法》施行前，人民法院指定成立破产清算组对债务人的破产事务进行清算符合最高人民法院《关于审理企业破产案件若干问题的规定》第四十七条“人民法院应当自裁定宣告企业破产之日起15日内成立清算组”的规定。此时清算组作为破产债务人的清算组织，应依法履行清算职责。但《企业破产法》规定由管理人而不是破产清算组履行债务人的破产清算职责，最高人民法院《关于〈企业破产法〉施行时尚未审结的企业破产案件适用法律若干问题的规定》第三条规定“已经成立清算组的，企业破产法施行后，人民法院可以指定该清算组为管理人”。因此，在《企业破产法》施行后，审理破产案件的人民法院应将破产债务人的清算组指定为该债务人的管理人，从而使其成为符合《企业破产法》和最高人民法院上述司法解释规定的清算组织，能够依法继续履行破产清算职责。

二、原以破产清算组名义对外追收破产企业债权的行为是否具有法律效力

依照《企业破产法》施行前最高人民法院《关于审理企业破产案件若干问题的规定》的规定，清算组作为人民法院指定成立的处理债务人破产清算事务的组织，其主要职责包括回收破产债务人的财产，向破产债务人的债务人、财产持有人依法行使财产权利等。因此，清算组依法履行职务，代表破产债务人追收对外债权，构成向破产债务人的债务人主张权利的行为。破产债务人的债务人向清算组确认拖欠债务及承诺还款，构成破产债务人的债务人确认自身债务的行为。上述行为均构成破产债务人对外债权诉讼时效的中断。依照最高人民法院《关于〈企业破产法〉施行时尚未审结的企业破产案件适用法律若干问题的规定》第三条“已经成立清算组的，企业破产法施行后，人民法院可以指定该清算组为管理人”的规定，在《企业破产法》施行及破产案件受理法院将破产债务人的清算组转为管理人后，管理人作为破产债务人的清算组织，继续代表破产债务人向其债务人行使财产权利。故管理人有权要求破产债务人的债务人按照原来承诺的金额和时间清偿债务。破产债务人的债务人无权以原来的债务确认是对原清算组作出，并不是对管理人作出为由拒不履行债务。

三、《企业破产法》施行后，破产清算组织因追收债权发生诉讼时，以何名义参加诉讼

如果破产债务人的债务人经催收仍不清偿拖欠破产债务人的债务，依照最高人民法院《关于审理企业破产案件若干问题的规定》和《企业破产法》的规定，清算组或管理人作为清算组织均有权代表债务人通过诉讼、仲裁等法律途径向其债务人追收债权。但在诉讼或仲裁案件发生时，清算组织应作为案件当事人还是以债务人的代表人身份参加案件审理，这在《企业破产法》施行前后并不相同。在《企业破产法》施行前，人民法院或仲裁机构往往将破产债务人的清算组作为案件的当事人来审理此类案件。在《企业破产法》施行后，该做法发生了变化。这在最高人民法院相关会议精神和司法解释中也有所体现。其中，最高人民法院奚晓明副院长在全国法院证券公司破产案件审理工作座谈会上的讲话中谈道：“对于债权人或者职工就上述争议权利提起的民事诉讼，被告应为证券公司，证券公司破产案件的管理人应当作为证券公司的代表人参加诉讼活动。”最高人民法院《关于适用〈中华人民共和国公司法〉若干问题的规定（二）》第十条也规定：“公司依法清算结束并办理注销登记前，有关公司的民事诉讼，应当以公司的名义进行。公司成立清算组的，由清算组负责人代表公司参加诉讼；尚未成立清算组的，由原法定代表人代表公司参加诉讼。”这反映了司法实务中较为一致的观点：处于清算程序中的公司，不管是破产清算还是公司普通清算，该公司虽然已经成为清算法人，其行为能力受到限制，但在清算完毕并被注销法人资格前，其作为民事主体的权利能力并没有丧失。故在追收被清算法人对外债权的案件中，清算组织仅是代表被清算法人主张权利，案件的当事人仍应为被清算的法人而不是清算组织，清算组织仅应作为被清算法人的代表人参加诉讼或仲裁活动。因此，在追收破产债务人对外债权的案件中，应以破产债务人作为案件当事人，管理人则作为破产债务人的代表人参加案件审理。

一审合议庭成员：曾令生　焦凤迎　李油欢

二审合议庭成员：田　剑　李震东　陈　颖

作者单位：广东省高级人民法院

P2P（点对点）网络服务提供者侵权责任的认定

——北京慈文影视制作有限公司诉广州数联软件技术有限公司侵犯信息网络传播权纠纷

林广海　张学军

【问题提示】

P2P 网络服务提供者是否应当为网络个人用户的行为承担共同侵权责任?

【要点提示】

P2P 网络服务提供者明知或应知网络用户非法传播作品，但仍然通过网络帮助他人实施侵权行为的；或者有权利和能力监督、终止用户的侵权行为并从用户的侵权行为中直接受益，却未尽严格注意义务的，应承担侵权赔偿责任。

【案例索引】

一审：广东省广州市中级人民法院［2006］穗中法民三初字第 7 号民事判决

二审：广东省高级人民法院［2006］粤高法民三终字第 355 号民事判决

【案情】

上诉人（原审被告）：广州数联软件技术有限公司。

被上诉人（原审原告）：北京慈文影视制作有限公司。

北京慈文影视制作有限公司（以下简称慈文公司）享有电影《七剑》在中国内地的著作权。在电影公映 3 个月后，网络用户在广州数联软件技术有限公司（以下简称数联公司）开办的 POCO 网站下载并安装数联公司提供的 POCO 软件，输入 POCO 分配的账号、密码，进行登录，以“七剑”为关键词进行搜索，便可进入网站服务器的“搜索结果”页面。点击“搜索结果”页面中的结果之一“七剑”，便可进入对《七剑》进行宣传、介绍的页面。点击该页面中指引下载的标志，就可以下载电影《七剑》。提供电影作品《七剑》供网民下载的计算机 IP 地址系安装了 POCO 软件的网络个人用户。同时，安装了 POCO 软件的网络用户在 POCO 网站的“电影交流区”发布包括电影简介、电影海报图片、文件大小、上映时间等内容的帖子，并通过 POCO 软件获取电影的 URL，加入到该帖子中，便可自动生成前述对电影进行宣传、介绍并指引下载的页面，该页面同样存在于 POCO 网站的中央服务器中。

POCO 网站在网页的显著位置上宣传：POCO 是中国最大的 P2P 用户分享平台，是有安全、流量控制力的，无中心服务器的第三代 P2P 资源交换平台。POCO 致力于美食、摄影、电影、音乐、交友、网志等横向的互动内容扩展，旗下的美食网站、电影网站、音乐网站已经成为国内最具影响力的垂直专业网站。POCO“带你进入百万网友齐共享的世界，你能下载电影、音乐、动漫、游戏、摄影、美食等精彩资源”，“我们的服务，永远免费”，“以上资源，一律免费”。在部分网页上，登载有客户的广告。

另外，网站还利用用户交换分享作品的数据及相关技术自动生成“下载排行榜”、“最新排行榜”等目录索引，放置在电影或音乐网站的首页，以方便网民选择下载。上述所有服务均为免费。2006年12月6日某时段，POCO网站同时在线人数为54万人。

慈文公司以数联公司在其经营的网站上向公众提供电影《七剑》的在线播放及下载服务，侵犯慈文公司权益，给慈文公司造成重大经济损失为由，请求法院判令数联公司停止提供《七剑》的在线播放及下载服务；在其经营的网站主页及《中国电视报》上发表声明，向著作权人公开赔礼道歉；赔偿经济损失33万元并承担全部诉讼费用。

数联公司在收悉慈文公司的起诉状后，立即删除了对《七剑》电影作品进行宣传的内容和“搜索结果”内容，屏蔽了对《七剑》进行下载的链接。在“搜索结果”网页上显示的内容更换为：根据用户指令，POCO的多媒体信息搜索系统会以非人工的P2P方式自动生成到多媒体信息资源第三方存放处的链接。“POCO多媒体分享平台及软件”自身不存储、控制、编辑或修改被链接的第三方多媒体的信息。数联软件POCO高度重视知识产权保护，当权利人发现在POCO生成的搜索多媒体链接所指向的第三方资源信息的内容侵犯其著作权时，请权利人向数联公司发出“权利通知”，数联公司将依法采取措施移除相关内容或屏蔽相关链接。数联公司尊重版权和国家规定的其他法律法规，严禁任何用户共享受版权保护或其他任何侵害第三方权益的文件，一经发现，屏蔽该第三方个体相关分享行为，并永久删除其ID，由此造成的一切后果由用户自行承担。

【审判】

广州市中级人民法院经审理认为：慈文公司享有电影作品《七剑》在内地的著作权，其合法权益应受法律保护。慈文公司主张数联公司提供了本案电影在线播放服务，因数联公司只能证明在公证时段内提供《七剑》供公众下载的系网络用户个人，故不能以此排除自己没有提供电影《七剑》下载。数联公司制作页面对《七剑》进行宣传、介绍并指引下载，为POCO用户下载影片《七剑》起到了指引和帮助作用，侵犯了慈文公司的信息网络传播权，应承担停止侵害、赔偿损失的民事责任。鉴于慈文公司的实际损失和数联公司的违法所得难以确定，综合数联公司的行为性质、下载电影《七剑》的用户数量、侵权行为人的主观过错程度等因素，由法院酌情确定数联公司的赔偿数额及慈文公司为本案诉讼而支出的公证费、律师费等合理费用。

综上，依照《中华人民共和国著作权法》（以下简称《著作权法》）第三条第（六）项、第十条第一款第（十二）项、第十一条第四款、第四十七条第（一）项、第四十八条、最高人民法院《关于审理著作权民事纠纷案件适用法律若干问题的解释》（以下简称《著作权司法解释》）第二十五条第二款、第二十六条的规定，判决：数联公司停止对慈文公司电影作品《七剑》之信息网络传播权的侵害；数联公司赔偿慈文公司经济损失和为本案诉讼支出的合理费用8万元；数联公司在判决发生法律效力起十日内在其经营的网站 http：//www. poco. cn 首页向慈文公司公开赔礼道歉（内容需经原审法院审核）；驳回慈文公司其他诉讼请求。

数联公司不服上述原审判决，上诉请求撤销原判，改判驳回慈文公司的全部诉讼请求或将本案发回重审。理由为：一、慈文公司诉请数联公司停止提供电影《七剑》的在线播放及下载服务的直接侵权行为，原审却判决数联公司的行为构成帮助侵权的间接侵权，超出了慈文公司的诉请范围，剥夺了数联公司关于间接侵权的答辩权。二、数联公司没有制作相关页面对《七剑》进行介绍，相关页面系网络用户自动发帖生成，数联公司没有对相关内容进行制作和编辑。三、数联公司对于用户侵权的事实并不知情，在收到起诉状之后，及时屏蔽了POCO软件对《七剑》的搜索，主动删除了相关网页内容，已尽到合理的注意及协助防止侵权的法律义务。四、数联公司网站上的作品有上万部，数联公司无法分辨是否每部作品的上传人都有版权。POCO网站同时在线人数高达50余万人，峰值达70余万人，如此庞大的用户群通过网站交换海量信息，而且这些信息又处于随时变化之中，所以数联公司无法对这些内容的版权合法性进行事先审查。网络服务商的审查监控义务应与其能力相匹配。五、慈文公司没有像其他版权人一样，向数联公司发出版权作品清单，要求予以保护，以致数联公司不能事先予以屏蔽被控侵权作品的传播。

广东省高级人民法院二审认为，本案双方争议的焦点是：第一，数联公司是否存在提供《七剑》电影作品供互联网用户在自己选定的时间进行下载的直接侵权行为；第二，数联公司是否存在帮助直接侵权人实施侵权行为的共同侵权行为。

关于第一个焦点问题。数联公司没有在其网络服务器上存储《七剑》供公众下载，并非电影的内容提供者，不构成直接侵权。原审判决关于“数联公司不能以此排除自己没有提供电影《七剑》下载”的认定有误，数联公司的被控侵权行为不构成直接侵权行为。

关于第二个焦点问题。网络服务提供者要构成帮助直接侵权行为人侵权的共同侵权行为，需要满足下列要件：一、直接侵权人存在擅自上传著作权人作品供其他网民下载的行为。二、网络服务提供者存在通过网络提供搜索、链接等服务帮助他人侵权的行为。三、网络服务提供者主观上存在过错，即明知或应知他人正在实施侵权行为仍然予以帮助；“应知”的判断标准，是一个理性、谨慎、具有网络专业知识的网络服务提供者应有的水准，而非一个不具备网络专业知识的普通人的水准。四、网络服务提供者对他人的侵权行为具有监督能力并能够终止用户的侵权行为，同时又从他人的侵权行为中直接受益。

数联公司是否构成帮助他人实施侵权的共同侵权？在网络用户存在擅自上传著作权人作品供其他网民下载的行为这一要件上，数联公司为用户提供了以下服务：提供P2P（点对点）软件供用户下载，为下载了软件的用户提供注册登录到POCO网站的服务，在自己网站的服务器上建立目录索引库供公众查询，为用户提供交流平台以供其发布关于上载作品的相关信息的帖子，提供搜索作品以及链接到作品下载位置——即网络用户电脑中的“共享区”的服务等。上述服务均在数联公司的主服务器内完成，客观上帮助网络用户完成了对《七剑》电影作品的数据交换，使公众得以在自己选定的时间和地点下载到《七剑》电影作品。

关于数联公司是否明知的问题。首先，数联公司提供的软件及其相关网络服务具有除帮助网络用户传输被控侵权作品之外的其他实质性非侵权功能。其次，原审法院关于“数联公司制作了对《七剑》进行介绍的页面”的事实认定有误。网络用户在POCO网站

BBS 的“电影交流区”发布含有相关电影作品的介绍文字及电影海报图片的帖子后，便可自动生成电影作品的宣传页。数联公司对该页面没有进行选择、编辑及修改，更没有制作。再次，数联公司在收到慈文公司的起诉状后，即刻删除了对《七剑》进行宣传的网页和“搜索结果”网页，屏蔽了对《七剑》进行下载的链接。故现有证据不能证明数联公司存在明知他人实施侵权仍然给予帮助的主观过错。

关于数联公司是否应知的问题。“搜索结果列表”及对《七剑》进行宣传、介绍的网页均存在于数联公司的主服务器中，作为旗下拥有专业电影网站的网络服务提供者，数联公司应当知道在《七剑》公映 3 个月之际，著作权人不会许可任何网站和个人提供该部作品供公众免费下载。同时，一个理性、谨慎、专业并专营 P2P 软件的网络服务提供者，应当知道 P2P 软件在网络用户共享资源上的巨大技术效能、充满诱惑力的宣传以及网络用户急于免费看到“热门电影”的需求三者相结合，很容易引发大量未经许可传播他人作品的行为发生。因此，数联公司行为的心理状态存在“应当知道”的过错。

关于 P2P 网络服务提供者注意义务是否与其能力相适宜的问题。首先，POCO 网站既能够审查其服务器中指引下载和宣传有关作品的网页，也有能力屏蔽相关链接，移除相关网页，从而终止直接侵权人的侵权行为。同时，其经营模式为通过为网络用户提供免费服务来换取广告收入。其次，虽然 POCO 网站上的作品有上万部，网站同时在线人数高达 54 万人，使网络服务提供者的“审查及注意”变得异常困难。但作为著作权人，同样也要面对这一困境。从权利和义务，能力和责任相一致的原则出发，在依靠经营 P2P 软件及其相关网络服务获得收益且具有能力终止直接侵权行为的网络服务提供者与著作权人之间进行权衡，将对网络用户的传输内容进行注意的义务赋予网络服务提供者，显得更为公平。综上，数联公司不计后果地为网络用户提供 P2P 软件及 BBS、搜索及链接等服务，又没有尽其所能注意并开发相关技术措施防止或减少他人利用其服务进行侵权的行为发生，不符合一个理性、谨慎的专业网络服务提供者的行为准则，其主观上存在过错，其行为构成共同侵权。原审判决认定事实及适用法律部分有误，但不致影响判决的正确，应予维持。依照《中华人民共和国民事诉讼法》第一百五十三条第一款第（一）项，《中华人民共和国著作权法》第三条第（六）项、第十条第一款第（十二）项、第十一条第四款、第四十八条，国务院《信息网络传播权保护条例》（以下简称《条例》）第二十三条，最高人民法院《关于审理涉及计算机网络著作权纠纷案件适用法律若干问题的解释》（以下简称《网络著作权司法解释》）第三条，最高人民法院《关于审理著作权民事纠纷案件适用法律若干问题的解释》第二十五条第二款、第二十六条的规定，判决：驳回上诉，维持原判。

【评析】

早在 2000 年 12 月，最高人民法院即依据当时的著作权法制订了《关于审理涉及计算机网络著作权纠纷案件适用法律若干问题的解释》，明确各类作品的数字化形式同样属于受著作权法保护的作品，开创了网络环境下著作权保护的先河。[①]《网络著作权司法解释》对网络服务商是否应当为他人在使用网络服务中所从事的直接侵权行为承担民事责任、承担何种民事责任等作出了规定。正如时任最高人民法院民三庭庭长的蒋志培博士所说，这是该解释起草的最为疑难之处，也是颇为成功之处。[②] 2001 年著作权法修改，首次明确了作者、表演者和录音录像制作者享有信息网络传播权。[③] 2006 年国务院《信息网络传播权保护条例》出台，对于网络环境下如何调整权利人、网络服务提供者和作品使用者之间的关系作出了更加详尽的规定。上述三者结合起来共同形成了我国网络环境下著作权保护的基本法律架构。但是网络技术日新月异、推陈出新，成文法滞后于现实生活的先天特性在互联网络领域表现得尤为突出。

一、在技术后面——P2P 网络服务提供者的行为

P2P 采取的是去中心化的思考模式。其最大特点在于用户无须登录中央服务器浏览和下载。在使用者的计算机安装了相同系统的 P2P 软件后，一旦某个用户上线并启动软件，软件就会自动执行搜寻的功能，与同时在线的其他使用者连为网络并相互交换信息，每台个人电脑均同时扮演别人的服务器与自己的客户机。现有的 P2P 技术分为三代：以 Napster 为代表的混合式为第一代，以 KaZaA 等为代表的分布式为第二代，以电驴和 BT 为代表的分布式杂凑表搜寻技术为第三代。[④]

其中第一代 Napster 技术的最大特点是该网络架构由中央服务器来组织、管理及检索所有使用者的档案索引数据。也就是说，使用者个人计算机将用来分享的文件的目录索引上传至服务器，服务器借此建立索引数据库，用以供其他所有网民进行搜索查询。当使用者输入查询字符串时，服务器将比对其自身的数据库索引，一旦发现与查询字符串相符，服务器将回传关于该文件的数据，包括文件名称以及储存该文件计算机的 IP 地址，发出查询的计算机接收到中央服务器回传的文件清单讯息后，即可脱离服务器而选定对象自行与提供者计算机直接连接进行数据传输。整个文件内容的传输过程，服务器完全没有参与，服务器里也没有储存文件内容。[⑤]

在前述案件中，在用户下载并安装了 POCO 提供的 P2P 软件后，软件就会在用户计算机终端存储器的硬盘上划定"共享区"。其后，只要该网民在"共享文件夹"内上传侵权作品，再利用网站分配的账号和密码登录，将文件的目录索引资料，例如文件大小、名称、储存的 IP 位置等上传到中央服务器，中央服务器就可借此建立索引数据库，来供其他所有使用者搜索查询。同时，网站还提供"电影交流区"、"音乐交流区"等 BBS 服务，网民发布包括电影简介、电影海报图片、文件大小、上映时间等内容的帖子，并通过

---

① 最高人民法院《关于审理涉及计算机网络著作权纠纷案件适用法律若干问题的解释》【法释［2006］11 号】第二条："受著作权法保护的作品，包括著作权法第三条规定的各类作品的数字化形式。在网络环境下无法归于著作权法第三条列举的作品范围，但在文学、艺术和科学领域内具有独创性并能以某种有形形式复制的其他智力创作成果，人民法院应当予以保护。"

② 蒋志培．版权保护的新视野——互联网业的机遇和挑战．中国知识产权司法保护网，http://www.chinaiprlaw.cn/file/2009011414319.html，2009-05-11

③ 2001 年《中华人民共和国著作权法》第十条、第三十七条、第四十一条、第四十七条。

④ 2001 年《中华人民共和国著作权法》第十条、第三十七条、第四十一条、第四十七条。

⑤ 2001 年《中华人民共和国著作权法》第十条、第三十七条、第四十一条、第四十七条。

P2P软件获取电影的URL，加入到该帖子中，便可自动生成对《七剑》进行宣传、介绍的页面。其他也安装了相同软件的网民，上线启动软件，利用账号和密码登录，输入查询关键词，便可搜索到中央服务器中由相匹配的字符串组成的目录清单，并通过目录清单后埋藏的网址，链接到前述对《七剑》进行宣传、介绍的页面。再通过该页面上指引下载的标记后面埋藏的地址，链接到上传侵权作品的个人用户计算机的地址，下载到自己所需要的作品。

二、网络服务商是否应当承担侵权责任

1. 不构成直接侵权

根据《著作权法》第四十七条、《条例》第二条、第二十六条，非法传播是指未经许可向公众提供作品，使公众可以通过有线或者无线网络，在其个人选定的时间和地点进行浏览和下载的行为。这里“提供”是将他人作品上传到自己的网络服务器中进行存储，并通过信息网络供他人下载获取。由于公众是在网络个人用户的电脑中，而非P2P服务商的服务器中下载到作品的，因此网站并没有在其服务器上存储作品供公众下载，不是作品的内容提供者，不构成直接侵权。

2. P2P网络服务商间接侵权责任的构成

根据《民法通则》中侵权责任的构成要件、《条例》第二十三条以及《网络著作权司法解释》第三条的规定，网络服务商间接侵权责任的构成要件为：（1）存在直接侵权行为；（2）网络服务提供者客观上存在实质性帮助行为；（3）网络服务商的行为存在过错。

这里难点和重点是网络服务商的行为是否存在过错的问题。我们都知道，侵权行为法上的归责原则首先是过错责任，也就是说因故意或者过失不法侵害他人权利时，应就发生的损害，负赔偿责任。[①] 这里“故意”是指行为人明知侵害结果将要发生，却积极行为，孜孜以求，终于导致侵害结果发生。又或者无动于衷，消极不作为，最终导致侵害结果发生。而“过失”则是指行为人对自己行为的结果，应当预见或能够预见但没有预见，或者虽然预见了却轻信可以避免。[②] 换言之，故意心态最大的特点是“明知和主动追求”，过失心态最大的特点是“应当知道却没有尽合理之注意义务”。

前述案件中，P2P软件可以用来在用户之间通过网络直接进行分布计算、协同作业、即时通信等，还可以用来在用户之间共享已经进入了公有领域的作品。从技术中立的原则出发，不能说凡是提供这种软件服务的人，目的就是为了侵权，心态全属故意。因此在服务商收到侵权通知后，即刻删除索引目录中的相关作品，断开下载链接的，其过错的“明知”状态和证据都将是不确定的。

争议最大的，是要不要把“应当知道”作为网络服务商承担赔偿责任的要件。有人主张，网络服务商对于客户利用网络服务所为的侵权行为，仅仅在服务商处于“故意”或“明知”的心态时，才应承担赔偿责任。[③] 我们认为，侵权责任的承担，从来都包含故

---

① 《中华人民共和国民法通则》第一百零六条第二款规定：“公民、法人由于过错侵害国家的、集体的财产，侵害他人财产、人身的应当承担民事责任。”

② 王泽鉴．侵权行为法（第一册）．北京：中国政法大学出版社，2001. 252 ~ 279

③ 王迁．论版权“间接侵权”及其规则的法定化．法学，2005（12）

意和过失两种过错情况。从《条例》第二十二条关于提供信息存储空间的网络服务商对直接侵权人应承担的赔偿责任，以及第二十三条关于提供搜索和链接的网络服务商对直接侵权人应承担的赔偿责任中，都包含"有合理的理由应当知道"、"应知"这些要件，可见《条例》并未从网络服务商的过错心态中，将"应知"排除出去，而仅仅考虑故意或者明知。

数联公司主张，网站电影作品过万，同时在线人数高达 50 余万人，服务商不可能知道哪些作品是侵权作品，也不可能二十四小时在网上"巡逻"以发现谁在传输侵权作品。所以在 P2P 服务模式下，服务商没有也不可能有合理的理由知道存在直接侵权行为。我们认为，"应知"的判断标准，是一个理性的、谨慎的、具有网络专业知识的网络服务商应该知道的内容，而非一个不具备网络专业知识的普通人应该知道的内容。一个普通人不能二十四小时在网上"巡逻"，而一个专业服务商则应该在其服务器运行的所有时段内，都清醒地"睁大眼睛"，或者说竭尽全力开发软件代替自己"睁大眼睛"去发现侵权行为。本案侵权作品的目录索引，对电影进行宣传、介绍的网页都储存在 P2P 网站的服务器中，作为旗下拥有专业电影网站、音乐网站的服务提供者来说，以人工方式稍加留意就可以注意到自己的用户正在传输热门大片和流行金曲这些拥有著作权的作品。同时，他们更应当知道自己所经营的 P2P 软件在网络用户共享大容量文件上的巨大技术效能，网站关于免费使用的充满诱惑力的宣传以及网络用户急于免费看到热门电影、听到热门歌曲的需求三者相结合，很容易引发大量未经许可传播他人作品的行为发生。因此，我们认为，知道侵权行为有极大可能发生，或者知道行为正在或者已经发生，但是选择不予理睬、不予过问的，也属于应当知道。

三、"注意"的成本应当由谁负担

注意义务的本质问题是为履行"注意"所花费的成本由谁负担。对此，我们认为，首先，经营电影或者音乐网站的 P2P 服务商，在网站的首页就陈列有"下载排行榜"、"最新流行榜"，对于客户透过自己网站传输侵权作品以及传输数量之巨大，与客户之间是心照不宣的。其次，服务商能够审查自己的服务器中指引下载和宣传作品的网页，也有能力断开相关链接，移除相关索引，从而终止直接侵权人的行为。并且，在网站上登载"网友应当尊重著作权，否则后果自己承担，永远删除 IP"之类的"正告"，显示其完全有权利随时终止用户的非法传输行为。最后，网站的经营模式就是通过为网络用户提供免费服务来换取高点击率，通过高点击率来换取高额广告收入。因此，服务商有经济动机尽量不去"打扰"用户对作品的分享和传输，甚至用言辞来鼓励这种分享，用改进服务来增加分享量。因此，虽然网络服务提供者的"审查监控"需要支付一定的成本，但作为著作权人，同样也要面对这一困境。一边是依靠经营 P2P 软件及其相关网络服务获得收益且具有能力终止直接侵权行为的网络商，一边是屡遭侵权的著作权人，从权利和义务、能力和责任相一致的原则出发，在二者之间进行权衡后，将对网络用户的传输内容进行严格注意的义务赋予网络服务提供者，显得更为公平。

作品使用人鼓吹说，传播技术的革命促进了作品的使用，而鼓励使用、限制权利可以促进人类物质文明发展。权利人则力陈，鼓励创作、力保使用的每个环节均有授权可以带来创新。我们认为，这两个长久以来纠葛不清、两极对立的价值观念，最终恐怕都难以成为左右判决天平的砝码。因为法官到最后会发现这两种价值其实难分高下和轻重。应当让案件尽量回到事实的本来面目。判决所应当完成的任务，是判决本身的最终目标，那就是实现公平和正义，在侵权与合法之间划清界限。

一审合议庭成员：黄雪梅　陈伟民　王　维
二审合议庭成员：欧修平　孙明飞　高　静
作者单位：广东省高级人民法院

“原有范围”在先用权抗辩案件中的适用

——李宪奎诉广州伟城房地产开发有限公司侵犯专利权纠纷案

张学军

【问题提示】

侵犯专利权纠纷中，先用权人以其对专利享有先用权，并在“原有范围”内继续制造、使用进行抗辩的，“原有范围”应如何确定?

【要点提示】

先用权的原有范围既包括原有的技术特征范围，也指继续实施的主体只能是先用权人自身，先用权不得成为转让和许可实施的客体。更为重要的是，原有范围不应采取量化标准以原有的产量和生产能力来确定，而应确定为在原有的产业领域内继续实施。

【案例索引】

一审：广东省广州市中级人民法院［2003］穗中法民三初字第216号民事判决

二审：广东省高级人民法院［2004］粤高法民三终字第300号民事判决

【案情】

原告：李宪奎。

被告：广州伟城房地产开发有限公司。

广州市中级人民法院经审理查明：李宪奎于1998年12月8日向国家知识产权局申请“挡土墙的成形方法”发明专利并获得授权。专利申请公开日是1999年6月16日，颁证日是2001年2月10日，授权公告日是2001年4月4日。

2001年12月21日，广州伟城房地产开发有限公司（以下简称伟城房地产公司）与案外人广东省建筑设计研究院（以下简称广东建筑院）签订广州市丽影华庭二期边坡支护设计审图合同。约定由广东建筑院为伟城房地产公司设计丽影华庭商住楼东区基坑支护工程图纸，设计审图费为4万元。2001年12月31日，伟城房地产公司与案外人广东工程岩土工程有限公司（以下简称岩土公司）签订丽影华庭商住楼二期基坑喷锚支护工程施工协议书。约定由岩土公司承担上述工程的施工，工程造价130余万元。上述设计及施工使用的技术方案覆盖了李宪奎“挡土墙的成形方法”发明专利独立权利要求的全部技术特征。

在本案专利申请日前的1998年10月20日，案外人广州建利房地产有限公司（以下简称建利房地产公司）建设的广州市法政路综合大楼基坑支护工程开工。工程由建利房地产公司委托广东建筑院设计，岩土公司负责施工。从1998年9月28日广州市建委提出的《法政路综合大楼基坑支护工程设计方案审查意见》来看，工程设计方案于1998年8月18日完成。该工程的设计及施工所使用的技术方案亦覆盖了李宪奎发明专利独立权利要求的全部技术特征。伟城房地产公司以此抗辩主张其对本案专利享有先用权。

原告诉称：伟城房地产公司丽影华庭设计及施工使用的技术方案未经许可使用了本案专利，侵犯了李宪奎的专利权，请求判令伟城房地产公司停止侵权、赔偿李宪奎经济损失20万元。

【审判】

广州市中级人民法院经审理认为：丽影华庭东区工程由伟城房地产公司委托设计及施工，其应对该工程使用的施工方法承担相应的法律责任。被控侵权的工程虽使用了李宪奎的专利方法，但法政路综合大楼基坑工程技术方案亦与本案专利方法相同。鉴于法政路工程在本案专利申请日前已完成设计、审批并开始施工，根据《专利法》第六十三条第一款第（二）项关于在先使用专利方法不视为侵犯专利权的规定，应认定广东建筑院在法政路工程设计方案中使用李宪奎专利方法是在原有范围内继续使用，不视为侵犯专利权。虽然本案工程的发展商即被控侵权人伟城房地产公司与法政路工程的发展商不同，但工程设计方和施工方相同，且两个工程均位于广州，故伟城房地产公司按照设计单位设计的方案委托施工不构成侵犯本案专利权，判决驳回李宪奎的诉讼请求。

李宪奎上诉称：一、先用权不适用于被控侵权人使用他人先用权的情形，使用他人先用权即对专利权人构成侵权，本案在先使用人为设计单位广东建筑院，伟城房地产公司使用则构成侵权。二、专利法规定的原有范围是指先用权人“使用相同方法”所投入的专门和只能用于该专利技术的有形财产（如专用设备）的范围，而非在先使用的技术方案的范围。技术思想若是以图纸表述的，图纸只是在先使用技术方案的载体而非使用范围。不能认定设计单位在先使用专利方法在图纸上设计了一项工程，那么他就可以继续设计同样的图纸用于其他工程。同时，把原有范围理解为一个城市也没有法律依据。因此，广东建筑院在法政路工程中在先使用本案专利，只能在原有工程图纸设计的原有工程规模内继续使用，其再使用该专利为伟城房地产公司设计新的基坑支护工程超出了原有使用范围。

广东省高级人民法院确认一审法院查明的事实存在。

广东省高级人民法院经审理认为：施工方法的“原有范围”相对制造产品来说，是无形的、抽象的，不能用量化标准来衡量。如果在专利权人获得专利权后，设计单位和施工单位享有的先用权只能局限在法政路综合大楼基坑工程范围内，而不允许在其他工程中使用，其实质无异于剥夺了先用权人享有的先用权，使“先用权”成为一次就全部用尽的权利，这显然不符合先用权的立法本意。广东建筑院和岩土公司作为施工方法的设计者和施工者，他们的职责就是“设计”和“施工”，在李宪奎的专利获得授权后，广东建筑院和岩土公司将自己研究开发的施工方法在其他的工程中继续使用，应认定为是在“原有范围”内继续使用。伟城房地产公司作为发展商并非专利方法的直接实施主体。在广东建筑院和岩土公司的行为不构成侵权的情况下，伟城房地产公司也不构成侵权。判决驳回上诉，维持原判。

【评析】

《中华人民共和国专利法》第六十三条第一款第（二）项规定了以下情况不视为侵犯专利权："在专利申请日前已经制造相同产品、使用相同方法或者已经做好制造、使用的必要准备，并且仅在原有范围内继续制造、使用的。"该条规定即为在先实施人享有先用权进行侵权抗辩的法律依据。由于其规定不甚明确，在司法审判中如何适用便存在极大的分歧和争议，其中尤以"原有范围"如何确定为难点。先用权要求在原有范围内实施，"原有范围"一般应从以下四方面予以认定：

一、继续实施主体的范围

1. *在先实施的主体，即先用权人的确定*

先用权在先实施主体的确定与在先实施行为的类型确定密切相关。从《专利法》第六十三条第一款（二）项的文意出发，不应当将先用者的在先实施行为从制造或使用（发明方法）扩张到销售、使用、许诺销售（或使用相同发明方法直接获得的）产品。即"已经制造相同产品、使用相同方法或者为制造、使用（发明方法）做好必要准备"并非"已经销售、使用、许诺销售相同（或使用相同发明方法直接获得的）产品或者为销售、使用、许诺销售做好必要准备"。也就是说，在先实施后几种行为的人不应当被认定为先用权人。[①]

在前述案件中，作为法政路工程的建设、设计和施工单位，谁应当被确定为专利方法的使用人即先用权人呢？笔者认为，对于使用一种施工作业的发明方法来说，建设单位、设计单位和施工单位三者应当被确定为共同使用人，均享有先用权。原因在于：本案李宪奎获得的是一种工程作业方法即"挡土墙的成形方法"的专利权，广东建筑院以经营为目的为他人设计绘制了实现该专利方法的设计图。如果仅仅只有设计单位的图纸，而没有施工单位的施工，实施一种施工方法的专利永远只能"纸上谈兵"而无法实现。因此，设计单位作为辅助实施人，施工单位作为直接实施人，两者为共同在先实施人，均享有先用权。另外，房产公司以生产经营为目的，对工程进行委托设计施工，既是工程的组织者，又凭借工程成果盈利，其亦应当被视为工程方法的在先实施人，享有先用权。

2. *继续实施主体的确定*

作为抗辩权的先用权与作为支配权或者请求权的专利权、商标权及著作权不同，其行使以请求权的行使为前提条件，具有专属性，[②] 因而不能成为许可使用和单独转让的客体，也不能作为权利人的财产进行抵押、投资、参股等经营活动。同时，由于作为抗辩权的先用权具有较强的权利人专属性，因此，如果某个法人享有先用权，而该法人发生分立或合并的话，先用权可以随该法人一起被新法人继承，这一制度已被国际上采用先用权制度的国家普遍采用。[③]

① 国家知识产权局条法司．新专利法详解．北京：知识产权出版社，2001. 363

② 杨立新，刘宗胜．论抗辩与抗辩权．河北法学，2004（10）

③ 张昊．对我国先用权制度的思考．电子知识产权，1999（8）

由于先用权不能转让和许可使用，只能随享有先用权的商业组织的合并分立而被继承，因此，继续实施主体的范围只能是因制造或使用方法专利而享有先用权的商业组织自身。本案设计单位广东建筑院和施工单位岩土公司二者为先用权人，但继续使用该方法专利的主体中加入了建设单位伟城房地产公司。对此，应否认定继续实施的主体范围超过了原有范围呢？我们认为，首先，伟城房地产公司与广东建筑院之间的委托设计合同关系、与岩土公司之间的委托施工合同关系不属于转让先用权或者许可实施专利权的关系，而是共同使用人关系。其次，在使用工程方法时，建设单位、设计单位和施工单位必须共同使用，才能达到实现专利方法的目的。如果没有委托人的委托，负责设计和施工的主体就将因为无法延揽到经营业务而无法实现其先用权，其获得的先用权就将成为无法行使的权利。同样，如果没有负责设计和使用的主体，委托人所获得的先用权也无法实现。因此，无论是委托单位、设计单位还是施工单位三者中任何一方享有先用权，其均有权与新加入的主体一道共同实施该先用权，本案中伟城房地产公司就属于这种新加入的主体。

二、继续实施行为的范围

《专利法》第六十三条第一款（二）项对先用者继续实施行为的类型的表述是“制造”相同产品、“使用”相同方法。从该表述的字面意义出发，似乎可以得出这样的结论，即先用权人继续实施行为的范围与在先实施行为的范围一样，都仅仅限于制造或使用（发明方法），不包括使用、许诺销售、销售及进口（或使用相同发明方法所直接获得的）产品。我们认为，机械地从字面意义出发对该条款作出这样的理解，会给先用权制度的设立和应用带来极大的问题。因为，从市场经济的必然规律出发，一个制造者制造产品的目的就是为了使用或者销售；一个制造加工方法使用者的使用目的就是为了利用这种方法的技术效果来直接获得产品。如果将继续制造产品（或使用发明方法）的权利赋予先用权人，而又不允许其销售、许诺销售及使用制造出来（或使用相同发明方法直接获得）的成果的话，则先用权人就只能将制造出来的物品堆放在仓库中或予以销毁，其制造行为（或使用发明方法的行为）就会因为失去了目的而变得完全没有意义，这不但违反经济规律，也是荒谬的，先用权制度也就没有存在的必要。因此，如果先用权人因在先制造（或使用制造加工方法专利）的行为获得先用权，其在后的继续实施行为应包括继续制造、销售、许诺销售或使用，唯一应当排除的是进口产品的行为，因为该进口行为与其在先实施行为没有任何关联。进一步地，如果先用权人制造出产品并将这些产品的价值予以实现即售出后，第三人从先用权人处获得这些产品进行销售、使用、许诺销售的，参照《专利法》第六十三条第一款（一）项的规定，[①] 也不应认定为侵权，因为这些产品属于有权制造人售出的产品，任何社会公众均有权予以销售和使用。

三、原有发明范围

原有发明范围与专利权的保护范围相关，主要指：第一，先用权人继续制造的产品的技术特征与其申请日前制造的产品的技术特征相同或者没有实质区别的，就属于在原有发

---

① 《专利法》第六十三条规定：“有下列情形之一的，不视为侵犯专利权：（一）专利权人制造、进口或者经专利权人许可而制造、进口的专利产品或者依照专利方法直接获得的产品售出后，使用、许诺销售或者销售该产品的。”

明范围内继续制造。第二，被授予的专利权里如果包括两项独立权利要求，一项是产品独立权利要求，另一项是该产品的用途的独立权利要求，而先用权人仅仅对产品具有先用权，对该产品的用途不具有先用权的，那么先用权人就不能将其制造的产品用于专利权保护范围内的该用途。原因在于先用权人不能在专利权人关于产品用途独立发明的启发下扩大其先用权。第三，被授予的专利权包括一项产品独立权利要求以及若干从属权利要求，从属权利要求中记载了一些附加技术特征，构成对独立权利要求记载的技术方案的改进方案。如果先用权人仅仅对于独立权利要求构成的技术方案享有先用权，而对于从属权利要求附加的技术特征构成的改进方案没有先用权的，其同样不能仿照专利权从属权利要求技术特征构成的改进方案予以实施。①

四、对作业发明方法先用权“原有范围”的确定——直接拷问“量化标准”

“原有范围”是否包括原有产量范围，一直以来都是先用权问题中争议最大的方面。其中，坚持量化标准的人主张原有范围应该为申请日前的“产量和生产数量”②，或者为按机器设备所蕴涵的“生产能力和生产规模”③。然而，随着国内对专利法研究的不断深入以及与国际接轨的趋势，越来越多反对的声音认为，量化标准与先用权制度法律精神相悖，应该坚持以“质的规定”取代量化标准。④也就是说，原有范围应认定为先用权人只要在专利申请日前原来从事的产业领域继续实施的，即不属于超出原有范围。例如，享有先用权的技术原来是用于化工行业，如果在专利申请日后改用于食品行业，则认为超过“原有范围”。这一原则早已被国际上采用先用权的国家所普遍采用。⑤

我们认为，对原有范围采取量化标准值得商榷。首先，先用权作为商业组织，即一个民事主体、市场主体所享有的抗辩权，其制度设计应该符合市场经济的发展规律。在市场经济的条件下，许多产品都有从试制到投产、从小批量生产到大规模生产的发展过程；许多企业也有从小本经营到规模经营甚至集团化经营的发展过程。对先用权的行使作量的限制，势必造成先用权人实施某项发明创造数量不能增加、能力无法增强、规模不能扩大，先用权人的生产经营只能原地踏步，那么，在激烈的市场竞争的环境下，先用权人就难逃逐渐萎缩直至最终覆没的命运。其次，对于做好必要准备的企业来说，准备阶段属于完成设计图纸、试制样品、购买原材料等的阶段，在这个阶段经营者通常都不会大规模地购进机械设备和原材料，以免造成流动资金的积压和资源的浪费。以这个阶段的生产能力和生产规模来作为先用权的原有范围，是不符合市场经济的一般规律的。再次，像本案这样对作业发明方法先用权“原有范围”的确定，直接拷问“量化标准”。设计单位和施工单位作为经营“设计”和“施工”的市场主体，其经营规模显然不能局限于一个工程。若是将原有范围按照产量规定为原有工程，则正如判决所阐述的那样，设计单位和施工单位的先用权就会成为一次用尽的权利，这显然不符合先用权的立法本意。而若是像原审判决那样将原有范围认定为一个城市，既缺乏法理基础，又没有法律依据。如果将原有范围按照设计能力和施工能力来确定，则对于设计和施工能力的量化无论在商业经营中还是在诉讼

① 尹新天．专利权的保护．北京：知识产权出版社，2004. 41 ~ 42

② 汤宗舜．中华人民共和国专利法释义．北京：法律出版社，1986. 189

③ 郑成思．知识产权法．北京：法律出版社，1997. 212

④ 黄贤福．专利制度中先用权“原有范围”的界定——谈专利法第63条．电子知识产权，2003（1）

⑤ 黄贤福．专利制度中先用权“原有范围”的界定——谈专利法第63条．电子知识产权，2003（1）

上都缺乏合理的评估和衡量标准。相反，若是坚持先用权人只能在专利申请日前原来从事的产业领域继续实施，这个问题则可以得到圆满的解决。因此，在本案中，先用权人原来从事的产业领域是房地产开发和建筑设计施工，如果先用权人将该发明方法改用于工业制造领域，则属于超过“原有范围”。如果其继续用于原有的产业领域，则可以享有先用权。至于其设计、施工的工程数量、工程所在的地域，均不应成为原有范围的衡量因素。

综上，先用权权利范围是构成其发明创造技术方案的所有必要技术特征，先用权继续实施主体的范围是因制造产品或使用方法专利而享有先用权的商业组织自身，继续实施行为的范围是继续制造、销售、许诺销售及使用（产品）或使用（发明方法），继续实施产业范围为原有的产业领域。以上因素共同构成先用权的“原有范围”。

一审合议庭成员：林幼吟　李　胜　谢　平
二审合议庭成员：欧修平　孙明飞　高　静
作者单位：广东省高级人民法院

外观设计专利“叠加”式侵权分析

——邱瑞香诉广州市白云区盈宝玻璃工艺厂侵犯外观设计专利权纠纷案

林广海　邓燕辉

【问题提示】

在他人制造的已经侵犯外观设计专利权的产品上添加形状、图案、色彩形成的新的外观设计，是否构成侵权?

【要点提示】

在他人制造的已经侵犯外观设计专利权的产品上添加形状、图案、色彩所形成的新的外观设计，如果通过整体观察、综合判断，仍与外观设计专利权构成相同或者相近似的，应认定该添加人是该产品的制造者，其行为侵犯了外观设计专利权，应承担相应的侵权责任。

【案例索引】

一审：广东省广州市中级人民法院［2005］穗中法民三知初字第591号民事判决

二审：广东省高级人民法院［2006］粤高法民三终字第274号民事判决

【案情】

上诉人（原审被告）：广州市白云区盈宝玻璃工艺厂。

被上诉人（原审原告）：邱瑞香。

邱瑞香是名称为杯（7745）、专利号为ZL200430110440. X的外观设计专利的专利权人。该专利的申请日为2004年12月24日、授权公告日为2005年7月20日。表示在该专利授权公告图片上的外观设计有以下几个视图（见图1）：从主视图看，是一个圆柱形的杯体，杯体上有图案，该图案像一个菠萝的上部，包括菠萝体和菠萝叶；菠萝体由两个相连的三角形构成，三角形内是许多小方块突起；菠萝叶由向杯口方向伸展的五条叶状凸起构成。后视图同主视图。从右视图可以看到菠萝图案的侧面。左视图同右视图。从仰视图可以看到菊花花瓣图案。从俯视图可以看到杯底的菊花图案，以及杯体的菠萝图案投影。

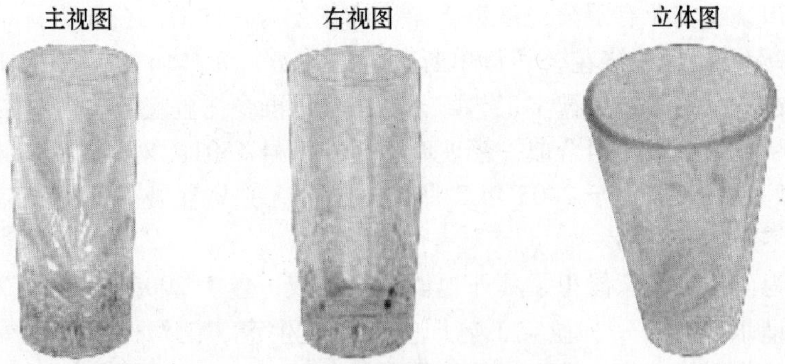

图 1　本案外观设计专利权图片

图 2　被控侵权产品

2005 年 10 月 20 日，广东省广州市海珠区公证处应邱瑞香的申请，对通过计算机从国际互联网上进入广州市白云区盈宝玻璃工艺厂（以下简称盈宝工艺厂）网页的行为及其相关网页内容进行了证据保全，并出具［2005］穗海证经字第 0633 号《公证书》一份。公证处所保全的网页的主要内容是盈宝工艺厂产品型号为 TJWl12 – 6F1089JA 的礼盒套装杯系列的展示图片，该展示的礼盒套装杯系列包括四个杯子及一个水壶。

2005 年 12 月 21 日，二审法院根据邱瑞香的申请到盈宝工艺厂进行证据保全，提取盈宝工艺厂产品型号为 TJWl12 – 6F1089JA 的礼盒套装杯系列中的杯子一个（见图 2）。该杯子的外观从主视图看亦是一个圆柱形的杯体，杯体上有图案，该图案像一个菠萝的上部，包括菠萝体和菠萝叶；菠萝体由两个相连的三角形构成，三角形内是许多小方块突起；菠萝叶由向杯口方向伸展的五条叶状凸起构成。后视图同主视图。从右视图亦可以看到菠萝图案的侧面。左视图同右视图。从仰视图可以看到菊花花瓣图案。从俯视图可以看到杯底的菊花图案，以及杯体的菠萝图案投影。

原审法院执行人员还到盈宝工艺厂车间及仓库查看，没有发现其他被控侵权杯子。

二审另查明：广东省高级人民法院［2006］粤高法民三终字第 369、370 号民事判决查明，H189 壶和 7745 杯系由广州海陶玻璃有限公司（以下简称海陶公司）制造和对外销售的。深圳市饶花实业有限公司（以下简称饶花公司）向海陶公司下订单购买 H189 壶和 7745 杯，海陶公司根据饶花公司订单所确定的数量，为其加工制造了 H189 壶和 7745 杯，然后运到饶花公司指定的盈宝工艺厂。饶花公司再委托盈宝工艺厂，在上述型号的壶和杯口外边沿贴花边，重新组合成一套玻璃套具（型号 T501）对外出售。

盈宝工艺厂是一家成立于 2005 年 2 月 4 日的个人独资企业，其经营范围包括加工、制造、批发、零售玻璃制品。

邱瑞香认为盈宝工艺厂侵犯了其外观设计专利权，遂于 2005 年 10 月 21 日向原审法院提起诉讼，请求判令：一、盈宝工艺厂立即停止生产、销售侵犯邱瑞香专利的产品。二、销毁用于制作侵权产品的模具、设备及库存产品。三、赔偿因其侵权行为对邱瑞香造成的经济损失 10 万元。四、承担本案的全部诉讼费用，并在《广州日报》上登报赔礼道歉。

【审判】

广东省广州市中级人民法院一审认为，邱瑞香是名称为杯（7745）、专利号为 ZL200430110440. X 的外观设计专利的专利权人，其专利权应受法律保护。外观设计专利权的保护范围以表示在授权公告图片上的该外观设计专利产品为准。所以，邱瑞香专利权的保护范围可界定为：从主视图看，是一个圆柱形的杯体，杯体上有图案，该图案像一个菠萝的上部，包括菠萝体和菠萝叶；菠萝体由两个相连的三角形构成，三角形内是许多小方块突起；菠萝叶由向杯口方向伸展的五条叶状凸起构成。后视图同主视图。从右视图可以看到菠萝图案的侧面。左视图同右视图。从仰视图可以看到菊花花瓣图案。从俯视图可以看到杯底的菊花图案，以及杯体的菠萝图案投影。

将法院保全的被控侵权杯子与邱瑞香专利表示在授权公告图片上的杯子进行比对，两者显然相同。所以，被控侵权杯子属于邱瑞香专利权的保护范围。

被控侵权杯子是法院在盈宝工艺厂提取的，属于盈宝工艺厂产品型号为 TJWl12 - 6F1089JA 的礼盒套装杯系列。由于盈宝工艺厂有加工、制造、批发、零售玻璃制品的经营范围，因此推定盈宝工艺厂生产、销售了该被控侵权杯子。盈宝工艺厂未经许可，出于生产经营目的生产、销售邱瑞香专利产品，已构成侵权。盈宝工艺厂抗辩称被控侵权杯子是在邱瑞香专利授权公告日之前客户留下的样品，其网页上的产品型号为 TJWl12 - 6F1089JA 的礼盒套装杯系列的展示图片也是在邱瑞香专利授权公告日之前申请并登记的。盈宝工艺厂还抗辩称其是使用或者销售不知道是未经专利权人许可而制造并销售的专利产品。由于盈宝工艺厂对其抗辩未能提交任何证据予以证明，其抗辩缺乏事实依据，法院不予支持。

盈宝工艺厂应承担停止侵权、赔偿损失等民事责任。邱瑞香诉请盈宝工艺厂立即停止生产、销售侵权杯子有理，予以支持。邱瑞香要求法院酌定盈宝工艺厂的赔偿数额，故根据邱瑞香专利权的类别、盈宝工艺厂侵权的性质和情节等因素酌定赔偿金额。由于制作侵权杯子上的图案须采用专用模具，邱瑞香诉请销毁该专用模具有理，予以支持。对于邱瑞香要求销毁生产侵权杯子的设备，由于邱瑞香并未说明是何种设备，也未说明是否专用设备，对该项请求不予支持。邱瑞香诉请销毁盈宝工艺厂库存侵权杯子，但没有提交相关证据证明。另外，法院执行人员曾到盈宝工艺厂车间及仓库查看，没有发现其他侵权杯子。

所以邱瑞香提出的该项诉讼请求依据不足，不予支持。赔礼道歉主要是侵犯人身权利的一种民事责任承担方式。由于邱瑞香指控盈宝工艺厂侵犯的是其财产权利，其诉请盈宝工艺厂在《广州日报》赔礼道歉依据不足，不予支持。

综上，根据《中华人民共和国民法通则》第一百三十四条第一款第（一）、（七）项、第二款，《中华人民共和国专利法》第十一条第二款、第五十六条第二款，最高人民法院《关于审理专利纠纷案件适用法律问题的若干规定》第二十一条的规定，判决：一、盈宝工艺厂自判决发生法律效力之日起立即停止生产和销售侵犯邱瑞香专利号为ZL200430110440. X的外观设计专利权的产品，并销毁生产该侵权产品的专用模具。二、盈宝工艺厂自判决发生法律效力之日起十日内一次性赔偿邱瑞香经济损失20 000元。三、驳回邱瑞香的其他诉讼请求。本案案件受理费3 510元，由邱瑞香负担1 404元，盈宝工艺厂负担2 106元。

盈宝工艺厂不服上述判决，向广东省高级人民法院提起上诉称：一、盈宝工艺厂从未生产、销售侵犯邱瑞香专利权的产品，根本没有实施侵权行为。2005年3月至5月饶花公司委托盈宝工艺厂为其自带的7745杯及H189钻石尖咀水壶进行贴花加工。当时饶花公司告知盈宝工艺厂未贴花的7745杯及H189钻石尖咀水壶是从海陶公司购买，由海陶公司送货到盈宝工艺厂贴花的。盈宝工艺厂接受委托后，代饶花公司收货。海陶公司出货单上有其员工签名，盈宝工艺厂仓管员张楠也在海陶公司出货单上注明“代饶花收货字样”。从这一过程可以看出，盈宝工艺厂只是为饶花公司提供贴花服务，根本没有生产和销售侵犯邱瑞香专利权的产品的行为。一审法院当时查看盈宝工艺厂的仓库，也没有发现盈宝工艺厂生产、销售过侵犯邱瑞香专利权的产品。事实上一审法院在样板室封存的仅有的一只壶和一个杯子是饶花公司留下的样品，盈宝工艺厂从未生产和销售过该种产品，只是提供贴花加工服务。盈宝工艺厂也根本没有生产玻璃制品的生产线设备，盈宝工艺厂只能从事贴花和包装业务。二、盈宝工艺厂在自己的网页上展示产品型号为TJWll2 - 6F1089JA的礼盒套装杯不能证明盈宝工艺厂制造和销售了该侵权产品。2005年1月，盈宝工艺厂与北京中企网动力数码科技有限公司签订数字商务平台服务合同。而邱瑞香的专利申请日为2004年12月24日，授权公告日为2005年7月20日，这表明盈宝工艺厂是在授权公告日之前就将有关产品展示在了网页上。这种产品展示不能证明盈宝工艺厂已经生产、销售了该种产品。而且，在得知邱瑞香已申请该产品的外观设计专利以后，盈宝工艺厂立即在网上取消了产品展示。三、邱瑞香同时起诉的饶花公司专利侵权案目前尚未结案，该案的审理结果与本案有紧密的关联性。如果饶花公司不存在侵权行为，就可以直接证明盈宝工艺厂不存在侵权行为，因此请求二审法院等待关联案件的审判结果。四、盈宝工艺厂为饶花公司贴花加工7745杯及H189钻石尖咀水壶，饶花公司为此支付加工费约30 000元，减除材料费及人工费，盈宝工艺厂的利润不足加工费的10%，也就是说盈宝工艺厂因贴花服务所得的利润不到3 000元。现一审法院判决盈宝工艺厂赔偿邱瑞香20 000元的经济损失显失公平。综上所述，请求二审法院撤销一审判决，作出公正的判决。

广东省高级人民法院二审认为：本案属于侵犯外观设计专利权纠纷。邱瑞香是名称为杯（7745）、专利号为ZL200430110440. X的外观设计专利的专利权人，其专利权应受法律保护。

根据我国《专利法》第五十六条第二款的规定，外观设计专利权的保护范围以表示在图片或者照片中的该外观设计专利产品为准。原审法院将被控侵权产品与邱瑞香的外观设计专利进行比对后认为，本案被控侵权产品杯子与邱瑞香专利的外观设计构成近似，双方当事人对此没有异议，应予确认。本案二审争议的焦点在于盈宝工艺厂是否为被控侵权产品杯子的制造、销售者，盈宝工艺厂应否承担侵权赔偿责任。

首先，2005 年 10 月 20 日，广东省广州市海珠区公证处应专利权人邱瑞香的申请对盈宝工艺厂网页的内容进行了证据保全。被保全网页的内容中包含有本案被控侵权产品杯子。2005 年 12 月 21 日，原审法院根据邱瑞香的申请到盈宝工艺厂进行证据保全，在盈宝工艺厂提取了本案被控侵权产品杯子。这充分说明了本案被控侵权产品确实来自盈宝工艺厂。其次，广东省广州市海珠区公证处对盈宝工艺厂的网页进行保全的时间是 2005 年 10 月 20 日，原审法院对盈宝工艺厂进行证据保全的时间是 2005 年 12 月 21 日。因此，盈宝工艺厂认为其只是在 2005 年 3 月至 5 月受饶花公司的委托提供贴花加工服务；在邱瑞香本案专利授权公告日之前就将有关产品展示在了网页上；原审法院所保全的被控侵权产品杯子是饶花公司留下的样品，盈宝工艺厂的上述主张显然难以令人信服。再次，盈宝工艺厂的经营范围包括加工、制造、批发、零售玻璃制品，说明其具有制造、销售被控侵权产品的能力。盈宝工艺厂在其网页上展示被控侵权产品，原审法院在盈宝工艺厂处查封到被控侵权产品杯子，进一步说明其具有制造、销售被控侵权产品的能力。最后，我国《专利法实施细则》第二条第三款规定："专利法所称外观设计，是指对产品的形状、图案或者其结合以及色彩与形状、图案的结合所作出的富有美感并适于工业应用的新设计。"因此，人民法院在外观设计专利侵权的审判中，应当据此正确认定外观设计专利权的保护范围。具体到本案而言，盈宝工艺厂在海陶公司已经制造的杯子上部外边沿进行贴花，由于盈宝工艺厂所贴的花已经成为被控侵权产品杯子的形状、图案、色彩中不可分割的一部分，盈宝工艺厂贴上花之后的"贴花杯"，通过整体观察、综合判断（包括其形状、图案、色彩）仍与本案邱瑞香外观设计专利相近似。虽然盈宝工艺厂从海陶公司接收杯子时，该杯子的外观就已经侵犯了邱瑞香的外观设计专利权，但这一情况并不影响盈宝工艺厂贴上花之后的"贴花杯"也构成侵犯邱瑞香的外观设计专利权。这充分说明，当被控侵权产品与外观设计专利产品是同一种类产品或者类似产品时，被控侵权产品通过形状、图案、色彩的不同组合可以形成多种不同款式的产品，这些不同款式的产品，通过整体观察和综合判断，可能都构成侵犯外观设计专利权。因此，盈宝工艺厂上诉提出的其在杯子上部外边沿贴花的行为不构成侵权，其不是被控侵权产品的制造者、销售者的主张不能成立。

盈宝工艺厂未经专利权人邱瑞香的许可，制造、销售了侵权产品，应承担停止侵权、赔偿邱瑞香经济损失的民事责任。由于邱瑞香未能提供其因被侵权所遭受的经济损失或者盈宝工艺厂因侵权而获利的情况，故要求法院酌定盈宝工艺厂的赔偿数额。原审法院根据邱瑞香专利权的类别、盈宝工艺厂侵权的性质和情节等因素酌定赔偿数额为 20 000 元并无不当，予以维持。

综上所述，原审判决认定事实清楚，适用法律正确，应予维持。盈宝工艺厂的上诉请求和理由不能成立，应予驳回。依照《中华人民共和国民事诉讼法》第一百五十三条第一款第（一）项的规定，判决：驳回上诉，维持原判。本案二审案件受理费 3 510 元，由盈宝工艺厂负担。

【评析】

本案属于典型的侵犯外观设计专利权纠纷。被控侵权产品杯子是原审法院在证据保全时从盈宝工艺厂查封到的，盈宝工艺厂确认其在被控侵权产品杯子的上部外边沿进行了贴花，因此，对于认定盈宝工艺厂制造、销售了被控侵权产品杯子的意见比较一致。而对于盈宝工艺厂在海陶公司制造的杯子上贴花的行为是否侵犯了邱瑞香专利权的问题，则存在分歧意见。一种意见认为盈宝工艺厂的行为不构成侵权，另一种意见则认为构成侵权。因本案涉及外观设计专利侵权判定中的原则问题，有必要先澄清某些模糊的认识。

一、外观设计专利权的保护范围以表示在图片或者照片中的该外观设计专利产品为准

在判断被控侵权产品是否侵犯了外观设计专利权时，首先要确定外观设计专利权的保护范围。《专利法实施细则》第二条第三款规定："专利法所称外观设计，是指对产品的形状、图案或者其结合以及色彩与形状、图案的结合所作出的富有美感并适于工业应用的新设计。"可以构成外观设计的组合有：产品的形状；产品的图案；产品的形状和图案；产品的形状和色彩；产品的图案和色彩；产品的形状、图案和色彩。国家知识产权局2006年的《审查指南》指出：形状，是指对产品造型的设计，也就是指产品外部的点、线、面的移动、变化、组合而呈现的外表轮廓，即对产品的结构、外形等同时进行设计、制造的结果。图案，是指由任何线条、文字、符号、色块的排列或组合而在产品的表面构成的图形。色彩，是指用于产品上的颜色或者颜色的组合，制造该产品所用材料的本色不是外观设计的色彩。形状、图案、色彩三要素是相互依存的，有时其界限是难以界定的，例如多种色块的搭配即构成图案。

从以上有关规定可以看出，外观是指能够被观察者从外部直接感知的产品的外表部分。因此《专利法》不要求外观设计专利申请者提交权利要求书、说明书等文字说明文件。只有在专利行政部门认为必要时，才会依据《专利法实施细则》的规定要求申请者提交简要说明，用以补充说明在图片或者照片中显示的外观设计专利产品，包括使用该外观设计的产品的设计要点、请求保护色彩、省略视图等情况。由此可见，外观设计专利权的保护范围并没有像发明或实用新型专利权一样，以文字来对保护范围进行界定。因此，我国《专利法》第五十六条第二款规定"外观设计专利权的保护范围以表示在图片或者照片中的该外观设计专利产品为准"。审判实践中，在确认外观设计专利的保护范围时，应以审查图片为主，审查外观设计的名称及简要说明为辅。

二、整体观察与综合判断是外观设计侵权判断的主要方式

外观设计是依靠整体上的美感来吸引消费者的注意，这就要求在对被控侵权产品与专利产品的外观设计进行比对时，应当进行整体观察与综合判断，从外观设计的整体上进行比较，看两者是否具有相同的美感，而不能仅进行局部比较。如果两者的全部构成要素（即形状、图案或者其结合以及色彩与形状、图案的结合）相同或者相近似，应当认为二者是相同的外观设计；如果两者的全部构成要素不相同也不相近似，则不属于相同的外观设计；如果构成要素中的主要部分（要部）相同或相近似、次要部分不同，也应当认定二者为相近似的设计。

因此，在判断被控侵权产品与外观设计专利是否相同或者相近似时，应当从整体视觉效果上进行比较，不能过于注意局部的细微差别。要从一件产品外观设计的全部或者主要构成来确定是否相同或者相近似，特别要抓住产品的主要创作部位，也就是产品最吸引消费者注目的部分，而不能从一件产品的局部出发，尤其不能把产品的各个组成部分分割开来。

本案被控侵权产品杯子，其杯身的制造以及杯子的菠萝图案、菊花图案是由海陶公司制作的，而杯子上部外边沿的图案是由盈宝工艺厂贴上去的。上述菠萝图案、菊花图案以及杯子上部外边沿的图案一起构成了被控侵权产品杯子的图案，均成为被控侵权产品杯子不可分割的一部分。但是，由于被控侵权产品杯子上的菠萝图案占据了整个杯子的显著位置，而杯子上部外边沿的图案所占的位置很小，而且没有改变杯子上的菠萝图案，此时，通过整体观察和综合判断，我们会发现被控侵权产品杯子与涉案外观设计专利权的图片仍相近似。

三、在他人已经构成侵犯外观设计专利权的产品上添加其他图案仍有可能构成“叠加”式侵权

产品的外观是由形状、图案或者其结合以及色彩与形状、图案的结合所形成的。形状、图案、色彩及其组合千变万化，从而形成多种多样不同款式的产品。现代社会分工十分发达，一件产品的成品有可能是一家厂家独自生产制造，也可能是几家厂家共同生产制造。如果是后者，每家厂家在该产品上均会留下“烙印”，成为该产品不可分割的一部分，只不过有些用肉眼可以看到，有些则看不到，有些只占产品的小部分，有些则占大部分。但在判定是否侵犯外观设计专利权时，我们应将该产品的整个外观与专利权的图片或者照片进行比对。经比对，被控侵权产品与涉案外观设计专利权的图片相同或相近似的，则参与制造被控侵权产品的任一厂家均可能承担侵权责任。

有观点认为，被控侵权产品杯子之所以与涉案外观设计专利构成近似，是因为被控侵权产品杯子上的菠萝图案与专利图案构成近似，但杯子上部外边沿的图案与专利图案并不相同也不相似。而菠萝图案是由海陶公司而非盈宝工艺厂制造的，因此，构成侵权的应是海陶公司，而不是盈宝工艺厂。笔者认为此观点值得商榷。

首先，该观点把被控侵权产品杯子上的菠萝图案与上部外边沿的图案割裂开来，没有将杯子的整体外观与涉案专利进行比对，违反了外观设计判定侵权中所采用的整体观察和综合判断的原则。

其次，该观点实质上否定了盈宝工艺厂是被控侵权产品杯子制造者的地位。让我们假设一下，同样是海陶公司制造的杯子，而且杯子上同样有相同的菠萝图案，盈宝工艺厂同样在杯子上添加了图案，但其所添加的图案与原有的菠萝图案重新组合，从而形成了一种新的外观设计。通过整体观察和综合判断，该新的外观设计与涉案外观设计专利既不相同也不近似，没有侵犯涉案专利权。显然，导致两者既不相同也不相似的原因在于盈宝工艺厂在杯子上添加了新的图案。此时，我们会毫不犹豫地认定盈宝工艺厂是该产品的制造者。同样道理，如果盈宝工艺厂在杯子上所添加的新图案与杯子上原有菠萝图案重新组合后所形成的新的外观设计，仍然与涉案外观设计专利构成相同或者相近似，此时，我们仍应认定盈宝工艺厂是该产品的生产者。盈宝工艺厂在产品原有外观之上添加图案之后所形成的新的外观，如果与外观设计专利既不相同也不相近似，则认定盈宝工艺厂是该产品的制造者；如果与外观设计专利相同或者相近似，则不认定盈宝工艺厂是该产品的制造者，这种观点显然陷入了逻辑混乱之中，不能自圆其说。

最后，本案属于外观设计专利中的一种特殊的侵权方式，即“叠加”式侵权。所谓“叠加”式侵权，是指在他人已经侵犯外观设计专利权的产品上添加新的图案、形状或色彩等之后，通过整体观察和综合判断，仍然侵犯同一外观设计专利权的情形。“叠加”式侵权的主要特征是：（1）他人制造的产品已经侵犯了别人的外观设计专利权；（2）第三人在该侵权产品上添加新的图案、形状或者色彩等，形成新的产品外观；（3）该新产品仍然侵犯了同一外观设计专利权。

“叠加”式侵权与直接侵权的相同之处在于两者均侵犯了外观设计专利权。但直接侵权是制造者制造的产品直接侵犯了外观设计专利权，而“叠加”式侵权是在他人已经侵犯外观设计专利权的产品上，添加新的图案、形状或色彩，并与原有的图案、形状、色彩等结合在一起，形成新的产品外观。因此，从侵权行为分析，“叠加”式侵权至少包括了两个直接侵权行为，其实施侵权行为的民事主体至少是两个以上。

“叠加”式侵权与间接侵权是两种不同的侵权行为，间接侵权是指行为人自己没有直接侵犯专利权，却诱导、怂恿、唆使他人侵犯专利权，促进或促成了直接侵权行为的发生，从而在客观上损害了专利权人的利益。[①] 因此，间接侵权并没有直接侵犯外观设计专利权，而“叠加”式侵权却直接侵犯了外观设计专利权。

“叠加”式侵权与重复侵权亦不相同。重复侵权是指行为人在被行政机关认定其行为构成侵权后或者在法院判决构成侵权后，仍然实施同一侵权行为。因此，重复侵权的实施主体只有一个，而且其前后实施的侵权行为是相同的。但“叠加”式侵权的实施主体至少为两个以上，而且他们所实施的侵权行为是不相同的。

正如前面所分析的，可以构成外观设计的组合有六种情形：产品的形状；产品的图案；产品的形状和图案；产品的形状和色彩；产品的图案和色彩；产品的形状、图案和色彩。通过整体观察和综合判断，这六种组合均有可能侵犯外观设计专利权。而这六种组合既有可能是一个人制造的，也可能是几个人甚至是六个人以上分别制造的，他们均是该产品的制造者。因此，外观设计权利人既可以选择只起诉其中的一个制造者，也可以选择起诉其中的几个甚至全部制造者。具体到本案而言，邱瑞香既可以单独起诉盈宝工艺厂，也可以单独起诉海陶公司，还可以一起起诉盈宝工艺厂和海陶公司。

需要注意的是，前面论述的是在他人已经侵犯外观设计专利权的产品上添加新的图案、形状、色彩等形成新的产品外观的情形，用于再加工的产品均不是来源于专利权人。如果外观设计权利人或经其许可的其他人将其制造的产品（即专利产品）投放到市场，第三人购买之后重新添加图案、形状、色彩等所形成新的产品外观，通过整体观察和综合判断，该外观与专利权仍构成相近似，此种情形是否适用“权利用尽”原则进行不侵权抗辩？笔者认为，根据我国《专利法》第六十三条第一款第（一）项的规定，专利权人制造、进口或者经专利权人许可而制造、进口的专利产品或者依照专利方法直接获得的产品售出后，使用、许诺销售或者销售该产品的行为不视为侵犯专利权。这是专利权权利用

① 陈武，胡杰．专利间接侵权制度初论．知识产权，2006（1）

尽原则的体现，根据这一原则，一旦专利产品被专利权人或经其许可的其他人投放到市场上，专利权人就无权阻止任何第三方合法处分该专利产品，但是，第三人的处分应该在“专利产品”自身无任何变化的条件下进行。由于第三人购买了专利权人或者经其许可的其他人投放到市场上的“专利产品”后，又在该产品上进行了加工（添加图案、形状、色彩等），从而改变了“专利产品”的外观，该种改变会导致新的产品外观与原专利产品外观既不相同也不相近似，但也可能构成相近似。因此，这种情形与权利用尽原则不相符，第三人不能用该原则进行不侵权抗辩。

一审合议庭成员：穆　健　龚麒天　王　维
二审合议庭成员：林广海　欧修平　邓燕辉
作者单位：广东省高级人民法院

销售区域及数量对认定知名商品的影响

——法国 C. F. E. B 希思黎有限公司诉深圳市希思汀化妆品有限公司等仿冒知名商品特有包装纠纷案

邓燕辉

【问题提示】

如何认定知名商品特有包装装潢?

【要点提示】

法院在认定知名商品时应综合考虑该商品的销售时间、销售区域、销售额、销售对象、广告宣传的持续时间、程度和地域范围等诸多因素。

【案例索引】

一审：广东省深圳市中级人民法院［2005］深中法民三初字第 383 号民事判决

二审：广东省高级人民法院［2006］粤高法民三终字第 10 号民事判决

【案情】

上诉人（原审原告）：C. F. E. B 希思黎有限公司（C. F. E. B. SISLEY，SOCIETE ANONYME）。

被上诉人（原审被告）：深圳市希思汀化妆品有限公司。

被上诉人（原审被告）：深圳市希思汀贸易商行。

被上诉人（原审被告）：深圳市富怡希思汀实业有限公司。

深圳市中级人民法院经审理查明：法国希思黎公司（以下简称希思黎公司）系生产、销售美容产品和化妆品的公司，在中国享有"Sisley"及花图形注册商标专用权，核定使用商品为第 3 类肥皂、精油、化妆品等。自 2000 年 2 月 3 日起，希思黎公司生产的"Sisley（希思黎）"化妆品陆续获得我国有关主管部门颁发的《进出口化妆品卫生许可批件》、《进出口化妆品标签审核证书》。希思黎公司分别从 2000 年 9 月 1 日开始至 2004 年在《北京青年报》网络版、《追求》、《时尚》、*JESSICA*、《世界时装之苑》、《中国时装》、《世界时装》等十余份国内杂志上刊登了"Sisley"商品的宣传广告。自 2001 年 10 月起至 2004 年 10 月希思黎公司分别在北京赛特购物中心、广州友谊商店、杭州大厦购物中心、上海虹桥友谊商城有限公司等省会级大城市的高档购物场所设专柜销售"Sisley"商品，其价位较高，非中国普通工薪阶层收入者所能消费。

希思黎公司分别于 2003 年 1 月 27 日、2004 年 11 月 11 日在被告深圳市希思汀化妆品有限公司、深圳市希思汀贸易商行公证购买了涉案的“Sistains（希思汀）”系列化妆品，其外包装盒上标注由被告深圳市富怡希思汀实业有限公司经销。就同一款美容产品作比较，被告产品与希思黎公司产品售价相差几倍有余。将被控侵权的希思汀产品包装盒、包装瓶的外观与希思黎公司“Sisley”产品包装相比对，两者除了商标“Sistains”、花样标记的图案、产地“GERMANY”、盾形皇冠图样不同之外，两种产品的包装十分相似。为此，希思黎公司向深圳市中级人民法院提起诉讼，请求判令三被告立即停止生产、销售侵权产品，销毁侵权产品和相应的产品包装，并赔偿希思黎公司经济损失人民币50万元。

【审判】

深圳市中级人民法院经审理认为：希思黎公司只是从2000年9月1日开始至2004年在《北京青年报》的网络版、《追求》、《时尚》、*JESSICA*等十余份国内杂志上刊登了宣传广告，但希思黎公司没有提供证据证明这些杂志的发行范围和发行量，也没有提供证据证明其在国内的广告投入、产品年销售额和市场占有率，而且希思黎公司只是在国内少数高档购物场所设置“Sisley”商品销售专柜。因此，希思黎公司所提交的证据远未达到证明其“Sisley”商品为知名商品的程度，其诉讼请求不能成立，据此一审法院判决驳回希思黎公司诉讼请求。

上诉人希思黎公司称其所提供的证据足以证明其“Sisley”商品达到了法律所要求的知名度，被告的行为构成不正当竞争，请求二审法院支持其诉讼请求。

广东省高级人民法院确认一审法院查明的事实存在。

广东省高级人民法院经审理认为：本案属于侵犯知名商品特有包装装潢纠纷，争议的焦点之一在于希思黎公司的产品是否属于知名商品。由于我国法律对知名商品的认定标准没有作出具体明确的规定，但法院在审判实践中认定知名商品时应综合考虑该商品的销售时间、销售区域、销售额、销售对象、广告宣传的持续时间、程度和地域范围等诸多因素。

本案中，希思黎公司的“Sisley”化妆品价位较高，其针对的消费群体大体上是高收入人群，因此，其销售的场所自然就定位在较高档的层次上。正因为如此，希思黎公司到目前为止只在我国经济发达地区如省会级大城市的高档购物场所设置了13个销售专柜进行销售。这种情况使得希思黎公司的“Sisley”化妆品的销售量相对于其他面向低收入消费群体的化妆品的销售量可能要小。但必须指出的是，认定知名商品要综合地、全面地衡量各种因素，销售量的大小、市场占有率的高低只是判断某一商品是否知名的参考因素，而不是决定因素，如果忽略其他因素单纯以某一商品的销售量较小、市场占有率较低，就断言其知名度低，不成为知名商品，那就失之偏颇，不符合实际。

希思黎公司先后在《北京青年报》网络版、《追求》、《时尚》、*JESSICA*、《世界时装之苑》、《中国时装》、《世界时装》等十余份国内杂志上刊登了宣传广告，这些时尚杂志是我国具有知名度的时装、化妆品等品牌的主要广告媒体，具有较大的影响力。希思黎公司不断地在这类杂志上刊登广告，客观上使其产品在市场上以及消费者心目中形成较高的知名度。

综合考虑上述因素，二审法院认为希思黎公司所提交的证据足以证明其“Sisley”商品在我国已经达到知名商品的程度，应认定为知名商品。同时，“Sisley”商品的包装装潢具有显著特征，属于其特有的包装装潢，应受到我国法律的保护。本案被控侵权产品为化妆品，与希思黎公司的“Sisley”商品属于同类产品。将被控侵权产品包装盒、包装瓶的装潢与希思黎公司“Sisley”商品包装的装潢相比对，两者除了商标“Sistains”、花样标记的图案、产地“GERMANY”、盾形皇冠图样不同之外，两种产品的包装装潢极为相似，即两者视觉上基本无差别。因此，被告在相同的商品上使用在视觉上基本无差别的商品包装装潢，足以使相关公众对商品的来源产生误认，即误认为两者均是希思黎公司生产，或者误认为被告与“Sisley”商品的经营者希思黎公司具有许可使用、关联企业关系等特定联系。因此，被告的行为符合《反不正当竞争法》第五条第（二）项规定的情形，构成不正当竞争，应立即停止生产、销售侵权产品，销毁侵权产品的包装和装潢，并赔偿希思黎公司相应的经济损失。由于希思黎公司未能提供证据证明其因被侵权所遭受的经济损失或者被告因侵权所获得的利益，因此，二审法院综合考虑希思黎公司“Sisley”商品的知名度、三被告侵权时间的长短、规模及其主观故意程度、希思黎公司为维权所支付的合理费用等因素，酌情判决三被告共同赔偿希思黎公司人民币10万元的经济损失。

据此，二审法院判决：撤销一审判决，三被告立即停止生产、销售侵犯希思黎公司特有包装装潢的产品，停止使用与希思黎公司本案诉争的特有包装装潢相同或相近似的包装装潢，销毁侵权产品的包装盒、包装瓶，并赔偿希思黎公司经济损失人民币10万元。

【评析】

一、关于知名商品的举证责任问题

本案争议的焦点在于希思黎公司的产品是否属于知名商品。知名商品的特有名称、包装和装潢一旦具有识别商品来源的意义，即构成商业标志。在这种标志不属于注册商标的情况下，他人擅自作相同或者近似使用，足以引起市场混淆的，就可以构成不正当竞争行为，受反不正当竞争法的调整。我国《反不正当竞争法》第五条第（二）项禁止“擅自使用知名商品特有的名称、包装、装潢，或者使用与知名商品近似的名称、包装、装潢，造成和他人的知名商品相混淆，使购买者误认为是该知名商品”的不正当竞争行为。因此，其保护对象限定在知名商品上，即一种商品只有达到知名的程度才对其名称、包装和装潢加以保护。但对于何谓知名商品，《反不正当竞争法》并未作出界定。实践中亦有两种不同的观点，一种观点主张推定知名，即只要商品特有的名称、包装和装潢被他人擅自使用，就推定其具有知名度。如国家工商行政管理局《关于禁止仿冒知名商品的特有名称、包装、装潢的不正当竞争行为的若干规定》中就规定：“商品的名称、包装、装潢被他人擅自作相同或者近似使用，足以造成购买者误认的，该商品即可认定为知名商品。”这意味着权利人不必负有证明其商品为知名商品的责任，而只需要证明存在仿冒其商品名称、包装和装潢的侵权行为即可反推出其商品为知名商品这一结论，显然，这一标准存在明显的逻辑错误。[1] 另一种意见主张举证证明，即知名商品既然是此类不正当竞争行为的

① 张敏．反不正当竞争案件审理中的若干问题分析．政法论丛，2005（3）

构成要件，按照“谁主张，谁举证”的原则，是否知名仍需要通过举证证明。[①] 为了统一人民法院的审判尺度，最高人民法院在总结审判实践经验的基础上制定了《关于审理不正当竞争民事案件应用法律若干问题的解释》（以下简称《解释》），其中第一条规定：“在中国境内具有一定的市场知名度，为相关公众所知悉的商品，应当认定为反不正当竞争法第五条第（二）项规定的‘知名商品’。”人民法院认定知名商品，应当综合考虑下列因素：（1）该商品的销售时间；（2）该商品的销售区域；（3）该商品的销售额；（4）该商品的销售对象；（5）进行广告宣传的持续时间、程度和地域范围；（6）作为知名商品受保护的情况，等等。同时《解释》还明确规定原告应当对其商品的市场知名度负举证责任。

二、本案争议的几个焦点问题

首先，在本案审理过程中，双方当事人对知名商品的知名地域存在争议。希思黎公司认为其产品在国际上享有较高的知名度，并提供了大量的证据支持其主张，被告则抗辩认为在国际上知名，并不等于在国内知名。我们认为，知识产权的一个显著特点在于地域性，即各国行政主管机关依照本国法律所授予的知识产权，或公民根据该国法律取得的知识产权，原则上只在该国领域内有效，只能在该国领域内受法律保护，在其他国家则不发生效力。除非负有国际公约或双边协议所约定的义务，知识产权不具有域外法律效力，其他国家亦不承担保护这类权利的义务。因此，希思黎公司的产品在外国享有较高的知名度，并不等于其在我国境内亦具有较高的知名度，希思黎公司产品的包装装潢要获得我国法律的保护，其必须提供证据证明其产品在我国境内具有较高的知名度。

在我国境内具有较高的知名度，是否意味着必须在全国范围内具有较高的知名度？这是我们在审理此案过程中遇到的又一个问题。一种观点认为，要达到我国反不正当竞争法规定的知名商品的程度，就必须在全国范围内具有知名度。由于希思黎公司只在全国的几个主要城市设有专柜进行销售，其市场影响力和辐射力很有限，因此，希思黎公司的产品远未达到在全国范围内知名的程度，不应受到我国反不正当竞争法的保护。另一种观点认为，对知名商品的知名范围不宜要求太高，只要该商品在全国一定的市场上具有知名度就可以予以法律保护。我们认为，只要该商品在我国境内特定的区域知名就可以达到知名的要求，无须全国知名。第一种观点设定的司法保护门槛过高，既不利于保护生产者、销售者的合法权益，也不利于制止那种恶意傍名牌、破坏正当市场竞争的行为，不利于保护消费者的利益。本案中，虽然希思黎公司的产品没有在我国全国范围内进行销售，但已经在我国经济发达的地区如直辖市、省会级大城市等的高档购物场所设置了13个销售专柜进行销售，已经在这些市场中具有一定的知名度，其特有的包装装潢应受到我国法律的保护。

其次，关于知名商品的知名对象问题，也是本案颇有争议的一个问题。一种观点认为，只有该商品在全国所有的市场内或者人群中达到知名的程度，其特有的名称、包装和装潢才能受到我国反不正当竞争法的保护，希思黎公司的产品价位较高，非中国普通工薪

---

① 蒋志培，孔祥俊，王永昌.《关于审理不正当竞争民事案件应用法律若干问题的解释》的理解与适用. 人民司法应用，2007（3）

阶层收入者所能消费，而且只在我国直辖市、省会级大城市的高档购物场所设有销售专柜，因此其知名度远未达到我国法律要求的程度。另一种观点认为，我国反不正当竞争法所要求的知名商品的知名度，只是在相关公众中的知名度，即根据商品的属性和特点，只要在相关的经营者或者消费者中具有一定的知名度就可以了，并不要求在所有的市场内或者人群中都达到知名的程度。本案中，希思黎公司的产品价位较高，其针对的消费群体大体上是高收入人群，而不是普通的工薪阶层，因此，其销售的场所自然就定位在较高档的层次上。正因为如此，希思黎公司到目前为止只在我国经济发达的地区如直辖市、省会级大城市等的高档购物场所设置销售专柜进行销售，其产品自然只被相关的经营者和消费者所知悉，不可能也没必要被所有的人群知悉。我们认为，第二种观点符合我国反不正当竞争法的立法本意，我们在本案中采纳了这种观点。

再次，关于销售额与市场占有率的问题。销售额和市场占有率是衡量一种商品是否属于知名商品的关键因素之一，但不是决定性因素。销售额大、市场占有率高，说明该商品在相关的经营者和消费者中的知名度较高，但销售额小、市场占有率低，并不等于该商品的知名度低。有些商品虽然产量少，但质量在同类商品中属于佼佼者或者属于稀缺资源，追求者众，尽管该商品销售量小、市场占有率低，但其在相关的经营者和消费者中仍具有较高的知名度，如劳斯莱斯汽车。因此，我们绝不能因为某一商品销售量小、市场占有率低，就不认可其属于知名商品。本案中，有一种观点认为，希思黎公司未能提供证据证明其产品的市场占有率即在同档次化妆品市场所占的排名和销售量的比例，希思黎公司代理商提供的年销售额并不能单独说明该产品的销售量，且销售量也无法单独反映该产品的市场占有率，而市场占有率是衡量一种商品是否属于知名商品的关键因素，因此，认定希思黎公司的产品在我国化妆品市场上具有一定的知名度实属牵强。另一种观点则认为，希思黎公司的化妆品价位较高，其针对的消费群体大体上是高收入人群，因此，其销售的场所自然就定位在较高档的层次上，这种情况使得希思黎公司的化妆品的销售量相对于其他面向低收入消费群体的化妆品的销售量可能要小。但必须指出的是，认定知名商品要综合地、全面地衡量各种因素，销售量的大小、市场占有率的高低只是判断某一商品是否知名的参考因素，而不是决定因素，如果忽略其他因素单纯以某一商品的销售量较小、市场占有率较低，就断言其知名度低，不成为知名商品，那就失之偏颇，不符合实际。我们认为第二种观点是建立在客观公正基础之上的，是符合本案实际情况的。

最后，关于广告宣传的问题。本案中，认定希思黎公司产品是否属于知名商品，还需要考虑广告宣传的持续时间、程度和地域范围等因素。原审法院认为，虽然希思黎公司先后在《北京青年报》网络版、《追求》、《时尚》、*JESSICA* 等十余份国内杂志上对其产品刊登了宣传广告，但无相关证据显示上述杂志的发行范围和发行量，而且对其广告投入，希思黎公司仅以其代理商的证明信为证，该证明信仅说明希思黎公司的广告年均投入额，缺少广告合同、广告费用的发票等证据与之相互印证，因此，希思黎公司举证不足，应承担相应的法律后果。二审法院则认为，上述时尚杂志是我国具有知名度的时装、化妆品等品牌的主要广告媒体，具有较大的影响力，希思黎公司不断地在这类杂志上刊登广告，客观上使其产品在市场上以及消费者心目中形成较高的知名度，一审法院要求希思黎公司提供上述杂志的发行范围和发行量，不恰当地加重了希思黎公司的举证责任，显然是不当的。

需要指出的是，法院认定某一商品是否属于知名商品，是一种动态的、事实的认定。在认定过程中，应当综合考虑该商品的销售时间、销售区域、销售额、销售对象、进行广告宣传的持续时间、程度和地域范围以及作为知名商品受保护的情况等因素，但并不是必须同时具备所有的因素才能认定为知名商品，在有些情况下，只要具备了其中一些因素，就可以认定为知名商品，应具体案件具体分析。

一审合议庭成员：于春辉　陈文全　孙　虹

二审合议庭成员：林广海　欧修平　邓燕辉

作者单位：广东省高级人民法院

知名商品特有名称权与商标权的冲突与保护

——四川江口醇酒业（集团）有限公司诉湛江开发区永超超市、诸葛酿酒公司和泸州千年酒业公司侵犯知名商品特有名称、包装和装潢权纠纷案

潘奇志

【问题提示】

未注册的商业标记是否能够受保护？如何保护？

【要点提示】

商业标记的保护，并不绝对以注册作为必要条件，主要取决于某一具体的商业标记自身的“独创性”和“显著性”的强弱。未注册的知名商品名称、包装、装潢与注册商标之间的权利冲突与保护，尽管现行法律、行政法规并无明确规定，但是首先应当考虑的标准是权利在先原则，以及诚实信用原则和公平竞争原则。

【案例索引】

一审：广东省湛江市中级人民法院［2004］湛中法民四初字第3号民事判决

二审：广东省高级人民法院［2006］粤高法民三终字第95号民事判决

【案情】

原告：四川江口醇酒业（集团）有限公司。

被告：湛江开发区永超超市、诸葛酿酒公司、泸州千年酒业公司。

湛江市中级人民法院经审理查明：1999年4月25日，四川江口醇酒业（集团）有限公司（以下简称江口醇酒业公司）与广东省顺德市大良镇华军宇贸易有限公司签订《产品开发协议书》，决定共同开发“诸葛酿”酒，并在所开发的白酒类产品上使用“诸葛酿”商品名称。1999年6月5日，江口醇酒业公司正式生产出“诸葛酿”酒，随后在广东等地市场上销售。1999年11月12日，泸州千年酒业有限公司（以下简称千年酒业公司）登记成立，并于2002年7月22日向国家商标局申请“诸葛酿”注册商标。2002年6月，武汉同和实业有限公司将其已经国家工商总局核准注册的第1494413号“诸葛亮”注册商标转让给千年酒业公司。

2002年10月28日，国家商标局核准第1494413号“诸葛亮”商标转让注册，千年酒业公司开始使用该商标。2003年6月15日，千年酒业公司与诸葛亮酒业公司签订商标使用许可合同，千年酒业公司许可诸葛亮酒业公司使用第1494413号“诸葛亮”商标。2003年8月1日，四川诸葛酿酒有限公司（以下简称诸葛酿酒公司）登记成立，正式生产“诸葛酿”酒。2003年10月31日，四川省工商行政管理局扣留、封存了诸葛酿酒公

司生产销售的“诸葛酿”酒。2003年11月20日，千年酒业公司与诸葛酿酒公司签订商标使用许可合同，千年酒业公司许可诸葛酿酒公司使用第1494413号“诸葛亮”商标。2004年1月28日，千年酒业公司申请的“诸葛亮”商标在2004年第4期（总第913期）初步审定公告，2004年4月，江口醇酒业公司对千年酒业公司的该商标申请提出了异议。2004年6月15日，国家商标局对千年酒业公司与诸葛酿酒公司签订的商标使用许可合同登记备案。2004年10月26日，国家商标局对千年酒业公司与诸葛亮酒业公司签订的商标使用许可合同登记备案。

江口醇酒业公司生产的诸葛酿系列产品1999年销售数量为52 686瓶，金额为人民币671 477元，到2003年销售数量增长到6 530 594瓶，金额为人民币142 786 198元。2002年江口醇酒业公司获中国商业联合会颁发的“中国商业名牌产品”；2003年，“仙乐诸葛”牌诸葛酿白酒被四川省人民政府授予“四川省名牌产品”称号；2003年又获国家工商总局颁发的“全国守合同重信用企业”等称号。2002年至2004年，江口醇酒业公司生产的诸葛酿酒主要在广东、四川、湖南等地销售，销售量较好，在我国南方地区具有一定的影响力和知名度。江口醇酒业公司所使用牛皮纸（宽盒）包装盒的第二代“仙乐诸葛”牌诸葛酿酒于2002年5月生产并投放市场，该包装盒一直使用至今。江口醇酒业公司所使用牛皮纸（窄盒）的第一代“仙乐诸葛”牌诸葛酿酒于2001年1月生产。江口醇酒业公司现用的“诸葛酿”酒的酒瓶于2002年4月1日申请外观设计专利，2003年1月1日被授权公告。

2004年11月5日，江口醇酒业公司向原审法院起诉，请求判令：诸葛酿酒公司和千年酒业公司停止生产及销售擅自使用江口醇酒业公司“诸葛酿”酒知名商品所特有的名称及近似的包装、装潢的商品的行为；湛江开发区永超超市（以下简称永超超市）、诸葛酿酒公司和千年酒业公司在《羊城晚报》、《南方都市报》上公开道歉。2004年9月27日，千年酒业公司、诸葛亮酒业公司、诸葛酿酒公司作为原告向长沙市中级人民法院（以下简称长沙中院）起诉被告江口醇酒业公司、周文、言德权商标侵权，为此，江口醇酒业公司于2005年1月25日向长沙中院提起反诉，长沙中院将该案件的本诉与反诉合并审理。2005年4月4日，江口醇酒业公司明确其反诉请求为：请求判令千年酒业公司、诸葛亮酒业公司和诸葛酿酒公司生产、销售“诸葛亮”酒的行为是侵犯江口醇酒业公司“诸葛酿”知名商品特有名称权的不正当竞争行为，应立即停止侵权行为、赔偿经济损失并公开道歉。

【审判】

广东省湛江市中级人民法院经审理认为：一、关于本案的受理是否违反一事不再理原则问题。因江口醇酒业公司在长沙中院的反诉是关于诸葛酿酒公司、千年酒业公司等生产、销售的“诸葛亮”酒侵犯江口醇酒业公司“诸葛酿”酒知名商品特有名称的不正当竞争行为，而本案江口醇酒业公司起诉的是三被告生产、销售“诸葛亮”酒侵犯江口醇酒业公司“诸葛酿”酒知名商品特有名称、包装、装潢行为，江口醇酒业公司在长沙中院的反诉与本案的诉讼标的不一样，故本案与长沙中院受理的案件是两个不同的诉讼。所以，本案的受理并不违反一事不再理的原则。二、关于本案是否属于涉及注册商标授权争议的注册商标专用权利冲突纠纷，应由有关行政主管机关申请处理，人民法院应不予受理的问题。诸葛酿酒公司、千年酒业公司根据最高人民法院《关于“涉及注册商标授权争议的注册商标专用权利冲突纠纷”的函复》，主张本案是涉及注册商标授权争议的注册商标专用权利冲突纠纷，应由有关行政主管机关申请处理，人民法院不予受理。庭审中，双方对各自产品的名称是“诸葛酿”都没异议。本案是关于商品名称、包装、装潢纠纷，而非注册商标专用权利冲突纠纷。因此，该函复不适用于本案，对诸葛酿酒公司、千年酒业公司的这一主张不予支持。三、关于诸葛酿酒公司、千年酒业公司、永超超市的行为是否属于仿冒知名商品特有的名称、包装、装潢的不正当竞争行为的问题。(1) 江口醇酒业公司的商品为知名商品。(2) 江口醇酒业公司的“诸葛酿”酒的名称、包装、装潢为其所特有并使用在先。(3) 本案所涉双方当事人的商品包装、装潢相近似，足以使消费者产生误认和混淆。综上，诸葛酿酒公司、千年酒业公司擅自使用与江口醇酒业公司产品相同的名称及相近似的包装、装潢，足以造成普通消费者混淆或误认，属于不正当竞争行为，应承担停止侵权、赔礼道歉、赔偿损失的民事责任。四、关于永超超市的责任问题。永超超市提供的证据，证明其不知道其所销售的“诸葛酿”酒是侵权产品，且能证明该商品的合法进货渠道并说明提供者，因此，永超超市不承担赔偿责任。据此，依照《中华人民共和国反不正当竞争法》第五条第二款、第二十条和《中华人民共和国合同法》第一百零七条、第一百二十五条的规定，该院判决：一、永超超市于本判决生效之日起立即停止销售擅自使用江口醇酒业公司“诸葛酿”酒知名商品所特有名称及近似包装、装潢的商品的行为；二、诸葛酿酒公司和千年酒业公司于本判决生效之日起立即停止生产及销售擅自使用江口醇酒业公司“诸葛酿”酒知名商品所特有的名称及近似的包装、装潢的商品的行为，并回收和清除在市场上流通的侵权产品；三、诸葛酿酒公司、千年酒业公司于本判决生效之日起十日内共同赔偿江口醇酒业公司经济损失 30 万元，并相互承担连带责任；四、诸葛酿酒公司、千年酒业公司、永超超市自判决生效之日起三十日内在《羊城晚报》、《南方都市报》上发表声明，消除因其侵权行为给江口醇酒业公司造成的不良影响（声明内容须经本院审核，逾期不履行，本院将在该报上公开本判决内容，费用由诸葛酿酒公司、千年酒业公司负担）；五、对江口醇酒业公司的其他诉讼请求不予支持。

上述一审判决宣判后，被告诸葛酿酒公司、千年酒业公司以一审判决认定事实和适用法律均存在错误、本案程序违犯“一事不再理”的原则为由，向二审法院提起上诉。

广东省高级人民法院确认一审法院查明的事实。

广东省高级人民法院经审理认为：一、关于本案程序上是否违反一事不再理原则的问题。本案属仿冒知名商品名称、包装、装潢纠纷；而长沙中院审理的原告千年酒业公司、诸葛亮酒业公司及诸葛酿酒公司诉江口醇酒业公司、周文、言德权商标侵权纠纷案件，其本诉与反诉均属于商标侵权纠纷，故长沙中院予以合并审理。长沙中院受理的上述商标侵权纠纷案，与本案的案件性质和案由不同，诉讼标的也不同。长沙中院受理的是“诸葛亮”酒诉“诸葛酿”酒的商标侵权纠纷，而本案是两个商品名称为“诸葛酿”酒的商品名称、包装、装潢之间的纠纷，故本案与长沙中院受理的商标侵权案件是两个不同的诉讼，不属于以同一事实、理由的重复诉讼。本案在程序上并不违反一事不再理的诉讼原则。二、关于诸葛酿酒公司、千年酒业公司是否构成仿冒知名商品特有的名称、包装、装潢的不正当竞争行为问题。(1) 江口醇酒业公司的“诸葛酿”酒应为知名商品。依据国家工商行政管理局颁布的《关于禁止仿冒知名商品特有的名称、包装、装潢的不正当竞争行为的若干规定》第三条的规定，在实践中对知名商品的判断，可以通过综合考察商品的销售地区、数量、时间、产品质量、售后服务及广告宣传、获奖情况等原因予以分析认定。江口醇酒业公司生产的“诸葛酿”酒自1999年进入市场以来，得到了国家相关部门和消费者的认可，获得了诸多荣誉称号，在我国南方地区具有一定的影响力和知名度，是相关公众所知悉的产品。根据江口醇酒业公司“诸葛酿”酒在市场上的知名度、上述获奖情况和逐年递增的销售数量，应认定其为知名商品。（2）江口醇酒业公司的“诸葛酿”酒的名称、包装、装潢为其所特有。被仿冒的商品名称、包装、装潢必须为知名商品所特有，一是看该商品名称、包装和装潢是否具有显著区别性特征，即是否具有特殊性和独创性。二是在时间上，必然是权利人对特有的商品名称、包装和装潢使用在先，仿冒者必然使用在后。结合本案的实际案情，诸葛酿酒公司、千年酒业公司上诉认为江口醇酒业公司产品的包装、装潢，并非为其所特有的理由不能成立。（3）本案所涉两种产品的商品名称、包装和装潢相近似。诸葛酿酒公司、千年酒业公司对知名商品特有的名称、包装和装潢擅自作相同或者近似使用，足以使消费者产生误认和混淆。从比对中还可以看出，诸葛酿酒公司、千年酒业公司在其产品的包装盒和酒瓶上均突出使用了与江口醇酒业公司产品名称最具显著特征的“诸葛酿”相近似的三个字，虽然诸葛酿酒公司、千年酒业公司的产品上标有“优雅”和“诸葛亮”的商标，但其“优雅”商标与包装盒的底色相同，“诸葛亮”商标则放置在包装盒侧面屋顶形的阴影处，不易被消费者注意，非仔细辨认是无法发现这两个商标标志的。故可以认定诸葛酿酒公司、千年酒业公司产品与江口醇酒业公司产品的商品名称相同，二者的包装、装潢相近似，一般购买者和消费者施以普通注意力并不容易分辨，很容易发生误认，足以造成消费者的混淆。三、本案涉及商业标识的保护问题，即知名商品名称与注册商标的冲突与保护问题。可认定诸葛酿酒公司、千年酒业公司主观上存有过错，存在着搭江口醇酒业公司“诸葛酿”酒便车的行为。由此判决驳回上诉，维持原判。

【评析】

知名商品名称和注册商标作为商业标记的两种形式，在我国现行法律体制下都受到保护，但它们的形成方式各不相同。知名商品名称是依据商品的知名度由使用而产生的，注册商标是由国家统一主管机关依申请而核准产生的。而且，知名商品名称和注册商标保护所依据的法律也不同，分别是反不正当竞争法和商标法。这就导致了知名商品名称与注册商标之间权利冲突的事件屡有发生，如何化解这种冲突，对相关权利人进行合法有效的保护，是现今知识产权理论和知识产权审判实践中遇到的疑难问题和热点问题，值得我们进行深入的思考、总结和研究。

（1）商业标记的保护，并不是绝对都以注册作为必要条件。也就是说并不是只有注册了的商业标记才有知识产权，才受法律保护。一般情况下，对于注册商标可能保护得更加完善一些，保护的权利更多些，但对于未注册的商标并不是没有保护。对商业标记的保护，并没有绝对的强弱之分，所谓商业标记保护的强弱之分，主要取决于某一具体的商业标记自身的“独创性”和“显著性”的强弱。显著性强，保护范围就会大一些，反之，显著性弱，保护范围就会小一些。“诸葛亮”作为一个历史名人，其独创性与显著性显然逊于“诸葛酿”，而“诸葛酿”作为江口醇酒业公司独创、开发、生产并宣传推广的商品名称，毫无疑问是一个新创专用名称，具有非常高的显著性。从这个角度来讲，江口醇酒业公司“诸葛酿”知名商品特有名称权比“诸葛亮”的商标权要强，所受到保护的范围也更广泛一些。

（2）关于知名商品名称权与注册商标权的冲突及保护问题。我国现行法律、行政法规对此并无明确规定。由于法律本身在规定权利的时候不是很明确，造成了具体案件当中对权利纠纷的解决有一定的难度。我们认为，处理知名商品名称和注册商标之间的权利冲突，应当注意主要掌握这样几方面的原则：保护在先权利原则、诚实信用原则和公平竞争原则。该案首先应当考虑的一个重要标准是：保护在先权利原则。这也是处理权利冲突的一项基本原则，它是指在后权利的设立与行使不得侵犯或妨碍他人在先已经存在并受法律保护的在先权利。该原则要求我们尊重在先的权利，谁拥有在先权，就可以在原来的领域内继续使用，它不会因为继续使用给消费者造成混淆，即便造成混淆，也不是因为继续使用造成的。具体到本案件，即看商品名称使用在先，还是商标权注册取得在先，江口醇酒业公司于1999年6月就开始使用“诸葛酿”作为所开发产品的商品名称，在该“诸葛酿”商品名称形成一定知名度和影响力之后，2003年8月1日诸葛酿酒公司才正式生产“诸葛酿”酒，本案显然是知名商品的名称使用在先，故应当保护在先使用者的权利。

除了知名商品名称和注册商标权利冲突外，当前权利冲突表现形式多样，而且新的形式不断出现。我们应当积极研究和探索有效的权利冲突解决机制和民事救济方式。在人民法院受理的知识产权纠纷案件或者其他民事纠纷案件中，凡涉及权利冲突的，先由当事人按照有关知识产权的撤销或者无效程序，请求有关授权部门先解决权利冲突问题后，再处理知识产权的侵权纠纷或者其他民事纠纷案件。经过撤销或者无效程序未能解决权利冲突的，或者自当事人请求之日起3个月内有关授权部门未作出处理结果又无正当理由的，人民法院应当按照民法通则规定的诚实信用原则和保护公民、法人的合法民事权益原则，依法保护在先授予的权利人或者在先使用人享有继续使用的合法的民事权益。此外，根据利益均衡原则，在尊重权利独立性的前提下，兼顾和平衡各方利益，合理分配社会公平和正义，既考虑到双方当事人已经实际取得了权利的状况，也考虑到市场的实际影响，可否通过对在后权利增加附加性标识和显著性区分内容的办法，允许双方在各自原有的领域、范围内继续生产和销售，以区分两种商品和商品来源，作为解决权利冲突、实现双赢的尝试，以期实现社会资源的最有效利用，实现法律所欲追求的维持社会秩序和促进社会发展的最终价值目标。

（3）关于知名商品特有的名称、包装和装潢的保护，基本的考虑是权利人只享有有限的排他权利，即享有禁止他人违反诚实信用和公认的商业道德，恶意模仿进行不正当竞争行为的权利，如果他人的使用属于善意使用，没有违反诚实信用和公认的商业道德，使用人就不应受到反不正当竞争法的追究。

如何区分恶意模仿行为和善意使用行为，重要的是要看行为人在主观上是否存在着侵权的恶意和客观上是否存在着恶意侵权的行为，要看谁在积极追求把两个不同的商品和商品来源混淆起来，造成商品的区分度降低、相关消费者不易辨认的后果，从而破坏市场秩序，违反诚信原则和禁止混淆原则。实践中发生的权利冲突纠纷，双方当事人的经营或者服务范围大都相同或者相似，发生冲突的商业标识完全相同或主要突出部分相同，或相近似，使消费者误认，产生混淆，影响到一方或双方的竞争利益。本案中诸葛酿酒公司、千年酒业公司与江口醇酒业公司同属四川省，同属白酒酿造行业，作为与江口醇酒业公司同地区、同行业的诸葛酿酒公司、千年酒业公司，不可能不知道存在着“诸葛酿”酒这一商品名称，其使用诸葛酿商品名称的目的和结果是想和别人的知名商品发生混淆，搭别人的便车，给消费者造成误导，况且在本案中诸葛酿酒名称在“诸葛亮”注册商标前已经使用，并为消费者所熟知和认识，因此，“诸葛亮”商标权人生产的名称同为“诸葛酿”酒的产品投入市场后，即使会造成消费者的混淆和误认，也不是江口醇酒业公司造成的，所以其不应当承担造成混淆结果的责任；如果产生混淆情形，则也应是在后使用者承担责任。故可认定诸葛酿酒公司、千年酒业公司在主观上存有过错，存在着搭江口醇酒业公司“诸葛酿”酒便车的主观故意，从而也违反了诚实信用原则、公平竞争原则和禁止混淆原则。

一审合议庭成员：李叶华　陈振檠　冯维玉

二审合议庭成员：王　恒　欧丽华　潘奇志

作者单位：广东省高级人民法院

基于同一事实的确认不侵犯专利权诉讼与侵犯专利权诉讼的处理

——珠海英吉利公司诉彭少明确认不侵犯专利权纠纷案

潘奇志

【问题提示】

基于同一事实的确认不侵犯专利权诉讼与侵犯专利权诉讼应如何处理?

【要点提示】

存在着先用权的事实，据此可以在侵犯专利权诉讼中得出不视为侵犯专利权的结论，但是该事实并不构成确认不侵犯专利权诉讼的要件和情形。对于涉及同一事实的确认不侵犯专利权诉讼和专利侵权诉讼，确认不侵权诉讼在先提出侵权诉讼在后提出的，二者均属独立的诉讼。一方当事人提起的确认不侵犯专利权诉讼不因对方当事人另行提起专利侵权诉讼而被吸收。为了避免就同一事实的案件为不同法院重复审判，人民法院应当依法移送管辖合并审理。而在先提出侵犯专利权诉讼的，也即基于相同事实的同一法律关系问题已经由人民法院处理过或者正在处理中，当事人又依据确认不侵权诉讼的情形提出诉讼请求的，人民法院应不予受理。

【案例索引】

一审：广东省珠海市中级人民法院［2006］珠中法民三初字第9号民事判决

二审：广东省高级人民法院［2007］粤高法民三终字第260号民事判决

【案情】

原告：珠海英吉利公司。

被告：彭少明。

2003年3月28日，中国香港公民、珠海宏利药业有限公司的法定代表人彭少明向中国国家知识产权局提出一种活络油的发明专利申请。2005年7月6日，国家知识产权局对彭少明申请的活络油授予专利权，该专利号为ZL03119192.4。活络油发明专利权利要求书记载：（1）一种能舒筋活络、祛风散瘀的药物制剂，其特征在于它是用以下原料按照下述配方制成的药物制剂：松节油150～200ml；桉叶油100～200ml；薄荷脑150～250g；水杨酸甲酯250～400ml；丁香油50～100ml；樟脑40～60g；肉桂香10～25ml；麝香草酚10～25g；以上八味，取薄荷脑、樟脑、麝香药酚，溶入配方各药油中混匀、滤过制成1 000ml，分装即得。（2）根据权利要求（1）所述的药物制剂，其中各原料的最佳配方是：松节油 180ml；桉叶油 150ml；薄荷脑 200g；水杨酸甲酯 300ml；丁香油 80ml；樟脑 50g；肉桂香 20ml；麝香草酚 20g。

香港英吉利公司的狮马龙活络油产品于 1993 年、1996 年、2000 年和 2003 年，均在国家药品监督管理机构进行了进口药品注册登记。根据狮马龙活络油质量标准（进口药品注册标准 JZ19990013）的记载，狮马龙活络油的处方是：松节油 18%；桉油 15%；丁香油 8%；薄荷脑 20%；肉桂油 2%；麝香草酚 2%；水杨酸甲酯 30%。制法是：依次称取薄荷脑、樟脑、麝香草酚，溶解于以上各药油中，混匀，滤过即得。上述配方亦被记载于狮马龙活络油的外包装上。英吉利制药（珠海西区）有限公司（以下简称珠海英吉利公司）成立于 1992 年 2 月，在 2001 年、2002 年期间以进料对口的加工方式为香港英吉利公司生产活络油。

2006 年 4 月 20 日，珠海英吉利公司向珠海市中级人民法院（以下简称珠海中院）提起诉讼，请求判令：一、依法宣告“狮马龙”活络油属于自由公知技术，不侵犯专利 ZL03119192. 4 专利权；二、责令彭少明不得将［2005］珠中法民三初字第 48 号裁定书以及任何有关“狮马龙”活络油财产保全资料、照片等信息用于财产保全之外的任何其他目的，并交还全部的有关该财产保全的资料、照片以及照片底片及其复制品；三、责令彭少明赔偿因其错误财产保全和商业干扰侵权行为导致的珠海英吉利公司经济损失人民币 55 万元；四、责令彭少明支付本案诉讼费，并责令彭少明支付珠海英吉利公司用于诉讼的合理开支；五、责令彭少明在全国性媒体上就其商业干扰侵权行为公开道歉，以消除影响。而彭少明在本案一审答辩期间，曾向珠海中院提出反诉，请求法院判令：一、确认反诉被告珠海英吉利公司侵犯反诉原告彭少明专利权；二、反诉被告珠海英吉利公司立即停止侵权、收回并销毁所有侵权产品；三、反诉被告珠海英吉利公司在全国性新闻媒体上公开赔礼道歉，消除影响；四、承担原告彭少明支出的调查取证费和律师费等合理诉讼支出 10 000 元。

二审期间，再查明以下事实：2005 年 8 月 10 日，彭少明作为原告向原审法院起诉被告珠海英吉利公司，认为珠海英吉利公司生产的“狮马龙”活络油产品侵犯了其所合法拥有的、专利号为 ZL03119192. 4 的活络油发明专利权（该发明专利与本案所涉发明专利为同一专利）。2005 年 9 月 1 日，原审法院立案受理了该案。在该案中，原告彭少明的诉讼请求为：一、珠海英吉利公司立即停止侵害彭少明 ZL03119192. 4 号专利的行为；二、珠海英吉利公司赔偿彭少明经济损失 50 万元；三、珠海英吉利公司承担案件诉讼费用。2006 年 5 月 29 日，珠海中院经审理后作出了［2005］珠中法民三初字第 48 号民事判决，以主张权利的原告方彭少明举证不足，现有证据无法证明珠海英吉利公司生产的活络油产品的技术特征全面覆盖了其专利权利要求的全部技术特征、原告彭少明的诉求缺乏证据支持为由，判决驳回了原告彭少明的诉讼请求。该判决已经生效。

【审判】

珠海市中级人民法院经审理认为：一、彭少明提出的反诉请求与该院审理的［2005］珠中法民三初字第 48 号案中彭少明提出的诉讼请求相同，而该案的判决已经生效，依照《民事诉讼法》第一百一十一条第（五）项的规定，原审法院对彭少明提出的反诉不予受理。二、双方对彭少明申请活络油产品发明专利并获授权的事实均无异议，确认彭少明系

ZL03119192.4 号发明专利的专利权人。三、将该发明专利的权利要求与狮马龙活络油的质量标准进行比对，两者药物成分完全相同且后者的药物比例也包括在前者的保护范围中，据此，认定狮马龙活络油属于与活络油发明专利相同的产品。四、根据珠海英吉利公司提供的两张出口商品发票的记载，该公司在 2001 年、2002 年间就以进料对口的加工方式为香港英吉利公司生产活络油，这个时间早于彭少明申请专利的时间（2003 年 3 月 28 日）。依照《专利法》第六十三条第（二）款的规定，在专利申请日前已经制造相同产品、并且仅在原有范围内继续制造的，不视为侵犯专利权。五、关于珠海英吉利公司要求彭少明赔偿因［2005］珠中法民三初字第 48 号案财产保全所受到的财产损失的诉讼请求，属于财产损害赔偿纠纷，不属于本案的审理范围，珠海英吉利公司可另行起诉。六、珠海英吉利公司要求责令彭少明不得将［2005］珠中法民三初字第 48 号民事裁定书和其他财产保全资料用于财产保全之外的任何其他目的，并交还该财产保全的资料和要求彭少明就商业干扰侵权行为公开道歉、消除影响并赔偿损失等请求属于法人人身权纠纷，不属于本案审理范围，珠海英吉利公司可另行起诉。七、珠海英吉利公司要求彭少明承担其用于诉讼的合理开支，但对于合理开支部分没有提供任何证据，对此诉讼请求不予支持。综上，珠海中院判决：确认珠海英吉利公司生产狮马龙活络油不侵犯彭少明活络油发明专利权（专利号为 ZL03119192.4）；驳回珠海英吉利公司的其他诉讼请求。

彭少明不服一审判决，向二审法院提起上诉。

广东省高级人民法院审理认为：本案属请求确认不侵犯专利权纠纷案件。本案事实表明，原审法院于 2006 年 5 月 29 日作出的［2005］珠中法民三初字第 48 号民事判决，驳回了原告彭少明提出的诉讼请求，该案件系彭少明作为原告起诉被告珠海英吉利公司侵犯其 ZL03119192.4 号发明专利权纠纷。从时间上看，该案件起诉与受理在先，本案在后；从诉讼请求内容上看，该案原告彭少明的诉讼请求为珠海英吉利公司立即停止侵害彭少明 ZL03119192.4 号专利权，而本案珠海英吉利公司的起诉请求也是针对彭少明的同一 ZL03119192.4 号发明专利，请求人民法院确认其“狮马龙”活络油产品不侵犯彭少明上述 ZL03119192.4 号专利权。可见，原审法院［2005］珠中法民三初字第 48 号侵犯专利权诉讼案件与本案是针对同一发明专利、同一被控侵权产品而进行的两个诉讼，即基于相同的事实和理由进行的两个诉讼。依据《中华人民共和国民事诉讼法》第一百零八条第（四）项“起诉应当符合下列条件：……（四）属于人民法院受理民事诉讼的范围”的规定，本案与原审法院［2005］珠中法民三初字第 48 号侵权诉讼案，系相同的涉案当事人围绕着是否侵犯彭少明 ZL03119192.4 号专利权这一相同的法律关系而提出的，而基于相同事实的同一法律关系问题已经由人民法院在先受理，当事人又另案提出诉讼请求的，违反了民事诉讼“一事不再理”的基本原则，人民法院应不予受理。故对珠海英吉利公司在本案中的起诉请求，应当裁定予以驳回。至于彭少明提出的反诉请求，经审查，与原审法院审理的［2005］珠中法民三初字第 48 号侵权诉讼案中彭少明提出的诉讼请求相同，亦属于违反了民事诉讼“一事不再理”的基本原则而不应当受理的情形。故对彭少明提出的该反诉请求在本案中也应不予受理。本案查明的事实同时表明，既不存在珠海英吉利公司请求彭少明确认其不侵权并以合理的方式提供了确认所需要的技术资料和信息，而专利权人彭少明在合理期限内未作答复或者拒绝的情况；也不存在专利权人彭少明向珠海英吉利公司发出侵犯专利权警告的事实和情形，故本案也不符合“确认不侵权诉讼”

的构成特征和起诉条件。由此可见，原审判决认定事实与适用法律均有错误，应予改判。依据《中华人民共和国民事诉讼法》第一百零八条第（四）项、第一百四十条第（三）项、第一百五十三条第一款第（二）项、第一百五十八条的规定，由此判决：撤销原审判决，驳回原审原告珠海英吉利公司的起诉。

【评析】

一、关于确认不侵犯专利权诉讼的构成要件及法律适用

近年来，在审判实践中，当事人请求确认不侵犯知识产权诉讼纠纷有日益增长的趋势。最高人民法院颁布并于2008年4月1日起开始实施的《民事案件案由规定》，确定了确认不侵权诉讼纠纷案由，并在其中列举了请求确认不侵犯专利权纠纷、请求确认不侵犯商标权纠纷、请求确认不侵犯著作权纠纷，但是并未包括请求确认不侵犯商业秘密纠纷，对于当事人提出的请求确认不侵犯商业秘密纠纷是否应当受理，在司法实践中仍然存在着争议。

所谓确认不侵犯专利权诉讼，依据最高人民法院2003年10月27日《关于审理专利侵权纠纷案件若干问题的规定（会议讨论稿）》第六十二条第一款、第二款的规定精神，一般情况下存在两种情形：一是正在或者准备制造某种产品或者使用某种方法的人，请求专利权人确认其行为不构成或者不会构成专利侵权，并且以合理的方式提供了确认所需要的技术资料和信息，但是专利权人在合理期限内未作答复或者拒绝确认不侵犯其专利权的，可以向人民法院起诉，请求确认其行为并不构成或者不会构成对专利权的侵犯；二是专利权人或者利害关系人向他人发出侵犯专利权警告的，被警告人可以向人民法院起诉，请求确认不侵犯专利权。在这种情形下，专利权人或者其利害关系人的警告行为侵犯被警告人的其他权利的，被警告人可以一并向人民法院请求判令警告人停止侵害、赔偿损失、消除影响、赔礼道歉。

上述最高人民法院《关于审理专利侵权纠纷案件若干问题的规定》，虽然是会议讨论稿，尚未正式颁布并实施，但是从该讨论稿的规定来看，确认不侵犯专利权诉讼，一般存在着两种情形，这两种情形应当是法定情形，只有符合上述规定阐述的两种情形，才能够确认构成了不侵犯专利权诉讼的要件，其提起的诉讼请求也才能够得到支持。结合本案查明的事实来看，本案中，并不存在生产、制造和销售“狮马龙”活络油产品的珠海英吉利公司请求专利权人彭少明确认其行为，不构成或者不会构成专利侵权，并且以合理的方式提供了确认所需要的技术资料和信息，而专利权人彭少明在合理期限内未作答复或者拒绝确认珠海英吉利公司不侵犯其专利权的情况；亦不存在专利权人彭少明或者其利害关系人向珠海英吉利公司发出侵犯专利权警告的事实和情形，故本案的事实和证据并不符合“确认不侵犯专利权诉讼”的构成要件和主要特征。故本案在处理上，如果抛开是否违反“一事不再理”的诉讼原则和原审法院是否应当受理这一程序问题，应当驳回权利人即原审原告珠海英吉利公司的诉讼请求。而原告珠海英吉利公司在原审诉讼中，提出不侵权诉讼的理由和依据是专利技术属于自由公知技术和本案存在着先用权问题。对于是否属于现有技术，是有关行政机关和管理专利工作的部门依职权进行行政确权的过程和范畴，并非人民法院审理的范围。而原审判决以珠海英吉利公司存在着事实上的先用权为由，依据

《中华人民共和国专利法》第六十三条第（二）款的规定，认定珠海英吉利公司“在专利申请日前已经制造相同产品，并且仅在原有范围内继续制造，不视为侵犯了彭少明的专利权”，从而确认不侵权的结论成立。一审法院的上述认定与上述最高人民法院讨论意见稿的认定构成要件的精神和情形不符。在侵犯专利权纠纷案件中，具备了《中华人民共和国专利法》第六十三条第（二）款规定的不视为侵犯专利权的要件，可以得出不侵犯专利权的结论，而在确认不侵犯专利权纠纷案件中，上述“因先用权存在而不视为侵犯专利权”的行为，并不构成确认不侵犯专利权诉讼的情形。

二、如何正确理解和处理确认不侵犯专利权诉讼与侵犯专利权诉讼之间的关系问题

对涉及相同事实的确认不侵犯专利权诉讼与侵犯专利权诉讼案件，如何正确理解和处理二者之间的关系问题，按照当事人主张权利的先后，存在着两种不同的情况。一种是一方当事人在先提起了确认不侵犯专利权的诉讼，后对方当事人又针对相同的事实提起了侵犯专利权诉讼。对于这种情况的认定和处理，最高人民法院在［2004］民三他字第4号最高人民法院《关于本田技研工业株式会社与石家庄双环汽车股份有限公司、北京旭阳恒兴经贸有限公司专利纠纷案件指定管辖的通知》第一条中有明确的意见：涉及同一事实的确认不侵犯专利权诉讼和专利侵权诉讼，是当事人双方依照民事诉讼法为保护自己的利益在纠纷发生过程中的不同阶段分别提起的诉讼，均属独立的诉讼，一方当事人提起的确认不侵犯专利权诉讼不因对方当事人另行提起专利侵权诉讼而被吸收，但为了避免就同一事实的案件为不同法院重复审判，人民法院应当依法移送管辖合并审理。另一种情况是一方当事人即专利权人先提起了侵犯专利权的诉讼，后对方当事人又针对相同的事实提起了确认不侵权诉讼。对于这种情况，依据上述最高人民法院2003年10月27日《关于审理专利侵权纠纷案件若干问题的规定（会议讨论稿）》第六十二条第四款的规定精神，基于相同事实的同一法律关系问题已经由人民法院或者管理专利工作的部门处理过或者正在处理中，当事人又依据本条第一款和第二款的规定提出诉讼请求的，人民法院不予受理。

出现第一种情况时，确认不侵犯专利权诉讼属于侵权类纠纷，与侵权诉讼均属独立的诉讼，为了遵循节约司法资源原则，方便诉讼，避免就同一事实的案件为不同法院重复审判，甚至出现审理结果相互矛盾的情况，人民法院应当依法移送管辖合并审理。依据《中华人民共和国民事诉讼法》第三十七条和最高人民法院《关于在经济审判工作中严格执行〈中华人民共和国民事诉讼法〉的若干规定》第二条的规定，由产生争议的管辖权法院之间协商解决或者由上级人民法院指定管辖。与上述处理意见和处理结果相适应，在提起确认不侵权之诉而未另行提出专利侵权之诉的情形下，专利权人或者利害关系人可以在确认不侵权之诉中提出反诉，请求确认本诉原告已经构成专利侵权并承担责任，由人民法院将本诉与反诉在一案中合并审理和判决。而出现第二种情况时，基于相同事实的同一法律关系问题已经由人民法院或者管理专利工作的部门处理过或者正在处理中，当事人又依据确认不侵权的事实和情形提出诉讼请求的，人民法院不予受理；已经受理的，应当驳回当事人的起诉请求。这里的“同一法律关系问题”应当是指基于同一事实的侵犯专利权诉讼，而不予受理的依据是“一事不再理”的基本诉讼原则。比较起来，两种情况在处理结果上分别是两个案件合并审理和在后案件不予受理，但结论根本上是相同的，即只能是一个案件，也只能由一个人民法院对这一个案件进行审理和判决。下面结合本案，进

行一些说明和探讨。

所谓诉讼中的“一事不再理”基本原则，是指同一机关不得两次或者两次以上受理同一当事人就同一法律关系所作的同一请求。本案事实表明，原审法院于2005年9月1日受理的、于2006年5月29日作出的［2005］珠中法民三初字第48号民事判决，驳回了原告彭少明提出的被告珠海英吉利公司侵犯其ZL03119192.4号发明专利权的诉讼请求，从时间上看，该案件起诉与受理在先，本案在后；从诉讼请求内容上看，该案原告彭少明的诉讼请求为珠海英吉利公司立即停止侵害彭少明ZL03119192.4号专利权，而本案珠海英吉利公司的起诉请求也是针对彭少明的同一ZL03119192.4号发明专利，请求人民法院确认其“狮马龙”活络油产品不侵犯彭少明上述ZL03119192.4号专利权，而上述侵权纠纷的诉讼请求与确认不侵权纠纷的诉讼请求，是珠海英吉利公司是否侵犯彭少明ZL03119192.4号专利权这一核心问题的两个方面而已。由上可见，原审法院［2005］珠中法民三初字第48号侵犯专利权诉讼案件，与本案是针对同一发明专利、同一被控侵权产品，即基于相同的事实和理由进行的两个诉讼，也是相同的涉案当事人围绕着是否侵犯彭少明ZL03119192号发明专利权这一相同的法律关系问题而提出相同诉讼请求的两个诉讼。确认不侵犯专利权诉讼和侵犯专利权诉讼均属侵权类纠纷，就本案而言，基于相同事实的同一法律关系问题已经由人民法院在先受理并判决生效，而当事人又另案基于相同的法律事实、相同的法律关系而提出相同的诉讼请求，违反了民事诉讼“一事不再理”的基本原则，人民法院应不予受理。但是由于原审法院在先受理了［2005］珠中法民三初字第48号侵犯专利权案件，后又受理了本案，而且本案判决后当事人不服上诉至二审法院，故二审法院认为对于原审法院本不应当受理的案件，应依法驳回原告的起诉请求，即对珠海英吉利公司在本案中的起诉请求，裁定予以驳回。

一审合议庭成员：占　洁　孙永红　宋义明
二审合议庭成员：欧修平　高　静　潘奇志
作者单位：广东省高级人民法院

在专利侵权诉讼中如何解释权利要求

——叶冠东诉阳江虹阳食品工业有限公司侵犯专利权案

林广海　邱永清

【问题提示】

在侵犯专利权纠纷中，当专利权利要求中出现笔误时，对该权利要求应如何解释？

【要点提示】

发明和实用新型专利权的保护范围应当以其权利要求书的内容为准，说明书及附图可以用于解释权利要求。权利要求书等有关表述有歧义，不能直接得出具体、确定、唯一的解释的，应当依据所属领域的技术人员通过阅读权利要求书和说明书及附图，对实现要保护的技术方案得出具体、确定、唯一的解释。

【案例索引】

一审：广东省广州市中级人民法院［2003］穗中法民三初字第6号民事判决

二审：广东省高级人民法院［2004］粤高法民三终字第158号民事判决

【案情】

被上诉人（原审原告）叶冠东于2001年11月15日，向国家知识产权局申请了“洗涤抽胶处理桶”的实用新型专利。国家知识产权局于2002年5月22日公告授予了该专利权，专利号为ZL01266086.8。该实用新型专利权利要求书记载独立权利要求为：一、一种洗涤抽胶处理桶，其特征在于：一桶体，其顶端设有可启闭的桶盖，底端设有一可启闭的排放口，底部相对排放口上方设一可启闭的胶质出口，中段偏下位置处设原料抽出口，靠近顶部处设原料导入口；二、至少一洒水管，装设于桶体内部的上方位置，其上设有洒水孔；三、一滤网，装设于桶体内部，相对胶质出口下方处；四、至少一蒸气导管，装设于桶体下方；五、一搅拌构件，装设于桶体内部相对滤网上方；六、一驱动构件，装设于桶体顶部且连接搅拌构件。

上诉人（原审被告）阳江虹阳食品工业有限公司（以下简称虹阳公司）生产、使用的被控侵权产品“抽胶处理桶”，有一个技术特征“一滤网，相对于胶质出口的上方处”与涉案专利权利要求书表述的必要技术特征之一“一滤网，装设于桶体内部，相对胶质出口下方处”不同，其他特征相同。

【审判】

广州市中级人民法院认为：叶冠东是“洗涤抽胶处理桶”实用新型专利权人，其享有的专利权应受法律保护。将被控侵权产品与涉案专利相比较，被控侵权产品包含了本案专利的必要技术特征，落入本案专利的保护范围。虹阳公司未经专利权人许可，为生产经营的目的制造、使用被控侵权产品，构成侵权。遂判决虹阳公司立即停止侵权并销毁该侵权设备。

一审判决后，虹阳公司提起上诉，称被控侵权产品的技术特征与涉案专利权利要求保护范围的必要技术特征相比，被控侵权产品的一滤网设于胶质出口的上方，而专利的一滤网则设于胶质出口的下方，两者有本质区别，上诉人没有侵犯叶冠东的专利权。

叶冠东答辩称，专利权利要求书中“一滤网，相对胶质出口下方”是表述上的笔误，错将“上方”表述成“下方”，不妨碍侵权的成立。

广东省高级人民法院认为：叶冠东是本案“洗涤抽胶处理桶”专利权人，目前，专利处于合法有效状态，其享有的该专利权应依法受到保护。将被控侵权产品的技术特征与专利权利要求的必要技术特征对比，两者的区别仅在于被控产品的技术特征中的“一滤网，相对胶质出口的上方处”，而专利权利要求的必要技术特征中的“一滤网，装设于桶体内部，相对胶质出口下方处”。对此，叶冠东称该表述“一滤网，装设于桶体内部，相对胶质出口下方处”以及其他几处表述均属笔误，是错将“上方”表述成“下方”。虹阳公司则认为不属于笔误，被控侵权产品与本案专利具有实质性的不同。法院认为，根据《中华人民共和国专利法》第五十六条第一款的规定，发明或者实用新型专利权的保护范围以其权利要求书的内容为准，说明书及附图可以用于解释权利要求。对于权利要求记载的技术特征，应当首先以说明书及附图为依据进行解释。权利要求书等有关表述有歧义，不能直接得出具体、确定、唯一的解释的，应当依据所属领域的技术人员通过阅读权利要求书和说明书及附图，对实现要求保护的技术方案得出具体、确定、唯一的解释，以达到确定该专利保护范围的目的。本案所涉及技术方案中的滤网位置，所属领域技术人员通过阅读权利要求书和说明书及附图后综合判断，应当可以得出滤网只能在桶体底部胶质出口之上的理解。因此，应当确认“一滤网，装设于桶体内部，相对胶质出口上方处”是本案专利的必要技术特征。该专利权利要求书中将“上方”写为“下方”，属明显的笔误。因被控侵权产品的技术特征包含了本案专利的全部必要技术特征，因此，虹阳公司所使用的被控侵权产品落入了本案专利的保护范围，侵犯了叶冠东依法享有的专利权，应当承担相应的法律责任。遂驳回上诉，维持原判。

【评析】

在侵犯专利权诉讼中如何正确解释权利要求是本案的争议焦点。我国《专利法》第五十六条第一款规定：发明或者实用新型专利权的保护范围以其权利要求书的内容为准，说明书及附图可以用于解释权利要求。本案中对于滤网位置的表述，权利要求书与说明书及附图不一致，应如何根据《专利法》的规定来解释权利要求，确定专利的保护范围呢？对此问题有两种不同的意见。

第一种意见认为：《专利法》第五十六条第一款规定说明书及附图可以用于解释权利

要求。叶冠东专利的附图和被控侵权产品实物均显示滤网设置于胶质出口上方，根据该产品的实际情况，滤网只有位于上方才能发挥阻隔杂物的功能，装设在下方不可能起到上述过滤、阻隔杂物的作用。虹阳公司被控侵权产品滤网位置与叶冠东专利附图表述的滤网位置相同，虹阳公司实际上已构成侵权。法院作为司法机关不能以明显不符合实际情况、机械片面地理解“专利权利保护范围以权利要求书为准”对本案进行处理。应当从实事求是和公平合理角度出发，认定构成侵权。

第二种意见认为：《专利法》第五十六条明确规定，实用新型专利权的保护范围以其权利要求书的内容为准。当权利要求书与附图记载内容不一致时，应以权利要求书为准，说明书及附图可以“解释”但不可以“纠正”权利要求书记载的内容。本案叶冠东专利的权利要求书表述滤网设置于胶质出口下方，被控侵权产品滤网设置于上方，二者的必要技术特征（即滤网位置）存在实质性差别，虹阳公司不构成侵权。叶冠东专利出现权利要求书与附图记载内容不一致，是当事人自己的行为所致。并已给时间和机会让叶冠东向国家知识产权局申请修改补正，既然叶冠东放弃了改正笔误的机会，拒绝向国家知识产权局申请变更，那么法院应以权利要求书为准进行处理，认定被控侵权产品不构成侵权，驳回虹阳公司的诉讼请求。

本案两种不同的处理意见，凸显了专利侵权诉讼中对权利要求解释的重要性。对此问题，笔者认为应从以下几个方面认识：

一、正确认识专利权利要求的作用和功能

任何民事权利均有其保护范围，专利权与其他民事权利一样也存在着保护范围。但专利权与有形的财产权相比存在着特殊性。有形财产的权利客体是客观存在的可见的财产。但专利权的客体是发明创造，是权利人的智力创造成果，具有无形性，看不见，摸不着。在对专利权进行保护时，必须确定其范围，否则，专利权将无法得到保护。为了准确地界定专利权的保护范围，在专利制度中，人们设计出了一种专门的法律文件，这就是专利权利要求书。专利权利要求书是以简洁的文字来定义受保护技术方案的法律文件，它向社会公众宣示一项发明创造的技术方案包括哪些要素，即技术特征。如果他人实施的行为包括了专利权利要求书中的全部技术特征，那么，该行为就落入了专利权利划定的保护范围，构成侵权；反之，如果被控行为所实施的技术方案的技术特征与专利权利要求书中的技术特征不同，那么，该技术方案与专利权利要求书中的技术方案不同，将不构成侵权。

在专利文件中，权利要求书具有非常重要的作用。专利权利要求书的作用和功能主要体现在三个方面：（1）表达申请人请求保护的主观愿望、界定发明创造的内容。普通的物权受到侵害时，其损害是显而易见的，文字表达并不重要。但专利权则不同，其首先要通过语言文字表达请求保护的意愿，在其通过语言文字表达请求保护意愿的同时，其语言文字的表达也界定了发明创造的内容。（2）界定专利权的保护边界。权利要求是专利权人划定自己地盘的法律文件，其具体划定了排除他人进入的范围，通过语言文字告知他人要进入权利要求所划定的保护圈子，必须征得他的同意。在专利侵权诉讼中，对专利权的保护范围就是依据权利要求书来确定的。（3）向社会进行公示的功能。专利权作为一种支配性的财产权，具有对世性，其权利内容和范围必须对外进行公示。从权利的性质来讲，专利权只有对外进行公示，才能具有对世性。通过公示，明确告知公众，专利权的保

护范围是什么，同时也告知公众，哪些领域是自由的，哪些行为是合法的。本案中，专利权利要求书是本案专利的独立权利要求，构成了本案专利的最大保护范围，专利权利要求书中所列的六个技术特征，即是对本案专利的保护范围的具体界定。同时也向公众宣示，凡是未经权利人许可，具备上述六个技术特征的被控产品，将构成侵权。

二、准确把握专利权利要求解释的原则及方法

有人很形象地把专利权比喻为一块私有领地，而权利要求书中的文字表达内容则构成了该领地的界线，在权利要求书中的必要技术特征则是打在该领地上的界桩。专利权利要求书的解释，对于专利侵权是否成立起着至关重要的作用，甚至是决定性作用。由于专利权利要求解释不仅涉及具体案件中当事人权利的保护问题，还影响到专利制度的运行，影响到专利法目的的实现，因此，在对专利权利要求进行解释时，既要有效地保护专利权人的合法权利，同时，也要维护社会公众的合法利益，要在两者之间找到合适的平衡点。

那么，应如何把握专利权利要求解释的原则呢？发明或者实用新型专利的专利文件均包括说明书、权利要求书、附图以及说明书摘要等，专利法一般都规定，专利权的保护范围以其权利要求书记载的内容为准，但是在对权利要求本身的解释上却存在适用不同原则的问题。比较典型的模式有三种：一是周边限定原则。周边限定原则是指专利权的保护范围完全由权利要求书的文字措辞来确定。该原则要求对权利要求书的文字作严格、忠实的解释，其文字记载所描述的具体结构就是该专利的保护范围，法官的作用就是将其中模糊不清的地方解释清楚。这种严格依权利要求书的文字记载来确定专利权保护范围的做法，使专利的受保护范围比较明确，但是对权利要求书的解释过于狭窄，很难给专利权人以公正的保护。二是中心限定原则。即以权利要求书作为中心，根据说明书和附图，全面考察发明目的、说明书以及现有技术，将围绕中心一定范围内的技术方案也纳入专利保护范围。因此，法官在解释权利要求书时，不拘泥于权利要求的文字，可以把中心周围的一些技术要素纳入受保护的范围。只要被控侵权的产品或方法具有同样的技术创意，法官就应该扩大权利要求的范围，将之视为该技术创意的另一种表现。这种模式能够比较充分地保护专利权人的利益，但是扩大的保护范围具有不确定性，容易把保护范围解释得过宽。三是折中原则。是指专利的保护范围是以权利要求书中的内容为依据，说明书和附图可以解释权利要求。折中原则避免了上述两种原则把保护范围限定得过窄或者过宽的倾向，可以给专利权人比较公正的保护。

我国《专利法》第五十六条第一款规定：发明或者实用新型专利权的保护范围以其权利要求书的内容为准，说明书及附图可以用于解释权利要求。这是我国法律规定的对专利权利要求进行解释的原则和依据。从该规定可以看出我国专利法在对专利权利要求解释上采取的是折中主义原则。

至于专利权利要求解释的具体方法，有以下三种：（1）对权利要求本身用语进行解释。对权利要求本身用语进行解释，应当从本领域技术人员的角度来解释，一般按照通常和习惯含义解释，当专利权人在专利文件中有特殊解释时，该解释优先适用；（2）借助内部证据解释。如使用专利说明书、附图、专利审查档案对权利要求进行解释；（3）借助外部证据解释。如借助词典和科技论文、专家证言对权利要求进行解释。

三、在专利侵权诉讼中如何解释权利要求

1. 通常情况下，权利要求中的术语应理解为该术语在所属技术领域通常具有的含义

我国《专利法实施细则》第四条第一款规定，“依照专利法和本细则规定提交的各种文件应当使用中文；国家有统一规定的科技术语的，应当采用规范词”。所以，通常情况下，当说明书没有对权利要求中所采用的措辞和术语作出特殊解释，以及根据说明书中给出的具体实施方案不能认为权利要求中采用的措辞和术语具有特殊含义时，应当推定措辞和术语具有所属领域中技术人员通常理解的含义。所属领域中的经典著述以及专业技术辞典可以用于解释该通常的含义。

2. 根据说明书对权利要求中的术语进行解释

通常情况下，权利要求应当采用规范的技术术语，并且在理解权利要求时，其中的术语应理解为该术语通常具有的含义。然而，由于专利保护的对象是新的发明创造，是现有技术中不曾有过的技术方案，因此，它常常导致文字表达上的困难。专利权人有选择他所希望采用的技术术语和表达方式的自由。允许专利权人采用措辞的含义与该措辞的普通含义有所不同，前提条件是说明书本身满足《专利法》第二十六条第三款的规定，使公众能够清楚地理解发明创造，同时确保权利要求书中使用的措辞和术语与说明书使用的措辞和术语一致。从这种意义上说，说明书是解释权利要求中措辞和术语含义的最为主要的工具。在专利领域中，人们常将说明书比喻为权利要求书的“辞典”。

3. 当权利要求中的术语本身含糊不清或有不同解释时，说明书的解释优先

对于一项权利要求，当用文字描述的权利要求的内容由于其中所用词句的不同解释而不易确定时，应当用说明书及附图所记载的内容来帮助解释权利要求中所用词句的含义。一般情况下，当权利要求中所用含义不确定的词句在说明书中有明确定义或者本领域普通技术人员通过阅读说明书或附图所记载的内容可以得出该词句的确切含义时，应当用说明书或附图中该词句的特定含义来解释权利要求。当权利要求中出现的“通用”术语，根据说明书的解释所得出的含义与该术语通常的含义不同时，说明书的解释优先于该术语通常的含义。

4. 借助专利审查档案进行解释

具体包括专利申请档案、专利复审、撤销、无效档案。如专利权人在专利申请审查授权阶段，或在无效宣告请求审查程序中为了说明自己所要求保护的技术方案不同于已有技术，使之具有新颖性、创造性，而将权利要求进行缩小解释。该解释在侵权诉讼中对权利要求的保护范围具有法律约束力，不得将该专利的保护范围扩大解释到原来范围。

在了解专利权利要求的具体解释方法后，还有另外一个问题，就是如何理解《专利法》第五十六条规定的“发明或者实用新型专利权的保护范围以其权利要求的内容为准”与“说明书及附图可以用于解释权利要求”两者的关系。两者应当是一个整体的两个侧面，两者不可偏废，但是从重要程度来看仍有主次之分。两者相比，前者占主导地位，这一点从采用“为准”的措辞便可以清楚地看出。“发明或者实用新型专利权的保护范围以其权利要求的内容为准”的含义是在确定专利权的保护范围时，只能以权利要求书为依据而不能以说明书及附图为依据。例如：如果一项技术方案在专利说明书中作了充分公开和具体的描述和体现，但在其权利要求书中没有记载，则应认定该技术方案不在专利保护

范围之内，不允许在解释专利权利要求时将其纳入专利权保护范围；如果专利权利要求书中记载的技术内容与专利说明书中的描述不尽相同，则专利权利要求书中的记载优先；如果专利说明书中及附图中公开的技术内容较宽，而专利权利要求书中请求保护的内容较窄，则只能以权利要求书中的技术内容确定专利的保护范围。

尽管在确定权利要求保护的范围时以权利要求书为准，但说明书及附图的解释作用也不容忽视。不管权利要求本身看起来是否清楚，都应通过说明书和附图对权利要求进行印证，考察两者的内容是否一致。应当通过阅读全部专利文件对发明创造进行全面理解，不可仅机械地将权利要求书作为确定权利要求保护范围的依据。说明书及其附图在确定专利保护范围时，可以发挥澄清和解释的功能，对正确理解权利要求，确定专利权利保护范围非常重要。如在本案中，第二种意见在解释专利权利保护范围时，片面、机械地理解“专利权利保护范围以权利要求书为准”，未能结合说明书和附图对权利要求给予正确的解释，以致认为虹阳公司的行为不构成侵权。而第一种意见则在坚持“专利权利保护范围以权利要求书为准”的原则下，结合本案专利的说明书和附图对权利要求给予了正确的解释，认为专利权利要求书中将滤网位置由“上方”写为“下方”，属明显的笔误，并认为虹阳公司的行为构成侵权。这两种不同处理意见区别的关键就是对权利要求解释不同。

关于权利要求书中的笔误问题。笔误应当是所属领域的技术人员在综合分析权利要求书和说明书及附图后所能够得出的唯一正确的解释，即能够识别的明显的语法、文字错误。在本案中，专利权利要求书的记载是“一滤网，装设于桶体内部，相对胶质出口下方处”，但专利说明书的表述则是：“由驱动构件驱动搅拌构件对位于滤网上的海藻原料进行旋转搅拌，以及利用破碎泵浦自桶体的原料抽出口抽出海藻原料予以绞碎后，将被绞碎的海藻原料自桶体上方的原料导入口输入，借助此方式，使海藻原料释出其天然胶质，而天然胶质可渗透滤网集聚于排放口关闭的桶体底部，即可经胶质出口抽出所需的天然胶质。”由上述描述可知，滤网所起的作用是将胶质从海藻原料中滤出，然后从胶质出口排出所需胶质，因此该滤网只有设置在胶质出口的上方才可以实现这一功能。且本案专利说明书附图所示的滤网位置也是位于胶质出口之上，与说明书文字部分的描述是对应的。假如将滤网设置于胶质出口的下方，则胶质经滤网渗透至胶质出口之下，而从胶质出口得到的只能是剩余的海藻原料而非胶质，这显然不符合该技术方案的设计初衷，即滤网所起的作用是将胶质从海藻原料中滤出。该领域的技术人员通过阅读本案专利说明书和附图，对实现要求保护的技术方案只能得出具体、确定、唯一的解释，那就是权利要求书中“一滤网，装设于桶体内部，相对胶质出口下方处”的表述，将“上方”写为“下方”属明显的笔误。对于已经公告授权的专利权利要求书中出现笔误的情况，我国现有的法律规定是不允许进行修改的。《审查指南》第四部分第三章规定，对权利要求书的修改仅限于权利要求的删除、合并和技术方案的删除，而不允许对权利要求书的文字进行修改。本案中，法院要求当事人向国家知识产权局修改其权利要求中的笔误，在现有的法律制度下当事人是无法做到的。对权利要求书中笔误的救济方式，只有在专利侵权诉讼或在专利无效宣告程序中，由法官或审查员对该权利要求根据说明书及附图对权利要求进行正确解释，以达到对专利权利保护范围的正确界定。在本案的处理中，法官运用法律智慧对权利要求书中出现的笔误，予以正确解释，保护了专利权人的合法权益。同时也说明，在专利侵权诉讼中，专利民事司法保护与专利授权行政保护相衔接、相协调的重要性。

一审合议庭成员：李　胜　谢　平　彭新强

二审合议庭成员：林广海　邱永清　黄伟明

作者单位：广东省高级人民法院

侵犯商标权纠纷中的商标近似问题研究

——永备电池有限公司（EVEREADY BATTERY COMPANY，INC.）诉中山市广勤贸易有限公司、增城市老百姓电池厂侵犯商标权案

张学军

【问题提示】

如何判断以大写英文字母组成的文字商标之间是否近似？如何判断图形商标之间是否近似？

【要点提示】

以多个印刷体的大写拉丁字母组成的文字商标，对于英语为非母语的相关公众而言，商标的显著部分应当是字形而非含义和读音。两个商标大部分字母相同的，即使含义不同，亦容易使相关公众产生误认，两者构成商标近似。

【案例索引】

一审：广东省中山市中级人民法院［2005］中中法民三初字第85号民事判决

二审：广东省高级人民法院［2005］粤高法民三终字第381号民事判决

【案情】

原告：永备电池有限公司（EVEREADY BATTERY COMPANY，INC.）。

被告：中山市广勤贸易有限公司。

被告：增城市老百姓电池厂。

中山市中级人民法院经审理查明：永备电池有限公司（EVEREADY BATTERY COMPANY，INC.）（以下简称永备公司）是第159972号“EVEREADY”文字注册商标的商标权人，该商标核准使用商品为第9类：干电池、电池，尚处于有效期内。永备公司亦是第179567号“　”图形注册商标的商标权人，该商标核准使用商品为第15类：干电池、电池，亦处于有效期内。经永备公司授权，中国劲量公司在其于中国境内生产的各型号电池上使用“EVEREADY”及“　”注册商标。

中山市广勤贸易有限公司（以下简称广勤公司）与增城市老百姓电池厂（以下简称老百姓厂）约定由广勤公司代理老百姓厂出口“EVERYDAY”牌干电池。老百姓厂作为报检单位，广勤公司作为发货人，向增城出入境检验检疫局申请报检“EVERYDAY”牌干电池出口智利，检验检疫局出具《出境电池换证凭单》。广勤公司向海关申报向智利出口电池一批。报关单上注明经营单位为广勤公司，发货单位为老百姓厂，货物名称为：

R6 UM－31.5V 干电池 1 267 200 个和 R03 UM－41.5V 干电池 184 320 个。拱北海关查验发现，电池上标示的“EVERYDAY”及“猫穿越圆圈图形”商标被控侵犯永备公司的商标专用权，遂通知永备公司。

永备公司的注册文字商标“EVEREADY”系将英文单词“EVER”与“READY”组合并省略其中一个“R”字而形成，隐含有“永备”之意，字形为大写，字体为印刷体，中国劲量公司将其使用在电池包装物及电池表面。被控侵权的电池产品包装物及产品表面均印有英文单词“EVERYDAY”，意为“每天”，字形为大写，字体为印刷体。永备公司的注册图形商标“ ”颜色为黑白，图形为一只黑色的猫正跃起穿越白色的“9”上部的圆圈，猫的眼睛及颈部以白色描绘。中国劲量公司将其使用在电池表面，在一个红色椭圆中套印黑白的“ ”。被控侵权的电池则在产品表面一个红色椭圆中套印一个介于猫与豹之间的动物，正跃起穿越白色的“9”上部的圆圈，头部位置比注册商标中的猫稍高，且通体全黑，“9”为白色。

原告诉称：未经永备公司许可，老百姓厂在其制造并由广勤公司报关出口的产品上使用“EVERYDAY”及“猫穿越圆圈图形”商标的行为侵犯了永备公司的注册商标专用权。请求判令二侵权人停止侵权，将侵权电池交永备公司以环保方式销毁，销毁费用由侵权人承担；赔偿永备公司经济损失人民币 100 万元；在《南方周末》和《广州日报》上刊登面积不小于 16.5cm×10cm 的声明向永备公司赔礼道歉并承担本案诉讼费用。

【审判】

中山市中级人民法院经审理认为：永备公司对本案商标享有的专用权受商标法保护。中国劲量公司经授权在自己制造的电池及电池包装物上使用本案注册商标，并为图形商标设计了独特的底色搭配。被控侵权的“EVERYDAY”文字商标和“猫穿越圆圈图形”商标，在整体外观、设计风格、表现的内容等方面都与永备公司注册商标的图文安排非常相似，两者使用在同一商品上，极易使消费者产生混淆和误认。虽然永备公司“EVEREADY”注册商标和被控侵权的“EVERYDAY”商标英语字母顺序、表达的意思不完全相同，但两者的文字皆为英文，字体及前后大部分字母顺序相同，使母语为非英语国家的消费者难以辨别。被控侵权的图形商标中的动物除头部位置与永备公司“ ”注册商标不一致外，其余设计组合相同，非仔细辨别不能区分。故本案被控侵权的商标与永备公司的注册商标构成近似。

老百姓厂未经商标注册人许可，故意在同一种商品上使用与注册商标相近似的商标，其行为属侵犯注册商标专用权，应承担侵权责任。广勤公司的代理出口行为属销售行为。在实施代理出口行为时，广勤公司不认真审查、核对报关出口商品的商标，主观上存在过错，应承担相应的侵权赔偿责任。综上，依照《中华人民共和国商标法》第五十二条（一）、（二）项、第五十六条、最高人民法院《关于审理商标民事纠纷案件适用法律若干问题的解释》第十条、第十六条、第十七条之规定，判决：一、广勤公司、老百姓厂自判决生效之日停止侵犯永备公司“EVEREADY”、“ ”注册商标专用权的行为。二、广勤公司、老百姓厂在判决生效后十日内向永备公司赔偿经济损失人民币 35 万元。

三、自判决生效之日起30日内，本案侵权电池由中山市中级人民法院监督有资质的单位以环保方式销毁，销毁费用由广勤公司、老百姓厂负担。

老百姓厂上诉称，被控侵权产品的文字商标意为“每天”，图形商标中的动物为豹，与注册商标无论在文字组合、文字颜色、图形颜色、商标所表达的内容等均不相同或相似，作为一个有正常辨别能力的普通人就能区分。请求撤销原判，改判驳回永备公司的全部诉讼请求。

广东省高级人民法院确认一审法院查明的事实存在。

广东省高级人民法院法院经审理认为：原审法院对被控侵权的商品及包装物上使用的两个商标与永备公司的两个注册商标“EVEREADY”及“”构成近似的问题已作了充分、正确的阐述。除此之外，被控侵权的商标与注册商标均使用于体积非常微小的电池商品上，图形面积较小。如此一来，普通消费者施以一般注意力，更加难以区分两者之间的差别。老百姓厂的上诉请求与事实和法律不符，判决驳回上诉，维持原判。

【评析】

根据《商标法》第五十二条第（一）项及最高人民法院《关于审理涉及驰名商标保护的民事纠纷案件应用法律若干问题的解释》（法释［2009］3号）第九条的规定，商标近似，是指被控侵权的商标与权利人的注册商标相比较，其文字的字形、读音、含义或者图形的构图及颜色，或者其各要素组合后的整体结构相似，或者其立体形状、颜色组合近似，易使相关公众对商品的来源产生误认或者认为其来源与权利人注册商标的商品有特定的联系。商标法及司法解释对商标近似的定义及构成近似之标准的规定，涉及以下几个重要的问题：

一、相关公众——介于专家与有认知缺陷的人中间的普通人

商标法所称的相关公众，是指与商标所标识的某类商品或者服务有关的消费者或经营者。这里，相关公众首先应当是一个由多数人组合而成的群体而非个体。这个群体客观上并不存在，只有当产生了商标权保护时这个群体才会出现。① 其次，相关公众应当不是具有商标专业知识的商标设计专家或商标主管部门，也不是相关商品的制造商或者商品主管部门，相反，他们是被控侵权商标与权利人注册商标下的相同或类似商品的普通消费者或一般经营者。这里消费者指为生活消费需要购买、使用商品者或者接受服务者；经营者的范围则排除了相关商品的制造者，包括为销售而购买、出售、出租、抵押、许可，以及任何为对价而进行转移，或者为了获得而支付对价的民事主体。② 第三，相关公众应当是具有一般知识水平和智力水平的人，而非在认知和判断上缺乏基本能力的群体的组合。总之，相关公众既不是那些具有丰富的商品知识和较强的观察与判断能力，见多识广、思维敏捷、反应快、记忆力强的人，也不属于那些有某些方面的生理或心理障碍足以导致他们的认知能力存在缺陷的人，而应该是介于上述两种人之间的普通人。界定好相关公众的范围，才能正确确定判断商标近似的主体的认识能力和水平，科学地界定判断者的行为能

① 张亚洲．知识产权中“相关公众”的界定．中华商标，2004（7）

② 李中圣．近似商标的法律认定．人民司法，2003（10）

力，使商标保护的标准不会畸轻畸重。

二、“一般注意力”——普通关注

在日常的消费活动或者经营活动中，消费者或一般经营者在购买商品时较多注意的是商品的功能和质量，其次才是商标。他们不会对商标加以特别的区分，因而从相关公众的关注程度看，他们只是施以一般注意力。《现代汉语词典》将“一般”解释为“普通”，将“注意”解释为“把意志放到某一方面”。“一般注意力”可理解为给予一个事物以普通的关注。相关公众对商品或服务的提供者及其商标的了解往往是有限的，其选购和消费相关商品或服务时也需要在有限的时间内作出判断，进而决定对于近似商标下的相同或者近似的商品或服务进行取舍。

一般注意力通常随商品价值的不同而有所区别。按照一般经济生活的规律，消费者对家庭日用品和昂贵商品的一般注意力必然会有所区别，消费者在购买昂贵消费品时，一般都要经过深思熟虑和品牌比较，他们对于商标的识别能力较强。而消费者在购买廉价消费品时，一般不对品牌进行细致考虑和详加比较，这时的一般注意力程度是比较低的。①

三、是否对商品或服务的来源产生误认或认为其与注册商标有特定之关系——判断商标近似之核心

商标法立法的根本目的，就在于立法者希望借此禁止或消除商品或服务的来源混淆，因而，商标的近似必须结合混淆的可能来解释。构成商标之近似，不仅要求侵权商标与权利人注册商标在外观、名称或观念上相近似，根本还在于要求其近似有足以导致购买人对商品或服务的来源产生混淆、误认或受欺蒙之可能。

所谓对商品或服务的来源产生误认，即相关公众认为使用侵权商标的商品或服务即是使用注册商标的商品或服务本身。这里需要注意两个问题：

（1）误认的对象是商标标识。相关公众对相同或者类似商品或服务产生误认的原因，是对附着其上的商标标识产生误认，因此从因果关系看，误认的对象是商标标识。因而在商标侵权纠纷中，进行比对的对象应该是注册商标和被控侵权商标，而非使用商标的商品。商标的标识有具体和多样的使用方式，按照商标法实施细则的规定，它可以使用在商品、商品包装、说明书、销售单据、广告或者其他附着物上。从这一规定来看，可能导致对近似商标误认的，至少包括吊牌标签、包装装潢、商品容器、门店招牌、合同文本、服务承诺以及宣传广告等介质。②

（2）从最高人民法院《关于审理涉及驰名商标保护的民事纠纷案件应用法律若干问题的解释》第九条的规定来看，其表述为“易使相关公众”产生误认。也就是说，这里相关公众的误认是一种可能性而非已经发生的事实。权利人举证的责任仅限于有可能使相关公众容易产生误认，而非相关公众已经发生误认事实。在是否构成商标近似的案件中，双方当事人都经常会以公众调查的结果作为证据来证明是否构成近似。笔者认为，在这种情形下，权利人的调查结果只要证明公众有可能容易产生误认的，就可以证明构成近似。

① 吴凯．认定商标近似的若干法律问题．中华商标，2005（9）

② 李后龙．近似商标侵权的认定．人民司法，1995（11）

而被控侵权人若以调查结果证明公众虽有可能产生误认但事实上尚未发生误认作为抗辩理由的，则法院不应予以支持。

根据最高人民法院《关于审理涉及驰名商标保护的民事纠纷案件应用法律若干问题的解释》第九条的规定，除了对商品或服务的来源产生误认外，相关公众的混淆还包括认为使用被控侵权商标的商品之来源与权利人注册商标有特定的联系。与误认来源不同，误认有特定的联系，不是把甲当成乙，而是认为二者之间有一定的内在关系。如认为两个近似商标商品的所有者之间存在其他的从属、关联、赞助或者合作关系，从而认为商品或服务的品质是接近的。因而，只要权利人在案件中能够证明侵权商标足以使相关公众对使用被控侵权商标的商品来源与注册商标有某种特定的联系的，即可认定构成商标近似。

四、判断商标近似的方法

判断商标近似，必须围绕商标近似的标准来进行。这里有几个问题值得注意：

（1）在对被控侵权商标与注册商标的音、形、义进行比对时，有观点主张，外文字母组合的商标，字母虽有大部分相同，但各自有明确的含义，读音有一定区别，一般不认定为近似商标。如“Sony”（意为“索尼”）与“Song”（意为“歌”）。① 在本案中，老百姓厂在一、二审中均坚持“EVEREADY”与“EVERYDAY”各自有明确的含义，读音有一定区别，字母虽大部分相同，亦不能构成近似。笔者认为，对此问题，不能一概而论。首先，由英语字母组合而成的商标，对于英语为非母语的相关公众而言，其含义已远非商标的显著部分，其字形字体反而上升为商标的显著部分。其次，两个商标的字母均为大写的印刷体，且大部分相同，已构成字形字体相似，也即构成两个商标的显著部分相似。第三，两个商标组成字母数量较多，且均为大写，加大了相关公众的辨别难度。因此，该案法院认定两个商标构成近似是正确的。

（2）应当坚持对注册商标本身进行比对而非对注册商标在使用中的状态进行比对。有观点主张，相关公众一般而言不会看到商标注册证，他们所看到的注册商标是标注于商品上，展示于广告中的立体或平面的图案；同时注册证中的图形一般是黑白的，但制造者将其应用于商品上或进行宣传时，一般不会保持这样的状态，而是会添加颜色，而这些才是相关公众据以识别商品的标志，也才是侵权者刻意模仿的对象。② 笔者认为，该种观点值得商榷。因为首先，根据知识产权法定原则，商标专用权的法定性表现在商标权人不得自行改变注册商标，同时商标专用权受保护的范围应以注册证中的文字或图形为准，与注册证中文字和图形不一致的要素，无论大小，均不受商标法的保护。其次，如果将注册的二维平面商标在使用中改变为三维的立体的，该行为本身就是对注册商标的实质性改变，已构成商标法第四十四条中所规定的“自行改变”，是法律禁止的行为。第三，在不改变文字或图形的前提下将黑白的注册商标在使用中改变为彩色，的确是目前很多权利人使用注册商标的实际状态。但在色彩不是注册商标内容的前提下，商标的色彩不应受商标法保护。因而法院在对注册商标和侵权商标进行比对时，不应将使用中的彩色注册商标与被控侵权商标进行比对。应当坚持比对两个商标的线条、形状或其组合，而不应比对两个商标

① 王永昌．近似商标的认定标准．人民司法，1998（5）

② 史玉生，徐静．是正当模仿，还是恶意搭车——从丰田诉吉利案看我国商标近似的认定．中国律师，2004（3）

的线条、形状、颜色或其组合。在本案中，中国劲量公司在授权使用注册商标时，为黑白的注册图形商标“”设计了红色椭圆形的底色搭配，而被控侵权商标也为刻意模仿而为其“猫穿越圆圈图形”商标安排了红色椭圆形的底色搭配。但该要素在进行商标比对时应予以排除。

（3）将比对对象进行隔离比对的重要性。在法院进行两个商标近似的比对时，由于被控侵权商标与注册商标同时呈于法庭，故容易使法官疏忽隔离观察的原则。所谓隔离观察是针对并列相对比较而言的，因为任何一个消费者在购买商品时，都不会先将商品的注册商标予以收集排列，随身携带，以将欲购买商品与已注册商标的商品对比观察，然后再决定购买。因而，隔离观察就意味着法官是将被控侵权产品与自己记忆中的、而非呈现于眼前的注册商标进行比较。

在隔离观察的条件下对被比较对象所表现出来的整体效果进行比较，意味着判断近似商标时，既不能因为两者有个别相同之处而认定近似，也不能强求两者的某些细节都要相同才构成近似，而应抓住两者的整体效果是否近似，因为消费者购物时通常不会去细细研究欲购买商品的具体商标文字、图形，而往往只凭该商标的整体印象是否与自己心目中所认定的商标吻合就作出是否购买的决定。坚持在隔离状态下进行整体效果比较的原则，才能较好地体现相关公众施以一般注意力是否容易产生误认的标准。

一审合议庭成员：徐红妮　马　军　卓　靖

二审合议庭成员：邓燕辉　潘奇志　张学军

作者单位：广东省高级人民法院

从“荣华月饼”案看未注册驰名商标与知名商品特有名称之别

高 静

【问题提示】

原告同时请求认定“荣华月饼”为未注册驰名商标和知名商品特有名称，是两者同时认定还是择一认定？如何划分两者的权利范围？

【要点提示】

未注册驰名商标与知名商品的特有名称皆为无形财产权，受我国相关知识产权法律法规保护。由于两者权利的边界时有交叉、重叠，相关规则尚付阙如，实践中难以掌握和区分。本案二审认为荣华饼家有限公司对“荣华月饼”进行长期、持续、大量的宣传和销售，且该名称具有区别商品来源的显著特征，应认定为知名商品的特有名称，充分保护了权利人通过诚实经营、长期市场积累所形成的“特有名称”权益，同时厘清了有关正当竞争的多项权利的边界。

【案例索引】

一审：广东省东莞市中级人民法院［2006］东中法民三初字第35号民事判决

二审：广东省高级人民法院［2007］粤高法民三终字第412号民事判决

【案情】

上诉人（原审被告）：广州市好又多（天利）百货商业有限公司世博分公司（以下简称世博分公司）。

上诉人（原审被告）：广州市好又多（天利）百货商业有限公司（以下简称广州好又多公司）。

上诉人（原审第三人）：苏国荣。

被上诉人（原审原告）：荣华饼家有限公司（以下简称香港荣华公司）。

被上诉人（原审原告）：东莞荣华饼家有限公司（以下简称东莞荣华公司）。

原审被告：中山市今明食品有限公司（以下简称今明公司）。

广东省东莞市中级人民法院经审理查明：香港荣华公司是第1567181、1567182、1567183、1567184号图形注册商标的注册人，上述商标于2001年5月7日获得国家工商行政管理总局商标局（以下简称国家商标局）核准注册，核准使用商品为第30类面包、月饼等，注册有效期为2001年5月7日至2011年5月6日。自1966年起，香港荣华公司及其关联企业开始在《华侨日报》等香港报纸上刊登广告销售“白莲蓉月饼”，20 世纪 80 年代和 90 年代期间，香港荣华公司及其关联企业在香港和国外众多报刊上刊登有关“荣华月饼”的广告。香港荣华公司在内地销售荣华月饼的事实，有其在 1987 年 9 月 22 日发行的香港报纸《今天日报》刊载广告载明在省港直通车等处销售荣华月饼，1991 年 9 月 7 日在内地发行的《广州日报》刊登广告销售荣华月饼，1996 年始在《广州日报》、《羊城晚报》等众多国内报刊以及广播电台、电视台陆续刊登或发布销售荣华月饼的广告。“荣华月饼”在我国内地获得“名牌月饼”、“国饼十佳”等荣誉称号。

世博分公司是广州好又多公司的分公司。2006 年 9 月 5 日，今明公司向世博分公司批发销售包括荣华双黄白莲蓉等月饼计 1.6 万余元。2006 年 9 月 28 日，香港荣华公司依法申请东莞市公证处对世博分公司销售荣华月饼的情况进行证据保全，购买 2 盒“双黄纯白莲蓉”月饼，取得销售发票和电脑小票各 1 张。10 月 8 日，香港荣华公司依法申请东莞市公证处对今明公司宣传月饼产品的网页进行保全，网页显示今明公司在其月饼包装图片上使用了“荣华”和“荣华月饼”的标识。

第 533357 号商标是山东省沂水县永乐糖果厂（以下简称永乐糖果厂）于 1990 年 11 月 10 日经核准注册，并于 1997 年 12 月 28 日经核准转让给苏国荣开办的顺德市勒流镇荣华面厂。2006 年 7 月 20 日，今明公司与顺德苏氏荣华厂签订一份《商标许可使用合同》，约定将第 533357 号商标许可今明公司使用。案外人澳门居民余国华还授权今明公司使用“花好月圆”图案。

1999 年 9 月 8 日，香港荣华公司、东莞荣华公司因不正当竞争纠纷向佛山市中级人民法院起诉苏国荣开办的顺德市勒流镇苏氏荣华食品厂。2000 年 4 月 28 日，佛山中院作出［1999］佛中法知初字第 124 号民事判决，认定“荣华月饼”为知名商品，其包装、装潢为知名商品特有包装、装潢。

2006 年 10 月 16 日，因今明公司生产销售、世博分公司销售的“荣华月饼”涉嫌侵犯香港荣华公司享有的 1567181、1567182、1567183、1567184 号注册商标专用权并构成不正当竞争，香港荣华公司和东莞荣华公司遂向东莞市中级人民法院提起诉讼，请求认定“荣华”文字为未注册驰名商标，认定荣华月饼为知名商品特有名称，并判令今明公司、世博分公司、广州好又多公司停止侵犯商标权和不正当竞争行为，赔偿经济损失 100 万元，并在《东莞日报》、《广州日报》、《中山日报》上公开道歉。在一审审理过程中，东莞市中级人民法院根据两原告申请，追加苏国荣为本案第三人。

【审判】

东莞市中级人民法院一审认为，今明公司已侵犯香港荣华公司第 1567181、1567182、1567183、1567184 号注册商标专用权，应承担停止侵权、赔偿损失的法律责任。广州好又多公司及世博分公司提供被控侵权商品来源于今明公司的证据，承担停止侵权的民事责任。香港荣华公司将“荣华”文字作为未注册商标使用在月饼产品上，符合驰名商标的特征，故认定“荣华”为使用在月饼商品上的未注册驰名商标。今明公司侵犯香港荣华公司未注册驰名商标，应承担停止侵权的民事责任。世博分公司应当知道“荣华”是香港荣华公司的商标，应承担停止侵权的民事责任。一审法院在判决中引导苏国荣应规范使用第 533357 号注册商标，应按核准注册的商标使用。据此，一审法院判决：一、今明公司、世博分公司立即停止侵犯香港荣华公司第1567181、1567182、1567183、1567184号注册商标专用权的行为；二、今明公司、世博分公司立即停止对香港荣华公司、东莞荣华公司“荣华”未注册驰名商标的侵权行为；三、今明公司向香港荣华公司赔偿经济损失人民币100 000元；四、驳回香港荣华公司和东莞荣华公司其他诉讼请求。

一审判决后，广州好又多公司、世博分公司和苏国荣不服提起上诉，请求依法撤销原审判决，改判驳回香港荣华公司和东莞荣华公司的诉讼请求。

广东省高级人民法院确认一审法院查明的事实存在。另查明：1990年11月8~9日，香港《华侨日报》、《明报》对荣华集团创业40周年举办的抽奖活动进行了报道，该活动收到我国内地多个省市及国外部分国家、地区消费者的回条。1995年、1996年，香港荣华公司连续两年冠名赞助“荣华月饼杯”世界女排大奖赛，该赛事电视报道的范围覆盖内地大部分地区。1995年香港荣华公司赞助香港公开羽毛球锦标赛。

香港荣华公司于1991年向国家商标局申请注册“榮華”与“榮華 WING WAH1950及圖”商标被驳回，理由是“榮華”与“榮華 WING WAH1950及圖”商标与永乐糖果厂注册在相同商品上的第533357号注册商标的“榮華”文字相同。

广东省高级人民法院经审理认为，“荣华月饼”作为商品名称具有区别商品来源的显著特征，认定知名商品特有名称足以保护香港荣华公司的合法权利，故“荣华”文字在本案中无须认定为未注册驰名商标。“荣华月饼”知名商品特有名称与苏国荣第533357号注册商标均有各自的权利保护范围，在规范使用的情况下不会导致混淆和误认。综上，二审法院对一审判决认定“荣华”为未注册驰名商标进行了纠正，判令：一、维持一审判决第一、三、四项；二、变更一审判决第二项为：今明公司、世博分公司立即停止侵犯“荣华”月饼知名商品特有名称的行为。

【评析】

一、未注册驰名商标与知名商品特有名称的异同点

本案请求认定的未注册驰名商标“荣华”和知名商品的特有名称“荣华月饼”起主要识别作用的文字均为“荣华”，故应厘清两者的权利范围。

1. 未注册驰名商标与知名商品特有名称的一致性

（1）功能一致。未注册驰名商标是指未在中国注册、但在中国境内为相关公众广为知晓的商标。知名商品特有名称是指在中国境内享有一定知名度的商品的具有区别性和显著性的名称。两者具有区别商品品质和来源的标志作用。

（2）权利产生的基础一致。两者均无须注册，而是因使用产生显著性和知名度，进而获得法律保护。

（3）权利存在的时间具有一致性。两者皆因使用而产生权利，在保护的时间上只有起点，没有终点。

（4）排除规则具有一致性。即具有显著性和区别性方可认定。

（5）认定规则具有一致性。两者的认定均在于主张权利者是否通过在先使用未注册商标或商品的特有名称，从而达到“驰名”或“知名”的状态。主张权利者证明的对象均是动态事实，以造成实际混淆为必要。

2. 未注册驰名商标与知名商品特有名称的区别

（1）区别作用各有不同。未注册驰名商标，能够将特定商品与特定经营者的商业信誉联系起来，主要用于区别不同商品的生产者、经销者。知名商品的特有名称，主要用于区别同种类商品中的不同商品。前者区别商品及生产者的精确性、指向性更强。

（2）权利内容不同。前者由文字、图形等可视性标志单独或组合构成。后者一般由文字组成，其构成要素较未注册驰名商标要简单。

（3）知名度的地域范围不同。前者的保护地域及于中国境内。后者并不要求达到全国的高度，保护时只需证明在当地具备知名度即可。

（4）责任承担方式不同。未注册驰名商标一旦认定，权利人可以禁止他人在相同或类似的商品或服务上注册或使用以及通过复制、模仿或者翻译等手段仿冒其未注册的驰名商标标志的行为，收缴、销毁其商标标识，商标标识与商品难以分离的情况下一并收缴、销毁。复制、模仿、翻译他人未在中国注册的驰名商标或其主要部分，在相同或者类似商品上作为商标使用，容易导致混淆的，应当承担停止侵害的民事法律责任。知名商品特有名称的权利人可以请求责令被告附加足以区别商品来源的其他标识，并可以参照确定侵犯注册商标专用权的损害赔偿额的方式请求赔偿损失。

（5）保护上适用的法律部门不同。未注册驰名商标主要由我国商标法进行规范和保护，也可以适用反不正当竞争法第五条进行保护。而知名商品特有名称则由我国反不正当竞争法及相关法律法规进行保护。

二、本案认定“荣华月饼”为知名商品特有名称的依据

1. 生效判决已认定“荣华月饼”为知名商品

佛山市中级人民法院于2000年4月28日作出生效民事判决，认定香港荣华公司的“荣华月饼”为知名商品，其包装、装潢为知名商品的特有包装、装潢。本案认定“荣华月饼”为知名商品的特有名称与生效判决一脉相承。

2. 认定知名商品特有名称足以保护香港荣华公司的权利

香港荣华公司生产的产品与被控侵权商品均为月饼，且香港荣华公司同时主张以四个“花好月圆”图形注册商标（核定使用商品为月饼等商品）起诉被告侵权并获支持。在月饼产品已获图形注册商标保护的情况下，认定知名商品特有名称已足以保护香港荣华公司合法权益。

3. 香港荣华公司的“荣华月饼”符合知名商品特有名称的构成要件

寻求知名商品特有名称的保护，权利人需举证证明其使用在先，商品名称是“特有名称”，该特有名称经过使用已达到一定知名度，以及存在事实上的混淆等情形。

（1）现有证据表明，香港荣华公司最早于20世纪60年代在香港就已开始销售“荣华月饼”，1987—1991年间在香港《今天日报》等报纸上刊登广告载明在“省港直通车”、“油麻地广州飞翔船”等地有“荣华月饼”销售，自1991年9月7日起在我国内地《广州日报》刊登广告销售“荣华月饼”。今明公司许可使用的第533357号商标是永乐糖果厂在1990年11月10日核准注册，而后苏国荣于1997年12月28日受让该商标。从双方使用“荣华”的历史看，香港荣华公司使用历史要悠久得多。

（2）香港荣华公司使用“荣华”和“月饼”结合作为商品名称使用在月饼上具有一

定创意。“月饼”是该类商品的通用名称，但与“荣华”结合使用仍然能够区分同种类商品中的不同商品，“荣华月饼”不是相关商品的通用名称。由于“荣华月饼”的优良品质和香港荣华公司对该产品进行的持续、大量宣传、销售，在使用过程中消费者已将“荣华月饼”与香港荣华公司联系在一起，“荣华月饼”已成为使用在月饼产品上的特有名称。

（3）一般消费者对两种“荣华月饼”已造成事实上的混淆。香港荣华公司与今明公司生产的均为月饼，产品的包装盒上均标明“荣华月饼”字样，而且今明公司在产品包装盒上使用的装潢与香港荣华公司的“荣华月饼”相似，均为“花好月圆”图案。因此，一般消费者极易造成混淆、误认。

三、关于知名商品特有名称“荣华月饼”是否与第533357号注册商标专用权构成权利冲突的问题

所谓权利冲突，是指相同或者近似的商业标识因分别获取不同类型的知识产权，造成相互混淆而产生的矛盾。今明公司及苏国荣均以其被许可或持有第533357号注册商标为由，抗辩其未侵犯香港荣华公司的合法权利。从表面上看，两者确实具备权利客体近似、分属不同法律调整、权利之间具有不相容性并构成不正当竞争等权利冲突的基本特征，但实际情况是，今明公司生产的被控侵权产品上并没有使用该注册商标，而使用的是从右至左排列的“荣华月饼”四个字（见下图）。因此，所谓的“权利冲突”是一个伪问题。假设今明公司实际使用的就是第533357号注册商标，香港荣华公司的“荣华月饼”与第533357号注册商标对一般消费者而言是否造成混淆、误认？

今明公司被控侵权
产品的包装盒（彩色）

苏国荣许可今明公司
使用的第533357号注册商标

原告使用的产品名称及包装装潢（彩色）

解决知识产权权利冲突的基本原则是诚实信用和保护在先权利原则。除此之外，尚有学者认为上述原则并非唯一，还须辅之以权利合法原则和知名度原则。依据上述原则，两者在规范使用的前提下不会造成混淆、误认：

（1）两者虽然都有“荣华”文字，但表现形式不同，风格迥异。一个是采用魏碑字体书写的“荣华月饼”四个字，一个是变体的黑体字“荣华”囿于圆圈内，视觉上差异非常大。

（2）知名度高低有别，显著性强弱明显。香港荣华公司自20世纪60年代就开始在香港销售“荣华月饼”，八九十年代开始行销澳门及国外，及至80年代中后期进入内地销售，以至于“荣华月饼”的广告宣传语“清香嫩滑零舍不同”深入人心，一般消费者看到“荣华月饼”就能联想到香港荣华公司。而第533357号注册商标缺乏相应知名度，一般消费者难以将商标与商品建立起直接的对应关系。因此，两者规范使用不会造成混淆、误认。

四、对注册商标的“使用要求”及其他

香港荣华公司曾于1991年申请注册“榮華”商标但被国家商标局驳回，驳回的理由即是“榮華”商标与山东省沂水县永乐糖果厂注册在相同商品上的第533357号注册商标的“榮華”文字相同。

香港拥有与内地的注册原则不同的商标法律制度——使用商标制和注册商标制两套体系并存，即使用和注册皆可产生商标权，基于使用的商标权人可以在七年内享有对他人就其使用的商标申请注册提出异议的权利。由于现有的证据均无法证明第533357号商标注册后使用在核定商品上，即使苏国荣于1997年12月28日受让该商标后，在相当长的时间内也没有持续使用该注册商标。一个是历经半个世纪持续使用的、具有较高知名度的商品名称，另一个是注册后未实际使用长达十余年之久的注册商标，事实上后者成功阻却了前者的注册。此举既违背了我国保护注册商标的初衷，也揭示了我国商标法对商标的“使用要求”过低的弊端。

注册商标的生命在于使用，商标也只有在使用的过程中才能发挥其功能和作用。商标权人无论自己使用或者许可他人使用注册商标，均负有规范使用、诚实使用之义务，以免引发不正当竞争，及至侵犯他人合法权利。香港荣华公司与苏国荣的商标之争在国家商标局已呈白热化态势，由此引发的行政诉讼或侵权诉讼也纷至沓来，这无疑会影响和限制各自企业的发展壮大。希望本案的审判能促使双方握手言和，把精力真正投放到打造品牌、提升商品质量上来。

一审合议庭成员：孙立凡　尹振宇　熊毅军

二审合议庭成员：欧修平　潘奇志　高　静

作者单位：广东省高级人民法院

知识产权侵权诉讼中合同抗辩的审查

——“黄道益”活络油商标权纠纷案

岳利浩

【问题提示】

如何审查知识产权侵权诉讼中的合同抗辩?

【要点提示】

在知识产权侵权诉讼中，被控侵权人提出合同抗辩，无须审查合同的合法有效性，而仅需审查合同是否真实、权利人的许可是否符合民事法律行为的成立和生效要件即可。如果权利人的许可行为是民事法律行为，那么被告不构成侵权；若权利人的许可行为不符合民事法律行为的成立和生效要件，可以认定侵权成立。

【案例索引】

一审：广东省广州市中级人民法院［2006］穗中法民三初字第341号民事判决

二审：广东省高级人民法院［2007］粤高法民三终字第324号民事判决

【案情】

原告：黄道益活络油有限公司（系香港公司，以下简称黄油公司）。

被告：香港黄道益医药控股有限公司（系香港公司，曾用名“香港黄道益活络油有限公司”、“香港黄氏医药控股有限公司”，以下简称香油公司）。

被告：黄氏国际药业有限公司（系香港公司，以下简称黄氏公司）。

被告：广州维健医药保健品进出口有限公司（以下简称维健公司）。

被告：冠邦国际有限公司（系香港公司，以下简称冠邦公司）。

广州市中级人民法院审理查明：黄油公司成立于1988年7月22日，黄道益先生是公司的法定代表人。2004年6月14日，黄油公司在中国内地注册第3365258号“黄道益+图形”商标，核定使用的商品是第5类的医用药、草药制剂、止痛药、跌打药、膏药、绷敷材料、人用药，注册有效期限自2004年6月14日至2014年6月13日。

1995年3月，黄道益与其妻子罗金梅以及子女产生矛盾，黄道益为了平息纷争，减持了部分公司股份给妻子、孙子。1996年3月13日黄油公司董事会决议：成立黄油公司驻京机构，由黄道益之子黄天赐全权负责等。1998年9月8日黄油公司董事会决议：成立香油公司，法定代表人黄天赐，董事由黄天赐、罗金梅担任，主要职责是全权负责黄道益活络油在中国市场及北京代表处的工作等。1999年5月28日黄油公司董事会决议：同意成立香油公司，正式取代黄油公司全权独立经营黄道益活络油在中国内地的业务，无条件全面接收一切属于黄油公司北京代表处的资产及员工，以及中国内地过去一切有关黄道益活络油产品的生意事务及债务。黄油公司不会干预或影响香油公司的独立运作及内部管理，也不会在中国独立参与或投资有关黄道益活络油产品的生意及业务，以免产生矛盾、混淆等。

1999 年 10 月 13 日黄油公司与香油公司签订《协约》：a. 同意香油公司永久取代黄油公司，拥有黄道益活络油在中国内地市场的一切权益，香油公司同意日后经营黄道益活络油所获取的利益，必须按照黄油公司在此协约之前的经营模式和比例，分配利润及红利给罗金梅及其子女；b. 同意香油公司全部接收黄油公司北京办事处的一切资产、资料、员工和债项，香油公司同时永久取代黄油公司向中国有关当局为黄道益活络油药品注册申请延证；c. 黄油公司过去在中国内地一切有关黄道益活络油产品的事务及债务，均由香油公司承担。香油公司日后经营黄道益活络油产品或其他生意所发生的盈亏、权债或纠葛，均与黄油公司无关；d. 黄油公司此后不会到中国内地直接或间接经营、投资有关“黄道益”品牌的任何相关产品的生意和业务，以免发生矛盾、混淆（罗金梅作为黄油公司董事代表公司签章，黄天赐作为香油公司法定代表人签章，见证人为黄油公司董事黄慧娟、黄秀娟）。

2003 年 6 月 1 日，香油公司与冠邦公司及维健公司在广州签订《经销协议》，其中约定：香油公司同意将“黄道益”活络油产品在中国内地的独家经销权授予冠邦公司及维健公司，协约期限由合同签署日至 2013 年 5 月 31 日。

2006 年 5 月 24 日，维健公司在广州海关进口经营 108 000 瓶“黄道益”活络油产品。2006 年 5 月 30 日，黄油公司认为维健公司进口经营的上述产品涉嫌侵犯其“黄道益”商标专用权，向广州海关申请扣货。

2006 年 10 月 10 日，黄油公司以香油公司、黄氏公司、冠邦公司及维健公司采取生产、出品、出口、销售等行为，侵犯了该公司享有注册号为 3365258 号“黄道益 + 图形”注册商标，共同实施商标侵权行为，应对该公司损失承担连带赔偿责任为由，请求法院判令被上诉人立即停止商标侵权行为，向黄油公司公开道歉、消除影响，连带承担赔偿责任，赔偿经济损失、本案的诉讼费、律师费以及其他为制止侵权行为所支付的合理开支，共计人民币 1 000 万元。

【审判】

广州市中级人民法院审理认为，确认黄油公司 1998 年 9 月 8 日、1999 年 5 月 28 日董事会决议以及黄油公司与香油公司于 1999 年 10 月 13 日所签《协约》的真实性和有效性是审理案件的关键。法院根据现有证据认定上述文件均是真实存在的，且形成时间是文件上所载明的时间。对上述文件效力的解释应当适用香港法律。根据香港法律，所有董事局会议的通知（基于公司惯例而作出的合理通知）必须向所有董事发出，而在某些董事未收到通知而召开的会议中所决定的事务均属无效。而根据黄油公司采纳的 A 表（宪章）第一百条规定：“……对于当时不在香港的董事，无须向其发出董事会议通知书”；而香港法律一向订明：董事在行使其被赋予的权力时必须以“他们真诚地认为是公司的利益为依归”。在本案中，黄油公司认为黄道益本人并没有收到董事会议通知，也没有参加上述董事会；而香油公司提交时任黄油公司董事的罗金梅、黄天赐、黄慧娟、黄秀娟的声明，证明黄道益参加了上述董事会且董事会亦是黄道益本人提议召开的。法院认为，对上述文件有效性的判断不能离开黄油公司的性质、董事会决议形成惯例以及黄道益与前妻罗金梅的婚姻纠纷的情况，而不能仅凭香港法律的原则规定来判断。黄油公司是黄道益家族经营的公司，此类公司的设立虽然与其他股份公司无异，但在实际经营过程中却因其家族公司的特性而可能有别于其他股份公司。鉴于香油公司提交的黄油公司的董事会决议并非都有全部董事签名，证明黄油公司的董事会记录上董事签名并非必须。涉案董事会决议上已有过半数董事签名且其他董事一致声明黄道益曾经参加上述董事会议。另外，从黄道益与罗金梅婚姻纠纷的历程可以看出，黄道益因有愧疚于罗金梅及子女，从而有心对罗金梅及子女作出补偿，1996 年 1 月黄家家庭会议后黄道益减持黄油公司 6% 股份并将其分配给罗金梅及两孙子即可证明。法院相信中国内地市场权益的分配亦是其补偿的一部分。因此，法院认为黄道益已经参加相关董事会并通过了相关的董事会决议，上述决议是真实有效的。由于《协约》的内容与黄油公司两份董事会决议内容能够相互对应，因此法院认可该《协约》的真实性、有效性。综上，一审法院认为香油公司通过 1999 年 10 月 13 日《协约》已经取得黄道益活络油产品中国内地市场的权利（包括黄道益商标的使用权），其有权与冠邦公司、维健公司签订《经销协议》，将黄道益活络油产品的中国内地独家经销权许可给后者，因此维健公司在中国内地进口销售黄道益活络油产品没有侵犯黄油公司的第 3365258 号“黄道益 + 图形”商标的商标专用权。黄油公司诉请无据，法院予以驳回。根据《中华人民共和国民事诉讼法》第六十四条第一款的规定，判决：驳回黄道益活络油有限公司的诉讼请求。

黄油公司不服，向广东省高级人民法院提起上诉称：一、原审判决认定事实有误。1998 年 9 月 8 日、1999 年 5 月 28 日董事会决议和 1999 年 10 月 13 日协约是不真实的。即使是真实的，也是无效的。二、香油公司在未获上诉人授权的情况下，与维健公司、冠邦公司签订《经销协议》，销售黄氏公司生产的使用“黄道益”注册商标的活络油产品，已经构成侵犯商标权，应对上诉人的损失承担连带赔偿责任。

广东省高级人民法院确认一审查明的事实存在。

广东省高级人民法院经审理认为，审理本案的关键是香油公司、黄氏公司、冠邦公司、维健公司所提出不构成侵犯商标权的合同抗辩是否成立的问题。因此，首先要确认黄油公司与香油公司于 1999 年 10 月 13 日签署的《协约》是否成立，是否是缔约双方的真实意思表示。由于香油公司提供有该《协约》的原件，黄油公司对其形式上的真实性并不否认，故可认定该《协约》文本的真实性。该《协约》缔约双方均具有合法的主体资格，黄油公司在《协约》中明确同意“香油公司永久取代黄油公司，由香油公司拥有‘黄道益活络油’中国内地市场之一切权益”，形式上符合缔结合同所需要的要约与承诺等必要条件，故该《协约》已经成立。在没有相反证据足以证明《协约》违反双方真实意思表示的情况下，本院确认该《协约》所作约定是缔约双方的真实意思表示。其次，要解决香油公司、黄氏公司、冠邦公司、维健公司依据该《协约》是否享有 2004 年注册的第 3365258 号“黄道益 + 图形”商标的使用权问题。从该《协约》内容看，黄油公司同意“香油公司永久取代黄油公司，由香油公司拥有‘黄道益活络油’中国内地市场之一切权益”，这一约定并不是单纯对某一个商标或权益的处分，而是对“黄道益活络油”

内地市场的分割，即黄油公司缔约前后产生的注册商标权等权利的使用权均由香油公司享有。否则，如果黄油公司同意把“黄道益活络油”中国内地市场转让给香油公司，而注册新的商标却不许可香油公司使用，则香油公司享有在内地市场的“一切权益”就不可能实现。因此，法院认为，香油公司根据1999年10月13日签署的《协约》享有第3365258号“黄道益+图形”商标的使用权。香油公司根据《协约》自己或许可维健公司、黄氏公司、冠邦公司生产、出口、销售“黄道益活络油”的行为并不构成侵犯商标权。综上所述，由于黄油公司与香油公司于1999年10月13日签署的《协约》内容系双方真实意思表示，在该《协约》被依法解除之前，香油公司提出的不构成侵权的合同抗辩成立。至于黄油公司上诉称1998年9月8日、1999年5月28日董事会决议的真实性和有效性问题，以及1999年10月13日《协约》的有效性问题，因不属于侵犯商标权纠纷的审理范畴，法院不作认定，当事人可另循法律途径解决。原审认定事实清楚，虽然审理思路欠妥，但处理结果适当，二审法院予以维持。依据《中华人民共和国民事诉讼法》第一百五十三条第一款第（一）项之规定，判决：驳回上诉，维持原判。

【评析】

在侵犯知识产权诉讼的审判实践中，越来越多的被告以曾经与权利人（权利人的受让人以及其他权利人）签订过合同，直接或间接地得到过许可为由进行抗辩。现就合同抗辩的相关问题进行探讨。

一、知识产权侵权诉讼中合同抗辩的类型

1. 被告以直接与权利人（原告）签订过许可合同为由进行抗辩

例如，在侵犯专利权纠纷中，被告以直接与专利权人（原告）签订过专利实施许可合同为由进行抗辩；在侵犯商标权纠纷中，被告以直接与商标权人（原告）签订过商标使用许可合同为由进行抗辩；在侵犯著作权纠纷中，被告以直接与著作权人（原告）签订过著作权出版、使用许可合同为由进行抗辩。

在这种情况下，应当审查合同起始、终止的时间以及权利人的授权范围，以此判断被控侵权的行为是否在合同允许的范围之内，区分不同的情况进行处理。

一种情况是：通过形式审查，如果被告是在合同期满后或超越授权范围实施了制造、销售产品，或者实施了其他被控侵权行为的，此时其行为的合法性基础已经丧失，故一般认定侵权成立，合同抗辩无效。在这种情况下，被告实际上存在承担违约责任与侵权责任的竞合，原告如果选择被告承担侵权责任的，法院应予准许。

在处理合同期满后实施侵权行为的情况时要注意，如果没有特别的约定，许可行为一般包括生产和销售两个方面，生产制造产品是以赢利为目的，而实现赢利目的则需要借助于销售环节，如果某产品是在合同有效期内生产制造出来的，合同期满后销售的是库存产品，一般不应当认定为侵权。

另一种情况是：通过形式审查，被告是按照合同的约定，在合同有效期内，并在授权的范围内行使权利。此时要对合同作进一步审查，下文将作分析。

2. 被告以与权利人（原告）的被许可人签订过合同为由进行抗辩

在这种情况下，首先要审查权利人与被许可人签订的许可合同的内容，确认许可合同是普通许可还是独占许可、排他许可。权利人是否授权被许可人再行转许可。如果授权允许被许可人再行转许可，被告实际上间接得到了专利权人（原告）的许可，因此合同抗辩成立。

司法实践中，绝大多数纠纷是权利人并未授权被许可人转许可，而被许可人违背权利人意愿将权利转许可第三人。当此时被告提出合同抗辩时，通常法院会以转许可行为没有法律效力为由，否认其抗辩效力，认定构成侵权行为，而被许可人与转许可人（被告）之间的合同关系可以另案解决。而比较彻底的解决方法是，可以把被许可人追加为第三人，以便查明案情，如果确系被许可人超越权限转许可，则由被许可人和转许可人共同承担赔偿责任。

值得注意的是，审查被许可人与转许可人（被告）之间的合同关系也非常重要，如果双方仅是加工承揽合同关系，且转许可人（被告）没有超出许可实施合同约定的范围，只是替被许可人加工产品，则有可能不承担侵权责任。

3. 被告以与其他权利人签订过许可合同为由进行抗辩

其他权利人的产生情况非常复杂，反映了现实存在的权利重合的现象，即在同一标的上可能存在多个权利主体或者多个权利。严格来说，这种抗辩不同于上述两种情况下的合同抗辩，属于不侵权抗辩，或权属抗辩。

例如，著作权纠纷中，由于存在合作作品、汇编作品、委托作品的情况，以及由于继承或转让过程中产生多人共享著作权的情况，会产生这种情况；商标权纠纷中，由于存在相同或近似商标被重复授权，以及共有商标等情形，会产生这种情况；在专利权纠纷中，由于存在重复授权、从属专利、共有专利等情形，也会产生这种情况。另外，在专利纠纷中，先用权权利人转让技术、发明专利临时保护期内的技术转让、专利授权公告日之前的技术转让等情形，也可能会产生其他权利人。

司法实践中，在商标权纠纷中，涉及行政机关重复授权的，一般交由行政机关处理。《最高人民法院关于审理注册商标、企业名称与在先权利冲突的民事纠纷案件若干问题的规定》（法释［2008］3号）第二条第二款规定，原告以他人使用在核定商品上的注册商标与其在先的注册商标相同或者近似为由提起诉讼，人民法院应当根据民事诉讼法第一百一十一条第（三）项的规定，告知原告向有关行政主管机关申请解决。在专利权纠纷中，对同一发明创造均被授予专利权后，许可他人实施过程中产生的纠纷，如果在先专利权人是原告，人民法院可以直接判决在后专利的权利人或被许可人构成侵权。反之，如果在后专利权人是原告，人民法院可以直接判决驳回原告的诉讼请求。无论是专利权、商标权还是著作权纠纷，当涉及同一权利的多个权利主体分别对外授权时，一般不宜认定为侵权，如合作作品的作者分别许可、专利和商标的共有人分别许可等情况。这种情况下，由权利主体之间先针对民事权利进行确权和分割比较稳妥。

二、知识产权侵权纠纷中合同抗辩的审查方式

在知识产权侵权纠纷中，对被控侵权人提交的合同，究竟应当审查到什么程度，在司法实践中有不同的认识。有的观点认为，只审查合同是否真实，权利人的许可行为是否符合民事法律行为的成立和生效要件即可。也有观点认为，应当对合同的真实性、有效性进行全面审查。笔者赞成前一种观点。

构成侵权的情形，在专利法、商标法、著作权法中均有明确的规定。专利法第十一条规定，发明和实用新型专利权被授予后，除本法另有规定的以外，任何单位或者个人未经专利权人许可，都不得实施其专利，即不得为生产经营目的制造、使用、许诺销售、销售、进口其专利产品，或者使用其专利方法以及使用、许诺销售、销售、进口依照该专利方法直接获得的产品。外观设计专利权被授予后，任何单位或者个人未经专利权人许可，都不得实施其专利，即不得为生产经营目的制造、销售、进口其外观设计专利产品。商标法第五十二条规定，下列行为属于侵犯注册商标专用权：第（一）项，未经商标注册人的许可，在同一种商品或者类似商品上使用与其注册商标相同或者近似的商标的。第（四）项，未经商标注册人同意，更换其注册商标并将该更换商标的商品又投入市场的。著作权法第四十六条、四十七条规定，未经著作权人许可，发表其作品；未经合作作者许可，将与他人合作创作的作品当作自己单独创作的作品发表的；未经著作权人许可，以展览、摄制电影和类似摄制电影的方法使用作品，或者以改编、翻译、注释等方式使用作品的，本法另有规定的除外；未经著作权人许可，复制、发行、表演、放映、广播、汇编、通过信息网络向公众传播其作品的，等等行为均构成侵犯著作权。

可见，未经权利人许可，在很多情况下是构成侵犯知识产权的必要条件，而被告提出合同抗辩的根本目的就是通过否认"未经权利人许可"，从而否认自己实施的是侵权行为。因此，确认权利人是否许可，就成为审理侵犯知识产权诉讼中合同抗辩的关键。

根据民法理论，权利人许可行为是民事法律行为，属于有相对人的单方行为，即依当事人一方的意思表示而成立的行为，如授权、撤销、解除契约等。其一般成立要件有三个：当事人、标的和意思表示。一般生效要件有三个：当事人须有相应的行为能力、须意思表示真实以及标的须合法、可能和确定。①

因此，法院审查权利人是否许可，是依据民事法律行为的生效要件来衡量的，即审查权利人是否具有相应的行为能力、权利人的意思表示是否真实、民事行为指向的标的是否合法、可能和确定。如果三个要件均具备，权利人许可就可以认定。在这种情况下，权利人许可是书面的还是口头的，是单方授权书还是双务合同，甚至合同是否合法有效都不重要。只要权利人作出的是一个民事法律行为，就产生了豁免被控侵权人承担赔偿责任的法律后果。

为了更清楚地解释这一观点，举一个简单的例子。假设专利权人与被许可人签订了一份独占实施专利的许可合同，由于缔约双方相关法律知识的欠缺，导致合同因损害社会公共利益而无效。但是，被许可人已经根据该合同生产了大量的产品。此时，如果专利权人以合同无效而指控被许可人构成侵权的话，法院当然不应支持。因为，合同的无效并不影响权利人意思表示真实。而双方之间的合同关系，可以通过法律途径解决。无论解除或撤销，都是合同法意义上的事情，而非知识产权侵权纠纷所应当审理的问题。

因此，在前述第一种和第二种合同抗辩情形下，无须审查合同的合法有效性，而仅审查合同是否真实，权利人许可是否符合民事法律行为的成立和生效要件即可。如果权利人许可行为是民事法律行为，那么被告不构成侵权。若权利人许可行为不符合民事法律行为

① 马原. 中国民法教程. 北京：中国政法大学出版社，1998. 152～158；王泽鉴. 民法总则. 北京：中国政法大学出版社，2001. 249～254

的成立和生效要件，则可以认定侵权成立。

一审合议庭成员：彭新强　龚麒天　刘冬梅

二审合议庭成员：张学军　孙明飞　岳利浩

作者单位：广东省高级人民法院

反垄断法在知识产权纠纷中的适用

——北京掌中无限信息技术有限公司诉深圳市腾讯计算机系统有限公司垄断及不正当竞争纠纷案

祝建军

【问题提示】

知识产权司法实践中如何认定垄断纠纷案件中的滥用市场支配地位?

【要点提示】

我国反垄断法所规定的经营者具有“市场支配地位”是指，经营者在相关市场内具有能够控制商品价格、数量或者其他交易条件，或者能够阻碍、影响其他经营者进入相关市场能力的市场地位。只有具有市场支配地位的经营者滥用市场支配地位时，才构成垄断。

【案例索引】

一审：广东省深圳市中级人民法院［2006］深中法民三初字第556号民事判决

【案情】

原告：北京掌中无限信息技术有限公司。

被告：深圳市腾讯计算机系统有限公司。

深圳市中级人民法院经审理查明，深圳市腾讯计算机系统有限公司（以下简称腾讯公司）于1998年11月在深圳注册成立，其研发了QQ即时通信系统。该QQ即时通信系统包括客户端和服务端程序。其中服务端程序包括：1. db－server－file，即QQ服务器系统中负责用户登录验证、好友列表提取功能的程序模块；2. OICQ－status，即QQ服务器系统中负责为验证登录后的好友建立连接通路，包括其他功能通路，以及维护用户正常状态，记录用户登录状态信息的程序模块。QQ客户端程序包括：1. QQ2005正式版V05. 0. 200. 082（1427）. exe；2. QQ2006贺岁版QQsf. exe。除上述程序外，QQ即时通信系统还包括拓扑结构、逻辑结构示意图、QQ用户服务条款。

腾讯公司在QQ客户端软件和QQ服务器软件中均设置有QQ通信协议，负责将发送方发送的信息和接收方返回的信息按规定格式进行封装（打包）和解封（解包），构成一个完整、安全的数据通信链路。为确保被告QQ即时通信系统的安全和QQ服务器软件著作权不受侵犯，被告仅允许合法的普通QQ用户和移动QQ用户通过被告提供的QQ客户端软件访问QQ服务器系统。被告将客户端软件许可协议与用户服务条款合二为一，用户可以在下载相应的客户端软件的过程中或者在被告网站的网页上了解相应的服务条款内容，在 QQ 用户服务条款中，载明了 QQ 账号所有权归腾讯公司所有，用户注册后，获得 QQ 账号的使用权……，未经书面许可，他人不得擅自借助该软件发展有关衍生产品等相关权益。被告 QQ 即时通信系统可以分别为用户提供有线（计算机终端）及无线（手机移动）的即时通信服务，其中普通 QQ 用户可以享受前者服务，后者服务仅提供给移动 QQ 用户。被告移动 QQ 即时通信产品每月向客户收取 5 元的费用。

北京掌中无限信息技术有限公司（以下简称掌中无限公司）于 2004 年 8 月在北京注册成立，其研发了基于手机运行的 Personalized Information and Communication Assistant（以下简称 PICA）移动多媒体即时通信平台。移动用户通过手机使用该即时通信产品，可以与其他人进行聊天、交友、语音、资讯、博客等交流。原告提供的 PICA 移动即时通信产品免费提供给用户使用。

掌中无限公司在其开发的 PICA 软件中为用户提供了登录 QQ 系统的通道，用户通过该通道即可登录到被告 QQ 通信系统，与 QQ 好友进行即时交流。掌中无限公司在 PICA 网站首页有连接 QQ 的图标，在“产品中心”栏目下，有对 PICA 即时通能够在手机上跟 QQ、MSN 好友聊天，还能语音对讲和发送图片的宣传。通过抓取原告 PICA 掌中无限公司用户端发送到 QQ 服务器的数据包，与注册的 QQ 用户发送到服务器的数据包格式和内容进行比较，两个数据包结构和内容相一致。

在腾讯公司的网站上有下列广告内容：“腾讯公司是中国最早也是目前中国市场上最大的互联网即时通信软件开发商。1999 年 2 月，腾讯正式推出第一个即时通信软件——腾讯 QQ，并于 2004 年 6 月 16 日在香港联交所主板上市。截止到 2006 年 6 月 30 日，腾讯 QQ 用户超过了 5.49 亿。集团现时有三项主要业务：互联网增值服务、移动和电信增值服务及网络广告。”

在掌中无限公司网站中有下列广告内容：“国内主要有三大移动 IM 平台，即：QQ、MSN、PICA。目前，三家都已实现无线上网应用。移动 QQ 用户数量：300 万左右（据相关人士透露），应用范围：QQ 用户，QQ 与手机短信相结合的产物，使移动电话用户可以通过短消息服务器和 QQ 用户实现信息的互通，是最简单的无线 QQ 方式。移动 MSN 用户数量：约 30 万（据相关人士透露）。PICA 用户数量：200 万（注册用户），应用范围：PICA、QQ、MSN 等。在互通方面，PICA 可以实现和移动 QQ、移动 MSN 等移动 IM 工具互通。用户只需安装 PICA，选择输入自己的 QQ 或 MSN 账户信息就可以登录 QQ 或 MSN。”

基于上述事实，腾讯公司认为，原告通过不正当手段，免费诱惑 QQ 用户通过其 PICA 软件登录 QQ 服务器，利用被告的 QQ 即时通信系统与其他 QQ 用户进行即时通信，侵犯了被告的计算机软件著作权和财产权及进行不正当竞争。腾讯公司于 2006 年 5 月，向北京市第一中级人民法院提起民事诉讼，要求法院判令原告掌中无限公司停止侵权，赔偿其损失人民币 200 万元。腾讯公司在北京市第一中级人民法院起诉原告的起诉状中称：“目前在被告 QQ 即时通信系统上注册的用户数量为 4 亿 9 000 万户，其中注册移动 QQ 服务的用户数量约为 800 万户，因此维护 QQ 用户数据库的工作十分繁重。”2006 年 10 月，掌中无限公司将腾讯公司起诉至深圳市中级人民法院。

原告诉称，原告在 PICA 软件中为 QQ 用户提供了一个通道，QQ 用户通过 PICA 提供的这个通道可以登录QQ，与自己的QQ好友实现互通，进行实时交流，为QQ用户提供了又一个方便登录QQ的途径和选择，以兼容方式实现了与被告的互联互通，但腾讯公司却对原告提起上述诉讼，拒绝了原告的互联互通要求，腾讯公司的行为构成垄断及不正当竞争，请求判令被告：一、停止不正当竞争及垄断行为，限期公开阻碍互联互通的QQ即时通信系统通信协议；二、赔偿原告经济损失200万元；三、赔偿原告因调查制止其侵权行为支付的合理费用2万元；四、承担本案全部诉讼费用。

【审判】

深圳市中级人民法院经审理认为，原告以兼容方式实现其即时通信产品PICA与被告同类产品QQ的互联互通，被告在北京一中院起诉原告侵犯其著作权和不正当竞争，原告认为该诉讼行为意味着被告拒绝两种产品的互联互通，滥用市场支配地位，构成垄断并要求被告公开其通信协议。就市场份额而言，截止到2006年6月30日，被告QQ用户已超过5.49亿，用户数量巨大，因此，在即时通信产品市场，被告已居于市场支配地位。被告在即时通信领域居于市场支配地位，主要是基于其巨大的普通QQ用户数量，这是被告多年努力研发经营QQ即时通信系统的结果，被告不存在滥用市场支配地位的行为。原、被告均经营即时通信产品，在移动即时通信领域构成直接竞争关系，但具体到移动即时通信产品市场领域，原、被告的市场份额差距并不明显，被告不居于市场支配地位。原告提供的PICA移动即时通信产品免费提供给用户使用，被告移动QQ即时通信产品每月向客户收取5元的费用，相比之下，原告在价格上处于更有利的竞争地位。我国目前尚无法律明确规定即时通信产品的经营者必须履行互联互通义务，因此，被告没有履行互联互通的法定义务。原、被告产品没有互联互通并没有限制用户的选择权。故原告指控被告从事不正当竞争及垄断行为不成立，判决驳回原告的诉讼请求。

一审宣判后，原告掌中无限公司不服一审判决，向广东省高级人民法院提出上诉，但因原告未按期缴纳上诉费，一审判决发生法律效力。

【评析】

《中华人民共和国反垄断法》已于2008年8月1日起施行，最高人民法院公布了《民事案件案由规定》，明确将“垄断纠纷”作为知识产权纠纷的一种新案由，从而拓宽了人民法院审理知识产权案件的范围。本案例是一起典型的因知识产权行使所引起的垄断纠纷案件，涉及反垄断法在知识产权领域中的法律适用问题，因此，对本案例进行分析，有利于积累审理垄断纠纷案件的司法实践经验。

本案审结时，我国反垄断法尚未生效，因此，反垄断法草案所确立的立法精神，就成为审理本案的重要指导依据。

一、反垄断法的性质

竞争是市场经济的本质特征，市场主体的根本目的在于追求自身经济利益的最大化。市场经济的优越性就在于通过竞争来调动人们追求财富的进取心，通过竞争来实现社会资源的优化配置。在市场经济条件下，市场主体基于逐利的动机，除有可能违背商业道德不择手段地进行竞争外，还有可能通过单独或联合的行为来限制或消除竞争，形成垄断，从而削弱市场竞争机制，影响整个经济运行的效率，损害其他经营者及消费者的合法权益。

在现代市场经济条件下，反垄断法是各国为保护和促进市场竞争而实施的一项基本的经济政策和法律制度，其核心目标是确保竞争机制在相关市场发挥作用，从而提高生产率和资源配置效率，增进消费者福利。[①] 在反垄断法之下，政府的角色只是赛场的裁判，按照既定的比赛规则，对市场中的运动员和场边的教练员随时叫停、判罚并即时恢复比赛，自己既不做运动员，也不做教练员。[②]

反垄断法是禁止垄断确保公正交易的法律规范的总和。[③] 从法学理论的视角来看，反垄断法属于经济法的范畴，即它是国家以法的手段来实现对国民经济的宏观控制。从内容上来看，反垄断法除了具有鲜明的公法特征外，还具有一些私法的属性。以我国刚颁布的反垄断法为例，如主体从事了垄断之违法行为，反垄断执法机构将依法对其垄断行为进行调查，并可以对其采取必要的强制措施，以积极行使国家强制力的公法手段来制止垄断行为；同时，因受到垄断侵害的经营者，也可以通过民事诉讼的方式，请求人民法院制止该经营者从事垄断行为，以维护自己正当的经营权益（民事权益）。可见，垄断行为既是损害国家利益、社会利益的行为，同时也是损害其他经营者合法权益的行为，此时，国家可利用公法的手段，受害的经营者也可以用私法的手段，来达到消除垄断，保护自己合法权益的目的。

二、反垄断法与知识产权法的关系

知识产权是现代社会的一项重要财产权，知识产权制度也是各国一项基本的经济政策和法律制度，其核心目标是通过授予和保护特定知识产权的创造主体在一定期限的专有权，从而调动智力创造者的积极性，促进科学技术的更新，带动社会的进步和经济的快速发展，增进社会福利。知识产权有许多种，基本上都是指权利人为阻止其竞争对手销售自己的商品而拥有的一种垄断市场的权利。[④]

知识产权本身具有垄断性，是一种法定垄断权，因此，取得并行使知识产权的行为一般被看作为反垄断法豁免的行为。因享有知识产权而取得一定时间内的垄断地位，是法律为了鼓励创新、刺激科技竞争而采用的法律技术手段，当知识产权人在法定范围内行使权利时，法律要维护知识产权人的垄断地位，但当知识产权人在行使权利的过程中，不适当地扩张其垄断地位，或者谋求非法利益，限制竞争时，他就会成为反垄断法规制的对象。可见，享有知识产权并不意味着知识产权领域内的任何行为均可以被反垄断法所豁免，一旦知识产权行使超出了权利行使的正当界限，即构成知识产权滥用行为，当滥用知识产权的行为对市场竞争构成实质性限制时，就应该适用反垄断法对之进行调整。

知识产权制度与反垄断制度既具有统一性，又具有冲突性，二者以不同的功能共同实现对市场经济秩序的维护。知识产权法虽然在智力成果的使用上具有排除竞争对手的功能，但却在智力成果创造领域中激励了竞争，而反垄断法以保护竞争为其核心目标。同

---

① 王先林．中国反垄断法应如何对待知识产权问题．科技与法律，2007（3）

② 史际春等．反垄断法的理解与适用．北京：中国法制出版社，2007. 2

③ ［日］村上政博．日本禁止垄断法．姜姗译．北京：法律出版社，2008. 235

④ 葛现琴．知识产权保护与反垄断法的冲突与协调．河南司法警官职业学院学报，2005（3）

时，知识产权法与反垄断法均以促进消费者福利和公共利益为终极目标。[①] 反垄断法介入知识产权领域，并不意味着对知识产权本身作为垄断权性质的否定，而是在承认和保护这种权利的同时，防止和控制知识产权被滥用，限制和阻碍市场竞争。

三、我国反垄断法对知识产权的规制

我国反垄断法第五十五条规定，“经营者依照有关知识产权的法律、行政法规规定行使知识产权的行为，不适用本法；但是，经营者滥用知识产权，排除、限制竞争的行为，适用本法”。可见，我国反垄断法尊重正当行使知识产权的行为，明确将行使知识产权的正当行为作为反垄断法适用的除外，但反垄断法反对知识产权滥用行为，明确对滥用知识产权的垄断或限制竞争行为加以必要的规制。只强调知识产权的行使而没有确立相应的约束机制，会导致市场垄断，这与反垄断法的立法初旨相违背。

我国反垄断法对滥用知识产权的行为进行规制时，并没有设置专门的滥用知识产权的垄断行为的专章[②]，而是根据滥用知识产权垄断行为的性质，分别援用“垄断协议”、“滥用市场支配地位”、“经营者集中”等反垄断制度进行规制。

四、滥用市场支配地位构成垄断的认定[③]

我国反垄断法所规定的经营者具有“市场支配地位”是指，经营者在相关市场内具有能够控制商品价格、数量或者其他交易条件，或者能够阻碍、影响其他经营者进入相关市场能力的市场地位。行为人具有市场支配地位，是针对特定的市场范围——相关市场而言，相关市场大小范围的确定是认定构成市场支配地位的前提。对市场支配地位进行界定有三个重要的标准：市场结构、市场行为、市场结果，分别对应经营者的市场份额、市场行为和盈利情况，在认定经营者是否构成市场支配地位时，要综合上述三种因素进行判定。在上述三种因素中，市场份额是判定经营者是否具有市场支配地位的最简明的考察指标，因此，我国反垄断法规定，可以根据一定的市场份额来推定经营者具有市场支配地位。但该推定的事实具有相对性，经营者可以通过反证来推翻该相对事实，从而证明自己不具有市场支配地位。

我国反垄断法规定，在认定经营者是否具有市场支配地位时，除了要看经营者自身的市场份额外，还要考虑其他市场主体的市场份额以及它们之间的竞争状况、经营者控制销售市场的能力、其他经营者进入相关市场的难易程度、对该经营者在交易上的依赖程度等因素。

认定经营者具有市场支配地位，还不足以认定经营者构成垄断。因为通过合法手段取得市场支配地位并不违法，只有具有市场支配地位的经营者滥用市场支配地位时，才构成垄断。我国反垄断法规定了以不公平手段高价销售商品或购买商品等七种滥用市场支配地位的行为，这是反垄断执法机构或人民法院认定某种行为是否构成滥用市场支配地位的法定标准。

---

① 李艳，赵芸平，步翠锁．知识产权的滥用与反垄断法的规制．知识产权，2005（6）

② 王先林．中国反垄断法草案中的滥用市场支配地位与滥用知识产权．中国工商管理研究，2007（6）

③ 史际春等．反垄断法的理解与适用．北京：中国法制出版社，2007. 143～157

五、对本案的分析

从本案来看，掌中无限公司是以腾讯公司滥用市场支配地位来对其提起诉讼的。因此，我们首先必须界定双方具有竞争关系的相关市场的范围。腾讯公司自主研发了QQ即时通信系统，被告QQ即时通信系统可以分别为用户提供有线（计算机终端）及无线（手机移动）的即时通信服务，其中普通QQ用户可以享受前者服务，后者服务仅提供给移动QQ用户。普通QQ用户（有线用户）在中国大约有四五亿，可见，在以计算机为终端的有线即时通信用户中，腾讯公司占有巨大的市场份额，且其在香港联交所已主板上市，根据我国反垄断法的规定，上述事实可以推定腾讯公司在普通QQ用户消费市场中具有市场支配地位。

但本案原告并没有开发有线即时通信用户，原、被告具有直接市场竞争关系的领域在于移动即时通信市场。在该市场中，原告自认被告大约有移动QQ用户300万，而其PICA移动用户有200万注册用户，同时在移动即时通信市场还有MSN用户大约30万，这表明，在移动即时通信产品市场领域，存在着QQ、PICA、MSN等规模较大的三家竞争者，由于原、被告在该市场中的份额差距并不明显，因此，被告在移动即时通信产品市场并不居于市场支配地位。原告提供的PICA移动即时通信产品免费提供给用户使用，被告移动QQ即时通信产品每月要向客户收取5元的费用，相比之下，原告在价格上处于更有利的竞争地位。可见，被告不具有市场支配地位，因而不具备滥用市场支配地位的前提条件。

被告QQ即时通信系统，是被告研发的高科技产品，其软件著作权和相关的财产权受我国法律保护。被告通过努力经营，在普通QQ（有线）即时通信市场具有绝对的市场支配地位，但这是被告合法利用知识产权制度，通过高科技研发所带来的成果，被告并不存在滥用知识产权的行为。被告为确保其QQ即时通信系统的安全和QQ服务器软件著作权不受侵犯，仅允许合法的普通QQ用户和移动QQ用户通过其提供的QQ客户端软件访问QQ服务器系统，这也是合法行使知识产权的行为，法律应予以保护。

即时通信市场是我国经济发展所带来的新生事物，我国法律并未规定即时通信产品的经营者必须履行互联互通义务，因此，被告没有履行互联互通的法定义务。相反，原告在事先未和被告协商的情况下，未经许可，在其开发的PICA软件中为用户提供了登录QQ系统的通道，用户通过该通道即可登录到被告QQ通信系统，与QQ好友进行即时交流，原告的行为不仅导致被告对移动QQ用户有偿服务的市场份额下降，而且还导致普通QQ用户可以享受移动QQ用户的有偿服务，这损害了被告已经建立的QQ市场，给被告造成了损失。同时，原告的上述行为可以吸引移动用户进行PICA注册，增加了自己的市场份额，原告这种利益的获取是建立在损害被告利益基础之上的，显属不正当竞争行为，法律应予制止。

掌中无限公司与腾讯公司存在市场竞争关系，掌中无限公司未经许可，将其PICA移动即时通信系统嵌入腾讯公司的QQ即时通信系统中，属于侵害腾讯公司合法权益的不正当竞争行为。原告以被告不允许其PICA通信系统与QQ通信系统互联互通为由，起诉被告滥用知识产权，滥用市场支配地位，构成垄断，因被告在移动即时通信市场不具有市场支配地位，且被告没有法定互联互通的义务，故被告不存在滥用知识产权从事排除或限制竞争的垄断行为及不正当竞争行为。据此，人民法院判决驳回原告的诉讼请求是正确的。

一审合议庭成员：陈文全　吴鹏程　孙　虹

作者单位：深圳市中级人民法院

关于对没有被人民法院认可的台湾地区有关法院及检察署的判决和不起诉处分书的审查和认定

——侯国卿诉林陈贞秀企业出售合同纠纷案

张良开

【问题提示】

对没有被人民法院认可的台湾地区有关法院的判决及检察署的不起诉处分书应如何审查认定?

【要点提示】

对未经认可的台湾地区有关法院的判决及检察署的不起诉处分书，仅可作为证据材料在诉讼中运用，人民法院不能直接采用判决和不起诉处分书中所认定的事实，但人民法院在确认该证据材料已履行相关证明手续，并根据有关证据规则确定该证据材料的证明力后，可以采纳其中认定的事实。

【案例索引】

一审：广东省江门市中级人民法院［2006］江中法民四初字第10号民事判决

二审：广东省高级人民法院［2009］粤高法民四终字第194号民事判决

【案情】

原告：侯国卿，男，台湾居民。

被告：林陈贞秀，女，台湾居民。

江门市中级人民法院经审理查明：1997年11月13日，侯国卿向江门市工商行政管理局申请成立互利食品（台山）有限公司（以下简称互利公司），经审批，互利公司于1997年12月18日核准登记注册，领取了《中华人民共和国企业法人营业执照》，企业性质为台资独资企业，侯国卿为法定代表人。

1998年9月，侯国卿持本案双方当事人争议的《转让合同书》，向台山市对外经济贸易局和江门市工商行政管理局申请变更互利公司的法定代表人，该《转让合同书》的内容为：本人侯国卿于1997年11月在广东省台山市创办互利公司。因受一年来国际国内气候影响，自感经营困难，现决定将互利公司所有资产，包括债权及债务折价为美金25万元，全部转让给林陈贞秀女士，并由林陈贞秀女士接任该公司董事长。自转让之日起，互利公司一切财产及业务与本人无关。恐口无凭，特立此书。经台山市对外经济贸易局和广东省人民政府审批，江门市工商行政管理局为互利公司办理了企业法定代表人变更登记，法定代表人由侯国卿变更为林陈贞秀，并经营至今。

侯国卿起诉认为林陈贞秀未按《转让合同书》的约定支付投资转让款已构成违约，请求林陈贞秀向侯国卿支付投资转让款美金25万元及逾期付款违约金。林陈贞秀答辩称《转让合同书》上林陈贞秀的签名是虚假的，对《转让合同书》的真实性不予确认。

【审判】

江门市中级人民法院审理认为：本案系企业出售合同纠纷。本案的双方当事人均系台湾居民，故本案属于最高人民法院规定实行集中管辖的涉台民商事纠纷案件。本案双方当事人未协议选择管辖法院，侯国卿向原审法院提起民事诉讼，原审法院已经依法立案受理，根据程序法适用法院地法原则，依照《中华人民共和国民事诉讼法》第二十四条的规定，原审法院对本案有管辖权。本案双方当事人没有约定发生争议处理时适用的法律，而涉案企业出售合同的履行地、被出售企业的住所地均在中华人民共和国内地，本案纠纷与中国内地的联系最为密切，因此依据最密切联系原则，本案应适用中华人民共和国内地法律予以调整。

根据双方当事人提交的《转让合同书》来看，其内容是侯国卿将其筹办设立的互利公司的所有资产，包括债权及债务折价为美金25万元，转让于林陈贞秀。转让的方式是向相关行政管理部门办理企业法定代表人变更手续，以林陈贞秀就任互利公司的董事长，侯国卿退出互利公司的经营管理，林陈贞秀向侯国卿支付转让价款为履行内容。该合同的内容并不违反我国法律和行政法规的强制性规定，应为有效。尽管林陈贞秀辩称该《转让合同书》上“林陈贞秀”的签名并非其本人所签，并否认该《转让合同书》的效力，但根据双方当事人在诉讼中所提交的证据显示，侯国卿已经按照涉案《转让合同书》的约定全面履行了自己的义务，经向台山市对外经济贸易局和广东省人民政府报请审批，江门市工商行政管理局已经为互利公司办理了企业法定代表人变更登记，互利公司的法定代表人由侯国卿变更为林陈贞秀，侯国卿也已经退出了互利公司的经营管理。另根据互利公司《企业法人营业执照》的记载事项，林陈贞秀的丈夫林富增任互利公司副董事长一职，因此，林陈贞秀应当明知涉案《转让合同书》的履行情况，但林陈贞秀自1998年10月就任互利公司董事长以来，并未就该《转让合同书》的效力及履行提出异议并经营至今，故对林陈贞秀主张涉案《转让合同书》并非其本人所签的抗辩意见，不予采纳。根据《中华人民共和国合同法》第八条第一款的规定，林陈贞秀在接手互利公司后，未按照《转让合同书》的约定向侯国卿支付转让款，构成违约。根据《中华人民共和国合同法》第一百零七条及第一百零九条的规定，侯国卿诉请判令林陈贞秀继续履行《转让合同书》，支付企业出售对价款美元25万元，合法有据，予以支持。至于侯国卿请求判令林陈贞秀从侯国卿起诉之日起按中国人民银行规定的逾期贷款罚息利率每日万分之二点一向其计付违约损失至转让款全部付清之日的问题，考虑到双方在《转让合同书》中并未有付款期限和违约金的约定，根据《中华人民共和国合同法》第一百一十二条及第一百一十三条的规定，判令林陈贞秀从侯国卿起诉之日起按中国人民银行规定的同期一年期美元贷款利率向侯国卿计付违约损失至转让款全部付清之日为宜，对侯国卿过高的诉讼请求不予支持。综上，原审法院依照《中华人民共和国合同法》第八条、第一百零七条、第一百零九条、第一百一十二条及第一百一十三条的规定，判决林陈贞秀自本判决生效之日起

10 日内支付美元 25 万元及以美元 25 万元为本金，从 2005 年 12 月 30 日起按中国人民银行规定的同期一年期美元贷款利率计算至本判决规定的全部债务清偿之日止的债务利息给侯国卿。

林陈贞秀不服一审判决，上诉请求撤销原判，驳回侯国卿的原审诉讼请求。理由为：一、本案涉及的股权实际上属于林陈贞秀的丈夫林富增所有，本案涉及的股权变更是林陈贞秀的丈夫林富增与侯国卿合作期间因经营需要将股权变更到林陈贞秀名下，并非有偿转让，林陈贞秀从未与侯国卿签订所谓的《转让合同书》。二、因本案涉及的事实和证据，大部分发生在台湾地区，且须经台湾地区的司法程序认定，故林陈贞秀的部分证据在一审举证期间无法取得，林陈贞秀在一审时已向法院声明，并在一审庭审结束后将初步取得的新证据向法院提交，法院应中止本案审理，给予林陈贞秀适当的时间收集证据。林陈贞秀也向法院声明《转让合同书》上的签名系伪造，并申请法院进行笔迹鉴定，但原审法院没有这样做，导致本案认定事实错误。侯国卿答辩认为原审判决认定事实清楚，处理正确，应予维持。

广东省高级人民法院确认一审法院查明的事实存在。另查明，林陈贞秀于二审开庭前提交了三份证据：一、台湾板桥地方法院 96 年度简字 4616 刑事简易判决。该判决于 2008 年 6 月 16 日下判。该判决认为侯国卿逾越授权范围伪造《转让合同书》，并向广东省台山市对外经济贸易局办理变更登记手续。二、台湾板桥地方法院 97 年度简上字第 814 号刑事判决，该判决于 2008 年 10 月 31 日下判。该判决驳回侯国卿的上诉，维持了上述一审判决。三、台湾台东地方法院检察署检察官不起诉处分书。该不起诉处分书于 2008 年 12 月 30 日作出。该案是侯国卿告林陈贞秀、林富增，认为其与林陈贞秀、林富增签订《转让合同书》，侯国卿以美金 25 万元将互利公司股权转让给林陈贞秀、林富增，并办理变更登记手续。但林陈贞秀、林富增拒不给付转让款美金 25 万元，已构成欺诈罪。该不起诉处分书载明：侯国卿在 2008 年 12 月 25 日侦查中自认：《转让合同书》是假的，由于公司拆伙后，林富增没有把有关利益分配给他，所以才告林陈贞秀、林富增。上述三份证据由台湾公证机关公证，广东省公证协会核验后认定其与台湾财团法人海峡交流基金会寄送该协会的相应副本无异。侯国卿对上述三份证据质证认为，根据我国法律，台湾地区的刑事判决及其刑事方面的文书在大陆是不能使用的，该三份证据在大陆不具有法律效力，其中两份刑事判决不属于新证据。

广东省高级人民法院经审理认为：本案系涉台企业出售合同纠纷。双方当事人对原审法院行使本案管辖权和法律适用均无异议，对此予以确认。关于对林陈贞秀二审提交的三份证据的认定问题。林陈贞秀二审提交了三份在台湾地区形成的证据，是 2006 年 10 月 20 日原审法院庭审结束后新发现的证据，属于二审程序中的新证据，予以采纳。该三份新证据已履行相关的证明手续，符合最高人民法院《关于民事诉讼证据的若干规定》第十一条第二款“当事人向人民法院提供的证据是在香港、澳门、台湾地区形成的，应当履行相关的证明手续”的规定，对其真实性予以确认。侯国卿抗辩认为三份证据不属于新证据、不具有法律效力，依据不足，不予采信。关于对《转让合同书》真实性的认定问题。林陈贞秀提供的上述三份证据，均非常明确地显示本案所涉的《转让合同书》是虚假的，是侯国卿伪造的，据此，对《转让合同书》不予确认，林陈贞秀上诉认为林陈贞秀与侯国卿从未签订《转让合同书》，《转让合同书》是虚假的，证据充分，予以支持。

原审判决确认《转让合同书》并据此判决林陈贞秀向侯国卿支付美金 25 万元及利息错误，予以纠正。综上，原审判决认定事实不清，证据不足，应予纠正。依照最高人民法院《关于民事诉讼证据的若干规定》第二条、第十一条第二款、第四十一条第一款第（二）项，《中华人民共和国民事诉讼法》第一百五十三条第一款第（三）项的规定，判决：一、撤销广东省江门市中级人民法院［2006］江中法民四初字第 10 号民事判决。二、驳回侯国卿的诉讼请求。

【评 析】

本案争议的焦点是《转让合同书》是否真实有效。二审主要涉及对以下三个问题的认定：一是对林陈贞秀二审提供的台湾地区有关法院及检察署的刑事判决和不起诉处分书的认定问题。二是台湾地区形成的证据的真实性应当履行的证明手续问题。三是台湾地区形成的证据证明力的认定问题。

一、关于对台湾地区有关法院及检察署的刑事判决和不起诉处分书的认定问题

大陆与台湾地区同属一个中国，大陆与台湾地区属同一个国家内实行不同法律制度的不同法域，我们能否直接采用台湾判决所认定的事实呢？对于台湾地区民商事判决，根据最高人民法院 1998 年 5 月《关于人民法院认可台湾地区有关法院民事判决的规定》及 2009 年 4 月《关于人民法院认可台湾地区有关法院民事判决的补充规定》，台湾地区民商事判决已为人民法院认可的，当事人对民事判决认定的事实无须举证，人民法院可直接采用判决所认定的事实；台湾地区民商事判决没有被人民法院认可的，仅可作为证据材料在诉讼中运用，人民法院不能直接采用该判决所认定的事实。由于本案涉及的是台湾地区刑事判决和不起诉处分书，而在大陆与台湾地区刑事判决相互承认的问题上，目前尚无法律依据。因此，案涉的台湾地区刑事判决和不起诉处分书可作为证据材料在诉讼中运用，该台湾地区刑事判决和不起诉处分书中认定的事实我们不能直接采用。

二、关于台湾地区形成的证据真实性应当履行的证明手续问题

最高人民法院《关于民事诉讼证据的若干规定》第十一条第二款“当事人向人民法院提供的证据是在香港、澳门、台湾地区形成的，应当履行相关的证明手续”。由于两岸“政治僵局”尚未打破，两岸官方就司法互助问题尚无正式的沟通，目前的司法互助关系主要通过经官方授权的民间组织途径进行。1993 年 4 月大陆的民间机构海协会和台湾的海基会在新加坡达成了《两岸公证书使用查证协议》，其明确规定了两岸间相关公证书副本寄送及公证书的查证事宜。根据上述协议有关两岸公证书副本的寄送、查证，均由台湾海基会直接与大陆“中国公证员协会”及其各地分支机构联系。即当事人提供的在台湾地区形成的证据材料，应当经台湾地区的公证部门公证，并由海基会按照《两岸公证书使用查证协议》寄送公证书副本。本案林陈贞秀提供的台湾地区刑事判决和不起诉处分书等证据材料履行了相关的证明手续，符合法律的规定。

三、台湾地区形成的证据证明力的认定问题

对当事人提供的已经履行了公证认证或者其他证明手续的境外证据，应当在庭审中进行质证，根据有关证据规则确定有关证据材料的证明力。本案林陈贞秀提供的台湾地区刑事判决和不起诉处分书等证据材料经庭审进行质证，侯国卿未能提供证据进行反驳。根据最高人民法院《关于民事诉讼证据的若干规定》第七十二条“一方当事人提出的证据，另一方当事人认可或者提出的相反证据不足以反驳的，人民法院可以确认其证明力”及第七十六条“当事人对自己的主张，只有本人陈述而不能提出其他相关证据的，其主张不予支持。但对方当事人认可的除外”的规定，本院确认林陈贞秀提供的台湾地区刑事判决和不起诉处分书等证据材料的证明力。由于林陈贞秀提供的台湾地区刑事判决和不起诉处分书等证据材料均非常明确地显示本案所涉的《转让合同书》是虚假的，是侯国卿伪造的，因此，本院对《转让合同书》的真实性不予确认。

一审合议庭成员：梁平惠　吴拥军　肖庆文
二审合议庭成员：侯向磊　张艮开　叶　丹
作者单位：广东省高级人民法院

股东优先购买权的行使条件

——盘志雄诉中国信达资产管理公司办事处等股东优先权案

贺晓翊

【问题提示】

中外合作经营企业中股东的优先购买权如何行使?

【要点提示】

中外合作经营企业的优先购买权必须符合法定要件，它的前提和基础为限于同一公司的股东以及转让的股份应当是中外合作企业的投资权益。当中外合作经营企业的一方转让其本身所持有的其他公司的股份时，该合作经营企业的另一方并不享有优先购买权。

【案例索引】

一审：广东省珠海市中级人民法院［2008］珠中法民四初字第60号民事判决

二审：广东省高级人民法院［2009］粤高法民四终字第351号民事判决

【案情】

原告：盘志雄。

被告：中国信达资产管理公司广州办事处（以下简称被告一）。

被告：珠海经济特区建设财务公司（以下简称被告二）。

被告：珠海市英利房地产开发有限公司（以下简称被告三）。

被告：珠海飞天利投资有限公司（以下简称被告四）。

被告：广东英汇投资有限公司（以下简称被告五）。

盘志雄系我国澳门特别行政区新华地产建筑贸易行的企业主。2000年6月12日，珠海市建设物业公司（甲方）与澳门新华地产建筑贸易行（乙方）经批准以合作经营方式在珠海设立珠海市新华建设房地产有限公司，双方的利润分配比例为甲方占48%，乙方占52%。

2003年11月5日，珠海市建设物业公司出具关于公开转让我方投资权益的通知给澳门新华地产建筑贸易行，提出由于澳门新华地产建筑贸易行未能依照协议履行出资义务，珠海市建设物业公司拟以6 000万元为底价进行公开招标，转让珠海市建设物业公司在合作公司的投资权益，将邀请澳门新华地产建筑贸易行参加投标，在同等条件下拥有优先购买的权利。

2004年9月28日，《南方日报》登载了中国信达资产管理公司股权转让招标公告，内容为："通过公开招标的方式转让珠海经济特区建设财务公司对珠海市建设物业公司的股权。"被告珠海飞天利投资有限公司与被告广东英汇投资有限公司遂与中国信达资产管理公司联系招标事宜，参与投标。2004 年 10 月 12 日，广东省广州市公证处以［2004］穗证内经字第 115651 号公证书，对珠海市建设物业公司股权转让项目的招标、开标、评标活动进行了现场公证。经评标委员会评议：广东英汇投资有限公司和飞天利投资有限公司（联合投标）中标。2004 年 10 月 18 日，中国信达资产管理公司广州办事处、珠海经济特区建设财务公司、珠海飞天利投资有限公司、广东英汇投资有限公司签订珠海市建设物业公司股权转让合同，珠海经济特区建设财务公司出让对珠海市建设物业公司的 100% 股权，股权转让价为人民币 8 800 万元，珠海飞天利投资有限公司、广东英汇投资有限公司以一次性付款人民币 8 800 万元的投标条件成为中标人。广东英汇投资有限公司经珠海市永安达会计师事务所有限公司审计，截至 2004 年 11 月 12 日，受让了珠海经济特区建设财务公司的 50% 股权，珠海飞天利投资有限公司受让了珠海经济特区建设财务公司的 50% 股权。2004 年 11 月 24 日，珠海市建设物业公司经珠海市工商行政管理局核准变更登记为珠海市英利房地产开发有限公司，股东变更登记为珠海飞天利投资有限公司和广东英汇投资有限公司，各出资人民币 500 万元，分别占股权的 50%。

原告盘志雄认为珠海经济特区建设财务公司出让对珠海市建设物业公司的 100% 股权的行为侵犯了其优先购买权，遂提起诉讼。

【审 判】

广东省珠海市中级人民法院一审认为：被告一与被告二将被告三的 100% 股权转让给被告四、被告五的行为并未侵犯原告的优先购买权。本案中原告认为被告一与被告二将被告三的 100% 股权转让给被告四、被告五的行为侵犯了原告的优先购买权，理由是该行为其实是转让了被告三在珠海市新华建设房地产有限公司 48% 的投资权益。经审查，珠海市建设物业公司股权转让合同第三条规定，被告二向被告四、被告五出让珠海市建设物业公司（被告三）的 100% 股权，由此可见，被告四、被告五受让的是对被告三的股权。被告三在合作企业中 48% 的投资权益系被告三公司资产的组成部分，其自身股权变动并不导致公司资产归属的变化，股权与公司财产权是完全不同的两个概念。被告三在合作企业中 48% 投资权益并非转让标的，换言之，被告四、被告五受让了被告三的股份，并未受让被告三对合作企业的投资权益。原告主张的优先购买权系指中外合作经营企业的一方在转让其在合作企业中的投资权益时，在同等条件下，另一方具有优先购买权。此种优先购买不能及于合作企业合作方自身的股权。因此，法院认为，原告缺乏行使优先购买权的前提基础，被告一与被告二将被告三的 100% 股权转让给被告四、被告五的行为并未侵犯原告的优先购买权。

宣判后，原告盘志雄不服一审判决，提起上诉。

广东省高级人民法院经审理认为：股东的优先购买权依法应限定于同一公司的股东之间，盘志雄在本案中主张对财务公司（物业公司的股东，转让后更名为英利公司）的股权享有优先购买权，因盘志雄并不是物业公司的股东，其无权对财务公司在物业公司 100% 的股权行使优先购买权。盘志雄上诉认为其享有对财务公司所转让股权的优先受偿权缺乏法律依据，法院不予支持。依据公司法的规定，股东享有的是股权，公司享有的是财产权，股权与财产权是相分离的。盘志雄上诉认为财务公司对物业公司股权的变更等同于物业公司财产权的改变缺乏事实和法律依据，法院不予支持。因此广东省高级人民法院判决驳回上诉，维持原判。

【评析】

本案争议的焦点为珠海经济特区建设财务公司出让珠海市建设物业公司100%股权给第三方的行为是否侵犯了原告的优先购买权，即中外合作经营企业外方的优先购买权是否受到侵犯。解决该争议焦点的前提和关键在于如何判断中外合作经营企业的优先购买权。

一、如何判断中外合作经营企业的优先购买权

优先购买权是基于有限责任公司的人合性以及公司稳定运转而赋予其他股东的一种救济权利，它也是对股权转让的法定限制。所谓股东优先购买权，是指当有限责任公司的股东经股东会同意而对外转让出资时，其他股东基于其公司股东的资格和地位，在同等条件下，对该出资有优先购买的权利。

股东行使优先购买权必须具备法定条件，我国公司法第三十五条规定："有限责任公司股东之间可以相互转让其全部或部分出资。股东向股东以外的人转让其出资时，必须经全体股东过半数同意，不同意转让的，股东应当购买该转让的出资，如果不购买该转让的出资，视为同意转让。经股东同意转让的出资，在同等条件下，其他股东对该出资有优先购买权。"公司法第三十三条规定："有限责任公司在新增资本时，原有股东有优先购买权。"本案的中外合作经营企业在中国内地注册登记为有限责任公司，依据《公司法》第二百一十八条的规定，公司法与外商投资的法律规范是普通法与特别法的关系，即特别法优先适用于普通法，在外商投资的法律规范没有规定时可以适用公司法的规定，因此上述规定同样适用于中外合作经营企业。

综上，中外合作经营企业的优先购买权应当具备的法定条件为：股东的优先购买权的前提和基础为限于同一公司的股东，即合营他方，不是同一公司的股东不享有优先购买权；转让的标的物应当是中外合作合营企业的股份；限制性条件是同等条件，即优先购买权的条件应当同等。

在本案中，原告认为珠海经济特区建设财务公司上述转让行为的实质是转让了其在珠海市新华建设房地产有限公司的48%的投资权益，从而侵犯了其股东优先购买权。即原告所主张的优先购买权系指中外合作经营企业的一方转让其在合作企业中的投资权益时，在同等条件下，另一方具有优先购买权。因此该优先购买权的行使必须符合上述法定条件。综合分析本案的事实，本案原告主张的优先购买权并不符合法律规定，理由如下：

（1）本案转让的标的物不是合营方所拥有的合营企业的股份。从本案事实来看，珠海经济特区建设财务公司与原告合作成立了中澳合作经营企业珠海市新华建设房地产有限公司，珠海经济特区建设财务公司拥有珠海市建设物业公司的100%股权。珠海经济特区建设财务公司依照法定程序通过招标方式将其在珠海市建设物业公司的100%股权转让给珠海飞天利投资有限公司、广东英汇投资有限公司，从珠海市建设物业公司股权转让合同的第三条转让标的的内容来看，转让标的是珠海经济特区建设财务公司享有的珠海市建设物业公司的100%股权。由此可见，珠海飞天利投资有限公司、广东英汇投资有限公司受让的并非珠海经济特区建设财务公司在珠海市新华建设房地产有限公司的股份。因此，珠海经济特区建设财务公司在合作企业中48%的投资权益并非转让标的，原告所主张的中外合作经营企业的优先购买权不符合法律规定。

(2) 股权与公司财产权在现代公司法中相互分离，不能混为一谈。原告认为，珠海经济特区建设财务公司将其所拥有的全资子公司的股份转让的行为，实际上是转让了该子公司在中外合作经营企业48%的投资权益。尽管珠海市建设物业公司在合作企业中48%的投资权益系珠海市建设物业公司资产的重要组成部分，但是其自身股东的变动并不必然导致公司资产归属的变化。依据现代公司法的基本理念，股权与公司财产权在现代公司法中是相互分离的。珠海经济特区建设财务公司将其所拥有的全资子公司的股份转让的行为与该全资子公司在中外合作经营企业的投资权益是两个不同的概念，不能混为一谈。

综上，由于本案的转让标的物并不是中外合作经营企业的股份，而是中外合作经营企业中合营中方所拥有的全资子公司的股份，合营外方在该子公司中并不拥有任何股份，股东的优先购买权应当只是限于同一公司的股东之间，因此合营外方缺乏行使优先购买权的法定要件，原告的优先购买权并未受到侵犯。

二、审理中外合作经营企业优先购买权纠纷的思考

尽管我国公司法第三十五条及第三十三条规定了股东享有优先购买权，但是细究上述条文，公司法对优先购买权的行使程序、方法以及审查标准均缺乏明确的指引。中外合资经营企业法实施条例第二十三条规定了合营方的优先购买权，但是对中外合作经营企业中的优先购买权并未作出规定。依据公司法第二百一十八条的规定，公司法与三资企业法是普通法与特别法的关系，在三资企业法没有规定的情形下适用公司法的规定。由于公司法关于优先购买权的法律规定过于原则，实践操作性不强，导致司法实践中的混乱。笔者认为，当前审理中外合作经营企业的优先购买权纠纷时应当特别审查以下几个问题：

第一，应当着重考察的是当事人是否是该中外合作经营企业的股东。由于中外合作经营企业的优先购买权限于同一公司的股东，因此如果当事人并非中外合作经营企业的股东，则不能行使优先购买权。

第二，要审查当事人争议的转让股份是否是中外合作经营企业的股份。由于合作一方享有优先购买权的前提和基础应限于合作企业的投资权益，当转让的股权不是合作企业的股权时，合营另一方不享有优先购买权。即法院首先应当审查的是该优先购买权的前提和基础只限于合作企业的投资权益，而不及于合作一方本身所拥有的其他股权。

第三，具体审查和判断优先购买权中的同等条件。优先购买权中的同等条件应当包括股权转让的数量、转让价格、履行期限以及付款方式等。但是其中股权的转让价格应当是主要内容，即审查同一转让价格时，转让价格的支付方式也应当纳入考量的范畴，例如同等转让价格下的即时全额支付方式与分期支付转让价格的方式就不构成同等条件。在具体判断时可以考虑以下两种方法：一是直接由法律规定按照具体标准确定一个基准价。确定基准价时可以采取的标准是：出资证明书上记载的金额或公司账面记载的相应价值确定的价格，或根据投资收益所计算的资本数额确定的价格，或者根据一定年限内投资净收益确定的价格，或者由权威机构评估的价格。第二种方式是以拟转让股权的股东与其选择的第

三人所商定的价格作为同等条件。

第四，从证据上判断当事人是否履行了优先购买权的行使程序和方式。由于目前对优先购买权的行使方式和程序系立法空白，在司法实践中审查优先购买权的行使程序和方式时可以判断和参考当事人是否履行了以下程序和方式：（1）转让股东有否向公司董事及其他股东发出书面通知，说明拟转让股份的理由、受让人姓名、名称、住所、转让价格（作价方法），并附加股权转让合同等。（2）其他股东在合理期限内有否以书面形式通知转让股东优先购买并提存购买款项。（3）其他股东有否在合理期限内行使优先购买权。

一审合议庭成员：陈发启　陈　发　贺晓翊

二审合议庭成员：陈友强　李　继　杨慧怡

作者单位：珠海市中级人民法院

有限责任公司个别股东的公司解散请求权的行使条件

——广东省石油企业集团湛江公司诉湛江安泰液化气有限公司、
台湾森保贸易有限公司解散案

李叶华　孙　杰

【问题提示】

有限责任公司的个别股东向人民法院提起公司解散之诉的条件如何?

【要点提示】

有限责任公司个别股东为了保护自己的权益，在法定条件下有权诉请法院解散公司。判断一个公司是否具备经由司法程序强制解散的要件，应把握两个要素，一是公司的经营管理是否陷入僵局；二是为了解决这个僵局是否已经穷尽了其他可能的方法。

【案例索引】

一审：广东省湛江市中级人民法院［2007］湛中法民四初字第23号民事判决

【案情】

原告：广东省石油企业集团湛江公司。

被告：湛江安泰液化气有限公司。

被告：台湾森保贸易有限公司。

湛江市中级人民法院经审理查明：1993年9月，广东省石油企业集团湛江公司与台湾森保贸易有限公司签订《合作经营湛江安泰液化石油气有限公司合同书》，约定双方在中国境内投资共建合作经营企业湛江安泰液化石油气有限公司，双方投资并按照各占50%的比例进行利润分配。同年12月3日，湛江安泰液化气有限公司经湛江市工商行政管理局核准注册成立，并获颁企业法人营业执照（企作粤湛总字第000193号）。湛江安泰液化气有限公司成立后，由于管理不善未能取得良好的经济效益，后台湾森保贸易有限公司无法取得联系，公司实质已歇业。2005年12月10日，由于湛江安泰液化气有限公司不按规定进行年检，被湛江市工商行政管理局依法吊销了企业法人营业执照。另查，根据湛江经济技术开发区审计师事务所出具的验资报告显示：截至1995年8月31日，广东省石油企业集团湛江公司已投入资本人民币16 973 468.33元，其中运输工具2 590 760元，储气罐、气库、输气管道等设施14 346 708.33元。

原告广东省石油企业集团湛江公司诉称，因台湾森保贸易有限公司无法取得联系，导致双方合作成立的湛江安泰液化气有限公司经营管理严重困难，陷入僵局。广东省石油企业集团湛江公司经商请湛江安泰液化气有限公司的设立批准单位——湛江市对外经济贸易委员会（以下简称湛江外经委），湛江外经委对此也表示无法解决，必须依照法律规定启动清算程序。因此，根据《中华人民共和国公司法》的有关规定，请求法院依法判令对湛江安泰液化气有限公司进行注销清算。

台湾森保贸易有限公司及湛江安泰液化气有限公司经法院合法传唤无正当理由不到庭，亦没有向法庭提供证据及答辩意见。

【审 判】

湛江市中级人民法院经审理认为：台湾森保贸易有限公司系在我国台湾注册的法人，故本案属涉台案件。但湛江安泰液化气有限公司住所地、广东省石油企业集团湛江公司及台湾森保贸易有限公司的合作经营合同的履行地均在湛江市，根据《中华人民共和国民事诉讼法》有关规定，湛江市中级人民法院依法对本案具有管辖权。

《中华人民共和国公司法》第一百八十三条规定："公司经营管理发生严重困难，继续存续会使股东利益受到重大损失，通过其他途径不能解决的，持有公司全部股东表决权百分之十以上的股东，可以请求人民法院解散公司。"广东省石油企业集团湛江公司作为湛江安泰液化气有限公司的股东，占公司股份50%，其请求解散公司，符合关于请求解散公司最低持股比例的法定要求，并已按公司章程约定投入资本人民币16 973 468. 33元。在湛江安泰液化气有限公司已经歇业并被吊销企业法人营业执照，与台湾森保贸易有限公司无法取得联系，经商请批准设立该公司的有关部门也表示无法解决的情况下，通过其他途径仍不能打破公司僵局，若令公司继续存在，会使广东省石油企业集团湛江公司的利益蒙受重大损失，现广东省石油企业集团湛江公司请求解散公司并进行公司清算符合公司法的有关规定。因此，对广东省石油企业集团湛江公司的诉讼请求，法院应予支持。依照《中华人民共和国公司法》第一百八十一条、第一百八十三条和《中华人民共和国民事诉讼法》第一百三十条的规定，判决：一、解散湛江安泰液化气有限公司；二、湛江安泰液化气有限公司股东广东省石油企业集团湛江公司、台湾森保贸易有限公司于判决生效之日起十五日内成立清算组对湛江安泰液化气有限公司进行清算；逾期未成立清算组清算的，由广东省石油企业集团湛江公司对湛江安泰液化气有限公司负责进行清算。

【评 析】

本案是一宗公司解散纠纷。对于作为公司股东之一的广东省石油企业集团湛江公司在公司经营陷入困境并且无法联系到另一股东的情况下向法院起诉请求解散公司，法院是否认可股东的这一诉权判令公司解散是本案的焦点问题。

一、能否认可个别股东提起公司解散之诉的诉权

公司自依法设立时起就具有独立于其股东的人格。公司的解散与否首先是公司自己的事务，应由公司自主决定。有限责任公司的股东会作为公司的意思机关，有权就公司是否解散作出决议，我国公司法在第一百八十一条明确规定了股东会可以通过决议解散公司。但是股东会首先是一个机构，其决议是团体意思的体现，与某一股东或某部分股东的个别意思是两层不同的含义。个别股东的意志在上升成为股东会决议之前是不能直接作用于公司经营的，因此个别股东没有权利直接解散公司，这也是公司人格独立的应有之意。

实践中，公司小股东的权利时有得不到保障的情形。并且有时候这种得不到保障看上去是合理合法的，比如，公司大股东利用其大股东身份作出不利于小股东的决议等，在这种情况下，如果公司的继续存续会使小股东的利益受到损害，应当在公司法中预设对小股东救济的途径。由此，公司法第一百八十三条规定，在满足法定条件的情况下，允许持有公司全部股东表决权百分之十以上的股东，请求人民法院解散公司。因此，对于个别股东请求解散公司的诉权是应该予以认可的。本案中，广东省石油企业集团湛江公司作为湛江安泰液化气有限公司的股东之一，与另一股东按照各占50%的比例行使股权，无疑是有权提起公司解散之诉的。

二、公司强制解散的要件

解散对公司意味着主体资格的消灭，尤其这种主体资格的消灭可能是与公司经由股东会形成的意志相悖的，因此，法院对这类诉求一定要慎重处理，把握好公司强制解散的要件。具体而言，公司进入强制解散程序应满足以下要件：

1. 公司经营管理陷入僵局

根据公司法第一百八十三条的规定，个别股东提起公司解散之诉必须是在公司经营管理发生严重困难，继续存续会使股东利益受到重大损失的情况下，也即公司经营管理陷入僵局。判断公司经营管理是否陷入僵局首先应从公司是否仍正常营业来着眼，司法实践中一般要求被诉请强制解散的公司已经停业超过合理期限，如果公司尚处于正常经营之中，仍有营利的能力，则不应认为公司已陷入僵局。其次更为重要的是公司是否在管理上陷入僵局，也即公司的股东会、董事会等职能机构不能正常发挥作为公司机关的职能，比如因相关人员长期拒绝或无法参加会议，或者虽然人员齐全但意见相左不能形成有效决议，这时公司的管理自然无法正常开展，这是判断公司是否陷入僵局的重要条件。需注意的是公司陷入僵局应当持续足够长的时间，有限责任公司具有较强的人合性，股东之间的互信关系对公司的经营管理非常重要，因此，应当容许公司、股东之间有一段时间进行调整，如果股东会决议无法形成的情况只是偶尔发生，不应界定为公司已经陷入僵局而启动强制解散公司的程序。具体到本案中，湛江安泰液化气有限公司由于经营不善，已经被工商行政管理机关吊销营业执照，并且股东之一台湾森保贸易有限公司已经长期无法取得联系，股东会无法召开，公司事务长期陷入瘫痪状态，应认为已陷入僵局。

2. 穷尽其他救济方式仍无法使公司摆脱僵局

通过其他方式仍不能解决公司经营管理的严重困难，是公司法为公司强制解散设定的另外一个要件。公司解散是公司人格消灭的一种途径，不仅成本较高，也会带来一系列的问题。一方面影响到公司、公司的股东、公司的员工等内部关系人，另一方面也会影响到与公司有关联的外部人如公司的债权人等，因此，司法对公司的强制解散一定要持谨慎的态度。在面临公司解散之诉时应首先力图通过其他方式解决公司问题，行政方式或者其他民事方式都应成为司法解散公司的前置程序，可以采用的方式多种多样，如促成公司股东之间重建互信或者通过股权转让方式形成新的股东会等。也就是说，只有在穷尽了其他手段仍不能摆脱公司僵局时才能允许以司法方式强制解散公司，由此避免解散公司所带来的不可逆转的不良社会影响。本案中股东之一台湾森保贸易有限公司长期无法取得联系，既无法调解其形成有效的股东会决议，也无法通过股权转让方式形成新的股东会来运作公司，通常的民事途径已不能解决问题。在向批准设立湛江安泰液化气有限公司的有关行政部门请示后，该有关部门也表示无法解决该问题，因此行政的途径也无法解决公司陷入僵局的问题，由此可认为在该案中已经穷尽了其他方式仍无法令公司摆脱僵局，符合公司法中规定的公司强制解散的穷尽救济方式的要求。

综上所述，湛江安泰液化气有限公司已经具备了法律规定的强制解散的要件，由股东之一广东省石油企业集团湛江公司起诉请求解散符合法律的规定，法院支持广东省石油企业集团湛江公司的诉讼请求是合法合理的。

一审合议庭成员：李叶华　欧　抗　曾　玲

作者单位：湛江市中级人民法院

沿海货物运输合同诉讼时效的起算

——深圳市三企工贸有限公司诉深圳市中远国际货运有限公司水路货物运输合同案

辜恩臻

【问题提示】

沿海货物运输的诉讼时效应从何时起算，货物灭失的推定时间是否构成时效起算点?

【要点提示】

托运人、收货人就沿海、内河货物运输合同向承运人要求赔偿的请求权，时效期间为一年，自承运人交付或者应当交付货物之日起计算，货物灭失的推定时间不影响时效的起算时间。

【案例索引】

一审：广东省广州海事法院［2005］广海法初字第460号民事判决

二审：广东省高级人民法院［2006］粤高法民四终字第110号民事判决

再审：中华人民共和国最高人民法院［2007］民四提字第2号民事判决

【案情】

原告：深圳市三企工贸有限公司（以下简称三企公司）。

被告：深圳市中远国际货运有限公司（以下简称中远公司）。

广州海事法院经审理查明：2004年8月5日，原告与慈溪市日聚塑化有限公司（以下简称日聚塑化公司）签订销售合同，约定日聚塑化公司向三企公司购买60吨左右的旧塑料，单价为5 300元；三企公司负责托运，运费由三企公司承担；自合同签订之日起六十日内，在日聚塑化工厂内交货；如不能按期交货，三企公司应向日聚塑化公司支付以未交付货物金额的每日万分之三计算但不超过货物总额20%的违约金。买卖合同签订后，三企公司向中远公司出具托运单，委托中远公司承运三个集装箱旧塑料。该托运单记载：托运人为三企公司，收货人为日聚塑化公司，货物为旧塑料，三个40尺集装箱，运费每个集装箱4 700元，总额为14 100元。托运单中运输方式栏没有选择。三企公司向中远公司交付了编号分别为TCNU9303549、CBHU9945381、TTNU9042330的三个集装箱货物。中远公司将涉案货物交由中远集装箱运输有限公司（以下简称中集公司）实际承运。中集公司出具了编号为COSU48625020的运单，记载：托运人为三企公司，三个集装箱编号分别为TCNU9303549、CBHU9945381、TTNU9042330，运输条款为CY－CY，开航日为

2004年9月5日。收货人于2004年9月中旬收到编号为TTNU9042330的集装箱货物，并称其余两个集装箱货物至本案诉讼时仍未收到。中远公司所提交的两份集装箱发放/设备交接单，其中一份签有“慈溪拆箱，15352，16/9”字样，但没有收货人的签署，另一份有俞建颖的签字。

涉案两个集装箱货物的重量为41 070公斤，货物单价为每吨5 300元，两个集装箱货物价值为217 671元。三企公司根据买卖合同向收货人作出赔偿，并与收货人签订《关于协商解决买卖货物合同的协议书》，三企公司将货款退还给收货人，收货人同意将对中远集装箱运输有限公司深圳公司（以下简称中集深圳公司）的索赔权转让给三企公司。收货人于2005年7月21日出具《关于向深圳三企工贸有限公司转让诉权的决议》，将对中集深圳公司提起诉讼的权利转让给三企公司。

三企公司于2005年10月10日向深圳市南山区人民法院提起诉讼，请求法院判令中远公司赔偿三企公司货物损失217 671元、运费损失9 400元，并承担本案诉讼费。深圳市南山区人民法院于2005年11月30日将本案移送广州海事法院管辖。

【审判】

广州海事法院经审理认为：本案是一宗水路货物运输合同纠纷。中远公司接受三企公司的委托，运输货物至宁波慈溪，三企公司与中远公司之间成立了以三企公司为托运人、中远公司为承运人、日聚塑化公司为收货人的水路货物运输合同关系。根据《国内水路货物运输规则》，作为承运人，中远公司有义务在货物到港后24小时内向收货人发出到货通知，并在核实收货人身份后交付货物。中远公司提供的涉案两份集装箱发放/设备交接单，其中一份没有收货人的签署，另一份由俞建颖签收，但中远公司未能举证证明俞建颖的身份、权限以及其签字的真实性，单凭这两份交接单不足以证明收货人已经收到货物。中远公司未能举证证明其已履行了承运人交付货物的义务，应承担举证不能的后果，视为其未向收货人交付两个集装箱货物。中远公司未能在合同约定的期限内或合理期限内交付货物，构成违约。托运人、收货人均有权就承运人的违约行为对其各自造成的损失进行索赔。根据三企公司与收货人签订的销售合同，三企公司有义务在合同签订后六十天内向收货人交付货物，中远公司的违约行为致使三企公司对收货人构成违约。根据《中华人民共和国合同法》第一百二十一条的规定，当事人一方因第三人的原因造成违约的，应当向对方承担违约责任，当事人一方和第三方之间的纠纷，依照法律规定或者按照约定解决。因此，三企公司向收货人先行承担违约责任，赔偿收货人的损失符合法律规定。三企公司虽然没有提供其退还货款的直接证据，但《关于协商解决买卖货物合同的协议书》和《关于向深圳三企工贸有限公司转让诉权的决议》均可以证明其已向收货人承担了违约责任，赔偿了收货人的货物损失。

关于诉讼时效。三企公司主张收货人在2004年9月中旬收到三个集装箱中的一个。由于三个集装箱是同一运单同日出运，因此，三个集装箱应该是在同一日运抵目的港。根据最高人民法院《关于如何确定沿海、内河货物运输赔偿请求权时效期间问题的批复》，托运人、收货人就沿海、内河货物运输合同向承运人要求赔偿的请求权，或者承运人就沿海、内河货物运输向托运人、收货人要求赔偿的请求权，时效期间为一年，自承运人交付或者应当交付货物之日起计算，本案的诉讼时效应该从2004年9月中旬起算。诉讼时效因提起诉讼、当事人一方提出要求或者同意履行义务而中断。三企公司主张其在纠纷产生之后一直向中远公司提出要求，主张权利，但并没有提供相应的证据证明，不能认定具有产生时效中断的情形。因此，三企公司于 2005 年 10 月 10 日向深圳市南山区人民法院起诉已超过诉讼时效，丧失了胜诉权。

根据最高人民法院《关于如何确定沿海、内河货物运输赔偿请求权时效期间问题的批复》、最高人民法院《关于适用〈中华人民共和国民事诉讼法〉若干问题的意见》第一百五十三条的规定，广州海事法院判决：驳回深圳市三企工贸有限公司对深圳市中远国际货运有限公司的诉讼请求。本案受理费 5 916 元，由三企公司负担。

上诉人三企公司上诉称：一审法院对本案已过诉讼时效的认定错误。根据《国内水路货物运输规则》第三十四条的规定：承运人应当在约定期间或者在没有这种约定时在合理期间内将货物安全运送到约定地点。……承运人未能在本条第一款规定期间届满次日起六十日内交付货物，有权对货物灭失提出赔偿请求的人可以认为货物已经灭失。收货人在 2004 年 9 月中旬收到三箱货物中的一箱，未收到另外两箱，而在此后的六十日内承运人仍然没有交付两箱货物，收货人才有理由认为自己的权利受到侵害，诉讼时效理应从此时开始计算。因此，本案的诉讼时效应该从收货人收到第一箱货物后六十天开始计算，即从 2004 年 11 月中旬开始计算。三企公司在 2005 年 10 月提起诉讼，完全在法律规定的时效范围内。并且，收货人在收到第一箱货物之后就不断询问、交涉，积极主张权利。在诉讼时效进行期间已经发生三企公司行使权利的事实，产生了诉讼时效中断、诉讼时效重新起算的情况。请求二审法院对一审判决予以纠正。

广东省高级人民法院确认一审查明的事实存在。

广东省高级人民法院经审理认为：本案二审的争议焦点是三企公司起诉时是否超过了诉讼时效期间。根据《国内水路货物运输规则》第三十四条的规定：承运人应当在约定期间或者在没有这种约定时在合理期间内将货物安全运送到约定地点。……承运人未能在本条第一款规定期间届满次日起六十日内交付货物，有权对货物灭失提出赔偿请求的人可以认为货物已经灭失。本案收货人在 2004 年 9 月中旬收到三个集装箱中的一个，另外两个集装箱至今没有收到。依据上述规定，承运人中远公司未能在 2004 年 9 月中旬收货人收到其中一个集装箱的次日起六十日内交付货物，才能认定货物已经灭失，即 2004 年 11 月中旬三企公司才知道本案货物灭失，才知道其权利受到损害。根据《中华人民共和国民法通则》第一百三十七条的规定，诉讼时效期间从知道或者应当知道权利被侵害时起计算。本案诉讼时效从 2004 年 11 月中旬三企公司知道货物灭失权利被侵害时起算。本案诉讼时效期间为一年，于 2005 年 11 月中旬届满。三企公司于 2005 年 10 月 10 日向深圳市南山区人民法院提起本案诉讼，是在时效期间内提起的诉讼，没有超过诉讼时效。原审认定三企公司起诉已经超过诉讼时效，并驳回其诉讼请求，是认定事实和适用法律错误，导致处理结果错误，应当改正。承运人中远公司未能在合同约定的期限内或合理期限内交付货物，造成货物损失，构成违约，应赔偿托运人三企公司货物灭失损失人民币 217 671 元。因货款中已经包含运费，三企公司请求赔偿运费没有依据，予以驳回。三企公司上诉请求部分成立，予以支持，部分不成立，予以驳回。根据《中华人民共和国民事诉讼法》第一百五十三条第一款第（三）项规定，广东省高级人民法院判决：一、撤销广州海事法院［2005］广海法初字第 460 号民事判决；二、中远公司赔偿三企公司货物损失人民币 217 671 元；三、驳回三企公司其他诉讼请求。

再审申请人中远公司向最高人民法院提出再审申请称：最高人民法院《关于如何确定沿海、内河货物运输赔偿请求权时效期间问题的批复》作为特别法应当优先于作为普通法的《中华人民共和国民法通则》第一百三十七条适用，本案诉讼时效期间为一年，自承运人交付或者应当交付之日起算，本案中货物应当交付的时间为 2004 年 9 月中旬。《国内水路货物运输规则》第三十四条仅仅赋予货方在何种情况下可以将货物视为灭失的权利，不能作为诉讼时效起算的依据；原终审判决依据《国内水路货物运输规则》第三十四条和《中华人民共和国民法通则》第一百三十七条确定三企公司的诉讼在诉讼时效内提出是错误的，请求撤销原终审判决，驳回三企公司的全部诉讼请求。

最高人民法院确认一审法院查明的事实存在。

最高人民法院经审理认为：再审期间的争议问题是三企公司的起诉是否已经超过诉讼时效期间。根据最高人民法院《关于如何确定沿海、内河货物运输赔偿请求权时效期间问题的批复》，托运人、收货人就沿海、内河货物运输合同向承运人要求赔偿的请求权，或者承运人就沿海、内河货物运输向托运人、收货人要求赔偿的请求权，时效期间为一年，自承运人交付或者应当交付货物之日起计算。案涉三个集装箱系同一运单同日出运，应该同日运抵目的港。本案收货人在 2004 年 9 月中旬收到三个集装箱中的一个，另外两个集装箱至今没有找到，故 2004 年 9 月中旬为承运人应当交付货物之日。本案诉讼时效应当从 2004 年 9 月中旬起算，诉讼时效期间为一年。诉讼时效是由法律明确规定的权利人在法定期间内不行使权利而丧失胜诉权的法律制度，三企公司主张适用《国内水路货物运输规则》第三十四条确定本案诉讼时效起算的主张没有法律依据，不予支持。三企公司于 2005 年 10 月 10 日向深圳市南山区人民法院起诉已经超过诉讼时效，丧失了胜诉权。广东省高级人民法院认定本案为国内水路货物运输合同纠纷，诉讼时效期间为一年，却适用《中华人民共和国民法通则》第一百三十七条的规定，从 2004 年 11 月中旬起算诉讼时效期间，属于适用法律错误，应予纠正。依据《中华人民共和国民事诉讼法》第一百八十四条第一款和第一百五十三条第一款第（二）项的规定，最高人民法院判决：一、撤销广东省高级人民法院［2006］粤高法民四终字第 110 号民事判决；二、维持广州海事法院［2005］广海法初字第 460 号民事判决。

【评析】

本案的事实清楚，并且在三次审理中当事人均对事实没有异议。本案的争议焦点是诉讼时效问题。

首先，关于国内水路货物运输合同纠纷案件的诉讼时效的法律适用问题。根据《中华人民共和国海商法》第二条的规定，海商法中关于海上货物运输合同的规定，不适用于中华人民共和国港口之间的海上货物运输。也就是说，国内港口之间的水路货物运输合同不适用海商法，而是适用《中华人民共和国合同法》和《国内水路货物运输规则》以及其他相关规定。但是，国内水路货物运输合同不适用海商法第四章关于海上货物运输合同的规定，并不意味着有关国内水路货物运输合同纠纷也不适用海商法第十三章关于时效的规定。国内水路货物运输合同纠纷的诉讼时效期间、起算时间、中止和中断也应适用海商法的相关规定。为了进一步明确这一问题，最高人民法院发布的《关于如何确定沿海、内河货物运输赔偿请求权时效期间问题的批复》规定：托运人、收货人就沿海、内河货物运输合同向承运人要求赔偿的请求权，或者承运人就沿海、内河货物运输向托运人、收货人要求赔偿的请求权，时效期间为一年，自承运人交付或者应当交付货物之日起计算。这一规定与海商法关于海上货物运输合同的时效规定基本相同。因此，尽管国内水路货物运输合同纠纷案件中当事人的实体权利义务和责任不适用海商法，但诉讼时效仍然应当适用海商法，包括诉讼时效期间、起算时间、中止和中断等。本案中，当事人对诉讼时效期间为一年并没有争议，争议的主要问题在于诉讼时效的起算时间和中断。这两个方面的争议均与法律适用有关，明确了海商法和最高人民法院的司法解释适用于本案，有关问题便可以迎刃而解。

其次，关于国内水路货物运输合同纠纷案件的时效起算时间。关于诉讼时效的起算点，各国立法主要有“知道或者应当知道说”、“请求权成立说”和“请求权可行使说”三种主要的模式。我国采用“知道或者应当知道说”，但具体法律规定并不完全一致。民法通则规定诉讼时效期间从知道或者应当知道被侵害时起算，这是基本原则规定。海商法和最高人民法院的司法解释对海上或者水路货物运输合同纠纷案件的诉讼时效起算时间，规定为从货物交付或者应当交付之日起计算。虽然在表述上不尽相同，但“货物交付或者应当交付之日”与“知道或应该知道权利被侵害时”是相符合的。就货损或者货物灭失而言，货物交付或者应当交付之日就是托运人或收货人知道或应当知道其权利被侵害之日。因此，货物交付或者应当交付之日是对“知道或者应当知道”的进一步明确化，而没有实质性的变化。就该类案件而言，由于海商法和相关司法解释已就具体起算时间作了明确规定，审判实践中依此规定，而不再笼统地依据民法通则的规定。

《国内水路货物运输规则》第三十四条规定，承运人应当在约定期间或者在没有这种约定时在合理期间内将货物安全运送至约定地点，承运人未能在前述规定期间届满次日起六十日内交付货物的，有权对货物灭失提出赔偿请求的人可以认为货物已经灭失。该条中的后段规定，是推定货物灭失并进而行使货物灭失索赔权的依据，即赋予权利人在一定期间后可以主张货物灭失的索赔权。这一规定与诉讼时效的规定无论在立法宗旨和规范内容上都不存在关联。就货物不能交付而推定灭失的索赔而言，时效期间的起算点仍然是货物应当交付的时间。货规的该条规定的法律意义仅在于在不能证明货物实际灭失的情况下赋予货方可以在约定期间或者合理期间的六十日后行使货物灭失的索赔权，以及行使这一权利的条件必须满足六十日的期限。这与诉讼时效期间属于完全不同的范畴，不能作为诉讼时效的起算时间。二审判决正是混淆了这两个不同的范畴，导致了法律适用和判决结果的错误。

最后，关于诉讼时效的中止和中断。既然国内水路货物运输的诉讼时效适用海商法有关时效的规定，那么，有关时效中止和中断也应相应适用。根据海商法的规定，时效只因提起诉讼、提起仲裁或者被请求人同意履行义务而中断，一般性的主张权利不构成时效中断。本案三企公司没有证据证明其主张权利已经得到中远公司的同意履行，自然也就不能产生时效中断的效果。

一审独任法官：韦恩臻

二审合议庭成员：郑新俭　郑舜贤　饶　清

再审合议庭成员：王淑梅　赵　红　胡　方

作者单位：广州海事法院

FOB贸易合同下海上货物运输合同当事人的识别

李　继

【问题提示】

如何识别FOB贸易合同下海上货物运输合同的当事人？

【要点提示】

在FOB贸易合同项下的货物运输活动中，承运人以及与承运人达成海上货物运输合同关系的契约托运人的识别，均应当根据具体案情来综合分析认定。既不能仅根据FOB贸易合同中有关货物运输的约定认定海上货物运输合同的契约托运人就是货物买方，也不能仅凭提单上承运人的记载而当然地认定其是海上货物运输合同的承运人。

【案例索引】

一审：广东省广州海事法院［2007］广海法初字第295号民事判决

二审：广东省高级人民法院［2008］粤高法民四终字第133号民事判决

【案情】

上诉人（原审原告）：重庆展新国际经贸有限公司。

被上诉人（原审被告）：利通物流有限公司。

被上诉人（原审被告）：利通物流有限公司广州分公司。

被上诉人（原审被告）：亿高国际货运代理有限公司［Multi-gold Air & Sea Express (China) Ltd.］。

被上诉人（原审被告）：马士基（中国）航运有限公司广州分公司。

重庆展新国际经贸有限公司（以下简称展新公司）于2007年3月15日、3月26日向利通物流有限公司广州分公司（以下简称利通广州公司）出具了三份出口货物托运单，内容为该公司从广州托运一批玻璃茶杯到巴基斯坦卡拉奇。利通广州公司确认收到上述托运单，并负责收货和报关，但表示其只是货运代理人。2007年4月，利通广州公司将共计6 779箱玻璃杯向黄埔老港海关报关，为此共出具了三份海关出口货物报关单，编号分别为520220070527017799、520120070517071379和520120070517075921。这些报关单记载，货物经营单位和发货单位为展新公司；贸易方式为FOB。之后，利通广州公司向展新公司交付了签发日期为2007年4月4日、10日和14日，提单签发人显示为亿高国际货运代理有限公司（以下简称亿高公司），托运人为展新公司，运费到付，编号分别为

CSEKAR7300415、CSEKAR7400488、CSEKAR7400507 的三份指示提单。提单记载共 6 个集装箱货物，集装箱编号分别为 TRLU3851980、MSKU8124277、PONU7373887、MSKU868128、SEAU8633499、UESU4660593。

2007 年 4 月 5 日至 11 日，案外人 Maersk Line（马士基航运）陆续向案外人华光公司出具了 4 份定舱确认书，记载：定舱人和合约客户为华光公司，代理人为马士基（中国）航运有限公司广州分公司（以下简称马士基广州公司）；起运港为中国黄埔，目的港为巴基斯坦卡拉奇；托运货物为 5 个干货集装箱。4 月 11 日，马士基航运向华光公司出具的装运指示记载：合约客户、托运人和出口货运代理人为华光公司，收货人为 General Freight Corporation（PVT）Ltd.，承运人为马士基航运；货物接收地为中国黄埔，交付地为巴基斯坦卡拉奇；集装箱号为 MSKU8124277、PONU7373887；运费预付。4 月 16 日马士基航运向华光公司出具的装运指示记载：申请人为华光公司，托运人为亿高公司广州办事处，收货人为 General Freight Corporation（PVT）Ltd.，承运人为马士基航运；货物接收地为中国黄埔，交付地为巴基斯坦卡拉奇；商品名称为玻璃制品，纸箱包装共 3 738 件，重量为 38 738 公斤；集装箱号为 MSKU8685128、SEAU8633499、UESU4660593；运费预付。

4 月 13 日，一份加盖有亿高公司印章并向马士基广州公司发出的海运单显示，指示人要求马士基广州公司对运往巴基斯坦卡拉奇的、集装箱号为 MSKU8124277、PONU7373887 的 2 500 件玻璃茶杯签发海运单，将货物直接发给收货人，并承诺由此引起的一切责任由其承担。华光公司在这份通知上盖章确认。4 月 17 日，利通公司向马士基广州公司发出海运单通知，要求马士基广州公司对运往巴基斯坦卡拉奇的、集装箱号为 MSKU8685128、SEAU8633499、UESU4660593 的 3 738 件玻璃茶杯签发海运单，将货物直接发给收货人 General Freight Corporation（PVT）Ltd.，并承诺由此引起的一切责任由其承担。华光公司、亿高公司在这份通知上盖章确认。随后，马士基航运代表承运人穆勒公司按上述指示签发了两份海运单，该两份海运单均注明为不可转让运单。

5 月 8 日和 5 月 17 日，General Freight Corporation（PVT）Ltd. 向马士基航运发出传真，分别要求将提单号为 CSEKAR7400507 和 CSEKAR7400488 的项下货物的提货单交给 Compo System 公司，而无须 Compo System 公司出示正本提单。穆勒公司根据上述指示将 CSEKAR7400507 和 CSEKAR7400488 提单项下的 5 个集装箱货物交给了 Compo System 公司。CSEKAR7300415 提单项下的 1 个集装箱货物在现有证据中无法认定是否已实际交付，去向不明。该三份提单项下货物实际价值为 93 745.08 美元，展新公司确认收到 38 685 美元，至今尚有 55 060.08 美元未收回。此外，展新公司在二审提交的相关证据证明，是该公司为向对方当事人索赔而实际支出 3 306 元的查册及公证费用。

利通广州公司提交了一份其上加盖有亿高公司印章的《国际代理协议》，其内容是，双方在 2005 年 11 月 18 日约定互相指定对方为自己在广州的非独家销售、拆卸和操作代理。但是，二审查明的事实表明，亿高公司在本案货物运输活动发生前已经解散，利通公司和利通广州公司的法定代表人曾任该公司董事长及该公司广州办事处首席代表。

【审判】

广州海事法院审理认为：本案属海上货物运输合同货物交付纠纷。本案各方当事人根据《中华人民共和国海商法》第二百六十九条规定选择适用中国法律，因此，本案应适用中国法律处理。《中华人民共和国海商法》第七十一条规定，提单是海上货物运输合同的证明以及承运人保证据以交付货物的单证。亿高公司作为承运人签发了提单，展新公司是提单记载的托运人，可认定展新公司与亿高公司之间成立了海上货物运输合同关系。在展新公司未将提单转让给第三人并合法持有提单的情况下，其有权依据正本提单向承运人亿高公司主张提单项下的货物权利。根据本案已查明的事实，展新公司托运的6个集装箱货物中的5个已被他人提走，另外1个下落不明，展新公司虽持有正本提单，但对提单项下的货物失去控制权，导致展新公司剩余部分货款无法收回，亿高公司作为承运人应当赔偿展新公司因此遭受的损失。展新公司要求亿高公司赔偿其货款损失55 060.08美元的主张符合法律规定，应予支持。展新公司请求的追索费用18 000元，缺乏事实和法律依据，不予支持。利通广州公司只是货物运输代理人，而非承运人，对无单放货没有过错。穆勒公司是相关5个集装箱货物的实际承运人。马士基广州公司只是实际承运人的代理人，而非实际承运人。因此，展新公司要求利通公司、利通广州公司及马士基广州公司承担责任的主张，缺乏事实和法律依据，不予支持。据此，原审法院依照《中华人民共和国海商法》第五十五条、第七十一条的规定，判决：一、亿高公司向展新公司赔偿货款损失55 060.08美元及其利息；二、驳回展新公司对利通公司、利通广州公司、马士基广州公司的诉讼请求；三、驳回展新公司的其他诉讼请求。

展新公司不服一审判决，提起上诉称：一、原审判决认定的承运人亿高公司在提单签发时根本不存在，利通广州公司是以一家根本不存在的公司名义签发提单，利通公司应当依法被认定为合同承运人并承担合同承运人责任。二、即使被认定为货运代理人，利通广州公司对无单放货具有明显、重大过错并超越权限发出指示，依法应当赔偿损失。其不当行为表现为：其一，为委托人物色明显欠缺民事行为能力的合同承运人，让没有无船承运人资格的亿高公司运输货物，加重了出口方的风险。其二，利通公司擅自要求实际承运人放货给海运单记名收货人，导致货物被无单放货。三、马士基广州公司对海上货物运输损失的发生具有明显过错，马士基广州公司作为穆勒公司的船舶代理人，接受不具有无船承运人资格者订舱并根据其指示进行放货，造成了展新公司的损失。四、利通广州公司收取展新公司代理费共计人民币14 500元及因主张权利所致损失3 500元，对方当事人应予赔偿。

广东省高级人民法院二审认为：本案提单是在广州签发。提单在签发时，亿高公司已经解散。就本案的运输事项，展新公司根据买方的指定仅仅与利通广州公司进行联系，货物也交由利通广州公司装运，提单是由利通广州公司直接交付给展新公司。利通广州公司不能举证证明该提单是由买方另外指定的承运人签发后转交给它。据此认定，利通广州公司以亿高公司的名义签发了案涉提单，利通广州公司是案涉货物的承运人。由于利通广州公司无单放货及导致部分货物下落不明，其应当对此承担赔偿损失的违约责任，即赔偿55 060.08美元及自2007年5月17日起的利息。由于利通广州公司是利通公司设立的分公司，根据《中华人民共和国公司法》第十四条的规定，利通广州公司不具有法人资格，其民事责任由利通公司承担。展新公司举证证明了3 306元其他损失的存在，利通公司应当向展新公司赔偿该3 306元的损失。此外，马士基广州公司仅仅是案涉实际承运人穆勒公司的代理人，该公司并没有参与本案的货物运输，与展新公司之间也不存在货物运输合同关系。展新公司在本案中要求马士基广州公司对其损失承担责任没有事实和法律依据。综上所述，根据《中华人民共和国民事诉讼法》第一百五十三条第一款第（三）项、《中华人民共和国海商法》第五十五条、第七十一条、《中华人民共和国公司法》第十四条的规定，判决：一、撤销一审判决；二、利通公司向展新公司赔偿货款损失55 060. 08 美元及其利息；三、利通公司向展新公司赔偿因索赔所致损失人民币 3 306元；四、驳回展新公司的其他诉讼请求。

【评析】

本案当事人之间的争议焦点在于：展新公司主张其是契约托运人、利通广州公司是承运人；而利通广州公司则主张其是受买方委托代为办理货物运输事宜的代理人、买方是契约托运人、亿高公司是承运人。这一争议所涉及的法律问题是，FOB 贸易合同[①]项下海上货物运输合同当事人的识别。

一、FOB 贸易合同项下海上货物运输中契约托运人的识别

《中华人民共和国海商法》第四十二条第（三）项规定，托运人是指：（1）本人或者委托他人以本人名义或者委托他人为本人与承运人订立海上货物运输合同的人；（2）本人或者委托他人以本人名义或者委托他人为本人将货物交给与海上货物运输合同有关的承运人的人。根据这一规定，托运人可以分为两种：与承运人订立海上货物运输合同的人（契约托运人）和向承运人交付货物的人（实际托运人）。契约托运人的身份基于合同约定而产生，实际托运人的身份基于实际交货行为而产生。在一般情况下，实际交付货物的人也是与承运人达成海上货物运输合同关系的人，即托运人实际上只有一个。但是，在 FOB 贸易术语中，由买方负责安排货物运输的情况下，实际交货人并非与承运人订立海上货物运输合同的人。为了在海上货物运输环节维护 FOB 贸易合同下卖方的利益，《中华人民共和国海商法》规定了卖方具有实际托运人的法定托运人地位。卖方的实际托运人地位，使 FOB 贸易合同的卖方能够基于法律规定在其货交承运人时有权要求后者向其签发提单。然而，由于《中华人民共和国海商法》规定的不完善，在实际托运人没有基于交货行为取得提单的情况下，其权益无法在海上货物运输合同关系下得到维护。因此，认定 FOB 贸易合同卖方是否具有契约托运人的法律地位，对于其利益的维护至关重要。具体而言，对于 FOB 贸易合同项下海上货物运输合同托运人即契约托运人的识别，可以从如下步骤入手：

第一，在查明 FOB 贸易合同的买卖双方当事人在安排货物运输问题上严格依照该贸易合同约定进行的情况下，应当认定贸易合同的买方是契约托运人。就贸易合同关系而

---

① 根据《2000 年国际贸易术语解释通则》的规定，在 FOB 术语下，买方必须自付费用订立从指定的装运港运输货物的合同，卖方必须在约定的日期或期限内，在指定的装运港，按照该港习惯方式，将货物交至买方指定的船上，买方必须在卖方交货时受领货物。根据 FOB 术语，卖方不负责运输及费用，表面上看似乎负担减轻了，但实际上由于大部分卖方在货交承运人时并没有获得足额付款，如果其不能保有货物在运输环节的控制权，将会面临财货两空的风险。由买方安排运输显然会放大这种风险：首先，由于卖方不是契约承运人，在法律无明文规定之情况下，其无权对承运人就货物交付发出指令；其次，卖方并不必然获得承运人直接签发的提单，如果其未获得提单签发，其虽然向承运人交付了货物，但无法基于提单法律制度凭持有提单向承运人行使提单持有人的权利。

言，由于FOB贸易术语的存在，安排货物运输是买方的合同义务，即买方有义务指定承运人、与承运人签订海上货物运输合同并将该情况告知卖方，通知卖方向其指定的托运人交货。在买方实际履行了其指定承运人义务的情况下，买方应当被识别为契约托运人。

第二，虽然贸易合同中含有FOB贸易术语，但该术语被当事人仅仅用于价格的确定或买方实际上并没有依照该约定安排运输时，应当认定将货物交付运输的卖方是契约托运人。在大多数涉及FOB贸易合同项下货物运输争议的案件中，有关货物运输的约定和实际操作并不规范。这种不规范主要体现在：（1）贸易合同当事人仅将贸易术语作为一种价格术语使用（相当于约定运费由买方负担），并不包含有关安排运输的约定。（2）海上货物运输的有关参与方并不签订书面的海上货物运输合同。（3）虽然贸易合同中含有FOB贸易术语，但买方并没有安排运输，而卖方也自动安排运输；或者虽然买方通知了卖方与哪个承运人联系运输，但买方并没有就运输事宜与承运人达成具体约定，而是由卖方与该承运人具体约定货物运输的具体条款。在上述情况下，不应当根据贸易合同中存在FOB术语而认定买方是契约托运人，而是应当根据卖方实际安排运输的事实认定卖方是契约托运人并因此享有海上货物运输合同项下的权利义务。本案的情况即属于这一类。案涉贸易合同含有FOB贸易术语，买方通知展新公司与利通广州公司联系货物运输事宜。但是，没有证据证明买方与承运人签订了海上货物运输合同，而展新公司作为卖方向利通广州公司发出了托运单，后者接受了该托运单并承运了货物。在此情况下，即使展新公司没有获得签发提单，其也应当被认定为与承运人达成海上货物运输合同关系的契约托运人。

第三，在现有证据不能证明究竟是卖方还是买方安排了海上货物运输的情况下，应当根据卖方实际交付货物的事实认定卖方是契约托运人。

贸易合同与运输合同相互关联，但根据合同的相对性原则，贸易合同中的约定并不必然影响到运输合同当事人身份及权利义务的认定。贸易合同中的FOB术语仅仅是当事人之间的约定，这种约定本身并不必然得出当事人实际履行了该约定的结论。因此，即使贸易合同中含有FOB贸易术语，也不能在不查明海上货物运输活动安排和实施具体过程的情况下当然认定买方是契约托运人。另一方面，提单上关于托运人的记载是认定契约托运人的证据之一，但不是唯一或最终证据。在有确凿证据证明海上货物运输合同的确由买方安排的情况下，即使承运人将提单签发给卖方并载明卖方是托运人，也不影响买方的契约托运人地位，反之亦然。当然，在作为实际托运人的卖方获得提单签发或持有提单后，其可依据提单法律制度向承运人主张权利。

二、海上货物运输合同承运人[①]的识别

根据《中华人民共和国海商法》第四十二条第（一）项的规定，承运人是指本人或者委托他人以本人名义与托运人订立海上货物运输合同的人。本来，FOB贸易合同项下承运人与非该术语的贸易合同项下运输承运人在识别上并无区别。但是，如下因素的存在，增加了识别承运人的难度。一是由于FOB买方介入运输合同程度的不同，以及因此

① 本处所称承运人是指合同承运人或契约承运人，不包括《中华人民共和国海商法》第四十二条第（二）项规定的实际承运人。

导致的卖方与承运人联系密切程度的不同，海上货物运输活动的参与人对于谁为承运人往往认识不同。二是当事人之间往往并不签订书面的运输合同，而是通过往来传真、订舱单等实际履行行为来表明运输合同的存在。三是由于越来越多的货运代理企业涉足无船承运业务，该类企业既从事货运代理业务也从事承运人业务，导致在具体货物运输活动中货运代理人与无船承运人身份的混淆。一些无船承运人为了规避海上货物运输活动中的风险，在与托运人往来或出具运输单据时故意使自己的身份模糊化或借用他人提单，甚至以一个实际上并不存在的承运人名义签发提单。所有这些情形，都导致了许多海上货物运输合同纠纷中承运人识别的复杂性。在司法实践中，识别承运人的争议主要体现于争议主体是货运代理人还是承运人。对于承运人的识别，可遵循如下步骤：

第一，根据书面海上货物运输合同认定承运人。在存在书面海上货物运输合同的情况下，可直接依照合同约定认定承运人。一般而言，在存在书面合同的情况下，承运人的识别不存在问题。即使交付或签发给托运人的提单上关于承运人的记载与合同约定不一致也不影响依合同约定认定承运人。作为海上货物运输合同的证明是提单的功能之一，但其并非合同本身。当然，在司法实践中的确存在这种情形：海上货物运输合同载明的承运人与提单记载的承运人不一致，这两个民事主体均实际存在；合同载明的托运人声称其是隐名代理，而提单记载的托运人对此也确认。在此情况下，托运人有权根据《中华人民共和国合同法》第四百零三条的规定选择谁为承运人。

第二，在当事人之间不存在海上货物运输合同的情况下，根据提单签发的实际情况识别承运人。一种情形是，接受托运人委托办理货物运输的民事主体以自己的名义向托运人签发了提单，可认定该民事主体为承运人。另一种情形是，接受托运人委托办理货物运输的民事主体作为代理人签发了提单。在此情况下，应当审查其代理的对象是否存在以及该对象是否授权其代为签发提单。如果这两个事实均可认定，则可认定该被代理的对象是承运人。如果其声称代为签发提单的对象不存在或未经授权，一般应认定该民事主体本人是承运人。当然，在该对象实际存在的情况下，也可根据当事人的主张适用表见代理制度进行审查。还有一种情形是，与货方直接联系和办理货物运输的民事主体声称自己是货运代理人，且其向托运人交付了载明第三人为承运人的提单。在这种情况下，法院应当审查该第三人是否实际存在及该提单是否为该第三人所签发。如果该第三人不存在或提单并非该第三人所签发，而声称自己是代理人的民事主体又不能证明该提单的确为其他人所签发，则认定该民事主体为承运人。本案中利通广州公司即为此种情形。

第三，在当事人之间既不存在书面海上货物运输合同也不存在签发提单的情况下，应当根据谁履行承运人主给付义务、谁索取运费以及海上货物运输活动的实际过程来认定谁是与托运人直接发生海上货物运输合同关系的承运人。根据海上货物运输活动的实际过程，查明谁承担了由承运人承担的运输或负责运输的义务、以自己的名义主张或收取了运费，以自己的名义向实际承运人租船订舱及办理托运事宜。在这些事实均指向同一民事主体的情况下，即可认定该民事主体为承运人。

国际海上货物运输活动环节复杂，参与的民事主体较多，既有托运人（包括契约托运人和实际托运人）、承运人（包括契约承运人和实际承运人），又有代理人（包括货运代理人和船舶代理人）。我国已经成为世界制造业中心，其中，中小企业的出口在我国对外贸易中占有相当的比重。然而，由于在国际贸易中处于弱势地位，中小企业的出口往往面临更多的风险。一方面，单个中小企业的贸易量不大，无法直接向班轮公司订舱，而只能将货物交由从事无船承运业务的国际货物运输代理企业运输。由于无船承运人不如实际承运人实力雄厚甚至未根据规定缴纳80万元保证金，在其违约的情况下，卖方的权益可能无法实际得到实现和保护。另一方面，这些中小企业往往为了拿到订单而接受海外买方施加的对其不利的贸易条款，其中就包括FOB贸易术语的采用。FOB贸易术语使卖方在海上货物运输活动中面临前述特殊风险；而一些无船承运人为了规避自身风险，也往往利用FOB贸易条款的局限性，在揽货时有意不与托运人签订书面海上货物运输合同并使自己的实际身份模糊化，以达到在因其不规范操作引发责任问题时逃避责任的目的。因此，在国际金融危机仍在肆虐的今天，法院在因中小企业货物出口而引起的海上货物运输合同纠纷案件中，如何合理认定有关当事人的法律地位及权利义务关系，以及降低无船承运人制度对出口商利益的消极影响，对于依法保护中小出口企业的合法权益并达到规范国际海上货物运输经营行为的目的具有特别重要的意义。

一审合议庭成员：赖尚斌　熊绍辉　张科雄

二审合议庭成员：郑舜贤　张　磊　李　继

作者单位：广东省高级人民法院

诉讼担保纠纷不同于债的担保纠纷

——丹东公司诉人保湖北公司海事诉讼担保案

倪学伟

【问题提示】

诉讼担保是否与债的担保相同？诉讼担保纠纷是否存在诉讼时效？

【要点提示】

诉讼担保与债的担保既有联系又有区别。有关诉讼担保的纠纷通常情况下不会提起一个新的诉讼，而由法院在相关案件中直接裁定担保人承担或不承担责任。诉讼担保纠纷一旦成讼，则应按照诉讼担保的法律性质进行审判，而不能套用债的担保的规定判决。

【案例索引】

一审：广东省广州海事法院［2005］广海法初字第396号民事判决

二审：广东省高级人民法院［2006］粤高法民四终字第118号民事判决

【案情】

原告：丹东市沿江开发区丹东港口经济开发总公司（以下简称丹东公司）。

被告：中国人民财产保险股份有限公司湖北省分公司（以下简称人保湖北公司）。

广州海事法院经审理查明：1996年3月14日，湖北省五金矿产进出口公司（以下简称湖北五矿）与缅甸农业部灌溉局（以下简称缅甸灌溉局）签订水泥买卖合同，约定湖北五矿向后者出售水泥12 907.61吨，价格条件CIF仰光。

1996年5月8日，丹东公司与福州安泉海运有限公司（以下简称安泉公司）签订租船合同，安泉公司作为船东，将“福翔”轮期租给丹东公司。5月3日，丹东公司与湖北五矿签订一份租船协议，约定：湖北五矿向丹东公司承租“福翔”轮，该轮为有2个货舱的无吊杆散装货轮；装货港青岛，卸货港仰光；滞期费每天2 600美元，速遣费为滞期费的一半；船长有权以电报形式递交准备就绪通知书。

1996年5月9日，丹东公司接受湖北五矿托运的5 707.60吨袋装水泥，并向湖北五矿签发了L05－1号指示提单。湖北五矿收到水泥货款后，将提单转让给缅甸灌溉局。该批货物由“福翔”轮从青岛港启运，5月29日14：58运抵仰光港，船长即向有关方面发出了卸货准备就绪通知书。7月4日14：08，“福翔”轮靠仰光港3号泊位，15：30缅甸灌溉局提供岸上负荷25吨汽车吊进入码头开舱作业，但未能吊开舱盖。7月5日12：30“福翔”轮离开泊位驶入内锚地抛锚，次日，进入外锚地抛锚。7月10日，缅甸港务局给

"福翔"轮船长开航通知，责令该轮必须在7月11日07：30开航，否则将对其重罚。丹东公司随后数次向湖北五矿和缅甸灌溉局传真请求给予指示，在未得到明确答复的情况下，7月23日16：06"福翔"轮抵新加坡港锚地抛锚。7月28日15：00，"福翔"轮驶往中国黄埔港。8月4日15：46，该轮抵广州桂山锚地抛锚。8月10日12：04靠黄埔洪圣沙码头，15：40开舱卸货。

1996年8月6日，湖北五矿向武汉海事法院起诉丹东公司，要求赔偿擅自将"福翔"轮驶回国内给其造成的损失。8月7日，湖北五矿向武汉海事法院请求扣押"福翔"轮，并查封变卖船载5 707.60吨水泥；人保湖北公司为此向武汉海事法院出具一份书面担保书，声明"对湖北五矿的财产保全申请，我公司特提供担保，如诉讼保全申请有误，我司愿承担相应法律责任"。同日，武汉海事法院以［1996］武海法商字第100号民事裁定准予湖北五矿的扣船申请。8月12日14：30，武汉海事法院登轮扣押"福翔"轮及所载水泥；9月12日23：00，该法院应湖北五矿申请，解除对"福翔"轮的扣押。

湖北五矿在武汉海事法院对丹东公司提起的诉讼，因后者的管辖权异议成立，该法院于1996年9月6日将案件移送广州海事法院（以下简称我院）审理。我院于1998年6月10日作出［1996］广海法商字第152号民事判决，认定：该案所涉提单业已转让缅甸灌溉局，湖北五矿已非该提单的持有人，其向法院申请扣押"福翔"轮及所载货物显属错误，遂判决驳回湖北五矿的全部诉讼请求。双方当事人均未上诉。

丹东公司在我院起诉湖北五矿，要求赔偿因违约和错误申请扣船给其造成的损失。我院于1998年6月10日作出［1996］广海法商字第137号民事判决，丹东公司不服该判决，向广东省高级人民法院提起上诉。广东省高级人民法院于1999年6月21日作出［1998］粤法经二上字第276号终审判决，认定：丹东公司和湖北五矿签订的租船协议合法有效。丹东公司在合同签订后，依约履行了承运人应尽的义务；湖北五矿未能尽快安排"福翔"轮靠泊卸货，造成该轮1996年5月29日14：58抵仰光港，至7月4日14：08才靠3号泊位，湖北五矿应对这一段扣除合同约定正常卸货时间之外的滞期损失承担责任，而正常的卸货时间为7.13天。"福翔"轮未能启开舱盖卸下货物，完全是湖北五矿不能提供适合的岸吊所致。由于提单已转让，湖北五矿已非提单项下货物的所有人，无权根据运输合同申请法院扣押"福翔"轮，其错误申请而导致"福翔"轮被扣押的全部船期应计算在滞期中。"福翔"轮被错扣31.35天。从1996年5月29日14：58"福翔"轮抵仰光港至9月12日23：00武汉海事法院解除船舶扣押，扣除正常卸货时间7.13天，该轮共滞期98天，依合同约定的滞期费每天2 600美元计，共产生滞期费254 800美元。扣除湖北五矿已预付的30 000美元，剩余224 800美元，应由湖北五矿负责赔偿。判决湖北五矿向丹东公司支付滞期费224 800美元及利息。

另查明，1999年8月，丹东公司向我院申请强制执行［1998］粤经法二上字第276号民事判决。2003年12月18日，丹东公司向我院执行局递交执行申请书，称：人保湖北公司为湖北五矿错误申请扣押船舶提供了书面担保，请求法院向人保湖北公司强制执行"福翔"轮被错误扣押造成的全部损失。次年6月21日，我院作出［1999］广海法执字第245号民事通知书，以［1998］粤经法二上字第276号民事判决未认定错误扣船的损失为由，驳回丹东公司关于人保湖北公司承担湖北五矿错误扣船经济损失的请求。

丹东公司诉称：根据《中华人民共和国担保法》第十八条的规定，被告对湖北五矿错误申请财产保全的行为应承担连带担保责任，请求判令被告赔偿“福翔”轮被扣押期间给丹东公司造成的船期损失 81 510 美元及利息。

被告辩称：被告仅在［1996］广海法商字第 152 号案中对湖北五矿的财产保全申请提供担保，丹东公司未在该案判决生效后的 6 个月内主张连带保证责任，我方免责。丹东公司所主张的错误扣船的损失，已有生效判决判令由湖北五矿承担责任，现丹东公司又通过一个新的诉讼向保证人要求赔偿，违反了“一事不再理”原则。

【审判】

广州海事法院经审理认为：本案系湖北五矿与丹东公司海上货物运输合同纠纷，被告为湖北五矿错误申请扣押船舶提供担保而引起的一宗原、被告之间的海事诉讼担保纠纷。

被告向法院自愿出具的担保，是对海事请求人湖北五矿因申请扣押“福翔”轮这一程序性海事请求权的行使可能错误，并可能给被请求人即丹东公司造成损害而向法院提供的责任保证，属于诉讼程序进行过程中的诉讼担保。因此，本案不能按照《中华人民共和国担保法》的规则处理，而应适用《中华人民共和国民事诉讼法》的有关规定审判。

被告担保的对象是扣船申请可能错误并可能产生的损害赔偿法律责任，这一法律责任在提交担保之时并不具有确定性，但在丹东公司要求履行担保以兑现债权时应具确定性。被告是在我院［1996］广海法商字第 152 号案诉讼过程中提供担保，但担保的事项却是湖北五矿申请扣押“福翔”轮可能错误而产生的法律责任，我院［1996］广海法商字第 137 号案及广东省高级人民法院［1998］粤法经二上字第 276 号案审判的对象之一正是错误扣押“福翔”轮的赔偿责任问题，因此，被告担保的对象当然及于该后两案所判定的法律责任。被告担保的期限虽未在担保书中明确，但从诉讼担保本应具有的法律特性理解，该担保的期限理应至扣押船舶所涉及的案件处理完毕，包括执行完毕为止。［1998］粤法经二上字第 276 号案正在执行过程中，丹东公司要求被告履行诉讼担保法律责任，并未超过诉讼担保的责任期间，对该诉讼请求依法应予支持。被告的担保，本来就是在诉讼过程中的诉讼担保，当然不存在诉讼时效问题。

本案所审判的是被告是否承担诉讼担保责任的问题，而不审理错误扣押船舶的法律责任，因此并不违反“一事不再理”原则。广东省高级人民法院［1998］粤法经二上字第 276 号民事判决书认定湖北五矿错误扣押“福翔”轮的期间为 31. 35 天，该扣押期间应计算在滞期中，滞期费以每天 2 600 美元计。该判决为法院的生效判决，具有法律效力，因此应认定湖北五矿错误扣押“福翔”轮造成的损失为 81 510 美元。被告作为诉讼担保人，应在该项损失额度范围内与湖北五矿一起共同向丹东公司承担连带赔偿责任及相应利息，被告在承担赔偿责任后可以向湖北五矿追偿。

广州海事法院依照《中华人民共和国民事诉讼法》第九十六条、第六十四条第一款之规定，判决被告人保湖北公司连带赔偿原告丹东公司因湖北五矿错误申请扣押船舶的损失 81 510 美元及其利息。

上诉人人保湖北公司上诉称：其在提供担保时知道扣船行为可能侵害丹东公司的权利仍提供担保，属共同侵权，故本案为侵权之诉，应受诉讼时效制度调整。

广东省高级人民法院经审理确认了一审法院认定的事实。

广东省高级人民法院经审理认为：讼争的担保发生在民事诉讼及其相关活动中，担保的对象是诉讼行为，其性质为诉讼担保。上诉人关于本案为侵权之诉的主张，显然缺乏事实依据，本院不予采信。在法律未规定诉讼担保的期限且当事人亦未约定担保期限的情况下，涉案担保期限应理解为丹东公司就湖北五矿扣船的诉讼行为提起的有关诉讼处理完毕时止。二审庭审中，双方确认丹东公司诉湖北五矿的案件至今仍未执行完毕，故诉争的担保没有超出担保期限，丹东公司在担保期限内向人保湖北公司主张权利亦未超过法定的诉讼时效期间。广东省高级人民法院根据《中华人民共和国民事诉讼法》第一百五十三条第一款第（一）项的规定，判决驳回上诉，维持原判。

【评析】

一、关于诉讼担保的法律性质

明确涉案担保是债的担保还是诉讼担保，是正确处理本案的关键问题之一。原、被告在此问题上都没有一个正确的认识，将诉讼担保误以为是债的担保，以致纠缠于该项担保的所谓诉讼时效、共同侵权等问题，影响了案件的快速了结。

债的担保是民事实体法上的重要概念，它是指债务人或第三人为实现债权人的债权，依照法律规定或与债权人的约定，向债权人提供的超越债的一般效力的履行债务的物的保证或/和人的保证。依《担保法》，债的担保有保证、抵押、质押、留置和定金五种形式，而《海商法》所规定的船舶优先权实质亦是法定的债的担保形式。诉讼担保借用民事实体法的担保概念，并在承受该概念合理内核的基础上，赋予了一些新的法律内涵，因而诉讼担保在立法本意的表达上有了与债的担保有所不同的语境。

与债的担保相比较，诉讼担保具有以下两方面突出的法律性质：

第一，诉讼担保是诉讼程序过程中的担保。诉讼程序过程，是以丹东公司起诉后、法院判决前的审判程序为主干，向前扩展到起诉前的保全程序，向后延伸至执行阶段的执行程序，亦即广义的凡可纳入程序范围的阶段都囊括在这里所指的诉讼程序范围之中。诉讼担保是这一最广泛的诉讼程序过程中所涉及的担保，而在此之前或之后的任何担保都不属诉讼担保的范畴。该时间上的规定性决定了在诉讼担保是否成就、如何成就等决策性阶段，必然有行使国家审判权的法院介入，且法院在其中以中立者的角色发挥着平衡相对方利益的作用。而债的担保一般是在主债权确定后纠纷发生前成立，目的是促使债务人积极履行义务，并在债务人不履行义务或丧失履约能力时迅速实行担保以兑现债权。债的担保是否成就、如何成就，完全由双方当事人依契约自由原则自由协商，法院不介入，亦即债的担保乃诉讼外设立，法院不参与其间。

第二，诉讼担保是法律责任担保。诉讼担保的对象具有或然性，即所担保的对象不是已经实际存在的明确的债权，而是未来可能产生的法律责任，换言之，诉讼担保不是债的担保，而是一种责任担保。这种责任担保又可进一步细分为两类，一是申请人向法院提供担保，保证因其请求错误而致对方损害的，由其承担损害赔偿法律责任；二是被请求人为解除对其船舶等财产的扣押而提供担保，以其财产或第三人财产或信用来保证承担未来生效裁决中可能由其负担的给付或赔偿之法律责任。而债的担保对象具有确定性，即是对确定的债权的担保。

二、关于诉讼担保的期限及诉讼时效问题

涉案担保是人保湖北公司作为担保人，为湖北五矿在诉讼中申请扣押“福翔”轮可能错误而向法院提供的书面保证，承诺诉讼保全申请有误将承担相应的法律责任。显然，这是一种典型的诉讼担保。无论是当时的法律《中华人民共和国民事诉讼法》，还是2000年7月1日生效的《中华人民共和国海事诉讼特别程序法》，均未规定诉讼担保期限，涉案担保也并未明定担保的期限，因而根据诉讼担保的法律性质和基本原理，该担保的期限应该至扣押“福翔”轮所涉案件处理完毕，包括执行完毕时为止。

诉讼担保本身是否有诉讼时效，一、二审法院有不同的主张。一审法院认为，人保湖北公司所提供的担保，本来就是在诉讼过程中的诉讼担保，当然不存在诉讼时效问题。二审法院则认为，“本案诉争的担保没有超出担保期限，丹东公司在担保期限内向人保湖北公司主张权利亦未超过法定的诉讼时效期间”，言外之意，诉讼担保有诉讼时效期间。我们认为，从诉讼担保的法律性质上考察，诉讼担保是从起诉前的保全程序到审判程序、执行程序之中所涉及的担保，担保的对象是诉讼程序过程中可能产生的法律责任。包括执行程序在内的诉讼程序全部终结后，诉讼担保的对象即不复存在，此时提起诉讼担保本身的诉讼毫无意义，为其设定诉讼时效期间是“皮之不存，毛将焉附”。故一审认为诉讼担保不存在诉讼时效的主张似乎更具有合理性。

三、如何实行诉讼担保

诉讼担保是在法院介入的情况下成就的，法院对担保人资格、担保内容进行审查，各方面权利义务关系均较清楚，担保人应否担责及担何责均较明确，故因诉讼担保产生纠纷时，不必经诉讼程序，而由法院径直裁定担保人承担或不承担责任即可。在［1998］粤法经二上字第276号案执行过程中，丹东公司曾向法院申请追加人保湖北公司为被执行人，对此，法院以该生效判决未认定错误扣船的损失为由予以驳回。

何谓错误扣船的损失？在学理上认为，该损失包括了船舶错扣期间的费用支出，包括船员工资、伙食费、港口费等费用支出损失；船舶错扣期间的期得利润损失；为使错扣船舶获得释放提供担保产生的损失；船舶错扣后不能履行下一预定航次的违约责任损失。从学理意义上讲，该生效判决的确未认定错误扣船的损失。然而，该判决已明确指出：“湖北五矿错误扣押‘福翔’轮的期间为31.35天，该扣押期间应计算在滞期中，滞期费以每天2 600美元计”，可见，生效判决并不以学理上的错误扣船损失为依据，而是直接将滞期费的约定认定为错误扣船造成的相应损失。生效判决具有权威性，且诉讼担保因有法院事先的审查而使相关权利义务均清楚明确，因此，可以在［1998］粤法经二上字第276号案执行过程中，直接裁定追加诉讼担保人人保湖北公司为被执行人，以执行其保证责任范围内的财产即可，而不必提起本案诉讼。法院在执行中未如此操作，实可商榷。丹东公司提起本案诉讼，可看作是权利救济的一种途径，弥补了法院未直接裁定执行诉讼担保人的权利真空，因而具有正当性。

一审独任法官：倪学伟

二审合议庭成员：郑舜贤　李云朝　饶　清

作者单位：广州海事法院

保险代位求偿诉讼不应审理保险合同关系

——广东人保诉中成广州分公司代位求偿案

倪学伟　杨优升

【问题提示】

保险代位求偿诉讼涉及保险合同关系和被代位的合同关系或侵权关系的，在该诉讼中是否应审理保险合同关系?

【要点提示】

对于保险人行使代位求偿权的诉讼，法院应当仅就造成保险事故的第三人与被保险人之间的法律关系进行审理，不应实质性审查保险合同关系。海上运输中货物毁损的风险何时转移，除考察当事人对价格条件的约定外，还应注意双方是否以行为方式修改了该价格条件。

【案例索引】

一审：广东省广州海事法院［2003］广海法初字第432号民事判决

二审：广东省高级人民法院［2006］粤高法民四终字第147号民事判决

【案情】

原告：中国人民保险公司广东省分公司（以下简称广东人保）。

被告：中成国际运输有限公司广州分公司（以下简称中成广州分公司）。

广州海事法院经审理查明：2002年4月27日，广州国际经济技术合作公司（以下简称广州国际）与中成广州分公司签订"孟加拉工程设备货运代理合同"，约定：广州国际委托中成广州分公司发运输变电设备，发运时间为5月20日至31日；中成广州分公司负责货物自上海港装船至吉大港卸船并交付收货人为止的全部工作，包括代理租船订舱、装船、出口报关、卸船等，如因中成广州分公司存储、运输、装卸不当造成货损，应赔偿由此产生的一切损失；中成广州分公司收取的"海运费用"包括运费、港口包干费、仓储费、报关费。

5月16日，广州国际向中成广州分公司出具出口货物托运单。6月7日，广州国际出具GIETC/BPG/M/0003号发票，记载：买方达卡供电局，货物为地下电缆49.5公里，配电变压器300台，CIF总价3 819 122.93美元。

6月20日，中海船务代理有限公司以"顺安"轮船东代理人的身份签发已装船提单一式三份。同日，原告签发编号为KC040290000001326的海洋货物运输保险单一份，载明：被保险人广州国际，保险货物为100箱50公里地下电缆及300木箱配电变压器，“顺安”轮承运，自上海港至吉大港，2002年6月20日开航，承保险别为一切险，保险金额3 846 289.50美元。

8月31日，“顺安”轮抵吉大港并开始卸货，9月4日卸毕。詹姆斯芬雷有限公司在达卡的收货人货仓对货物检验，并书面报告：28箱配电变压器不同程度受损，9捆电缆的保护性木板断裂，电缆绝缘表面数处刮伤、割裂。为修复受损的配电变压器和电缆，广州国际共支付修理费、材料费、运费、差旅费等共计357 095.58元。

2003年9月1日，原告向广州国际支付保险赔款357 095.58元，并收到了广州国际的“收据和权益转让书”。

原告广东人保诉称：2002年6月20日，中成广州分公司承运原告承保的广州国际出口孟加拉国铜芯电缆和配电变压器，该货物于9月4日卸船时发现严重损坏。原告为此赔付被保险人357 095.58元，并取得代位求偿权。请求判令被告赔偿357 095.58元及其利息。

被告中成广州分公司辩称：被保险人广州国际在货损发生时对保险标的不具有保险利益，原告理赔错误，不能取得代位求偿权；我方与广州国际签订的是国际货运代理合同，原告诉请我方承担承运人责任没有法律依据。

【审判】

广州海事法院经审理认为：本案是保险人根据保险合同赔付被保险人货物损失后，代位被保险人提起的涉外海上货物运输合同货损纠纷。

被告中成广州分公司与广州国际签订的“孟加拉工程设备货运代理合同”，尽管其中有代为报关等中成广州分公司作为代理人的约定，但其内容主要是关于中成广州分公司作为承运人、广州国际作为托运人的权利义务的约定以及运费收取、安全运输等规定，符合货物运输合同的条件和特征，应认定该合同为含有货运代理内容的国际海上货物运输合同。该合同是双方当事人的真实意思表示，合法有效。

发票显示涉案货物以CIF价格成交，表明货物在起运港越过船舷之前，由广州国际承担货物毁损的风险，越过船舷之后则由收货人达卡供电局承担该风险。广州国际在投保时享有保险利益，其与原告之间的保险合同合法有效。但当被保险货物越过船舷后，广州国际即不再承担货损风险，从而丧失了保险利益，其无权要求保险人赔付有关损失。原告对不具有保险利益的广州国际的保险赔付不符合法律规定，其赔付后不能取得代位求偿权。遂判决驳回原告广东人保的诉讼请求。

广东人保不服该判决，向广东省高级人民法院上诉，称：虽说发票记载的货物价格为CIF，但货损风险并未在装货港越过船舷后转移至买方。在记名提单转让后，托运人可依运输合同向承运人提出索赔。

被上诉人中成广州分公司辩称：在国际贸易中，买方在货损后不懂得专业设备的维修，找卖方修理是常见的做法，广州国际代为承担相关的检验、修理等费用，最大的可能性就是与买方存在代为修复的协议，广州国际代为支付的费用最终由买方承担。

广东省高级人民法院经审理，确认了一审法院认定的事实和证据，并认为：广州国际就涉案货物运输向广东人保投保一切险，货物在目的港交货时发现受损，该损失是一切险责任范围内的风险引起，为此广东人保向广州国际支付了保险赔款。广东人保是否取得代位求偿权，取决于被保险人广州国际是否享有对上述损失的求偿权。本案是海上货物运输合同代位求偿纠纷，而非海上货物运输保险合同纠纷，法院只应就被保险人与承运人之间的运输合同关系进行审理，原审法院以广州国际不具有保险利益为由认定广东人保不具有代位求偿权不当，本院予以纠正。

广州国际与中成广州分公司签订的货运代理合同明确约定在运输期间发生货损时，由中成广州分公司向广州国际赔偿损失。广州国际作为托运人，基于运输合同产生的请求权不会因为货物在装货港越过船舷就消失，在货物交付后因货损遭受损失，广州国际仍有权向中成广州分公司索赔，广东人保在向广州国际作出保险赔付后依法取得代位求偿权。

货物发票虽载明 CIF 价格条件，但不能由此得出广州国际在起运港货物越过船舷后必然没有损失的结论。本案中，没有证据表明广州国际已经收取了涉案货物的货款，而相关修理合同、修理费发票显示广州国际委托有关单位在目的地对货物进行修理并支付了修理费。在没有相反证据的情况下，应认定广州国际承担了运输途中货物受损的损失。广东人保作为保险代位权人，有权要求承运人中成广州分公司赔偿损失。至于广东人保得到赔付后是否获得额外利益问题，涉及买卖双方对利益的某种安排，可以由买卖双方另行解决，与保险合同及运输合同分属于不同的法律关系。

广东省高级人民法院依照《中华人民共和国民事诉讼法》第一百五十三条第一款第（二）项、第（三）项、《中华人民共和国海商法》第四十四条、第四十六条第一款、第二百五十二条第一款之规定，作出如下判决：一、撤销广州海事法院［2003］广海法初字第 432 号民事判决；二、中成广州分公司赔偿广东人保货物损失 357 095. 58 元及自 2003 年 9 月 1 日起至实际清偿日止按中国人民银行同期流动资金贷款利率计算的利息。

【评析】

一、关于保险代位求偿权问题

被保险人遭遇保险责任范围内第三人的损害，有两种途径获得救济，一是直接向第三人要求赔偿损失，二是根据保险合同要求保险人赔偿损失。在保险人赔偿被保险人损失后，即可根据法律规定，代位被保险人向第三人要求赔偿。

法院在审理保险人提起的代位求偿权诉讼时，是否需要审查保险人与被保险人之间的保险合同关系，在实践中存在两种做法。一种做法是，法院既要审查保险人与被保险人之间的保险合同关系，也要审查被代位的被保险人与第三人之间的合同关系或侵权关系，而对保险合同关系的审查是保险人是否有代位求偿权的基础。本案一审法院即采取了这种做法。另一种做法是，只要保险人向被保险人支付了保险赔款，则法院不实质性地审查保险人与被保险人之间的保险合同关系，而仅审查被代位的被保险人与第三人之间的合同关系或侵权关系。本案二审判决即属此种做法。

第一种做法的根据，通说认为在于《海商法》第二百五十二条“保险标的发生保险责任范围内的损失是由第三人造成的，被保险人向第三人要求赔偿的权利，自保险人支付保险赔偿之日起，相应转移给保险人”的规定，即法律已将代位求偿的范围明确限定为第三人造成的保险标的发生“保险责任范围内”的损失，而保险责任范围正是来源于保险合同的约定。保险代位求偿权产生的依据在于合法有效的保险合同，保险人对被保险人的赔偿必须在保险合同所约定的保险责任范围之内，对于承保责任范围外的事故造成的损失，保险人自愿地予以通融性赔付的，即使取得权益转让书，也无权取得代位求偿权。这一做法的可取之处是，赋予了保险代位求偿权强烈的保险合同色彩，强调的是“保险”的特色，而与债权的转让关系不大。其不足之处在于，对直接造成被保险人损失的第三人来说，如果保险人的代位求偿权不成立，即可能成功逃过有关损失的赔偿责任，因为通过漫长的保险代位求偿权诉讼取得终审判决，确定保险人无权代位求偿后，被保险人再对该第三人提起有关诉讼的时效可能早就过去了；被保险人如果在获得保险赔付后，仍提起对第三人的诉讼，则避开了代位求偿权诉讼失败的可能，而此时第三人就会以被保险人已经获得损失赔偿，再行诉讼是不当得利进行抗辩。

第二种做法的根据是，保险人所要代位的是被保险人与第三人的合同关系或侵权关系中的损害赔偿请求权，被代位的合同关系或侵权关系与保险人、被保险人之间的保险合同关系是两个独立的法律关系。第三人在代位求偿权诉讼中是否承担法律责任以及承担多少法律责任的基础，与保险合同关系完全无涉，而仅仅取决于第三人与被保险人的合同关系或侵权关系，因而第三人在代位求偿权诉讼中的抗辩权仅是针对受害人即被保险人的抗辩权，其抗辩的范围既不能扩大，也不能缩小。如果在代位求偿权诉讼中法院要实质性地审查保险合同，等于是扩大了第三人的抗辩范围。第三人与保险合同无关，而实质性地审查保险合同，无异于突破了合同相对性原则，使保险合同外的第三人享有了保险合同内的权利；倘若因保险合同的原因而减轻了第三人本应负担的赔偿责任，则既违背了代位求偿权乃被保险人对第三人的损害赔偿请求权的权源性规定，又与民法对第三人责任有效追究的公平理念相悖。这一做法的直接结果是，保险代位求偿权诉讼失去了“保险”的特色，而与一般的债权转让无异。这可以看作是商法渐次归化于民法的一个表现。

应该说，上述两种做法各有利弊。2006 年 12 月之前，各海事法院及其上诉审法院对保险代位求偿权案件的审判多采用第一种做法。2007 年 1 月 1 日起实行的最高人民法院《关于审理海上保险纠纷案件若干问题的规定》第十四条“受理保险人行使代位请求赔偿权利纠纷案件的人民法院应当仅就造成保险事故的第三人与被保险人之间的法律关系进行审理”的规定，统一了法院审理代位求偿权案件的做法。本案二审判决即是体现这一司法解释精神的最新判例，其重要意义不言自明。

二、关于国际海上货物运输风险转移问题

在国际海上货物运输中，货物毁损灭失的风险何时转移，涉及货损的负担以及保险利益的有无等问题。本案一、二审法院对此问题的判决完全不同，值得探究。

广州国际出具的货物发票载明 CIF 价格条件。根据国际商会的解释，在 CIF 价格条件下，若货物在运输途中因不可归责于买卖双方的原因而毁损，则该风险在货物越过装货港船舷时由卖方转移到了买方。风险的转移与买方是否支付货款、卖方是否收到货款没有关系，即只要风险已经转移，即便货物在运输途中毁损，买方仍有支付货款的义务，而不论货物毁损时所有权是否已经转移到买方。这一基本原则在 1980 年《联合国国际货物销售合同公约》中亦有体现，其第六十六条规定：“如果货物在风险转移给买方后发生毁损或灭失，买方支付货款的义务并不因此而解除，除非这种毁损或灭失是由于卖方的行为或不行为造成的。”

一审判决正是基于 CIF 价格条件关于货物风险转移的规定，判定托运人广州国际在货物于起运港越过船舷后不承担货物毁损的风险。而二审法院则从广州国际未收到货款，且实际委托相关单位在目的地对货物进行修理并支付了修理费的事实出发，认为在没有相反证据的情况下，应认定广州国际承担了运输途中货物受损的损失。一、二审法院的分歧在于：是以买卖合同中 CIF 价格条件对货物风险的约定为据，还是以实际承担货物损失的事实为准。

我们知道，合同在履行过程中，可以通过双方的合意而修改合同约定，亦可以通过双方的行为来变更合同约定。广州国际实际支付了货物修理的费用，这可以看作是以行为方式变更了 CIF 关于货物风险转移的规定，即广州国际承担了货物到达目的港卸货为止的运输风险。对于中成广州分公司在二审中的担心，即“在国际贸易中，买方在货损后不懂得专业设备的维修，找卖方修理是常见的做法，广州国际代为承担相关的检验、修理等费用，最大的可能性就是与买方存在代为修复的协议，广州国际代为支付的费用最终由买方承担”，二审判决谨慎地指出，这“涉及买卖双方对利益的某种安排，可以由买卖双方另行解决”。二审判决从广州国际承担了货损修理费用的事实出发，隐含地认为买卖合同双方修改了 CIF 条款，从而认定广州国际遭受了损失，并根据广州国际与中成广州分公司的货运代理合同关于“在运输期间发生货损时，由中成广州分公司向广州国际赔偿损失”的约定，判定中成广州分公司应对代位求偿权的行使人即原告广东人保承担赔偿责任。应该说，二审判决更合理、更公平，因而更公正。

一审合议庭成员：吴自力　邓宇锋　倪学伟

二审合议庭成员：郑舜贤　饶　清　李云朝

作者单位：广州海事法院

传真件签订运输合同的法律效力

——振海公司诉恒兴公司海上货物运输合同案

倪学伟　杨优升

【问题提示】

通过传真签订的运输合同是否具有法律效力?

【要点提示】

通过传真签订合同是通信发达时代的常见形式，司法审判应肯定该类合同的法律效力。何为传真的原件，何为传真的复印件，应确立一个可行的标准。在诉讼中，对传真原件证据效力的认定，应参照复印件的标准进行。

【案例索引】

一审：广东省广州海事法院［2006］广海法初字第382号民事判决

二审：广东省高级人民法院［2007］粤高法民四终字第86号民事判决

【案情】

原告：广西振海船务有限公司（以下简称振海公司）。

被告：广州市番禺区石楼镇恒兴油库有限公司（以下简称恒兴公司）。

广州海事法院经审理查明：2006年1月4日，原、被告通过传真签订了一份《租船运输合同》，约定：以原告的"浩航2"船承运被告的非标柴油1 000吨自广东万顷沙至海南洋浦；全程运费每吨72元，不足1 000吨按1 000吨计。该合同有原告方代表陈志、被告方代表曾伟平的签名，并盖有原告的公章、被告的合同专用章。被告以该《租船运输合同》是传真的复印件为由，不予认可。

根据航海日志的记载，"浩航2"船于2006年1月6日11：00抵达广州番禺万顷沙奇美码头，12：00开始装油，17：30装油完毕，21：45离开奇美码头。1月9日10：32，备车起锚进洋浦港，10日10：45在洋浦港靠好"桂油囤1号"船并报告洋浦海事处，14：40开始卸油，17：45卸油完毕。

"浩航2"船的油量计量确认单上记载，起始港为万顷沙奇美油库，到达港为洋浦港，货油重量为984.096吨。

原告振海公司诉称：根据原、被告订立的《租船运输合同》，原告派"浩航2"船将被告984.096吨柴油运抵目的港海南洋浦，但被告拒不支付运费。特请求判令被告清偿拖欠的运费72 000元。

被告恒兴公司辩称：我方未与原告签订过合同，原告提交的《租船运输合同》是传真的复印件，不清楚该合同上的印章是否是我公司的，也不清楚在合同上签字的人是否为我公司职员，该复印件完全可以伪造。

【审 判】

广州海事法院经审理认为：本案是一宗海上货物运输合同纠纷。原告提交的航海日志、船舶签证簿系原件，是船舶在航行过程中形成的法定文件，有国家海事主管部门的签章或需要随时接受国家海事主管部门的查验，应确认其真实性与合法性。通过传真往来签订合同，是通信技术发达时代的常见形式；原告提交的证据材料《租船运输合同》虽说是传真的复印件，但其内容与“浩航 2”船的航海日志、签证簿等法定文件能相互印证，足可证明其真实性、合法性、关联性，因而该《租船运输合同》可以作为本案的证据。

原、被告在平等自愿基础上签订的《租船运输合同》，是双方的真实意思表示，其内容不违反国家法律强制性规定，合法有效。原告已按合同将被告的货物安全运抵目的地，其有权收取相应的合同对价即双方所约定的运费。被告接受了原告船舶承运其货物，即有义务向原告支付运费，其拒不支付运费的行为构成违约，应承担违约责任。广州海事法院判决被告恒兴公司向原告振海公司清偿运费 72 000 元。

恒兴公司不服一审判决，向广东省高级人民法院提出上诉，称：振海公司在一审中提交的关键证据《租船运输合同》是传真的复印件，未提交原件。传真件的可伪造性很强，而传真的复印件可仿造性就更强。请求二审法院依法改判。

被上诉人振海公司辩称：一审判决认定事实清楚，结论正确，请求驳回上诉人的上诉请求。振海公司在二审中提交了以下新证据：恒兴公司与李成文签订的“桂油囤 1 号”船租赁合同、《租船运输合同》传真的原件。

广东省高级人民法院经审理确认了一审法院认定的事实和证据，并认为：振海公司在一审已提交了《租船运输合同》传真的复印件，二审提交的该传真的原件是对复印件效力的补强，不影响该证据的效力。在一、二审的庭审中，当问及恒兴公司代理人在《租船运输合同》上的印章是否为该公司所盖、签字人“曾伟平”是否为该公司职员、该公司的传真标志及号码是否为“HENG XING 02034860098”等问题时，其代理人均回答“不清楚”，既不表示承认，也不表示否认。由于恒兴公司完全知悉自己的传真机标志和号码以及“曾伟平”是否为本公司职员，其特别授权的代理人完全可以明确地作出承认或者否认的回答，而代理人在一审中回答“不清楚”，在二审的回答仍然是“不清楚”，这在客观上不符合情理，应是主观上的消极回避，因而应认定恒兴公司对上述事实予以承认。

振海公司二审提交的“桂油囤 1 号”船租赁合同系一审庭审结束后从案外人李成文处发现取得，依法为新证据，恒兴公司确认该租赁合同的真实性。租赁合同上加盖有“恒兴公司合同专用章，开户行：莲花山农村信用社，账号：801022268”等字样的印文原件，与原告提交的《租船运输合同》传真原件上的印文一致，印证了《租船运输合同》的真实性。航海日志、签证簿是船舶在航行中形成的法定文件，该两份文件记载“浩航 2”船从万顷沙装运非标柴油到海南洋浦，印证了《租船运输合同》所约定的航线。上述多个证据的相互印证，足以证明《租船运输合同》的真实性、合法性和关联性，因而可以作为认定本案事实的证据。

振海公司据《租船运输合同》将恒兴公司货物安全运抵目的地，其有权按合同约定向恒兴公司收取运费，恒兴公司拒不支付，应承担违约责任。广东省高级人民法院根据《中华人民共和国民事诉讼法》第一百五十三条第一款第（一）项的规定，判决驳回上诉，维持原判。

【评析】

《中华人民共和国合同法》第十一条规定，合同的“书面形式是指合同书、信件和数据电文（包括电报、电传、传真、电子数据交换和电子邮件）等可以有形地表现所载内容的形式”，这就意味着法律确认了通过传真签订合同的合法性、有效性。本案即是通过传真签订合同并进而产生纠纷的典型案件。何为传真的原件、复印件，传真件的证据效力如何，这不仅是本案争议的关键问题，也是类似案件当事人通常争执的焦点。这些问题在本案判决中都得到了合乎技术进步和合乎法律规范的解决，因而其判决具有一定的典型性和代表性。

一、何为传真的原件、复印件

在法庭诉讼中，要求当事人出示书证、视听资料的原件，或者与原件一致的复印件。振海公司在一审中提交了《租船运输合同》传真的复印件，在二审中提交了该传真的原件。那么，什么是传真的原件？什么是传真的复印件？

传真机的工作原理是，在发出传真一方的传真机上扫描需要发送的文件，并转化为一系列黑白点信息，该信息再转化为声频信号并通过传统电话线进行传送。接收方的传真机接收信号后，将相应的点信息打印出来，从而收到一份原发送文件的复印件。传真机主要有四类，即热敏纸传真机、热转印式普通纸传真机、激光式普通纸传真机、喷墨式普通纸传真机，而市场上最常见的就是热敏纸传真机和普通纸喷墨、激光一体机。

关于什么是传真的原件，有两种观点。一种观点认为发出传真一方放入传真机的文件才是传真的原件，其特点是所盖印章为红色、蓝色等本色，文字、图像等亦为本色；另一种观点认为接收传真一方的传真机上直接出来的文件为传真的原件，其特点是在黑白传真机的条件下，印章、签字等失去本色，在彩色传真机的条件下，印章、签字等虽为原来的颜色，但明显地具有复印的痕迹。

第一种观点实际上是抹杀了传真的特征，以这种观点认定传真的原件，与一般书证的原件并无二致，因为文件经过发出方的传真机后在该文件上并没有已发传真的记载，即并无任何传真的印痕；从法律的角度讲，如果发传真一方试图否认传真的存在，这一观点将帮助其获得轻而易举的成功，因为传真的“原件”永远在发出传真一方的手中。显然，该观点如果成立，则法律没有必要特别规定可以传真形式签订合同。

第二种观点赋予了传真的原件以“传真”的特性，因而具有法律上的合理性，但在认定传真件是否为接收方传真机上直接出来的文件上却存在一定的技术方面的困难。如果使用热敏纸传真机，则以纸质、纸型即可确定传真的原件，但由于热敏纸传真件保存的时间仅为3～6个月，而有关纠纷涉讼上法庭可能在一两年之后，因而能够提交原件者为数十分有限。如果使用普通纸传真机，基于接收方传真机上直接出来的文件本身就是一份复印件的技术特点，故很难将第一份从传真机上出来的复印件（即传真的原件）与其后在复印机上复印的文件区别开来。因此，以第二种观点认定传真件的原件，只具有相对合理性，且对提交该传真原件的当事人有很高的道德要求。

二、传真件的证据效力及其认定方法

确定传真件是原件还是复印件所遇到的技术难题和道德风险，实际上隐含了这样一个法律问题：如果传真的原件是一份孤证，对方当事人又予以否认的，则判决应十分谨慎。振海公司在二审时提交了《租船运输合同》传真的原件，尽管二审法院无疑义地确认其为原件，但审案法官在潜意识里仍然把该传真原件区别于普通书证的原件，十分谨慎而周详地论证了该传真原件的真实性、关联性、合法性，其审查标准接近于对复印件的审查标准，而不是像普通书证原件那样理所当然地直接采信。

确认传真件的证据效力，首要的方法是询问对方当事人对传真件的质证意见。如对方当事人认可该传真件，则直接予以采信，对此并无异议。若对方当事人不予认可，则应进一步询问传真件上的传真标志、传真号码等是否属于该当事人所有。本案一、二审庭审中，审案法官都询问了恒兴公司同样的上述问题，但其特别授权的代理人均回答“不清楚”，既不否认，也不承认。根据最高人民法院《关于民事诉讼证据的若干规定》第八条第二款“对一方当事人陈述的事实，另一方当事人既未表示承认也未否认，经审判人员充分说明并询问后，其仍不明确表示肯定或者否定的，视为对该事实的承认”的规定，可以判断恒兴公司拟制自认了双方当事人签订《租船运输合同》的事实。

确认传真件证据效力的第二个方法，是用其他已经采信的证据来印证传真件本身及其内容的真伪。振海公司在二审中提交的新证据“桂油囤 1 号”船租赁合同，盖有恒兴公司的合同专用章印文，而印文的内容与《租船运输合同》传真原件上印文的内容一致，恒兴公司认可该租赁合同的真实性，因而可推断《租船运输合同》传真原件本身是真实的。另外，航海日志、签证簿等法定文件上记载的起运港、目的港，货物名称等，也印证了《租船运输合同》中所约定的航线、货物等内容，从而可推断《租船运输合同》传真原件内容的真实性。

确认传真件证据效力的第三个方法，是查询电信部门发出传真方的电话机在特定时间传真的档案记录，并与传真件上的自动时间标记等内容相对照，以此判断是否为某方当事人发出的传真。需要注意的是，电信部门的档案记录只保存较短的时间，超过时间即自动清除。

总之，确认传真件的证据效力，是与日益发达的通信技术相吻合的，是司法审判符合技术进步的表现。传真件作为科技发展的产物，具有自身的独特性。传真的原件与普通书证的原件有着明显的区别，在司法审判中对传真原件证据效力的审查标准应参照复印件的有关标准进行，并综合全案证据所证明的事项予以审查和确认，以确保案件审判的公正性。

一审独任法官：倪学伟

二审合议庭成员：欧阳振远　郑舜贤　李云朝

作者单位：广州海事法院

未经审批的对外连带保证案件的诉讼时效问题

——农银财务有限公司诉广东省轻工业品进出口（集团）公司担保合同纠纷案

叶　丹

【问题提示】

未经审批的对外连带保证合同的效力如何认定？债权人的起诉是否已过诉讼时效？

【要点提示】

在涉外民商事审判实践中，未经审批的对外连带保证案件比较常见。此类担保合同无效，债务人应承担无效合同的民事赔偿责任。但是，债务人通常会提出债权人的起诉已过诉讼时效的抗辩。处理此类案件的诉讼时效问题应把握的原则是，严格依据《中华人民共和国民法通则》第一百三十五条关于"向人民法院请求保护民事权利的诉讼时效期间为2年"及第一百三十七条关于"诉讼时效期间从知道或者应当知道权利被侵害时起计算"的规定来进行认定，因此正确判断债权人知道或应当知道权利被侵害的时间是关键。

【案例索引】

一审：广东省广州市中级人民法院［2007］穗中法民四初字第235号民事判决

二审：广东省高级人民法院［2008］粤高法民四终字第101号民事判决

【案情】

上诉人（原审原告）：农银财务有限公司（以下简称农银财务公司）。

被上诉人（原审被告）：广东省轻工业品进出口（集团）公司（以下简称进出口公司）。

威风公司是香港企业。1997年6月9日，农银财务公司、威风公司和进出口公司在香港签订《信用贷款及信用证融资协议》，约定：农银财务公司向威风公司提供最高额为港币500万元的贷款；贷款期限从签订协议之日起至1998年9月1日，贷款年利率按港元最优惠利率加6%计，利息按月计收；如威风公司未能如期还款，则按原定利率的120%计收逾期利息；进出口公司愿意为威风公司上述贷款承担担保责任；该协议受香港法律的管制。同日，进出口公司向农银财务公司出具《不可撤销担保书》表示：进出口公司同意对威风公司的上述贷款承担担保责任。该担保书是一份独立的担保文件，进出口公司知悉该担保函没有外管批文，但仍承诺继续支持借款人，直至借款人完全偿还所有欠款为止。该担保合同至今未经我国有关外汇管理部门审核批准。

上述合同签订后，农银财务公司于同年7月20日向威风公司划付了借款本金港币

500 万元。但威风公司仅在借款期限届满前向农银财务公司偿还了借款本金港币 400 万元，尚欠农银财务公司借款本金港币 100 万元及相应利息。1998 年 8 月 16 日进出口公司致函农银财务公司，载明：一、威风公司是进出口公司的控股驻港中资公司；二、威风公司歇业；三、进出口公司负责偿还威风公司无力偿还农银财务公司的借款本息。此后，威风公司及进出口公司均未履行还款责任。2000 年 1 月 26 日，农银财务公司向进出口公司催收债务，未果。农银财务公司遂于 2000 年上半年向香港高等法院对威风公司和进出口公司提起诉讼。2000 年 12 月 29 日，香港高等法院就威风公司的债务问题作出判决，判令：威风公司向农银财务公司偿还借款本金港币 100 万元及其逾期利息，截至 2000 年 11 月 1 日为港币 386 720.55 元，之后逐日算利息为港币 542.47 元，即以年利率 19.8% 计算至今天，之后以判定利率计算至付款为止。就进出口公司的担保责任问题，因进出口公司没有应诉须经公告程序，香港高等法院于 2001 年 8 月 3 日才对进出口公司的责任作出判决，判令进出口公司向农银财务公司偿还借款本金港币 100 万元及其逾期利息，截至 2000 年 11 月 1 日为港币 386 720.55 元，之后逐日算利息为港币 542.47 元，即以年利率 19.8% 计算至今天，之后以判定利率计算至付款为止。上述判决发生法律效力后，威风公司及进出口公司均未履行判决清偿债务。

2001 年，威风公司的另一债权人香港中银向香港高等法院提出对威风公司进行强制清盘。同年 8 月，香港高等法院作出了清盘裁决。同年 12 月 18 日，香港高等法院发出清盘命令。农银财务公司依法向清盘人申报了债权。目前，威风公司的清盘仍在进行，农银财务公司享有的债权未能从中得到清偿。

2007 年 1 月 23 日，农银财务公司再次致函进出口公司要求其承担还款责任，未果，故成本讼。

【审判】

广州市中级人民法院经审理认为：农银财务公司为香港企业，本案属于涉港担保合同纠纷，应参照涉外案件处理。根据《中华人民共和国民事诉讼法》第二十二条第二款的规定，该院作为被告住所地具有涉外涉港澳台商事案件管辖权的法院，对本案享有管辖权。本案为担保合同纠纷，所涉担保系内地企业作为担保人，为香港企业的外币借款进行担保，该担保属于对外担保。虽然双方当事人约定担保合同关系适用香港法律解决，但本案担保契约如果适用香港法律，将规避我国的强制性规定，故本案当事人关于担保合同适用香港法律的约定不发生法律效力，本案纠纷应适用我国内地法律作为准据法。我国实行外汇管制制度，提供对外担保需经外汇管理部门批准。进出口公司向农银财务公司提供对外担保的行为未报经我国外汇管理部门审批，故该担保行为无效。农银财务公司作为债权人，在接受担保时，有义务了解担保人出具此类担保是否需要经有关部门批准，现农银财务公司未尽义务了解，进出口公司则明知其担保手续不完善却提供了担保，可见各方对于担保行为的无效均存在过错，根据最高人民法院《关于适用〈中华人民共和国担保法〉若干问题的解释》第七条关于“主合同有效而担保合同无效，债权人、担保人有过错的，担保人承担民事责任的部分，不应超过债务人不能清偿部分的二分之一”的规定，进出口公司本应对威风公司不能清偿农银财务公司债务部分承担二分之一的赔偿责任。农银财务公司就主债务纠纷以威风公司为被告在香港提起诉讼，香港法院已就此作出裁决确认了主债务的合法性和数额，故对该裁判文书中确定的威风公司尚欠农银财务公司本金港币100万元及相应利息作为事实应予以确认。但是，进出口公司辩称其应承担的责任已过诉讼时效。根据《中华人民共和国民法通则》第一百三十五条、第一百三十七条的规定，农银财务公司在威风公司未能依约还款的情况下，应当自主债务履行期限届满之日起两年内向进出口公司主张权利，如发生诉讼时效中断事由，则依照《中华人民共和国民法通则》第一百四十条的规定，从中断时起，诉讼时效期间重新计算。本案主债务的履行期限于1998年9月1日届满，农银财务公司在2000年1月26日发函向进出口公司主张权利，诉讼时效由此中断。2000年上半年，农银财务公司向香港高等法院起诉进出口公司至该院于2001年8月3日作出判决，诉讼时效一直中断，应从2001年8月4日重新起算。之后的两年时间内，农银财务公司一直未向进出口公司主张权利。因此，农银财务公司于2007年1月23日向进出口公司主张债权，已超过了2年的法定诉讼时效期间，其对进出口公司提出的权利主张已丧失胜诉权。农银财务公司提出本案应适用最高人民法院《关于适用〈中华人民共和国担保法〉若干问题的解释》第四十四条关于“保证期间，人民法院受理债务人破产案件的，债权人既可以向人民法院申报债权，也可以向保证人主张权利。债权人申报债权后在破产程序中未受清偿的部分，保证人仍应当承担保证责任。债权人要求保证人承担保证责任的，应当在破产程序终结后六个月内提出”的规定，但该条款的适用应以保证合同有效及内地法院受理主债务人破产案件为前提，本案情形不符合该适用条件。该院最终判决驳回农银财务公司的诉讼请求。

农银财务公司不服，提起上诉称：一、即使保证合同无效，但只要主债务诉讼时效没有过，就不存在无效保证损害赔偿请求权的诉讼时效问题。二、在保证债权诉讼时效内，威风公司破产，农银财务公司申报了债权，而保证债权的诉讼时效在威风公司破产清算期间届满，应适用最高人民法院《关于适用〈中华人民共和国担保法〉若干问题的解释》第四十四条的规定。本案因主债务人的清盘程序尚未终结，故农银财务公司在内地起诉进出口公司的诉讼时效未过。

广东省高级人民法院确认一审法院查明的事实存在，经审理认为：农银财务公司的上诉缺乏理据，驳回上诉，维持原判。

【评析】

一、对外连带保证如何界定

对外连带保证是由我国境内机构签订保证合同或出具保函明确约定对债务承担连带责任（或者对保证方式没有约定或约定不明），其向我国境外机构或者境内的外资金融机构承诺，当债务人未按照合同约定履行义务时，由保证人履行义务。

二、未经审批的对外连带保证的效力如何

根据最高人民法院出台的担保法司法解释第六条、国务院颁布的《中华人民共和国外汇管理条例》第十九条、国家外汇管理局颁布的《境内机构对外担保管理办法实施细则》第三条、中国人民银行制定的《境内机构对外担保管理办法》第三条，我国对对外担保，包括对外连带保证长期以来实行的是严格的行政审批管制制度，经过审批和登记备案是其有

效的法定前提。在本案中，进出口公司作为我国内地的企业法人，其为香港企业威风公司向农银财务公司的贷款所提供的担保属对外担保，该担保行为因未经我国有关主管部门的审批而无效。

三、农银财务公司的起诉是否已过诉讼时效

在担保无效的前提下，本案的争议焦点应归纳为农银财务公司提起本案诉讼是否已过诉讼时效。关于诉讼时效的问题，首先面临识别的问题。实践的做法是以法院地法为识别依据，将时效问题识别为实体问题，诉讼时效是指权利人在法定期间内不行使权利，即丧失请求人民法院依法保护其民事权利的法律制度，其实质是对民事权利保护的时间上的限制，其功能是促使权利人及时行使权利，防止法律关系长期处于不确定的状态。本案是未经审批的对外连带保证案件。虽然涉案《信用贷款及信用证融资协议》中约定了受香港法律的管制，但根据最高人民法院《关于贯彻执行〈中华人民共和国民法通则〉若干问题的意见》第一百九十四条关于“涉外合同当事人选择法律适用时，不得规避我国强制性或者禁止性法律规范”的规定，因我国在对外担保方面实行的是严格管制制度，与香港的宽松制度不同，本案担保合同关系若适用香港法律处理，将规避我国的行政性强制规定，故上述法律适用的约定不应发生法律效力，本案纠纷应适用我国内地法律作为准据法。

双方当事人对香港高等法院生效裁判文书中确认的主债务人威风公司尚欠农银财务公司本金港币100万元及相应利息的事实没有异议，本应据此认定进出口公司的责任。但是，进出口公司提出了诉讼时效方面的抗辩。故判断诉讼时效的起算点成为审理本案的关键问题。无效合同的诉讼时效如何起算，在我国审判实践中尚无统一做法。我们认为，《中华人民共和国民法通则》第一百三十五条关于“向人民法院请求保护民事权利的诉讼时效期间为2年”及第一百三十七条关于“诉讼时效期间从知道或者应当知道权利被侵害时起计算”的规定，是处理诉讼时效问题的明确依据。因此，农银财务公司请求进出口公司承担相关责任，应在其知道或者应当知道权利受到侵害时起算的两年内提起诉讼。对债权人而言，债务人到期不履行债务即侵害了债权人的权利。本案中，主债务履行期限于1998年9月1日届满，农银财务公司应自此知道权利受到了侵害。农银财务公司于2000年1月26日向进出口公司催收债务，又于2000年上半年在香港起诉威风公司和进出口公司，要求威风公司偿还贷款本息，进出口公司承担担保责任，故农银财务公司对进出口公司享有的债权的诉讼时效因催收和香港诉讼而发生中断。2001年8月3日，香港高等法院对进出口公司作出判决，判令进出口公司向农银财务公司偿还借款本金及利息，诉讼时效从此时起开始重新计算。农银财务公司应在2000年8月4日之后的两年内向进出口公司主张权利，但其直至2007年1月23日才致函进出口公司主张债权，已超过了两年的法定诉讼时效期间，其对进出口公司提出的权利主张已丧失胜诉权。

四、农银财务公司在香港清盘程序中申报债权能否影响内地诉讼对时效的认定

农银财务公司为证明其诉讼时效未过，提出了本案应适用最高人民法院《关于适用〈中华人民共和国担保法〉若干问题的解释》第四十四条的意见。然而，该条款仅应适用于债务人是国内企业的破产情形，而本案的债权人农银财务公司与涉案的主债务人威风公司均

是香港企业，威风公司的清盘亦是由香港法院所受理，因内地与香港分属两个不同的法域，香港企业的清盘不能依据内地的法律，同理，内地法律赋予债权人在申报债权与向保证人主张权利之间的选择权也不能适用于本案。因此，农银财务公司的上述意见依法不能得到支持。

一审合议庭成员：赵建文　王美英　刘志杰
二审合议庭成员：杨慧怡　叶　丹　李　继
作者单位：广东省高级人民法院

未经审批的外商投资企业股权转让合同的效力审查和审理要点

——徐伟林、徐玉春诉广州开发区建设发展集团有限公司、广州开发区建设开发（香港）有限公司股权转让合同纠纷案

饶　清

【问题提示】

未经审批的外商投资企业股权转让合同是否有效？对双方当事人因实际履行所产生的损失应如何处理？

【要点提示】

外商投资企业股权转让合同是否成立并生效，是人民法院审理此类纠纷时应解决的首要问题。如果法院对合同效力问题采取回避的态度，那么审理案件的思路将无法理清，判定各方民事责任也缺少必要的基础。未经审批的外商投资企业股权转让合同应当认定为未生效；由于合同未生效造成的损失，应当按照过错原则分别确定双方当事人应当承担的民事责任。

【案例索引】

一审：广东省广州市中级人民法院［2006］穗中法民四初字第89号民事判决

二审：广东省高级人民法院［2007］粤高法民四终字第77号民事判决

【案情】

原告：徐伟林，徐玉春。

被告：广州开发区建设发展集团有限公司（以下简称建设集团）。

原审被告：广州开发区建设开发（香港）有限公司（以下简称香港建设公司）。

广州市中级人民法院经审理查明：建设集团、香港建设公司均为中外合资企业申昌公司股东。2004年4月2日，建设集团、香港建设公司作为出让方，徐伟林、徐玉春作为受让方，以申昌公司为标的公司签订《股权交易合同》，约定出让方同意将其持有的申昌公司的全部股权以3 300 000元的价格转让予受让方；受让方在签订本合同后5个工作日内一次性向出让方支付价款。合同签订后，徐伟林、徐玉春依约支付了股权转让款。此前，建设集团、香港建设公司已将申昌公司印鉴移交徐伟林、徐玉春。因股权转让前建设集团、香港建设公司只办理了国资部门的审批，未办理外经贸部门的审批手续，现股权转让后双方亦未办理股权变更登记手续。徐伟林、徐玉春投入情况：徐伟林、徐玉春称其接

管申昌公司后，以借款（即申昌公司向徐伟林借支）形式共向申昌公司投入资金229.5万元。此外，徐伟林、徐玉春主张申昌公司的实际资产与《股权交易合同》所确认的资产严重不符。2003年11月28日，申昌公司召开董事会，董事会对股东持股比例、法人代表等变更事项作出决议，同日，建设集团形成《关于申昌公司法人代表变更的决定》，决定由徐伟林出任申昌公司法人代表。2004年8月25日，法定代表人徐伟林签署申昌公司《外商投资企业变更登记申请书》，向工商登记管理部门申请变更注册资本。一审审理期间，因对申昌公司是否存在税务遗漏，徐伟林、徐玉春的准确投入，申昌公司资产现值等情况双方存在异议，本拟进行审计。但因徐伟林、徐玉春在管理企业期间，经营管理不善，现资产流失，会计资料缺乏，无法查清资产现状，事实上已难以审计。

原告徐伟林、徐玉春诉称：请求判令两被告返还股权转让款本息、已投入损失本息以及可得利润损失。

【审判】

广州市中级人民法院经审理认为：徐伟林、徐玉春受让申昌公司股权是通过在国有产权交易机构公开出让所得，具合法性。徐伟林、徐玉春并已交付全部款项和实际经营管理该企业。现该企业资产流失，会计资料缺乏，事实上已难以返还。因此，不宜判决返还股权转让款。徐伟林、徐玉春在经营该企业期间发生费用大部分是其自行经营期间所发生，理应自行负担。建设集团、香港建设公司未申请审批机关审批，将直接导致之后的工商登记股权变更发生困难。徐伟林、徐玉春已向建设集团、香港建设公司交付全部股权转让款，并无不诚实的行为。因此，建设集团、香港建设公司的过错更大。考虑到建设集团、香港建设公司转让申昌公司已获得高于所有者权益的盈利和其未给徐伟林、徐玉春办理股权转让的违约事实，徐伟林、徐玉春损失惨重，酌情判决由建设集团、香港建设公司赔偿徐伟林、徐玉春80万元投入资金的经营损失。综上所述，依照《中华人民共和国民法通则》第一百四十五条第二款，《中华人民共和国合同法》第九十三条第二款、第九十七条的规定，判决：一、建设集团、香港建设公司向徐伟林、徐玉春返还徐伟林、徐玉春代付的员工工资、房租、水电、员工福利等费用333 343元。二、建设集团、香港建设公司赔偿徐伟林、徐玉春投入资金损失800 000元。三、驳回徐伟林、徐玉春其他诉讼请求。

徐伟林、徐玉春上诉称：请求撤销原判，改判两被上诉人返还股权转让金本息、赔偿投入损失和可获利润损失。一、原判认定上诉人已实际控制申昌公司不符事实。二、错误认定上诉人对申昌公司未办理股权变更登记亦负有过错以及申昌公司现无资产是两上诉人经营不善造成。三、上诉人投入申昌公司229.5万元的损失及可得利润损失应予认定。四、被上诉人的行为已构成根本违约，依法应判决解除合同。

建设集团上诉称：请求撤销原判第（一）、第（二）项，改判驳回被上诉人对建设集团的诉讼请求。一、原审法院认为被上诉人在经营企业期间支付的费用是用于支付移交企业前由上诉人管理期间发生的费用错误。二、原审法院判令上诉人向被上诉人赔偿投入资金损失缺乏事实与法律依据。

广东省高级人民法院基本确认原审查明的事实，另补充查明事实如下：本案并无证据证明徐伟林、徐玉春取得公司印鉴后已取得了对公司的控制权。二审庭审中，建设集团确认申昌公司的董事会成员在合同签订之前、之后没有发生过变化，也没有变更登记。徐伟林、徐玉春主张双方当事人没有清点并实际移交申昌公司的资产；此外，到目前为止，申昌公司没有什么资产，公司厂房系租赁而来。建设集团、香港建设公司对徐伟林、徐玉春关于资产现状的陈述没有提出异议。

广东省高级人民法院经审理认为：《股权交易合同》是双方当事人的真实意思表示，依法成立。双方交易的股份是中外合资经营企业申昌公司的全部股份。根据国务院发布并修订的《中华人民共和国中外合资经营企业法实施条例》第二十条第一款、《中华人民共和国合同法》第四十四条的规定，《股权交易合同》至今仍未办理外经部门的审批登记手续，依法应认定为未生效合同。因《股权交易合同》不生效，故依该合同取得的财产应当予以返还，不能返还的应当折价补偿，对于因此而遭受的损失应当由合同双方当事人根据过错大小予以承担。因徐伟林、徐玉春并没有成为申昌公司的股东，建设集团、香港建设公司继续占有股权转让款缺乏有效的合同基础，因此建设集团、香港建设公司应当向徐伟林、徐玉春返还股权转让款330万元及其利息。由于双方在合同订立之后分别负责或参与了申昌公司的经营决策与管理活动，且对合同未生效负有大致相当的过错，因而综合双方参与申昌公司管理程度和过错大小等因素，双方当事人对共同经营申昌公司期间内所遭受的损失应各负一半的责任。综上所述，依照《中华人民共和国民事诉讼法》第一百五十三条第一款第（二）项、《中华人民共和国中外合资经营企业法实施条例》第二十条第一款、《中华人民共和国合同法》第四十四条的规定，判决：（一）维持原判第（三）判项；（二）变更原审判项第（一）、（二）判项为：建设集团、香港建设公司向徐伟林、徐玉春返还股权转让款330万元本息、返还代付申昌公司经营费用333 343元本息并赔偿损失62 892.19元。

【评析】

一、未经审批的外商投资企业股权转让合同的效力审查

外商投资企业股权转让合同是否成立并生效，是审理此类合同纠纷应解决的首要问题。如果法院对合同效力问题采取回避的态度，那么，审理案件的思路将无法理清，判定各方民事责任也缺少必要的基础。司法实践中，绝大多数外商投资企业股权案件中关于效力的争议集中在股权转让未经过原审批机关的审批是否导致合同无效这一问题。关于此类合同效力的司法审查，长期以来，法院对合同效力以及民事责任的认定曾有着不同的认识和做法，归纳起来主要有三种：一是该类合同应当认定为未生效合同；二是应当认定为无效合同，其中有的直接判决合同无效，有的在审理案件过程中，让当事人在合理期限内补办手续，未能办理的，则认定为无效；三是按合同有效来处理实体，认为办理批准、登记手续是转让方义务，转让方不履行自己的义务，反而要求解除合同，违反了诚实信用原则，判令转让方补办相关手续。

笔者认为，认定合同未生效与现有法律规定及鼓励交易、不轻易否定合同效力的司法精神更为相符。根据现有法律，关于合同生效的要件，主要设定了两个层次，一为一般生效要件，具体为我国《民法通则》第五十五条规定的三项要件；二为特殊生效要件，主要是《合同法》第四十四条第二款、最高人民法院《关于适用〈合同法〉若干问题的解释（一）》第九条规定的特殊生效要件，即法律或行政法规要求的国家有关部门的批准手

续。关于外商投资企业股权转让合同的方式，《中外合资企业法实施细则》第二十一条、《中外合作企业法实施细则》第二十三条以及《外资企业法实施细则》第二十二条设立了特定要求，即须经审批机关批准。据此，当合同不具备法定的特殊生效要件时，应当不发生相应的法律效力。对此，最高法院第二次全国涉外商事海事审判工作会议纪要第八十八条明确，“外商投资企业的股权转让合同，应当报经有关审查批准机关审查批准，在一审法庭辩论终结前当事人未能办理批准手续的，人民法院应当认定该合同未生效”，从而规范并统一了法院对外商投资企业股权转让合同效力的审查。

二、确定外商投资企业股权转让合同未生效后的审理要点

第一，关于合同未生效的法律后果的问题。民法通则、合同法没有设定未生效的法律概念。未生效这一法律概念首次出现在最高人民法院《关于适用〈合同法〉若干问题的解释（一）》第九条，该条规定了合同未生效的法定事由，但是对于合同被认定未生效后，在各方当事人之间将产生怎样的法律后果，各方当事人应如何承担民事责任等问题，没有明确规定。笔者认为，合同未生效，意味着对合同当事人自然不产生法律约束力，也不产生履行合同义务的效力，相应的法律后果应为双方的财产状况恢复到合同签订之前，因此依据该合同取得的财产应当予以返还，不能返还的应当折价补偿。基于回复原状的审理思路，因合同未生效，转让人继续占有股权转让款缺乏有效的合同基础，故受让人已付的股权转让款应由转让方予以返还。

第二，关于归责原则的确定问题。如果受让方没有实际参与企业经营管理，没有实际享受股东权益的，一般也不产生损失，在实体处理上相对简单。反之，在转让方没有完全退出企业的经营管理，而受让方有参与经营管理却未完全实际接管企业并实际履行股东权益的情况下，双方均主张损失的，如本案转让方主张企业濒临破产，资产减损严重，受让方主张为维持企业运转被迫投入的巨额费用等，应如何处理？双方当事人应如何承担民事责任？关于归责原则的确定问题，前述司法解释同样没有明确规定。实务中一般将过错责任原则作为确定各方责任的归责原则。前述会议纪要对外商投资企业股权转让合同未生效所产生的损失的归责原则提供了指引，即“由于合同未生效造成的损失，应当判令有过错的一方向另一方承担损害赔偿责任；双方都有过错的，应当根据过错大小判令双方承担相应的民事责任”。

第三，关于考量过错大小时应当注意审查的问题。双方当事人有无过错以及过错大小，是确定双方民事责任的主要依据。关于过错大小的认定，法院有一定的自由裁量权，但该裁量权的行使应当以全案的实际情况为基础。在认定过错大小的过程中，应当注意对以下问题的审查：

首先，应当审查合同未经报批的具体原因。股权转让合同未经审批机关审批是引起此类纠纷的主因之一，而未经审批的原因多为当事人怠于报批。实务中，一般认为向审批机关报批的义务由转让方负担，因此在转让方怠于报批的情况下，转让方对合同未生效的过错是明显的。

其次，应当审查受让方对转让方怠于报批所持有的态度。合同订立后，双方当事人均有尽一切可能促使合同生效的诚信义务，对受让人而言，应当备齐并向转让方提供报批所需的文件；如果受让人已提供了其应当提供的文件后，转让方在约定的时间或合理时间内迟迟不向审批机关报批的，受让人应当提示并催促对方。如果受让人对转让人怠于报批的消极行为无动于衷，主观上处于一种放任的心态，那么受让人对合同未生效也负有一定的过错。

再次，还应当审查双方当事人实际参与经营企业的程度和对企业的控制力大小等事实。损失的发生与企业的实际经营状况息息相关，而影响企业经营状况有外部原因如经济环境、行业发展等，同时还有内部经营管理的原因，但是其经营状况更多地取决于后者。从这个角度来讲，企业经营管理活动与损失的发生之间存在较强的因果关系，因此，在认定过错中应当考虑双方当事人实际参与经营管理的程度及对企业控制力的大小，具体包括哪一方实际掌握企业的经营决策权、转让方有无退出企业经营管理、受让人在合同签订之后有无实际参与企业经营管理活动等。

一审合议庭成员：张立鹤　王美英　严建华

二审合议庭成员：郑海森　刘涵平　饶　清

作者单位：广东省高级人民法院

行政案例

行为人在维护国家利益、公共利益活动中受到伤害事故的定性问题

——胡勇军诉深圳市劳动和社会保障局行政不作为案

杨克成

【问题提示】

行为人在维护国家利益、公共利益活动中受到的伤害可否认定为工伤，行为人向有关部门申请做工伤认定的时效如何确定?

【要点提示】

行为人在维护国家利益、公共利益活动中受到伤害的，视同为工伤。行为人向相关部门申请作出工伤认定的时效，应从有关部门对行为人行为确认属于见义勇为行为起开始计算。

【案例索引】

一审：广东省深圳市福田区人民法院［2007］深福法行初字第340号行政判决

二审：广东省深圳市中级人民法院［2008］深中法行终字第127号行政判决

【案情】

上诉人（原审原告）：胡勇军。

被上诉人（原审被告）：深圳市劳动和社会保障局。

2006年5月1日23时许，胡勇军在与唐婷等七人返回住所途中，为保护唐婷不受他人伤害，被他人砍伤，经法医鉴定为轻伤。2006年7月8日，胡勇军向深圳市公安局宝安分局申请2006年5月1日为救助唐婷而遭受伤害的行为是见义勇为的行为。2007年6月10日，深圳市宝安区人民政府确认了胡勇军该行为属见义勇为并颁发证书，深圳市公安局宝安分局并对该事件在2007年7月3日进行了说明，根据《广东省工伤保险条例》第十条第二款的规定，胡勇军的受伤情形可以视同工伤。故胡勇军在2007年7月4日通过特快专递将胡勇军的工伤认定申请书及材料寄给深圳市劳动和社会保障局下属西乡管理站，并请求告知结果。

胡勇军在工伤认定申请书中陈述：2006年5月1日23时许，其在与唐婷等七人返回住所途中，为保护唐婷不受他人伤害，被他人砍伤，经法医鉴定为轻伤。要求深圳市劳动和社会保障局认定其所受伤为工伤。胡勇军提交的证据材料有：工伤认定申请表、身份证、工作证、劳务工合同书、门诊病历资料、工商登记资料、《见义勇为确认证书》、《关

于胡勇军见义勇为行为确认事项的说明》。《见义勇为确认证书》由深圳市宝安区人民政府于2007年6月10日作出，认定胡勇军的行为属于见义勇为；《关于胡勇军见义勇为行为确认事项的说明》由深圳市公安局宝安分局治安管理科于2007年7月3日作出，表示胡勇军于2006年5月1日23时许，与朋友唐婷等七人在返回住所途中，为保护唐婷不受他人伤害而被他人砍伤，经法医鉴定为轻伤，该行为经调查审核并报批准，被认定为见义勇为行为。

深圳市劳动和社会保障局在审查了胡勇军提交的材料之后，认为胡勇军受伤的时间是2006年5月1日，而申请工伤认定的时间是2007年7月3日，胡勇军已超出了法定的一年申请工伤认定的期限。据上述情形，深圳市劳动和社会保障局于2007年7月3日作出了深劳社受字［2007］第530001号《不予受理决定书》，表示胡勇军提出的工伤认定申请已超过法律、法规或规章规定的受理期限，根据《广东省工伤保险条例》第十二条规定，决定不予受理。该决定书于同日向胡勇军送达。胡勇军不服，向深圳市福田区人民法院起诉。

胡勇军诉称：其在2006年7月8日向深圳市公安局宝安分局申请2006年5月1日救助唐婷而遭受伤害的行为是见义勇为的行为。2007年6月10日，深圳市宝安区人民政府确认了胡勇军该行为属见义勇为并颁发证书，深圳市公安局宝安分局并对该事件在2007年7月3日进行了说明，根据《广东省工伤保险条例》第十条第二款的规定，胡勇军的受伤情形可以视同工伤，故其在2007年7月4日通过特快专递将工伤认定申请书及材料寄给深圳市劳动和社会保障局下属西乡管理站，并请求告知结果。至今深圳市劳动和社会保障局下属西乡管理站未作任何答复。深圳市劳动和社会保障局未在法定期限内对胡勇军的申请作出认定或不认定是工伤的决定书，已构成行政不作为。请求法院判令深圳市劳动和社会保障局对胡勇军2007年7月4日的申请作出视同工伤的认定，并承担本案一切费用。

深圳市劳动和社会保障局辩称：2007年7月3日，胡勇军向深圳市劳动和社会保障局提起工伤认定申请，并提交相关证据材料。在审查了胡勇军提交的材料之后，深圳市劳动和社会保障局认为，胡勇军受伤的时间是2006年5月1日，而其申请工伤认定的时间是2007年7月3日，根据《广东省工伤保险条例》第十二条规定，胡勇军已经超出了法定的一年申请工伤认定的期限。根据上述情形，深圳市劳动和社会保障局于2007年7月3日作出了深劳社受字［2007］第530001号《不予受理决定书》。深圳市劳动和社会保障局作出的上述决定符合法律规定。胡勇军未按照法定途径进行救济，其主张不能成立。如胡勇军对深圳市劳动和社会保障局作出的《不予受理决定书》不服，可以在法定期限内申请行政复议或提起行政诉讼。如复议机关或人民法院判决深圳市劳动和社会保障局不予受理决定行为不符合法律规定，则深圳市劳动和社会保障局可根据复议决定或行政判决重新作出相应具体行政行为。就该情形，深圳市劳动和社会保障局工作人员也多次告知胡勇军本人，如对《不予受理决定书》不服，可以复议或诉讼。然而胡勇军并未按照法定途径寻求救济，而采取重复邮寄完全相同的材料，重复要求深圳市劳动和社会保障局作出行政决定的行为。胡勇军的行为只能造成行政资源浪费。因此，在胡勇军既不申请行政复议，又不提起行政诉讼的前提下，深圳市劳动和社会保障局没有法定义务对其重复投寄材料的行为作出处理。针对胡勇军的申请，深圳市劳动和社会保障局已经作出行政处理决定，不存在行政不作为的情形。请求驳回胡勇军的诉讼请求。

【审判】

深圳市福田区人民法院一审认为：胡勇军于2007年7月3日向深圳市劳动和社会保障局提出工伤认定申请，深圳市劳动和社会保障局以超过申请期限为由于同日向其作出《不予受理决定书》，深圳市劳动和社会保障局对胡勇军的申请已作出行政行为。胡勇军认为深圳市劳动和社会保障局收到其申请后没有履行法定职责的陈述与事实不符，认为深圳市劳动和社会保障局已构成行政不作为的理由不成立，本院不予支持。根据最高人民法院《关于执行〈中华人民共和国行政诉讼法〉若干问题的解释》第五十六条第（四）项的规定，判决驳回胡勇军的诉讼请求。

一审宣判后，胡勇军不服，向深圳市中级人民法院提起上诉。

胡勇军上诉称：从胡勇军提交的证据（工伤认定表和特快单）可以看出，起诉的事实是2007年7月4日胡勇军向深圳市劳动和社会保障局通过快递邮寄了工伤认定申请书，其理由是自己已获得见义勇为称号，应当享受工伤保险待遇，从原审判决书可以看出一审法院是针对2007年7月3日的工伤认定书而作出判决。7月3日的申请书主要讲胡勇军受到人身伤害应认定为工伤，而深圳市劳动和社会保障局以超过一年时效而驳回。7月4日的申请书主要讲胡勇军因见义勇为应视同工伤。两者是不同的事实，前者因胡勇军未讲明自己未在法定时间申请的原因而被驳回，而后者讲明因见义勇为是视同工伤的前置程序，并非故意不来申请，而是没有见义勇为确认不可能前来申请，深圳市劳动和社会保障局应根据不同的事实作出认定。上诉请求：撤销［2007］深福法行初字第340号行政判决书，判令深圳市劳动和社会保障局承担本案一切诉讼费用。

深圳市劳动和社会保障局答辩称：胡勇军的受伤时间是2006年5月1日，而其向深圳市劳动和社会保障局提起工伤认定的时间是2007年7月3日，在当天深圳市劳动和社会保障局审查胡勇军所提交的工伤认定材料之后，已经作出了深劳社受字［2007］第530001号不予受理通知书，而胡勇军在2007年7月4日以邮寄完全相同材料的方式要求本机关作出行政行为是一种浪费行政资源的行为，因此请求二审法院维持一审判决。

深圳市中级人民法院二审认为：根据《工伤保险条例》第十五条第（二）项及《广东省工伤保险条例》第十条第（二）项的规定，在维护国家利益、公共利益活动中受到伤害的，视同为工伤。胡勇军认为其为维护他人生命财产安全，挺身而出，积极与违法行为作斗争，属于在维护公共利益的活动中受伤，可依法申请深圳市劳动和社会保障局作出工伤认定。是否属于维护国家利益、社会利益活动是能否认定为工伤的关键事实。胡勇军为此在受伤后较短的时间内，即向宝安区人民政府、深圳市公安局宝安分局等有关部门提出认定申请。虽然有关部门作出其行为属于见义勇为行为的认定后，其再向深圳市劳动和社会保障局申请作出工伤认定，自受伤起已经超过一年的期限，但逾期申请的后果不属于胡勇军主观原因造成的，且胡勇军在收到有关部门认定其行为属于见义勇为行为的证明后，即时向深圳市劳动和社会保障局作出工伤认定申请，深圳市劳动和社会保障局应当依法受理并作出相应具体行政行为。

深圳市劳动和社会保障局依据《广东省工伤保险条例》第十二条的规定以超过时效为由作出深劳社受字［2007］第530001号《不予受理决定书》，决定不予受理，属于适用法律错误，依法应予撤销。原审判决认定事实不清、适用法律错误，依法应予撤销。为此，依照《中华人民共和国行政诉讼法》第六十一条第（二）项之规定，判决：一、撤销深圳市福田区人民法院［2007］深福法行初字第340号行政判决；二、撤销深圳市劳动和社会保障局于2007年7月3日作出的深劳社受字［2007］第530001号《不予受理决定书》；三、深圳市劳动和社会保障局应于收到本判决书之日起30日内对胡勇军的工伤认定申请重新作出处理。本案一、二审案件受理费人民币100元由深圳市劳动和社会保障局负担。

【评析】

本案争议的焦点在于对工伤认定申请时效的计算问题。根据《广东省工伤保险条例》第十二条第（三）项的规定，职工或者其直系亲属、工会组织在事故伤害发生之日或者被诊断、鉴定为职业病之日起一年内，可以直接向用人单位所在地劳动保障行政部门提出工伤认定申请。深圳市劳动和社会保障局和一审法院据此认为工伤认定的申请时效为自事故伤害发生之日或者被诊断、鉴定为职业病之日起一年内，且没有法定中止、中断等事由。案件中胡勇军事故伤害发生之日为2006年5月1日，首次向深圳市劳动和社会保障局申请工伤认定的时间为2007年7月3日，已经超过一年的申请时效，理应予以驳回。二审法院在受理胡勇军的上诉请求后，结合本案的特殊情况重新审视了工伤保险制度和工伤认定申请时效制度。首先，工伤保险制度的设置目的是为保障因工伤或视同工伤原因而受到伤害的劳动者的合法权益得到更充分的保护。工伤保险制度虽未规定劳动者申请认定工伤的时效的延长、中止和中断，但若简单机械地理解为一年，很容易造成特殊情况下工伤者丧失申请工伤认定的权利。这样既不能有效地保护劳动者的权益，也与立法的目的相悖。其次，工伤认定申请时效制度的设置目的，主要是为督促劳动者尽快行使权利，避免当事人的合法权益处于不确定状态，而不是为了剥夺劳动者的工伤认定申请权。本案中，胡勇军为维护他人生命财产安全，挺身而出，积极与违法行为作斗争，属于在维护公共利益的活动中受伤，可依法申请深圳市劳动和社会保障局作出工伤认定。但在其行为被认定为见义勇为之前，其并不具备向深圳市劳动和社会保障局要求获得工伤认定的实体条件。只有在有关部门作出其行为属于见义勇为行为的认定后，其再向深圳市劳动和社会保障局申请作出工伤认定，才有可能获得工伤认定。虽然有关部门作出其行为属于见义勇为行为的认定后，其再向深圳市劳动和社会保障局申请作出工伤认定，自受伤起已经超过一年的期限，但逾期申请的后果不属于胡勇军主观原因造成的，胡勇军并不存在怠于行使权利等主观过错，且胡勇军在收到有关部门认定其行为属于见义勇为行为的证明后，即时向深圳市劳动和社会保障局提出工伤认定申请，深圳市劳动和社会保障局应当依法受理并作出相应具体行政行为。深圳市劳动和社会保障局仅以申报时间与意外发生时间间隔超过一年为由，剥夺胡勇军的申请权是不公平的。二审法院遂判决撤销原审行政判决，撤销深圳市劳动和社会保障局的《不予受理决定书》。虽然根据《工伤保险条例》第十五条第（二）项及《广东省工伤保险条例》第十条第（二）项的规定，在维护国家利益、公共利益活动中受到伤害的，视同为工伤，胡勇军从实体上已经具备认定工伤的条件，但由于司法权与行政权之间的分工，法院并不能替代行政机关直接作出工伤认定，故法院在撤销《不予受理决定书》的同时，责令深圳市劳动和社会保障局30日内对胡勇军的工伤认定申请重新作出处理。

二审法院通过法理分析并从切实保护劳动者合法权益的角度出发，对深圳市劳动和社会保障局在没有审查胡勇军未在一年内申请工伤认定是否存在正当理由的情况下，即以申请超过法定时效而作出不予受理工伤认定的决定和原审法院维持的判决，予以撤销，责令深圳市劳动和社会保障局重新作出处理决定，既符合立法精神，也维护了胡勇军的合法权益，较好地体现了法律效果和社会效果相统一的司法理念。

一审合议庭成员：陈奕方　谢文超　陈艳芬

二审合议庭成员：杨克成　邓晓琴　陈　亮

作者单位：深圳市中级人民法院

职工退休后被聘用也可享受工伤保险待遇

——东莞裕元医院与东莞市社会保障局社会保障行政确认纠纷一案

徐　珍

【问题提示】

职工退休后被聘用是否可以享受工伤保险待遇？

【要点提示】

对职工退休后被聘用是否可以享受工伤保险待遇的问题，法律没有明确的规定。我们认为，虽然职工退休后享受了养老保险待遇，但这和其受聘后享受工伤保险待遇并不矛盾。退休职工在受聘后与用人单位之间发生劳动关系应纳入社会保障体系，由《劳动法》调整，其因工受伤一样可以享受工伤保险待遇。

【案例索引】

一审：广东省东莞市人民法院［2006］东法行初字第245号行政判决

二审：广东省东莞市中级人民法院［2007］东中法行终字第22号行政判决

【案情】

上诉人（原审原告）：东莞裕元医院，住所地东莞市高埗镇振兴西七横路。

法定代表人：李权，该医院行政主管。

委托代理人：蒋进，该医院职员。

委托代理人：奉文立，该医院职员。

被上诉人（原审被告）：东莞市社会保障局，住所地东莞市东城大道168号。

法定代表人：李志刚，局长。

委托代理人：姚怀厢，该局干部。

委托代理人：庞翠红，广东君政律师事务所律师。

原审第三人：肖固威，女，1945年2月4日出生，汉族，湖南省衡阳市人，住衡阳市城北区瓦子坪1号6幢2单元601房。

委托代理人：肖武松，广东中亚律师事务所律师。

东莞市人民法院经审理查明：肖固威原工作单位为衡阳医学院附一医院，原职务为主管护师。肖固威于2000年3月退休，2001年3月31日受聘到东莞裕元医院工作。2005年4月1日东莞裕元医院与肖固威签订《裕元医院劳务协议书》，该协议约定期限为一年，并约定了肖固威提供劳务的内容、方式、报酬等权利和义务。2006年2月12日14时

30分左右，肖固威在原告门诊部换药室接班后开始清理器械，因地板湿滑，不慎滑倒在地受伤。2006年5月15日，肖固威就此次受伤事故向东莞市社会保障局申请工伤认定。东莞市社会保障局经调查，于2006年6月8日作出东社保工伤认字第20060524004号《工伤认定书》，认定肖固威所发生的事故属工伤。东莞裕元医院不服该认定，向东莞市人民政府申请行政复议，东莞市人民政府于2006年9月21日作出东府复决［2006］071203号《行政复议决定书》，维持了东莞市社会保障局作出的《工伤认定书》。东莞裕元医院仍不服，向东莞市人民法院提起行政诉讼。

【审判】

东莞市人民法院经审理认为：本案的争议焦点是东莞裕元医院与肖固威之间的关系是否属于劳动关系，肖固威所发生的受伤事故是否符合被认定为工伤的情形。根据《劳动部关于实行劳动合同制度若干问题的通知》第十三条“已享受养老保险待遇的离退休人员被再次聘用时，用人单位应当与其签订书面协议，明确聘用期内的工作内容、报酬、医疗、劳保待遇等权利和义务”的规定，肖固威与东莞裕元医院签订的《裕元医院劳务协议书》，明确了肖固威提供劳务的内容、方式、报酬等权利和义务，该协议书签订的名称虽是劳务协议，但实质上是一种劳动合同，双方已形成事实的劳动关系，而不是劳务关系。因肖固威发生事故是在工作时间和工作场所内，因工作原因受到事故伤害的，根据《广东省工伤保险条例》第九条第（一）项“在工作时间和工作场所内，因工作原因受到事故伤害的，应当认定为工伤”的规定，东莞市社会保障局针对东莞裕元医院发生的受伤事故于2006年6月8日作出东社保工伤认字第20060524004号《工伤认定书》，认定肖固威所发生的事故属工伤，认定事实清楚、证据充分、适用法律正确、程序合法。东莞裕元医院起诉理由不成立，应予驳回。综上所述，依照最高人民法院《关于执行〈中华人民共和国行政诉讼法〉若干问题的解释》第四十九条第三款、第五十六条第（四）项的规定，判决：驳回东莞裕元医院请求撤销东莞市社会保障局于2006年6月8日作出的东社保工伤认字第20060524004号《工伤认定书》和限东莞市社会保障局对肖固威作出非工伤认定的诉讼请求。

东莞裕元医院不服原审判决，提起上诉称：一、一审法院事实认定错误。肖固威与上诉人形成的是劳务关系，法律确定退休人员再次应聘时双方建立的关系是劳务关系，双方可以就劳动保险事宜进行协商。肖固威退休后于上诉人处任职时，因其在原单位已享受退休保险待遇，上诉人无法为其办理社保，双方签订的合同是典型的劳务合同，一审法院认定双方签订的劳务合同实质上是劳动合同是明显错误的。二、一审法院适用法律错误，肖固威与上诉人形成的是劳务关系，其所受伤害应适用《中华人民共和国民法通则》及最高人民法院《关于审理人身损害赔偿案件适用法律若干问题的解释》相关规定，所受伤害不应适用《工伤保险条例》进行处理。

东莞市中级人民法院经审理认为：根据国务院《工伤保险条例》（以下简称《条例》）第五条、第二十条的规定，东莞市社会保障局作为社会保障行政部门，依法享有对工伤事故进行处理和认定的职权，该局经过调查在法定期限内作出本案所诉之东社保工伤认字第20060524004号《工伤认定书》并送达双方当事人，其执法主体适格，程序合法，依法应予以确认。本案中，东莞市社会保障局提供的肖固威填写的《裕元制造厂职工求职申请表》、肖固威在东莞裕元医院处的工作证、《工伤事故调查报告》、《工伤事故证明人事实证实确认表》、《疾病诊断证明书》等证据，足以认定肖固威是东莞裕元医院职工，其于2006年2月12日14时30分左右在上诉人门诊部换药室接班后清理器械时，因地板湿滑，不慎滑倒在地受伤的事实。肖固威受聘后要遵守裕元医院的规章制度，与其他员工所享受的待遇一致，对外也是以裕元医院员工的身份从事医疗服务，以上情况符合劳动关系的特征，双方已经形成劳动关系。《条例》第二条第（二）款规定："中华人民共和国境内的各类企业的职工和个体工商户的雇工，均有依照本条例的规定享受工伤保险待遇的权利"，《条例》并未将退休人员排除在"职工"范畴之外，相关法律亦未禁止用人单位招用退休人员。因此，肖固威从原单位退休后被其他单位聘用，其享受工伤保险保障的权利不容剥夺。本案中，肖固威滑倒摔伤符合在工作时间和工作场所，因工作原因受伤的情形，应当被认定为工伤。东莞裕元医院的上诉理由不能成立，对其上诉请求，予以驳回。因此判决驳回上诉，维持原判。

【评析】

本案争议的焦点主要有两个：一是肖固威与原告裕元医院之间形成的是劳动关系还是劳务关系；二是退休职工在受聘期间因工受伤能否享受工伤保险待遇的问题。

一、肖固威与裕元医院之间形成的是劳动关系还是劳务关系

对于此问题，上诉人认为其与肖固威之间签订的《裕元医院劳务协议书》，约定了双方关系的性质是劳务关系。但法院在认定这个问题时，并不是以合同的名称或者当事人的约定为标准，主要是看他们之间的用工性质究竟是什么。劳动关系一般来讲具有以下几个特征：（1）用人单位与劳动者之间实际存在着长期稳定的管理与被管理、监督与被监督的关系。在劳动关系中，劳动者要接受单位的管理和支配，遵守单位的规章制度，工作时间和工作内容由单位安排。劳动者对内享受本单位职工权利并承担义务，对外以单位的名义从事生产经营活动；（2）用人单位给劳动者提供基本的劳动条件，包括劳动场所、劳动对象和劳动工具；（3）用人单位向劳动者支付工资性劳动报酬。结合以上几个特征，本案中，肖固威受聘后要遵守裕元医院的规章制度和考核，与其他员工所享受的待遇一致，劳动报酬也是以工资的形式发放。其对外也是以裕元医院员工的身份从事医疗服务，以上情况符合劳动关系的特征，双方已经形成劳动关系。

二、退休职工在受聘期间因工受伤能否享受工伤保险待遇

这个问题一直以来都存在争议，由于法律规定不明确，不同地方的规定不同，不同法院的具体实践也不同，主要有以下两种观点：

（1）退休职工在聘用单位因工受伤不属于《工伤保险条例》的调整范围，应适用民法中人身损害赔偿的相关法律。

这种观点认为《工伤保险条例》调整的被侵害主体不包括已经办理正式退休手续并享受职工养老保险待遇的职工。劳动者随着年龄的增长，达到法定退休年龄后，在客观上生理条件会逐渐发生诸多变化，各种疾病会相应增多，此时退休职工也已不再承担缴纳保险费的义务。因此，退休职工在享受了职工养老保险待遇的情况下，重新参加工作后与用人单位之间所发生的社会关系，不再属于《中华人民共和国劳动法》意义上的劳动关系。

用人单位与退休职工之间发生的关系是平等主体之间的民事法律关系，退休职工在受聘单位工作过程中受到伤害，应按民事侵权法律关系的有关规定予以救济，适用民法“无过错责任”的归责原则，由用人单位作为赔偿人承担法律责任。

像天津市就以津劳局［2004］361 号《关于工伤保险若干问题的解决意见》明确规定退休职工在受聘期间因工受伤不能享受工伤保险待遇。

（2）退休职工在受聘后与用人单位之间发生劳动关系应纳入社会保障体系，由《劳动法》调整，其因工受伤一样可以享受工伤保险待遇。

这种观点认为我国只规定达到一定年龄的劳动者可以享受退休的权利，但退休并未剥夺劳动者劳动的权利，现有法律未禁止用人单位聘用退休人员工作。《条例》第二条第（二）款规定：“中华人民共和国境内的各类企业的职工和个体工商户的雇工，均有依照本条例的规定享受工伤保险待遇的权利”，《条例》并未将退休人员排除在“职工”范畴之外。虽然职工退休后享受了养老保险待遇，但这和其受聘后享受工伤保险待遇并不矛盾。因此，退休职工只要与用人单位建立了劳动关系（包括事实上的劳动关系），并在工作中因工受伤的，用人单位就要对其负责。

我们认为第二种观点的理解比较符合立法的精神，有利于保护劳动者的合法权益。职工从原单位退休后被其他单位聘用，其享受工伤保险保障的权利并不因为其已经在原单位享受养老保险待遇而丧失。退休职工在受聘后与用人单位之间发生劳动关系也应纳入社会保障体系，由《劳动法》调整，同样可以适用《工伤保险条例》的相关规定，其因工受伤一样可以享受工伤保险待遇。而在实际操作中，用人单位是可以为退休后又受聘的员工单独购买工伤保险的，也说明了这种观点具有可操作性。因此，本案中肖固威滑倒摔伤符合在工作时间和工作场所，因工作原因受伤的情形，应当被认定为工伤。

在工伤认定行政案件中，由于相关法律的规定较原则、抽象、缺乏可操作性，且存在一些规定相互矛盾和滞后的现象，尤其是在东莞这样一个经济高速发展的制造业城市，职工数量极其庞大，各种新类型的工伤案件层出不穷，立法更加显得相对滞后，因此，在遇到争议较大且法律条文的规定不明确时，要多从立法的精神和保护劳动者权益的角度考虑。在东莞，企事业单位聘用退休人员工作的情况很常见，本案的判决是在权衡利弊，经过慎重考虑后作出的，对以后同类型的案件将起到较好的指导和示范作用。职工退休后虽然享受了养老保险待遇，但仍然可以在受聘后单独购买工伤保险，本案的判决将给用人单位敲响警钟，不能再将退休职工的工伤保险权益置之不顾，要积极地从保护劳动者的权益出发，为其购买工伤保险，承担起自己应负的责任。

一审合议庭成员：邓　艳　温建伟　黄宇萍
二审合议庭成员：张善华　吴国鹏　何小玲
作者单位：东莞市中级人民法院

“行政处罚不成立”的含义与确认判决的运用

——揭南景诉广州市公安局天河区分局不服行政处罚案

林文谦　何灿文　瞿　栋

【问题提示】

《行政处罚法》第四十一条规定未尽告知说明、听取陈述申辩义务的行政处罚不成立是什么意思？行政行为效力不同会对判决方式的选择产生哪些影响？

【要点提示】

《行政处罚法》第四十一条规定的行政处罚不成立是将未尽告知说明、听取陈述申辩义务的行政处罚认定为无效行政行为，自作出时起对行政相对人不产生法律效力。对于可撤销的行政行为可适用撤销判决或者确认违法判决，对于无效行政行为应适用确认无效判决。

【案例索引】

一审：广东省广州市天河区人民法院［2008］天法行初字第62号行政判决

二审：广东省广州市中级人民法院［2009］穗中法行终字第86号行政判决

【案情】

原告：揭南景。

被告：广州市公安局天河区分局。

广州市天河区人民法院经审理查明：2008年4月27日原告在广州市天河区天河直街160号附近摆摊下象棋，被在此巡逻的被告天河南派出所民警张宏伟发现。民警认为原告摆摊下棋有赌博行骗嫌疑，于是上前盘查，要求其出示身份证，并对其物品予以检查。原告拒绝接受检查，想要离开。民警上前阻拦，双方发生肢体冲突，原告多次用头撞击、用手击打民警的胸部，并将民警左手中指划伤。后原告被赶到事发现场的被告治安管理大队的民警制服，并口头传唤至天河南派出所接受询问查证。2008年4月28日，被告作出穗公天决字［2008］1402号行政处罚决定，认定原告阻碍民警执行职务，依据《治安管理处罚法》第五十条第一款第（二）项、第二款对原告予以行政拘留十日的处罚，送天河区拘留所执行。同日，被告刑警大队法医室对原告的损伤程度进行鉴定，作出［2008］穗公天刑伤鉴字300号《法医学人体损伤程度鉴定书》，该鉴定书结论为原告左背部外侧见一4×3cm挫伤，其上见一3×0.3cm擦伤；左膝部见1.6×1.1cm、1.2×1cm、2.5×2cm三处擦伤；左小腿中段外侧见一8×6cm挫伤；右小腿上段前侧见一9×7cm挫伤。

原告的损伤符合受钝性暴力作用所致，其伤情属轻微伤。一审诉讼期间，广东南粤法医临床司法鉴定所受法院委托为原告作出的南粤法医鉴定所［2008］临鉴字第（1917）号司法鉴定意见书认为：原告左侧鼓膜穿孔不排除外伤造成的可能，原告左跟骨骨折系本次外伤造成的缺乏确切的依据，原告腰椎骨质增生及退行性改变与外伤无因果关系，原告多发软组织损伤及左侧鼓膜穿孔、左跟骨骨折均未达到伤残等级评定标准。关于原告牙齿、鼻部损伤，该鉴定所认为，翻阅原告病历，并无有关牙齿损伤情形的记载，经过阅片，未检见原告鼻部存在骨折等明显之损伤痕迹。

原告揭南景诉称：2008 年 4 月 27 日 10 时左右，我经过天河区天河直街 160 号附近，一位民警问我要身份证，我立即拿给他看，后与民警冲突致我受伤，当时有几百人看见。过后，民警叫来警车，将我背铐上车到派出所。第二天被告作出公安行政处罚决定（穗公天决字［2008］第 1402 号），对我处以行政拘留十天的行政处罚，我经被告的法医拍照验伤后，鉴定为轻微伤，经南方医院 CT 诊断，我左侧中耳轻度炎症。我并未阻碍警察依法执行职务，自己反而因此受伤，因此不服被告在 2008 年 4 月 28 日作出的公安行政处罚决定，向广州市天河区人民政府提出行政复议申请，广州市天河区人民政府作出维持被告作出的《公安行政处罚决定书》的决定，我对复议决定不服，故起诉请求法院判决确认被告作出的穗公天决字［2008］第 1402 号行政处罚决定违法并赔偿我 40 000 元（医疗费 20 000 元，生活费 20 000 元）。

【审判】

广州市天河区人民法院经审理认为：原告于街头摆摊下象棋引群众围观，并承认“跟过路人，对象棋有兴趣的下盘棋，输赢两三元钱（也就是赌一包烟），但我还没有跟一个人下棋，民警就过来了”。其行为存在违法赌博营利的嫌疑，被告民警予以盘问、检查是依法行使职权的表现，原告对此负有服从配合的义务。对于原告拒不接受人民警察的依法盘问、检查，被告依法将原告强制传唤至派出所接受调查并无不当。在将原告强制带至天河南派出所后，被告在对其进行询问、调查的基础上，认定原告存在阻碍民警依法执行职务的行为认定事实清楚，处罚适当。

依照《治安管理处罚法》第九十四条的规定，公安机关作出治安管理处罚决定前，应当告知违反治安管理行为人作出治安管理处罚的事实、理由、依据及依法享有的权利，并充分听取意见。被告提供了《公安行政处罚告知笔录》证明其在作出处罚前已履行上述法律义务，但原告对该笔录上的签名的真实性予以否认并要求鉴定。被告未提供该笔录的原件，致使无法进行笔迹鉴定。作为行政机关，被告对其作出行政行为负有举证责任，其未提供笔录的原件，致使无法对该笔录的真实性予以认定，应当承担举证不能的后果，依法应当视为被告没有就其处罚的事实、理由、依据告知原告，未听取原告对此处罚作出的陈述和申辩。《行政处罚法》第四十一条规定：“行政机关及其执法人员在作出行政处罚决定之前，不依照本法第三十一条、第三十二条的规定向当事人告知给予行政处罚的事实、理由和依据，或者拒绝听取当事人的陈述、申辩，行政处罚决定不能成立；当事人放弃陈述或者申辩权利的除外。”因此，被告对原告作出行政拘留十日的处罚决定违反法定程序。

《国家赔偿法》第二十六条规定：“侵犯公民人身自由的，每日的赔偿金按照国家上年度职工日平均工资计算。”被告对原告行政拘留十日的处罚决定违法，应按照2007年度职工日平均工资对被告被拘留十日所受损害予以赔付，赔偿金额为993.1元。

关于原告的医疗费和生活费的赔偿请求，根据被告刑警大队法医室所作的损伤程度鉴定书，原告在与派出所民警发生冲突，经被告治安大队强制传唤并调查后左背部、左膝部左小腿中段外侧、右小腿上段前侧存在擦伤和挫伤。原告后在中山大学附属第一医院进行了全身检查。原告于2008年5月13日在该院所进行的治疗因有病历证明，对该日所产生的挂号费3元及医药费共617.92元，被告应予补偿。原告要求被告赔付其左侧鼓膜穿孔、左跟骨骨折及腰椎、牙齿、鼻部等处伤病的医药费的请求，因无证据证明系被告民警在行使职权过程中的违法行为导致，不予支持。原告提交的5月13日以外日期的收费收据因无相应病历印证，无法确定是否是治疗所受挫伤及擦伤产生的，因此也不予支持。至于原告要求支付生活费20 000元的诉讼请求，因于法无据，亦不予支持。

一审判决：一、确认被告对原告作出的行政拘留十日的行政处罚违法；二、被告于判决生效之日起十日内向原告支付赔偿金993.1元、医疗费620.92元；三、驳回原告的其他诉讼请求。

上诉人揭南景上诉称：一审法院于2008年10月24日委托南粤司法鉴定所作出的鉴定书与我于同年11月24日委托该所作出的鉴定结论相矛盾，一审法院未对后一份鉴定进行认定。请求变更一审判决第二项，判决被上诉人赔偿我人民币二十万元。

广州市中级人民法院确认一审法院查明的事实存在。

广州市中级人民法院经审理与一审法院意见基本一致，对于上诉人的上诉请求，认为南粤法医临床司法鉴定所所作出的两份鉴定意见虽表示有所不同，但系从不同角度进行的鉴定。由于上诉人没有证据证明一审法院委托鉴定机构作出的鉴定意见存在违法之处，且上诉人自行委托作出的鉴定意见系其单方请求鉴定机构作出，对其主张采信第二份鉴定意见的请求不予支持。二审判决：驳回上诉，维持原判。

【评析】

本案案情比较简单，事实认定和法律适用上并无争议。被告的行政拘留决定在事实认定上十分清楚，在行政程序过程中也作了比较扎实的调查取证工作，适用法律亦十分准确，在处罚裁量上应该说也是适当的，符合合理性原则的基本要求。可惜由于其未能提供告知笔录的原件，无法证明对其在处罚决定作出之前已尽相应的说明义务和听取陈述、申辩义务，致使程序违法，最终招致司法的否定性评价。笔者试就本案涉及的几个理论问题作一点评述：

一、被告处罚程序违法，违反正当程序原则

按照《行政处罚法》和《治安管理处罚法》的要求，公安机关在对相对人作出行政处罚之前，须告知其拟作出的处罚内容、处罚的理由和依据，听取其陈述和申辩，并视其陈述、申辩理由是否成立决定是否采纳，并不得因其陈述、申辩而加重处罚。本案被告遗失告知笔录原件，未完成应承担的举证责任，依据证据规则，被认定未尽告知说明、听取陈述申辩义务，违反法定程序。

两部处罚法所确立的听取陈述、申辩制度实际是对行政程序法听取意见制度或曰听证制度的贯彻。听证制度并不仅仅包括正式的听证制度即听证会，也包括非正式的听证，听取陈述和申辩制度即是一种非正式听证的形式。希腊《行政程序法》第六条规定："在做出不利于特定个人的权利或利益的行为或采取不利于特定个人的措施之前，行政机关有义务邀请利害关系人就相关事项以书面或口头方式发表意见。"① 听证制度是行政程序法的核心制度，是正当程序原则在行政程序制度领域的体现之一。该原则源于英国自然公正（natural justice）的理念。自然公正原则有两项基本原则：一是任何人不应成为自己案件的法官，二是任何人在受到惩罚或其他不利处分之前，应当公正地听取其意见。该原则被美国法继承并发扬。美国宪法第五条和第十四条修正案对其冠以"正当程序"之名并作了明确规定。在行政法领域，正当程序原则的基本含义是行政机关做出影响行政相对人权益的行政行为，必须遵守正当的法律程序，采取包括告知、说明理由、听取意见等方式，通过规范行政行为从而保障相对人的合法权益。这一原则在行政法领域的确立既是人权精神在程序法领域的体现，即尊重人在形成实体决定过程中的尊严，使得人不再仅仅充当权力支配的客体而是作为独立的主体参与到自身权利的处分过程中来，也是程序在日益作为行政权力重要控制手段的意义的体现。听证制度除了能实现正当程序原则的上述价值，还能在行政过程中加强对相对人权益的保护，有效地弥补行政复议、行政诉讼和国家赔偿的射程不足，同时积极吸纳相对人参与行政，形成行政机关与相对人之间的互动合作关系，从而充分地体现良好行政的要求。

在当前行政执法过程中，程序的重要性往往为行政主体所忽视，相对人的陈述、申辩权并未得到行政机关的足够尊重，一方面在对相对人的权利作出不利处分前未告知其理由依据及所享有的陈述、申辩权利的现象时有发生，而更多的则是将这一程序制度视为多此一举，虽履行上述告知义务，但在听取意见过程中走形式、走过场，你说你的，我罚我的，甚至加重处罚。笔者认为，造成听取陈述、申辩制度实际瘫痪的原因一是当前行政执法中"重程序、轻实体"的倾向日益严重，为此应加强监督，加大法院的司法审查强度和扩大司法变更权适用范围，使法院可依合理性原则加强对自由裁量行政行为的审查；二是非正式听证制度化欠缺，现行的《行政处罚法》、《行政许可法》等法律对正式听证制度规定较细，但对听取陈述、申辩等非正式化听证制度仅作了初步规定，并未规定具体规则，为此应当在制定行政程序法典时将非正式听证规则细化。

二、行政行为不成立的法律性质解析

1. 无效、可撤销二元结构理论介绍

学理上，违法的行政行为依其效力可区分为无效行政行为和可撤销的行政行为，此即无效（void）与可撤销（voidable）二元结构理论。1989 年《行政诉讼法》制定时，该理论并未引入到法律中，这一点从该法所规定的判决方式中涉及对行政行为效力的评判仅有维持判决和撤销判决即可窥见。随着我国行政审判实践的深入，该理论逐渐被新法吸纳，

① 马怀德. 行政法学. 北京：中国政法大学出版社，2007. 157

典型的是《行政处罚法》第三条第二款和第四十一条[①]以及最高人民法院《关于执行〈中华人民共和国行政诉讼法〉若干问题的解释》第五十七条第二款第（三）项[②]。

依据公定力理论，行政行为一经作出，只要符合成立要件，不论合法与否，即推定合法有效，相对人有尊重之义务，具有公定力。然而，如果当相对人面临重大且明显违法的行政行为时，仅仅有权通过事后的救济途径获得救济，而无法对当时的行政行为抵抗，未免有失社会正义。由此，学界产生出无效行政行为这一概念，将违法的行政行为区分为无效和可撤销两种。无效行政行为是指形式上虽然存在，但因重大且明显违法，不待有权机关宣告，自始、当然、确定地不发生法律效力的行政行为。其特征主要有：一、范围上仅指"重大且明显的违法行为"。依大陆法系通说，即其具有外在的"明显违法性"和内在的"重大违法性"，前者指依一般公民之理性和经验所能判断的违法行政行为，后者指其违反了重要的法律法规。二、效力上表现为"自始、当然和确定无效"。这是无效与可撤销行政行为之间的最大区别：无效（void）是指在法律上从未存在过，可撤销（voidable）是指在没有被法院或者有权机关撤销之前在法律上是存在的。所以，无效意味着对相对人根本不发生约束作用，相对人可以行使宪法上的抵抗权，拒不执行。在复议、诉讼等事后救济手段中，对其救济也没有起诉期限的限制，随时可以宣告无效，"一旦法院宣布某一行政行为在法律上无效，那就如同什么事都没有发生一样"[③]。而可撤销的行政行为却可以像有效行政行为一样一直处于有效力的持续状态，除非当事人成功地申请法院撤销之。对其救济有起诉期限的限制，存在"过期不候"。一般认为在被撤销后其法律效果只能向后发生，不溯及既往。

2. 行政处罚不成立即行政处罚无效

《行政处罚法》第四十一条对未尽告知说明理由和听取陈述申辩义务规定的法律后果是行政处罚不成立。那么此处的行政处罚不成立的具体含义是什么呢？

笔者认为，从现行法律规定看，此处的不成立应取无效之义。类似于说明理由、听取陈述、申辩等义务属于程序合法的要求，应属于行政行为的合法要件。虽然无效、可撤销二元结构理论已在我国法律上确立，但远未成熟，《行政处罚法》第四十一条实际是将行政行为成立要件和生效要件两个不同的理论范畴混同起来了。

行政行为成立这一法律概念的主要意义在于判断一行政行为是否存在、是否完成、是否对外产生法律效力。不成立意味着两种可能：一、该行为不属于行政行为，因为不是行政主体作出的，或者对外不具有法律效果，如行政指导行为；二、该行为属于行政行为，但尚未完成，这是因为行政行为实际是一个过程，要经过调查、取证、决定、报批、签署、告知、受领等一系列环节。将《行政处罚法》第四十一条所规定的行政处罚不成立

---

① 《行政处罚法》第三条第二款规定："没有法定依据或者不遵守法定程序的，行政处罚无效。"第四十一条规定："行政机关及其执法人员在作出行政处罚决定之前，不依照本法第三十一条、第三十二条的规定向当事人告知给予行政处罚的事实、理由和依据，或者拒绝听取当事人的陈述、申辩，行政处罚决定不能成立；当事人放弃陈述或者申辩权利的除外。"

② 最高人民法院《关于执行〈中华人民共和国行政诉讼法〉若干问题的解释》第五十七条第二款规定："有下列情形之一的，人民法院应当作出确认被诉具体行政行为违法或者无效的判决：……（三）被诉具体行政行为依法不成立或者无效的。"

③ ［英］威廉·韦德. 行政法. 楚建译. 北京：中国大百科全书出版社，1997. 45

与行政行为不成立等同起来显然是不恰当的：第一，未尽告知说明、听取陈述申辩义务的行政处罚的作出主体并非不是行政机关或者缺乏法律效果；第二，该行政处罚并非没有完成。衡量行政行为是否完成的标志在于是否具有“表示行为”这一客观要件[①]，即行政主体必须通过一定的形式才能将主观意思显示于外部使行政相对人知晓，而非所有的环节都要经历。

行政行为成立的另一大法律意义在于它宣告行政程序终结，行政相对人可以开启行政救济程序。“行政行为效力内容的发生、行政相对人救济请求及有关机关对行政行为的法律审查，都以行政行为的成立为前提。”[②] 因此，本案中，如果将《行政处罚法》第四十一条所规定的“不成立”理解为行政行为的不成立，则原告甚至连起诉的权利都没有，而这显然是不合理的。

《行政处罚法》第四十一条规定未尽告知说明、听取陈述申辩义务的法律后果设定为行政处罚不成立，实际是将之认定为无效行政行为，视为重大明显违法情形，从而在行政处罚这一直接剥夺相对人财产人身权利的行政行为领域贯彻听证制度，防止行政处罚权被滥用。行政行为无效与行政行为不成立的共同点在于都不产生法律效力，因此，《行政处罚法》将二者混淆了。

三、判决方式的选择：撤销、确认违法还是确认无效

对于最终适用何种判决方式，合议庭存在争议：一种观点认为，被告行政拘留处罚程序违法，应当适用《行政处罚法》第一款第（二）项的规定予以撤销，并责令被告重新作出行政处罚决定；另一种观点认为，被告行政拘留处罚已经执行完毕，不具有可撤销的内容，应当适用司法解释第五十七条第二款第（二）项的规定判决确认被告行政拘留决定违法。笔者认为，本案判决既不应适用撤销判决，亦不宜适用确认违法判决，而以适用确认无效判决为宜。理由在于在《行政诉讼法》制定之初，无效、可撤销二元结构理论尚未引入，因此该法与行政行为效力相关的仅有撤销和维持两种判决方式，随着行政审判实践的客观需要，司法解释在此基础上，引入了确认合法或者有效判决、确认违法或无效判决、情况判决，从而丰富了我国行政诉讼判决形式的种类，承认了无效、可撤销二元结构理论的地位，在撤销判决和确认判决之间，在确认违法判决和确认无效判决之间，因此相对应地在违法程度不同的行政行为效力的司法评判中存在分工。

撤销判决对应的是违法情形相对轻微的行政行为，在被法院撤销之前，因其存在公定力，法律推定为有效，在撤销后，行政行为效力发生变动，由有效转为无效。确认无效判决所针对的行政行为明显、严重违法，不具有公定力支持，无须有权机关予以撤销，在作出之后即为无效，此时，相对人起诉到法院，经司法审查认定属于无效行政行为，法院的判决仅是对其效力状态的一种宣告，而不涉及其效力的变动。

---

① 中国政法大学博士研究生李琦在其博士学位论文《行政行为效力新论——行政过程论的研究进路》一文中认为行政行为成立要件包括：一、主体要件——公法上的能力；二、主观要件——意思，包括（一）须有行为意思——须有行使公权力的意思表示，（二）效果意思——须以发生法律效果为目的；三、客观要件——表示行为。参见：李琦．行政行为效力新论——行政过程论的研究进路．中国政法大学博士学位论文，2005. 87

② ［美］欧内斯特·盖尔霍恩．行政法和行政程序概要．北京：中国社会科学院出版社，1996. 237。转引自：李琦．行政行为效力新论——行政过程论的研究进路．中国政法大学博士学位论文，2005

对于确认违法判决和确认无效判决，司法解释第五十七条第二款规定：“有下列情形之一的，人民法院应当作出确认被诉具体行政行为违法或无效的判决：（一）被告不履行法定职责，但判决责令其履行法定职责已无实际意义的；（二）被诉具体行政行为违法，但不具有可撤销内容的；（三）被诉具体行政行为依法不成立或者无效的。”对何时适用确认违法判决，何时适用确认无效判决，司法解释未作明确区分。笔者认为，该条款第（一）项针对的是行政不作为，是对《行政诉讼法》履行判决的一个补充，在此不作论述；第（二）项和第（三）项则涉及行政行为效力的变动，应根据被司法评判的行政行为的效力状况予以区分，即第（二）项是针对可撤销行政行为，应适用确认违法判决，第（三）项是针对无效行政行为，应适用确认无效判决。确认违法判决实际是撤销判决的一个补充，适用对象都是可撤销行政行为中的一些“另类”：一、不具有可撤销内容的违法行政行为。主要是指已执行完毕且自身存在违法情形的行政行为，法院的确认判决即意味着对该行为效力的事后否认。① 在此情况下，因为可撤销的行政行为已执行完毕，其因公定力而获得的效力已经自行消失，无须法院撤销而消灭其效力。二、行政行为已经消灭。享有撤销权的有权机关并不止于法院，在可撤销的行政行为存续期间，作出该行为的行政机关及其上级机关也有权撤销，“如果在这段时间行政机关对该行政行为行使了撤销权，司法机关在其后的撤销权则丧失”②。司法解释第五十条第三款亦作出相应规定：“被告改变原具体行政行为，原告不撤诉，人民法院经审查认为原具体行政行为违法的，应当作出确认其违法的判决；……”三、不宜撤销的情形。司法解释第五十八条规定：“被诉具体行政行为违法，但撤销该具体行政行为将会给国家利益或者公共利益造成重大损失的，人民法院应当作出确认被诉具体行政行为违法的判决，并责令被诉行政机关采取相应的补救措施；造成损害的，依法判决承担赔偿责任。”这实际是另外一种判决类型，学理上称之为情况判决。

综上所述，在涉及对行政行为的效力进行评判时，撤销判决和确认违法判决针对的均是可撤销行政行为，而确认无效判决针对的则是无效行政行为，因此，对于未尽说明理由、听取陈述、申辩义务，《行政处罚法》已明确将之归为无效行政行为，应适用确认无效判决。

一审合议庭成员：何灿文　谭婉仪　霍廷菊

二审合议庭成员：詹琼芳　窦家应　邓　军

作者单位：广州市天河区人民法院

① 章志远．行政行为效力论．苏州大学博士学位论文，2002．118

② 张继峰．论“不具有可撤销内容”行政行为的法律适用．行政法学研究，2006（4）

正确认定土地权属争议的政府先行处理程序

——冯子细诉云安县人民政府土地使用权发证案

刘德敏

【问题提示】

当事人均持有争议土地的权属证书，但一方当事人的权属证书的真实有效性无法肯定，在这种情况下该土地使用权争议是否应当先由政府进行处理？

【要点提示】

根据《土地管理法》的规定，土地所有权和使用权争议，应当先由政府处理。当事人对人民政府的处理决定不服，才可以向人民法院提起行政诉讼。在当事人都持有争议土地的权属证书，但两份土地权属证书的颁发部门不同，且无法肯定两份权属证书孰真孰伪的情况下，如政府已对一方当事人提出的土地权属调处申请依法立案调查，应当先由政府进行处理。另一方当事人此时以政府颁发土地使用权证的行为违法，侵犯其合法权益为由提起行政诉讼的，人民法院不宜受理。

【案例索引】

一审：广东省云浮市中级人民法院［2007］云中法行初字第9号行政判决

二审：广东省高级人民法院［2007］粤高法行终字第69号行政判决

【案情】

上诉人（原审被告）：云安县人民政府。

被上诉人（原审原告）：冯子细。

原审第三人：曾庆林。

冯子细获知云安县人民政府向曾庆林颁发了云县府国用［1997］字第0200065号《国有土地使用证》，遂以该证记载的土地使用权范围与其已经领取的云国用（95）字第0900017号《国有土地使用证》记载的土地使用权范围部分重叠为由，于2006年10月31日向云浮市人民政府申请行政复议，请求撤销云县府国用［1997］字第0200065号《国有土地使用证》。2007年1月18日，曾庆林向云安县人民政府递交《土地权属争议申请书》，要求云安县人民政府对其与冯子细的土地权属进行调处。同年1月25日，云安县人民政府立案受理了曾庆林的申请。1月29日，云浮市人民政府以复议期间曾庆林对冯子细的土地使用证提出异议，且云安县人民政府已受理为由对复议申请终止审理。冯子细遂将云安县人民政府诉至云浮市中级人民法院。

【审判】

云浮市中级人民法院经审理认为：一、冯子细主张云安县人民政府颁发云县府国用［1997］字第0200065号《国有土地使用证》给第三人曾庆林的行为违法，要求撤销该《国有土地使用证》，并不是与第三人发生土地权属争议，不属于法律法规规定必须进行复议程序的案件。二、云安县人民政府是否已受理曾庆林的申请，不影响冯子细对云安县人民政府核发云县府国用［1997］字第0200065号《国有土地使用证》给第三人的具体行政行为所提起的行政诉讼。冯子细现起诉的是云安县人民政府核发云县府国用［1997］字第0200065号《国有土地使用证》给曾庆林的具体行政行为。至于云安县人民政府现受理曾庆林提出的“土地纠纷”以及云安县人民政府对该“土地纠纷”的处理均属新的具体行政行为，这些新的具体行政行为均不影响冯子细对云安县人民政府发证给第三人的具体行政行为所提起的诉讼。三、冯子细经云浮市人民政府批准，办理了云国用（95）字第0900017号《国有土地使用证》，而云安县人民政府和第三人曾庆林均没有提供证据否定冯子细已取得的云国用（95）字第0900017号《国有土地使用证》的真实性和合法性，故对冯子细已取得云国用（95）字第0900017号《国有土地使用证》的事实予以认定。四、第三人曾庆林的云县府国用［1997］字第0200065号《国有土地使用证》所记载土地的位置在冯子细云国用（95）字第0900017号《国有土地使用证》的范围内，有陆石炼、刘英等人签名的证明书、证人证言及现场勘查笔录为证，予以认定。五、云安县人民政府向第三人曾庆林颁发云县府国用［1997］字第0200065号《国有土地使用证》的行为事实不清、证据不足、违反法定程序。且该证所记载的土地在冯子细的土地使用证的用地范围内，属重复发证。据此判决：撤销云安县人民政府核发给第三人曾庆林的云县府国用［1997］字第0200065号《国有土地使用证》。

云安县人民政府不服一审判决，向广东省高级人民法院提起上诉。

二审期间，云安县公安局向云浮市国土局发出调取证据通知书，要求调取云国用（95）字第0900016、0900017号土地使用证的征地、办证及相关税费缴交情况资料、地籍档案资料以及1995年以来云浮市政府土地使用证专用章的印章印模。云浮市国土局答复云安县公安局，称没有查到云国用（95）字第0900016、0900017号的档案资料。云浮市国土局云城区分局于同年10月9日也向云安县公安局出具了证明，称没有查到云国用（95）字第0900016、0900017号土地使用证的有关地籍档案资料以及该证的征地、办证及相关税费缴交的资料。10月11日，云安县公安局以冯子细涉嫌伪造国家公文、印章诈骗罪为由，对冯子细进行刑事立案侦查。11月8日，冯子细被云安县公安局刑事拘留。

广东省高级人民法院经审理认为：《中华人民共和国土地管理法》第十六条规定：“土地所有权和使用权争议，由当事人协商解决；协商不成的，由人民政府处理。单位之间的争议，由县级以上人民政府处理；个人之间、个人与单位之间的争议，由乡级人民政府或者县级以上人民政府处理。当事人对有关人民政府的处理决定不服的，可以自接到处理决定通知之日起三十日内，向人民法院起诉。”根据调查，云浮市国土资源局和云浮市国土资源局云城区分局均称没有查到冯子细所持有的云国用（95）字第0900017号土地使用证的有关地籍档案资料以及该证的征地、办证、相关税费缴交的资料。在冯子细提起本案诉讼之前，曾庆林已经向云安县人民政府申请涉案土地权属调处，云安县人民政府也已受理了曾庆林的申请。冯子细所持有的云国用（95）字第0900017号《国有土地使用证》是否真实以及该证的土地使用权四至范围是否与曾庆林持有的云县府国用［1997］字第0200065号《国有土地使用证》的四至范围部分重叠等，属于云安县人民政府在处理涉案土地权属纠纷时应当查清的事项。因此，本案实质上仍属于土地使用权的权属争议，依法应先由当地人民政府处理。冯子细在云安县人民政府受理涉案土地确权申请后仍提起诉讼，不符合起诉条件，原审法院受理本案并作出实体判决不妥。综上，依照最高人民法院《关于执行〈中华人民共和国行政诉讼法〉若干问题的解释》第七十九条第（一）项的规定，裁定：撤销原审判决；驳回被上诉人冯子细的起诉。

【评析】

一、本案是否存在复议前置程序的问题

本案审理过程中，云安县人民政府认为本案存在复议前置程序，理由是：根据《行政复议法》第三十条第一款有关"公民、法人或者其他组织认为行政机关的具体行政行为侵犯其已经依法取得的土地、矿藏、水流、森林、山岭、草原、荒地、滩涂、海域等自然资源的所有权或者使用权的，应当先申请行政复议；对行政复议决定不服的，可以依法向人民法院提起行政诉讼"的规定，冯子细应当在云安县人民政府完成涉案土地的调查并作出处理决定后，再申请行政复议，对复议决定不服的才能向法院提起诉讼。

对此问题，最高人民法院曾向山西省高院作出《关于适用〈行政复议法〉第三十条第一款有关问题的批复》（法释［2003］5号）："根据《行政复议法》第三十条第一款的规定，公民、法人或者其他组织认为行政机关确认土地、矿藏、水流、森林、山岭、草原、荒地、滩涂、海域等自然资源的所有权或者使用权的具体行政行为，侵犯其已经依法取得的自然资源所有权或者使用权的，经行政复议后，才可以向人民法院提起行政诉讼，但法律另有规定的除外；对涉及自然资源所有权或者使用权的行政处罚、行政强制措施等其他具体行政行为提起行政诉讼的，不适用《行政复议法》第三十条第一款的规定。"批复明确了只有行政机关确认土地、矿藏、水流、森林、山岭、草原、荒地、滩涂、海域等自然资源的所有权或者使用权的具体行政行为，才能够成为复议前置程序的对象。而所述具体行政行为仅指行政机关对有关土地等自然资源的所有权或者使用权的确权决定，不包括行政处罚、行政强制措施等其他具体行政行为。① 而批复中所谓的"确认"，是指当事人对自然资源的权属发生争议后，行政机关对争议的自然资源的所有权或者使用权所作的确权决定。有关土地等自然资源所有权或者使用权的初始登记，属于行政许可性质，不应包括在行政确认范畴之内。据此，行政机关颁发自然资源所有权或者使用权证书的行为不属于复议前置的情形。② 应当说，批复将行政复议程序限定在特定的行政行为上，即行政机关依据法律、法规的授权，以具体行政行为的形式，对公民之间、单位之间，或公民与单位之间的权利归属争议，通过调查取证，根据相关法律规定，将争议权利在争议各方之

---

① 奚晓明. 解读最高人民法院司法解释·新编本·行政·国家赔偿·其他卷. 北京：人民法院出版社，2006. 167

② 奚晓明. 解读最高人民法院司法解释·新编本·行政·国家赔偿·其他卷. 北京：人民法院出版社，2006. 167。行政确认在行政法上有着特定的意义，通常是指行政主体依法对行政相对人的法律地位、法律关系或有关法律事实进行甄别，给予确定、认定、证明（或否定）并予以宣告的具体行政行为。因此严格说来，批复中的确权并不是行政确认的意义。

间进行权威性分配的行为。从学理上说，这种行为属于行政裁决，系行政机关依照法律授权，对当事人之间发生的、与行政管理活动密切相关的、与合同无关的民事纠纷进行审查，并作出裁决的行政行为。[①] 因此，《行政复议法》第三十条第一款规定的复议前置适用的前提是确权行为的存在，而确权行为的基础是权利归属争议即民事纠纷的存在。

本案的被诉具体行政行为是颁发土地使用权证的行为，属于行政许可性质。行政许可是赋予行政相对人新的权利，不以权属争议存在为前提，所以云安县人民政府主张本案应当适用《行政复议法》第三十条第一款规定的复议前置程序的理由不能成立。

二、本案是否存在行政先行处理程序的问题

行政先行处理，是指当平等民事主体之间产生民事纠纷之后，先由行政机关介入进行调查处理，对行政机关的处理不服的，再由当事人以行政机关为被告提起行政诉讼，施行权利救济的法律制度。行政先行处理行为属于上述行政裁决的概念，只不过是法律要求行政裁决必须前置。行政先行处理的意图在于通过赋予行政机关先行解决民事纠纷的一定权力，最大程度地发挥行政执法功能，及时化解民间矛盾纠纷，同时也减轻法院大量裁判案件的压力。

我国法律设定了大量行政裁决程序，如《专利法》、《药品管理法》等，但规定行政裁决必须前置的却不多，《土地管理法》是其中比较典型的一部法律。《土地管理法》第十六条规定："土地所有权和使用权争议，由当事人协商解决；协商不成的，由人民政府处理。单位之间的争议，由县级以上人民政府处理；个人之间、个人与单位之间的争议，由乡级人民政府或者县级以上人民政府处理。当事人对有关人民政府的处理决定不服的，可以自接到处理决定通知之日起三十日内，向人民法院起诉。"因此，土地权属争议必须由政府先行处理。本案的被诉具体行政行为是云安县人民政府为第三人曾庆林颁发《国有土地使用证》的行为，一审法院认为冯子细的起诉并不构成土地权属争议，因而不适用《土地管理法》的规定。这确实引发了如何正确认定土地使用权争议和先行处理程序的问题。

笔者认为，对此问题应当结合具体案件进行分析认定。通常情况下，当事人对政府颁发土地权属证书的行为不服，不应由政府先行处理，因为这种情况不属于权属争议，因为土地权属已经被政府发证行为所肯定，受法律保护。如前述，发证行为是初始登记，属于行政许可性质，不应包括在行政确认范畴之内。当事人对发证行为不服的，无须再经过政府确权程序，此为其一；其二，土地证既然由政府颁发，就应由法院进行审查，不能由政府对自己的颁证行为进行审查裁断，否则有违公平正义。但是，在土地权属证书的发证机关不同，且相关发证机关均无法肯定当事人证书是否真实有效的情况下，应当认定当事人之间存在土地权属争议，由政府先行处理更为妥当。因为在这种情况下，法院无从判断当事人持有的土地使用权证的真实有效性，也就无法判断各方所持有的证书记载的权属范围是否重复，此时撤销任何一方的土地证都可能存在问题。

本案中，在冯子细持有的证书的发证机关都未能肯定其证书是否真实有效的情形下，即当冯子细的证书的真实有效性尚不明确时，一审法院轻易作出撤销第三人证书的做法不妥当。这种情况下，既然有关政府已经受理了民事主体当事人的权属争议调处请求，法院

① 姜明安. 行政法与行政诉讼法. 北京：北京大学出版社，高等教育出版社，1999. 202

还是应当尊重政府的行政权力，交由政府先行处理。本案给我们的启示是，行政诉讼中需要正确把握司法权与行政权的关系。

一审合议庭成员：黄海燕　严　海　吴金洁

二审合议庭成员：林俊盛　朱小华　刘德敏

作者单位：广东省高级人民法院

能否给储备的土地登记发证

——金冠公司诉佛山市政府土地登记发证行政纠纷上诉案

林俊盛

【问题提示】

给储备土地颁发国有土地使用权证是否有法律依据?

【要点提示】

土地储备是一项新的土地管理政策，在试点初期给储备土地颁发国有土地使用权证虽然缺乏明确的法律依据，但因符合我国土地管理制度改革的趋势，在不影响第三人合法权益的情况下，本案基于利益衡量判决维护发证行为。

【案例索引】

一审：广东省佛山市中级人民法院［2007］佛中法行初字第 7 号行政判决

二审：广东省高级人民法院［2008］粤高法行终字第 41 号行政判决

【案情】

上诉人（原审第三人）：佛山市顺德区北滘镇土地储备发展中心（以下简称北滘土地储备中心）。

被上诉人（原审原告）：佛山市顺德区金冠涂料集团有限公司（以下简称金冠公司）。

原审被告：佛山市人民政府。

原审第三人：佛山市国土资源局。

1995 年 7 月 28 日，原顺德市北滘对外经济服务公司与金冠公司签订了一份《预订工业用地协议书》，约定将北滘经济工业区第 11 小区工业用地（面积 42 146.1 平方米，实际用地以开线实测并经双方确认土地面积为准）转让给金冠公司。同时双方约定自签订该协议之日起两年零十天内须另行签订购买该协议项下所指地块的用地协议书，其内容和条件与双方 1995 年 7 月 28 日签订的协议书相同。1999 年 2 月 2 日，原顺德市北滘镇人民政府国土管理所（北滘对外经济服务公司于 1997 年 3 月并入北滘镇国土管理所）与金冠公司签订了《工业用地协议书》，约定将北滘镇工业园第 11 小区地段，面积 41 819.3 平方米的国有土地使用权转让给金冠公司，金冠公司应支付总地价款为 36 375 654.86 元。其中，首期支付 8 363 860 元，余下的 28 011 794.86 元分期缴纳。同时双方约定，北滘镇人民政府国土管理所收到金冠公司第一批款 570 万元后，承诺在三十天内安排金冠公司与顺德市规划国土局签订国有土地出让合同；在顺德市规划国土局签发《国有土地使用权证》并收齐金冠公司支付的 8 363 860 元后，北滘镇人民政府国土管理所十天内交给金冠公司《国有土地使用权证》。1999 年 2 月 3 日，金冠公司向原顺德市北滘镇人民政府国土管理所支付了首期地价款中的 570 万元，并一直实际占用该土地，但金冠公司迄今未与有关国土部门签订上述土地使用权出让合同，也未支付首期地价款中的余额部分并取得上述土地的《国有土地使用权证》。

2003 年，根据顺发［2003］21 号《顺德区规划国土管理体制改革方案》的规定，成立北滘土地储备中心（为镇属公有资产管理单位），其职能主要为负责北滘镇的土地开发、储备及集约工业区的开发等工作。2005 年 1 月 31 日，北滘土地储备中心向顺德区国土资源局申请将上述涉案土地划拨给该中心作工业用地储备，待引入具体项目再进行出让开发，佛山市国土资源局对该申请审核同意办理土地储备手续。2005 年 11 月 2 日，佛山市人民政府批准颁发上述土地的顺府国用［2005］第 0301305 号《国有土地使用权证》，该证记载土地使用权人为北滘土地储备中心，土地使用面积为 32 457.05 平方米，土地使用类型为储备，土地使用期限为无。2006 年 3 月，北滘土地储备中心提起民事诉讼，要求金冠公司拆除在上述土地上所建围墙，恢复土地原状，民事终审判决支持了北滘土地储备中心的诉讼请求。2007 年 10 月，金冠公司认为顺府国用［2005］第 0301305 号《国有土地使用权证》的颁发侵犯其合法权益，遂提起行政诉讼，请求撤销顺府国用［2005］第 0301305 号《国有土地使用权证》。

【审判】

佛山市中级人民法院审理认为：根据《中华人民共和国土地管理法》第十一条第三款的规定，被告佛山市人民政府作为县级以上人民政府，依法享有核发《国有土地使用权证》的职权，其颁发本案所诉之顺府国用［2005］第 0301305 号《国有土地使用权证》，执法主体适格，予以确认。本案中，佛山市人民政府根据北滘土地储备中心的申请，以划拨方式将涉案土地的国有土地使用权确认给北滘土地储备中心所有，但佛山市人民政府提供的发证依据仅有用地人的申请表和有关部门的审批表，且根据《中华人民共和国土地管理法》第五十四条的规定："建设单位使用国有土地，应当以出让等有偿使用方式取得；但是，下列建设用地，经县级以上人民政府依法批准，可以以划拨方式取得：（一）国家机关用地和军事用地；（二）城市基础设施用地和公益事业用地；（三）国家重点扶持的能源、交通、水利等基础设施用地；（四）法律、行政法规规定的其他用地。"佛山市人民政府未能提供北滘土地储备中心符合以划拨方式取得涉案土地使用权的事实依据和法律依据。佛山市人民政府在诉讼中辩称，本案的顺府国用［2005］第 0301305 号《国有土地使用权证》不是一般意义上的土地使用权证，而是土地储备证的性质，北滘土地储备中心不是真正的土地使用权人，只是涉案土地的管理人，涉案土地尚未确定使用权人。但是，佛山市人民政府未能提供法律依据证明其以《国有土地使用权证》的方式颁发土地储备证的合法性，且无相关法律、法规要求政府对未确定使用权人的国有土地颁发土地储备证。相反，根据《中华人民共和国土地管理法实施条例》第五条第二款的规定：未确定使用权的国有土地，由县级以上人民政府登记造册，负责保护管理。因此，佛山市人民政府的上述辩解不能成立。由于佛山市人民政府以划拨方式将涉案国有土地的使用权确认给北滘土地储备中心所有缺乏事实依据和法律依据，其颁发的顺府国用［2005］第

0301305 号《国有土地使用权证》依法应予撤销。依照《中华人民共和国行政诉讼法》第五十四条第（二）项的规定，判决：撤销佛山市人民政府颁发的顺府国用［2005］第0301305 号《国有土地使用权证》。

北滘土地储备中心不服一审判决，向广东省高级人民法院提起上诉。

广东省高级人民法院审理认为：2001 年 5 月 31 日国务院发布的国发［2001］15 号《国务院关于加强国有土地资产管理的通知》（以下简称《通知》）规定："为增强政府对土地市场的调控能力，有条件的地方政府要对建设用地试行收购储备制度。"至于具体采取什么方式贯彻此项土地管理改革政策，《通知》并未作明确规定。佛山市人民政府于2004 年 12 月 20 日制定了《佛山市土地储备实施办法》，并以颁发《国有土地使用权证》的方式试行土地收购储备制度。虽然发证时没有明确的法律规定作为依据，但 2007 年国土资源部、财政部、中国人民银行联合制定的《土地储备管理办法》确认了土地储备的上述方式。此外，金冠公司虽然于 1999 年 2 月 2 日就涉案土地与北滘镇人民政府国土管理所签订了《工业用地协议书》，并于次日支付了首期地价款中的 570 万元并一直实际占用涉案土地，但金冠公司迄今未与有关国土部门签订国有土地出让合同并依法领取涉案土地的《国有土地使用权证》。因此，金冠公司尚未依法取得涉案土地的国有土地使用权，涉案土地仍然属于尚未出让使用权的国有土地。被诉的顺府国用［2005］0301305 号《国有土地使用权证》是佛山市人民政府以土地储备性质审核登记后颁发的，是北滘土地储备中心行使涉案土地储备管理权的法律凭证。佛山市人民政府作出的被诉发证行为是涉案土地国有土地使用权依法出让之前的一项过渡性管理措施，既没有改变涉案土地原有的权属状况以及与金冠公司的法律关系，也没有为金冠公司继续主张依法受让涉案土地的国有土地使用权增设新的条件和义务。因此，被诉的发证行为虽然当时没有明确的法律依据，但符合我国土地管理制度改革和《通知》的精神，且未侵害金冠公司的合法权益，不应认定为违法并予以撤销。原审判决撤销该发证行为不妥，予以纠正。金冠公司以被诉发证行为损害其合法权益为由，起诉请求撤销顺府国用［2005］0301305 号《国有土地使用权证》，缺乏事实和法律依据，依法应予以驳回。上诉请求改判理由成立，予以支持。判决：一、撤销佛山市中级人民法院［2007］佛中法行初字第 7 号行政判决；二、驳回金冠公司的诉讼请求。

【评析】

笔者认为，从严格行政行为合法性审查、监督行政机关依法行政的角度看，本案一审判决撤销发证行为并无不妥，二审之所以改判驳回金冠公司的诉讼请求，是基于优先考虑公共利益、整体利益最大化，牺牲最小化等的利益衡量而作出的价值选择。

一、关于土地储备制度的试点和建立

土地储备，是指市、县人民政府国土资源管理部门为实现调控土地市场、促进土地资源合理利用目标，依法取得土地，进行前期开发、储存以备供应土地的行为。① 作为一种新的土地管理制度，土地储备是国家近年来探索完善土地管理体制的一项改革措施。与本

① 2007 年 11 月 19 日，国土资源部、财政部、中国人民银行联合制定的《土地储备管理办法》第二条的规定。

案有关的政策文件和规范性文件主要有：（1）2001年5月31日，国务院发布的《国务院关于加强国有土地资产管理的通知》（国发［2001］15号）。通知要求“为增强政府对土地市场的调控能力，有条件的地方政府要对建设用地试行收购储备制度。市、县人民政府可划出部分土地收益用于收购土地，金融机构要依法提供信贷支持。”同时要求国土资源部等各有关部门和各省、自治区、直辖市人民政府认真贯彻落实通知精神，制定具体的实施办法，逐步建立和完善各项土地资产管理制度。（2）2001年7月30日，广东省人民政府转发的《国务院关于加强国有土地资产管理的通知》（粤府［2001］50号）。通知要求全省各市、县建立土地收购储备制度，以调控土地市场，推动土地使用权招标拍卖。（3）2003年4月28日广东省人民政府办公厅发布的《关于加快建立和完善土地储备制度的通知》。通知要求加快推进土地收购和储备工作，逐步建立和完善土地储备制度。（4）2004年12月20日，佛山市人民政府制定的《佛山市土地储备实施办法》。该办法第十六条规定：“在储备土地的整理、开发中，土地储备机构可凭有关储备土地批准文件或已生效的《国有土地使用权收回协议书》直接到所在市（区）有关部门办理临时建筑报建及有关审批或登记手续。”（5）2007年11月19日，国土资源部、财政部、中国人民银行联合制定的《土地储备管理办法》。该办法第十七条规定：“市、县人民政府可根据需要，对产权清晰、申请资料齐全的储备土地，办理土地登记手续，核发土地证书。供应已发证储备土地前，应收回土地证书，设立土地抵押权的，要先行依法解除。”

上述文件的制定和发布，反映了土地储备制度从开始试点到全面推开的过程，同时也说明这是自上而下推动的一项改革政策，而非地方政府一时随意的“越轨”行为。实践证明，土地储备制度有利于规范城镇土地供给和土地市场行为，提高国有土地的使用效率和国家对房地产市场的调控能力。

二、关于给储备土地颁发国有土地使用权证的法律依据问题

案涉的顺府国用［2005］0301305号《国有土地使用权证》的颁发时间是在2005年，严格来说，当时给储备的土地颁发《国有土地使用权证》确实欠缺规章以上的法律依据，仅仅是依据地方人民政府制定的规范性文件。1995年修改实施的《土地登记规则》第十条规定：“土地登记申请者申请土地使用权、所有权和土地他项权利登记，必须向土地管理部门提交下列文件资料：（一）土地登记申请书；（二）单位、法定代表人证明，个人身份证明或者户籍证明；（三）土地权属来源证明；（四）地上附着物权属证明。”本条规定中的用地单位和权属来源两项登记要件，就本案而言，用地单位是北滘土地储备中心，而权属来源则是该中心通过申请以划拨方式取得涉案土地的国有土地使用权。《中华人民共和国土地管理法》第五十四条规定：“建设单位使用国有土地，应当以出让等有偿使用方式取得；但是，下列建设用地，经县级以上人民政府依法批准，可以以划拨方式取得：（一）国家机关用地和军事用地；（二）城市基础设施用地和公益事业用地；（三）国家重点扶持的能源、交通、水利等基础设施用地；（四）法律、行政法规规定的其他用地。”根据本条规定，用地单位一般应是具体项目的建设单位，以划拨方式取得国有土地使用权应符合四项条件之一。对照本案情况，北滘土地储备中心和用于储备的土地很难说符合上述要求。因此，要认定本案发证行为有法律依据，就必须将上述第（四）项规定中的“行政法规”的外延从宽解释，即将《国务院关于加强国有土地资产管理的通知》（国发

［2001］15号）视为行政法规性质的规范性文件，而该《通知》授权地方人民政府可以试行通过划拨土地用于储备并给储备的土地颁发《国有土地使用权证》。但这样的从宽解释与2000年7月1日起实施的《立法法》第三章关于行政法规的界定是不一致的。虽然《土地管理法》第五十四条的规定是1998年该法修订时制定的，鉴于我国的国情以及国务院作为中央人民政府发布通知的权威性，在立法法实施之前从宽解释第五十四条第（四）项规定中的"行政法规"的外延似无不妥。而本案被诉发证行为是在2005年作出的，此时仍然通过扩大解释"行政法规"的外延来寻找发证行为的法律依据，则有与立法的规定相矛盾之嫌。

三、本案对发证行为是否判决撤销的利益衡量

利益衡量作为裁判案件的重要方法之一，越来越广泛地运用于人民法院审理案件的各个环节中。它是法官依其职责，在相互冲突的利益之间，根据一定的价值判断进行取舍，在当事人之间重新确定权利义务的重要方法。行政审判之所以需要利益衡量，根本的原因就在于法律总是相对不完善的，相对于社会生活的需要总是滞后的和不完备的，尤其是在社会转型时期。利益衡量强调整体利益的最大化原则和损害最小化原则等。① 从我国行政诉讼法的立法宗旨上看，司法权对行政权是既监督又维护的关系，司法审查要把握好公共利益与私人利益之间的平衡。最高人民法院《关于执行〈中华人民共和国行政诉讼法〉若干问题的解释》第五十八条的规定就是典型的关于人民法院在具体案件处理时进行利益衡量和补救的原则性规定。②

本案参与诉讼各方当事人之间的利益冲突是明显的，作为原告金冠公司一方，通过诉讼撤销发证行为可以消除在民事诉讼中对该公司不利的证据，动摇北滘土地储备中心在民事诉讼中的原告主体资格，并继续主张受让涉案土地的国有土地使用权等；而发证机关和北滘土地储备中心的利益是一致的，希望法院维持发证行为以便维护土地管理制度改革的成果和土地管理秩序的稳定。本案中，法院必须在撤证与否之间进行利益衡量并作出裁判。

本案二审之所以改判驳回原告的诉讼请求，主要是基于以下三方面的考虑：

第一，维护改革政策。当前我国正处于社会转型阶段，各个领域的改革政策和措施不断推出，试点期间欠缺明确法律依据或者在某方面、某种程度上突破现有法律框架的现象时有发生。原因在于：一方面，改革往往是"摸着石头过河"，不可能先立法再实施，各种改革措施只有在试点阶段试行成熟之后，才通过立法全面推开。另一方面，我国是成文法传统的国家，成文法的保守性确实难以适应社会转型时期的改革需要。由于制定法这种与生俱来的滞后缺陷，导致以制定法来与一些新类型案件的事实对号入座时，难免牵强附会。因此，为了更好地维护改革时期的社会稳定和各项改革政策的顺利实施，司法审查时

① 郑永鹤，吴金水．论行政审判中的利益衡量．政治法律，2001（2）：28

② 该条规定："被诉具体行政行为违法，但撤销该具体行政行为将会给国家利益或者公共利益造成重大损失的，人民法院应当作出确认被诉具体行政行为违法的判决，并责令被诉行政机关采取相应的补救措施；造成损害的，依法判决承担赔偿责任。"有学者称之为"情势判决"，参见：甘文．行政诉讼法司法解释之评论——理由、观点与问题．北京：中国法制出版社，2000．165；也有学者称之为"情况判决"，参见：薛刚凌．行政诉讼第一审程序．行政诉讼法学．北京：高等教育出版社，2003．217

应当在某些改革措施（尤其是在试点阶段试行，最终得到国家层面肯定并全面推开的措施）的合法性审查标准（主要是法律依据）方面保持适度的宽容。例如，在一些与改革政策相关的新类型案件中，允许法官在个案处理时对现行的法律规定作更有弹性的解释来维护改革政策的推行，即使有些牵强附会也是必要的。只要不突破对行政相对人合法权益造成损害这条底线，一般不判决确认违法或者撤销。就本案而言，土地储备是土地管理体制改革带来的新生事物，土地储备制度从试点到全面推开，佛山市人民政府在试点阶段以颁发《国有土地使用权证》的方式试行土地收购储备制度最终得到国家层面的肯定，说明该方式符合土地管理改革的趋势。

第二，节约行政成本。假如本案二审维持一审的判决结果，以发证时缺乏法律依据为由判决撤销发证行为，佛山市人民政府仍然可以依据 2007 年国土资源部、财政部、中国人民银行联合制定的《土地储备管理办法》第十七条的规定，重新给北滘土地储备中心发证。因此，从案件实体上看最终的结果并未改变，只是重启了新一轮申请、审核发证的程序而已，增加了不必要的行政成本。

第三，整体利益最大化。“利益衡量方法将法官上升为社会公共利益和个人利益冲突的协调者和仲裁者。法官通过利益衡量，判断何者利益更为重要，最大可能地增进社会的整体利益。”[①] 由于土地储备性质的特殊性，本案被诉的顺府国用［2005］0301305 号《国有土地使用权证》是以土地储备性质颁发的，是涉案土地国有土地使用权依法出让之前的一项过渡性管理措施，没有改变涉案土地未出让的权属状况以及与金冠公司的法律关系，也没有为金冠公司继续主张依法受让涉案土地的国有土地使用权增设新的条件和义务。也就是说，本案被诉的发证行为不是金冠公司取得涉案土地国有土地使用权的法律障碍，发证行为没有侵犯该公司的合法权益。至于金冠公司最终能否依法取得涉案土地的国有土地使用权或者获得其他利益补偿，取决于该公司与有关单位此前所签协议的约定内容以及协议各方的履约情况，按照目前司法解释的规定，因此类协议引起的纠纷属于民事纠纷，可通过民事救济途径解决。[②] 笔者认为，虽然本案金冠公司基于前期与有关单位的用地协议并实际占用涉案土地等原因，该公司具有对发证行为提起行政诉讼的原告资格，而且根据行政诉讼法关于人民法院应当对被诉行政行为进行全面合法性审查的规定，被诉发证行为可以因发证时缺乏法律依据被判决撤销或者确认违法。但基于整体利益最大化的考虑，在本案被诉发证行为不侵犯金冠公司合法权益的情况下，为维护改革政策、节约行政成本，可以从宽解释有关法律规定，不必认定发证行为因缺乏法律依据而违法，金冠公司的撤证请求可以判决驳回。

一审合议庭成员：谢少清　谭显刚　周　刚

二审合议庭成员：林俊盛　朱小华　杨雪清

作者单位：高级人民法院

① 甘文．行政与法律的一般原理．北京：中国法制出版社，2002. 135

② 最高人民法院法释［2005］5 号《关于审理涉及国有土地使用权合同纠纷案件适用法律问题的解释》将此类纠纷定性为民事纠纷。

涉外定牌加工中的商标侵权

——广东佛山市泓信贸易有限公司诉广州海关行政处罚案

祝建军

【问题提示】

涉外定牌加工行为是否构成对他人商标权的侵犯?

【要点提示】

当外国商人在其本国合法拥有某商标专用权，并委托中国的制造商在中国贴牌加工贴有该商标的商品，并全部包销到本国或其他国家，如中国人或其他外国人已在中国在先申请注册了相同或相似商标，则贴牌加工行为构成商标侵权，该货物出口时，海关将对贴牌加工的当事人施以行政处罚。

【案例索引】

一审：广东省广州市中级人民法院［2005］穗中法行初字第17号行政判决

二审：广东省高级人民法院［2006］粤高法行终字第22号行政判决

【案情】

原告：广东佛山市泓信贸易有限公司。

被告：广州海关。

第三人：深圳市恩同实业有限公司。

广州市中级人民法院经审理查明，深圳市恩同实业有限公司（以下简称恩同公司）于2002年4月21日向国家商标局申请注册了HENKEL商标，该商标核定使用商品的类别为第11类，即车辆灯、车灯、车辆照明设备等，商标注册号为1753005号。2002年9月4日，恩同公司在海关总署办理了上述商标的海关知识产权保护备案（备案号为T2002－03404）。

STANLEY TRADING L. L. C（史丹利贸易有限公司）是在阿联酋注册成立的公司，该公司在阿联酋注册了HENKEL商标，核定使用的商品为车灯类等，商标注册号为45875。

广东佛山市泓信贸易有限公司（以下简称泓信公司）是在广东佛山注册成立的一家公司。阿联酋STANLEY TRADING L. L. C公司（以下简称阿联酋公司）委托泓信公司生产制造机动车用钨灯，并标上阿联酋公司提供的HENKEL商标，然后由泓信公司将上述加工好的车灯全部交付（出口）给阿联酋公司，出口手续由泓信公司办理。

2004年12月20日，泓信公司委托佛山市口岸报关有限公司以一般贸易方式向广州海关下属的佛山海关驻禅城办事处（以下简称广州海关），申报出口上述加工好的车灯。恩同公司认为泓信公司出口的该批货物侵犯了其 HENKEL 注册商标专用权，遂向广州海关申请扣留上述货物及采取知识产权海关保护措施。

广州海关经调查作出《行政处罚决定书》，认定泓信公司未经恩同公司许可，在其出口的机动车钨灯商品上使用 HENKEL 商标，侵犯了恩同公司的注册商标专用权，故泓信公司申报出口的上述货物为侵权货物，对泓信公司进行行政处罚，即没收泓信公司出口的标有 HENKEL 商标的机动车钨灯，课处罚款人民币 20 000 元。

2005 年 7 月 14 日，泓信公司作为原告，以广州海关为被告、恩同公司为第三人，向广州市中级人民法院提起行政诉讼，要求撤销广州海关对其作出的行政处罚。

泓信公司诉称，自己公司不存在任何过错，主观上没有任何侵权故意，其进行的贴牌生产行为不是商标法上的使用行为，况且所有的贴牌产品均交付（出口）给阿联酋公司，不在中国市场上销售，不会导致相关公众混淆，未侵犯恩同公司的商标专用权，因此，广州海关的行政处罚缺乏法律依据。

【审判】

广州市中级人民法院经审理认为，第三人恩同公司是 HENKEL 商标的注册人，并向海关总署申请了海关知识产权保护备案，故第三人恩同公司的商标专用权受法律保护，原告泓信公司未经许可，在其申报出口的机动车钨灯货物及外包装上使用 HENKEL 商标标识，侵犯了第三人恩同公司的商标专用权，被告广州海关依法对原告泓信公司的商标侵权行为进行查处，事实清楚，援引法律正确，被告广州海关的行政处罚决定合法，判决维持广州海关的行政处罚决定。

上诉人泓信公司上诉称，其行为不构成商标侵权，理由是：一、造成相关公众混淆、误认是构成侵犯注册商标专用权的前提，受委托定牌加工的商品不在中国境内销售，不可能造成相关公众的混淆、误认；二、贴牌行为不是商标法意义上的使用行为；三、贴牌加工的商品全部销售到国外，不进入中国市场，不会给商标权人造成损害。

广东省高级人民法院确认一审查明的事实存在。

广东省高级人民法院经审理认为，一审判决认定事实清楚，适用法律正确，程序合法，判决驳回上诉，维持原判。

【评析】

一、定牌加工中的商标侵权之争

我国三十多年的改革开放政策，取得了举世瞩目的成就。我国的比较优势为劳动力资源丰富，劳动力价格低廉，外商将我国作为贴牌商品加工地可以节省巨额的加工费，由此造就了我国的“世界工厂”地位[①]，许多世界知名品牌的商品在我国境内制造。我国制造商与外商合作的最重要方式之一是定牌加工。所谓定牌加工（original equipment manufac-

---

① 蔡昉，林毅夫. 中国经济. 北京：中国财政经济出版社，2003. 该书认为我国的比较优势是劳动力资源丰富，西方发达国家则是资本丰富。

ture)，俗称贴牌，是指中国制造商按照外国商人的要求，生产加工外国商人提供的商标之商品，由外国商人给付报酬，并由外国商人负责将商品在国外市场进行包销的交易方式。定牌加工交易是中国社会经济发展中出现的新现象。

目前上述交易方式出现了商标侵权纠纷的新动向，即当外国商人在其本国合法拥有某商标专用权，并委托中国的制造商贴牌加工贴有该商标的商品，并全部包销到本国或其他国家时，如中国人或其他外国人已在中国在先申请注册了相同商标，这就出现了定牌加工中的商标侵权之争，本则案例就鲜明地体现了这方面的争议。

目前关于上述定牌加工行为是否构成商标侵权存有争议。一种观点认为不构成侵权，主要理由是：(1) 造成相关公众混淆、误认是构成侵犯注册商标专用权的前提，受委托定牌加工的商品不在中国境内销售，不可能造成相关公众的混淆、误认；(2) 贴牌行为不是商标法意义上的使用行为；(3) 贴牌加工的商品全部销售到国外，不进入中国市场，不会给商标权人造成损害。另一种观点认为构成侵权，主要理由是：(1) 商标具有地域性；(2) 该贴牌行为是商标使用行为；(3) 构成商标侵权不以混淆、误认为要件。

二、知识产权的地域性规则决定了只能保护在中国注册的商标

该案例鲜明地体现了知识产权法律保护的地域性。所谓知识产权的地域性，是指每个国家都依据本国的法律保护在本国依法享有的知识产权，他人在他国享有的知识产权不能成为其在本国享有知识产权的依据，从而使知识产权保护呈现出地域性。知识产权的地域性是由知识产权客体的无形性和知识产权专有排他性的性质所决定的。商标权作为知识产权的典型权利之一，自然亦具有上述地域性的特点。

就本案而言，第三人恩同公司，依法在中国注册了 HENKEL 商标，依据中国商标法的规定，恩同公司在中国就 HENKEL 车灯类商标享有商标专用权，基于商标权授权的唯一性原则，在中国司法管辖范围内，第三人恩同公司是“HENKEL”车灯类商标唯一的注册商标专用权人。而在阿联酋国内，阿联酋 STANLEY TRADING L. L. C 公司是 HENKEL 车灯类商标的商标专用权人。基于商标权保护的地域性规则，第三人恩同公司在中国境内享有的 HENKEL 商标专用权，与阿联酋公司在阿联酋国内享有的 HENKEL 商标专用权，二者同时存在，相安无事。

但当今世界是开放性的世界，国际贸易交往频繁，一国的商品通过制造、买卖等交易行为，并通过进出口而在不同国家之间流通，由于商品是知识产权的载体，于是商标权保护的地域性受到冲击，权利冲突的发生成为客观现实。

因中国劳动力成本低，阿联酋 STANLEY TRADING L. L. C 公司为节约生产成本，走出阿联酋国门，委托中国的泓信公司加工生产 HENKEL 牌机动车钨灯，因恩同公司在中国享有 HENKEL 商标专用权，“一山不容二虎”，阿联酋公司与恩同公司就 HENKEL 商标产生的权益在中国领域内发生摩擦、冲突，依据商标权保护的地域性原则以及商标权享有的唯一性原则，我国只能依法保护恩同公司在中国享有的商标专用权，这就意味着阿联酋公司在中国不享有 HENKEL 商标专有使用权。上述两公司利益冲突的解决以阿联酋公司退出为方案。

三、贴牌加工并出口的行为构成商标法意义上的商标使用

关于何谓商标法意义上的商标使用行为，我国《商标法实施条例》第三条规定，“商标法和本条例所称商标的使用，包括将商标用于商品、商品包装或者容器以及商品交易文书上，或者将商标用于广告宣传、展览以及其他商业活动中”，该条规定为人民法院审理商标案件，确定商标法意义上的商标使用行为提供了重要参考依据。

在外商委托贴牌加工中，中国制造商按照外国商人的要求，生产加工外国商人提供的商标之商品，该商标一般被用在商品及商品的外包装上，这显然属于上述法定的商标法意义上的商标使用行为。中国制造商只有只加工生产商品而不贴牌的行为，才不存在所谓商标使用的问题。至于贴牌加工的商品不在中国市场上销售，而是由外国商人负责将商品在其本国或其他国家的市场上进行包销，根本不是否定贴牌加工属于我国商标法意义上的商标使用行为的理由。

就本案来看，阿联酋 STANLEY TRADING L. L. C 公司在恩同公司已在中国注册了 HENKEL 商标，而其自身在中国不享有 HENKEL 商标权的情况下，将 HENKEL 商标交给泓信公司贴牌加工车用钨灯，显然属于未经许可使用涉案注册商标的行为。

四、原告泓信公司的行为构成商标侵权

商标权与其他知识产权相比具有特殊性，商标专用权的保护范围具有变动性，即随着商标在使用过程中商标显著性及知名度的变化，商标专用权的保护范围亦呈现出动态的发展变化过程，商标秩序如同道路交通安全秩序，为了保障市场中每一位商标专用权人的合法权益，要求商标与商标之间存在一定的安全距离，这样才能保障商标秩序的安全，当有些商标的使用出现异常，不遵守商标游戏规则，有可能发生商标“撞车事故”时，应允许注册商标权人在商标侵权发生前主张权利，这并不以存在实际的混淆为构成要件，商标即发侵权就属于此例。当商标侵权已经发生，就相当于交通事故已经发生，此时，再依法进行矫正就比较困难了。

市场经济中的交易行为是一个链条，包括生产、销售环节，为了生产、销售，要准备原材料、考虑劳动力因素、供求关系、生产成本等方面，在国际贸易交往频繁的现代社会，生产、销售环节可能要在全世界范围内考虑。商标法作为规范商品交易行为的利器，目的是通过规范商标行为来规范市场竞争秩序，保障公平竞争。外商委托中国制造商进行贴牌加工，当贴牌的商标与在中国注册的商标“撞车”时，即意味着该外商在中国境内、在生产环节上存在着与注册商标专用权人的市场竞争行为。因该外商在中国境内并不享有商标专用权，因此，该贴牌竞争行为是非法的，其扰乱了我国正常的商标秩序，属于不正当竞争行为，比如，该外商的贴牌竞争行为，可能抬高同类商品的贴牌加工费用，从而增加注册商标专用权人的生产成本，造成其不应有的损失，该类行为显然属于我国商标法所禁止的商标侵权行为。

正是基于上述原因，依据商标法基本原理，即使贴牌加工的商品不在中国市场上销售，而由外国商人在其本国或其他国家包销，在我国亦属于侵犯注册商标专用权的行为。我国海关法明确规定，进出口侵犯商标专用权的商品，属于侵犯注册商标专用权的行为。

就本案而言，阿联酋 STANLEY TRADING L. L. C 公司委托中国境内的泓信公司贴牌

加工标有 HENKEL 商标的机动车车灯，属于侵犯恩同公司注册商标专用权的行为，广州海关依法对其采取行政处罚的知识产权保护措施是正确的，故在涉案行政诉讼中，一、二审法院均认可了该行政处罚的合法性。

五、小结

当外国商人在其本国合法拥有某商标专用权，并委托中国的制造商贴牌加工贴有该商标的商品，并全部包销到该外商本国或其他国家时，如中国人或其他外国人已在中国在先申请注册了相同商标，则该贴牌加工行为属于侵犯注册商标专用权的行为，应依法承担侵犯注册商标专用权的法律责任。

一审合议庭成员：刘跃南　陈卫红　郭小玲
二审合议庭成员：颜　辉　刘　峰　罗　燕
作者单位：深圳市中级人民法院

行政机关履行政务公开职责行为的认定与审查

李　琦

【问题提示】

公民向行政机关申请公开法定的政务公开事项，行政机关不予答复的，是否构成行政不作为？公民对此不服，向人民法院提起诉讼的，是否属于人民法院行政诉讼的受案范围？

【要点提示】

依照《广东省政务公开条例》的相关规定，本行政区域内的国家行政机关作为依法行使行政权力的机构，属于政务公开义务人，负有依照法律、法规的规定履行政务公开、提供政务信息的义务；对政务公开权利人提出的政务公开申请有予以答复的法定职责。政务公开权利人对政务公开义务人未履行该法定职责的行政不作为可以向人民法院提起行政诉讼。对于构成不履行法定职责的，人民法院可以判决其履行法定职责。

【案例索引】

一审：广东省广州市天河区人民法院［2006］天法行初字第68号行政判决

二审：广东省广州市中级人民法院［2007］穗中法行终字第118号行政判决

【案情】

原告：张烽。

被告：广州市公安消防局。

广州市天河区人民法院经审理查明：2006年5月30日，原告以邮寄挂号信的方式书面向被告提出公开政务信息的申请，称其购买了广州市春庭房地产开发有限公司开发的同泰路春晖闲庭A1栋503房，要求公开春庭公司开发的春晖闲庭A1栋商品房住宅建设项目的消防工程及管道燃气工程的申请验收时间与被上诉人签发《建设工程消防验收意见书》的时间的政务信息。原告在申请书中签名、注明其身份证号码，并留下了“广州市天河南路六运三街29号703房”的回复地址。被告在2006年6月1日收到该申请书后，没有对上诉人的申请进行答复和公开。原告认为被告不依法定期公开的行为是故意不作为，遂向法院提起行政诉讼。

原告诉称：被告在收到原告的申请后，未依法向原告公开其申请的要求公开的信息，已违反《广东省政务公开条例》和《广州市政府信息公开规定》，构成了故意不作为，是不依法行政的行为。请求法院确认被告不依法向原告公开政府信息的行为违法，并要求被告在10日内以公开决定书方式向原告公开其所申请的政府信息。

被告辩称：一、原告的起诉不符合《中华人民共和国行政诉讼法》规定的七种可诉的行政行为，故不属于人民法院受理的行政诉讼的范围。二、原告方在申请书中既没有提供其属于中国公民的身份证明，也没有提供住所证明、工作单位或者联系电话，被告无法确认原告的身份，没有义务作出书面答复。三、原告申请公开的信息是2003年建筑工程消防验收的内容，不属于被告对外公开的政务信息。四、建筑工程消防审批内容部分涉及商业秘密，不适合全面公开。五、由于原告所留联系方式不明确，无法告知其申请内容不能公开。综上，被告不存在不作为，请求法院依法驳回原告的诉讼请求。

【审判】

广州市天河区人民法院经审理认为：原告申请公开的政务信息不属于《广东省政务公开条例》第七条规定的政务公开义务人应当公开的23项具体事项之一，而属于其他政务事项，依据第九条规定，被告作为政务公开义务人应当公开信息并为原告提供方便。参照《广州市政府信息公开规定》第十八条的规定，原告采取邮寄的方式向被告提出申请，并且未在其申请材料中提供身份证明材料。被告经审核，认为原告的身份不明，对其申请不予答复，并未违反相关法律、行政法规、地方性法规的规定。故原告的诉讼请求缺乏事实和法律依据，依法应予以驳回。由于本案属于原告起诉被告行政不作为的案件，因此对于被告提出的认为原告的诉讼请求不属于行政诉讼的受案范围，依法不予采纳。综上所述，广州市天河区法院驳回原告的诉讼请求。

上诉人张烽上诉称：一、关于上诉人身份问题。上诉人以亲笔签名的信函通过邮寄方式书面向被上诉人申请，提供了上诉人中国公民的身份证号码、地址和联系方式，符合《广东省政务公开条例》和《广州市政府信息公开规定》规定的格式和内容要求，故上诉人依法申请的身份明确。被上诉人在确认了上诉人的身份又到上诉人住所地派出所核实了上诉人的身份后，拒绝履行公开义务，反称上诉人身份不明，一审法院公然支持属枉法裁判。二、关于上诉人申请公开的事项是否属于被上诉人应当向社会公开的政务信息问题。上诉人申请公开的建设工程验收，是政府以《中华人民共和国消防法》设定的行政许可（行政审批）事项，涉及被许可人、利害关系人及社会公共利益，是《中华人民共和国行政许可法》、《广东省政务公开条例》和《广州市政府信息公开规定》明确行政许可实施机关、政务公开义务人应当主动向社会公开的事项，被上诉人作为该行政许可的实施机关，依法负有主动向社会公开的责任和义务。三、关于被上诉人公开政务信息的方式及上诉人获得政务信息的方式问题。《广州市政府信息公开规定》对政务公开义务人公开政务信息的方式以及时限作出了明确的规定，被上诉人未依此进行政务公开。一审判决是以合法的手段非法阻挠和限制政务公开义务人依法公开政府信息，剥夺了上诉人作为政务公开人应享有的以《公开决定书》获得政务信息的权利及上诉人因不服而提起申请复议、提起诉讼的权利。请求：一、撤销一审判决；二、确认被上诉人不依法向上诉人公开政府信息的行为违法，责令被上诉人在10日内依法以《公开决定书》的形式向上诉人公开上诉人申请公开的政府信息；三、判令被上诉人承担本案诉讼费；四、向被上诉人的行政主管机关或监察机关提出司法建议，对不按规定履行政务信息公开义务的主要负责人、分管责任人和直接责任人给予行政处分；五、向天河区人大提出提高天河法院、法官素质及审判质量的建议；六、向天河法院提出该案审判人员离岗培训的建议。

广州市中级人民法院确认一审法院查明的事实存在。

广州市中级人民法院经审理认为：依照《广东省政务公开条例》第三条、第四条、第十五条的规定，被上诉人作为依法行使行政权力的机构，属于政务公开义务人，负有依照法律、法规的规定对政务公开申请予以答复的职责和义务。本案中，上诉人采用信函的形式向被上诉人提出了政务公开的申请，且在申请中留下了联系地址。而被上诉人在收到上诉人的申请后，并未依照上述第十五条的规定在十个工作日内进行答复，且又未能提供依照上诉人所留下的回复地址不能送达答复意见的证据，其行为构成行政不作为。故二审法院判决：一、撤销广州市天河区人民法院［2006］天法行初字第68号行政判决；二、确认被上诉人对上诉人的公开政务信息申请不予答复的行为违法；三、被上诉人在收到本判决之日起十个工作日内对上诉人的公开政务信息申请予以答复；四、驳回上诉人的其他请求。

【评析】

政务公开是全面推进行政机关依法行政，建设法治政府的重要内容，同时也是保障社会公众行使知情权、参与权和监督权的重要途径。随着与政务信息公开有关的法规、规章相继出台和实施，人民群众法律意识的不断增强，涉及与政务公开有关的行政诉讼也随之出现。本案是一宗涉及要求行政机关履行政务公开的法定职责的纠纷，主要涉及以下几个法律问题：

一、本案是否属于行政诉讼的受案范围

有观点认为，依照《中华人民共和国行政诉讼法》第十一条第一款第（五）项的规定："人民法院受理公民、法人和其他组织对下列具体行政行为不服提起的诉讼：申请行政机关履行保护人身权、财产权的法定职责，行政机关拒绝履行或者不予答复的。"本案中，原告要求被告公开政务信息，并不涉及被告保护其人身权、财产权的法定职责，其起诉的权利从法律性质上讲属于政治权利，故不属于行政诉讼的受案范围。

对此，笔者并不赞同。首先，本案中原告申请要求被告公开的是其所住小区以及其小区管道燃气申请工程验收和被告签发《建设工程消防验收意见书》的时间，该申请事项关系到原告的财产安全，完全符合《中华人民共和国行政诉讼法》第十一条第一款第（五）项的规定；其次，参照其他省的司法实践，如上海市审理的"政务信息公开第一案"、"记者起诉规划局信息不公开案"等，已将类似案件纳入了行政诉讼的受案范围；第三，即将实施的《中华人民共和国信息公开条例》也印证了这一点，其明确规定了公民的知情权受到侵犯的可以申请行政复议或者提起行政诉讼。综上分析，本案属于行政诉讼的受案范围。

二、本案中被告的行为是否构成不履行法定职责

有观点认为，《广州市政府信息公开规定》第二十一条规定了申请人提出申请应当具备的条件：申请人的基本情况应包括姓名或名称、地址、身份证明、联系方式等。由于原告以邮件挂号信的方式提出书面申请的材料中既没有提供申请人身份证明，也没有提供住所证明，更没有联系方式或者联系电话，故被告在无法确认原告身份的情况下，导致其客观上无法作出答复。因此，被告的行为并不构成不履行法定职责。

对此，笔者认为依照《广东省政务公开条例》第三条、第四条、第十五条的规定，原告作为公开权利人有权依照规定向政务公开义务人提出公开政务事项申请；被告作为依法行使行政权力的机构，属于政务公开义务人，负有依照法律、法规的规定对政务公开申请予以答复的职责和义务。其中，第十五条只是规定了申请人提出申请可以采取信函、电报、传真、电子邮件等形式，对于申请人的基本情况并没有作出具体的规定。在此情况下，若参照适用《广州市政府信息公开规定》，增加申请人提出申请时的义务，属于适用法律、法规不当。本案中原告采用信函的方式向被告提出了政务公开的申请，且在申请中留下了联系地址。被告在接到申请后没有依照上述第十五条的规定在十个工作日内予以答复，且其认为客观上无法答复的主张，由于未能提供依照原告所留下的回复地址不能送达答复意见的证据，故应认定其行为构成了不履行法定职责。

三、本案的处理

审判实践中对不履行法定职责案的判决方式有四种：（1）履行判决。要求行政机关在法律规定的期限内履行职责，但对其如何履行并未提出实体义务上的要求。（2）确认判决。适用于行政主体确有行政相对人申请的作为义务，但因客观情况发生变化，再判决行政机关履行已无任何实际意义，所以只能确认行政主体不作为违法。（3）驳回诉讼请求判决。针对被告没有实施原告所申请的行为，但原告本身并不适格或被告行为不合法，但原告不能提供有力证据，法院无法认定，只能驳回诉讼请求，也就意味着对当事人实体法上权利的否定。（4）在否定性作为中，应先作出撤销被告作出的不予受理或不履行的答复、决定之类的文书，然后判决其履行。如被告接到原告的申请后自认为不应由其负责，作出不予受理决定书，从程序上，被告的行为属于作为，实体上仍是不作为，此种行为受到不予受理决定书的约束，人民法院只有在撤销现存行政文书的基础上，才能判决其履行职责。

在本案被告的行为已构成不履行法定职责的情况下，法院应作出何种判决呢？有观点认为应判决责令被告在判决之日起十个工作日内以公开决定书的方式向原告公开其申请的政府信息。这种观点实际上混淆了行政权和司法权的关系，以司法权代替了行政权。法律赋予人民法院对具体行政行为的合法性进行审查的权力，实质上是司法权对行政权的监督。司法权与行政权的划分，决定了司法机关不应替代行政机关作出行政行为，司法权不能干涉行政权。故对本案应作出履行判决，判令被告在法定期限内对上诉人的申请予以答复。至于被告作出何种答复，则属于被告依照法律、法规的规定进行处理、依法行使行政职权的问题，人民法院无权干涉。

一审合议庭成员：邱镜崧　林文谦　何灿文
二审合议庭成员：梁小琳　詹琼芳　何　山
作者单位：广州市中级人民法院

劳动监察行政案件的审理思路

——陈耀红诉佛山市南海区劳动和社会保障局劳动监察案

刘晓霞

【问题提示】

在劳动争议纠纷案件中劳动监察程序和劳动争议处理程序是否同时适用?

【要点提示】

劳动监察程序和劳动争议处理程序作为两种不同性质的程序，并非“非此即彼”的关系，可同时适用。劳动者向劳动行政主管部门投诉要求查处用人单位违反劳动法规的行为并要求责令加付赔偿金，劳动行政主管部门不能以双方存在劳动争议须经劳动争议处理程序为由拒不受理劳动者的投诉申请，仍应予立案查处，并根据调查、检查的结果作出相应的处理决定，其所作决定也不仅限于责令用人单位加付赔偿金。

【案件索引】

一审：广东省佛山市南海区人民法院［2008］南行初字第29号行政判决

二审：广东省佛山市中级人民法院［2008］佛中法行终字第135号行政判决

【案情】

上诉人（原审原告）：陈耀红。

被上诉人（原审被告）：佛山市南海区劳动和社会保障局（以下简称南海劳保局）。

原审第三人：佛山市南海祥旺光学电子制品有限公司（以下简称祥旺公司）。

2007年9月27日，陈耀红向南海劳保局提出信访投诉，称根据［2007］佛中法民四终字第729号民事判决，祥旺公司自2005年6月8日至2006年8月18日止无故拖欠或者克扣陈耀红的工资及经济补偿金共82 571.71元，请求南海劳保局根据《违反〈中华人民共和国劳动法〉行政处罚办法》第六条的规定，责令祥旺公司支付无故拖欠或者克扣陈耀红的工资及经济补偿金总数五倍的赔偿金予陈耀红。南海劳保局接到投诉后将其作为劳动保障监察案件立案处理。2007年10月11日，南海劳保局向祥旺公司发出《劳动保障监察询问通知书》，对祥旺公司支付陈耀红工资的有关情况进行了核查。2007年11月8日，南海劳保局对陈耀红作出南劳社监案复字［2007］6号《劳动保障监察投诉案件查处情况告知书》，认为祥旺公司已支付陈耀红在公司工作期间的工资，违法事实不能成立，遂作出撤销立案处理。陈耀红不服，向佛山市劳动和社会保障局申请行政复议，该局受理了陈耀红提出的行政复议申请。2008年1月14日，南海劳保局作出了撤销南劳社监案复字［2007］6号告知书的决定。同年1月25日，佛山市劳动和社会保障局据此决定终止行政复议。

2008年1月14日，南海劳保局重新对陈耀红作出南劳社监案复字［2008］1号《劳动保障监察投诉案件查处情况告知书》，告知陈耀红祥旺公司已支付陈耀红在公司工作期间的工资，并按有关规定支付经济补偿金，该单位已不存在拖欠工资和经济补偿金的违法事实，并根据《关于实施〈劳动保障监察条例〉若干规定》第三十五条第一款第（三）项的规定，作撤销立案处理。陈耀红不服，向佛山市劳动和社会保障局申请行政复议，该局受理了陈耀红提出的行政复议申请。同年3月21日，复议机关作出了维持该查处情况告知书的行政复议决定。陈耀红仍不服，遂向南海区人民法院提起行政诉讼，请求：一、撤销南劳社监案复字［2008］1号《劳动保障监察投诉案件查处情况告知书》；二、判决南海劳保局依法责令祥旺公司支付陈耀红一倍的赔偿金82 571.71元；三、诉讼费用由南海劳保局承担。

陈耀红与祥旺公司的劳动合同纠纷，经南海区人民法院作出［2006］南民一初字第3966号民事判决，并经佛山市中级人民法院二审作出［2007］佛中法民四终字第729号民事判决。二审判决确定陈耀红的试用期正常工作时间工资为3 800元/月，转正后正常工作时间工资是4 300元/月，并判令祥旺公司于判决生效后十日内支付2005年6月8日至2006年6月30日的加班工资差额49 587.77元，经济补偿金12 396.94元，合计61 984.71元予陈耀红；祥旺公司于判决生效后十日内支付2006年7月1日至2006年8月18日工资16 469.6元予陈耀红；祥旺公司支付陈耀红7、8月工资的经济补偿金4 117.4元；仲裁费，祥旺公司负担1 169元。2007年10月15日，陈耀红申请执行该两份民事判决并获受理。同年10月17日，祥旺公司依该民事判决，向陈耀红支付了上述款项共计83 740.71元，履行了支付2005年6月8日至2006年6月30日的加班工资差额及经济补偿金，2006年7月1日至2006年8月18日工资，以及7、8月工资的经济补偿金的义务。

【审判】

佛山市南海区人民法院一审认为：依据《劳动保障监察条例》第三条以及第十条的规定，南海劳保局作为区级人民政府劳动保障行政部门，依法享有受理对违反劳动保障法律、法规或者规章的行为的举报、投诉，依法纠正和查处违反劳动保障法律、法规或者规章的行为的职权。南海劳保局立案受理陈耀红的投诉后，对陈耀红投诉的祥旺公司自2005年6月8日至2006年8月18日止无故拖欠或者克扣陈耀红的工资及经济补偿金的事项进行了调查核实，后对陈耀红作出《劳动保障监察投诉案件查处情况告知书》，告知陈耀红案件的查处情况、处理结果以及法律救济途径，南海劳保局履行了法定的职责，程序合法。依据《劳动保障监察条例》第二十六条“用人单位有下列行为之一的，由劳动保障行政部门分别责令限期支付劳动者的工资报酬、劳动者工资低于当地最低工资标准的差额或者解除劳动合同的经济补偿；逾期不支付的，责令用人单位按照应付金额50%以上1倍以下的标准计算，向劳动者加付赔偿金：（一）克扣或者无故拖欠劳动者工资报酬的；（二）支付劳动者的工资低于当地最低工资标准的；（三）解除劳动合同未依法给予劳动者经济补偿的”的规定，只有经劳动保障行政部门责令支付工资报酬、经济补偿而逾期不支付的，才责令其加付应付金额50%以上1倍以下的赔偿金。本案中，南海劳保局对祥旺公司实施劳动监察，经查，祥旺公司已于2007年10月17日依终审民事判决，向陈耀红履行了支付2005年6月8日至2006年6月30日的加班工资差额及经济补偿金、2006年7月1日至2006年8月18日的工资及经济补偿金的义务，祥旺公司已不存在拖欠或者克扣陈耀红工资和经济补偿金的违法事实，故不存在再由南海劳保局责令祥旺公司支付工资报酬及经济补偿金的前提，更不符合责令祥旺公司支付应付金额50%以上1倍以下的赔偿金的前提条件。故陈耀红投诉要求南海劳保局责令祥旺公司支付无故拖欠或者克扣陈耀红的工资及经济补偿金总数五倍的赔偿金给陈耀红，没有事实和法律依据。关于陈耀红与祥旺公司的劳动争议，陈耀红已通过司法途径获得救济，祥旺公司已依民事判决自动履行了支付工资报酬及经济补偿金的义务，祥旺公司的违法行为已经得到改正。《关于实施〈劳动保障监察条例〉若干规定》第三十五条规定："劳动保障行政部门对违反劳动保障法律的行为，根据调查、检查的结果，作出以下处理：（一）对依法应当受到行政处罚的，依法作出行政处罚决定；（二）对应当改正未改正的，依法责令改正或者作出相应的行政处理决定；（三）对情节轻微，且已改正的，撤销立案。经调查、检查，劳动保障行政部门认定违法事实不能成立的，也应当撤销立案。"南海劳保局依据该条第一款第（三）项的规定，对陈耀红的投诉作撤销立案处理，于法有据。对经南海劳保局责令支付工资报酬或者经济补偿金，逾期不支付的，责令用人单位支付应付金额50%以上1倍以下的赔偿金，属于南海劳保局的法定职权，判令南海劳保局责令祥旺公司支付陈耀红一倍的赔偿金，不属于本院的职权范围，本院依法不作处理。综上，依照《中华人民共和国行政诉讼法》第五十四条第（一）项、最高人民法院《关于执行〈中华人民共和国行政诉讼法〉若干问题的解释》第五十六条第（四）项的规定，判决：一、维持南海劳保局于2008年1月14日对陈耀红所作的南劳社监案复字［2008］1号《劳动保障监察投诉案件查处情况告知书》；二、驳回陈耀红的其他诉讼请求。

陈耀红不服判决，上诉至佛山市中级人民法院，请求撤销原判，撤销南劳社监案复字［2008］1号《劳动保障监察投诉案件查处情况告知书》，并责令南海劳保局对陈耀红的投诉作出处理。其主要理由是：一、《劳动保障监察案件结案审批表》中的区劳动保障监察机构审核意见一栏为空白，原审法院对此项证据不予采纳，即没有证据证明南海劳保局对陈耀红的投诉处理没有经过结案审批这一关键环节，明显程序不合法。二、虽然祥旺公司已经履行了向陈耀红支付相关的加班工资差额及经济补偿金、工资及经济补偿金的义务，但不能否认祥旺公司曾经存在过拖欠工资的违法行为，原审法院认定"祥旺公司已不存在拖欠或者克扣陈耀红工资和经济补偿金的违法事实"错误。三、祥旺公司连续拖欠或者克扣陈耀红的工资达十五个月，且数额巨大，应属情节特别严重，南海劳保局适用《关于实施〈劳动保障监察条例〉若干规定》第三十五条第一款第（三）项规定的"对情节轻微，且已改正的，撤销立案"，属适用法律错误。

祥旺公司答辩称：一、祥旺公司不存在拖欠、克扣陈耀红工资的行为，只是在计算加班工资的基数上存在差错。祥旺公司在南海劳保局立案前已经主动支付陈耀红足额工资及经济补偿金，不符合《劳动保障监察条例》第二十六条加付赔偿金的情形。二、根据《劳动保障监察条例》第二十一条的规定，陈耀红已经通过诉讼的程序获得了相应的经济补偿，不能再通过劳动监察来获得救济。

佛山市中级人民法院二审认为：南海劳保局根据［2007］佛中法民四终字第729号《民事判决书》、陈耀红的收条、祥旺公司的支出证明单等材料，认定祥旺公司已支付了陈耀红在该公司工作期间的工资，并按有关规定支付了经济补偿金，认定事实清楚、证据充分。同时根据《关于实施〈劳动保障监察条例〉若干规定》第三十五条第一款第（三）项的规定，作出撤销立案的处理，于法有据。《劳动保障监察案件结案审批表》上缺少“区劳动保障监察机构审核意见”确实存在程序瑕疵，但该签署只是内部审批程序，不影响被诉具体行政行为的合法性。陈耀红主张祥旺公司存在的违法行为不属于“情节轻微”，于法无据，也应不予支持。祥旺公司已于2007年10月17日依终审民事判决向陈耀红履行支付义务，不符合加付赔偿金的前提，故陈耀红关于南海劳保局应责令用人单位按照应付金额一倍的标准向陈耀红加付赔偿金的主张也应不予支持。故原审判决认定事实清楚，适用法律正确，程序合法。遂判决驳回上诉，维持原判。

【评析】

随着《劳动合同法》和相关新的劳动法律、法规的出台，劳动者法律意识大幅增强，劳动者除了运用劳动仲裁、提起民事诉讼的方式维护自身的劳动权益外，开始向劳动行政主管部门投诉要求其行使行政职权来捍卫自身的合法权益，遂劳动者诉劳动局劳动监察行为的系列案和个案开始涌现。这对我们如何运用劳动保障法律知识和司法技能妥善解决劳动争议问题引发的劳动行政争议甚至群体性行政争议提出了较高的要求。

本案中，陈耀红没有起诉劳动局行政不作为，而是直接起诉其经劳动监察对陈耀红所作的《劳动保障监察投诉案件查处情况告知书》，要求法院撤销该具体行政行为，并要求南海劳保局责令祥旺公司支付所欠工资的一倍的赔偿金给陈耀红。笔者认为，审查该类法律、法规规定较为复杂，民事法律关系与行政法律关系交叉的劳动保障监察行政案件，应遵循如下基本思路：

一、劳动保障监察和劳动争议处理程序的竞合

一些劳动行政部门经常以《劳动保障监察条例》第二十一条第二款“对应当通过劳动争议处理程序解决的事项或者已经按照劳动争议处理程序申请调解、仲裁或者已经提起诉讼的事项，劳动保障行政部门应当告知投诉人按照劳动争议处理或者诉讼的程序办理”的规定为由，不对劳动者投诉的事项进行劳动监察。一些用人单位也以其与员工之间存在劳动争议或者正在劳动争议处理程序中为由，企图逃脱其劳动法上的行政法律责任。上述观点和做法都是对《劳动保障监察条例》第二十一条第二款及相关劳动法律、法规的误解。

笔者认为，用人单位就劳动争议的民事责任不能取代其劳动法上的行政责任。用人单位是否存在劳动者所投诉的违反劳动法律、法规的行为，应由劳动行政部门予以监察、断定和处理，这既是劳动行政部门的职权，也是其职责，不属于劳动争议民事案件判定的范围；而劳动者与用人单位之间的劳动争议的裁判，也不属于劳动行政部门劳动保障监察范围，应按照《劳动保障监察条例》第二十一条第二款中规定的“告知投诉人按照劳动争议处理或者诉讼的程序办理”。因此，劳动保障监察与劳动争议的仲裁、民事诉讼程序并行不悖，是可以同时适用的两种不同性质的程序，南海劳保局对陈耀红投诉的事项仍具有劳动保障监察的职责。

当然，当劳动行政部门经劳动监察，对用人单位是否违反劳动法律、法规的断定须以劳动争议处理程序的结果为依据时，就涉及二者的竞合问题，但此时劳动行政部门的劳动监察职责依然存在，只是须以劳动争议处理结果为依据而已。具体而言，对于已经有劳动争议处理结果的，劳动行政部门可以之为依据，结合劳动监察所调查的具体情况，作出回复或者行政处理决定；对于未经或者正在劳动争议处理程序中的，劳动监察程序应该依然进行，待劳动争议处理结果出来后再作出回复或者行政处理决定。

本案中，南海劳保局在立案受理陈耀红的投诉后针对陈耀红投诉的事项对用人单位进行了调查核实，并对陈耀红作出《劳动保障监察投诉案件查处情况告知书》，履行了劳动监察的法定职责。而且南海劳保局所作的《劳动保障监察投诉案件查处情况告知书》这一劳动监察决定以劳动争议仲裁、民事诉讼的处理结果为事实依据，这样就实现了劳动监察与劳动争议处理程序的有机衔接，避免了二者之间的冲突或者脱节。

二、审查陈耀红投诉的事项是否属于南海劳保局的职权范围

凡对用人单位违反劳动保障法律、法规或者规章的行为的举报、投诉，劳动行政管理部门都应受理，并经劳动监察后对投诉人作出书面答复，依法纠正和查处违反劳动保障法律、法规或者规章的行为。

在实践中，通常劳动者向劳动局的信访投诉内容多样，有些投诉事项并不属于南海劳保局的职权范围，如住房补贴及住房公积金、独生子女费不属于工资的范畴，对这些问题的投诉不应由南海劳保局处理。我们在审理这类案件时，首先应当对投诉事项是否属于南海劳保局职权范围进行审查，对不属于南海劳保局职权范围的投诉事项，南海劳保局应当在答复中予以说明，并告知投诉人到相关的部门反映、处理；对属于南海劳保局职权范围的投诉事项，则要审查南海劳保局是否履行了陈耀红投诉所指的劳动监察法定职责，并对陈耀红的投诉作出全面的书面答复。

三、审查陈耀红的投诉要求是否具有法律依据

初步审查后，则要审查陈耀红投诉的属于南海劳保局职权范围的要求是否具有法律依据。一些劳动者认为，用人单位没有按期支付其工资、加班工资或者缴交社会保险费用，劳动者投诉后劳动局应责令用人单位支付上述款项，对用人单位作出一倍以上五倍以下的罚款，并将该罚款给予劳动者。这种观念导致大量的劳动者向劳动局投诉，一旦劳动局没有对用人单位作出行政处理或者行政处罚，劳动者就以劳动局不作为或者行政处理决定违法为由诉诸法院。

而依据《劳动保障监察条例》第十八条第一款“劳动保障行政部门对违反劳动保障法律、法规或者规章的行为，根据调查、检查的结果，作出以下处理：（一）对依法应当受到行政处罚的，依法作出行政处罚决定；（二）对应当改正未改正的，依法责令改正或者作出相应的行政处理决定；（三）对情节轻微且已改正的，撤销立案”的规定，劳动局可根据具体情况对用人单位违反劳动保障法律、法规或者规章的行为，作出行政处罚决定、责令改正、行政处理决定、撤销立案等处理措施，并非只限于作出行政处罚一种。所以，劳动者向劳动局提出投诉，并非必然导致劳动局处罚用人单位。同时依照《中华人民共和国行政处罚法》的有关规定，被处罚人所缴罚款应全部上缴国库，而非支付给劳动者。因此，劳动者认为应将罚款支付给自己的想法，是对法律条文的误解。

四、审查南海劳保局所作的答复或者查处情况告知书是否具有事实和法律依据

在判定陈耀红的投诉请求是否具有法律依据后，应根据案件具体情况，重点审查南海劳保局所作的具体行政行为的合法性，判定南海劳保局所作的决定或者对劳动者所作的答复是否符合法律规定。依据《劳动保障监察条例》第二十六条“用人单位有下列行为之一的，由劳动保障行政部门分别责令限期支付劳动者的工资报酬、劳动者工资低于当地最低工资标准的差额或者解除劳动合同的经济补偿；逾期不支付的，责令用人单位按照应付金额50%以上1倍以下的标准计算，向劳动者加付赔偿金：（一）克扣或者无故拖欠劳动者工资报酬的；（二）支付劳动者的工资低于当地最低工资标准的；（三）解除劳动合同未依法给予劳动者经济补偿的”的规定，只有对解除劳动合同未依法给予劳动者经济补偿的，劳动保障行政部门才对用人单位责令其限期支付解除劳动合同的经济补偿，逾期不支付的，才责令其加付应付金额50%以上1倍以下的赔偿金。祥旺公司通过履行终审民事判决方式给予陈耀红拖欠的工资或者工资差额及相应的经济补偿，改正了其先前存在的违反劳动法律、法规的行为，已不再具备适用上述条款的条件，故南海劳保局查明案件事实后，作撤销立案处理，于法有据。

五、审查陈耀红的诉讼请求是否属于法院职权范围

对原告有多个诉讼请求的，应逐项予以分析和判定。凡不属于法院职权范围的，应以判决方式驳回。对于陈耀红请求法院判决南海劳保局依法责令祥旺公司支付陈耀红1倍的赔偿金82 571.71元的诉讼请求，依据行政权与司法权相互独立的现代法治原则，法院无权直接责令行政机关作出某一具体行政行为。故陈耀红的该项诉讼请求，不属于法院审理的职权范围，理应驳回。

一审合议庭成员：黎啓铭　谭　龙　刘晓霞
二审合议庭成员：谭显刚　郭　赟　周　刚
作者单位：佛山市南海区人民法院

征地补偿行政案件中原告资格的认定

——陈秋平不服东莞市人民政府征地行政补偿案

刘 峰

【问题提示】

土地承包权人不服征地补偿标准而提起行政诉讼的，是否具备原告主体资格?

【要点提示】

土地补偿费属于农村集体经济组织所有，由集体经济组织根据村民代表大会决定，统筹安排分配使用，土地承包人和征地补偿费之间没有法律上的利害关系。土地承包人以自己的名义针对土地补偿费标准问题提起行政诉讼的，依法不具有原告主体资格。

【案例索引】

一审：广东省东莞市中级人民法院［2007］东中法行初字第6号行政裁定

二审：广东省高级人民法院［2007］粤高法行终字第87号行政裁定

【案情】

原告（上诉人)：陈秋平。

被告（被上诉人)：东莞市人民政府。

第三人：东莞市人民医院。

2004年8月，东莞市人民政府征用位于万江区新谷涌社区的327亩土地，作为第三人东莞市人民医院新医院的建设用地，并将征地补偿款付给了村委会，青苗补偿款付给了承包人陈秋平。

原告认为，第三人征用了原告的土地应该进行补偿，第三人拒不按照土地市场价格对原告进行补偿的行为，明显违反了我国相关法律法规的规定，违背了社会公理。综上所述，请求法院：一、判令东莞市人民政府和东莞市人民医院连带赔偿原告征地补偿人民币208 000元（具体数额以评估结果为准)；二、判令东莞市人民政府和东莞市人民医院连带承担本案的诉讼费用。

被告认为，村委会已经得到补偿金，原告作为土地承包权人，无权请求得到土地补偿款，在本案中不是适格原告。上诉人未得到补偿款，属于其与村委会之间的民事纠纷，和被上诉人没有关系。请求驳回原告起诉。

【审判】

东莞市中级人民法院认为：本案是由土地征用引起的纠纷。根据《中华人民共和国土地管理法》第八条第二款“农村和城市郊区的土地，除由法律规定属于国家所有的以外，属于农民集体所有；宅基地和自留地、自留山，也属于农民集体所有”的规定，本案涉案土地属于东莞市万江区新谷涌社区农民集体所有。原告陈秋平对涉案土地拥有承包经营权，在法律规定的权限范围内使用土地。根据《中华人民共和国土地管理法实施条例》第二十六条第一款“土地补偿费归农村集体经济组织所有；地上附着物及青苗补偿费归地上附着物及青苗的所有者所有”的规定，本案中征收土地的土地补偿费应该归东莞市万江区新谷涌社区所有，陈秋平个人无权请求对征收的土地给予土地补偿费。因此，陈秋平不是本案诉讼纠纷的适格原告。裁定驳回原告陈秋平的起诉。

陈秋平不服原审裁定，向广东省高级人民法院提起上诉。

广东省高级人民法院认为：《中华人民共和国土地管理法实施条例》第二十六条规定：“土地补偿费归农村集体经济组织所有；地上附着物及青苗补偿费归地上附着物及青苗的所有者所有。”根据上述规定，土地补偿费归农村集体经济组织所有，由集体经济组织统筹安排分配使用。陈秋平作为承包人，与给予土地补偿费的行为之间没有法律上的利害关系。最高人民法院《关于执行〈中华人民共和国行政诉讼法〉若干问题的解释》第十二条规定：“与具体行政行为有法律上利害关系的公民、法人或者其他组织对该行为不服的，可以依法提起行政诉讼。”第四十四条第一款规定：“有下列情形之一的，应当裁定不予受理；已经受理的，裁定驳回起诉：……（二）起诉人无原告诉讼主体资格的；……”原审裁定认为上诉人不是本案诉讼的适格原告，裁定驳回上诉人的起诉，符合上述规定，本院予以支持。上诉人认为其作为土地承包人，具备原告主体资格的主张缺乏法律依据，本院不予采纳。裁定驳回上诉，维持原裁定。

【评析】

最高人民法院《关于执行〈中华人民共和国行政诉讼法〉若干问题的解释》（以下简称《若干解释》）第十六条规定：“农村土地承包人等土地使用权人对行政机关处分其使用的农村集体所有土地的行为不服，可以自己的名义提起诉讼。”如何理解该条文，成为本案争议的焦点。

在该案中，法院认为《若干解释》第十六条的规定，主要解决了农村集体土地的使用权人（主要指承包权人）的原告诉讼资格问题。我国现行的土地所有制体系中，农村土地一般属于农村集体所有，并实行承包经营制度。承包权作为一种用益物权，在《物权法》第十一章中得到了明确的保护。对于行政机关处分农村集体所有土地使用权的，一般而言是以农村土地的所有者即农村集体经济组织的名义提起行政诉讼。但是现实中经常出现农村集体经济组织与农民利益不一致的情况，如果该集体经济组织不提起行政诉讼，那么农民的承包权就无法得到保护。出于更好地保护农民利益的考虑，《若干解释》赋予了土地使用权人以行政诉讼的原告主体资格。《若干解释》这一规定的法理依据也得到了《物权法》的间接确认。《物权法》第六十三条规定：“集体经济组织、村民委员会或者其负责人作出的决定侵害集体成员合法权益的，受侵害的集体成员可以请求人民法院予以撤销。”这实际上也赋予了农民个人的诉讼主体资格。

然而，并非行政机关所有处分土地的行为，承包人均可以提起行政诉讼，只有行政机关针对承包权本身而作出处分的行政行为，如强制终止承包、分割承包成果等，承包权人方能以自己的名义起诉。对于行政机关针对土地所有权而作出的行政行为，如本案涉及的征地补偿标准，承包权人不能以自己的名义起诉。因为根据相关法律规定，土地补偿费属于农村集体经济组织所有，由集体经济组织根据村民代表大会决定，统筹安排分配使用。承包人并不必然可以按照其承包的土地面积获得相应的补偿，即使法院支持了承包人的主张，承包人也不必然能够得到其承包土地的土地补偿金。因此，可以认定承包人和给予征地补偿费的行为之间没有法律上的利害关系，真正有法律上利害关系的是集体经济组织。因此承包人没有以自己名义主张土地补偿费的权利。

一审合议庭成员：张善华　吴国鹏　何小玲

二审合议庭成员：颜　辉　刘　峰　罗　燕

作者单位：广东省高级人民法院

立案执行案例

与保险代位求偿权相关的管辖问题

——深圳市国通力商贸运输实业有限公司与明台产物保险股份有限公司保险代位求偿管辖异议案

周兰英

【问题提示】

如何确定保险代位求偿权纠纷案件的管辖法院?

【要点提示】

保险代位求偿权来源于法律的直接规定，属于保险人的法定权利，但是并不意味着保险人行使该权利不受任何限制。保险人行使代位求偿权，以被保险人与第三人签订的合同为依据起诉，法院应依据该合同内容确定案件性质及管辖权。

【案例索引】

一审：广东省广州海事法院［2008］广海法初字第540－11号民事裁定

二审：广东省高级人民法院［2009］粤高法立民终字第77号民事裁定

【案情】

上诉人（原审被告）：深圳市国通力商贸运输实业有限公司。

被上诉人（原审原告）：明台产物保险股份有限公司。

原审被告：联合国际货代有限公司深圳分公司。

2007年5月，案外人深圳华映显示科技有限公司（以下简称华映公司）与联合国际货代有限公司深圳分公司（以下简称联合公司深圳分公司）签订《物流服务合约》，约定由华映公司委托联合公司深圳分公司提供从华映公司工厂到欧洲、美洲（经深圳港口及机场）过程中所需进出口运输、仓储和报关等物流服务；双定还约定，该合同争议协商解决不成的，双方同意以深圳市宝安区人民法院为一审管辖法院。随后，联合公司深圳分公司按华映公司的要求，拟将涉案货物先经公路自华映公司运至深圳盐田港，然后装船以海运方式运至美国洛杉矶。深圳市国通力商贸运输实业有限公司（以下简称国通力公司）负责从华映公司至深圳盐田港的公路区段运输，途中涉案货物被盗。

现明台产物保险股份有限公司（以下简称明台保险公司）以其作为华映公司涉案货物的保险人，在向华映公司支付了保险赔偿金后依法行使代位求偿权，请求判令联合公司深圳分公司、国通力公司连带赔偿因涉案货物被盗造成的损失为由，向广州海事法院提起本案诉讼。

国通力公司提出管辖权异议称：一、涉案货物运输的被保险人华映公司与联合公司深圳分公司在《物流服务合约》中约定合同争议的解决适用中国法，深圳市宝安区人民法院为一审管辖法院。本案纠纷是公路运输过程中因案外人的盗窃犯罪造成损失所致，明台保险公司作为保险人行使代位权追偿，其权利来源于被保险人华映公司，应受合同上述法律适用和法院管辖约定的约束。二、涉案货物损失发生于多式联运下的国内公路运输区段，华映公司与明台保险公司之间的保险赔偿已经了结，本案属于保险代位追偿下的普通货运合同纠纷，与海运及其保险无关，不应作为海事纠纷由海事法院受理。故广州海事法院对本案没有管辖权，请求将本案移送至深圳市宝安区人民法院审理。

【审判】

广州海事法院认为：明台保险公司为涉案货物运输的保险人，因货物运输纠纷代位求偿。明台保险公司并非涉案货物运输的当事人，华映公司与联合公司深圳分公司的管辖协议不能当然地约束代位求偿的保险人，且明台保险公司与联合公司深圳分公司、国通力公司之间并未就本案纠纷的解决达成管辖协议，故国通力公司关于明台保险公司作为保险人的权利来源于被保险人华映公司，其应受华映公司与联合公司深圳分公司签订的《物流服务合约》中法院管辖约定的约束的主张缺乏法律依据，不予支持。根据《物流服务合约》的约定，联合公司深圳分公司可为华映公司提供包括多式联运在内的货物运输等服务。涉案货物计划先以拖车经公路自华映公司运至盐田港，而后装船以海运方式运至美国洛杉矶，故涉案的货物运输属于含有海运区段的国际多式联运，且当中以海运区段为主。尽管货物在陆路运输过程中因被盗而最终未能完成全程的运输，但这并不能改变涉案货物运输合同的性质，本案仍属于在含有海运区段的国际多式联运合同履行过程中发生的纠纷。根据《中华人民共和国海事诉讼特别程序法》第四条的规定，海商合同纠纷案件应由海事法院专门管辖。根据最高人民法院《关于海事法院受理案件范围的若干规定》第二部分“海商合同纠纷案件”第十一条的规定，本案作为含有海运区段的国际多式联运合同纠纷案件，属于海商合同纠纷案件，应由海事法院专门管辖。又因深圳为本案货物运输的始发地和两被告的住所地，处于广州海事法院所辖地域范围之内，根据《中华人民共和国海事诉讼特别程序法》第六条第一款及《中华人民共和国民事诉讼法》第二十八条的规定，广州海事法院对本案具有管辖权。国通力公司对本案管辖权提出的异议理由不成立，不予支持。依照《中华人民共和国民事诉讼法》第三十八条的规定，裁定驳回国通力公司对本案提出的管辖权异议。

国通力公司不服一审裁定，向广东省高级人民法院提起上诉。

广东省高级人民法院认为：本案属于含有海运区段的国际多式联运合同履行过程中发生的纠纷，根据《中华人民共和国海事诉讼特别程序法》第四条以及最高人民法院《关于海事法院受理案件范围的若干规定》第十一条的规定，本案应由海事法院专门管辖。明台保险公司据以起诉的《物流服务合约》中虽然约定：该合同争议协商解决不成的，双方同意以深圳市宝安区人民法院为一审管辖法院。但因该协议管辖条款违反上述海事法院专门管辖的规定，应认定无效。因本案货物运输始发地和两原审被告联合公司深圳分公司、国通力公司的住所地均在广东省深圳市，属于原审法院辖区范围，根据《中华人民共和国海事诉讼特别程序法》第六条第一款及《中华人民共和国民事诉讼法》第二十八条的规定，原审法院对本案享有管辖权。国通力公司上诉认为本案是陆上货运合同纠纷案件，不属海事专门法院受案范围及原审法院受理本案违背协议管辖约定的上诉理由不能成立。原审裁定驳回国通力公司的管辖权异议正确，予以维持。依照《中华人民共和国民事诉讼法》第一百五十二条、第一百五十四条和第一百五十八条的规定，裁定：驳回上诉，维持原裁定。

【评析】

一、关于本案是否属于海事法院专门管辖范围的问题

专门管辖是和普通管辖相对而言的，是根据专门法院和普通法院案件管辖范围的职能划分，是法律规定由专门法院管辖某一类型案件。我国民商事审判中比较典型的专门管辖制度是海事海商案件，专由海事法院受理，地方普通法院不能受理。本案中，明台保险公司依据华映公司与联合公司深圳分公司于 2007 年 5 月签订的《物流服务合约》，以其作为华映公司涉案货物的保险人，在向华映公司支付了保险赔偿金后依法行使代位求偿权，请求联合公司深圳分公司、国通力公司连带赔偿因涉案货物被盗造成的损失为由，提起本案诉讼。因涉案的《物流服务合同》是含有海运区段的国际多式联运合同，且当中以海运区段为主，尽管涉案货物在陆路运输过程中因被盗而最终未能完成全程的运输，但并不能改变该合同的性质，因此，本案属于含有海运区段的国际多式联运合同履行过程中发生的纠纷。根据《中华人民共和国海事诉讼特别程序法》第四条“海事法院受理当事人因海事侵权纠纷、海商合同纠纷案件应由海事法院专门管辖”以及最高人民法院《关于海事法院受理案件范围的若干规定》第二部分“海商合同纠纷案件”第十一条“海上、通海水域货物运输合同纠纷案件，其中包括远洋运输、含有海运区段的国际多式联运、沿海和内河运输，以及水水联运、水陆联运等水上货物运输合同纠纷案件”的规定，本案应由海事法院专门管辖。

二、被保险人与第三人在保险事故发生前达成诉讼管辖协议的，保险人取得代位求偿权后，该诉讼管辖协议能否约束代位求偿的保险人

保险代位求偿权，是指保险人依照法律规定所享有的，代位行使被保险人向造成保险标的损害负有赔偿责任的第三人请求赔偿的权利。本案明台保险公司为涉案货物运输的保险人，华映公司是被保险人。华映公司与联合公司深圳分公司签订的《物流服务合约》中约定的诉讼管辖条款，能否约束代位求偿的明台保险公司？对于这个问题，实践中认识不一致。一种意见认为，保险代位求偿权来源于法律的直接规定。保险人与第三人之间并无直接的合同关系，根据合同相对性原理，被保险人与第三人的管辖协议不能当然地约束代位求偿的保险人，这也是原审法院的观点；另一种意见认为，保险代位求偿权虽来源于法律的直接规定，属于保险人的法定权利，但并不意味着保险人行使该权利不受任何限制。保险人以被保险人的名义，代替被保险人向第三人行使债权的请求权，这种债权的请求权并非保险人对第三人的债权，而仍是被保险人对第三人的债权，因此，被保险人与第三人达成的诉讼管辖协议，可以约束保险人。笔者同意后一种意见，理由是：保险代位求偿权实质上是被保险人对第三人债权的“法定转让”，即债权的法定转让，只要满足法定条件，无须被保险人让与意思表示，也不必经第三人同意，被保险人对第三人的求偿权即转让给了保险人。但是，当保险人取得代位求偿权后，保险人代替被保险人向第三人行使损失赔偿请求权，这种请求权不仅包括实体上的请求权，还包括程序上的请求权。本案中保险人明台保险公司依被保险人华映公司与第三人联合公司深圳分公司签订的《物流服务合约》提起本案诉讼，当然也受《物流服务合约》中诉讼管辖条款的约束。

三、本案管辖权的确定

明台保险公司据以起诉的《物流服务合约》约定：该合同争议协商解决不成的，双方同意以深圳市宝安区人民法院为一审管辖法院。该协议管辖条款约定了发生纠纷由地方普通法院管辖，违反了最高人民法院《关于海事法院受理案件范围的若干规定》的有关规定，故应认定无效。在合同双方当事人选择管辖的协议无效的情况下，本案只能依法定管辖原则来确定管辖权。本案属于海商合同纠纷案件，应由海事法院专门管辖；本案货物运输始发地和两原审被告联合公司深圳分公司、国通力公司的住所地均在广东省深圳市，属于广州海事法院辖区范围，根据《中华人民共和国海事诉讼特别程序法》第六条第一款关于“海事诉讼的地域管辖，依照《中华人民共和国民事诉讼法》的有关规定”及《中华人民共和国民事诉讼法》第二十八条关于“因铁路、公路、水上、航空运输和联合运输合同纠纷提起的诉讼，由运输始发地、目的地或者被告住所地人民法院管辖”的规定，广州海事法院对本案享有管辖权。

一审合议庭成员：宋伟莉　常维平　宋瑞秋
二审合议庭成员：邹　莹　邵静红　周兰英
作者单位：广东省高级人民法院

债权转让后原仲裁条款的效力如何认定

——永丰商业银行股份有限公司与佛山市顺德区顺达电脑厂有限公司买卖合同纠纷案

万晓庚

【问题提示】

债权转让后原合同的仲裁条款是否对受让人发生效力?

【要点提示】

仲裁条款具有相对的独立性，在合同本身无效时，仲裁条款并不必然无效，但并不能因此将仲裁条款与合同割裂开来看待。债权转让后原合同的仲裁条款是否对受让人发生效力，则应当看合同的约定以及债权受让人的意思表示。

【案例索引】

一审：广东省佛山市中级人民法院［2006］佛中法民四初字第81－1号民事裁定

二审：广东省高级人民法院［2007］粤高法立民终字第333号民事裁定

【案情】

上诉人（原审原告）：永丰商业银行股份有限公司（以下简称永丰公司）。

被上诉人（原审被告）：佛山市顺德区顺达电脑厂有限公司（以下简称佛山顺达公司）。

2003年1月15日，佛山顺达公司与航钛科技有限公司（以下简称航钛公司）签订了一份《采购合约》，对双方的长期采购事宜所涉及的权利义务予以约定。由佛山顺达公司发出订单向航钛公司订购相关标的物，航钛公司依订单内容履行交货义务。合约第二十四条订明了禁止转让条款：“乙方（航钛公司）于本合约之权利义务，非经甲方事前书面同意，不得转让或再授权与第三人。”第二十五条则是争议解决条款：“因本合约引起的或与本合约有关的任何争议，将通过谈判友好解决，如不能达成协议，甲乙双方同意均提交广州仲裁委员会按照该会仲裁规则进行仲裁。……”

2003年8月27日，航钛公司与永丰公司签订了一份《应收账款债权承购合约书》，约定在合约有效期间内，永丰公司可以根据航钛公司交付的应收账款债权资料选定承购标的，出具承购同意书，航钛公司将相关债权让与永丰公司。合约第三条“甲方（航钛公司）之义务”第三项订明：“甲方保证承购标的均无可抵消、质押或禁止转让等情事，且为金额确定之应收账款债权。”

2005年底，永丰公司委托大陆律师致函佛山顺达公司，要求佛山顺达公司清偿永丰公司从航钛公司承购的相关债权。2006 年 3 月 31 日、4 月 4 日，永丰公司授权律师向佛山顺达公司寄出以航钛公司名义发出的《应收账款让与通知书》及债务构成清单。2006 年 4 月 20 日，永丰公司向佛山市中级人民法院提起本案诉讼。2006 年 5 月 15 日，佛山顺达公司向永丰公司发函，称于 2006 年 1 月 4 日接到对方于 2005 年底发出的律师函，认为未经佛山顺达公司事前书面同意，航钛公司对佛山顺达公司的债权均不能转让给第三人，即使发出债权转让通知，对佛山顺达公司亦不生效，永丰公司无权向佛山顺达公司主张债权。

佛山顺达公司对管辖权提出异议，认为人民法院对本案没有管辖权，应由广州仲裁委员会受理。

永丰公司针对上述管辖权异议答辩称：一、永丰公司对《采购合约》是否真实产生怀疑。二、永丰公司与佛山顺达公司之间并无任何仲裁的意思表示，佛山顺达公司要求提交仲裁没有任何事实与法律依据。按照合同相对性原则，仲裁条款只能约束佛山顺达公司与航钛公司，对永丰公司无直接约束力。三、永丰公司只受让了航钛公司对佛山顺达公司的部分债权，佛山顺达公司以合约的仲裁条款约束永丰公司没有事实与法律依据。四、佛山顺达公司提出永丰公司并非适格诉讼主体的问题，需要实体审理才能决定。

【审判】

佛山市中级人民法院一审认为：佛山顺达公司认为本案争议应由相关仲裁机构仲裁解决，依据是其与航钛公司之间签订的《采购合约》中约定了仲裁条款。该仲裁条款的内容符合我国《仲裁法》第十六条的规定，且不存在第十七条的无效法定情形，故为合法有效的仲裁条款。而永丰公司向佛山顺达公司主张的债权是从航钛公司受让的，最高人民法院《关于适用〈中华人民共和国仲裁法〉若干问题的解释》（以下简称《仲裁法解释》）第九条规定："债权债务全部或者部分转让的，仲裁协议对受让人有效，但当事人另有约定、在受让债权债务时受让人明确反对或者不知有单独仲裁协议的除外。"依据前述司法解释条文规定，除非存在该法条列明的三种情形，否则，永丰公司作为债权的受让人，应当受《采购合约》第二十五条仲裁条款的约束。经查，永丰公司与航钛公司并未对转让债权债务关系的管辖问题进行约定，永丰公司在受让债权时也没有对选择仲裁解决相关纠纷明确表示反对，因此，本案管辖权的审查重点在于在债权转让过程中，永丰公司是否知道本案债权有单独仲裁协议的存在。

首先是永丰公司在与航钛公司签订债权转让协议过程中是否知情。经查，本案债权转让协议《应收账款债权承购合约书》中并没有提及《采购合约》的内容，也未涉及仲裁事宜。相反，在债权转让协议的第三条"甲方（航钛公司）之义务"中的第三项明确约定："甲方保证承购标的均无可抵押、质押或禁止转让等情事，且为金额确定之应收账款债权。"即航钛公司在签约时承诺其对佛山顺达公司的债权并不存在禁止转让的限制。由此可以推定，永丰公司在签订债权转让协议过程中并不知道《采购合约》及仲裁条款存在。

其次是在通知债务人过程中，永丰公司是否知情。2005 年底，永丰公司向顺达公司发出了律师催收函，佛山顺达公司于 2006 年 1 月 4 日收到后未能立即作出回复。2006 年 3 月 31 日、4 月 4 日，永丰公司再次进行催收，佛山顺达公司亦未作任何答复。直至 2006

年5月15日，在本案已经进入诉讼程序之后，佛山顺达公司方才对2005年底的律师催收函进行回应，首次提及了《采购合约》，然而佛山顺达公司至此仍未提出仲裁条款的问题。因此可以认定，即使在2005年底的催收之前，出让人航钛公司与受让人永丰公司一直未将债权转让事宜通知佛山顺达公司，永丰公司在2005年底的催收已经完成了债权人的通知义务。佛山顺达公司在本案诉讼前未作任何答复，加上航钛公司从一开始就没有将《采购合约》告知永丰公司，致使永丰公司在提起诉讼前不可能知道本案债权债务关系存在单独的仲裁协议。

综合以上两方面情况可见，在整个债权转让过程中，永丰公司并不知道本案债权有单独仲裁协议的存在。依据前述司法解释的规定，永丰公司作为债权的受让人，不应当受《采购合约》第二十五条仲裁条款的约束。佛山顺达公司所提管辖权异议的该项理由不能成立，应予以驳回。

至于佛山顺达公司以永丰公司不是本案适格原告为由请求驳回其起诉的问题，属诉讼主体方面的程序问题，与案件管辖权无关。在本案管辖权未予确定之前，对永丰公司的诉讼主体资格是否适格不作审查。同样，佛山顺达公司提到的永丰公司受让本案债权的效力问题，属实体审查范畴的争议，不能作为抗辩永丰公司向人民法院起诉的理由。另一方面，由于佛山顺达公司提出主体资格方面的抗辩意见实质上是作为管辖权异议的理由，故永丰公司认为佛山顺达公司的上述抗辩行为已构成对本案的实体应诉答辩，应视为对受案法院管辖权的认可的主张亦不能成立，应不予采纳。依照《中华人民共和国民事诉讼法》第二十四条、第三十八条、第一百四十条第一款第（二）项及最高人民法院《关于适用〈中华人民共和国仲裁法〉若干问题的解释》第九条的规定，裁定驳回佛山顺达公司对本案管辖权提出的异议。

永丰公司上诉理由为：一、佛山市中级人民法院采信佛山顺达公司提交的《采购合约》是错误的，严重影响了本司的诉讼利益，因为本司诉前对佛山顺达公司主张权利的各阶段均未提及《采购合约》，且《采购合约》中的当事人航钛公司的公司印鉴、负责人私章及签名与本司提交的经公证转递的《应收账款债权承购合约书》的样本不符，显然其真实性值得怀疑。二、本司于2004年11月9日向佛山顺达公司发函要求其将欠航钛公司到期货款共计617 221.25美元立即向本司清偿，本司有台北邮局112支局出具的《存证信函》第111号文本为证，但佛山顺达公司没有任何反应，更没有提出本案所谓的《采购合约》。请求广东省高级人民法院在维持佛山市中级人民法院对本案一审管辖权的正确结论前提下，撤销一审裁定中关于对《采购合约》真实性的认定。

佛山顺达公司上诉理由为：一、佛山市中级人民法院对适用法律存在重大理解错误，错误地理解和解释《仲裁法解释》对“单独仲裁协议”的规定。司法解释所说的“单独仲裁协议”是指《中华人民共和国仲裁法》第十六条所规定的“以其他书面方式在纠纷发生前或者纠纷发生后达成的请求仲裁的协议”，并不包括债权债务转让所依据的合同中所载明的仲裁条款。很明显，本案中的《采购合约》项下的仲裁协议是由合同中的仲裁条款所构成的，并不属于“单独仲裁协议”。二、本案中，永丰公司作为涉案债权的受让方，即取代了原合同的当事人成为合同一方，因此其同意受让债权的行为本身就表明其同意原合同中的全部条款，必须受仲裁协议的约束。而且永丰公司对转让债权债务所依据合约负有审查义务，由于其未尽合理审慎义务所导致的全部后果应当由其自己承担。请求广东省高级人民法院依法撤销一审裁定，并裁定永丰公司向有管辖权的仲裁机构申请仲裁。

广东省高级人民法院二审认为：永丰公司依据与航钛公司签订的《应收账款债权承购合约书》的约定，从航钛公司交付的应收账款债权资料中选定佛山顺达公司拖欠航钛公司到期应收货款为承购标的并出具承购同意书，航钛公司将该债权转让给永丰公司。故永丰公司以佛山顺达公司仍未向其清偿所拖欠航钛公司到期货款及利息为由，向佛山市中级人民法院提起本案诉讼。因永丰公司与原债权人航钛公司之间的关系是债权转让关系，永丰公司是受让涉案债权而成为新的债权人，其与佛山顺达公司之间仅存在债权债务关系，双方之间并没有签订买卖合同，因此，永丰公司与佛山顺达公司之间的纠纷属于债权债务纠纷。佛山市中级人民法院将本案定性为买卖合同货款纠纷不当，应依法予以纠正。

本案涉案债权是基于佛山顺达公司与航钛公司签订的《采购合约》而产生的。涉案《采购合约》第二十五条约定："因本合约引起的或与本合同有关的任何争议，将通过谈判友好解决，如不能达成协议，双方同意均提交广州仲裁委员会按照该会仲裁规则进行仲裁。仲裁裁决是终局的，对双方均有约束力，仲裁费用，由败诉一方负担。"该仲裁条款的约定符合《中华人民共和国仲裁法》第十六条的规定，是合法有效的仲裁条款。根据《仲裁法解释》第九条的规定："债权债务全部或者部分转让的，仲裁协议对受让人有效，但当事人另有约定、在受让债权债务时受让人明确反对或者不知有单独仲裁协议的除外。"故本案纠纷是否要受上述仲裁协议约束的前提，就是要确定本案纠纷是否存在上述司法解释第九条规定的但书中所列明的三种情形。首先，永丰公司与航钛公司除了签订《应收账款债权承购合约书》外，没有另行约定其他协议；其次，永丰公司在受让航钛公司对佛山顺达公司的债权时，没有明确表示不接受《采购合约》中所约定的仲裁条款；最后，在债权让与的情况下，受让人的权利来源于让与人，受让人在考虑受让合同的权利时，一般会将合同作为一个整体，而不会区分合同下的主权利和救济权，除非另有特殊约定。故本案中，永丰公司受让航钛公司对佛山顺达公司的债权时首先应当审查该债权产生的依据，才能在确定该债权是否合法存在的情况下决定是否受让该债权，无凭无据受让他人的债权不符合常理。因此，永丰公司既然是受让航钛公司在《采购合约》中的债权，航钛公司享有的权利永丰公司也享有。在这些权利中包括转让人的救济权，也包括仲裁条款在内的救济权。因此，永丰公司提起本案诉讼必须受债权债务关系产生所依据的《采购合约》项下仲裁条款的约束，故本案纠纷不属于人民法院受案的范围，佛山市中级人民法院对本案不享有管辖权。佛山顺达公司上诉认为本案应由有管辖权的仲裁机构进行仲裁解决的上诉理由成立，应予以支持，裁定撤销一审民事裁定，驳回永丰商业银行股份有限公司的起诉。

【评析】

《国际商事仲裁示范法》第七条规定，仲裁协议可以采取合同中的仲裁条款形式或单独的协议形式。我国《仲裁法》第十六条对此也作了规定。仲裁条款系当事人在订立经济贸易往来合同中约定把将来可能发生的争议事项提交仲裁解决的条款，是合同签订方在争议发生之前的约定，属于合同的一个组成部分。而单独仲裁协议的形式则独立于有关的合同，在形式上不属于合同的组成部分。对于单独的仲裁协议的形式，《仲裁法解释》第一条专门对仲裁协议书面形式及其种类进行了强调。对仲裁协议形式进行区分的意义在仲裁协议的订立时间、对象范围、包含内容以及仲裁协议与合同之间的关系等方面能够得到体现。仲裁条款只能是在争议发生之前，当事人对合同中可能发生的纠纷约定提交某仲裁机构进行仲裁的一个条款，是合同的组成部分。而单独仲裁协议则既可以在争议发生之前，也可以在争议发生之后订立。因单独仲裁协议独立于合同本身，故当事人在单独仲裁协议中对提交仲裁的争议的对象范围可以灵活地约定包括合同以外的其他财产权益纠纷，还可以较为详细地约定有关仲裁的具体事宜。

在本案中，争议的仲裁协议的形式为《采购合同》中的一个仲裁条款，不属于独立于《采购合同》以外的单独仲裁协议。永丰公司是受让债权而取得债权人的地位，约束永丰公司与佛山顺达公司之间关系的仅仅是债权转让合同及其通知还是包括形成永丰公司所受让的债权的原合同？永丰公司受让债权是一个整体，该债权包括形成债权的基础合同关系在内，永丰公司作为债权受让人对应的债务人是基础合同关系中的债务人，而不是债权让与中的转让方。涉案仲裁条款在《采购合同》中仅仅是一个将争议提交仲裁的条款，而不应当将此条款相对于债权让与中转让人与受让人签订的债权让与合同即《应收账款债权承购合约书》而言，形成一个所谓的单独的仲裁协议，不应当将债权让与的原因行为与债权合同本身等同为一体。因此本案中永丰公司享有因买卖合同关系形成的债权人地位，而佛山顺达公司同样享有作为买卖合同中债务人的抗辩权，这种抗辩权包括合同中约定的程序性的救济权。

本案争议的另一个重要问题是债权让与仲裁条款的效力问题。在债权让与中，债权受让人与原合同债务人形成债权债务关系，其内容与原合同债权债务内容不变，债务人不能以受让人的行为效力来否认债权本身，债权仍然是原来的债权，只是主权利人发生了移位。如果当事人在债权合同中约定了仲裁条款，债权转让人将债权让与第三人的，该仲裁条款是否必然对第三人有效？这个问题涉及仲裁条款独立性的基本理论。该理论的基本论点为：仲裁条款尽管属于主合同的从合同，但鉴于其自身的特殊性，它具有相对独立性，其有效性不受主合同有效性的影响。即使主合同无效、撤销、终止或者变更，仲裁条款作为当事人约定的解决主合同争议的条款仍独立存在，并不由于主合同变更、无效或者终止而当然无效或者失效。在债权让与中，仲裁条款还能否继续约束债权的受让人与债务人？在理论上，存在“自动转让”与“非自动转让”的区别。在各国立法与实践中，代表“自动转让”理论的立法一般认为除非受让人明示反对，否则仲裁条款对受让人仍有效力，如瑞典最高法院在处理相关案件时有这种做法。代表“非自动转让”理论的立法则认为除非受让人明确接受，否则不生效力，如美国纽约州法律有所反映。

上述两种理论与做法都将当事人的明确表达的意思作为例外规则，但当事人在债权让与中并没有对仲裁条款的效力作出明确的意思表示时，仲裁条款有没有效力，就需要从理论上作出科学合理的解释。从债权让与本身来看，转让人将合同项下的权利整体让与受让人，这种让与在法律解释上不仅包括权利本身，而且还应当包括权利得以实现的方式与途径，这种方式与途径对受让人而言，必须是具有权利基本属性的，是附属于权利本身的。仲裁条款体现了合同转让人意志，对合同权利是一种保障，而对受让人而言，因受让合同权利则必须包含保障权利实现的形式，否则受让人的权利可能落空。从平衡当事人的利益来看，如果受让人不受仲裁条款的约束，那就意味着原合同债权人可以以转让债权的形式随时摆脱仲裁条款的约束，这对债务人来说是不公平的。因此，债权让与中仲裁条款应当自动转让，仲裁条款对受让人有效，除非受让人明确表示反对或者不接受仲裁条款。最高人民法院《仲裁法解释》第九条采纳了这一观点。

一审合议庭成员：陈治艳　陈庆莉　钟学彬
二审合议庭成员：刘孟浪　罗　蕊　邵静红
作者单位：佛山市中级人民法院

两法院重复拍卖同一房产的效力

——深圳市龙岗区人民法院与化州市人民法院拍卖同一房产争议协调案

杨明哲

【问题提示】

同一无证房产被两个法院重复拍卖，如何确定两个拍卖行为的效力？

【要点提示】

同一无证房产，先后被两个法院在执行中分别拍卖成交，两次拍卖的效力应从查封措施的对抗效力、拍卖标的物所有权的转移时间和造成重复拍卖的原因等方面综合考量认定。

【案例索引】

广东省深圳市龙岗区人民法院［2005］深龙法执字第231号执行案

广东省化州市人民法院［2005］化法执字第482号执行案

广东省高级人民法院［2006］粤高法执调字第28号执行协调案

【案情】

深圳市龙岗区人民法院［2005］深龙法执字第231号执行案：

申请执行人：廖海香，女，1966年8月15日生，汉族，住深圳市龙岗区布吉百花三街。

被执行人：王土龙，男，1966年4月7日生，汉族，住深圳市龙岗区布吉大芬新村（桔子坑）三排九号七楼。

根据深圳市龙岗区人民法院（以下简称龙岗法院）2004年11月29日作出的［2004］深龙法民初字第6108号民事判决，王土龙应当偿还廖海香借款本息28万元。根据债权人廖海香的申请，龙岗法院立案执行。

化州市人民法院［2005］化法执字第482号执行案：

申请执行人：周德波，男，52岁，汉族，住化州市东山街道博龙村。

被执行人：王土龙，男，1966年4月7日生，汉族，住深圳市龙岗区布吉大芬新村（桔子坑）三排九号七楼。

根据化州市人民法院（以下简称化州法院）2005年1月25日作出的［2004］化经初字第576号民事判决，王土龙应当支付周德波工程款41万元及违约金。根据债权人周德波的申请，化州法院立案执行。

双方法院发生争议的被执行财产系位于深圳市龙岗区布吉街道大芬村桔子坑山顶三排九号的住宅一栋，共7层，其中1～3层为已办证部分，建筑面积319.6平方米，登记在王土龙的妻子颜亚飞名下，已抵押给深圳发展银行深圳科技支行；4～7层为加建部分，未办房产证。

诉讼中，化州法院于2004年10月9日作出［2004］化法民裁字第576号之一《裁定书》，裁定查封“王土龙所有的以其妻颜亚飞名义登记的位于深圳市布吉镇大芬村桔子坑山顶三排九号的楼房一栋”，10月10日深圳市国土资源和房屋管理局对该栋房产已办证的1～3层进行了查封登记，因4～7层没有办证，未办理查封登记，10月11日向被执行人送达了查封裁定书，但没有加贴封条，也没有张贴公告。化州法院在执行周德波与王土龙欠款纠纷一案中，于2005年5月25日委托深圳市中港房地产评估有限公司对该房产1～7层进行了评估，评估价为355 800.00元（其中1～3层214 700.00元，4～7层141 100.00元），后委托深圳市中资源拍卖有限公司对该房产进行整体拍卖，并在《证券时报》上刊登了拍卖公告。2005年9月13日竞买人周建（系申请执行人周德波之子）以56万元竞得该房子（1～3层成交价为37 920.20元，4～7层成交价为222 079.80元）。2006年3月7日化州法院作出拍卖成交裁定并送达给买受人。同年7月19日化州法院将拍卖款中的267 250.36元划付给抵押权人深圳发展银行深圳科技支行（该行对1～3层享有抵押权），余款支付给了申请执行人周德波。因龙岗法院通知深圳发展银行深圳科技支行不得收取上述拍卖款，该行又将此款全额退回给了化州法院。

龙岗法院在执行廖海香与王土龙欠款纠纷一案中，于2005年2月24日以［2005］深龙法执裁字第231号裁定书对王土龙的上述房产1～3层进行了轮候查封，对4～7层进行了现场查封（张贴查封公告），并于8月11日对4～7层停水停电，限令实际占有人迁出，实际控制了该房产。龙岗法院委托深圳市土地房产交易中心对4～7层进行公开拍卖并在《深圳商报》上刊登公告，2005年12月26日由竞买人严勇、张子良以320 000.00元竞得。2006年3月2日，龙岗法院将拍卖裁定送达给买受人，3月3日将拍卖房产4～7层移交给了买受人并由买受人占有使用，拍卖款已支付给申请执行人廖海香。

【协调】

争议发生后，经双方法院协商，化州法院于2006年5月23日将该院执行的周德波与王土龙欠款纠纷一案（该案未执结部分）委托给龙岗法院执行。同年7月17日化州法院出具裁定书和协助执行通知书要求国土部门协助将上述房产1～7层整体过户给买受人周建，龙岗法院认为既然已经委托，化州法院就不能再采取执行措施，并通知抵押银行暂停办理注销抵押手续，通知国土部门暂停办理过户。双方再次产生争议，龙岗法院为此报请广东省高级人民法院（以下简称广东高院）协调。

龙岗法院认为，化州法院委托评估、拍卖未经摇珠，且未对标的物进行必要调查、未采取现场查封，不能对抗龙岗法院对已查封控制的无证房产的拍卖行为。在化州法院已将案件委托龙岗法院执行的情况下，建议撤销化州法院的不当拍卖，由龙岗法院并案执行，重新拍卖有证的1～3层房产，实现该标的物的价值最大化。化州法院认为，该院已对1～7层全部查封，龙岗法院只是轮候查封，不能处理该标的物。化州法院对1～7层房产整体拍卖后，龙岗法院对4～7层违法重复拍卖，应予撤销。

广东高院经研究认为，龙岗法院查封、拍卖上述房产合法有效，应予认可。化州法院虽然拍卖在先，但不能对抗龙岗法院的拍卖，应当予以撤销，并由化州法院对4~7层拍卖款执行回转。在广东高院主持下，双方法院达成一致意见，由化州法院自行撤销4~7层房产的拍卖，并负责处理周德波、周建拍卖款返还的问题；化州法院把银行抵押优先受偿款267 250.36元划付给龙岗法院，由龙岗法院负责支付给抵押权人深圳发展银行深圳科技支行；周德波申请执行王土龙一案的剩余债权由龙岗法院继续执行。

【评析】

本案中，两法院对1~3层房产系化州法院先行查封并依法应由该院拍卖的问题并无异议。双方争议的是4~7层房产的拍卖效力问题。

4~7层房产由化州法院先查封拍卖，龙岗法院后查封拍卖，且两次拍卖均已成交，形成“一物二卖”的客观事实。只不过本案中的“一物二卖”与普通民事交易相比，是两个法院（而非两个普通的民事主体）以强制执行的司法手段将同一房产分别拍卖给了两个不同的买受人。在这种情形下，哪个法院的拍卖有效？当然，如果在正常情况下，法院的司法拍卖行为是不会导致“一物二卖”的，特别是进行了产权登记的不动产的查封拍卖。查封即意味着房管部门也会有查封登记，不会产生重复查封。拍卖后也会及时作出裁定过户给买受人，不会出现再由其他法院重复拍卖的情况。但本案特殊之处在于，两个法院分别查封和拍卖的是没有产权登记的房产，是否查封在房管部门反映不出来，由此导致二次查封和重复拍卖的结果。

笔者认为，此种情况应从查封措施的对抗效力、拍卖标的物所有权的转移时间和造成重复拍卖的原因等方面综合考量两次拍卖的效力，在先拍卖的并不必然有效。具体分析如下：

一、查封裁定作出后，如果没有实施查封的具体措施，不能对抗其他人民法院的查封，后裁定查封并且实施了具体查封措施的查封具有对抗效力

1996年7月2日，最高人民法院曾以《关于辽宁省朝阳市中级人民法院与吉林省长春市朝阳区人民法院重复查封、扣押朝阳市第四建筑公司大宇牌轿车问题的复函》（法函[1996]111号）处理过类似争议的案件。最高人民法院认为：“朝阳市中级人民法院虽制发了查封该轿车的裁定书，但未采取实际的财产保全措施，既未直接进行查封，也没有扣押有关财产权证照并通知有关产权登记部门不予办理该轿车的转移手续。根据最高人民法院《关于适用〈民事诉讼法〉若干问题的意见》第一百零一条之规定，不能认定朝阳市中级人民法院对该轿车采取了查封措施。吉林省长春市朝阳区人民法院对该轿车实施的扣押应予认可。”最高人民法院《关于人民法院执行工作若干问题的规定（试行）》（法释[1998]15号）第四十一条第三款规定：“既未向有关管理机关发出协助执行通知书，也未采取加贴封条或张贴公告的办法查封的，不得对抗其他人民法院的查封。”

根据以上规定，首先，查封、扣押裁定是查封、扣押的必备手续，但仅有裁定并没有完成查封。财产保全的裁定也有个执行的问题。只是作出裁定并送达当事人，并不等于此裁定已经执行。裁定只是宣布对特定财产进行查封的法律依据，但还不等于根据这个裁定实施了查封。不能说只要一制发裁定书，就会对当事人的财产产生查封的约束力，必须有一定的方法使裁定得以落实。其次，对没有产权登记的非法建筑物、刚出厂在运输途中的机动车的查封、扣押，应以法院是否取得有效控制权作为认定查封、扣押是否有效的标准。对于此类财产，现行法律、法规没有明确规定查封方法。因对这一类财产查封、扣押而产生争议的，解决的依据主要是看实施查封、扣押的人民法院是否对财产行使并始终具有实际控制权。扣押的关键在于有效控制被扣押的财产。取得有效控制权，也可以认为是实现了有效的扣押。上述最高人民法院的复函对两个法院重复查封、扣押的争议案件所作出的处理，就是以是否实际控制为依据作出的。

本案中，化州法院虽然早于龙岗法院于2004年10月9日作出对上述房产1~7层的查封裁定，并送达给了被执行人和房管部门，但因4~7层未办产权登记，房管部门只办理了1~3层的查封登记。化州法院没有对无证的4~7层房产采取加贴封条或张贴公告的方法进行现场查封。而龙岗法院于2005年2月24日以［2005］深龙法执裁字第231号裁定书对王土龙的上述房产4~7层进行了现场查封（张贴查封公告），并于8月11日对4~7层停水停电，将实际占有人迁出，实际控制了该房产。同时没有证据表明龙岗法院是在明知化州法院已对4~7层查封的情况下进行了重复查封。因此，根据最高人民法院上述复函和司法解释的规定，龙岗法院对4~7层的查封是具有法律效力的，化州法院的查封不能对抗龙岗法院的查封。

二、拍卖成交裁定送达后，拍卖财产的所有权即转移至买受人，在确认拍卖效力时应当优先考虑已取得所有权的买受人的利益

根据最高人民法院《关于人民法院民事执行中拍卖、变卖财产的规定》（法释［2004］16号）第二十九条第二款“不动产、有登记的特定动产或者其他财产权拍卖成交或者抵债后，该不动产、特定动产的所有权、其他财产权自拍卖成交或者抵债裁定送达买受人或者承受人时起转移”的规定，龙岗法院向买受人送达拍卖裁定的时间（2006年3月2日）早于化州法院作出拍卖成交裁定的时间（2006年3月7日），该拍卖财产的所有权已经转移至龙岗法院委托拍卖的买受人。

在两个冲突的拍卖行为中，存在着两个善意的买受人。在确定这两个拍卖行为的效力时，必须考虑买受人的利益平衡。本案中，两个买受人的利益如何平衡，取决于拍卖已经产生的法律后果。龙岗法院在拍卖成交后，买受人交纳了拍卖款，龙岗法院也已经向买受人送达了拍卖裁定，拍卖物已转归买受人所有，拍卖物也已交付完毕，该拍卖行为已经完全结束。而化州法院既没有向买受人送达拍卖裁定，也未向买受人交付拍卖物，买受人尚未取得拍卖物所有权。从维护拍卖这一司法行为的稳定性和严肃性来说，认定龙岗法院的拍卖效力更为妥当。

三、委托评估、拍卖程序中的瑕疵和造成重复拍卖的原因，应当作为确定拍卖效力的参考因素

（1）未经摇珠选定评估、拍卖机构这一瑕疵虽然不必然导致评估和拍卖程序的撤销，但应当作为确定其效力的参考因素。

《广东省高级人民法院关于委托评估、拍卖工作的若干规定》第十六条规定：“对不在已选定的年度受托评估机构业务辖区和业务范围的涉案财产进行评估的，在当地法院选定的机构中摇珠选定；当地法院没有选定年度受托机构的，委托法院可以依照本规定精神，另选5家以上符合资质和业务范围的评估机构，从中摇珠选定”；第三十六条规定：“合议庭讨论确定委托拍卖的方式和保留底价后，应当填写《办理委托拍卖报告》，附拍卖裁定书、评估报告、生效法律文书和其他相关材料，报办理委托事项的部门审查，经审查可以委托拍卖的，通过摇珠方式确定拍卖机构。”

根据以上规定，全省各级法院凡委托评估、拍卖的，均须摇珠选定中介机构。《广东省高级人民法院关于异地执行的案件应严格执行摇珠选定中介机构制度和依法收取执行费用的通知》再次重申了上述要求，该《通知》指出：“我省个别法院在办理我院指定执行的案件中，对在异地（非辖区内）的涉案财产处理时，违反《广东省高级人民法院关于委托评估、拍卖工作的若干规定》确立的摇珠选定中介机构的制度，采用指定或变相指定委托评估、拍卖机构的方式对涉案财产进行处置……再次重申，在执行案件中，需对涉案财产进行委托评估、拍卖的，必须按照《广东省高级人民法院关于委托评估、拍卖工作的若干规定》，选定中介机构必须一律实行摇珠选定方式，从入选本院的年度委托机构中，随机选定具体案件的受托机构，办理受托事项。对涉案财产不在辖区内的，可以从入选本案或涉案财产所在地法院的中介机构中，以摇珠方式选定具体的受托中介机构。”

化州法院在委托评估、拍卖中没有采取摇珠随机选定中介机构，明显违反了上述规定。

（2）拍卖成交后没有及时移交标的物是造成重复拍卖的主要原因。

化州法院经委托于2005年9月13日拍卖成交后，没有按照最高人民法院《关于人民法院民事执行中拍卖、变卖财产的规定》的有关规定，及时作出拍卖裁定，迟至拍卖成交后三个多月的2005年12月27日才限令被执行人迁出该房屋，导致龙岗法院在此期间于2005年12月26日重复拍卖并成交。现在没有证据表明龙岗法院在拍卖前知悉化州法院已经拍卖该房产，因此，化州法院没有及时移交拍卖物是造成龙岗法院重复拍卖的主要原因。这一过错，也影响到对化州法院拍卖效力的确认。

深圳市龙岗区人民法院合议庭成员：利志刚　胡耀源　林健权
化州市人民法院合议庭成员：陈鸿杰　李跃明　余月萍
广东省高级人民法院合议庭成员：陈基武　杨明哲　李小慧
作者单位：广东省高级人民法院

部分不予执行仲裁裁决体现公正与效率的统一

——深圳江灏实业有限公司申请不予执行仲裁裁决案

刘　茹

【问题提示】

人民法院是否可以对仲裁裁决裁定部分不予执行?

【要点提示】

不予执行仲裁裁决是民事诉讼法赋予执行仲裁裁决案件中被执行人的法定权利和司法救济途径。人民法院对于当事人提出的不予执行仲裁裁决申请的审查，不仅包括程序上的审查，同时还包括实体上的审查，主要涉及仲裁裁决认定事实的证据是否充足以及适用法律是否正确两个方面。本案中，当事人对仲裁裁决提出司法上的实体审查请求，法院在全面、客观审查的基础上，部分支持了当事人的不予执行请求，既维护了不予执行请求人的利益，也维护了申请执行人的合法权益，充分体现了公正与效率的统一。

【案例索引】

广东省深圳市中级人民法院［2008］深中法执审仲字第3号民事裁定

【案情】

不予执行申请人（原执行案件被执行人）：深圳江灏实业有限公司（以下简称江灏公司）。

被申请人（原执行案件申请执行人）：深圳市骏龙达建筑工程有限公司（以下简称骏龙达公司）。

2003年11月19日，江灏公司与骏龙达公司签订一份《建筑工程承包施工合同定金协议书》（以下简称《定金协议书》），约定：江灏公司同意将拥有的总建筑面积74 000平方米的首期某科技工业城和二期发包给骏龙达公司；骏龙达公司在协议书签订后5日内向江灏公司支付100万元人民币定金，江灏公司在收到定金后的6个月内将定金连本带息归还骏龙达公司，逾期加罚30%的利息，并且骏龙达公司有权申请法院拍卖该项目所有权；双方签订的正式建筑工程承包施工合同有关内容必须以本协议书下列条款为准，且本协议与正式施工合同具有同等法律效力。……协议对工程各项收费标准、付款方式、工期与质量、结算方式、违约责任以及工程质量等进行了约定。2003年11月28日，江灏公司与骏龙达公司又签订一份《深圳市建设工程施工合同》（以下简称《施工合同》），约定将江灏公司的某科技工业城2号宿舍和5号、6号、7号厂房发包给骏龙达公司施工，合同工期从2004年3月1日至2005年5月20日，合同工期总日历天数500晴天，合同价款为23 065 371元人民币；……因江灏公司未能按约定日期支付工程预付款、进度款，致使施工不能正常进行或工程变更的，工期相应顺延；骏龙达公司因自身原因未能按期完成工程，应当承担违约责任；……合同还对双方当事人的权利、义务以及违约责任进行了约定。2004年3月1日，骏龙达公司按照约定进场施工。2005年10月13日，5号、6号、7号厂房竣工验收合格。2005年3月1日，江灏公司与骏龙达公司就有关施工所用材料及取费问题形成了《结算会议纪要》。2005年12月28日，2号宿舍经骏龙达公司、江灏公司、监理单位、设计单位验收，综合结论为合格。2005年7月21日，骏龙达公司将自己计算的结算资料送交江灏公司，认为涉案工程总造价34 554 847.89元。2005年9月15日，江灏公司答复骏龙达公司，并认为工程总造价应为2 730万元。2005年8月22日，骏龙达公司与江灏公司就竣工验收及结算付款事宜达成《补充协议》，其中第五条约定：5号、6号、7号厂房、2号宿舍及市政配套工程，分别从竣工验收合格之日起，90天内付清工程款的95%（包括80%的进度款）；为了便于计算支付，甲乙双方同意将本协议签订前已付工程进度款计在5号、6号、7号厂房工程款中。第六条约定：甲方按本协议第五条的规定，在90天内如未付清最终工程结算款的95%时，逾期付款部分，乙方除按中国人民银行规定同期贷款利率的4倍向甲方收取违约金外，还可将留置的2号宿舍楼通过拍卖，优先受偿，或者折价抵偿所欠工程款……截至仲裁庭庭审之日，江灏公司共向骏龙达公司支付工程款人民币21 095 381元。由于双方当事人对工程造价存有争议，仲裁庭委托深圳市金厦房地产造价咨询有限公司（以下简称金厦公司）对涉案工程造价进行了鉴定，2007年4月9日，金厦公司出具鉴定报告，认为涉案工程总造价为33 538 962.18元人民币。

仲裁庭认为，双方当事人签订的建筑工程施工合同及一系列协议，是双方当事人的真实意思表示，内容不违反我国法律、法规的强制性规定，合法有效。关于江灏公司是否依照约定支付工程款的问题，是确定本案逾期完工责任的关键问题。仲裁庭认为，根据双方当事人之间签订的《定金协议书》、《施工合同》以及《补充协议》的约定，江灏公司确实存在逾期付款的违约行为，使之成为骏龙达公司按期完工的障碍，工期应当予以顺延，其责任应由江灏公司自己承担。关于金厦公司是否具备对本案工程进行造价鉴定资质的问题。仲裁庭认为，首先，金厦公司拥有广东省建设厅颁发的可从事工程造价经济纠纷的鉴定和仲裁的咨询等业务范围的《资质证书》；其次，委托专业机构进行工程造价鉴定，本身就是仲裁庭委托专业人员运用他们的专业知识按照有关规定和行业惯例对专门问题作出相应判断的活动，其结论是供仲裁庭参考采用的。金厦公司对《会议纪要》等材料作出的结论正是这样一种专业判断，是符合委托鉴定的基本要求和目的的。因此，金厦公司对本案工程所作的造价鉴定是客观的，独立的，应当得到仲裁庭的尊重。……因此裁决：一、江灏公司向骏龙达公司支付工程款12 443 581元人民币，骏龙达公司对该项债权享有优先受偿权；二、江灏公司向骏龙达公司支付逾期付款违约金1 242 225.1元人民币；……三、骏龙达公司应全面履行配合江灏公司办理竣工验收的全部手续；……

不予执行申请人江灏公司认为仲裁庭作出的仲裁裁决存在仲裁程序违反法定程序、认定事实的主要证据不足和适用法律确有错误的问题，请求深圳市中级人民法院裁定不予执行。江灏公司称：一、仲裁程序违反法定程序。（1）仲裁庭没有纠正鉴定人不按要求出庭的错误，违反《关于司法鉴定管理问题的决定》第十一条“当事人对鉴定意见有异议的"，"鉴定人应当出庭作证"的规定。（2）仲裁庭指定不具有司法鉴定机构资质的鉴定机构对本案工程造价进行鉴定。二、认定事实的主要证据不足。（1）仲裁裁决书以金厦公司出具的鉴定报告为依据，认定涉案工程总造价为33 538 962.18元，主要证据不足。该鉴定报告的鉴定依据有《市政配套工程施工合同》，但并未按该合同的约定计价，而且金厦公司还诡称未收到过仲裁委转来的《市政配套工程施工合同》，仲裁委也未通知鉴定机构补正。（2）仲裁裁决书以江灏公司2005年9月15日答复审核工程造价2 730万元为计算应付违约金的始期依据，主要证据不足。（3）仲裁裁决驳回江灏公司要求骏龙达公司支付逾期竣工违约金的请求，主要证据不足。三、裁决适用法律错误。该裁决由于认定事实主要证据不足，导致只适用了《中华人民共和国民法通则》第一百零六条及《中华人民共和国合同法》第一百零七条规定，而没有适用《中华人民共和国合同法》第六十七条关于先履行抗辩权的规定，属于适用法律确有错误。

深圳市中级人民法院依法对江灏公司的不予执行仲裁裁决请求进行了审查，审查过程中对于江灏公司就金厦公司出具的鉴定报告的相关问题向金厦公司进行了调查。金厦公司函复称："施工中有多份施工合同，这些施工合同，包括《市政配套工程施工合同》、《结算会议纪要》分别在《工程造价鉴定编制报告书》中相对独立的单项工程中使用。""该复函是针对仲裁委2007年6月5日转来的江灏公司的异议书作出的。该异议书的要求较多，超出合理范围，我公司给予否定。脱离2007年6月5日仲裁委转来江灏公司的异议书，来讨论我公司2007年6月6日的复函内容里面的用词是不客观的。""《市政配套工程施工合同》这一证据，在仲裁委转来的鉴定资料中江灏公司未提供，而施工方骏龙达公司提供了。""经复查，编号［2006］-564-1号《工程造价鉴定编制报告书》整份使用证据适当，前后一致，工程造价鉴定准确无误。"

【处理决定】

案经深圳市中级人民法院审判委员会讨论认为：第一，关于金厦公司资质的问题。中华人民共和国建设部制定的《工程造价咨询企业管理办法》（2006年7月1日起实施）第二条规定："在中华人民共和国境内从事工程造价咨询活动的，实施对工程造价咨询企业的监督管理，应当遵守本办法"；第十九条规定："工程造价咨询企业依法从事工程造价咨询活动，不受行政区域限制。甲级工程造价咨询企业可以从事各类建设项目的工程造价咨询业务。乙级工程造价咨询企业从事工程造价5 000万元人民币以下的各类建设项目的工程造价咨询业务"；第二十条规定："工程造价咨询业务范围包括：……（四）工程造价经济纠纷的鉴定和仲裁的咨询；……"根据上述相关规定，取得乙级工程造价咨询资质的金厦公司可以从事工程造价5 000万元人民币以下的各类建设项目的工程造价咨询业务，并具备接受仲裁咨询的资格。故江灏公司关于金厦公司不具备资质的理由不能成立，法院不予支持。

第二，关于金厦公司出庭人员身份的问题。对此，江灏公司在仲裁庭审时曾明确表明对金厦公司出庭人员身份无异议；另根据《深圳仲裁委员会仲裁规则》第五十九条的规定，对鉴定机构出庭人员的要求是"鉴定机构应当派人参加"，而并非必须是鉴定人本人，所以金厦公司出庭人员的身份符合仲裁规则的要求，故其请求法院不予支持。

第三，关于仲裁裁决以金厦公司工程造价鉴定编制报告书认定涉案工程总造价的主要证据是否充足的问题。法院认为，首先，金厦公司是对工程造价提供咨询服务的专业机构，具备专业人员和工程造价专业知识；其次，金厦公司作出工程造价鉴定编制报告，依据的是双方当事人以及仲裁庭提供给该司的相关材料，在充分听取了双方当事人的意见并及时对异议作出答复的基础上作出的，是专业人员运用专业知识按照有关规定和行业惯例对专门问题作出相应判断的结果；再次，仲裁庭在金厦公司出具报告书后，及时将双方当事人的意见反馈给金厦公司并组织各方进行质证，程序合法，充分保障了双方当事人的权益；最后，金厦公司虽然在复函中称其从未收到过《市政配套工程施工合同》，但从金厦公司出具的《工程造价鉴定编制报告书》中"审核说明"的表述以及该司对法院出具的《复函》看，该司不仅收到了《市政配套工程施工合同》，而且还将其作为审核依据在"相对独立的单项工程中使用"，因此，仲裁裁决将金厦公司作出的《工程造价鉴定编制报告书》作为认定涉案工程总造价的证据充分，不存在主要证据不足的情形。综上，仲裁裁决第一项关于江灏公司应向骏龙达公司支付工程款的裁决项应当执行。

第四，关于江灏公司2005年9月15日答复骏龙达公司审核工程造价2 730万元的事实，是否可以作为认定江灏公司应付违约金的始期依据以及计算违约金的依据的问题。法院认为，根据双方当事人之间签订的《补充协议》的约定，江灏公司向骏龙达公司支付工程款的时间应当是"从竣工验收合格之日起90天内付清工程款的95%"，而涉案工程5号、6号、7号厂房竣工验收合格日期为"2005年10月13日"，2号宿舍验收合格日期为"2005年12月28日"，因此，"2005年9月15日"不是《补充协议》约定的付款日期，仲裁裁决将"2005年9月15日"认定为计算江灏公司逾期付款违约金的起始期限，缺乏证据支持，故仲裁裁决中涉及江灏公司逾期付款违约金的部分即仲裁裁决第二项裁决项应当不予执行。

第五，关于仲裁裁决适用法律是否存在错误的问题。法院认为，对于因建筑工程施工合同以及工程款问题引起的纠纷，仲裁裁决适用《中华人民共和国民法通则》、《中华人民共和国合同法》的相关规定并无不妥，因此江灏公司关于仲裁裁决适用法律错误的理由亦不能成立。故裁定：一、不予执行仲裁裁决书第二项"被申请人向申请人支付逾期付款违约金1 242 225.1元人民币"的裁决项。二、驳回江灏公司的其他请求。

【评析】

当事人提出不予执行仲裁裁决申请后，人民法院是否可以对实体裁决裁定部分不予执行？

《民事诉讼法》第二百一十三条第二款规定："被申请人提出证据证明仲裁裁决有下列情形之一的，经人民法院组成合议庭审查核实，裁定不予执行：……"从文字表述上看，被申请人只要能够提供证据证明仲裁裁决具有不予执行的情形之一的，人民法院就应当裁定不予执行仲裁裁决。而根据最高人民法院［2003］民四他字第39号最高人民法院《关于中国国际经济贸易仲裁委员会深圳分会作出的［2001］深国仲结字第31号裁决是否应予执行的复函》的内容，人民法院对于仲裁裁决的审查可以裁定部分不予执行。但这份复函是就个案请示的批复，是针对仲裁裁决具有超出仲裁范围的情形作出的，认为对于超出仲裁范围的裁决部分可以裁定不予执行，未超出部分仍应继续执行，而对于实体裁决项并没有是否可以部分不予执行的明确批复。

本案恰恰是对仲裁裁决实体裁决项裁定了部分不予执行。笔者认为，人民法院通过司法审查，裁定不予执行仲裁裁决第二项逾期付款违约金的裁决项，不仅体现了法律效果与社会效果的统一，也体现了司法审查公正与效率的统一。理由是：

第一，江灏公司提出的不予执行的理由，除仲裁裁决认定逾期付款的始期依据问题确实存在证据不足的情形外，其他理由均不能成立，包括江灏公司拖欠骏龙达公司工程款的事实以及应当支付骏龙达公司工程款的金额。

第二，从本案仲裁裁决项的组成看，涉及应当不予执行的逾期付款违约金的裁决是一个单独的裁决项，完全可以与其他裁决项区分开来。即不予执行这一项不会影响到其他裁决项的执行。

第三，本案裁定部分不予执行是追求司法公正与效率有效统一的表现。从仲裁所具有的一裁终局的特点看，仲裁体现了效率与经济原则，它可以节省当事人的成本，缩短争议解决的周期，最大可能地减少当事人的诉累，最低成本地化解纠纷。而司法审查注重的则是公正原则，但注重公正并不意味着不讲求效率和经济，如何将公正与效率有效统一起来是人民法院审判工作追求的目标。笔者认为，通过裁定部分不予执行就是其中的一种表现。它既可以维护被执行人的合法权益（公正），又能够保障申请执行人的部分债权尽快得到实现（效率）。本案裁定部分不予执行不仅可以使仲裁裁决第一项即江灏公司应支付骏龙达公司的工程款人民币 12 443 581 元得到尽快执行，解决建筑工人的工资问题，保障工程施工方的合法权益，同时也维护了工程发包方在逾期付款违约责任方面的权益。

第四，裁定部分不予执行的适用范围。部分不予执行虽然有很多好处，但并不是说所有不予执行仲裁裁决案件都可以裁定部分不予执行，它有特定的适用范围。笔者认为其最基本的要求是拟裁定部分不予执行的裁决项能够完全与其他裁决项分离。如超裁部分可以裁定部分不予执行，本案中逾期付款违约金部分可以裁定部分不予执行，等等。

第五，本案裁定部分不予执行是追求社会效果与法律效果有效统一的表现。江灏公司与骏龙达公司之间是建设工程施工合同引发的纠纷，江灏公司拖欠骏龙达公司工程款是不争的事实，骏龙达公司不仅有权要求江灏公司尽快支付工程款，而且还有对其承建的工程享有优先受偿权这一法定的优先权。众所周知，工程款中包含了建筑工人的工资，如果裁定不予执行整个仲裁裁决，骏龙达公司不仅无法尽快取得应得的工程款，而且还面临着对已经司法审查确认无误的工程款需要通过另行起诉或重新仲裁的方式再次进行确认的境地，甚至可能重新委托审计，既造成当事人的诉累，又增加了诉讼成本。更重要的是，由于建筑工人无法尽快拿到工资，还有可能引发不稳定的社会因素，这些都是与我国立法精神以及最高法院的司法解释、批复精神相违背的。

第六，部分不予执行的裁定取得了较好的社会效果。骏龙达公司表示能够接受法院的裁定结果，对裁定不予执行的逾期付款违约金的问题将另行提起诉讼解决，并请求法院尽快执行工程款，以支付工人工资。目前该仲裁裁决除第二项之外的其他裁决项已经重新进入执行阶段。

综上所述，部分不予执行仲裁裁决中可区分的实体裁决项，不仅没有违反法律禁止性规定，反而更加符合我国立法精神，符合我国国情，不失为法律效果与社会效果双赢的好方法。

合议庭成员：刘　茹　刘付伟贤　庄新元

作者单位：深圳市中级人民法院

上级人民法院在执行复议审查中发现下级法院遗漏审查当事人提出的异议申请事项应如何处理

陈小虎

【问题提示】

执行复议案件审查过程中，发现执行异议裁定遗漏对当事人执行异议事项的，应当如何处理?

【要点提示】

执行复议案件是新《民诉法》中规定的新类型执行案件，但对此类案件的结案方式等问题，法律和司法解释未作明确规定。在执行复议审查中，发现下级法院执行异议裁定中遗漏审查当事人提出的相关异议申请事项，可参照民事二审程序对一审中遗漏当事人诉讼请求的处理方式来解决，即撤销该异议裁定发回原执行法院重新全面审查。

【案例索引】

执行异议：广东省湛江市中级人民法院［2008］湛中法执异字第10号执行裁定

执行复议：广东省高级人民法院［2009］粤高法执复议字第11号执行裁定

【案情】

申请复议人（申请执行人）：广州市东山区银星经济发展贸易公司（以下简称银星公司）。

利害关系人：广州市泰易广告公司（以下简称泰易公司）。

被执行人：广东省遂溪石油企业集团有限公司（以下简称石油公司）。

银星公司诉石油公司借款合同纠纷一案，湛江市中级人民法院（以下简称湛江中院）于2000年7月立案执行，其后由于石油公司无可供执行财产而中止执行。2008年9月，石油公司与案外人泰易公司向湛江中院提交一份《债权转让协议》，其中载明银星公司的债权转让给泰易公司。据此，湛江中院以［2000］湛中法执字第174号恢1号［2008］之一裁定，将案件申请执行人变更为泰易公司。随后，湛江中院又根据被执行人石油公司与泰易公司提交的《和解协议》及有关证明文件，以［2000］湛中法执字第174号恢1号［2008］之二裁定，终结案件执行。

银星公司不服，提出执行异议申请，认为：该公司从来没有和泰易公司签订所谓债权转让协议，泰易公司向湛江中院所提交的转让协议的文件上该公司的印章，以及与石油公司之间的有关文书中该公司的印章都是伪造的。因此，湛江中院依据伪造的文书作出的

［2000］湛中法执字第174号恢1号［2008］之一、之二裁定书，裁定变更申请执行人为泰易公司，以及裁定终结案件执行都是错误的，应当纠正，并且恢复本案的执行工作。

湛江中院经审查后认为，该院［2000］湛中法执字第174号恢1号［2008］之一、之二裁定，是根据当事人提交的《债权转让协议》和有关终结执行的申请作出的，程序上并无不当。而银星公司指出泰易公司和石油公司向该院提交的有关文件中加盖有关公章印章是伪造的主张，由于未能提供相应证据而不能成立，据此，作出［2008］湛中法执异字第10号执行裁定，驳回了银星公司的异议。

银星公司不服，向广东省高级人民法院提出执行复议申请，请求撤销［2008］湛中法执异字第10号执行裁定及相关错误裁定，并恢复案件执行。

【复议审查结论】

广东省高级人民法院在复议审查中发现，湛江中院在审查上述执行异议过程中，未对银星公司所提出的石油公司和泰易公司向该院提交的有关债权转让协议、执行和解协议是伪造的问题进行审查，属于遗漏对当事人执行异议事项审查。由于未对银星公司提出的公章伪造的问题进行审查，也就无法查证泰易公司与石油公司之间所签订的《债权转让协议》是否合法有效以及终结执行申请是否真实可靠。在未查清事实基础上所作的执行异议裁定缺乏依据。因此，裁定撤销［2008］湛中法执异字第10号执行裁定，发回湛江中院重新审查。

【评析】

执行复议案件是2008年4月1日实施的《中华人民共和国民事诉讼法》（以下简称新《民诉法》）中规定的新类型的执行案件，但是法律和司法解释对此类案件的结案方式等问题未作明确规定。如在执行复议审查中发现，下级法院执行异议裁定中遗漏审查当事人提出的相关异议申请事项，可否撤销该异议裁定发回原执行法院重新审查？

新《民诉法》第二百零二条规定，当事人、利害关系人对执行异议裁定不服的可以向上一级人民法院申请复议。最高人民法院《关于适用〈中华人民共和国民事诉讼法〉执行程序若干问题的解释》第九条规定，上一级人民法院应在收到执行复议申请的三十日内审查完毕，并作出裁定。由此可以看出，法律或司法解释对执行复议案件只在形式上规定了应当以裁定形式结案，但对于结案的具体方式没有作规定。而在最高法院执行局编著的《执行文书样式（试行）》关于"复议执行裁定书样式"中，我们可分析出最高人民法院对执行复议案件的结案方式有以下指引性的意见：（1）撤销下级法院的执行异议裁定和错误的执行行为；（2）撤销下级法院执行异议裁定并直接纠正该院错误的执行行为；（3）驳回复议申请。那么，执行复议案件是否只能有这三类结案方式？

复议执行是当事人或利害关系人等不服执行法院作出的执行行为而通过申请启动了执行异议程序，执行异议裁定的利益相关方不服该裁定，进而通过申请由执行法院上一级法院启动的特殊的执行审查程序。其目的在于充分保护当事人或利害关系人在执行程序中公力救济的权利。在执行复议程序中，上一级法院主要是对原争议执行行为的合法性、正当性进行全面审查，从而对该执行行为是否合法作出判断。其程序特征类似于民事诉讼中的二审程序。

在复议审查中发现，执行法院在执行异议程序中未对异议申请人的请求进行全面审查，将对整个异议审查结果产生影响的，应该如何处理的问题，可参照民事二审程序中，对于一审中遗漏的当事人的诉讼请求的处理方式来解决。最高人民法院《关于适用〈中华人民共和国民事诉讼法〉若干问题的意见》第一百八十二条规定："对当事人在一审中已经提出的诉讼请求，原审人民法院未作出审理、判决的，第二审人民法院可以根据当事人自愿的原则进行调解，调解不成的，发回重审。"由此可见，对于一审遗漏诉讼请求的一般应当发回重审。因为当事人的诉讼请求将对整个诉讼的最终结果产生影响，不对诉讼请求作出全面审理，据此所作的裁判无公正性可言。同理，在执行异议审查中，若对当事人提出的执行异议请求不进行全面审查，则无法解决案件执行中存在的矛盾，作出的异议裁定缺乏可靠的事实基础，难以获得当事人认可。因此，在执行复议程序中，应当本着全面、公平、公正的态度，将此类存在瑕疵的案件发回执行法院重新对当事人提出的执行异议进行全面审查。

本案中，湛江中院未对银星公司提出的公章伪造的问题进行审查，也就无法查证泰易公司与石油公司之间所签订的《债权转让协议》是否合法有效以及终结执行申请是否真实可靠。在未查清事实基础上所作的执行异议裁定缺乏依据。因此，广东省高级人民法院裁定撤销［2008］湛中法执异字第10号执行裁定，发回湛江中院重新审查的处理是正确的。

中院执行异议合议庭成员：王朝评　林　青　喻　梅
复议案件合议庭成员：陈可舒　陈小虎　赖坚凡
作者单位：广东省高级人民法院

迟延履行期间债务利息的计算问题

——北京天和润丰投资咨询有限公司申请执行广州铁路（集团）公司购销合同纠纷案

李昙静

【问题提示】

执行和解中，是否可以变通适用《民事诉讼法》规定的迟延履行期间债务利息双倍计算法?

【要点提示】

当事人有权在法律规定的范围内处分自己的民事权利和诉讼权利，当事人双方在执行和解协议中，可以变通适用迟延履行期间债务利息计算方法。

【案件索引】

执行案号：广东省佛山市中级人民法院［1990］佛中法执字第33号执行案件

【案情】

原申请执行人：顺德市杏坛工业公司。

原申请执行人：北京资通道和投资咨询有限公司。

原被执行人：怀化铁路分局怀化列车段。

原被执行人：广州铁路集团怀化铁路总公司。

现申请执行人：北京天和润丰投资咨询有限公司。

现被执行人：广州铁路（集团）公司。

原告广东省顺德县杏坛区工业公司诉被告怀化铁路分局怀化列车段购销合同纠纷一案，广东省高级人民法院粤法经上字［1990］第4号生效民事判决书判决：被告怀化铁路分局怀化列车段应于判决生效之日起60日内向原告广东省顺德县杏坛区工业公司偿还欠款1 340 718 元及相应利息。由于义务人怀化铁路分局怀化列车段逾期未履行还款义务，权利人广东省顺德县杏坛区工业公司向佛山市中级人民法院申请执行。

【执行】

在执行过程中，被执行人怀化铁路分局怀化列车段曾提出给付人民币10万元对本案作一次性了结，但未获同意。佛山市中级人民法院于1992年3月17日将该案委托湖南省怀化市中级人民法院执行，未被接受。2004年5月31日，佛山市中级人民法院向被执行人怀化铁路分局怀化列车段送达了执行通知书及本案执行标的额利息计算表。经查，广东省顺德县杏坛区工业公司的名称变更为顺德市杏坛工业公司。因被执行人怀化铁路分局怀化列车段被撤销，根据申请执行人顺德市杏坛工业公司的申请，执行法院于2004年7月依法作出裁定，追加广州铁路集团怀化铁路总公司为本案被执行人，并向其发出执行通知书。此后，申请执行人顺德市杏坛工业公司与北京资通道和投资咨询有限公司签订债权转让协议，将本案债权转让给了北京资通道和投资咨询有限公司。根据权利人的申请，2004年9月，执行法院依法作出裁定，将本案申请执行人变更为北京资通道和投资咨询有限公司。后被执行人广州铁路集团怀化铁路总公司于2004年8月分两次共计履行200万元的还款义务。2004年9月，广东省高级人民法院调卷监督，2006年3月将执行案卷退回佛山市中级人民法院继续执行。

2006年6月，北京资通道和投资咨询有限公司与北京天和润丰投资咨询有限公司签订债权转让协议，将本案剩余债权转让给北京天和润丰投资咨询有限公司。根据北京资通道和投资咨询有限公司与北京天和润丰投资咨询有限公司的申请，执行法院于2006年7月裁定将本案申请执行人变更为北京天和润丰投资咨询有限公司。变更申请执行人后，北京天和润丰投资咨询有限公司以被执行人广州铁路集团怀化铁路总公司被撤销，广州铁路（集团）公司承诺承担被执行人广州铁路集团怀化铁路总公司全部债权债务和遗留问题为由，向执行法院申请变更广州铁路（集团）公司为本案被执行人。

变更本案被执行人为广州铁路（集团）公司后，广州铁路（集团）公司提出要与申请执行人协商。法院于2006年8月下旬召集双方当事人协商还款方案，但被执行人广州铁路（集团）公司只同意在生效判决确定的本息之外再给付50万元，而申请执行人北京天和润丰投资咨询有限公司要求支付本息共计1 200万元。鉴于当事人双方的意见分歧太大，协商没有取得预期结果。2006年10月执行法院依法冻结了被执行人广州铁路（集团）公司银行存款人民币1 000万元。冻结存款后，广东省高级人民法院对该案立案监督，要求执行法院暂缓对冻结款项作出处分。

2008年5月29日，佛山市中级人民法院再次组织协商，当事人双方均有所让步，申请执行人要求被执行人广州铁路（集团）公司再支付人民币600万元了结此案，被执行人只同意再支付人民币257万元，双方当事人的期望值差距在缩小，但相距仍有300多万元。

双方主要在迟延履行期间债务利息计算问题上存在分歧。申请执行时标的额为人民币216万余元。其中本金134万余元，利息计算至应付款日即1990年6月10日为人民币82万余元。时至2004年5月20日，案经14年，原申请执行人顺德市杏坛工业公司提交《利息计算一览表》，要求被执行人归还本息共计人民币1 128万余元。该表以日利率计算本息，将计算期间分为两段，第一时间段为生效判决确定的履行期间最后一日前的时间（应付款日至1990年6月10日），以人民币134万余元为本金，按银行同期利率计算利息，本息共计人民币216万余元；第二时间段为生效判决确定的履行期限届满后第二日至2004年5月20日（1990年6月11日至2004年5月20日，为迟延履行期间），以人民币216万余元为本金，加倍计算利息，利息合计人民币912万余元，以上两段时间计算的本息共计为人民币1 128万余元。其后，现申请执行人北京天和润丰投资咨询有限公司提交的利息计算表对本案欠款截至2006年10月8日的本息计算为人民币1 208万余元。而被执行人广州铁路（集团）公司提交的利息计算表计至2004年5月20日本息约为人民币

565 万余元。债权人和债务人对利息额计算问题的认识相距遥远。

那么，利息应如何计算？是以判决确定的本金为基数，还是以判决确定的本金数额与计至申请执行时的利息之和为申请执行的本金？迟延履行期间的起止时间如何确定？是从判决确定的最后还款期计至执行法院第一次发出执行通知书抑或最后一次发出执行通知之日，还是计至被执行人实际还款之日或双方同意或约定的日期？2004 年的还款是作为本金看待，还是作为债务利息看待？迟延履行期间是计算单倍利息，还是双倍利息？由于双方在利息计算上争议较大，执行法院召集当事人双方统一认识利息计算问题。明确告知被执行人，按照《中华人民共和国民事诉讼法》规定，迟延履行期间的利息必须按中国人民银行同期利率加倍计算，以补偿债权人被拖延履行期间的经济损失，同时，惩罚被执行人故意长期拖延履行生效判决，但双方可以就利息计算问题进行磋商。

经协调，双方当事人达成共识，2004 年 8 月偿还的 200 万元作为本金计算。至于迟延履行期间债务利息的计算基数问题，申请执行人认为应以欠款本金人民币 134 万余元，至生效判决确定的最后还款日的利息为人民币 91 万余元，合计人民币 225 万余元为基数计算迟延履行期间的利息。而被执行人认为应以 130 多万元为基数计算迟延履行期间的利息，双方还存在一定差距。关于计算系数问题，执行法院建议当事人双方对迟延履行期间的利息计算问题进行耐心磋商，并提出一个参考性的思路：在双倍与单倍之间选择双方都能接受的系数进行计算。双方当事人均认为这一计算方法可行。在找准利益“平衡点”后，双方期望值越来越接近。2008 年 5 月 29 日和 6 月 10 日，执行法院连续两次召集双方进行协商，引导双方围绕“平衡轴”诚恳、耐心地磋商，最终达成了和解协议。主要内容为：一、申请执行人北京天和润丰投资咨询有限公司同意被执行人广州铁路（集团）公司共支付人民币 650 万元了结债务，扣除已支付的人民币 200 万元，被执行人需再支付人民币 450 万元，该款应于三日内汇入法院执行专项账户；二、款项如数进账后，同意对被执行人银行账户解冻；三、申请执行人收到 450 万元款项后，双方债权债务关系即告消灭。

协议签订后，几天内申请执行人即领到了 450 万元执行款。至此，和解协议履行完毕。

【评析】

关于债务迟延履行期间的利息计算问题是执行中的难点。按照《民事诉讼法》第二百二十九条以及《民事诉讼法》修改以前的最高人民法院《关于适用〈中华人民共和国民事诉讼法〉若干问题的意见》第二百九十三、二百九十四条的规定，债务迟延履行期间的利息计算起始时间点是自判决、裁定和其他法律文书指定的履行期间届满的次日，计算系数是在按银行同期贷款最高利率计付的债务利息上增加一倍。对于债务迟延履行期间跨度较大（本案跨度为 14 年）的执行难案，由于不同时期银行贷款利率有所调整，分段计算比较困难。此外，关于本金的数额问题，经常成为双方当事人争执的焦点。笔者认为，利滚利的计算方法对债务人是不公平的，即前一期间的利息不能与本金一起成为下一期间利息计算的基数，基数只能是判决、裁定确定的本金数额。

如果机械执行《民事诉讼法》和司法解释的有关条文，可能使案件执行走入“死胡同”。《民事诉讼法》第十三条规定“当事人有权在法律规定的范围内处分自己的民事权利和诉讼权利”，因此，可以在《民事诉讼法》第二百二十九条以及最高人民法院《关于适用〈中华人民共和国民事诉讼法〉若干问题的意见》第二百九十三、二百九十四条之外寻找一把破解执行难案的“钥匙”。引导当事人双方就利息总额进行磋商，从而绕开烦琐的、意见分歧的利息计算问题。本案经当事人双方协商，由债务人支付650万元人民币，债务即告消灭，达致“案结事了”。以上执行方法，可以为推进同类案件执行和解提供借鉴。

执行案合议庭成员：张照栋　杨卫芳　冼富元

作者单位：广东省高级人民法院

执行申请书未列明的连带债务人执行法院不得推定为被执行人

——阳江市建设发展股份公司申请追加阳江市交通委员会为被执行人案

蒋先华

【问题提示】

判决已经确定承担连带责任的债务人，但申请执行人在执行申请书未列其为被执行人，执行法院能否予以追加为被执行人?

【要点提示】

申请执行人须以提交申请执行书这一明示的方法向人民法院申请强制执行。对多个连带义务人是否全部申请执行，权利人可以依法自行决定，人民法院应当尊重当事人对其民事权利的处分。申请执行人没有明示的，应视为其未申请，执行法院不得超越申请执行的范围而以推定方式扩大被执行主体。

【案例索引】

执行案号：广东省阳江市中级人民法院［1996］阳江法执字第15号执行案件

请示案号：广东省高级人民法院［2008］粤高法执请复字第13号执行案件

【案情】

执行法院：阳江市中级人民法院。

请示法院：阳江市中级人民法院。

答复法院：广东省高级人民法院。

申请执行人：阳江市建设发展股份公司（以下简称建设公司）。

被执行人：阳江市交通机械厂（以下简称机械厂）。

建设公司与机械厂、阳江市交通委员会（以下简称交委）借款合同纠纷一案，经调解达成协议，阳江中院于1992年5月19日出具［1992］阳中法经调字第57号民事调解书，确认：一、被告机械厂欠原告建设公司贷款本金30万元和利息123 149.3元，从1992年7月起每月还款2万元；二、被告交委对被告机械厂的债务承担连带清偿责任。

1993年12月30日，建设公司向阳江中院申请执行，填写了由阳江中院提供的格式《执行申请书》，主要内容是："阳江市中级人民法院：我公司与交通机械厂因借款合同一案，贵院已于一九九二年五月十九日调解完毕。但交通机械厂未按调解协议规定的期限清还本金和利息，使我公司的利益受到损失。因此，特向贵院申请执行。"1994年8月29

日，阳江中院向机械厂发出执行通知书。1999 年 12 月 13 日，阳江中院作出［1996］阳江法执字第 15－3 号民事裁定书裁定中止执行。

2006 年 11 月 20 日，建设公司向阳江中院申请恢复执行，列明被申请执行人为机械厂、阳江市交通局。2007 年 1 月 24 日阳江中院作出［1996］阳中法执字第 15－1 号民事裁定书，认为被执行人交委已变更名称为阳江市交通局，裁定：变更阳江市交通局为本案被执行人，限阳江市交通局在裁定书送达之日起 10 日内向申请执行人清偿债务 30 万元及相应利息。

阳江市交通局向阳江中院提出异议，认为：申请执行人于 1993 年 12 月 30 日只是申请对机械厂执行，并没有申请对交委执行，根据民事诉讼法第二百一十九条关于申请执行时限的规定，表明申请执行人已经放弃了对交委申请执行的权利；阳江中院历年来也只是根据申请执行人的申请对机械厂进行执行，没有对交委进行执行，也未向交委发出任何执行通知书，因此交委不是本案的被执行人，裁定变更阳江市交通局作为本案的被执行人没有依据。

申请执行人发展公司在 2007 年 5 月 9 日阳江中院举行的听证会上提出：申请执行是对整个案件的执行，不是针对部分，申请执行书没有文字反映放弃对连带责任的追偿权利；不能推理权利人放弃权利；异议人没有证据证明申请执行人放弃追偿的权利；执行申请书是格式化的，不代表申请执行人放弃追偿的权利；法院的立案审批表也有列明可追偿连带责任人。

经查执行案卷确认：一、阳江中院的执行立案呈批表中被执行人一栏填写为机械厂和交委，该呈批表上把案件编号为［1996］阳中法执字 15 号。据此可以判断，该立案呈批表填写时间并非是建设公司申请时的 1993 年，应是编立案号的 1996 年。二、该案案卷未发现向申请执行人送达的受理案件通知书和向交委送达的执行通知书及其回执。三、除立案呈批表外，从 1993 年 12 月 30 日建设公司申请执行时起至 2006 年 11 月 20 日申请恢复执行时止，案卷中所有材料均未涉及交委，包括阳江中院 1999 年 12 月 13 日所作的中止执行裁定书。

【请示及答复】

阳江中院于 2008 年 1 月向广东高院请示的问题是：能否列交委为被执行人？

阳江中院审判委员会形成两种意见：一种意见认为，执行申请书中虽有没有列交委，但从申请执行书的内容看，申请执行人实际上是申请对调解书的执行。机械厂是本案的实际借款人，执行申请书只列机械厂没有列交委符合情理。在执行程过中没有向交委发出执行通知，是执行工作中的程序问题。从整个案卷来看，并没有反映申请执行人放弃请求强制执行交委的意思表示。因此，应驳回阳江市交通局的异议。另一种意见认为，从建设公司提交的执行申请书分析，其只是申请强制执行机械厂，没有申请强制执行交委。根据《民事诉讼法》第二百一十九条“申请执行的期限，双方或者一方当事人是公民的为一年，双方是法人或者其他组织的为六个月”的规定，建设公司没有向法院申请强制执行交委，已过法定期限，放弃申请执行的后果只能由其自行承担。因此，交委不是本案的被执行人，不应变更本案的被执行人为阳江市交通局。

广东省高级人民法院答复阳江中院如下：

根据最高人民法院《关于人民法院执行工作若干问题的规定（试行）》第十九条第一款、第二十条第（一）项的规定，申请执行人须以提交申请执行书这一明示的方法向人民法院申请强制执行。对生效法律文书是否申请执行，是否申请全额执行，以及对多个连带义务人是否全部申请执行，权利人可以依法自行决定，人民法院应当尊重当事人对其民事权利的处分。申请执行人没有明示的，应视为其未申请，人民法院超越申请执行的范围而以推定方式扩大被执行主体并无法律依据。从 1993 年 12 月 30 日建设公司申请执行时起至 2006 年 11 月 20 日申请恢复执行止的十余年间，申请执行书未列明交委为被执行人，案卷材料未反映建设公司有任何明示的意思申请强制执行交委；执行法院未向交委发出执行通知书也未对交委采取执行措施，建设公司对此并未提出任何异议。依照 1991 年我国《民事诉讼法》第二百一十九条规定，建设公司未在法定期限内申请强制执行交委，其对于交委的债权已丧失人民法院强制执行力的保护。

【评析】

本案的焦点问题是：能否推定建设公司申请强制执行交委？

1. 最高人民法院《关于人民法院执行工作若干问题的规定（试行）》第十九条第一款规定："生效法律文书的执行，一般应由当事人依法提出申请"，因此，提起执行程序的原则是，除移送执行外应当由当事人自行向人民法院申请强制执行。对生效法律文书是否申请执行，是否申请全额执行，以及对多个连带义务人是否全部申请执行，权利人可以依法自行决定，人民法院应当尊重当事人对其民事权利的处分。

2. 最高人民法院《关于人民法院执行工作若干问题的规定（试行）》第二十条第（一）项规定，申请执行应向人民法院提交申请执行书。因此，申请执行人须以提交申请执行书这一明示的方法向人民法院申请强制执行。申请执行人没有明示的，应视为其未申请。人民法院在执行中，虽然可依法律规定追加和变更当事人等，但超越申请执行的范围而以推定方式扩大被执行主体并无法律依据。

3. 从 1993 年 12 月 30 日建设公司申请执行时起至 2006 年 11 月 20 日申请恢复执行止的十余年间，不仅申请执行书未列明交委为被执行人，案卷材料均未反映建设公司有任何明示的意思申请强制执行交委；而且执行法院未向交委发出执行通知书也未对交委采取任何执行措施，建设公司对此并未提出任何异议。由此足以说明，建设公司未向人民法院申请强制执行交委。

4. 1991 年《民事诉讼法》第二百一十九条规定："申请执行的期限，双方或者一方当事人是公民的为一年，双方是法人或者其他组织的为六个月"，建设公司未在法定期限内申请强制执行交委，其对于交委的债权已丧失人民法院强制执行力的保护。

请示案件合议庭成员：王晓明　蒋先华　朱远芬

作者单位：广东省高级人民法院